MATERIALIEN AUS HOCHSCHULE UND FORSCHUNG

110 |

Falk Bretschneider | Johannes Wildt | Hrsg. |

Handbuch Akkreditierung von Studiengängen

Eine Einführung für Hochschule, Politik und Berufspraxis

D1732185

Herausgeber der Reihe **„GEW-Materialien aus Hochschule und Forschung"** ist der Hauptvorstand der Gewerkschaft Erziehung und Wissenschaft (GEW) Vorstandsbereich Hochschule und Forschung. In der Reihe erscheinen Publikationen zu Schwerpunktthemen der gewerkschaftlichen Arbeit in Hochschulen und Forschungseinrichtungen.

Bibliografische Informationen der Deutschen Bibliothek

Die Deutsche Bibliothek verzeichnet diese Publikation in der Deutschen Nationalbibliografie; detaillierte bibliografische Daten sind im Internet über <http://dnb.ddb.de> abrufbar.

Gesamtherstellung und Verlag:

W. Bertelsmann Verlag GmbH & Co. KG

Postfach 10 06 33, 33506 Bielefeld

Telefon: (05 21) 9 11 01-11, Telefax: (05 21) 9 11 01-19

E-Mail: service@wbv.de, Internet: www.wbv.de

Umschlaggestaltung, Innenlayout & Satz: Christiane Zay, Bielefeld

ISBN 3-7639-3288-7   **Best.-Nr. 60.01.585**

© 2005, W. Bertelsmann Verlag GmbH & Co. KG, Bielefeld

Inhalt

Qualität – Evaluation – Akkreditierung

Gerd Köhler

Der Bologna-Prozess hat der Diskussion über Qualitätssicherung, Evaluation und Akkreditierung – auch – an den deutschen Hochschulen viel Schwung verliehen. Über 2.500 neue Bachelor- und Masterstudiengänge sind in den vergangen fünf Jahren entwickelt worden. Sie sollen – so sieht es das Hochschulrahmengesetz vor – nicht mehr von der Kultusverwaltung genehmigt, sondern akkreditiert werden. In einem vom Akkreditierungsrat geregelten und von regional- bzw. fächerbezogenen Akkreditierungsagenturen durchgeführten Verfahren wird dabei geprüft, ob die neuen Studiengänge vereinbarten Standards und Verfahren gerecht werden.

Das Studienangebot soll für die Studierenden und ihre potenziellen künftigen Arbeitgeber transparenter und vergleichbarer werden. Akkreditierte Studiengänge sollen die Mobilität von deutschen und ausländischen Studierenden erweitern. Versprochen werden bessere Beschäftigungsmöglichkeiten auf dem deutschen und dem internationalen, insbesondere dem europäischen Arbeitsmarkt. Das alles soll dazu beitragen, den Wissenschaftsstandort Deutschland attraktiver zu machen, so die offizielle Politik.

Die Praxis zeigt, dass die wohlklingenden Worte und bunten Hochglanzbroschüren des Hochschul-Marketings nicht darüber hinwegtäuschen können, dass viel alter Wein in neue Schläuche gegossen wurde und wird. Unbeantwortet sind die Fragen, welche die Gewerkschaften schon bei Einführung der konsekutiven Studiengänge gestellt haben: Für welche Arbeitsplätze sollen die neuen Bachelor-Studiengänge qualifizieren? Wie groß ist der Bedarf an entsprechend ausgebildeten Hochschulabsolventen/innen? Wie wird der Übergang vom Bachelor- zum Masterstudiengang geregelt? Wie soll die Arbeit von Bachelor- und Masterabsolventen/innen bewertet und vergütet werden? Ist die Akzeptanz der neuen Abschlüsse bei privaten wie öffentlichen Arbeitgebern gewährleistet? Gilt das für das Inland genauso wie für das Ausland?

Natürlich ist es richtig, wenn eingewendet wird, dass man Innovationen nie hundertprozentig vorab absichern kann. Nur, wenn das richtig ist, dann können die neuen Studiengänge nicht per Ordre di Mufti von heute auf morgen „hundertprozentig" eingeführt werden. Deswegen fordert die GEW eine „sanfte Implementation" der neuen Studiengänge: Die Studierenden – weil Nutznießer oder Opfer – sollen selbst entscheiden: In dem Maße, wie sie von der Qualität des Neuen überzeugt sind und

Beschäftigungsperspektiven sehen, werden sie die Differenzierung der Studiengänge annehmen, vor allem dann, wenn die Durchlässigkeit zwischen Bachelor- und Masterstudiengängen garantiert wird. Wenn man z. B. einen praxis- und regional orientierten, kürzeren Studiengang in einem theorie- und international ausgerichteten Masterstudiengang fortsetzen will. Deswegen hat sich die GEW auch dagegen ausgesprochen, den Zugang zur 2. Phase des Studiums durch „Quote oder Note" zu verbauen. Es sollte nicht um kostensparende Selektion gehen, sondern um die Förderung von Studierenden. Nur dann wird Deutschland im internationalen Wettbewerb nicht länger mit zu niedrigen Hochschulabsolvent/innenzahlen dastehen.

Die zweite Schlussfolgerung aus der in vielen Arbeitsmarktbereichen noch nicht erreichten Akzeptanz von Bachelor-Abschlüssen muss die sein, einen intensiven Dialog zwischen Hochschule und Arbeitsmarkt über das Verhältnis von Studium und Beruf zu starten. Die Debatte über die „Employability" von Hochschulabsolvent/innen darf allerdings nicht zu einer unkritischen Anpassung an nicht weiter in Frage gestellte Vorgaben oder „Erwartungen des Arbeitsmarkts" erfolgen. Auch dort fehlen Arbeitsmarktanalysen und Einschätzungen der künftigen Arbeitsmarktentwicklung. Diesen Dialog über das Verhältnis von Hochschule und Arbeitsmarkt führen und daraus Kriterien für die Bewertung neuer Studiengänge ableiten zu können ist eines der Ziele, welche die Gewerkschaften mit ihrem Engagement im Bereich von Qualitätssicherung, Evaluation und Akkreditierung verbinden.

In der Nachfolge des „Vereins für Studienreform" haben Gewerkschafter/innen in der Ständigen, später Gemeinsamen Kommission von HRK und KMK für die Studienreform beratend mitgearbeitet. In den heutigen Akkreditierungsgremien sind sie mit Sitz und Stimme als Repräsentanten der Berufspraxis vertreten. Eine solche Mitarbeit verlangt qualifizierte Gremienvertreter/innen. Der DGB und seine Mitgliedsgewerkschaften haben deswegen spezielle Qualifizierungs-Programme entwickelt, mit deren Hilfe ein Pool von Gutachter/innen aufgebaut werden soll. Die Studentischen Vertreter/innen in den Akkreditierungsgremien entstammen meist dem vom „freien zusammenschluss der studentInnenschaften" (fzs) organisierten „Studentischen Akkreditierungspool"; beide kooperieren miteinander.

In der GEW sind seit den 1990er Jahren Wissenschaftsforen und Werkstattgespräche durchgeführt worden, deren Ergebnisse in GEW-Positionspapieren zu den Themen „Differenzierung und Durchlässigkeit" beziehungsweise „Akkreditierung" zusammengefasst worden sind.

Intensiv und kritisch hat sich die GEW auch mit den internationalen Rahmenbedingungen der Auseinandersetzung um „Qualität – Evaluation – Akkreditierung" befasst. Gestützt auf eine von Stefanie Schwarz-Hahn und Don Westerheijden bearbeitete international vergleichende Studie „Accreditation in the Framework of Quality Assurance Activities" hat die GEW zusammen mit der Bildungs-Internationalen und mit dem „European Trade Union Committee for Education" (ETUCE) gewerkschaftliche Positionen für das Berlin-Forum „Shaping the European Area of Higher Education and Research" (April 2003) entwickelt. Parallel dazu hat sie argumentiert, dass nicht die Welthandelsorganisation (WTO) im General Agreement on Trade of Services (GATS) festlegen soll, wie künftig die internationale Kooperation im Bereich von Bildung und Wissenschaft erfolgen soll. Stattdessen soll die UNESCO auf der Basis ihrer Regional Conventions die Anerkennung von Studienleistungen und Abschlüssen und damit die internationale Mobilität von Studierenden und Wissenschaftler/innen fair vereinbaren.

Der Erfolg dieses Engagements hängt davon ab, dass die Betroffenen und die sie repräsentierenden Gewerkschaften und Verbände „gut" vertreten werden. Viel Information und Beratung ist dafür erforderlich. Das von Falk Bretschneider und Johannes Wildt in Zusammenarbeit mit der GEW-Projektgruppe „Qualität – Evaluation – Akkreditierung" vorgelegte Handbuch soll dabei helfen. Den beiden Herausgebern und den vielen Autor/innen gilt unser besonderer Dank.

Ohne die tatkräftige Unterstützung der Hans-Böckler-Stiftung und der Max-Traeger-Stiftung wäre das Projekt nicht zu realisieren gewesen. Auch dafür unseren Dank.

Das „Handbuch Akkreditierung von Studiengängen" ist von Praktiker/innen für Praktiker/innen geschrieben worden. Über Anregungen und Verbesserungsvorschläge von Seiten der Leser/innen würden wir uns freuen.

Kompetente Teilhabe an der Akkreditierung – zum Anliegen des Handbuches

Falk Bretschneider, Johannes Wildt

1 Akkreditierung als Vergesellschaftung der Studienreform

Seit die Kultusministerkonferenz und die Hochschulrektorenkonferenz die Akkreditierung von Studiengängen im Jahre 1999 in Deutschland eingeführt haben, hat sie eine zunehmende Bedeutung in der Qualitätssicherung von Lehre und Studium erlangt. Gemeinsam mit dem Umbau des Studiengangssystems in die zweistufige Studienstruktur mit der Unterscheidung von Bachelor- und Masterstudiengängen wurde auch die Akkreditierung zunächst nur probeweise eingeführt. Mittlerweile hat das deutsche Akkreditierungssystem aus einem Akkreditierungsrat und zurzeit sieben Akkreditierungsagenturen, die sich teilweise ergänzen, teilweise aber auch im Wettbewerb miteinander stehen, einen dauerhaften Platz in der deutschen Hochschullandschaft gefunden. Zahlreiche Hochschulen haben in den letzten Jahren bereits Erfahrungen mit der Akkreditierung ihrer Studiengänge gesammelt.

Die Erwartungen an die Akkreditierung im Zusammenhang mit den neuen Studienstrukturen waren und sind hoch: Sie soll mehr Transparenz und Vergleichbarkeit in der Qualitätssicherung von Studium und Lehre schaffen, sie soll eine schnellere Reaktion auf veränderte Anforderungen als die bislang verbindlichen, schwerfälligen Rahmenprüfungsordnungen ermöglichen und die Vielfalt unter den deutschen Studienangeboten erweitern. Sie soll zudem insbesondere die Anschlussfähigkeit der Hochschulbildung an die Entwicklungen in Beruf und Gesellschaft verbessern, den Studierenden verlässlichere Orientierung geben und sie nicht zuletzt auch vor unzureichenden Angeboten auf dem Studienmarkt schützen. Schließlich soll sie nachhaltig die internationale und insbesondere die europäische Integration des deutschen Hochschulsystems durch Harmonisierung der Abschlüsse des tertiären Bildungssektors fördern.

So hoch die Erwartungen, so heftig fiel jedoch auch schon beizeiten die Kritik an der Akkreditierung aus. Von Beginn an wurde bemängelt, das Verfahren sei zu teuer, zu bürokratisch, zu wenig flexibel, zu normierend, zu staatsgelenkt, zu konservativ, zu aufwendig, es dauere zu lange, es vervielfältige den ohnehin erheblichen Verwaltungsaufwand an den Hochschulen. Diese Beanstandungen finden durchaus ihre Entsprechung in der Empirie: Bis heute sind von über 11.000 Studiengängen an deutschen

Hochschulen nur knapp 600 akkreditiert (5 Prozent); nimmt man nur die neuen Abschlüsse Bachelor und Master zum Maßstab, so beträgt der Anteil akkreditierter Studiengänge 24 Prozent. Nicht selten spiegelten sich in Kritiken aktuelle Befürchtungen über die Wege der Hochschulpolitik: Die Akkreditierung wurde zu einem Instrument, Studiengebühren einzuführen, die Hochschulen zum Appendix des Arbeitsmarktes zu machen, die soziale Selektion des deutschen Bildungssystems zu verhärten. Vieles an diesen Kritiken traf den richtigen Nerv an der falschen Stelle. Vieles an ihnen war und ist einer profunden Unkenntnis des Akkreditierungsverfahrens – seiner Chancen, seiner Grenzen, seiner Risiken – geschuldet. Mitunter glich die negative Bewertung dem Zorn der Maschinenstürmer, die in der Dampfmaschine den Grund für ihre Not sahen, nicht in einer radikalen Wandlung des Produktionssystems.

Das Handbuch verkennt zwar auch nicht die Risiken und Gefahren, welche in der Einführung der Akkreditierung von Studiengängen liegen. Seine Philosophie geht jedoch davon aus, dass sie produktive Potenziale für die Entwicklung der Hochschulen birgt. Diese Potenziale bestehen in erster Linie darin, dass die Strukturen und Verfahren der Akkreditierung die Teilhabe von Akteur/innen aus Hochschule und Gesellschaft gegenüber herkömmlichen Studienreformen erweitern. Die Abkehr von einer staatlichen Regulierung der Studienreform einerseits, aber auch von einer weitgehenden wissenschaftsimmanenten Selbststeuerung schafft den Raum für eine Vergesellschaftung der Studienreform.

Dass eine solche Vergesellschaftung gelingen kann, die die Vielfalt der Perspektiven auf Studium und Lehre erweitert und integriert, ist an eine kompetente Teilhabe der Akteur/innen der Studienreform an der Akkreditierung gebunden. Die größte Chance der Akkreditierung liegt insofern darin, dass sie zum Anlass und Instrument einer nachhaltigen Studienreform wird. Die Konstruktion des Akkreditierungssystems mit den Partizipationsmöglichkeiten auf den verschiedenen Handlungsebenen in Akkreditierungsrat und -agenturen sowie die Gestaltung des Verfahrens in Kombination von Selbstevaluation und Peer-Review bietet die Möglichkeit, durch das Einbringen verschiedener Perspektiven Hochschulausbildung offener, vielfältiger, methodisch interessanter, praxisrelevanter zu machen und damit ihren gesellschaftlichen Wert zu erhalten und zu steigern. Nicht nur Wissenschaftlerinnen und Wissenschaftler sowie Vertretungen staatlicher Stellen, sondern auch Vertreter/innen aus der Berufspraxis und last, but not least Studierende sind im Akkreditierungssystem fest verortet. Ihre Erfahrungen als Expert/innen in die Begutachtung von Studiengangsangeboten einzubringen soll und kann eine Studienreform im Interesse von Studierenden bzw. zukünftigen Arbeitnehmer/innen unterstützen.

2 Kompetente Beteiligung

Das Handbuch zielt darauf ab, die kompetente Teilhabe an der Akkreditierung zu unterstützen. Es gibt denjenigen, die sich innerhalb und außerhalb der Hochschulen engagieren, zahlreiche Informationen zu Hintergrund, Aufbau und Verfahren des Akkreditierungssystems in Deutschland und Hinweise auf Handlungsmöglichkeiten wie Chancen und Risiken. Es will aber auch diejenigen, die davon betroffen sind, bisher aber für sich selbst keine Angriffspunkte zur aktiven Teilhabe sahen, interessieren und zur Beteiligung anregen. Je breiter die Teilhabe, je kritischer der Blick der interessierten Öffentlichkeit, umso produktiver wird auch die Studienreform durch Akkreditierung gelingen.

Dieses Handbuch will Hochschulangehörigen, die sich mit dem Gedanken tragen, ihre Studiengange akkreditieren zu lassen, Orientierung geben. Es will aufklären über ein neues und in der Handhabung für manchen ungewöhnliches Verfahren der Studiengangsgenehmigung. Es will Informationsdefizite abbauen, Legenden widerlegen, aber auch auf die Grenzen und Risiken der Akkreditierung hinweisen. Es will die Verfahrensschritte erläutern und interessierten Leser/innen somit erlauben, Akkreditierungsverfahren ohne Angst, aber auch ohne falsche Hoffnungen zu absolvieren.

Das Akkreditierungsverfahren sieht vor, dass in Agenturen und bei einzelnen Studiengangsbegutachtungen Vertreter/innen der Berufspraxis (Arbeitgeberseite und Gewerkschaften) sowie Studierende einbezogen werden. Sollen diese ihre Arbeit sachgerecht und kritisch erledigen können, müssen sie über die notwendigen Kenntnisse der Materie verfügen. Kritische Teilhabe verlangt nach kompetentem Verständnis von Verfahren, Instrumenten und Beteiligungsmöglichkeiten. Sie verlangt auch nach einem Wissen über die hochschulpolitischen Umfeldbedingungen. Das Handbuch soll deshalb Vertreter/innen der Berufspraxis und Studierenden ein kompetenter Leitfaden im Dschungel der gesetzlichen Bestimmungen und des Qualitätssicherungsvokabulars sein. Es soll sie auf den Stand der inhaltlichen Diskussion bringen, sie aber auch befähigen, selbst hochschulpolitische Implikationen des Akkreditierungsverfahrens zu durchschauen, zu reflektieren und bei ihrer eigenen Betätigung in einer Akkreditierungs-

agentur oder einem Audit-Team zu berücksichtigen. Das Feld der Akkreditierung ist im Moment von tagtäglichen Änderungen bestimmt; es ist zu
neu, um bereits in festen Strukturen kondensiert zu sein. Um so wichtiger
ist es, dass dieses Handbuch zu einem Hilfsmittel der kritischen Eman-
zipation wird, das erlaubt, sich selbst in einem schwierigen und von technokratischen Einzelheiten bestimmten Gelände souverän zu bewegen und
eigene Wege zu finden.

Schließlich wendet sich das Handbuch an diejenigen, die in Hochschulentwicklung und Hochschulforschung tätig sind. Erstmalig wird über die
zahlreichen Empfehlungen, Handreichungen, Erlasse, Einzelbeiträge o. Ä.
zur Akkreditierung von Studiengängen hinaus – die im Übrigen und jedenfalls für den deutschen Sprachraum in den Beiträgen dieses Handbuchs in
so umfassender Form wie sonst nirgends verarbeitet sind – hier systematisch in Gliederung und Gedankengang berichtet. In diesem Sinne ist das
Handbuch zwar nicht das Ergebnis einer Forschung über die Akkreditierung
von Studiengängen in Deutschland. Über einen Sammelband hinausgehend,
der den hier zu Lande vorhandenen Sachverstand repräsentiert, stellt das
Handbuch aber immerhin einen Entwurf einer Systematik des Gegen-
standsbereichs dar, der das Gebiet für tiefer gehende Analysen erschließt.

3   Zum Aufbau des Handbuches

Aus den avisierten Zielgruppen ergibt sich der Aufbau des Handbuches. Es
teilt sich in fünf größere Abschnitte:

Der erste Teil (A) macht mit dem hochschulpolitischen Umfeld der
Akkreditierung vertraut. Eva Charlotte Küster und Klaus Schnitzer schil-
dern eingangs die Schaffung eines europäischen Hochschul- und Forschungsraumes (Bologna-Prozess) und dessen Folgen für Deutschland (A I 1).
Anschließend macht Christoph Scherer mit wesentlichen Informationen
zur Rolle öffentlicher und privater Bildungsmärkte im Rahmen der Verhandlungen des Welthandelsabkommens GATS bekannt (A I 2). Johannes
Wildt schildert den für die Studienreform zentralen Wandel der Perspektive
weg vom Lehren hin zum Lernen (A I 3). Die schwierige Verbindung von
Hochschule und Arbeitsmarkt und die Rolle der Akkreditierung problematisiert Johann Schneider (A I 4). Ulrich Teichler zeichnet zentrale Entwicklungen nach, die zum wichtigen Platz von Internationalität und Mobilität in den Hochschulreformdiskussionen beigetragen haben (A I 5). Ulrich
Welber stellt zentrale Anliegen der Studienreform und deren Verbindung

zur Akkreditierung vor (A I 7). Peer Pasternack schließlich resümiert aus einer systemischen Perspektive die wichtigsten Leitbegriffe und Leitideen der aktuellen Qualitätsdiskussion an deutschen Hochschulen.

Der zweite Teil (B) widmet sich den Strukturen des deutschen Akkreditierungsystems. Don Westerheijden bettet zunächst die deutsche Entwicklung in einen europäischen Rahmen ein (B I 1). Hans-Uwe Erichsen referiert dann die institutionelle Verankerung und den Rechtsrahmen der Akkreditierung in Deutschland (B I 2). Angelika Schade stellt die Arbeitsweise des zentralen Akkreditierungsrates vor (B I 3), während Babara M. Kehm einen analytischen Überblick über die in Deutschland tätigen Akkreditierungsagenturen gibt (B I 4). Hermann Reuke beschreibt detailliert das Akkreditierungsverfahren. Das Verhältnis von staatlicher Anerkennung und Akkreditierung umreißt Horst Juppe. Falk Bretschneider stellt das zwischen Kontrolle und Kooperation oszillierende Verhältnis zwischen Akkreditierungsrat und -agenturen dar (B I 7). Elke Lüdtkemeier schildert schließlich die vom Wissenschaftsrat durchgeführten Verfahren zur Akkreditierung (privater) Hochschulinstitutionen (B I 8).

Der dritte Teil (C) soll in wesentliche Instrumente und Elemente der Akkreditierung von Studiengängen einführen. Heidrun Jahn erklärt zunächst die wesentlichen Charakteristika von Bachelorstudiengängen (C I 1); Annette Fleck die der Masterstudiengänge (C I 2). Falk Bretschneider zeigt dann Aspekte einer Niveau- und Profilabgrenzung von gestuften Studiengängen auf (C I 3). Zu den wichtigen Begriffen Standards und Kriterien und ihrer Füllung im Akkreditierungssytem äußert sich Franz Börsch (C I 4). Roland Richter macht mit dem zentralen Gesichtspunkt der Berufsbefähigung/Beschäftigungsfähigkeit vertraut (C I 5). Ulrich Welbers führt in die Themen Modularisierung und Kerncurricula ein (C I 6). Aspekte der Internationalität von Studienprogrammen zeigen Birgit Szczyrba und Johannes Wildt auf (C I 7). Die Rolle und die Implementation von Gender Mainstreaming in der Qualitätssicherung von Bachelor- und Masterstudiengängen zeichnet Frauke Gützkow nach (C I 8). Wesentliche Kernpunkte von Credit-Systemen bzw. des ECTS stellt Stefanie Schwarz-Hahn dar (C I 9). Die für die Akkreditierung gültigen Abschlussbezeichnungen referiert Peter Dietz (C I 10). Beweggründe und Gestaltung des Diploma supplements beschreibt Terence N. Mitchell (C I 11). Einen Vergleich von Verfahren und Zielen von Akkreditierung und Evaluation nimmt Karin Fischer-Bluhm vor (C I 12). Peter Faulstich schildert zentrale Aspekte einer Akkreditierung von Weiterbildungsstudiengängen (C I 13). Antonia Kupfer und Johannes Moes schlagen abschließend Kriterien für eine Akkreditierung von Promotionsprogrammen vor (C I 14).

Der vierte Teil (D) problematisiert das Verhältnis von Akkreditierung und Partizipation und schlägt für einzelne Akteursgruppen konkrete Umsetzungen ihrer Perspektive auf die Studiengangsgestaltung vor. Achim Hopbach schildert eingangs die Prinzipien des für die Akkreditierung zentralen Peer-Review (D I 1). Falk Bretschneider reflektiert Chancen und Schritte der studentischen Beteiligung an der Akkreditierung (D I 2). Die Beteiligung der Arbeitgeber und ihre Kriterien für die Studiengangsbeurteilung in der Akkreditierung stellen Christoph Anz und Hans-Jürgen Brackmann dar (D I 3). Die gewerkschaftliche Beteiligung und Qualitätskriterien aus Arbeitnehmersicht zeigen schließlich Bernd Kassebaum, Joachim Koch-Bantz und Wolfgang Neef auf (D I 4).

Der fünfte Teil (E) enthält zunächst ein von Falk Bretschneider und Peer Pasternack verfasstes Glossar, das wesentliche Begriffe aus den Bereichen Qualitätssicherung, Akkreditierung und Partizpation erläutert (E I 1). Abschließend gibt der Teil zentrale Beschlusstexte zum deutschen Akkreditierungssystem (E I 2) sowie eine Adressliste (E I 3) wieder.

4   Zur Benutzung des Handbuches

Neben der Gliederung des Handbuches in einzelne Artikel, die einen schnellen Zugriff auf wichtige Aspekte des Akkreditierungssystems und des Akkreditierungsverfahrens erlauben, ergibt sich der Handbuchcharakter vor allem aus einer durchgehenden Verbindung der inhaltlichen Beiträge mit dem Glossar. Im Text eingefügte Pfeile (→) verweisen auf Einträge im Glossar am Ende des Bandes. Nicht verwiesen wird auf das Glossar im Fall sehr häufig vorkommender Stichworte (z. B. Akkreditierung, Universität; diese Einträge sind im Glossar mit * gekennzeichnet) bzw. wenn das betreffende Stichwort im Titel des Beitrages vorkommt (z. B. Arbeitsmarkt in A I 4 oder Internationalität in A I 5). Verwiesen wird außerdem nur, wenn die entsprechenden Stichworte im Sinne des Glossars und z. B. nicht in einem allgemeinen Sprachgebrauch verwendet werden (z. B. wird bei Differenzierung nur auf das Glossar hingewiesen, wenn der Begriff im Sinne der Hochschul- und Studienreform gebraucht wird und die Ausbildung unterschiedlicher Profile von Hochschulen oder Fachbereichen meint).

Das Handbuch erlaubt somit sowohl einen Zugriff auf einzelne, herausgelöste Themenbereiche und dient der schnellen Orientierung und

Informationsbeschaffung. Sein thematisch organisierter Aufbau macht es aber auch möglich, sich umfassend in die Materie einzulesen und die einzelnen Artikel nacheinander zu lesen.

5 Danksagung

Es ist den Herausgebern eine freudige Pflicht, an dieser Stelle all denen Dank abzustatten, die zum Gelingen dieses Handbuches beigetragen haben:

Der Dank geht an erster Stelle an die Autorinnen und Autoren des Handbuches, die uneigennützig, kompetent und kooperativ ihre Kenntnisse des deutschen Akkreditierungssystems eingebracht haben und deren Arbeit es maßgeblich zu verdanken ist, dass dieses Handbuch das Licht der Öffentlichkeit erblickt. Die Leserinnen und Leser werden in ihren Beiträgen nicht nur die Kompetenz für die einzelnen thematischen Aspekte erkennen. Wer mit der Materie vertraut ist, wird auch bestätigen können, dass ein Spektrum von Autorinnen und Autoren vertreten ist, welches die einschlägige Szene der Akkreditierung in Deutschland einzigartig repräsentiert und aus der dort vorfindlichen Vielfalt von Positionen und Perspektiven insgesamt eine Zusammenschau bietet, die bislang in Deutschland nicht verfügbar war.

Ein besonderer Dank gilt der Max-Traeger-Stiftung und der Gewerkschaft Erziehung und Wissenschaft Frankfurt/M., welche die redaktionelle Vorbereitung und die Drucklegung großzügig finanziell unterstützt haben. Gerd Köhler hat das Projekt von Beginn an begleitet und sein Mögliches für dessen Fortkommen beigesteuert. Die Mitglieder der GEW-Projektgruppe Queak („Qualitätssicherung, Evaluation, Akkreditierung") haben die Konzeption des Handbuches unterstützt und durch konstruktive Kritik verbessert. Heide Naderer (New York) hat ebenfalls zu Beginn wertvolle Anregungen gegeben. Im W. Bertelsmann Verlag Bielefeld und in Joachim Höper haben wir verlegerische Partner gefunden, deren kooperative Art der Zusammenarbeit die Endarbeiten außerordentlich erleichtert haben. Dem Hochschuldidaktischen Zentrum der Universität Dortmund und dem Centre de recherches interdisciplinaires sur l'Allemagne Paris (UMR 8131 EHESS/CNRS) danken wir für die Überlassung ihrer Infrastruktur, welche das Fortkommen des Handbuches immer wieder befördert hat. Hannah Wächter (Dortmund) hat sich der Mühe des Korrekturlesens unterzogen, auch dafür unser Dank.

Falk Bretschneider und Johannes Wildt, Paris und Bielefeld im Januar 2005

A Das hochschulpolitsche Umfeld

Deutschland und die Schaffung eines europäischen Hochschul- und Forschungsraumes

Eva Charlotte Küster, Klaus Schnitzer

Die Auflösung der politischen Blöcke seit 1989 hat dem Begriff „Europa" eine alte Dimension neu eröffnet. Mit der Schaffung eines europäischen Hochschul- und Forschungsraumes wird die Vision eines gemeinsamen Bildungsraumes Europa beschworen. Anders als im abendländischen Denken des vorherigen Jahrhunderts bestimmen aber eine völlig andere Denkweise und Begrifflichkeit die Ausrichtung der heutigen Vorstellung. Es wird in erster Linie die wirtschaftliche Stoßkraft Europas, die mit Bildung und Wissen gesichert werden soll, betont.

Diese offensiven Züge einer hochschul- und forschungspolitischen Ausrichtung Europas wurden erst nach und nach manifest, sozusagen als Folge erster Erfolge europäischer Mobilitätsprogramme im Bildungsbereich.

Diese zunächst sehr vorsichtige und eher instrumentelle als geistige Zielsetzung hat bestimmte Gründe: Obwohl die treibende Kraft der europäischen Bildungspolitik eindeutig von der Europäischen Kommission ausgeht, fehlt in diesem Feld die eindeutige Zuständigkeit. Im Sinne der Subsidiarität mussten sich die europäisch-hegemonialen Bildungsziele daher hinter übergeordneten Zielen der Förderung von Mobilität und Freizügigkeit verstecken oder sich, wie in vielen Bereichen der europäischen Politik, mit „sowohl-als-auch-Formeln" behelfen. Es darf daher nicht verwundern, wenn die Bildungsminister/innen bei ihren europäischen Routine-Treffen die Synergieeffekte eines gemeinsamen europäischen Hochschul- und Forschungsraumes hervorheben, sie aber zu Hause im nationalen Kontext zögern, entgegenstehende Regelungen nationaler Gesetze abzuschaffen. Symptomatisch muss die Verkündung der Einführung gestufter Studienabschlüsse in Deutschland bis zum Jahre 2010 bei gleichzeitiger Aufrechterhaltung der einstufigen akademischen Abschlüsse lt. §18 des Hochschulrahmengesetzes (→HRG) erscheinen.

Aus dieser Gleichzeitigkeit der Ausrufung der Gemeinsamkeit und der Wahrung der nationalen bzw. sogar subnationalen (Länder-)Zuständigkeit für Bildung ist zu verstehen, dass der Titel dieses Kapitels „Deutschland und die Schaffung eines europäischen Hochschul- und Forschungsraumes" eher auf einen noch bestehenden Widerspruch hinweist als auf eine gemeinsame Zielsetzung. Der Widerspruch macht begreiflich, dass in vielen Punkten gemeinsamer Bildungsanstrengungen manches bewusst eher umschrieben als geklärt wird und dass viele Akteure in den nationalen Hochschul- und Forschungslandschaften Europas sich noch in einer Entscheidungsoffenheit wähnen, die aufgrund der offiziellen Vereinbarungen der europäischen Bildungsminister eigentlich nicht mehr gegeben ist. Differenziert man nach den einzelnen Hauptzielen der Schaffung des europäischen Hochschul- und Forschungsraumes, so ergeben sich allerdings Unterschiede in der Festlegung und Umsetzung. Das gemeinsame System für Studienabschlüsse ist sicherlich wesentlich weiter fixiert als die erst später auftauchenden Zielsetzungen wie Akkreditierung und Qualitätssicherung oder gar das der sozialen Dimension.

Zum besseren Verständnis des „Konglomerats" aus widersprüchlichen Zielen und unterschiedlichen Ebenen der Zuständigkeit erscheint es angebracht, im Folgenden zunächst einen Überblick über den Europäischen Hochschul- und Forschungsraum aus europäischer Perspektive zu geben, und zwar von der Entstehung der Idee bis zum Stand der Entwicklung bis Ende 2003 (1). Danach wird nach der Relevanz für die deutsche Hochschulpolitik gefragt, und es werden bisherige und zukünftige Auswirkungen des →Bologna-Prozesses auf den deutschen Hochschulbereich diskutiert (2). Abschließend wird die spezielle Frage der Akkreditierung und Qualitätssicherung in Deutschland im Kontext des europäischen Zusammenhangs beleuchtet (3).

1 Von der Idee zur Schaffung eines europäischen Hochschul- und Forschungsraumes

Unausgesprochen bewegte die Idee eines europäischen Bildungsraumes die Europäische Kommission bereits zu Zeiten der Europäischen Gemeinschaft. Die 1987 gestarteten europäischen Aktionsprogramme zur Förderung der Mobilität von Schülern, Studierenden, Lehrern und Bildungsverwaltern, allen voran →ERASMUS, waren getragen von der Idee, dass über den gegenseitigen Austausch ein politischer Integrationsprozess in Gang gesetzt wird. Reziprozität des Austauschs und Kohäsion waren die zentralen Begriffe der ersten Phase zur Bildung eines europäischen Bildungsraumes.

Mit der Entwicklung des European Credit Transfer Systems (→ECTS) und der Schaffung von Austausch-Netzwerken zwischen einzelnen

Hochschulinstituten verschiedener Mitgliedsländer war sogar bereits der Vorläufer einer Akkreditierung geschaffen. Die gegenseitige →Anerkennung baute auf gegenseitigem Vertrauen hinsichtlich der Einhaltung gemeinsamer Qualitätsstandards auf. Die gegenseitigen Absprachen und Abstimmungen, die mit aufwändigen gegenseitigen Hochschulvisiten verbunden waren, funktionierten allerdings nur, solange es sich um höchst individuelle Netze von drei bis vier Hochschulinstituten handelte. Die Ausweitung des Austauschs unabhängig von solchen Netzen in Regie nationaler Agenturen warf die Frage der Akkreditierung, aber auch des Austausches in einer völlig anderen Dimension auf. Diese neue Phase der europäischen Bildungspolitik wird heute als „Bologna-Prozess" bezeichnet. Der →Bologna-Prozess hat zwei ausdrückliche Zielrichtungen: die Schaffung eines europäischen Hochschulraumes und eines europäischen Forschungsraumes.

Am 19. Juni 1999 legten in Bologna die Bildungsminister/innen von 29 europäischen Staaten mit der Unterzeichnung der Erklärung „Der Europäische Hochschulraum" die Ziele für die Schaffung eines gemeinsamen europäischen Hochschulraumes fest. Grundlage bildete die →Sorbonne-Erklärung, die 1998 anlässlich der 800-Jahr-Feier der Sorbonne von den zuständigen Ministern Frankreichs, Deutschlands, Großbritanniens und Italiens verabschiedet worden war. Hier verpflichteten sich die Minister, die Anerkennung der akademischen Abschlüsse im Ausland und die Mobilität der Studierenden zu fördern. Des Weiteren wurde die Schaffung eines gemeinsamen Systems für Studienabschlüsse, Bachelor- bzw. Master- und Doktorgrad, beschlossen. Die in Bologna festgelegten Ziele sind wesentlich ehrgeiziger als die bisherigen Mobilitätsziele. Zur Verbesserung der internationalen Wettbewerbsfähigkeit des europäischen Hochschulsystems und Europas als Bildungsstandort sollen die Voraussetzungen für einen einheitlichen europäischen Hochschulraum erfüllt werden. Vereinbart wurde die Einführung vergleichbarer Abschlüsse und eines Leistungspunktsystems (→Credit-Point-System), ein zweistufiges Studiensystem mit den Abschlüssen Bachelor und Master, weitere Maßnahmen zur Förderung der Mobilität von Studierenden und Lehrenden sowie die Förderung der europäischen Zusammenarbeit bei der Qualitätssicherung (Bologna-Erklärung 1999; KMK, HRK und BMBF 2003).

In der ersten Bologna-Folgekonferenz in Prag am 19. Mai 2001 bestätigten die Minister die Bologna-Zielsetzungen und bekräftigten die Bedeutung von Mobilität, Qualitätssicherung und Akkreditierung, der europäischen Dimension in der Bildung, →Lebenslangem Lernen und der

Beteiligung aller Hochschulmitglieder (→Partizipation) bei der Schaffung eines europäischen Hochschulraumes.

Auf der in Berlin am 18. und 19. September 2003 folgenden Konferenz einigten sich die Bildungsminister von nunmehr 40 beteiligten europäischen Staaten bzw. Beitritts- und assoziierten Ländern auf wesentliche politische Verpflichtungen, Prioritäten und neue Ziele für die beschleunigte Schaffung eines europäischen Hochschulraumes. Dabei wurde unter anderem beschlossen, bereits zum Jahr 2005 die Grundlagen für das zweistufige System von Bachelor und Master vollständig zu schaffen. Darüber hinaus verpflichten sich die Signatar-Staaten, Strukturen für die interne und externe Qualitätssicherung von Hochschulen bis dahin geschaffen zu haben. Die gegenseitige →Anerkennung von Hochschulabschlüssen soll durch ein weitgehend einheitliches →Diploma Supplement gewährleistet sein. Außerdem einigten sich die Minister auf weitere Maßnahmen zur Unterstützung der Mobilität der Studierenden und deklarierten ein hoch stehendes, möglichst interdisziplinär angelegtes Doktorandenstudium als weiteres Ziel des →Bologna-Prozesses.

Die Gemeinschaft der Unterzeichner besteht nach der Berliner Konferenz aus den folgenden „SOKRATES"-Ländern: Albanien, Andorra, Belgien, Bosnien-Herzegowina, Bulgarien, Dänemark, Deutschland, Ehemalige Jugoslawische Republik Mazedonien, Estland, Finnland, Frankreich, Griechenland, Großbritannien, dem Heiligen Stuhl, Irland, Island, Italien, Kroatien, Lettland, Liechtenstein, Litauen, Luxemburg, Malta, Niederlande, Norwegen, Österreich, Polen, Portugal, Rumänien, Russland, Schweden, Schweiz, Serbien-Montenegro, Slowakische Republik, Slowenien, Spanien, Tschechische Republik, Türkei, Ungarn, Zypern.

Die nächste Konferenz ist für Mai 2005 im norwegischen Bergen einberufen (BMBF 2003; Berlin-Communiqué 2003). Im sog. Stock-taking-Prozess sollen bis dahin die Fortschritte bei der Umsetzung der Einzelziele verfolgt werden.

Parallel zur Schaffung des europäischen Hochschulraumes wurde das entsprechende Äquivalent im Bereich der Forschung konzipiert. Auch hier gab es vor der offiziellen Deklaration eines europäischen Hochschulraumes bereits seit Beginn der Europäischen Gemeinschaft eine überstaatliche europäische Forschungspolitik. Ähnlich wie bei den Mobilitätsprogrammen waren die Forschungsrahmenprogramme bis zum Jahr 2000 getragen von Integrationsvorstellungen. Es war fast eine Grundbedingung der Förderung, dass sich unter dem Kohäsionsziel starke und schwache Partner zu gemeinsamen Forschungsnetzen zusammenfanden.

Angeregt durch die Idee eines europäischen Hochschulraumes entwickelte die Europäische Kommission erst später die weit über das Integrationsziel hinausgehende Vision eines europäischen Forschungsraumes. Im Januar 2000 wurde auf eine Initiative von Forschungskommissar Philippe Busquin das Grundsatzprogramm „Hin zu einem europäischen Forschungsraum" veröffentlicht. Im März 2000 auf der Tagung des Europäischen Rates in Lissabon wurde das Projekt offiziell ins Leben gerufen. Anders als bisher steht dabei offensiv der Gedanke im Vordergrund, Europa zur „wettbewerbsfähigsten und dynamischsten wissensbestimmten Wirtschaft der Welt zu entwickeln". Durch eine Zusammenführung und Strukturierung der Forschungsaktivitäten und eine gemeinsame Forschungspolitik soll das Potenzial Europas gestärkt und analog zum Markt für Waren und Dienstleistungen ein sog. „Binnenmarkt der Forschung" geschaffen werden (Europäische Kommission 2002, Kommission der europäischen Gemeinschaften 2002). Wesentliche Bestandteile sind die Vernetzung und Förderung von europäischen Exzellenzzentren, ein gemeinsamer Ansatz zur Ermittlung des Finanzierungsbedarfes und zur Finanzierung großer Forschungsinfrastrukturen, eine Ankurbelung der Investitionen in den Bereichen Forschung und Innovation, die Entwicklung eines wissenschaftlich-technischen Referenzsystems zur Umsetzung der Politik, ein Ausbau der Humanressourcen und die Erhöhung der Mobilität, die Stärkung der Präsenz und der Position von Frauen in der Forschung, die Steigerung der Attraktivität des europäischen Forschungsraumes für Forscher aus aller Welt sowie die Einhaltung gemeinsamer sozialer und ethischer Werte im technisch-wissenschaftlichen Bereich.

Mit der Schaffung des Europäischen Hochschul- und Forschungsraumes sollen die „zwei Säulen der Wissensgesellschaft" enger miteinander verknüpft werden; festere Beziehungen sollen zwischen den Hochschul- und Forschungssystemen der einzelnen Länder geknüpft werden. Einen Berührungspunkt der beiden Konzepte, Europäischer Hochschulraum und Europäischer Forschungsraum, stellt die Promotionsphase in der europäischen Hochschulbildung dar. Auf der Konferenz in Berlin wurde das Doktorandenstudium von den Bildungsministern als ein Schwerpunkt des →Bologna-Prozesses festgelegt, der zur Verbesserung von Spitzenleistungen in Forschung und Innovation in Europa beitragen soll (BMBF 2003; Berlin-Communiqué 2003).

2 Die Relevanz für die deutsche Hochschulpolitik

Die Ziele der „Bologna-Erklärung" wurden sowohl von Bund und Ländern Deutschlands als auch von den deutschen Hochschulen begrüßt und unterstützt. Der →Bologna-Prozess hat an den deutschen Hochschulen einen tief greifenden Reformprozess angestoßen. Das neue, zweistufige Graduierungssystem wurde 1998 mit der Novellierung des Hochschulrahmengesetzes neben dem herkömmlichen zumindest als Experimentierklausel eingeführt. In den Landeshochschulgesetzen werden die neuen Vorgaben nach und nach übernommen, allerdings keinesfalls als einziges und verbindliches Studiensystem, sondern immer noch als ergänzende Variante. Das zweistufige Studiensystem wird derzeit parallel zu den traditionellen Studiengängen Diplom, Magister und Staatsexamen angeboten (BMBF 2003, KMK, HRK und BMBF 2003). Für die →Genehmigung der neuen Studiengänge müssen diese mit dem Leistungspunktesystem (→Credit-Point-System) versehen und modularisiert sein. Die Kultusministerkonferenz (→KMK) empfiehlt dabei als Punktesystem das *European Credit Transfer System* (→ECTS). Dieses System dient zur Messung und zum Vergleich von Studienleistungen und macht damit ihre Übertragung europaweit möglich. Damit einher geht eine Umrechnung des deutschen Notensystems in das ECTS.

Mit dem Beschluss der Kultusministerkonferenz vom 10. Oktober 2003 (KMK 2003) wurden die wesentlichen Strukturen für die neuen Studiengänge und deren Umsetzung in Deutschland vorgegeben. So wird erstmals klargestellt, dass der Bachelorabschluss als →Regelabschluss eines Hochschulstudiums gilt. Für diesen müssen 180 ECTS-Punkte nachgewiesen werden. Für den Masterabschluss, dessen Charakter als weiterer, d. h. zusätzlicher berufsqualifizierender Abschluss von den Kultusministern ausdrücklich betont wird, müssen 300 ECTS-Punkte erreicht werden. Dabei kann ein Masterstudiengang entweder konsekutiv oder nicht-konsekutiv direkt auf einen Bachelorabschluss folgen oder als weiterbildender Studiengang nach einem qualifizierten Hochschulabschluss und mindestens einem Jahr qualifizierter berufspraktischer Erfahrung aufgenommen werden.

Hinsichtlich der von den Kultusministern festgelegten Zugangsberechtigung zum Masterstudiengang herrscht im deutschen Hochschulraum immer noch eine rege Diskussion. Beschlossen ist, dass der Zugang zum Masterstudiengang zusätzlich zum berufsqualifizierenden Hochschulabschluss noch von weiteren Zugangsvoraussetzungen abhängig gemacht wird. Als Grund für die zusätzliche Beschränkung wird die „Gewährleistung eines hohen fachlichen und wissenschaftlichen Niveaus im Interesse der internationalen Reputation und Akzeptanz der Masterabschlüsse auf dem →Arbeitsmarkt" angegeben. In diesem Zusammenhang behalten es sich die Länder vor, über die letztendlichen Zugangskriterien zu entscheiden; dies geschieht entgegen der Bologna-Erklärung, die keine anderen Beschränkungen für die Zulassung zum zweiten Zyklus (Master) außer einem erfolgreichen Abschluss des ersten Zyklus (Bachelor) vorsieht.

Dies fordern auch die Studierenden (fzs 2003). Ein Bachelorabschluss sollte ihrer Meinung nach generell zur Aufnahme eines Masterstudiums berechtigen, wie beispielsweise in Schweden üblich. Von den deutschen Studierenden wird die KMK-Restriktion als erhebliche Verschlechterung der Situation für Studierende bezeichnet und als „Bildungsabbau" beklagt. Auch die Rektoren der deutschen Hochschulen (→HRK) wehren sich vor allem gegen die Klausel, dass die Genehmigung der Zugangskriterien bei den Ländern liegt. Die HRK fühlt sich in ihrem Gestaltungsspielraum unnötig eingeschränkt und empfindet den Genehmigungsvorbehalt der Länder als „nicht akzeptabel" (dpa 2003). Sie erinnern daran, dass auch die in Berlin versammelten Bildungsminister in Anwesenheit der →KMK diese Vorstellung im Sinne der HRK vertreten hatten.

Bezüglich der Wertigkeit der neuen Abschlüsse legten die Bildungs- bzw. Kultusminister der deutschen Länder fest, dass mit Bachelorabschlüssen grundsätzlich dieselben Berechtigungen wie mit Diplomabschlüssen an Fachhochschulen und mit Masterabschlüssen dieselben wie mit Diplom- oder Magisterabschlüssen an Universitäten und gleichgestellten Hochschulen verliehen werden. Für die Abschlussbezeichnungen (→Abschluss) werden international übliche Titel beschlossen, was eine →Transparenz im europäischen Hochschulraum erleichtern soll.

Mitte des Jahres 2004 stellt sich in Deutschland die Situation der neuen Studiengänge wie folgt dar: Unter den rund 11.000 angebotenen Studiengängen sind bereits über 3.200 Bachelor- und Masterstudiengänge zu finden. Von 9.187 grundständigen Studiengängen sind 1.284 Bachelorstudiengänge und unter 1.947 weiterführenden werden 1.180 Masterstudiengänge angeboten (→Hochschulkompass). Damit sind gut 14 Prozent der angebotenen grundständigen Studiengänge dem neuen System zuzurechnen.

Zahlen des statistischen Bundesamtes ergeben jedoch, dass dieses Angebot von den Studierenden nur in einem verhältnismäßig geringen Umfang genutzt wird. So sind im Jahr 2002 nur etwa 6 Prozent aller Studienanfänger in einem der neuen Bachelorstudiengänge eingeschrieben.

Obwohl gut die Hälfte der Studierenden nach einer Studie von HIS (2003) die Einführung eines Systems gestufter Studiengänge eher positiv bewertet, scheint sich diese Akzeptanz nicht in gleicher Weise auf die Wahl des Studiengangs auszuwirken. Ehrgeizige Pläne, wie beispielsweise von der EU-Kommissarin Viviane Reding formuliert oder von der deutschen Hochschulrektorenkonferenz (→HRK) empfohlen, das neue Studiensystem baldmöglichst verpflichtend einzuführen, also Magister, Staatsexamen und Diplom abzuschaffen, scheinen zumindest für Deutschland noch weit entfernt von einer Realisierung (KMK, HRK und BMBF 2003; Meng 2003).

Unsicherheiten über die Akzeptanz und die späteren Eingangsvoraussetzungen der neuen Abschlüsse in der Wirtschaft, insbesondere bezüglich des Bachelorabschlusses, sowie die Qualität der Studiengänge mögen für die zurzeit noch relativ geringe Popularität der neuen Studiengänge eine Rolle spielen. Die Vorsicht der Studierenden ist nicht unbegründet. Auf dem deutschen →Arbeitsmarkt sind die neuen Studienabschlüsse noch längst nicht etabliert. Mit dem deutschen Diplom gleichwertige Einstellungen können die Absolventen mit Bachelor- oder Masterabschluss vorerst nur bei international tätigen Unternehmen erwarten. Eine endgültige Klärung über die Anerkennung der neuen Abschlüsse im öffentlichen Dienst und bei den →Arbeitgebern steht noch aus. Weitere Unsicherheiten bietet die Diskussion bezüglich der Zulassung zum Masterstudium. In der Diskussion sind bestimmte Quotenregelungen oder die Entwicklung von Masterstudiengängen als Exzellenzangebote, die nur mit einer bestimmten Note und/ oder nach erfolgreichen Aufnahmeprüfungen zugänglich sein sollen.

Auch bezüglich der Qualität der neuen Studiengänge stellen sich Fragen. Eine wirkliche Studienreform erfordert eine gründliche Überarbeitung und Strukturierung der Inhalte. Manche Hochschulen in Deutschland machen es sich zu leicht, indem sie alte Studiengänge schlicht umetikettieren (FAZ 2003).

3 Qualitätssicherung und Akkreditierung – Deutschland im Kontext eines europäischen Zusammenhangs

Für Deutschland stellt sich die Frage der Qualitätssicherung und der Akkreditierung durch das Entstehen neuartiger Studiengänge im Zuge der Schaffung des europäischen Bildungsraumes in ganz besonderem Maße. Als nationale Aufgabe steht die Notwendigkeit außer Zweifel; bei den Vorstellungen über eine europäische Lösung und Zuständigkeit teilen sich die Meinungen.

Bisher hat sich die Europäische Kommission in ihren Erklärungen nur darauf beschränkt, die Frage der Qualitätssicherung und Akkreditierung als europäische Aufgabe zu deklarieren. Eine übergeordnete Zuständigkeit für die nationalen Fach- oder Regionalagenturen hat sie bisher nicht angemeldet. Anfang der neunziger Jahre verhalf sie dem Evaluationsgedanken in Europa zwar zum Durchbruch, indem sie in den europäischen Mitgliedsländern einen einheitlichen Evaluationsansatz unter Lenkung einer zentralen Managementgruppe mit ausgewählten Hochschulen förderte, doch die weitere Entwicklung überließ sie den danach gegründeten nationalen Agenturen. Ob sie sich hinsichtlich der Akkreditierung ähnlich verhalten wird, bleibt abzuwarten.

Der Ruf nach einer europäischen Koordinierung grenzüberschreitender Evaluationen und Akkreditierung kommt heute eher von den betroffenen Hochschulen selbst, die in einer nationalen Koordinationsstelle wie z. B. dem deutschen Akkreditierungsrat die Fragen von europäischen Standards und Akkreditierungen nicht vollständig abgedeckt sehen. So ist aus diesem Bedürfnis der einzelnen Hochschulen und Agenturen hinsichtlich einer Qualitätssicherung im Rahmen der europäischen Zusammenarbeit das Europäische Netzwerk zur Qualitätssicherung →ENQA (European Network for Quality Assurance in Higher Education) in der Hochschulbildung gegründet worden, ein Forum für den Erfahrungsaustausch über Theorie und Praxis in der Qualitätssicherung. Mehr und mehr gewinnen transnationale Initiativen und Zusammenschlüsse von Evaluierungseinrichtungen auch in Deutschland an Bedeutung (EUA 2003, KMK, HRK und BMBF 2003).

Die ersten Schritte zu einer europäischen oder überstaatlichen Qualitätssicherung bzw. deren Koordination werden also bereits getan; allerdings ist die Richtung noch offen. In den laufenden Diskussionen treffen vor allem zwei Realisierungsmodelle aufeinander: Einerseits wird ein hierarchisches Modell vorgeschlagen, das letztlich eine europäische Zentralstelle an der Spitze vorsieht, wobei diese Zentralstelle durchaus als Gemeinschaftseinrichtung der Hochschulen zu sehen ist, unabhängig von der Europäischen Kommission. Als Gegenmodell wird eine Open-Source-Entwicklung diskutiert, in der sich ähnlich gelagerte nationale Agenturen oder Hochschulverbünde grenz- und kompetenzüberschneidend in mehreren Netzen unter gemeinsam entwickelten Standards verbinden.

Literatur

Berlin-Communiqué (2003): „Den Europäischen Hochschulraum verwirklichen". Kommuniqué der Konferenz der europäischen Hochschulministerinnen und -minister am 19. September 2003 in Berlin.

BMBF (2003): Bundesministerium für Bildung und Forschung, Pressemitteilung 166/03: Wissenschaftsminister aus vierzig europäischen Ländern beschließen europaweite Hochschulreform (19.9.).

Bologna-Erklärung (1999): Der Europäische Hochschulraum. Gemeinsame Erklärung der Europäischen Bildungsminister vom 19. Juni 1999. Bologna.

dpa (2003): dpa-Dienst für Kulturpolitik 43/03, Hochschule: KMK beschließt Vorgaben für Bachelor/Master – HRK: Verzichtbar.

EUA (2003): GRAZ READER – EUA Convention of European Higher Education Institutions. Graz.

Europäische Kommission (2002): Der europäische Forschungsraum – ein Binnenmarkt des Wissens; online einsehbar unter: http://europa.eu.int/comm/research/era/leaflet/pdf/era_de.pdf.

FAZ (2003): Einheitliche Studienabschlüsse in 40 europäischen Staaten bis 2005. Frankfurter Allgemeine Zeitung, Nr. 219 (20.9.), S. 5.

fzs (2003): freier zusammenschluss von studentinnenschaften, Presseerklärung: KMK will Zugang zu Masterstudiengängen massiv einschränken! (15.4.).

HIS (2003): Kurzbericht Nr. 6: Studierende auf dem Weg nach Europa. Studierendenuntersuchung 2003 zur Akzeptanz des Bologna-Prozesses.

KMK (2003): Ländergemeinsame Strukturvorgaben gemäß § 9 Abs. 2 HRG für die Akkreditierung von Bachelor- und Masterstudiengängen.

KMK, HRK und BMBF (2003): Realisierung der Ziele der Bologna-Erklärung in Deutschland – Sachstandsdarstellung.

Kommission der Europäischen Gemeinschaften (2002): Der europäische Forschungsraum: Ein neuer Schwung. Ausbau, Neuausrichtung, neue Perspektiven. Mitteilung der Kommission (16.10.).

Meng, Richard (2003): Studium ohne Grenzen ist noch fern. Europäische Ministerkonferenz in Bayern will Hochschulsysteme vereinheitlichen, in: Frankfurter Rundschau, Nr. 219 (19.09.), S. 4.

Öffentliche und private Bildungsmärkte und die Verhandlungen des GATS

Christoph Scherrer*

Grenzüberschreitende Dienstleistungen und damit auch Bildungsdienstleistungen fallen in die Kompetenz der Welthandelsorganisation (World Trade Organization, WTO). Derzeit wird das 1994 abgeschlossene Dienstleistungsabkommen GATS (General Agreement on Trade in Services) mit dem Ziel der weiteren Liberalisierung des internationalen Dienstleistungsverkehrs im Rahmen der WTO neu verhandelt. Bildung gehört zum Themenkatalog dieser neuen Runde.

Bereits zur WTO-Gründung hat sich die Europäischen Union (EU), die für die europäischen Mitgliedsstaaten verhandelt, gegenüber den anderen WTO-Mitgliedstaaten durch Unterzeichnung des GATS verpflichtet, in den meisten Bildungsbereichen freien Marktzugang und gleiche Behandlung in- und ausländischer Anbieter zu gewährleisten. Im Wesentlichen hat sie sich damals nur vorbehalten, Bildung bzw. Bildungsträger nach eigenem Gutdünken zu subventionieren. Wie noch zu zeigen gilt, würde die Aufgabe dieses Vorbehalts drastische Änderungen in der Bildungslandschaft hervorrufen. Insbesondere würde der Charakter der Bildung als öffentliches Gut in Frage gestellt (Lohmann, Rilling 2002).

Die Einführung von Akkreditierungsagenturen mag zwar nicht in einem unmittelbaren Zusammenhang mit GATS stehen, doch sie erleichtert die Erfüllung eines zentralen GATS-Prinzips, nämlich die sog. Inländerbehandlung. Die Agenturen können als selbstständige Organisationen glaubwürdiger als Landesministerien vermitteln, dass bei ihren Zulassungsentscheidungen ausländische Anbieter gleich den inländischen Bildungsinstitutionen behandelt werden.

In diesem Beitrag sollen zentrale Bestimmungen des GATS verständlich gemacht, die bisher eingegangenen Liberalisierungsverpflichtungen vorgestellt und einige Problembereiche der laufenden Verhandlungen benannt werden.

* Ich danke Judith Enders, Sebastian Haslinger und Gernot Rönz für ihre Mitarbeit an der diesem Beitrag zugrunde liegenden und von der Max-Traeger-Stiftung geförderten Studie „GATS-Verhandlungsrunde im Bildungsbereich: Bewertung der Forderungen" (Enders, Haslinger et al. 2003).

1 Das Dienstleistungsabkommen GATS

Was wurde 1994 vereinbart? Zunächst wurde ein eigenes Klassifikations-schema entwickelt, das Dienstleistungen in zwölf Sektoren unterteilt. Im fünften Sektor befinden sich die Bildungsdienstleistungen (Educational Services), die wiederum in fünf Kategorien untergliedert sind:

- primäre Bildungsdienstleistungen (im vorschulischen Bereich, z.B. an Kindergärten),
- sekundäre Bildungsdienstleistungen (schulische und berufs-bildende Angebote unterhalb der Hochschulen),
- höhere (tertiäre) Bildungsdienstleistungen (z.B. Berufs- und Universitätsausbildung),
- Erwachsenenbildung (allgemeine Bildung und berufliche Ausbildung), soweit sie nicht vom regulären System für höhere Bildung angeboten wird,
- sowie andere Bildungsdienstleistungen (bezieht sich auch auf spezielle Bildungsangebote im primären und sekundären Bereich, soweit sie nicht dort aufgeführt sind).

Bezüglich der Berufsbildung sind die Kategorien sekundäre und höhere Bildungsdienstleistungen nicht eindeutig voneinander unterschieden. Die deutsche duale Ausbildung, da unterhalb Universitätsniveau, findet sich in der Kategorie sekundäre Bildungsdienstleistungen. Die Klassifikationen sind selbst Gegenstand der Verhandlungen, d.h. dass zum einen die einzelnen Sektoren noch feiner untergliedert werden können, und dass zum anderen die Zuordnung spezifischer Dienstleistungen neu vereinbart werden kann. Des Weiteren werden im Artikel I des GATS vier Erbringungsarten („modes") des Dienstleistungshandels unterschieden:

- (Mode 1) Grenzüberschreitende Erbringung: Eine Dienstleistung, die „aus dem Gebiet eines Mitglieds stammt und im Gebiet eines anderen Mitglieds erbracht wird" (z.B. E-Learning übers Internet);
- (Mode 2) Nutzung im Ausland: Eine Dienstleistung, die „im Gebiet eines Mitglieds gegenüber dem Dienstleistungsempfänger eines anderen Mitglieds erbracht wird" (z.B. für Studierende aus dem Ausland);
- (Mode 3) Kommerzielle Präsenz: Eine Dienstleistung, die „von einem Erbringer einer Dienstleistung eines Mitglieds im Wege geschäftlicher Anwesenheit im Gebiet eines anderen Mitglieds erbracht wird" (z.B. eine Sprachschule von Berlitz);

■ (Mode 4) Präsenz natürlicher Personen: Eine Dienstleistung, die „von einem Erbringer einer Dienstleistung eines Mitglieds durch die Anwesenheit einer natürlichen Personen eines Mitglieds im Gebiet eines anderen Mitglieds erbracht wird" (z.B. muttersprachliches Lehrpersonal an einer Sprachschule).

Diese Klassifikationen ermöglichen eine sehr differenzierte Liberalisierung der Dienstleistungen. So kann ein Land z.B. seine Liberalisierungsverpflichtungen im Bereich der Bildung gezielt auf die Erbringungsart 2 „Nutzung im Ausland" für Erwachsenenbildung beschränken. Obendrein könnte es noch zusätzliche Ausnahmen für sich beanspruchen, z. B. eine staatsbürgerliche Eingrenzung des Personenkreises, der in der Weiterbildung lehren darf. Die spezifischen Verpflichtungen sind als eigene Länderlisten Teil des GATS.

Das flexible Liberalisierungskonzept des GATS erlaubt es den WTO-Mitgliedern im Prinzip, nur in den Sektoren ihren Markt zu öffnen, in denen sie es für opportun halten. Haben sie sich allerdings einmal verpflichtet, sind sie dauerhaft gebunden, es sei denn, sie leisten denjenigen Handelspartnern monetär oder durch Liberalisierungen in einem anderen Sektor (auch im Warenverkehr) Kompensationen, die durch die Rücknahme schlechter gestellt werden.

Zu was verpflichten sich die Länder, wenn sie einzelne Sektoren und Erbringungsarten in die Länderlisten eintragen? Sie verpflichten sich zur Einhaltung der zentralen Prinzipien des GATS, und zwar insbesondere zur Meistbegünstigung und zur Inländerbehandlung: Das Meistbegünstigungsprinzip verlangt, dass Handelsvergünstigungen, die einem Land gewährt werden, automatisch auch allen anderen WTO-Mitgliedern zugestanden werden müssen. Allerdings erlaubt das GATS Ausnahmen für regionale Integrationsabkommen. Eine solche ist für die EU von Bedeutung, da sie verhindert, dass Handelsvorteile des Binnenmarkts umstandslos auch Drittstaaten gewährt werden müssen. Der Grundsatz der Inländerbehandlung besagt, dass zwischen Gebietsfremden und Gebietsansässigen auf einem bestimmten Markt nicht diskriminiert werden darf. So müssten die Zulassungsverfahren zur Anerkennung als Bildungsträger für ausländische Anbieter denen der inländischen Anbieter gleich sein.

Falls eine Regierung eines Mitgliedslandes der Auffassung ist, dass ein anderes Mitglied seine GATS-Pflichten nicht erfüllt, kann es das Streitbeilegungsverfahren der WTO in Anspruch nehmen.

2 Verpflichtungen der Europäischen Union

Bereits mit Abschluss des GATS-Abkommens haben die Europäischen Gemeinschaft und ihre Mitgliedsstaaten mit Ausnahme der Kategorie „andere Bildungsdienstleistungen" in allen Kategorien des fünften Sektors Bildungsdienstleistungen Verpflichtungen zur Gleichstellung ausländischer Bildungsdienstleister übernommen: primäre, sekundäre und höhere (tertiäre) Bildungsdienstleistungen sowie Erwachsenenbildung. Allerdings ist die EU-Liberalisierungsverpflichtung auf „privat finanzierte" Bildungsdienstleistungen beschränkt. Somit sind die staatlichen Schulen und Hochschulen in der Bundesrepublik Deutschland noch von den GATS-Verpflichtungen ausgenommen. Es ist allerdings unklar, ab welchem Ausmaß privater Beteiligung eine Bildungsdienstleistung als privat finanzierte Bildungsdienstleistung gilt. Theoretisch könnte ein rein privater Anbieter unter Berufung auf das GATS gegen kostenpflichtige Angebote öffentlicher Bildungseinrichtungen (z. B. betriebswirtschaftliche Studienangebote) vorgehen, soweit diese letztlich doch noch zu einem Teil öffentlich subventioniert würden (Kelk, Worth 2002, 31).

	(Mode 1) Grenzüberschreitende Erbringung	(Mode 2) Nutzung im Ausland	(Mode 3) Kommerzielle Präsenz	(Mode 4) Präsenz natürlicher Personen
5. Privat finanzierte Ausbildungsdienstleistungen				
A. Primärausbildung	Verpflichtung	Verpflichtung	Verpflichtung	
B. Sekundärausbildung	Verpflichtung	Verpflichtung	Verpflichtung	
C. Höhere Schulausbildung	Verpflichtung	Verpflichtung	Verpflichtung	
D. Erwachsenenbildung	Verpflichtung	Verpflichtung	Verpflichtung	

Tabelle: GATS-Verpflichtungen der EU-Mitgliedsstaaten

Quelle: Bundesgesetzblatt, Jahrgang 1994, Nr. 40., S. 1703 f.

Diese Verpflichtungen haben sie in die sog. sektorale Länderliste eingetragen, also eine Liste, die u. a. nach Sektor und Erbringungsart differenziert ist. Daneben findet sich noch die Rubrik „horizontale Verpflichtungen". Dort hat die EU zwei für das Bildungswesen sehr bedeutsame Ausnahmen eingetragen, und zwar für öffentliche Dienste und Subventionen.

Im Art. 1 Abs. 3 lit. b des GATS werden hoheitliche Aufgaben, die nicht den GATS-Verpflichtungen unterliegen, äußerst eingeschränkt definiert: „weder zu kommerziellen Zwecken noch im Wettbewerb ... erbracht". Deshalb hat die EU eintragen lassen, dass in sämtlichen EU-Mitgliedsstaaten „Dienstleistungen, die auf nationaler oder örtlicher Ebene als öffentliche Aufgaben betrachtet werden, staatlichen Monopolen oder ausschließlichen Rechten privater Betreiber unterliegen" können (GATS 1994, 1679). Die EU behält sich mit anderen Worten das Recht vor, den Marktzugang im Bereich öffentlicher Aufgaben einzuschränken. Zur Illustration dessen, was sie unter öffentlichen Aufgaben versteht, hat die EU in einer Fußnote eine offene Beispielsliste eingefügt (z. B. Forschungs- und Entwicklungsdienstleistungen).

Die EU verweigert derzeit zudem Unternehmen und Studierenden aus Drittstaaten das Recht auf Inländerbehandlung im Falle von Subventionen: „Der Anspruch auf Subventionen der Gemeinschaften oder der Mitgliedsstaaten kann auf im Hoheitsgebiet eines Mitgliedsstaats oder in einem besonderen geographischen Teilgebiet eines Mitgliedsstaats niedergelassene juristische Person beschränkt werden"; „Soweit Subventionen natürlichen Personen zur Verfügung gestellt werden, können sie auf Staatsangehörige eines Mitgliedsstaats der Gemeinschaften beschränkt werden." (GATS 1994, 1680).

3 Forderungen in der neuen Verhandlungsrunde

In der seit 2000 laufenden Verhandlungsrunde hat die EU im Juni 2002 im Bildungsbereich nur von den USA die Marktöffnung im Bereich privat finanzierter höherer Bildungsdienstleistungen gefordert. Sie selbst ist allerdings Adressat vielfältiger Forderungen im Bildungsbereich seitens einiger bedeutender Handelspartner geworden. So wird die EU aufgefordert, auch für die Kategorie der anderen Bildungsdienstleistungen GATS-Verpflichtungen zu übernehmen, und zwar insbesondere für Bildungstest-Dienstleistungen und Bildungsvermittlungsagenturen. In den anderen Kategorien soll sie die Beschränkung auf „privat finanziert" aufgeben. Darüber hinaus soll sie ihre sektorübergreifenden „horizontalen" Vorbehalte aufgeben, insbesondere die weite und nicht erschöpfende Definition des öffentlichen Sektors und den Subventionsvorbehalt (BMWi 2002).

4 Mögliche Folgen der Forderungserfüllung

Sofern die horizontalen Vorbehalte der EU bestehen bleiben, würde sich bei der Aufgabe der Beschränkung auf privat finanzierte Bildungsdienstleistungen im wesentlichen nur die Rechtsstellung ausländischer öffentlich finanzierter Bildungsträger verbessern, da sie nun auch auf Marktzugang und Inländerbehandlung ein Anrecht erhalten.

Einschneidender wäre die Festlegung der Dienstleistungen, die als öffentliche Aufgaben gelten. Da Lehrtätigkeiten nicht explizit in die Ausnahmeliste aufgenommen worden sind (aber auch nicht explizit ausgeschlossen sind), ist es durchaus wahrscheinlich, dass sie bei einer erschöpfenden Definition der öffentlichen Aufgaben aus dem öffentlichen Sektor herausfallen. Dies hätte bei Zulassungsentscheidungen hinsichtlich Hochschulen oder einzelnen Studiengängen zur Folge, dass der Art. VI des GATS beachtet werden müsste. Demnach dürfen Zulassungserfordernisse keine unnötigen Hemmnisse für den Handel mit Bildungsdienstleistungen darstellen (Abs. 4).

Die Aufgabe des Subventionsvorbehalts hätte die schärfsten Auswirkungen auf das Bildungswesen. Bei einer Streichung des Subventionsvorbehalts könnten Bildungsinstitutionen aus Drittstaaten, die in der EU →Studienprogramme anbieten wollen, die öffentliche Unterstützung der Hochschulen als Verstoß gegen das GATS-Prinzip der Inländerbehandlung und damit als unzulässig bezeichnen. Ihr jeweiliger Heimatstaat könnte dann gegen die EU den Streitschlichtungsmechanismus bemühen.

Beim Fortfall des Subventionsvorbehalts stehen mehrere Optionen offen, um GATS-Konformität herzustellen. Erstens könnten die staatlichen Zahlungen völlig eingestellt werden. Eine solche drastische Maßnahme ist aber zumindest kurzfristig sehr unwahrscheinlich. Zweitens könnten alle Hochschulen direkt subventioniert werden. Die Vergabe der Mittel könnte über ein Ausschreibungsverfahren erfolgen und wäre nichtdiskriminierend durchführbar. Die bestehenden Hochschulen stünden dann nicht nur untereinander in Konkurrenz um staatliche Mittel, sondern auch in Konkurrenz mit potenziellen Anbietern inner- und außerhalb der EU. Diese Konkurrenz wird wohl in jenen Fächern am stärksten sein, in denen zum Aufbau eines Studiengangs relativ geringe Investitionen notwendig sind. Dies trifft auf Geistes-, Sozial-, Rechts- und Wirtschaftswissenschaften am ehesten zu. Die GATS-Konformität dieser Option ist allerdings aufgrund der Gefahr, dass die staatlichen Mittel zu anderen als den bewilligten Zwecken eingesetzt werden (z. B. für unzulässige Quersubventionierungen kommerzieller Angebote), fraglich.

Am ehesten GATS-konform wäre die Umstellung der Finanzierung des Hochschulwesens von einer Subventionierung der Bildungseinrichtungen auf eine der Studierenden. Diese könnten dann eine Hochschule ihrer Wahl besuchen, die dann entweder als kommerzielles Unternehmen oder als gemeinnützige Stiftung geführt wird. Die daraus folgende Konkurrenz um Studierende wäre für die derzeitige Hochschullandschaft sehr folgenreich. Falls die staatlichen Zuschüsse an die Studierenden nicht die unterschiedlichen Kosten der einzelnen Studiengänge berücksichtigen, käme es zu einer merklichen Verschiebung der Studienangebote zugunsten kostengünstiger Studiengänge. Die Hochschulen wären auch frei, ihre Gebühren so zu setzen, dass an mancher Hochschule die staatliche Bezuschussung der →Studiengebühren nicht ausreichen wird.

5 Deutsche Politik

Die Regierungsfraktionen im Deutschen Bundestag, SPD und Bündnis 90/Die Grünen, forderten im März 2003 die Bundesregierung auf, in der Europäischen Union darauf hinzuwirken, dass die Kommission keine Zugeständnisse in den Bereichen Bildung, Kultur und audiovisuelle Dienstleistungen macht. So weit derzeit bekannt, hat die EU in dem Entwurf ihrer GATS-Angebote die Bildung bisher ausgenommen. Vielmehr bietet sie den Verhandlungspartnern eine Liberalisierung der Erbringungsart vier (grenzüberschreitende, zeitlich begrenzte Dienstleistungen durch Personen) an (Deutscher Bundestag 2003), die sich allerdings auch auf die Bildung auswirken könnte. Das derzeitige verhandlungstaktische Minimalangebot der EU wird sicherlich im Laufe der Verhandlungen deutlich erhöht werden müssen, falls die EU einen erkennbaren Teil ihrer eigenen Forderungen (in anderen Dienstleistungssektoren) gegenüber den Verhandlungspartnern eingelöst sehen möchte.

Zugeständnisse in den randständigeren Bereichen des Bildungswesens sind denkbar, insbesondere in der Weiterbildung und den Testdienstleistungen. Die Bund-Länder-Kommission hat beispielsweise in ihrer Grundsatzposition zu GATS den Bereich der sonstigen Bildungsdienstleistungen für grundsätzlich verhandelbar erklärt (BLK 2002, Bulmahn 2002, zu den möglichen Auswirkungen Enders et al. 2003, 35–64).

Literatur

BLK (2002): Bund-Länder-Kommission für Bildungsplanung und Forschungsförderung, Grundsatzposition zur Behandlung der Bildungs-Dienstleistungen
in den laufenden Verhandlungen im Rahmen der WTO über das allgemeine
Übereinkommen über den Handel mit Dienstleistungen (GATS), Bonn.

BMWi (2002): Bundesministerium für Wirtschaft: Informationen über den Fort-
gang der WTO-Dienstleistungsverhandlungen, Schreiben an Nichtregierungs-
organisationen.

Bulmahn, Edelgard (2002): Wir dürfen Bildung nicht als Ware dem Handel
überlassen, in: Frankfurter Rundschau, Nr. 156 (8.7.), S. 10.

Deutscher Bundestag (2003): Antrag der Fraktionen von SPD und
Bündnis 90/Die Grünen, GATS-Verhandlungen – Transparenz und Flexibilität
sichern, 15. Wahlperiode, Drucksache 15./576 (12.03.).

Enders, Judith / Sebastian Haslinger et al. (2003): GATS-Verhandlungsrunde im
Bildungsbereich: Bewertung der Forderungen, Gutachten für die
Max-Traeger-Stiftung, hg. von Gewerkschaft Erziehung und Wissenschaft,
Hauptvorstand, Frankfurt/M.

Fritz, Thomas / Christoph Scherrer (2002): GATS: Zu wessen Diensten? Hamburg.

GATS (1994): Liste der spezifischen Verpflichtungen der EG und ihrer Mitgliedsstaaten, deutsche Übersetzung, in: BGBl. II 1994, S. 1678–1683.

Kelk, Steven / Jess Worth (2002): TRADING IT AWAY: How GATS threatens
UK Higher Education, Oxford; online einsehbar unter:
http://www.peopleandplanet.org/tradejustice/tradingitaway.php#report.

Lohmann, Ingrid / Rainer Rilling (Hg.) (2002): Die verkaufte Bildung. Kritik
und Kontroversen zur Kommerzialisierung von Schule, Weiterbildung,
Erziehung und Wissenschaft. Opladen 2002.

Vom Lehren zum Lernen

Johannes Wildt

Studienreform in neuen Studiengangssystemen geschieht – wie die Erfahrungen in den Hochschulen zeigen – nicht selten lediglich als Struktur- und Organisationsreform. Dies allein mag schon zu Verbesserungen führen, wenn das Studium dadurch an Übersichtlichkeit und Studierbarkeit gewinnt. Häufig unterbleibt dabei jedoch eine tiefer greifende inhaltliche und methodische Erneuerung in den Kernbereichen von Lehre, Studium und Prüfung. Wer lediglich „alten Wein in neue Schläuche" füllt, verfehlt wirkungsvolle und nachhaltige Qualitätsverbesserungen.

Eine tiefer greifende Reform, die auf dem „Weg zu einem europäischen Bildungssystem" auf eine Stufung und Modularisierung von Studiengängen abzielt, geht mit einer veränderten Sicht auf Lehren und Lernen in der Hochschule einher (Wildt 2001) – bzw. kann zumindest damit verknüpft werden. Dies gelingt allerdings nur, wenn der Prozess des Wandels nicht an der Oberfläche bleibt, sondern in den Kern der Lehr- bzw. Lernkultur hineinreicht.

Dieser Sichtwechsel eines „Shift from Teaching to Learning" soll charakterisiert und in einigen wichtigen Dimensionen nachgezeichnet werden.

1   Lernen im Fokus

Seit über einem Jahrzehnt ist, um eine Redewendung der UNESCO zu nutzen, weltweit von einem „Shift from Teaching to Learning" die Rede (Berendt 1999; 2002). In dieser Redeweise drückt sich – wie in anderen Bereichen des New Public Management auch – die Abkehr von einer Input-Steuerung des Bildungs- bzw. Hochschulsystems aus. Die in den Fachkulturen an Hochschulen zumeist herrschende Lehre, dass es im didaktischen Geschehen auf die Content-Orientierung, d. h. auf Darstellung und Vermittlung von Lehrinhalten ankommt, verliert zusehends an Einfluss. Der Sichtwechsel vom Lehren zum Lernen richtet den Blick dagegen auf die Ergebnisse des Lernens (Output-Orientierung; →Learning Outcomes) und die Strategien, mit denen sie erreicht werden.

Der Sichtwechsel vom Lehren zum Lernen, für den die Orientierung am →Workload, d. h. der studentischen Arbeitszeit, nur die äußere Seite darstellt, lässt sich mit folgenden didaktischen Merkmalen charakterisieren:

- Studierendenzentrierung, d. h. die Studierenden und ihre Lernprozesse stehen im Mittelpunkt,
- Veränderung der Lehrendenrolle weg von der Zentrierung auf Instruktion zum Arrangement von Lernumgebungen bzw. -situationen und Lernberatung,
- Ausrichtung des Lernens auf Ziele bzw. Ergebnisse,
- Förderung von selbstorganisiertem und aktivem Lernen,
- Beachtung motivationaler und sozialer Aspekte des Lernens,
- Verbindung von Wissenserwerb und Erwerb von Lernstrategien.

Mit dem „Shift from Teaching to Learning" werden Lehren und die Lehrkompetenz keineswegs funktions- oder anspruchslos. Im Gegenteil: Lehren wird neu kontextuiert und neu durch das Lernen hindurch gedacht. Aufgabe der Lehrenden ist es, Lehren auf Lernen zu beziehen, d. h. „lernförderlich zu gestalten" (Wildt 2002a).

2 Akademisches Lernen – Employability und Citizenship

Der Sichtwechsel vom Lehren zum Lernen geht einher mit einer Auseinandersetzung über die Relation zwischen Hochschule und Arbeitswelt oder allgemeiner zwischen Wissenschaft und Beruf bzw. Gesellschaft. Zwar bleibt die Referenz von Bildung bzw. Ausbildung auf das Bezugssystem der Wissenschaft bestehen. Bildung an der Hochschule vollzieht sich in diesem Sinne im „Medium der Wissenschaft" (Asdonk, Krüger et al. 2002). Akademische Bildung wird jedoch – wie das folgende Schaubild (Abb. 1) zeigt – in Bezug zur Teilhabe an beruflichem und gesellschaftlichem Wandel gesetzt und nach ihrer Eignung für Employability gefragt, d. h. Beschäftigungsfähigkeit im Sinne einer generativen Kompetenz, die sich wandelnden Anforderungen innerhalb des Berufs zu bewältigen, und Citizenship als Kompetenz zu entwickeln, aktiv an der Gestaltung des gesellschaftlichen Lebens teilzuhaben (Haug, Tauch 2001; Reichert, Tauch 2003).

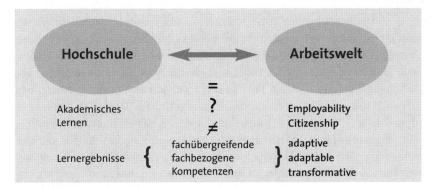

Abb. 1: Learning Outcomes

Zwar wird mitunter dagegen polemisiert, akademische Bildung überhaupt in solche Bezüge zu setzen. Kaum bestreitbar ist auf Grund von sozialisationstheoretischen Erkenntnissen jedoch, dass in einer „Bildung im Medium der Wissenschaft" Haltungen, Einstellungen und Handlungsmuster „ausgebildet" werden, die in Arbeitswelt und gesellschaftlichem Leben wirksam werden. Strittig kann deshalb eigentlich nicht sein, dass, sondern höchstens wie in der Studienreform Employability und Citizenship thematisiert werden. Stufung und Modularisierung von Studiengängen rücken diese Frage ins Blickfeld. Folgerichtig wird daher die Relationierung zwischen Studium und Beruf bzw. Gesellschaft selbst zum Gegenstand (hochschuldidaktischer) Gestaltung. Einmal abgesehen davon, dass die Aufmerksamkeit in der Studienreform häufig außerberufliche gesellschaftliche Bezüge außer Acht lässt und auf Employability verflacht, stellt sich konsequent die Frage nach der Gestaltung dieser Relation. So ist es für den ganzen Zuschnitt eines Studiums von hoher Bedeutung, ob die Funktion des Studiums als

- „adaptive", d. h. im Sinne einer Befähigung zur Anpassung an wechselnde Anforderungen aus Gesellschaft und Beruf
- „adaptable", d. h. im Sinne einer Befähigung zur Anpassung der wechselnden Anforderungen an die eigenen Kompetenzen oder
- „transformative", d. h. im Sinne einer Befähigung zur Mitwirkung an den Veränderungen in Beruf bzw. Gesellschaft interpretiert wird.

Je nach Funktionsbestimmung werden die →Learning Outcomes bzw. die Competences (→Kompetenz), um die es in Studium und Lehre geht, höchst unterschiedlich definiert.

An die Stelle einer Ausrüstung allein mit wissenschaftlichem Wissen tritt im Studium die Ausstattung mit Fähigkeiten hinzu, sich neues Wissen ständig „just in time" anzueignen. Studium und Lehre werden infolgedessen an einem Lifelong Learning (→Lebenslanges Lernen) ausgerichtet. Lebensbegleitendes Lernen besteht nicht nur in der ständigen Aneignung neuen Wissens, sondern auch im Umgang mit dem Wissen. Dabei geht es immer wieder um erneute „Einstellung" auf veränderte Situationen, Prüfung der Angemessenheit von Lernanforderungen und individuelle Auswahlentscheidung. Der Bedarf an Selbstregulation des individuellen Lernens nimmt zu: alles Herausforderungen an eine Studienreform, die zwar nicht an Stufung und Modularisierung von Studiengängen gebunden ist, sondern im Grundsatz alle Studienstrukturen betrifft, für die aber der „Weg nach Europa" Handlungsperspektiven und Handlungsfelder eröffnet.

3   Tuning in Europe. Competences als Points of Reference

Für eine Studienreform im Sinne des „Shift from Teaching to Learning" stellt sich in dieser Perspektive die Aufgabe, den →Learning Outcome zu definieren. Wie dies in einem breit angelegten Konsensprozess geschehen kann, zeigt das sog. →Tuning-Projekt, in dem unter Beteiligung von über 100 europäischen Universitäten in sieben Studiengangsbereichen versucht wurde, die Vielfalt der Curricula durch die Verständigung auf Competences abzustimmen. Auf diese Weise sollte über Learning Outcomes Vergleichbarkeit hergestellt werden. Tuning nicht über Contents, sondern über Learning Outcomes herzustellen, lässt den beteiligten Hochschulen ihre Unterschiedlichkeit (Diversity), ihre Freiheit und Autonomie, ihre eigenen Wege zu den gemeinsamen Zielen zu gehen. In dem Abstimmungsprozess ist es in einer Experten-Befragung von Fachleuten aus Wissenschaft und anderen gesellschaftlichen Sektoren für die sieben ausgewählten Studiengänge gelungen, sich auf ein übereinstimmendes Kompetenzspektrum zu verständigen.

Als gemeinsame Bezugspunkte (Points of Reference) werden dabei Generic Competences and Skills (instrumental, interpersonal und systemic) und Subject Specific Competences and Skills unterschieden. Die dem Tuning-Bericht entnommenen Listen geben einen ersten Überblick, der in den fachbezogenen Teilberichten studiengangsspezifisch konkretisiert wird:

Fachübergreifende Kompetenzen (I) (sehr bedeutsam)

- Fähigkeit zur Analyse und Synthese (a)
- Lernfähigkeit
- Problemlösen (a)
- Fähigkeit, Wissen in der Praxis anzuwenden
- Fähigkeit, sich an neue Situationen anzupassen
- Ausrichtung auf Qualitätssorge (a)
- Informationsmanagement (a)
- Fähigkeit, autonom zu arbeiten (a)
- Teamarbeit
- Basiswissen (a)
- Erfolgszuversicht (a)

Fachübergreifende Kompetenzen (II) (weniger bedeutsam)

- Verständnis von Kulturen und Sitten anderer Länder (a-)
- Wertschätzung von Verschiedenheit
  und multikultureller Umgebung
- Fähigkeit, in internationalen Kontexten zu arbeiten (a-)
- Führungsfähigkeit (a-)
- Forschungsfähigkeit
- Projektdesign und Management
- Kenntnisse einer zweiten Fremdsprache (a-)
- Kommunikation mit Experten in anderen Feldern (a-)
- Fähigkeit, interdisziplinär zu arbeiten (a-)

Fachspezifische Kompetenzen – Erster Zyklus:

- zeigt Vertrautheit mit der Begründung
  und der Geschichte des Hauptfachs
- kommuniziert über das angeeignete Basiswissen
  in einer zusammenhängenden Weise
- bettet neue Informationen ein und kann
  sie in ihrem Kontext interpretieren
- zeigt Verständnis der generellen Strukturen der Disziplinen
  und der Verbindung zwischen ihren Subdisziplinen
- zeigt Verständnis und wendet Methoden der kritischen
  Analyse und der Entwicklung von Theorien an
- wendet disziplinbezogene Methoden
  und Techniken sorgfältig an
- zeigt Verständnis der Qualität von disziplinbezogener
  Forschung
- zeigt Verständnis von experimenteller oder beobachtender
  Überprüfung wissenschaftlicher Theorien

Tabelle (Teil A): Kompetenzprofile im „Tunig-Projekt"

Fachspezifische Kompetenzen – Zweiter Zyklus:

- hat eine gute Vertrautheit mit einem speziellen Feld innerhalb der Disziplin auf einem fortgeschrittenen Level
- ist in der Lage, neuen Entwicklungen in Theorie und Praxis kritisch zu folgen und diese zu verstehen
- hat ausreichende Kompetenzen in den Techniken unabhängiger Forschung und ist in der Lage, die Ergebnisse auf einem fortgeschrittenen Niveau zu interpretieren
- ist fähig, inale, wenn auch begrenzte Beiträge innerhalb des Kanons der Disziplin beizutragen, z. B. in Thesenform
- zeigt Originalität und Kreativität in Bezug auf den Umgang mit der Disziplin
- hat Kompetenzen auf einem professionellen Level entwickelt

Tabelle (Teil B): Kompetenzprofile im „Tunig-Projekt"

Alle Zusammenstellungen sind dem Abschlussbericht des Tuning Projekts entnommen (Hawg 2001, TUNING Project 2003, S. 30 f.) – (a) bedeutet dabei High Achievement, d. h. nach der Experteneinschätzung in hohem Umfang realisiert, (a-) einen schwachen Realisierungsgrad.

Die Ergebnisse des Tuning-Projektes sind durchaus anschlussfähig an die in der bundesdeutschen Hochschuldidaktik in den letzten Jahren wieder verstärkt aufgenommene Debatte über Schlüsselkompetenzen bzw. -qualifikationen (Wildt 1997, 2002b, 2003a; Orth 1999; Knauf, Knauf 2003). Mittlerweile hat sich weitgehend durchgesetzt, das Konstrukt der Handlungskompetenz als Integration von Fach-, Methoden-, Sozial- und Selbstkompetenz zu fassen (Abb. 2).

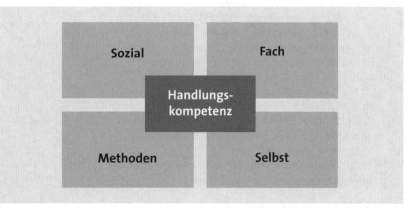

Abb. 2: Schlüsselkompetenzen

Methoden-, Sozial- und Selbstkompetenz entsprechen den Generic Competences, die zusammen mit den Fachkompetenzen als den Subject Oriented Competences Orientierungsmarken für ein umfassendes Bildungsprogramm in gestuften und modularisierten Studiengängen darstellen.

4 Lernkonzepte

Praktisch umsetzbar wird eine solche Konzeption akademischer Bildung allerdings erst dann, wenn gezeigt werden kann, wie Lernprozesse gestaltet werden können, die zur Entwicklung dieser Kompetenzen führen: Eine Herausforderung, die die Hochschuldidaktik auf dem erreichten State of the Art anzunehmen in der Lage ist. An dieser Stelle müssen knappe Hinweise in schematischer Form genügen, welche die komplexen didaktischen Bedingungsgefüge in lernpsychologischer Betrachtungsweise nur zusammenfassend andeuten können.

Einem kompetenzorientierten Ansatz ist ein Konzept „situierten Lernens" angemessen (Abb. 3), demnach sich Lernen im Sinne eines Deep Approach auf komplexe Problemstellungen unter möglichst authentischen Bedingungen beziehen sollte, in der Problembearbeitung multiple Perspektiven einzunehmen erlaubt, in artikulierter Form Reflexion anregt und bevorzugt in sozialem Austausch stattfindet.

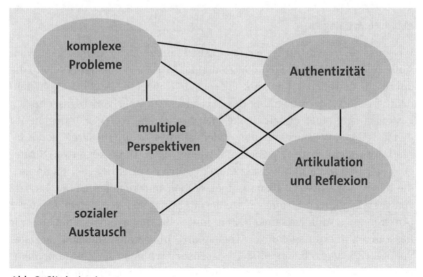

Abb. 3: Situiertes Lernen

Eine lernpsychologische Fundierung geben kognitionspsychologische und (gemäßigt) konstruktivistische Ansätze, die auf selbstorganisiertes und selbstreguliertes Lernen und darauf bezogene Instruktion abzielt (Wild 2000; Reinmann-Rothmeier, Mandl 2001).

Eine weitere Rekonstruktion, in der kognitionspsychologische Konzepte des Erwerbs von Lernstrategien (Wild 2000) zusammengefasst werden, gibt das folgende Schaubild wieder (Abb. 4):

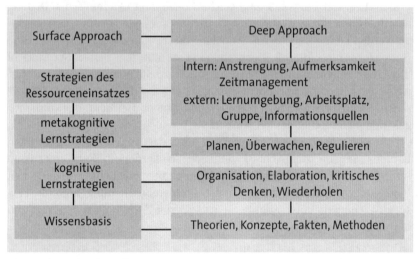

Abb. 4: Lernstrategien

Wissenserwerb wird in dieser Rekonstruktion zwar in Abhängigkeit vom Aufbau fachlicher oder fachübergreifender Wissensdomänen gesehen, die durch die jeweiligen Contents (Theorien, Konzepte, Fakten, Methoden) definiert sind. Die Aneignung des Wissens wird aber von Lernstrategien gesteuert. Auf einer ersten Ebene operieren kognitive Lernstrategien auf den jeweiligen Wissensdomänen, indem sie Wissen organisieren, elaborieren (anwenden), kritisch prüfen und wiederholen. Diese kognitiven Strategien werden durch den Einsatz metakognitiver Lernstrategien moderiert, die den Wissenserwerb planen, überwachen und regulieren. Der Einsatz von metakognitiven Strategien wiederum hängt von der Nutzung innerer (Anstrengung, Aufmerksamkeit, Zeit- und Selbstmanagement) und äußerer Ressourcen (Lernumgebung, Arbeitsplatz, Informationsquellen, sozialer Support) ab. Je nachdem, ob der Wissenserwerb mehr an Zusammenhängen und tiefer gehenden Begründungen oder mehr an Überblick und

Fakten orientiert ist, spricht die Lernstrategieforschung von Deep oder Surface Approach. Deep Approach korreliert mit intrinsischer, Surface Approach mit extrinsischer Motivation. Universitäre Bildungstraditionen bevorzugen einen Deep Approach. Eine am Deep Approach orientierte Kompetenzkonzeption sollte insoweit in der Regel einer universitätsangemessenen Stufung und Modularisierung von Studiengängen unterlegt werden (Wildt 2001).

Universitäre Lernkulturen lassen sich jedoch nicht auf einzelne Lernkonzeptionen reduzieren. Um Vielfalt in Lernkulturen zu pflegen, erscheint es vielmehr angemessen, unterschiedliche Lernkonzepte im Zusammenhang zu betrachten. Das folgende Schaubild (Abb. 5) arbeitet mit Unterscheidungen, die in einem Stufungskonzept aufeinander bezogen werden:

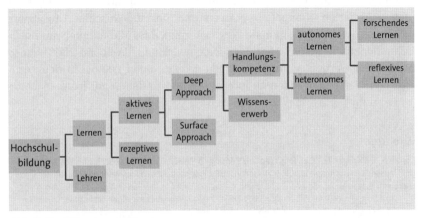

Abb. 5: Gestuftes Lernkonzept

Wenn man davon ausgeht, dass Hochschulbildung durch Lehren wie Lernen konstituiert wird, lassen sich im Hinblick auf Lernen in einem ersten Zugriff rezeptives und aktives Lernen unterscheiden. Die Lernkultur an Hochschulen ist stärker durch rezeptives als durch aktives Lernen geprägt. Zwar wird man auch in Zukunft nicht auf rezeptives Lernen verzichten können. Der „Shift from Teching to Learning" zielt jedoch darauf, aktivem Lernen mehr Raum zu verschaffen. Aktives Lernen umfasst sowohl Surface als auch Deep Approach. „Bildung im Medium der Wissenschaft" favorisiert allerdings eher einen Deep Approach. Beide Typen von Lernstrategien erstrecken sich auf Wissenserwerb und Aufbau von Handlungskompetenzen. Der Aufbau von Handlungskompetenzen kann einerseits unter

Anleitung heteronom, andererseits in Selbstorganisation autonom erfolgen. Der Ausbildung von Fähigkeiten zur Selbstorganisation im autonomen Lernen schließlich dienen Konzepte forschenden und reflexiven Lernens. Die neuere hochschuldidaktische Gestaltungsforschung widmet sich insbesondere der zeitgemäßen Ausarbeitung dieser Lernkonzepte (Schneider, Wildt 2003; Wildt 2003b).

5   Academic Staff Development

Der „Shift from Teaching to Learning" verlangt ein Umlernen der Lehrenden und der Hochschule als Organisation. Hochschulmitglieder sollten in die Lage versetzt werden, mit den gestuften und modularisierten Studiengängen kompetent umzugehen. Sie sollten in diesem Sinne ihre Lernkonzepte an den geforderten Kompetenzspektren und der didaktischen Umsetzung orientieren. Der internationale Vergleich zeigt, dass Maßnahmen der hochschuldidaktisch inspirierten Personalentwicklung (Welbers 2003) umso wirksamer werden, je mehr es ihnen gelingt, einen Wandel in den Lernkonzepten der Lehrenden zu induzieren und so den „Shift from Teaching to Learning" individuell zu vollziehen.

Literatur

Asdonk, J. / Krüger, H. et al. (Hg.) (2002): Bildung im Medium der Wissenschaft – Zugänge aus Wissenschaftspropädeutik, Schulreform und Hochschuldidaktik. Weinheim/Basel.

Berendt, B. (1999): Academic Staff Development in Europe – Relevance, Types of Programmes and Suggestions for Discussion, in: UNESCO (Hg..): World Conference on Higher Education. Higher Education in the 21st Century. Vision and Action, vol. IV: Higher Education Staff Development: A Continuing Mission. Paris, S. 30–40.

Berendt, B. (2002): „The Shift from Teaching to Learning" – Unterstützung durch hochschuldidaktische Weiterbildungsveranstaltungen auf institutioneller, nationaler und internationaler Ebene, in: Asdonk, Krüger (2002), S. 175–185.

Haug, G. (2001): The TUNING Project in the context of main trends in higher education in Europe. Brüssel.

Haug, G. / Tauch, C. (2001): Towards the European higher education area; survey of the main reforms from Bologna to Prague (Trends II); online einsehbar unter: http://europa.eu.int/comm/education/programmes/socrates/erasmus/trendssum.pdf.

Knauf, H. / Knauf, M. (Hg.) (2003): Schlüsselqualifikationen praktisch. Veranstaltungen zur Förderung überfachlicher Qualifikationen an deutschen Hochschulen (Reihe Blickpunkt Hochschuldidaktik, Bd. 111). Bielefeld.

Orth, H. (1999): Schlüsselqualifikationen an Hochschulen, Neuwied/Kriftel.

Reichert, S. / Tauch, C. (2003): Bologna – four years after (Trends III); online einsehbar unter: http://www.bologna-berlin2003.de/pdf/TrendsIII/full.pdf.

Reimann-Rothmeier, G. / Mandl, H. (2001): Unterrichten und Lernumgebungen gestalten, in: Krapp, A./Weidenmann, B.: Pädagogische Psychologie. Weinheim/Basel, S. 601–646.

Schneider, R. / Wildt, J. (2003): Forschendes Lernen im Berufspraktischen Halbjahr, in: Kolbe, U./Koch-Priewe, B. et al.: Didaktik der Lehrerbildung. Bad Heilbrunn.

TUNING Project: Phase 1., online einsehbar unter: http://www.relint.deusto.es/TUNING Project/doc.tunigphase1.

Welbers, U. (Hg.) (2003): Hochschuldidaktische Aus- und Weiterbildung (Reihe Blickpunkt Hochschuldidaktik, Bd. 110). Bielefeld.

Wild, K.-P. (2000): Lernstrategien im Studium. Münster.

Wildt, J. (1997): Fachübergreifende Schlüsselqualifikationen, in: Welbers, U. (Hg.): Das integrierte Handlungskonzept Studienreform. Neuwied, Kriftel, Berlin, S. 198–213.

Wildt, J. (2001): Ein hochschuldidaktischer Blick auf Lehren und Lernen in gestuften Studiengängen, in: Welbers, U. (Hg.): Studienreform mit Bachelor und Master. Neuwied, Kriftel, S. 25–42.

Wildt, J. (2002a): Ein hochschuldidaktischer Blick auf Lehren und Lernen, in: Berendt, B./Voss, H.-P. et al. (Hg.): Neues Handbuch Hochschullehre. Berlin, A.1.1 (10 Seiten).

Wildt, J. (2002b): „Schlüsselkompetenzen – Leitmotiv der Studienreform?", in: Schlüsselkompetenzen und Hochschule – Konsequenzen für Studium und Beratung, hrsg. von der Arbeitsgemeinschaft Studien – Studentinnen- und Studentenberatung (ARGE e.V.). Köln, S. 16–25.

Wildt, J. (2003a): Vermittlungswissenschaft – missing link einer gestuften Lehrerbildung?, in: Welbers, U. (Hg.): Vermittlungswissenschaften – Wissenschaftsverständnis und Curriculumentwicklung. Düsseldorf, S. 149–194.

Wildt, J. (2003b): Reflexives Lernen in der Lehrerbildung – ein Mehrebenenmodell in hochschuldidaktischer Perspektive, in: Obolenski, A. / Meyer, H. (Hg.): Forschendes Lernen – Theorie und Praxis einer professionellen LehrerInnenausbildung. Bad Heilbrunn, S. 71–84.

Wildt, J. (2003c): Netzwerk Hochschuldidaktik NRW im Netz, in: Journal Hochschuldidaktik 14. Jg. Nr. 2, S. 8 f.

Hochschule und Arbeitsmarkt

Johann Schneider

Obgleich die meisten Studierenden nicht Wissenschaft als Beruf ergreifen wollen und auch nicht ergreifen, sondern als Juristen, Lehrer, Ärzte, Ingenieure oder Sozialarbeiter usw. auf dem →Arbeitsmarkt unterkommen, ist das Verhältnis von Hochschule und Arbeitsmarkt nicht so unproblematisch, wie es den Anschein hat. Dies liegt vor allem am Selbstverständnis der Universität in der Tradition Humboldts, die ihre Gründung damals in kritischer Distanzierung zur anwendungsorientierten Vereinnahmung durch Staat und Kirche vollzog. Die Idee der Bildung durch Wissenschaft verdankt sich der damaligen Funktion von Wissenschaft, die weniger in ihrer praktischen Verwertung als in ihrer weltsichtprägenden Wirkung zu sehen ist, und die wir heute als persönlichkeitsbildende Schlüsselqualifikation beschreiben würden. Wie damals wissenschaftliche Erkenntnisse noch mit traditionellen und religiösen Weltbildern in Konflikt gerieten, so wenig war auch auf der personalen Ebene der kritische und emanzipatorische Geist selbstverständlich und in seiner Liberalität zwar für kurze Zeit mit der staatlichen Reformpolitik vereinbar, allgemein politisch und gesellschaftlich aber als Ideal keineswegs selbstverständlich. Auch wenn Wissenschaft diese Funktion nicht verloren hat, so ist die Geschichte der Universität und anderer Hochschularten durch die wachsende Bedeutung von Wissenschaft für die praktischen Entwicklungen in allen gesellschaftlichen Bereichen gekennzeichnet, wie dies im Begriff der Wissensgesellschaft oder des wissenschaftlich-technischen Zeitalters zum Ausdruck kommt. Wissenschaft ist vom Himmel der Aufklärung auf die Erde der Produktivkraft gekommen. Die instrumentelle Funktion dominiert in der Wissenschaftspolitik immer mehr gegenüber der emanzipatorischen und kritischen, die ihrerseits aber nicht verschwunden ist und nicht verschwinden kann, ohne dass Wissenschaft als solche gefährdet wird.

Damit ist auch das Spannungsverhältnis installiert, das mit den Stichworten Zweckfreiheit versus Zweckorientierung, theoretischer Offenheit versus tätigkeitsbezogener Geschlossenheit, Sicherung der wissenschaftlichen Standards versus Anwendbarkeit, Freiheit der Wissenschaft versus Marktorientierung gekennzeichnet werden kann.

Diese unmittelbar-praktische Wirkung von Wissenschaft auf alle gesellschaftlichen Bereiche lässt das Wissenschaftssystem und die Hochschulen selbst nicht unbeeinflusst. Strukturelle und inhaltliche Veränderungen trugen und tragen dieser wachsenden Wechselwirkung Rechnung, von denen das Verhältnis der Hochschulen zum →Arbeitsmarkt nur eine, aber wichtige Seite darstellt. Sieht man genereller im Arbeitsmarkt die Schnittstelle von Wissensproduktion und ihrer gesellschaftlichen Wirkung, die sich im Regelfall durch die berufliche Tätigkeit von Wissenschaftler/innen und akademisch gebildeten Berufstätigen realisiert, so kommt diesem Wechselverhältnis eine zentrale Funktion zu.

Wechselverhältnisse dürfen nicht in einseitige Abhängigkeitsverhältnisse aufgelöst werden, und was sich im Einzelfall als Spannungsverhältnis darstellt, löst sich unter einer allgemeineren Perspektive in das Verhältnis unterschiedlicher Funktionsebenen auf. Damit verbieten sich aber auch Sichtweisen, die entweder die Zweckfreiheit der Forschung absolut setzen und Wissenschaft in Genese und Wirkung aus dem gesellschaftlichen Zusammenhang herauslösen wollen, wie auch die einer Indienstnahme von Wissenschaft durch Zwecke, die einer Reflexion und Weiterentwicklung durch Wissenschaft entzogen werden.

1 Wissenschaft und Arbeitsmarkt

Wenn wir heute davon ausgehen müssen, dass Prognosen über den →Arbeitsmarkt in qualitativer und quantitativer Hinsicht immer schwieriger werden und auch die Nachfrageseite in Wirtschaft, Verwaltung und weiteren Bereichen der Gesellschaft selbst kaum ihren zukünftigen Bedarf kennt, so liegt dies nicht nur an der allgemeinen Unsicherheit von Märkten, sondern vor allem auch daran, dass Wissenschaft selbst über ihre Forschungs- und Entwicklungsergebnisse zum Wandel der Arbeitswelt, aber auch von Produkten und damit von ganzen Branchen mit ihren zunehmend überregionalen Wirkungen auf die Arbeitsmärkte beiträgt. Dabei nimmt der Anteil jener beruflichen Tätigkeiten zu, die selbst eine wissenschaftliche Ausbildung benötigen. Die Geschichte der Hochschulen ist auch eine Geschichte der Ausweitung ihrer Fächer und Bereiche bzw. der Akademisierung vieler Qualifizierungswege, die zuvor außerhalb des Hochschulbereiches angesiedelt waren. Wissenschaft treibt also einerseits die Entwicklung der Märkte voran und ist bei der Bereitstellung der dazu notwendigen Qualifikation wieder von diesen abhängig. Eine einseitige Auflösung dieses Wechselverhältnisses würde diese Dynamik zum Erliegen bringen. Notwendig ist auf der einen Seite eine autonome Wissenschaft, damit diese bisher Ungedachtes zu denken wagt, und diese braucht andererseits eine Rückbindung an die Praxis, damit das Innovative für jene nützlich werden kann, die dies schließlich bezahlen. Dies gilt nicht nur für die Inhalte der Studiengänge, sondern auch für die Breite des Studiengangangebotes der Hochschulen insgesamt.

Es gilt auch für die emanzipatorische Funktion. Wissenschaft eröffnet einerseits neue Möglichkeiten für die Praxis, etwa in der Genomforschung, muss sich andererseits mit den damit entstehenden neuen Entscheidungsproblemen beschäftigen, bei der Genomforschung z.B. vor allem mit ethischen Problemen, die erst die praktische Umsetzung der Möglichkeiten in reflektierte Nützlichkeit sicherstellen. Wissenschaft setzt damit den selbstreflektorischen Prozess in einer auch durch sie veränderten Welt fort. Dies ist nicht nur ein allgemeines Problem für die öffentliche, politische Diskussion und entsprechende Gremien (z. B. Ethikräte), sondern auch eines der Berufsqualifikation all jener, die sich als Multiplikatoren in den Medien, den Schulen oder Expertengremien mit diesen Problemen beschäftigen müssen. Kritische Öffentlichkeit ist nicht nur ein allgemeiner Raum für bürgerliche Willensbildung, sondern sie wird durch vielfältige Berufe strukturiert. Wie bei der instrumentellen Funktion der Wissenschaft bedarf auch die reflektorische einer Rückkoppelung an Praxis und damit an berufliches Handeln. Auch für diese Wissenschaften besteht ein umfangreicher und heterogener →Arbeitsmarkt, der bei der Standortdebatte oft übersehen bzw. in seiner Relevanz unterschätzt wird. So fatal es wäre, Kultur auf ihre Standortfunktionalität zu reduzieren, so richtig und wichtig ist es, die Bedeutung des kulturellen und institutionellen Rahmens für die technischen und ökonomischen Prozesse zu betonen. Hier geht es nicht nur um die sog. weichen Standortfaktoren, sondern um unverzichtbare Voraussetzungen sozialen, politischen, ökonomischen und technischen Handelns. Die traditionelle Universität hat lange genug Technik und Ökonomie misstrauisch beäugt und Anwendungsorientierung idealistisch verachtet. Nunmehr läuft sie Gefahr, in falscher Alternativperspektive teilweise ins Gegenteil zu verfallen, ohne eben das Wechselverhältnis zu sehen.

2 Hochschulen und Arbeitsmarktorientierung

Die Wechselwirkung von Wissenschaft und Gesellschaft allgemein bildet sich auch im Verhältnis von wissenschaftlicher und berufsorientierter Bildung ab. Kann sich „reine" Wissenschaft, wenn es sie denn geben sollte, damit begnügen, Erkenntnisse zu produzieren, über deren Verwendung andere nach ihren eigenen Kriterien entscheiden, kommen in einer arbeitsmarktorientierten Hochschulbildung diese externen Kriterien nun selbst zum Tragen. Der gesetzliche Auftrag, im Studium auf berufliche Aufgaben vorzubereiten, für die die Anwendung von wissenschaftlichen Erkenntnissen und Methoden erforderlich oder nützlich ist, bedeutet umgekehrt für alle Bereiche, in denen Hochschulen ein Bildungsmonopol haben, dass vor allem jene Erkenntnisse und Methoden vermittelt werden sollen, die in der beruflichen Praxis gebraucht werden. Will man das Wechselverhältnis von Wissenschaft und →Arbeitsmarkt nicht einseitig auflösen, ist damit nicht nur für das Studium, sondern auch für die Forschung, d.h. für die Weiterentwicklung von Erkenntnissen und Methoden, ein Spannungsfeld aufgebaut, das zu unterschiedlichen strukturellen Konsequenzen geführt hat.

Eine dieser Konsequenzen besteht in einer strukturellen →Differenzierung, teilweise durch interne Differenzierung z. B. in Grundlagen- und Anwendungsforschung, in forschungsbezogene und anwendungsorientierte Studiengänge und/oder Hochschularten oder auch in theoretische und praktische Ausbildungsabschnitte. Schon relativ früh sind Forschungsbereiche aus den Hochschulen ausgewandert und ist in den Hochschulen der programmatische Zusammenhang von Forschung und Lehre gelockert worden, weil sich die unterschiedlichen Anforderungen nur noch schwer in einer einheitlichen Struktur realisieren ließen. Teilweise verdankt sich die Differenzierung auch der Hereinnahme neuer Bereiche in den Hochschulbereich. Dem stehen immer wieder Versuche gegenüber, beide Momente mehr zu integrieren und damit der wechselseitigen Durchdringung von Theorie und Praxis besser gerecht zu werden.

Integrationsstrategien versuchen vor allem, den spannungsreichen Prozess zwar in Abstimmung mit dem →Arbeitsmarkt, aber in alleiniger Verantwortung der Hochschule zu organisieren, während Differenzierungsstrategien den Vertretern des Arbeitsmarktes häufiger auch formale Gelegenheiten geben, direkt auf die Ausbildung Einfluss zu nehmen (Praxisphasen) oder sich an Prüfungen usw. zu beteiligen. Dies spielt im staatlichen Bereich eine große Rolle (Referendariat, Staatsexamen), aber auch in anderen Bereichen setzen Kammern oder berufsrechtliche Regelungen mit ihrer Steuerungskompetenz für den Berufszugang den Hochschulen harte Daten, die von den Hochschulen oft genug als innovationsfeindlich und als in starkem Maße von berufsständischen Interessen und nicht nur von funktionalen Anforderungen des Berufes selbst geprägt angesehen werden. Zu diesen Interessen gehört auch das Gebot, die Gemeinschaft vor Schaden durch unprofessionelles und sachunkundiges Handeln zu schützen. Dieses „externe" Kriterium verschafft andererseits den Hochschulen seitens des Arbeitsmarktes ein vielfältiges Bildungsmonopol, das auf der anderen Seite nicht nur mit der Wissenschaftsfreiheit, sondern auch mit der Freiheit der Berufswahl in einem Spannungsverhältnis steht, das immer wieder neu zu justieren ist.

Nicht vergessen sollen in diesem Zusammenhang alle jene Hochschulen werden, die von den →Arbeitgebern im privaten und öffentlichen Bereich eingerichtet wurden, darunter vor allem die verwaltungsinternen Fachhochschulen und neuerdings vermehrt die Corporate Universities großer Unternehmen oder Unternehmensverbände. Hier wird Hochschule als Funktion für Ziele der Verwaltung oder eines Unternehmens konzipiert, und es hängt von der Weitsicht und der Potenz der Träger ab, ob wissenschaftliche Freiheit und Kreativität zu dieser Funktion gehören, oder ob man sich deren Resultate lieber kostengünstig als freie Güter aus dem öffentlichen Hochschulraum bedient.

All diesen unterschiedlichen Strukturen ist das Problem gemeinsam, wie für Wissenschaft die Offenheit für Innovationen mit der Anwendbarkeit in der bestehenden Praxis und d. h. konkret mit den Anforderungen des →Arbeitsmarktes vereinbar wird. Auch die gegenwärtigen Auseinandersetzungen werden von den beiden Polen aus geführt: Beklagen die einen die Praxisferne und erheben den Elfenbeinturmverdacht, so sehen die anderen durch die ausschließliche Orientierung am Arbeitsmarkt die Freiheit der Wissenschaft gefährdet. Dabei wird Freiheit sowohl als verwendungsneutrale Existenziale gesehen, aber auch als immanente Voraussetzung innovativer Verwendungsorientierung. Akkreditierung muss beide Dimensionen im Auge haben und auf ihr Gleichgewicht achten.

Neben der inhaltlichen Seite bestehen auch quantitative Probleme. Standen sich lange die Klagen über eine zu geringe Akademikerquote und die Warnungen vor einer drohenden Akademikerschwemme gegenüber, so scheint heute trotz methodischer Skepsis gegenüber internationalen Vergleichen die Ansicht zu überwiegen, dass ein – wenn auch schwer zu quantifizierender – Nachholbedarf besteht (OECD 2003). Konkreter zeigen sich dagegen Probleme in einzelnen Bereichen. Die Kapazitäten für den Informatikbereich sind in den letzten Jahren ein gutes Beispiel für die Konjunkturanfälligkeit einer Orientierung am →Arbeitsmarkt, aber auch die Technikwissenschaften allgemein können als Beispiel dafür dienen. Es geht dabei nicht nur um ein Problem der →Flexibilität von Studienplätzen, sondern auch um inhaltliche und qualitative Dimensionen, die mit den dazu notwendigen personalen Voraussetzungen verbunden sind. Hochschulen können nur in Grenzen als „atmende Unternehmen" ihre Produktion den Marktschwankungen anpassen. Kapazitätsausweitungen durch mehr Professor/innenstellen wirken sich erst langfristig aus, und eine Ausweitung über Lehrbeauftragte oder Verschlechterung der Studienbedingungen (Betreuungsrelationen) gefährden schnell die Qualität. Hochschulen unterscheiden sich von anderen Unternehmen auch dadurch, dass sie – sieht man von dem „Rohstofflieferanten" Schule einmal ab – ihre eigenen Produktionsmittel, die Wissenschaftler/innen, selbst produzieren. Wissenschaft ist selbst ein Beruf. Jede Ausweitung der Studienplatzzahlen setzt einen eigenen Vorlauf in der Qualifizierung der Lehrenden voraus, wie bei einer Reduktion das Risiko der Überkapazitäten droht. Solange zudem Lehre und Forschung im Professor/innenamt an Universitäten verkoppelt sind, sind der Ausbildungsflexibilität weitere Grenzen auferlegt. Dennoch müssen sich die Hochschulen, wenn sie denn einen wachsenden Anteil eines Jahrganges an sich ziehen sollen und wollen und damit in Arbeitsmarktbereiche vordringen, die einfach größeren Schwankungen unterliegen als die der traditionellen Akademikerschaft, auch auf solche Schwankungen einstellen. Dies wird nicht ohne strukturelle →Differenzierungen, z. B. von Forschung und Lehre, gehen. Allerdings stehen auch Hochschulen, in denen die Lehre dominiert, etwa die Fachhochschulen, bei der Gewinnung von Lehrpersonal aus der Praxis gerade in Boomphasen vor dem Problem, konkurrenzfähige Arbeitsbedingungen zu bieten.

→Differenzierung kann auch bedeuten, einen Basisbereich wissenschaftlicher Aktivitäten einer Gesellschaft von der Nachfrage seitens des →Arbeitsmarktes grundsätzlich abzukoppeln und damit den „Kapitalstock" einer aufgeklärten und wirtschaftlich effektiven Wissensgesellschaft langfristig zu sichern. In einem anderen Bereich muss man dann versuchen, den Schwankungen der Nachfrage Rechnung zu tragen. Die Problematik stellt sich je nach Verhältnis von Studium zu Beruf anders. Teichler (Teichler 2000) unterscheidet Studienfächer, die auf eine hierarchische Berufsstruktur vorbereiten (z. B. Ingenieur- oder Wirtschaftswissenschaften), und wo die Absolventen auch unterhalb ihres akademischen Niveaus Arbeit finden oder im Beruf aufsteigen können, von solchen ohne „Unterbau" (z. B. Lehrer), wo solche Ausweichstrategien nicht möglich sind. In einer dritten Gruppe von Studienfächern, für die es keine eindeutig korrespondierenden Berufsbereiche gibt (z. B. Soziologie), gilt, dass die →Employability in der Fähigkeit besteht, eine Beschäftigung „gegen vorherrschende Konventionen zu erlangen".

3 Die Nachfrage der Studierenden

Es spielt nicht nur die Unsicherheit von Märkten und speziell den Arbeitsmärkten eine entscheidende Rolle und damit die Frage, wie und in welchem Ausmaß sich Hochschulen darauf einstellen müssen und können. Ebenso wichtig ist die Nachfrage seitens der Studierenden, die auch nicht nur von den jeweiligen Arbeitsmarktchancen abhängt. Wie bei Wissenschaft als Beruf, so kann man auch bei der Wahl akademischer Berufe davon ausgehen, dass die intrinsische Motivation eine erhebliche Rolle spielt. Die Hochschulen stehen immer wieder vor dem Problem, dass sie Studieninteressen nicht befriedigen können, weil ihnen mehr oder weniger offen wegen mangelnder Berufschancen die notwendigen Kapazitäten verweigert werden. Auf der anderen Seite sehen sie sich gezwungen, für Studiengänge zu werben, die trotz positiver Arbeitsmarktsignale unterausgelastet sind.

Neben langfristigen Trends der Interessenentwicklung spielen aber auch eher kurzfristige Reaktionen auf Arbeitsmarktdaten für die studentische Nachfrage eine Rolle, auf welche die Hochschulen reagieren müssen. Damit ist ein Einflussdreieck von Hochschulen und ihren Angeboten, dem →Arbeitsmarkt und seinen Anforderungen und den Studierenden mit ihren Interessen, aber auch ihren Rechten (Berufs- und Studienfreiheit) gegeben. Alle drei Eckpunkte haben ihre eigene Logik und sind zugleich aufeinander angewiesen. Wenn das Verhältnis nicht ausreichend ausbalanciert ist, suchen sich die involvierten Interessen andere Wege außerhalb dieses Dreiecks. Private Bildungsangebote (→Privathochschulen) oder solche im Ausland, sinkende Studienneigung oder brain-drain und brain-gain sind solche kompensatorische Wege, die eine fehlende Abstimmung signalisieren. Der mit dem →Bologna-Prozess eingeschlagene Weg in einen größeren Hochschulraum erschwert – wie auch in anderen Bereichen – nationale Alleingänge, eröffnet aber auch die Möglichkeiten, nationale Schwächen durch entsprechende Ausweichstrategien der Beteiligten auszugleichen, was schließlich auch der Sinn größerer Handlungsräume ist. Für die Hochschulen und ihre einzelnen Studienangebote besteht immer das Problem, welchen Anforderungen sie in erster Linie gerecht werden wollen. Da die Balance der drei Bereiche zentral weder geplant werden kann noch soll, brauchen sie ihre eigenen Spielräume, um einerseits ihrer eigenen Logik folgen und sich gleichzeitig auf die Signale aus den anderen Bereichen einstellen zu können.

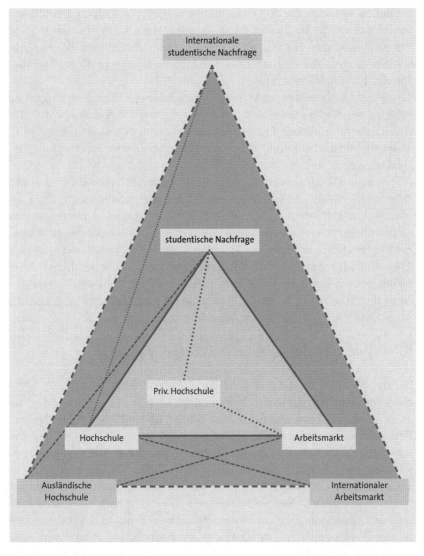

Abb. 6: Das nationale Kräftedreieck von Hochschule, Arbeitsmarkt und studentischer Nachfrage sowie internationale und private Kompensationswege

4 Die Rolle von Akkreditierung

Akkreditierung hat in diesem Feld nur eine eingeschränkte, aber unverzichtbare Rolle. Sie kann die notwendige Abstimmung der Bereiche nicht herstellen, aber für die drei Eckpunkte des Dreiecks wichtige Funktionen übernehmen. Für die Studierenden übernimmt sie nicht nur die Aufgabe des Konsumentenschutzes, sondern sorgt zugleich für eine bessere Abstimmung zwischen den Interessen der Studierenden und den Anforderungen des →Arbeitsmarktes.

Für den Arbeitsmarkt sorgt Akkreditierung für einen geregelten Einfluss auf die Angebote der Hochschule, sowohl direkt durch die Mitwirkung der beruflichen Praxis auf den verschiedenen Ebenen der Akkreditierung, als auch indirekt durch das zu überprüfende Merkmal der Berufsbefähigung.

Für die Hochschulen schließlich bedeutet Akkreditierung den Zwang, die Ansprüche der Wissenschaft an eine wissenschaftliche Ausbildung mit der Orientierung am →Arbeitsmarkt und den Interessen der Studierenden zu verbinden. Akkreditierung ist nicht der Ort der Ausbalancierung des Kräftedreiecks, sie hilft aber allen Seiten, diese wechselseitige Abstimmung zumindest inhaltlich vorzunehmen. Die quantitative Seite bleibt davon weitgehend unberührt. Dies liegt in der Logik des Verfahrens: Auch der TÜV regelt nicht die Marktchancen der von ihm zugelassenen Autos oder die Nachfrage nach Autos insgesamt.

5 Wie wird der Arbeitsmarktbezug realisiert?

Für das Studium steht der Zugang der Absolvent/innen in den →Arbeitsmarkt im Zentrum. Zunächst fällt auf, dass sehr unterschiedliche Begriffe dafür benutzt werden und nicht ganz klar ist, ob sie alle dasselbe meinen. Das Hochschulrahmengesetz (→HRG) spricht von der Vorbereitung auf „berufliche Tätigkeiten", die HRK-Entschließung für die gestuften Abschlüsse von „berufsqualifizierend" (HRK 1997, 47), in anderen Zusammenhängen ist von Orientierung am →Arbeitsmarkt (BDA 2003), von „Berufsbefähigung", „Berufsfähigkeiten", manchmal auch von „Berufsfertigkeiten" die Rede. Der englische Ausdruck →Employability scheint den übergreifenden und am wenigsten missverständlichen Punkt zum Ausdruck zu bringen, dass der Studienabschluss nicht nur eine Zwischenstufe (BA) oder Abschluss (MA/PhD) eines Qualifikationsprozesses an der Hochschule bedeutet, sondern eigenständig die Möglichkeit impliziert, auch außerhalb der Hochschule eine qualifikationsentsprechende Beschäftigung zu finden, auch wenn diese mit weiteren Qualifikationsschritten außerhalb der Hochschulen verbunden sein kann.

Im Gegensatz zur beruflichen Bildung oder speziellen →Berufsausbildungen, die sich direkt auf Berufsbilder des →Arbeitsmarktes beziehen, muss sich Hochschulbildung auf ein breites Einsatzgebiet beziehen und dessen Veränderungsmöglichkeiten konzeptionell einbeziehen. Sind die Berufsbilder des dualen Systems strukturell konservativ und werden nur in einem sehr mühseligen Prozess zwischen staatlicher Seite und den Arbeitsmarktparteien fortgeschrieben und verändert, müssen die Hochschulen ihre Absolventen in die Lage versetzen, nicht nur diese zukünftigen Veränderungen eigenständig qualifikatorisch nachzuvollziehen, sondern auch zum Träger dieser Veränderungen zu werden. Da ein großer Teil dieser Veränderungen wiederum das Ergebnis wissenschaftlicher Innovationen ist, müssen die angewandten Erkenntnisse und Methoden auf ihre interne Dynamik hin vermittelt werden. Da es nicht darum gehen kann, für breite Einsatzgebiete flächendeckendes Wissen zu vermitteln, liegt notwendigerweise das Schwergewicht auf dem Strukturwissen und den Methoden. Selbst da, wo etwa in der Lehrerausbildung oder bei Medizinern und Juristen starke Parallelen zum dualen Berufsbildungssystem bestehen und der Berufszugang strikt seitens des Arbeitsmarktes geregelt ist oder es mehr oder weniger nur einen, meist den öffentlichen, →Arbeitgeber gibt, muss der inhaltlichen Weiterentwicklung der Wissenschaften in der späteren Berufstätigkeit im Studium qualifikatorisch Rechnung getragen werden. Will Wissenschaft nicht ihre Funktion verlieren, den gegenwärtigen Bedarf zu befriedigen und zugleich in Form von neuem Wissen selbst Einfluss auf den Bedarf zu nehmen, muss auch die Orientierung am Arbeitsmarkt in ihrer Ausrichtung dieser Funktion Rechnung tragen.

Es kann als erwiesen gelten, dass zu große Spezialisierung für die langfristige Integration in den →Arbeitsmarkt ungünstig ist, was sich z. B. daran zeigt, dass die stärker berufsbezogenen Studiengänge an Fachhochschulen keineswegs dazu führen, dass die erworbenen Qualifikationen auch verwendet werden können (Teichler 2000, 182). Ist die Rolle des Wissens in einer Wissensgesellschaft zwar zentral, so liegt zumindest in ihrer instrumentellen Funktion das Schwergewicht doch in ihrer Anwendung auf Probleme, die zum jeweiligen Zeitpunkt nicht oder nicht nur von ihr selbst vorgegeben sind. Die Anwendung von Wissen und Methoden in außerwissenschaftlichen Bereichen ist selbst eine Fähigkeit, die vermittelt werden muss. Diese kontextspezifische Umsetzung allgemeiner Erkenntnisse und Methoden kann an konkreten Beispielen, exemplarischen Projekten oder in praktischen Studienabschnitten vermittelt werden. Im Gegensatz zur Forschungstätigkeit, wo der Kontext die Wissenschaft selbst ist, muss Kontextwissen sich an der beruflichen Realität orientieren. Es wird immer zu überprüfen sein, wie Hochschulen selbst zu diesem Kontextwissen kommen und wie es curricular verankert ist. Auch hier wäre der Anspruch verfehlt, die Heterogenität der Berufswirklichkeit abbilden zu wollen. Entscheidend ist vielmehr die Fähigkeit, genau die Ebenen und Punkte im beruflichen Kontext zu identifizieren, wo und wie dann wissenschaftliche Kenntnisse und Methoden hilfreich sein können, wo wissenschaftliche Analyse aufhört und praktische Entscheidungen notwendig werden.

In den meisten Fällen gehören zu dem Kontext von Arbeitsplätzen für Akademiker andere Akademiker meist aus anderen Gebieten, die für die zu lösenden Aufgaben ebenso unentbehrlich sind. Trans- und interdisziplinäres Denken, vor allem aber Kommunizieren und Verhandeln sind deshalb unerlässliche Bestandteile von Berufsfähigkeit.

6 Wie stellt man den Bezug her?

Kann man die Kriterien für berufsbefähigende Studiengänge abstrakt noch relativ einfach formulieren, wird es bei der Frage nach dem Weg dorthin schon schwieriger. Häufig genug gelten praktische Studienanteile und Praxissemester als Indikator, wenn nicht gar als Garantie für Praxisrelevanz und Berufsorientierung. Ohne den Wert solcher Studienbestandteile abzumindern, muss vor einer solchen eingeschränkten Sicht gewarnt werden. Ein Hochschulstudium bleibt eine theoretische Bildung und Ausbildung und bildet den einen Pol einer Skala, dessen anderer das „Learning by doing" ist. Es bleibt deshalb die Kernaufgabe, vor allem durch die richtige Theorie und die wissenschaftliche Orientierung den Bezug zur Praxis herzustellen, auf dessen Basis sorgfältig geplante und reflektierte praktische Erfahrungen sinnvoll sein können. Da praktische Studienanteile Zeit kosten, muss immer geprüft werden, ob diese Zeit notwendig ist und ob sie nicht gegebenenfalls sinnvoller genutzt werden kann. Da es nicht um Berufsfertigkeiten, sondern um Berufsfähigkeiten geht und die berufliche Qualifikation mit dem Hochschulabschluss nicht aufhört, muss sorgfältig überlegt werden, was die Kompetenz der Hochschule als wissenschaftliche Einrichtung und was Aufgabe der →Berufseinmündung und der Organisationen der heterogenen und sich rasch wandelnden Praxis ist. Natürlich ist es →Arbeitgebern lieber, passgenaue Qualifikationen geliefert zu bekommen, und viele nutzen praktische Studienteile nicht nur zu einer kostenlosen Probezeit, sondern auch zu einer für sie brauchbaren Spezialisierung, wenn nicht überhaupt diese Studien- oder Ausbildungsabschnitte in ihrer Regie liegen (duale Systeme). Die Hochschulen selbst sollten sich dies allerdings nicht zur Aufgabe machen. Eine enge Koppelung an den →Arbeitsmarkt via praktische Studienanteile muss also vor allem hinsichtlich der innovativen Funktion von Wissenschaft zurückhaltend beurteilt werden. Die Erfahrungen zeigen, dass die Anzahl und die Qualität der angebotenen Praxisplätze stark konjunkturabhängig und nicht automatisch auf die zukünftigen Strukturen des Arbeitsmarktes ausgerichtet sind. Allgemein gesehen formuliert die Arbeitgeberseite eher ein Interesse an kurzen →Studienzeiten, die es ihr erlaubten, darauf aufbauend eine unternehmensspezifische Spezialisierung zu vermitteln. Konkret werden aber häufig Absolvent/innen bevorzugt, die diese Spezialisierung schon mitbringen, und Hochschulen versuchen entsprechend vor allem in schwierigen Zeiten, diese Bedürfnisse auch zu befriedigen. Ein langfristig und allgemein gesehen erfolgreicher Weg ist dies nicht.

Unverzichtbar sind berufliche Erfahrungen zumindest eines Teils der Lehrenden, die allerdings an Wert verlieren, wenn sie nicht immer wieder erneuert werden. Wie man von einem Lehrenden, der die Aufgabe der Heranbildung des wissenschaftlichen Nachwuchses wahrnimmt, selbstverständlich eigene Forschungserfahrung verlangt, so müssen Lehrende in berufsorientierten Studiengängen Erfahrung in der Anwendung von Wissenschaft nachweisen. Sie müssen leben oder gelebt haben, was sie lehren. Diese Nachweise beschreiben aber zunächst nur Potenziale, die curricular erst umgesetzt werden müssen. Erfahrung alleine kann sehr konservativ sein, produktiv wird sie erst, wenn sie sich im Sinne ihrer Weiterentwicklung zur Lösung von noch unbekannten Problemen und Aufgaben generalisiert.

7 Berufsbefähigung und gestufte Studiengänge

Schon seit einiger Zeit müssen alle Hochschulstudiengänge den oben schon zitierten Ansprüchen der Orientierung an beruflichen Tätigkeiten genügen. Was früher als besonderer Auftrag der Fachhochschulen beschrieben wurde, ist längst auf alle Studiengänge verallgemeinert worden und hatte dort auch vielfach schon eine lange Tradition. Dies heißt nicht, dass sie ihre Aufgabe immer zufrieden stellend gelöst haben. Kritik an ihrer Praxisferne gehört auch zu diesen Traditionen.

Dieses Studienziel wurde auch auf die neuen Studienabschlüsse übertragen – sowohl Bachelor- als auch Masterabschlüsse sollen eine Berufsbefähigung ermöglichen. Wurde zunächst noch für beide Abschlüsse ein Profilunterschied vorgesehen, je nachdem ob das Studium mehr anwendungsorientiert oder theorie-/forschungsorientiert ist, aber keine zwingende Bindung an die Hochschularten Fachhochschule und Universität vorgenommen, so wird jetzt für den Bachelor ein solcher Unterschied nicht mehr vorgeschrieben. Probleme werden dabei vor allem für viele Natur- und Geisteswissenschaften gesehen, für die es auch bislang keine Pendants an Fachhochschulen gegeben hat und für die somit auch keine einschlägigen Erfahrungen vorliegen.

Die bisherigen Überlegungen machen eine eindeutige und sinnvolle Unterscheidung von Anwendungsorientierung und Forschungsorientierung kaum begründbar. In vielen Ländern kennt man eine solche Unterscheidung auch nicht, was internationale Akkreditierung nicht erleichtert. Hier spielen unterschiedliche Traditionen im Verhältnis von Hochschulen und →Arbeitsmarkt eine Rolle, die auch im →Bologna-Prozess nicht so schnell ihre Wirkung verlieren werden. Unabhängig, ob hier nur festgefahrene (Interessen-)Strukturen dominieren oder seriöse Bedenken gegen eine kürzere Studiendauer (→Studienzeiten) erhoben werden können, stellt sich die Frage, ob immer die oben skizzierten Wege eingeschlagen werden müssen, um eine ausreichende →Employability zu gewährleisten. Wie die Berufskarrieren vieler Geisteswissenschaftler zeigen, scheint die wissenschaftliche Qualifikation selbst eine wichtige Schlüsselqualifikation zu sein, die in sehr heterogenen Berufsfeldern von praktischer Relevanz ist. Neugierde, kritisches Denken, analytische Fähigkeiten, das Denken in Zusammenhängen, das Identifizieren von Strukturen und schließlich rationales Argumentieren und Kommunizieren, auf welchem Gebiet auch immer, kann als eine wichtige Voraussetzung für erfolgreiche berufliche Tätigkeit angesehen werden. Dazu kommen die personalen Qualitäten wie Selbstbewusstein, Selbstverantwortung, Selbstkritik, Anpassungsfähigkeit und Selbstständigkeit, Leistungsbereitschaft und Mut zu Initiativen und interpersonale Fähigkeiten, die alle erst die Nutzbarmachung der jeweiligen Fachkenntnisse in organisatorischen Zusammenhängen ermöglichen. Es zeigt sich auch auf dieser Ebene, dass Bildung durch Wissenschaft keineswegs praxisirrelevante Reflexionsfähigkeit meint, sondern eine bestimmte Dimension von Praxis. Wie bei kulturellen und institutionellen Rahmen, die erst technische und ökonomische Prozesse sinnvoll ermöglichen, sind es die Schlüsselqualifikationen für Wissenschaft, die nicht nur ihre Produktion selbst, sondern auch ihre Anwendung steuern.

Literatur:

BDA (2003): Bundesvereinigung der Deutschen Arbeitgeberverbände: Memorandum zur gestuften Studienstruktur. Berlin.

BDA, HRK (2000): Bundesvereinigung der Deutschen Arbeitgeberverbände, Hochschulrektoren konferenz: Gemeinsame Erklärung: Zum dualen Hochschulstudium. Bonn.

BDA, HRK (2003): Bundesvereinigung der Deutschen Arbeitgeberverbände, Hochschulrektoren konferenz: Wegweiser der Wissensgesellschaft. Zur Zukunfts- und Wettbewerbsfähigkeit unserer Hochschulen. Berlin.

HRK (Hg.) (1996): Hochschule und Wirtschaft als Partner in Weiterbildung und Wissenstransfer auf dem europäischen Arbeitsmarkt. Bonn.

HRK (Hg.) (1997): Hochschulabsolventen für den Europäischen Arbeitsmarkt – eine Herausforderung für die Universitäten. Bonn.

HRK (Hg.) (2000): Studium und Beruf. Bonn.

OECD (2003): Education at a Glance. OECD Indicators. Paris; online einsehbar unter: http://www1.oecd.org/els/education/ei/eag.

Teichler, Ulrich (2000): Zum Wandel der Beziehungen von Hochschule und Beruf, in: Das Hochschulwesen 6.

Wissenschaftsrat, HRK, Deutsche Forschungsgemeinschaft et al. (2000): Gemeinsame Erklärung: Wissenschaft und Industrie: Gemeinsame Strategien entwerfen – Deutschland steht mehr denn je im globalen Innovationswettbewerb. Berlin.

Internationalisierung und Mobilität

Ulrich Teichler

1   Zu Begriffen und Geschichte

Im Laufe der Neunzigerjahre des 20. Jahrhunderts hat sich Internationalisierung zum populärsten Schlagwort zur Kennzeichnung der Hochschulpolitik in der Bundesrepublik Deutschland entwickelt. Verstanden wird darunter dreierlei: Eine Zunahme von Kooperation und Mobilität, eine Angleichung der Hochschulstrukturen in Europa zur Steigerung der weltweiten Attraktivität und Reformen in der Steuerung von Management, um die Hochschulen im globalen →Wettbewerb zu stärken (Hahn 2003, Kehm 2003).

Von Internationalisierung des Hochschulwesens ist vor allem die Rede, wenn ein Trend zunehmender grenzüberschreitender Aktivitäten der Hochschulen – Kooperation und Mobilität – beschrieben wird, wobei angenommen wird, dass die Grenzen nationaler Hochschulsysteme im Prinzip erhalten bleiben. In jüngster Zeit wird häufig der Begriff Globalisierung verwendet, um zum Ausdruck zu bringen, dass mit zunehmender Kooperation und Mobilität die nationalen Grenzen flüssig werden und stattdessen die weltweite Konkurrenz der Hochschulen wächst. Transnationale Hochschulaktivitäten schließlich werden Aktivitäten genannt, bei denen die Studienangebote außerhalb der nationalen Grenzen zugänglich gemacht werden.

Bevor Nationalstaaten um 1800 die Hochschulen ihres Landes deutlich zu prägen begannen, galten die Hochschulen nicht als national. Experten schätzen, dass mehr als 10 Prozent der Studierenden nicht im eigenen Land studierten und dass die Mobilität unter Lehrenden stark verbreitet war. Auch in den letzten zwei Jahrhunderten waren die Universitäten stärker international als andere Organisationen. Es gehörte dazu, Wissen in aller Welt zu suchen. Internationale Reputation von Wissenschaftlern galt als höchstes Zeichen der Qualität. Viele Wissenschaftler wurden als kosmopolitisch in ihren Welthaltungen und Verhaltensweisen bezeichnet. Jedoch waren Regelungssystem, Finanzierung sowie Studienangebote und -abschlüsse national geprägt.

2   Mobilität von Studierenden und Wissenschaftlern

Mobilität von Studierenden und Lehrenden genießt international so hohe Wertschätzung, dass für sie in den meisten Ländern die Grenzen offener stehen als für Personen, die in anderen Berufen grenzüberschreitend tätig werden wollen. Das Angebot von individuellen Stipendien und anderen finanziellen Unterstützungen für Studierende und Wissenschaftler, die in einem anderen Land studieren bzw. forschen wollen, hat lange Tradition. Studierende und Wissenschaftler/innen begeben sich vor allem dann in ein anderes Land, wenn sie dort ein wissenschaftliches Angebot auf einem höheren Niveau erwarten als daheim. So lässt sich schätzen, dass eine solche vertikale Mobilität bei fast drei Vierteln der mobilen Studierenden vorliegt. Daneben ist Mobilität nicht selten, weil es zum Studium im Idealfall dazugehört, ein anderes Land kennen zu lernen – so etwa in Ethnologie, Regionalwissenschaften, Geologie oder fremdsprachlichen Fächern.

Nach dem Zweiten Weltkrieg wurde die Mobilität von Studierenden und Wissenschaftler/innen von den USA gefördert, um die Völkerverständigung zu verbessern. Dabei etablierten eine Reihe von amerikanischen Universitäten Austauschprogramme, in deren Rahmen sie jeweils größere Zahlen von Studierenden zumeist im dritten Studienjahr zu Partneruniversitäten nach Europa sandten und dafür Studierende dieser Universitäten zu sich einluden. In Europa verbreiteten sich ähnliche Ideen einer horizontalen Mobilität in den Siebzigerjahren. In Deutschland und einigen anderen Ländern wuchs die Besorgnis, dass die individuelle studentische Mobilität nicht mit der Hochschulexpansion mitwachse; Austauschprogramme zwischen den Hochschulen sollten Barrieren überwinden helfen. Mitte der Siebzigerjahre begann die Europäische Wirtschaftsgemeinschaft erste hochschulpolitische Aktivitäten; laut Entscheidung ihrer Mitgliedsstaaten sollte sie in Bereichen tätig werden, die nicht hinreichend im Blickfeld nationaler Hochschulpolitiken standen, und das unter der Bedingung, dass die Vielfalt der nationalen Hochschulsysteme in Europa unangetastet blieb (European Commission 1994). So entstand 1976 mit den Hochschulkooperationsprogrammen (HKP, in Englisch: Joint Study Programmes, JSP) das erste Programm des europäischen Studentenaustauschs als ein zehnjähriges Pilotprogramm.

1987 etablierte die Europäische Gemeinschaft mit →ERASMUS das weltweit größte Programm zur Förderung temporärer studentischer Mobilität. Um 2000 erreichte die Zahl der jährlich geförderten Studierenden

100.000. Gefördert wurden die Zusatzkosten für einen halb- oder ganz-jährigen Aufenthalt an einer Partnerhochschule in einem anderen euro-päischen Land. Die Förderung erfolgte unter den Bedingungen, dass eine Partnerschaft zwischen den Fachbereichen (so am Anfang) oder zwischen den Hochschulen (seitdem ERASMUS Mitte der Neunzigerjahre ein Teil-programm von SOKRATES wurde) bestand, und dass die Studierenden in der Regel nach der Rückkehr mit der Anerkennung der im Ausland er-brachten Studienleistungen rechnen konnten. Evaluationsstudien zeigten, dass Lehrende und Studierende eine Horizonterweiterung durch Lernen aus dem Kontrast und eine Verbesserung der Fremdsprachenkenntnisse für die größten Erträge eines solchen Austausches hielten. Die Steigerung der wissenschaftlichen Leistungen generell stand weniger im Vordergrund, auch wenn die Studierenden davon überzeugt waren, dass sie in dieser Hinsicht mehr in einer solchen Austauschphase lernten als in einer ent-sprechenden Phase daheim (Teichler 2002).

3 Auslandsstudium oder studentische Mobilität?

Wie viele Wissenschaftlerinnen und Wissenschaftler international mobil sind, lässt sich nicht genau bestimmen. Einzelne Fördererorganisationen berichten über die Zahl ihrer Förderungen, aber dadurch lässt sich nicht insgesamt bestimmen, wie viele kurzfristig für Informationsbesuche und Tagungen, mittelfristig für Forschungs- oder Lehraufenthalte oder lang-fristig zum Zwecke der Beschäftigung in einem anderen Land die Grenzen überqueren.

Über die Zahl der ausländischen Studierenden veröffentlicht die UNESCO regelmäßig Statistiken. Hier zeigt sich, dass 1970 etwa eine halbe Million Personen in einem anderen Land als dem ihrer Staatsbürgerschaft studierten; nach den Wachstumstrends der Vergangenheit zu urteilen, dürfte diese Zahl inzwischen bei über zwei Millionen liegen. Allerdings ist die Zahl der Studierenden weltweit etwa in gleichem Maße gestiegen, so dass wir eine recht konstante Auslandsstudienquote von 2 Prozent beob-achten.

Über ein Viertel der ausländischen Studierenden studieren in den USA und insgesamt etwa 45 Prozent in den vier angelsächsischen Ländern USA, Großbritannien, Australien und Kanada. In absoluten Zahlen haben daneben Deutschland, Frankreich und Japan große Anteile an auslän-dischen Studierenden, während die Schweiz und Belgien allerdings die höchsten Anteile aufweisen: Fast ein Fünftel der Studierenden in der Schweiz haben eine ausländische Staatsbürgerschaft.

Die Zahl der mobilen Studierenden ist keineswegs mit der Zahl derjenigen identisch, die zum Zwecke des Studiums mobil sind. Manche ausländische Studierende haben in dem Land ihres Studiums bereits vorher gewohnt; andere haben vorher im Ausland gewohnt und kehren zum Zweck des Studiums in das Land ihrer Staatsbürgerschaft zurück. Statistiken dieser Art gibt es nur in wenigen Ländern; die vorliegenden Daten lassen jedoch den Schluss zu, dass die erstere Quote in Europa etwa 20 Prozent aller ausländischen Studierenden ausmacht und die letztere Quote etwa 10 Prozent aller mobilen Studierenden umfasst (Lanzendorf, Teichler 2003).

4 Anrechnung des Studiums in einem anderen Land

Um die Mobilität von Studierenden zu erleichtern, sind im Laufe der Jahre immer mehr Maßnahmen ergriffen worden. Insbesondere wird versucht, im Falle der Mobilität eine hohe Anrechnung des vorher Studierten durch die Hochschule bzw. das Beschäftigungssystem des Ziellandes der Mobilität zu erreichen (Teichler 2003). Die meisten europäischen Länder haben Agenturen, die bei der Information zu und Bewertung von ausländischen Bildungszertifikaten hilfreich sind, so in Deutschland die Zentralstelle für das ausländische Bildungswesen.

Bereits in den Fünfzigerjahren beschlossen die westeuropäischen Länder im Rahmen der Tätigkeit des Europarats Konventionen zur Anerkennung von Studienvoraussetzungen, Studienabschnitten und Studienabschlüssen. In Zusammenarbeit von Europarat und UNESCO wurden in den Siebzigerjahren erneut weiter reichende Konventionen für ganz Europa beschlossen. Im Jahre 1997 schließlich wurde die Lissabon-Erklärung (→Lisbon Convention) beschlossen. Danach verpflichten sich alle ratifizierenden Länder, ihr Möglichstes zu tun, dass eine solche Anerkennung in der Regel erfolgt und Ausnahmen nur dann gemacht werden, wenn ganz eindeutig erkennbar ist, dass die vorangehenden Studienerträge nicht äquivalent sind.

Die Anerkennung des Studiums während einer temporären Auslandsstudienphase durch die Herkunftshochschule ist auch das wichtigste Kriterium für die Förderung durch →ERASMUS; in diesem Rahmen wurde auch ein Credit-Transfer-System entwickelt (→ECTS), um die Wahrscheinlichkeit der Anerkennung zu erhöhen. Allerdings können sich die daran beteiligten Hochschulen ihre Partner aussuchen; sie müssen somit nicht alle europäischen Studienprogramme für äquivalent halten.

5 Zwischen Differenzierung und Anerkennung

Die in jüngster Zeit am häufigsten vorgeschlagenen Maßnahmen zur Erhöhung der Anerkennung des Studiums im Falle der Mobilität während oder nach dem Studium sind formaler Natur:

- Kreditpunktsysteme (→Credit-Point-System) untergliedern das Studium so, dass Zeiteinheiten des erfolgreichen Lernaufwandes verglichen werden können;
- als im Jahre 1999 dreißig europäische Bildungsminister die „Bologna-Erklärung" (→Bologna-Prozess) unterschrieben, sprachen sie sich für ein gemeinsames System gestufter Studiengänge und -abschlüsse auch mit dem Ziel aus, dadurch die Chance der Anrechnung von Auslandsstudien zu erhöhen. Hier war die Studiendauer (→Studienzeiten) das formale Element, das Anerkennung wahrscheinlicher machen sollte.

Einen Schritt weiter geht das 1987 entwickelte und auch von Bildungsministern im Zuge des Bologna-Prozesses wieder empfohlene →Diploma Supplement. Hier sollen die Hochschulen nach standardisierten Vorgaben das Studienangebot und die Leistungen des Studierenden so beschreiben, dass ein Vergleich besser als nur nach formalen Maßen ermöglicht wird.

Allerdings geht es in der Hochschulpolitik der europäischen Länder nicht allein um die Chance einer höheren Anerkennung im Falle der Mobilität; wäre das der Falle, so spräche alles dafür, die Ähnlichkeiten der Studienangebote in der Substanz zu erhöhen. Stattdessen plädierten nicht nur die europäischen Bildungsminister in Bologna und in den Folgekonferenzen von Prag 2001 und Berlin 2003, sondern auch die europäischen Regierungschefs in der Lissabon-Erklärung von 2000 dafür, bis zum Jahre 2010 einen europäischen Hochschulraum bzw. Wissenschaftsraum zu schaffen, der durch →Wettbewerb gekennzeichnet ist. Der Begriff Wettbewerb wird dabei, wie vielfältige Erklärungen zeigen, als eine Chiffre für Qualität, Attraktivität, Wettbewerb, vertikale →Differenzierung (Ränge der Hochschulen) und horizontale Differenzierung (Profile der Hochschulen) verwendet.

Somit steht die Hochschulpolitik in Europa in der Spannung, einerseits Anerkennung zu erleichtern, indem Unterschiede gering gehalten und als begrenzt interpretiert werden, und andererseits die vertikale und horizontale →Differenzierung zu erhöhen, bei der Gemeinsamkeiten der Studiengangs- und Studienabschluss-Strukturen und Credits (→Credit-Point) die Anerkennung nur in begrenztem Rahmen erleichtern können. Von daher kann es nicht überraschen, dass nach einer weiteren Vermehrung von Maßstäben der Äquivalenz gesucht wird, z. B. nach internationaler Akkreditierung als Maß der Mindestqualität und nach →Gütesiegeln – derzeit vor allem durch Netzwerkbildungen von Hochschulen, die sich gegenseitig eine hohe Qualität zuschreiben.

Literatur

DAAD (Hg.) (2002): Wissenschaft weltoffen. Bielefeld.

Hahn, Karola (2003): Die Internationalisierung der deutschen Hochschulen. Opladen.

Kehm, Barbara M. (Hg.) (2003): Grenzüberschreitungen. Internationalisierung im Hochschulbereich, in: die hochschule 1 (Schwerpunktheft).

Lanzendorf, Ute / Ulrich Teichler (2003): Statistics on Student Mobility within the European Union. Europäisches Parlament, Luxemburg.

Teichler, Ulrich (Hg.) (2002): ERASMUS in the SOCRATES Programme. Findings of an Evaluation Study. Bonn.

Teichler, Ulrich (2003): Mutual Recognition and Credit Transfer in Europe: Experiences and Problems, in: Journal of Studies in International Education 7, S. 312–341.

Studienreform und Qualitätsentwicklung

Ulrich Welbers

1 Studienreform und Wissenschaft

Studienreform ist zuerst und vor allem inhaltlich verantwortete und didaktisch orientierte Qualitätsentwicklung von Studium und Lehre mit dem Ziel, Lehren und Lernen in konkreten Präsentations-, Gesprächs- und Handlungszusammenhängen merkbar und nachhaltig zu verbessern, und sie zielt damit im engeren, substanziellen Sinne des Wortes auf die Qualität von Vermittlung und wissenschaftlichen Vermittlungsprozessen (Welbers 2003). Sie ist auf diese Weise fundamental als ganzheitlich angelegte Konstruktion gekennzeichnet (Welbers 1998, 39–57), die Lehren und Lernen miteinander verbinden und aufeinander beziehen will, hat Lehrende und Lernende als Personen im Blick und ist somit auf die Verbesserung bestehender Interaktionsprozesse gerichtet, sowohl in ihrer Planungsabsicht als auch bei deren direkter Konsequenz, dem Lehren und Lernen im Rahmen von Unterrichtssituationen in der Hochschullehre. Sie hält damit im hochschuldidaktischen Sinne gute Lehre für erkenn- und bestimmbar (Berendt 2000, Webler 1991, Welbers 1998, 40–42). Aus diesem Selbstverständnis heraus gewinnt sie spezifische Verbesserungsperspektiven, für deren Umsetzung sie zudem Handlungsvorschläge macht, deren Ergebnisse wiederum Anlass für weitere Verbesserungen sind. Das prozessuale, stets auf Änderung bedachte Denken und Handeln gehört damit zum Grundcharakter von Studienreform.

Verändern sich gesellschaftlich die Rahmenbedingungen von Lehren und Lernen und ist somit der Status des Wissens immer wieder neu fragwürdig, geht Studienreform über den engeren Blick der Lehr-/Lernprozesse bewusst hinaus, greift die Transformationsprozesse des Wissens auf und versucht eine Neuorganisation der Vermittlung des kulturellen Gedächtnisses und des methodischen Wissenschaftsrepertoires einer Gesellschaft. Studienreform lebt damit konstitutiv einerseits aus der Selbstaufklärung von Gesellschaft und Wissenschaft dahingehend, was jeweils Wissen heißt und bedeuten soll, andererseits wird sie manifest und konkret aus dem Geiste der Kritik an dem, was ist.

Studienreform entsteht als Reaktion auf Defizite von Personen und Institutionen und wird aktiv erst im Vollzug der Betroffenen. Ihr demokratischer Charakter ist somit kein jeweils wählbares Beiwerk im Rahmen von möglichst guter Zielerreichung in institutionellen Veränderungsprozessen, also vorderhand funktional eingesetztes Versatzstück eines in dieser Hinsicht stark variierenden Konzepts von →Change Management (vom Brocke 2001, 44–45), sondern entsteht aus ihrem anthropologischen Fundament genau dann, wenn auch Wissen in einer Gesellschaft als demokratisch verstanden werden soll, d. h. wenn möglichst viele möglichst viel gut verstehen und damit biographisch und gesellschaftlich handlungssicher werden sollen. Eine undemokratische Gesellschaft, so die historische Erfahrung, braucht daher keine Studienreform in diesem Sinne, weil von Individuen nur behalten werden soll, was schon vorgedacht war und auf seine Ungefährlichkeit und herrschaftspolitische Funktionalität hin lange genug geprüft wurde. Nur im Grundsatz forschendes Lernen erfordert Studienreform in ihrer gesellschaftlichen Perspektive, weil erst das Recht des Einzelnen darauf, Neues anders zu denken und mit anderen zu kommunizieren, wissenschaftliche Vermittlungsprozesse konstituiert.

Als sachlich problematisch erscheint es (und dies kontrastiert gerade die Entwicklung zu Beginn des 21. Jahrhunderts besonders drastisch), wenn aktuell immer neue Reduktionsvarianten des Studienreformbegriffs auftreten und dieses wertvolle kulturelle Anliegen von Zivilisation, sich selbst über die Vermittlung von Wissen – auch als bewusst konstruierte Erinnerungsarbeit in Institutionen gedacht – Rechenschaft abzulegen und über Verbesserungen zu verständigen, fokussiert wird auf Kennziffern von Absolventenquoten, auf Qualitätssicherung durch eher bürokratisch formalisierte Angleichungsprozesse, auf Standortdiskussionen und Hochschulpläne usw. Dies alles kann die Sicht auf die Probleme schärfen, manche Fehlentwicklungen sogar im Einzelnen bearbeiten helfen. An den grundlegenden Problemen rührt dies nicht, sie bleiben – mit einer überstrapazierten Formel verdeutlicht – symbolische Politik, sind mehr Ausdruck der Krise des Politischen als helfend bei der der Bildungsinstitutionen. Wirkliche Veränderung in dem hier aufgezeigten Horizont bietet die Studienreform nur auf der Ebene des Fachbereiches und des Faches, ja der einzelnen Lehrveranstaltungen. Studienreform ist die kritische Frage nach der Vermittlungsqualität des Wissens im Diskurs und damit Teil des Wissenschaftssystems und seiner Historie, sie kann nicht je nach ideologischem Verfallsdatum bildungspolitisch umformuliert, heuristisch uminterpretiert und in beliebige Kontexte funktional eingestellt werden (wie dies übrigens auch für den Begriff der →Evaluation zunehmend geschehen ist). Eine zynische Spitze hat diese Form einer strategischen Verschiebung des Studienreformbegriffs darin gefunden, dass heute gar die zunehmende Selektion im Hochschulwesen, eine Beschränkung von Studiengängen und damit das Hinausdrängen junger Menschen aus dem Bildungsprozess nach Maßgabe wenig valider Qualitätsprognosen wie Numerus clausus oder Hochschuleingangsprüfungen mittlerweile als Studienreform und als Qualitätssteigerung im Bildungssystem bezeichnet und der Öffentlichkeit auch so, eben als bildungspolitisch gewollte Studienreformstrategie, vermittelt wird.

Im Weiteren wäre zu klären, welche Problemstellungen hier nun an einzelnen Instrumentarien der Studienreform genauer beschrieben werden können, welche Gewinn- und Verlustrechnung für die Entwicklung des Studienreformkonzepts in den letzten drei Jahrzehnten aufzumachen wäre und welche auch unbestreitbar produktiven Perspektiven daraus zu gewinnen sind. Daran anschließend eröffnet sich fast automatisch eine Fülle von Praxisanregungen und -möglichkeiten, die die Studienreform in ihrem systematischen Kern, eben als emanzipatorischen Prozess von Individuen in Institutionen, verstehen und gestalten. →Partizipation wäre hier eines der weiterführenden Stichworte.

2   Jüngere Studienreformgeschichte und Instrumentarien der Qualitätssicherung

Wesentliche Aspekte dessen, was heute als Qualitätssicherung bezeichnet wird, sind aus der Studienreform historisch und systematisch hervor- (und für diese damit teilweise auch verloren) gegangen. Das führt dazu, dass heute oft unverbunden Begriffe wie Studienreform, →Evaluation, Akkreditierung und Qualitätssicherung als Aufgabe der Hochschulen zwar gesetzlich oder durch Verordnung festgeschrieben werden, eine systematische Zuordnung der einzelnen Selbstverständnisse und Funktionalitäten aber weitgehend unterbleibt und im Ergebnis bei den Hochschulen schließlich wenig mehr ankommt als die häufig Option bleibende Forderung, im Bereich der Lehre müsse wieder einmal irgendetwas, kaum Zielgerichtetes, unternommen werden. M. Bülow-Schramm hat vier Phasen der Evaluationsgeschichte unterschieden und macht in der Abgrenzung deutlich, wie auch die jüngere Geschichte der Studienreform gesehen werden kann:

Im Rahmen der Bildungsreformen der 1960er und 70er Jahre, die der Diagnose einer Bildungskatastrophe (Picht 1965) u. a. mit der Gründung von Gesamthochschulen und Fachhochschulen, einer Öffnung der Universitäten und damit mehr Bildungsbeteiligung zu begegnen suchte (→Öffnungsbeschluss), findet – meist individuell verantwortete – →Veranstaltungskritik statt, in der „die Analyse der Lehrinhalte, ihre gesellschaftliche Relevanz und ihr Bezug auf die Lebens- und Lernsituation der Studentinnen und Studenten" im Mittelpunkt einer „Verbesserung der Lehre" stehen (Bülow-Schramm 2001, 111). Aus dem Repertoire dieser Zeit wäre die gesellschaftliche Vorortung der Studienreformproblematik, der kritische Ansatz der Verfahren, die meist ehrenamtlich bzw. korporativ geleistete Arbeit als politisch verstandenes Engagement (hier einmal vorläufig als produktive Unprofessionalität bezeichnet) und schließlich die Erkenntnis der zentralen Bedeutung der Studienreform für eine Hochschulreform insgesamt für eine aktuelle Bestimmung des Studienreformbegriffs mitzunehmen.

Mitte der 1970er Jahre erfährt mit der Gründung der Hochschuldidaktischen Zentren (→Hochschuldidaktik) die Studienreform erstmals eine ernst zu nehmende institutionelle Absicherung, Qualifizierung und damit strategisch angelegte →Professionalisierung. Gleichzeitig wird sie zunehmend als Regelaufgabe der Hochschulen verstanden und Bülow-Schramm weist darauf hin, dass „viele der heute gebräuchlichen Instrumente und Methoden (nicht nur, U. W.) zur Evaluation (...) damals entwickelt und erprobt" wurden (Bülow-Schramm 2001, 112). Heute ist die Hochschuldidaktik, trotz früher Rückschläge in ihrem institutionellen Ausbau, zur entscheidenden Bezugswissenschaft der Studienreform geworden, wiewohl sich ihr Angebotsspektrum sowohl auf Hochschulforschung wie auch auf Aus- und Weiterbildung und Beratung erstreckt (Wildt 2003). Das Verhältnis der Studienreform zur Hochschuldidaktik lässt sich damit als das eines Handlungszusammenhangs von Akteurinnen und Akteuren in Hochschulen zu einer auf das Thema gerichteten – wissenschaftlich abgesicherten – Professionalisierungsdebatte beschreiben, eine Verknüpfung, deren Dynamik heute als konstitutiv für qualitative Studienreformprozesse überhaupt zu gelten hat; dies auch deswegen, weil die Anforderungen an die Professionalität von Studienreform in den letzten drei Jahrzehnten ständig gewachsen sind. Stellvertretend für die Vielzahl an Literatur zur Studienreform und Hochschuldidaktik in den letzten dreißig Jahren sei hier auf den dokumentarischen Wert der Reihe ‚Blickpunkt Hochschuldidaktik' der Arbeitsgemeinschaft für Hochschuldidaktik (AHD) verwiesen, die die Studienreformgeschichte in ihrer systematischen Vielfalt belegt.

Die zunehmende Überlast an den Hochschulen drängte vor allem in den 1980er Jahren Diskussionen um die bald auch sog. Qualitätsfrage der Lehre zunächst in den Hintergrund, aber schon Ende des Jahrzehnts wurde nicht nur von bildungspolitischer Seite aus erneut und teilweise sehr aktiv mit dem Qualitäts-Label gearbeitet (Webler 1991a). Die Qualität der →Hochschulausbildung wurde nicht mehr einfach als selbstverständlich an- und hingenommen, sie wurde vielmehr einerseits öffentlich in Frage gestellt, andererseits diese Fragehaltung aber auch bewusst für und in der Öffentlichkeit von Seiten der Bildungspolitik inszeniert, was sich u. a. an der Konjunktur des Begriffes →Evaluation zeigt. Vor allem aber wurde die Studienreform durch spezifische Programme seitens der Bildungspolitik aktiv unterstützt und auch konzeptionell weiterentwickelt. Unter der Wissenschaftsministerin A. Brunn wird z. B. in Nordrhein-Westfalen 1992 der Abschlussbericht zum Aktionsprogramm „Qualität der Lehre" (MWF 1992) vorgestellt und mit ihm ein in seinem Anforderungsprofil bislang nicht gekanntes und in der Breite der möglichen Ansatzpunkte ungewöhnlich anspruchsvolles Interventionsprogramm für die Studienreform ins Leben gerufen, ein Programm, mit dem die Hochschulen selbst – finanziell unterstützt – in diesem auch gesellschaftspolitisch wichtigen Feld tätig werden können. Durch eine ‚Eckdatenverordnung' wird den Studiengängen ein dem Studier- und Lernverhalten angepasster Rahmen vorgegeben, damit das Aktionsprogramm in seinen Feldern →Tutorenprogramm, →Evaluation, →Hochschuldidaktik usw. Qualitätsmotor für die inhaltliche Entwicklung der Studiengänge sein kann. Bezeichnend ist hier u. a., dass auch studentische Fachschaften Antragsteller sein können, ein Novum, das – wie sich in den nächsten Jahren zeigen wird – mehr ist als linksdemokratische Attitüde: Studienreform wird hier im weiteren Sinne als soziale Bewegung interpretiert, die Betroffenen von Lehr- und Lernprozessen in der Hochschule sollen als Experten ihrer Lernbedürfnisse ernst genommen werden, ihr Schicksal in der →Hochschulausbildung und damit ihre berufliche und gesellschaftliche Zukunft selbst in die Hand nehmen und gestalten können (Brunn 2000, 58–59). Der in dieser Neukonzeption zu Tage tretende emanzipatorische Ansatz sollte sich im Laufe der Jahre als eine der wesentlichen Stärken des Programms erweisen. Noch heute sind die Folgen des „Qualität der Lehre"-Programms an vielen Hochschulen in NRW spürbar, häufig werden innerhalb der im Programm geleisteten Strukturbildung für die Studienreform die Qualitätsentwicklungsdiskussionen an den jeweiligen Standorten maßgeblich bestimmt. An die in dieser Zeit entwickelte Kultur der Kooperation von Politik, Lehrenden und Lernenden wäre für eine zukünftige Entwicklung eines nachhaltigen Studienreformbegriffs anzuknüpfen.

Ein Blick auf die aktuelle Situation lässt gegenüber den 1990er Jahren eine dreifache Entwicklung erkennen, die allerdings schon Mitte des vergangenen Jahrzehnts zunehmend an Boden gewinnt, nämlich die Herauslösung einzelner Instrumentarien aus einem gesellschaftspolitischen Gesamtkonzept vornehmlich unter dem Diktum der Qualitätssicherung (Müller-Böling 1995). Bezeichnend sind aufs Ganze gesehen hier erstens eine Abwertung der inhaltlich orientierten und demokratisch organisierten Studienreformbemühungen der Hochschulen, damit auch eine Verschiebung des Feldes der Akteurinnen und Akteure. Zweitens ein Rückzug staatlicher Verantwortung aus der Studienreformdebatte und die Beschränkung auf bürokratisch-administrative Zielmarken bei gleichzeitiger Androhung von Sanktionen bei deren Nichterreichung. Drittens eine Isolierung, Aufwertung und Autonomisierung einzelner Instrumentarien aus dem Katalog der Studienreformdiskussion wie z. B. die →Evaluation und – im Ganzen gesehen für den Hochschulbereich neu – der Akkreditierung (Naderer 2001). Hier findet zunächst noch gezielt staatliche Förderung statt (Bülow-Schramm 2001, 112), wiewohl der Staat sich auch an dieser Stelle mit Ressourceneinsatz degressiv verhält, sich aber dennoch nicht entscheiden kann, mit Abgabe der Verantwortung und der Finanzierung sich auch mit seinen Kontrollfunktionen aus der Qualitätssicherung im Bereich wissenschaftlicher Bildung zurückzuziehen. Eine immer stärkere Tendenz zu hoher Regelungsdichte bei gleichzeitigem Verantwortungsrückzug ist auch und vor allem bei der Einführung von Bachelor- und Masterstudiengängen zu beobachten, ein Weg, der nun über die Qualitätssicherungselemente wie z. B. die Akkreditierung gesucht wird (KMK 2003), während substanzielle und gesellschaftspolitische Motive und Impulse kaum oder gar nicht erkennbar sind (BdWi 2003).

Auf der Seite der Hochschulen allerdings sieht die Bilanz der Qualitätssicherung, vor allem die mit einzelnen Instrumentarien erreichte Entwicklung der letzten Jahre, weit positiver aus (Stifterverband 1997, HRK 1998, HRK 1998a, HRK 1999). Sieht man die „systematische Entwicklung und Sicherung von Qualität an Hochschulen" heute als eine „Schlüsselfrage der Hochschulreform im In- und Ausland" an (HRK 2003, 5), so bleibt festzustellen, dass in der Studienreform der Ursprung dieser Entwicklung auch im Hinblick auf eine solch hohe Anspruchsformulierung zu suchen ist. Heute ist zudem „die Tendenz zu einer umfassenden Betrachtung der Hochschule als Institution unverkennbar" (HRK 2003, 6), damit durchaus die Rückkehr zu einem ganzheitlichen Ansatz in neuer Spielart feststellbar. Eine positive Entwicklung zeichnet sich hier dann ab, wird diese Ausweitung auch im gesellschaftlichen Kontext gesehen und nicht wiederum allein auf die →Professionalisierung des Organisationsmanagements der Hochschulen verkürzt. Die Akkreditierung entwickelt sich zunehmend zu einem brauchbaren und akzeptierten Instrumentarium für die →Genehmigung von Studiengängen, die Anforderungskataloge sind hochschuldidaktisch anspruchsvoll und geeignet, Lösungen auf wichtige Fragen der Hochschullehre zu provozieren. In der →Evaluation ist ein historisch gewachsenes Spektrum äußerst differenzierter Verfahrensweisen zu erkennen (Webler 2003), die dann zur Qualitätsentwicklung beitragen können, wenn das Konzept der Evaluation auch wirklich den Hochschulen überlassen bleibt und nicht bildungspolitisch für weitere Ressourcenminderungen funktionalisiert wird. „Entwicklung statt Kontrolle" (Nakamura 1997, 120) wäre hier die zentrale Maxime und die strukturelle Einbindung der Evaluation in Organisationsentwicklungsprozesse von Fachbereichen und Hochschulen ein notwendiger Schritt (Hanft 2003).

Eine genauere Differenzierung des Verhältnisses von Akkreditierung und Evaluation ist noch Desiderat, aber möglich und sinnvoll. Eine Vielzahl von institutionellen Einrichtungen wird für die Qualitätssicherung dauerhaft nötig sein, der Strukturaufbau in diesem Bereich ist aber in den letzten Jahren bereits erheblich und muss weitergeführt (HRK 2003, 33–59), zudem in die bisherigen Strukturen eingepasst werden.

Ziel aller Qualitätssicherung wäre also die Entwicklung einer Qualitätskultur an Hochschulen: „Aufgabe der Zukunft wird es daher sein, in den Hochschulen eine ‚Qualitätskultur' zu entwickeln und die Hochschulen dabei zu unterstützen, Qualitätssicherung als zentrale Aufgabe der Hochschulentwicklung zu verstehen, die leitend für alle relevanten Entscheidungen sein muss. Es geht somit um einen Paradigmenwechsel hin zu einem in erster Linie selbstgesteuerten Prozess der Qualitätsentwicklung, der sich an selbst gesteckten Zielen einer autonomen Hochschule orientiert" (HRK 2003, 18).

3 Qualitätsentwicklung in gestuften Studiengängen

Als Beispiel eines Studienreformbegriffs zur Qualitätsentwicklung, der die genannten Perspektiven aufnimmt, könnte entgegen formaler Strukturanpassungsstrategien der folgende Katalog zur Qualitätsentwicklung im Rahmen einer Studienreform mit Bachelor und Master unter der Perspektive des besseren Lehrens und Lernens formuliert werden:

1. Die Verbesserung des Lehrens und Lernens im Studiengang soll wirksam gefördert und nachweislich verbessert werden, Lehrveranstaltungen werden neu konzipiert und variantenreiche Lehr- und Lernkonzepte ausprobiert;

2. →Modularisierung wird als curriculares Organisationsprinzip genutzt im Sinne von Lehr- und Lernarrangements, die nach hochschuldidaktischen Kriterien (→Hochschuldidaktik) Vermittlungsprozesse fachlich anspruchsvoll, verständlich, interessant und transferorientiert aufeinander beziehen;

3. →Internationalisierung wird als inhaltliche Aufgabenstellung der Studienreform begriffen, und es werden somit →Module konzipiert, die diese Anforderung explizit in neue Inhalte umsetzen;

4. Kreditpunktsysteme (→Credit-Point-System) werden als Möglichkeit eingesetzt, das Lehren vom Lernen her zu verstehen, der „Shift from Teaching to Learning" wird im Studiengang hochschuldidaktisch und strukturell greifbar;

5. Praxisorientierung und bessere Berufsqualifizierung (→Employability) werden im Studiengang in konkreten Programmen organisiert und damit in den Studienalltag verbindlich implementiert;

6. hochschuldidaktische Aus- und Weiterbildung wird als Personalentwicklung der Akteurinnen und Akteure strategisch betrieben und als Voraussetzung nachhaltiger Qualitätsentwicklung erkannt;

7. die Weiterbildungsverantwortung der Hochschulen wird durch die modulare Struktur der Studiengänge gestärkt, in einem offensiven Weiterbildungskonzept (→Lebenslanges Lernen) organisiert und in der Öffentlichkeit vermittelt;

8. die →Studienberatung als das Lernen intensivierendes Instrumentarium wird ausgebaut und damit als die eigentliche Chance verstanden, →Studienzeit besser nutzbar zu machen;

9. Informationstechnologien und Multimedia werden als Qualitätsverbesserungschance der Wissensgesellschaft verstanden und eine diesbezügliche Verwendung und Qualifizierung im Hochschulunterricht so betrieben, dass hier wirklich ein spürbarer hochschuldidaktischer Gewinn zu verzeichnen wäre;

10. Akkreditierung und Qualitätssicherung werden als Möglichkeit gesehen, Qualität mit Hilfe der Perspektive von außen zu verbessern (→Peer-Review), Probleme zu verstehen und neue Gestaltungsoptionen für die Studienreform zu gewinnen.

Eine bildungstheoretische und gesellschaftspolitische Fundierung der Lehre und der Studienreform im Fachbereich ist dann eine nützliche Hilfestellung für die Lösung praktischer Problemstellungen. Wie dies aussehen kann, soll nun stichwortartig an sechs ausgewählten Handlungsformen der Studienreform gezeigt werden, die eine Verknüpfung mit Handlungsformen der Qualitätsentwicklung besonders gut zulassen.

4 Handlungsformen von Studienreform als Qualitätsentwicklung

Als Grundcharakter von Studienreform wurde →Partizipation gekennzeichnet, sowohl was die Verfahrensweisen anbelangt als auch im Hinblick auf den Hochschulunterricht.

1. An erster Stelle der Verfahrensweisen steht fraglos die paritätisch besetzte Studienreformkommission im Fachbereich, die als dauerhafter Qualitätszirkel agiert. Lehrende und Lernende handeln hier die Studienreform gemeinsam aus, denn Demokratisierung ohne →Innovation ist zwar leer (eine vielleicht häufige, aber keineswegs unabwendbare Erfahrung in der Hochschule), Innovationen ohne Demokratisierung aber sind vor allem einmal blind (Welbers 1997). Nur wenn Studierende als Expertinnen und Experten ihrer Lernbedürfnisse ernst genommen werden, wird aktives Lernen wirklich initiiert. Hier sind übrigens Verknüpfungen der Studienreform zu Instrumentarien des →Change Managements offensichtlich.

2. Sinnvoller thematischer Ansatzpunkt studienreformerischer Arbeit im Fachbereich ist die Aushandlung einer →Studienordnung, die mehr sein sollte als die Festlegung von Prüfungsleistungen und Kreditpunkten (→Credit-Point). Vielmehr geht es hier um einen fachbereichsbezogenen Solidarvertrag von Lehrenden und Lernenden, ein Arbeitsbündnis des gemeinsamen Lernens im Hinblick auf wissenschaftliche Bildung. Erst so gewinnt Wissenschaft ihre aufregende Seite gerade in der Vermittlungsperspektive zurück;

3. Im Hochschulunterricht ist der Hauptort von →Partizipation, von echter Beteiligung und Wertschätzung der Lernenden. Gut lässt

sich dies z. B. in projektorientierten Unterrichtsformen gewinnen, in denen Studierende, theoretisch lernend und Wissenschaft entdeckend, in Praxisbezügen zum Handeln kommen können. Zum überwiegenden Teil sind Studierende immer noch nur passive Rezipienten des Hochschulunterrichts. Solches Lernen bleibt stets kurzfristig, vorläufig, im Grunde gar oft unverstanden. Die Studienreform sucht Handlungsformen des Hochschulunterrichts auf, in denen Lernen wirklich wichtig wird.

4. Dass Lehrende sich darauf verständigen, wer was tut, um den Solidarvertrag der →Studienordnung auch im konkreten Alltag einzulösen, kann vor allen anderen als das wichtigste Problem der Qualitätssicherung im Fachbereich überhaupt bezeichnet werden. Es ist daher die Arbeit mit Lehrstrukturkonzepten anzuraten, in denen eine diesbezügliche Selbstverständigung im Fachbereich verbindlichen Charakter gewinnt. Sie helfen gleichermaßen den Überblick zu sichern, Ressourcen sinnvoll einzusetzen und Lehre verantwortlich zu planen. Lehrstrukturkonzepte sind daher als Mittel der Qualitätssicherung in Studienreformprozessen heute unverzichtbar geworden. Die Akkreditierung sieht mittlerweile in dieser Fragestellung ebenfalls die Klärung eindeutiger Verantwortlichkeiten – z. B. durch die Installation von Modulbeauftragten – vor.

5. →Evaluation kann als Verbesserung des Lehrens und Lernens im Fachbereich genutzt werden, wenn mit ihr eine Selbstvergewisserung stattfindet, was die Lernenden aus ihrer Sicht erwarten. Die Studierendenumfrage ist daher eine ebenso traditionsreiche wie heute stark professionalisierte Form, diese Erwartungen gezielt abzufragen und auf die Lehrplanung zu beziehen. Ergebnisse und Kritik des so begonnenen Qualitätsentwicklungsprozesses können dann mit Hilfe von Lehrberichtsprojekten gesichert und dokumentiert werden.

6. Akkreditierung wäre dann Partizipationselement, würden die Lernenden nicht nur mögliche, sondern entscheidende Mitsprache an der Einführung von Studiengängen bekommen. Dies ist auf der Ebene des Faches und des einzelnen Akkreditierungsantrages problemlos realisierbar. Ein Fachbereich gewönne so die einmalige Chance, eine Hochschullehre zu gestalten, die wirklich von den ,Abnehmern' gewollt wäre und damit aktives Lernen schon aus sich

heraus provozierte. Es wäre wohl für jede Institution ineffektiv, sich eine solche Chance entgehen zu lassen. Mitsprache junger Leute ist heute keine Frage der institutionellen Gewährung mehr, sie ist zur Überlebensbedingung der modernen Hochschule geworden, die in engagierten Studierenden ihr größtes Kapital der Gegenwart und vor allem für die Zukunft ihrer Organisation sehen muss.

Literatur

Berendt, Brigitte (2000): Was ist gute Hochschullehre?, in: A. Helmke/W. Hornstein et al. (Hg.): Qualität und Qualitätssicherung im Bildungsbereich: Schule, Sozialpädagogik, Hochschule (= Zeitschrift für Pädagogik, 41. Beiheft), S. 247–260.

Brunn, Anke (2000): Stand des Aktionsprogramms ‚Qualität der Lehre'. Grußwort der Ministerin für Wissenschaft und Forschung des Landes Nordrhein-Westfalen beim ‚Tag der Lehre' der Universität Düsseldorf am 17.1.1995, in: Ulrich Welbers/Michael Preuss (Hg.): Die reformierte Germanistik: Dokumentation zur Düsseldorfer Studienreform. Für Klaus-Hinrich Roth zum 60. Geburtstag. Düsseldorf, S. 58–59.

Bülow-Schramm, Margret (2001): Evaluation, in: Anke Hanft (Hg.): Grundbegriffe des Hochschulmanagements. Neuwied, S. 111–118.

BdWi (2003): Politische Forderungen des Bundes demokratischer Wissenschaftlerinnenund Wissenschaftler (BdWi) anlässlich des europäischen BildungsministerInnentreffens in Berlin (18./19. September 2003); online einsehbar unter: http://www.bdwi.de/stellungnahmen/bologna-prozess.pdf.

Hanft, Anke (2003): Evaluation und Organisationsentwicklung, in: EvaNet-Positionen 10/2003. Online verfügbar unter: http://evanet.his.de/evanet/forum/pdf-position/HanftPosition.pdf.

HRK (Hg.) (1998): Qualitätsmanagement in der Lehre – TQL 98 (= Beiträge zur Hochschulpolitik 5). Bonn.

HRK (Hg.) (1998a): Evaluation und Qualitätssicherung an den Hochschulen in Deutschland – Stand und Perspektiven (= Beiträge zur Hochschulpolitik 6). Bonn.

HRK (Hg.) (1999): Qualität an Hochschulen (= Beiträge zur Hochschulpolitik 1). Bonn.

HRK (Hg.) (2003): Qualitätssicherung an Hochschulen (= Beiträge zur Hochschulpolitik 7). Bonn.

KMK (2003): Ländergemeinsame Strukturvorgaben gemäß § 9 Abs.2 HRG für die Akkreditierung von Bachelor- und Masterstudiengängen; online einsehbar unter: http://www.kmk.org.hschule/strukturvorgaben.pdf.

MWF (1992): Ministerium für Wissenschaft und Forschung NRW (Hg.): Abschlußbericht zum Aktionsprogramm „Qualität der Lehre". Düsseldorf (2., erw. Aufl.).

Müller-Böling, Detlef (Hg.) (1995): Qualitätssicherung in Hochschulen. Forschung – Lehre – Management. Gütersloh.

Naderer, Heide (2001): Akkreditierung, in: Anke Hanft (Hg.): Grundbegriffe des Hochschulmanagements. Neuwied, S. 1–6.

Nakamura, Yoshiro (1997): Evaluation: Entwicklung statt Kontrolle. Interne Evaluation als begleitende Maßnahme von Studienreformprozessen auf Fachbereichsebene, in: Ulrich Welbers (Hg.): Das Integrierte Handlungskonzept Studienreform. Aktionsformen für die Verbesserung der Lehre an Hochschulen. Neuwied, S. 120–133.

Picht, Georg (1965): Die deutsche Bildungskatastrophe. München. Stifterverband für die Deutsche Wissenschaft (Hg.) (1997): Qualitätsentwicklung in einem differenzierten Hochschulsystem. Bonn.

vom Brocke, Jan (2001): Change Management, in: Anke Hanft (Hg.): Grundbegriffe des Hochschulmanagements. Neuwied, S. 42–49.

Webler, Wolff-Dietrich (1991): Kriterien für gute akademische Lehre, in: Das Hochschulwesen 6, S. 246–253.

Webler, Wolff-Dietrich (1991a): Zur Steigerung des Prestiges von Lehrleistungen an deutschen Hochschulen – das Bielefelder Memorandum der AHD zur Steigerung der Qualität der Lehre an Hochschulen, in: ders./H.-U. Otto (Hg.): Der Ort der Lehre in der Hochschule. Lehrleistungen, Prestige und Hochschulwettbewerb. Weinheim, Basel.

Webler, Wolff-Dietrich (2003): Qualitätssicherung in gestuften Studiengängen, in: Ulrich Welbers (Hg.): Studienreform mit Bachelor und Master. Gestufte Studiengänge im Blick des Lehrens und Lernens an Hochschulen. Modelle für die Geistes- und Sozialwissenschaften. Bielefeld (2. Aufl.) 2003, S. 237–262.

Welbers, Ulrich (1997): Demokratisierung ohne Innovation ist leer, Innovationen ohne Demokratisierung sind blind: Die Studienreformkommission, in: Ulrich Welbers (Hg.): Das Integrierte Handlungskonzept Studienreform. Aktionsformen für die Verbesserung der Lehre an Hochschulen. Neuwied, S. 53–57.

Welbers, Ulrich (1998): Die Lehre neu verstehen – die Wissenschaft neu denken. Qualitätsentwicklung in der germanistischen Hochschullehre. Opladen.

Welbers, Ulrich (2003): Studienreform mit Bachelor und Master. Eine einführende Problembeschreibung aus der Sicht des Lehrens und Lernens an Hochschulen, in: Ulrich Welbers (Hg.): Studienreform mit Bachelor und Master. Gestufte Studiengänge im Blick des Lehrens und Lernens an Hochschulen. Modelle für die Geistes- und Sozialwissenschaften. Bielefeld (2. Aufl.), S. 1–22.

Welbers, Ulrich (Hg.) (2003): Vermittlungswissenschaften. Wissenschaftsverständnis und Curriculumentwicklung. Düsseldorf.

Wildt, Johannes (Hg.) (2003): Hochschuldidaktik in Deutschland. Beilage zur DUZ im September 2003. Berlin.

Weitere Literatur zum Thema und eine der komplexen Thematik Rechnung tragende Erörterung der hier besprochenen Problematik finden Sie in Welbers, Ulrich: Studienreform als kritische Fragehaltung der Wissenschaften, in: Holger Ehlert/Ulrich Welbers (Hg.): Qualitätssicherung und Studienreform. Strategie und Programmentwicklung für Fachbereiche und Hochschulen am Beispiel der Heinrich-Heine-Universität Düsseldorf. Düsseldorf 2004.

Qualitätssicherung und Qualitätsentwicklung an Hochschulen

Peer Pasternack

Akkreditierung ist ein Element der Qualitätssicherung und zugleich Bestandteil von Entstaatlichungsbemühungen (→Deregulierung). Die inhaltliche Funktion der Akkreditierung besteht in der Sicherung von →Standards, ihre hochschulpolitische Funktion in der Minderung des staatlichen Einflusses auf die Studiengangsentwicklung. Der Staat überträgt im Zuge seiner Konzentration auf hoheitliche Kernaufgaben die Qualitätssicherung von Studiengängen an Hochschulen und intermediäre Einrichtungen in Gestalt von Akkreditierungsagenturen. Er wird sich künftig darauf beschränken, das Akkreditierungserfordernis gesetzlich zu regeln.

Neben der Akkreditierung von Studiengängen gibt es die →institutionelle Akkreditierung. In Deutschland wird diese im Rahmen der staatlichen Anerkennung privater Hochschulen (→Privathochschulen) durchgeführt, wobei der →Wissenschaftsrat als Akkreditierungsagentur fungiert. Erst nachdem das dortige Akkreditierungsverfahren erfolgreich durchlaufen wurde, werden seit einigen Jahren privat betriebene Hochschulen dauerhaft staatlich anerkannt (zuvor erfolgt in der Regel eine vorläufige Anerkennung). Das bedeutet, dass dann die Abschlüsse der jeweiligen Privathochschule dieselben Berechtigungen eröffnen wie diejenigen öffentlicher Hochschulen.

Das Instrument der Akkreditierung ist eingeordnet in ein umfassenderes System von Qualitätssicherung und -entwicklung. Es stellt zum einen die Adaption eines Qualitätsmanagement-Instruments – der →Zertifizierung – an die spezifischen Hochschulbedingungen dar. Zum anderen zeitigt eine Hochschulentwicklung, deren Qualitätssicherung sich allein auf die Akkreditierung beschränkt, suboptimale Ergebnisse. Daher sollte Akkreditierung als integriertes Element übergreifender Qualitätsentwicklungsprozesse begriffen und implementiert werden.

Zur Qualitätssicherung und -entwicklung an deutschen Hochschulen gibt es insbesondere seit Mitte der 1990er Jahre eine ausgreifende Debatte sowie zahlreiche Modellprojekte und sonstige Implementationsbemühungen. Vor allem im Rahmen des Projekts Qualitätssicherung (→Projekt Q) der Hochschulrektorenkonferenz (→HRK) sind diese Initiativen über mehrere Jahre hin begleitet und dokumentiert worden.[1] In Auswertung dieser Entwicklungen wird nachfolgend eine Systematik hochschulischen Qualitätshandelns formuliert. Grundlegenden analytischen Unterscheidungen (1) folgen ein Strukturmodell (2) und ein Prozessmodell (3) der Qualitätsorientierung an Hochschulen. Letzteres eignet sich nicht allein als Handlungsorientierung für Qualitätsentwicklungsprozesse jeglicher Art, sondern auch insbesondere für Hochschulakteure, die Akkreditierungen vorbereiten und betreiben.

1 Grundlegende Unterscheidungen

Wer Qualität sichern und Qualität entwickeln möchte, muss wissen, was Qualität ist. Dabei ist es hilfreich, zweierlei Unterscheidungen zu treffen: zum einen die Elementardifferenzierung zwischen Quantitäten und Qualitäten; erstere sind messbar, letztere nicht. Zum anderen sind zwei Arten von Qualität voneinander abzusetzen: Geht es um diverse Einzeleigenschaften (Qualitäten erster Ordnung) oder um die einen Gegenstand ganzheitlich durchformende Güte (Qualität zweiter Ordnung)? Erstere sind verbal, also beschreibend standardisierbar, letztere ist nicht zu standardisieren (Abb. 7).

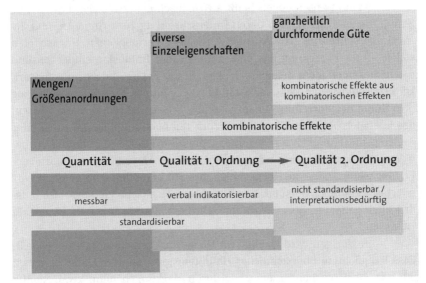

Abb. 7: Übergangssequenz Quantität – Qualität

---

[1] Vgl. http://www.hrk.de > Projekte und Initiativen > Projekt Qualitätssicherung (z. T. im Volltext verfügbar); ebd: > Publikationen; des Weiteren das im Rahmen des Projekt Q vom Hochschul-Informationssystem (HIS) betriebene EvaNet: http://evanet.his.de.

Ein Beispiel: Das quantitative Lehrkräfte-Studierenden-Verhältnis an einem Fachbereich ist ein zu messender Sachverhalt, der freilich für sich genommen noch von sehr eingeschränkter Aussagekraft ist. Die Lehrkräfte-Studierenden-Interaktion ist ein verbal standardisierbarer Sachverhalt, der schon deutlichere Qualitätsaussagen erlaubt. Die Gesamtgüte eines Fachbereichs hingegen kommt erst in den Blick, wenn man sich bemüht, die Lehrkräfte-Studierenden-Interaktionswirkungen zu ermitteln. Hierbei sind Standardisierungen wenig hilfreich, weil sie Fachbereichsspezifika nicht zu erfassen vermögen; daher müssen Interpretationen empirisch vorfindlicher Sachverhalte und deren Zusammenspiels vorgenommen werden.

Diese Unterscheidungen haben Folgen für die Wahl des Interventionsinstrumentariums, mit dem Qualität an Hochschulen gesichert und entwickelt werden soll. Zu differenzieren ist zwischen einem Single-Issue-Ansatz und einem Systemveränderungsansatz. Ersterer ist geeignet zur zielgenauen Sicherung und Entwicklung von Einzeleigenschaften (Qualitäten erster Ordnung). Letzterer ist nötig, sobald ganzheitlich durchformende Güte (Qualität zweiter Ordnung) erzeugt werden soll.

Qualität zu erzeugen heißt an Hochschulen zweierlei: bestehende Standards zu sichern, d. h. deren Unterschreitung zu verhindern, und die Normüberschreitung bzw. Normabweichung zu ermöglichen. Hochschulen sollen in der Forschung das bisher noch nicht Entdeckte entdecken und das bisher noch nicht Gedachte denken. In der Lehre sind sie aufgefordert, keine geschlossenen Wissensbestände zu vermitteln. Stattdessen sollen sie dem Stand der Forschung entsprechendes Wissen lehren, d. h. ein Wissen, das in seiner Gewissheit zumindest zum Teil noch fragil ist; hinzu tritt der Auftrag, die Fähigkeit zu vermitteln, dieses Wissen selbstständig zu bewerten, zu hinterfragen und die Folgen seiner Anwendung zu beurteilen. Ebenso wenig sollen die Hochschulen ihre Studierenden auf irgendein normiertes Persönlichkeitsbild hin zurichten. Hochschulen sind also ausdrücklich gehalten, Normen zu überschreiten, statt sich von ihnen fesseln zu lassen.

Im Übrigen wird Qualität an Hochschulen nicht derart hergestellt, dass lediglich ein übersichtliches Handlungsprogramm in Gang zu setzen ist, das die Ursachen erzeugt, als deren Wirkungen dann zwangsläufig Qualität entsteht. Vielmehr kann sie dadurch entstehen, dass die Bedingungen so gestaltet werden, dass Qualitätserzeugung nicht verhindert wird. Eine Entstehensgarantie ist dies freilich nicht. Einer solchen Garantie steht eine Reihe von Abhängigkeiten entgegen: Abhängigkeiten von sozialen Konstellationen, Bewertungen durch die →Scientific Community (die nicht alles, was Qualität ist, als solche goutiert), von kognitiven Situationen, Wettbewerbsbedingungen (→Wettbewerb) (eine Modellrechnung, die in der Volkswirtschaftslehre als wissenschaftlich großer Wurf gilt, erzeugt in der Mathematik mitunter ein müdes Lächeln statt Anerkennung als Qualitätsleistung) usw., usf.

2 Qualitätsorientierung an Hochschulen: Strukturmodell

Die Hochschulqualitätsdebatte ist begrifflich durch Unübersichtlichkeit gekennzeichnet. Das resultiert aus den zahlreichen konzeptionellen Transfers, die in diesem Kontext aus anderen Bereichen vorgenommen werden. Es ist daher sinnvoll, sich auf eine handhabbare Anzahl und Ordnung der Begriffe zu verständigen. Das ermöglicht nicht zuletzt, die diversen Konzepte und Instrumente einzuordnen, mit deren Hilfe Qualitätsorientierung umzusetzen ist. Derart kann es erleichtert werden, sich souverän in Qualitätsprozessen zu bewegen.

Als allgemeiner Oberbegriff bietet sich derjenige der Qualitätsorientierung an: Darunter ist eine inhaltliche wie praktische Ausrichtung von Denken und Handeln auf Qualität zu verstehen. Im Übrigen soll das qualitätsbezogene Kernvokabular auf insgesamt sechs Begriffe reduziert werden. Auf diese Weise lässt sich Qualitätsorientierung an Hochschulen in einem Vier-Ebenen-Modell übersichtlich darstellen (Abb. 8). Die Qualitätsorientierung bildet die erste Ebene und wird – zweite Ebene – innerhalb dreier Dimensionen umgesetzt: Qualitätsbestimmung (was ist das Ziel?), Qualitätsentwicklung (wie wird das Ziel erreicht?) und Qualitätsbewertung (inwieweit ist das Ziel erreicht worden?). Diese Dimensionierung berücksichtigt, dass Qualitätsorientierung eine Zielbestimmung benötigt, sodann Umsetzungen erfolgen müssen und schließlich die Umsetzungen hinsichtlich ihres Erfolges bzw. ihrer Miss- oder Teilerfolge zu überprüfen sind.

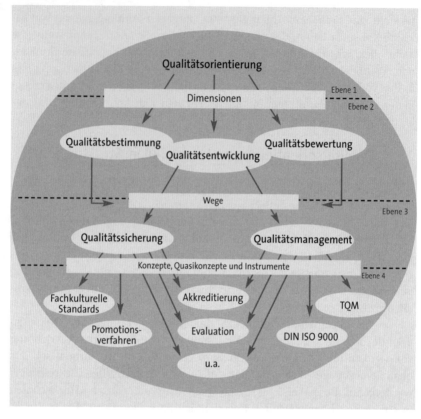

Abb. 8: Qualitätsorientierung an Hochschulen: Vier-Ebenen-Modell

Auf der dritten Ebene sind zwei voneinander zu unterscheidende Wege der Umsetzung von Qualitätsorientierung angesiedelt: Qualitätssicherung und →Qualitätsmanagement (QM). Hier wird die hochschulspezifische Qualitätssicherung bewusst vom nichthochschulspezifischen (gleichwohl in Teilen adaptionsfähigen) Qualitätsmanagement abgesetzt. Das findet seine Begründung darin, dass an Hochschulen Qualitätsentwicklung durchaus vorkommen kann, ohne dass diese zwangsläufig als Qualitätsmanagement realisiert wird: Qualitätssicherung bezeichnet solche Handlungen, die der Erhaltung und Entwicklung von Qualität dienen, ohne dass dem ein QM-Konzept zu Grunde liegt (sondern z. B. fachkulturelle Standards). Qualitätsmanagement hingegen bezeichnet betriebswirtschaftlich inspirierte Führungskonzepte: Diese zielen intentional darauf, auf präzis bestimmten

Wegen die jeweilige Prozessqualität zu verbessern, um eine standardisierte Produktqualität zu sichern, zu erreichen bzw. zu überbieten. Die vierte Ebene versammelt die Konzepte und Instrumente, die zur Umsetzung von Qualitätssicherung und Qualitätsmanagement eingesetzt werden.

3   Qualitätsorientierung an Hochschulen: Prozessmodell

Auf der Grundlage dieses Strukturmodells lässt sich für die qualitätsorientierte Hochschule ein handlungsorientierendes Prozessmodell entwerfen. Die drei Dimensionen Qualitätsbestimmung, Qualitätsentwicklung und Qualitätsbewertung werden dazu als Policy-Cycle formuliert: Analog zur Betrachtungsweise in der Politikfeldanalyse lässt sich auch Hochschulqualitätspolitik als ein Prozess der Problembearbeitung fassen, der in Phasen modellierbar ist. Die drei Prozessphasen sind Programmierung, Implementation und Evaluation (Abb. 9).

Am Anfang steht die Problemidentifizierung, die – den Willen vorausgesetzt, das erkannte Problem zu lösen – zur Zweckbestimmung, daraus abgeleiteten Zieldefinition und Formulierung eines Programms führt (Programmierung). Es folgt die konkrete Umsetzung der Absichten (Implementation). Diese erzeugt Wirkungen, die beobachtet und bewertet werden können (Evaluation). Sind die gewünschten Wirkungen eingetreten und unerwünschte Nebenwirkungen ausgeblieben, kann der Vorgang beendet werden. Andernfalls ist die Phase der Evaluation an die Phase der Programmformulierung rückgekoppelt: Das Programm wird mit dem Wissen aus der Evaluation reformuliert – der Policy-Cycle ist geschlossen.

Diese Prozesszerlegung ist sowohl analytisch hilfreich, wie sie handlungsanleitend sein kann: Sie ermöglicht ein modellhaftes Begreifen und die Rückführung zahlreicher, jeweils sehr unterschiedlicher Realprozesse auf das Modell. Diese Prozesse werden damit vergleichbar und nach gleichen Mustern behandelbar. Die Modellierung darf indessen nicht dazu verführen, dahinter eine 1:1-Abbildung der Realprozesse zu sehen. Die drei Phasen sind analytische Abstraktionen, kommen in der Realität jedoch nie derart getrennt vor. Nicht nur überlappen sie sich zeitlich, sondern sind durch feedbackgesteuerte Rückkopplungsschleifen auch komplex miteinander verflochten.

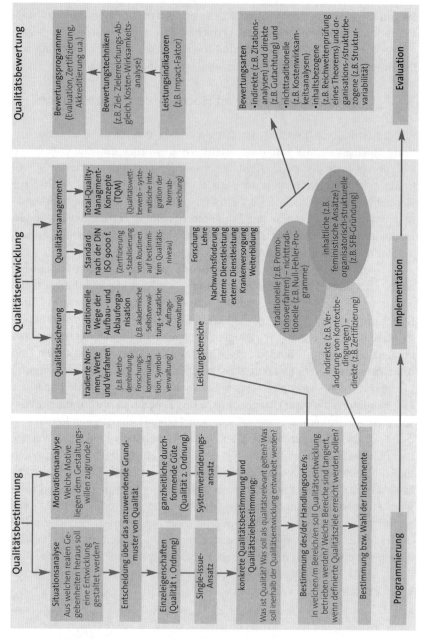

Abb. 9: Qualitätsorientierung an Hochschulen: Prozessmodell

Die drei Prozessphasen Programmierung, Implementation und Evaluation stellen zugleich verschiedene Handlungsdimensionen – Qualitätsbestimmung, -entwicklung und -bewertung – dar, da in ihnen unterschiedliche Methodiken Anwendung finden. Beachtet werden muss in allen Phasen, dass Qualität in zwei verschiedenen Grundmustern auftritt: Was in der Programmierungsphase mit der Unterscheidung von Qualität erster Ordnung und Qualität zweiter Ordnung begonnen hatte, ist in der Implementationsphase mit der Differenzierung zwischen Single-Issue-Ansatz einerseits und Systemveränderungsansatz andererseits zu berücksichtigen, und es begegnet bei der Evaluation erneut: Auch die Bewertung von Qualität erster Ordnung und Qualität zweiter Ordnung sollte getrennt erfolgen, da beide auf Grund ihrer Unterschiedlichkeit je spezifische Bewertungsverfahren benötigen. Das Qualitätsmerkmal ‚hochschuleigene Kinderbetreuungsmöglichkeiten' (Qualität erster Ordnung) z. B. lässt sich mit Hilfe einer vergleichsweise einfachen Bewertungsmethodik prüfen, die zur Bewertung, ob eine Hochschule das Prädikat ‚frauenfreundlich' (Qualität zweiter Ordnung) verdient, gänzlich unzulänglich ist. Oder: Der Patenterfolg einer Hochschule (Qualität erster Ordnung) bildet nur einen kleinen Teil des Qualitätsmerkmals ‚innovative Hochschule' (Qualität zweiter Ordnung) ab.

a   Programmierung/Qualitätsbestimmung

Im ersten Schritt ist eine Entscheidung über das dominierende Grundmuster von Qualität zu treffen: Geht es vorrangig um die Entwicklung diverser isolierbarer Einzeleigenschaften – z. B. die Fremdsprachenkompetenz in einem Studiengang zu erhöhen oder die →Studienberatung auszubauen? Oder soll es grundsätzlich darum gehen, z. B. einen Studiengang oder eine Hochschule insgesamt zu verändern, etwa den Studiengang zu internationalisieren oder an der Hochschule eine innovationsgeneigte Forschungsatmosphäre zu erzeugen?

Mit der Entscheidung dieser Fragen wird zugleich geklärt, ob ein Single-Issue-Ansatz oder ein Systemveränderungsansatz erforderlich ist. Der Single-Issue-Ansatz ist von minderer Komplexität und erlaubt entweder die punktgenaue Intervention, d. h. der Eingriffsort ist unmittelbar das Wirkungsziel, oder die Einkreisung eines isolierbaren Problems. Der Systemveränderungsansatz zeichnet sich durch höhere Komplexität aus und erfordert eine ganzheitliche Veränderungsstrategie.

Im Rahmen einer nun folgenden konkreten Qualitätsbestimmung und Qualitätszielbestimmung sind drei Fragen zu beantworten: Was ist im spezifischen Kontext Qualität? Was soll als qualitätsrelevant gelten? Was soll innerhalb der Qualitätsentwicklung wohin entwickelt werden?

Eine konkrete Qualitätsbestimmung, welche die Definitionsprobleme erfolgreich bearbeitet, lässt sich dadurch gewinnen, dass sie situations- sowie interessen- und motivationsabhängig vorgenommen wird. Das heißt, sie soll von der konkreten Situation sowie ihren konkreten Akteuren und deren konkreten Erwartungen ausgehen. Das vermag dann auch zu sichern, dass die erarbeitete Qualitätsbestimmung Akzeptanz bei einer relevanten Anzahl von Beteiligten bzw. Betroffenen finden kann. Methodisch stehen daher am Anfang eine Situationsanalyse sowie eine Motivations- und Erwartungsanalyse: Aus welchen realen Gegebenheiten heraus soll zu welchem Nutzen eine Entwicklung gestaltet werden, und welche Motive liegen dem Gestaltungswillen zu Grunde?

Die Situationsanalyse erkundet die Handlungskontexte und zu berücksichtigende Einflussfaktoren. Hierzu wird als erster Schritt der Referenzrahmen bestimmt, innerhalb dessen sich das weitere qualitätsorientierte Handeln vollziehen muss: gesetzliche Regelungen, Erwartungen der Leistungsabnehmer, Ergebnisse der Hochschul- und Wissenschaftsforschung, Orientierungen, Ziele, Leitbilder und lokales Wissen der Akteure. Der zweite Schritt ist eine Diagnose des sozialen Systems mit der Erfassung von zentralen Akteuren, subjektiven Deutungen der Akteure, sozialen Regeln, Interaktionsstrukturen und dem Entwicklungsstand des Systems. Dies lässt zu, die Chancen für einen anzugehenden bzw. beginnenden Veränderungsprozess abzuschätzen: Sind zunächst Interventionen in das soziale System erforderlich, um die Akzeptanz für das konkrete Entwicklungsziel und seine Umsetzung herzustellen? Oder aber ist diese Akzeptanz bereits vorhanden, so dass ohne zusätzliche Maßnahmen gestartet werden kann?

Die Motivations- und Erwartungsanalyse verschafft Klarheit über die Motivstrukturen der Beteiligten. Dies ist um so wichtiger, je mehr Akteure in den konkreten Prozess involviert sind. Denn in der Regel steigt mit der Anzahl der Akteure die Unterschiedlichkeit der Motive und Erwartungen, die sich dann in Zielkonkurrenzen und Zielkonflikten äußern können. Solche erfolgreich zu managen (→Change Management), setzt ihre möglichst präzise Kenntnis voraus.

Schließlich müssen die Handelnden noch den Ort ihres Handelns bestimmen. Denn quer zu den drei Prozessphasen sind die hochschulischen Leistungsbereiche, in denen all dies stattfindet, voneinander zu unterscheiden: Forschung, Lehre, Nachwuchsförderung, interne sowie externe Dienstleistungen, Weiterbildung und universitätsklinische Krankenversorgung. Jeder dieser Leistungsbereiche benötigt je eigene Qualitätsorientierungen. Es sind also die Fragen zu beantworten: In welchem Bereich bzw. in welchen Bereichen soll Qualitätsentwicklung betrieben werden? Welche Bereiche sind tangiert, wenn definierte Qualitätsziele erreicht werden sollen? Welche sind für den je konkreten Fall die zentralen Leistungssysteme, welche die zugehörigen Referenzsysteme?

Eine besondere Herausforderung werden bei der Bestimmung konkreter Qualitätsziele immer zwei Probleme bilden: zum einen der Umstand, dass Lehr-, Lern- und Forschungsprozesse kognitiv basiert sind; zum anderen der Umstand, dass diese Prozesse nie auf die Einhaltung von Standards allein abonniert sind, sondern immer auch auf die Erzeugung positiver Normabweichungen. Solche Qualitätsziele können sein: „Kritikfähigkeit der Soziologie-Absolvent/innen", „Fähigkeit zu vernetztem Denken" oder „Problemlösungskompetenz". Derartige Ziele zu formulieren ist noch vergleichsweise leicht – sie in qualitätsentwickelnde Maßnahmen und qualitätsbewertende Verfahren zu übersetzen, sind Herausforderungen an die nachfolgenden Prozessphasen.

Nachdem die beteiligten Akteure geklärt haben, welche Qualitätsziele sie haben und wo diese umzusetzen sind, sind die Instrumente zu wählen bzw. zu bestimmen. Deren Auswahl hängt ab zum einen von der Eignung für die konkrete Problembearbeitung bzw. Zielverfolgung und zum anderen von den zur Verfügung stehenden Ressourcen.

b   Implementation/Qualitätsentwicklung

Es können verschiedenste Konzepte und Instrumentarien zum Einsatz gelangen. Die beiden grundsätzlich beschreitbaren Wege sind Qualitätssicherung und Qualitätsmanagement. Bei den auf diesen Wegen einzusetzenden Instrumenten sind vom Grundsatz her der Fantasie keine Grenzen gesetzt, doch haben sich bestimmte Instrumente bereits bewährt, wurden also positiv selektiert. Im Rahmen der Qualitätssicherung (QS) verfügt die Hochschule über ein Arsenal an tradierten Normen, Werten und Verfahren. Qualitätsmanagement-Instrumente entstammen sowohl dem Standard nach der DIN-ISO-Norm 9000 ff. wie den Konzepten des Total Quality Managements (TQM).

Qualitätssicherung

Das Arsenal an tradierten Normen, Werten und Verfahren, über das die Hochschulen verfügen, umfasst insbesondere Methodenbindung, Forschungskommunikation, fachkulturelle Standards, Kritik, Prüfungsverfahren und Symbolverwaltung. In einer eher technokratischen Perspektive geraten Notwendigkeiten in den Blick, die Aufbau- und Ablauforganisation (um-) zu gestalten.

Traditionelle Qualitätssicherungsinstrumente an Hochschulen dienen der innerwissenschaftlichen Qualitätssicherung. So sind etwa in der Forschung als rationalem Problemlösungsverfahren fortwährend diverse Entscheidungen zu treffen: über die Plausibilität von Erklärungen, das Weiterverfolgen einer von mehreren konkurrierenden Erklärungen, den entsprechenden Einsatz von Ressourcen usw. Dabei wird die innerwissenschaftliche Qualitätssicherung derart bewirkt, dass jede Entscheidung im Forschungsprozess methodisch geleitet, damit intersubjektiv überprüfbar und also kritisierbar getroffen wird.

Damit wird zugleich gesichert, dass eine weitere Qualitätssicherungstechnik funktionsfähig bleibt: die forschungsinterne Kommunikation. Der wichtigste Mechanismus zu deren Aufrechterhaltung wiederum ist das →Peer-Review. Diese hat, trotz aller an ihr geübten Kritik, anhaltend eine zentrale Funktion für die innerwissenschaftliche Kommunikation. Sie sichert deren Offenheit, indem die Lizenzierung neuen Wissens so erfolgt, dass dieses Wissen seitens der Gemeinschaft der kompetenten Kolleg/innen bestätigt wird. Sie ist eine Technik der sozialen Qualitätskontrolle innerhalb der Wissenschaft und institutionalisiert einen organisierten Skeptizismus.

Lizenzierung erfolgt schließlich auch über die Verleihung von Zeugnissen, Graden und Titeln. Diese dokumentieren erbrachte Leistungen eines bestimmten Niveaus und stellen zugleich Berechtigungen dar. Sie können sich sozial wie finanziell auszahlen, indem sie etwa die Berufsfähigkeit der Titelträger/innen dokumentieren. Damit sie dies können, dürfen sie nicht allein Quantitäten – studierte Semester, erworbene Scheine, absolvierte Praktika – belegen, sondern müssen ebenso über bestimmte Qualitäten Auskunft erteilen. Operativ ist die Symbolverwaltung daher mit diversen Prüfungsverfahren verbunden: Aufnahme-, Zwischen-, Diplom-/Magisterprüfung, →Promotion, Habilitation, Berufungsverfahren. Symbolverwaltung und Prüfungsverfahren lassen sich als frühe Formen der →Zertifizierung kennzeichnen.

Qualitätsmanagement

Anders als die traditionellen Instrumente sind diejenigen des Qualitätsmanagements (QM) nicht an und für Hochschulen entwickelt worden, sondern gelangen über Konzepttransfers in den Hochschulsektor. Zu unterscheiden sind zwei Gruppen: einerseits der Standard nach der DIN-ISO-Norm 9000 ff., andererseits die Konzepte des Total Quality Managements (TQM). Erstere Gruppe zielt auf →Zertifizierung. Eine solche bescheinigt einer Einrichtung, qualitätsfähig im Hinblick auf feststehende, d. h. relativ stabile und auf Wiederholung angelegte Qualitätsmerkmale zu sein. Dafür gibt es auch im Hochschulbereich zahlreiche Anwendungsfelder, in denen Routinen auf einem bestimmten Qualitätsniveau stabilisiert werden sollen.

Wo indessen hochschulische Leistungsmerkmale sich dadurch auszeichnen, dass sie originell, kreativ und innovativ statt standardisierte Wiederholung sind, hält Total Quality Management die angemesseneren Anregungen bereit. Denn die Herausforderung jedes hochschuladäquaten Qualitätsmanagements besteht darin, die Normabweichung systematisch zu integrieren, d. h. die Qualitätsprozesse für die hochschulischen Leistungsbesonderheiten zu öffnen. Beim TQM handelt es sich weniger um eine Vereinheitlichung im Sinne von Standards. Vielmehr geht es um einen Qualitätswettbewerb: Alle Beteiligten streben danach, die jeweils bestmöglichen Leistungen zu erzielen. Es geht also um Steigerung der Leistungsfähigkeit und nicht um Normung.

Die Instrumente des QM werden typischerweise innerhalb eines QM-Systems eingesetzt. Dieses besteht aus mehreren Stufen: Festlegen der Qualitätsziele, Strukturieren des Erstellungssystems, Schwachstellenanalyse, Ableitung notwendiger Maßnahmen, deren praktischer Umsetzung, kontinuierlicher Verbesserungsprozess, gegebenenfalls auch hier eine →Zertifizierung. Dabei gilt in besonderem Maße, was oben bereits als Kennzeichen einer zielgerichteten Qualitätspolitik an Hochschulen benannt worden war: Es handelt sich beim Qualitätsmanagement nicht im eigentlichen Sinne um Management von Qualität. Vielmehr vermag QM Qualitätsfähigkeit zu erzeugen (und mehr kann auch z. B. eine Zertifizierung nicht dokumentieren), indem sich Qualitätsmanagement der Herstellung von Bedingungen widmet, von denen auf Grund bisheriger Erfahrungen angenommen wird, dass sie der Erzeugung möglichst hoher Qualität besonders förderlich seien.

Vor diesem Hintergrund sind QM-Elemente generell einer Hochschulverträglichkeitsprüfung zu unterziehen und hinsichtlich des konkreten

Anwendungsfalles auf ihre jeweilige Eignung zu prüfen. Die Eignung muss sowohl für die jeweilige Situation bestimmt werden, wie sie auch für den je konkreten Leistungsbereich – Lehre, Forschung, Nachwuchsförderung, interne und externe Dienstleistungen, Weiterbildung, Krankenversorgung – zu klären ist. So verstanden, können nicht für jegliche, aber für je konkrete Situationen und Bereiche bestimmte QM-Elemente zu Bestandteilen von hochschulspezifischen Qualitätsentwicklungsstrategien werden. Solche sind:

- auf der strategischen Ebene: Leitbild, Zielsystem, Benchmarking, Kontinuierliche Verbesserungsprozesse (KVP), Balanced Scorecard, Wissensmanagement, Innovationsmanagement, Partizipatives Management, Stärken-Schwächen-Analysen, Null-Fehler-Programme;
- auf der operativen Ebene: QM-Handbücher, →Zertifizierungen, Qualitätszirkel, Qualitätsgespräche, Zielvereinbarungen, Leistungsanreizmodelle, Qualitätscontrolling, Schwachstellenanalysen, Coaching.

c **Evaluation/Qualitätsbewertung**

Um zunächst ein Missverständnis zu vermeiden: Die Zuordnung der Qualitätsbewertung zur Evaluationsphase geschieht ausdrücklich im Rahmen einer policyanalytischen Betrachtung. Dies darf nicht mit den praktischen Evaluationsbemühungen, wie sie im Hochschulalltag üblich sind, gleichgesetzt werden. Entgegen landläufiger Auffassung sind Evaluationsaktionen nicht per se Qualitätsbewertung – können es freilich sein – und ist Qualitätsbewertung nicht automatisch Evaluation: Zwischen beiden gibt es u. U. eine Schnittmenge, ohne dass sie je identisch werden.

Qualitätsbewertungen lassen sich nicht nach Schemata organisieren, die dann für alle irgend denkbaren Fälle Anwendung finden können: Dafür sind die zu bewertenden Qualitäten zu verschiedenartig und zu komplex. Dennoch sollen Qualitätsbewertungen auch die Vergleichbarkeit verschiedener Fälle ermöglichen. Sie können also nicht willkürlich von Fall zu Fall festgelegt werden. Eine Lösung besteht darin, einige standardisierte Bewertungsmodule unterschiedlicher Reichweite und Gegenstandseignung zu formulieren bzw. zu entwickeln, die dann als Werkzeuge für differenzierte Anwendungen zur Verfügung stehen. Diese müssen methodisch zunächst immer zwei elementare Anforderungen erfüllen: Validität und Reliabilität. Valide sind solche Instrumente dann, wenn mit ihnen tatsächlich das erfasst wird, was erfasst werden soll. Reliabel sind sie, wenn wiederholte Überprüfungen am gleichen Objekt und unter gleichen Bedingungen zu den gleichen Ergebnissen kommen, d. h. wenn die Ergebnisse reproduzierbar sind. Welche standardisierten Bewertungsmodule dann eingesetzt werden, hängt von den Zielen der Evaluation ab. Am Anfang von Qualitätsentwicklung, so hatten wir oben festgehalten, stehen Zweckbestimmungen. Diese inspirieren Zieldefinitionen, und die wiederum sind elementare Voraussetzungen jeglicher Qualitätsorientierung. Wo anfangs Ziele definiert worden sind, werden nicht nur Zielverfehlungen und Zielerreichungen deutlich, sondern dort können auch zwar ungeplante, aber dennoch erreichte Ergebnisse präziser identifiziert werden. Ebenso lassen explizierte Zieldefinitionen aber auch gegebenenfalls bestehende Zielkonflikte deutlich werden.

Praktisch muss jede Qualitätsbewertung zwei Bedingungen erfüllen: Zum einen hat sie abzubilden, was die Akteure interessiert. Zum anderen muss sie hinsichtlich der zur Verfügung stehenden Ressourcen praktikabel sein. Die Frage: welche personellen, finanziellen, sächlichen und zeitlichen Ressourcen stehen für die Durchführung der Qualitätsbewertung zur Verfügung?, ist zwar selbst nicht inhaltlich, doch prägt sie den Vorgang erheblich in auch inhaltlicher Hinsicht. Sie sollte daher möglichst frühzeitig geklärt werden. Darüber hinaus sollte sich jede Qualitätsbewertung folgenden Anforderungen regelhaft unterwerfen, um Akzeptanz für ihre Ergebnisse sicherzustellen:

- Benennung der Bewertungsmotivation, des Bewertungszwecks, der Bewertungsziele und -gegenstände,
- Benennung dessen, was nicht bewertet werden soll, d. h. Angabe der Grenzen des konkreten Bewertungsvorgangs,
- Kontextdefinition: in welchem Rahmen, in Bezug worauf soll die Qualität bewertet werden?
- sofern vergleichende Betrachtung: Angabe der Vergleichsebene (Hochschule, Fakultät/Fachbereich, Institut, Fachdisziplin).

Methodisch sind sodann drei grundsätzliche Entscheidungen zu treffen:

- Entscheidung über geschlossene oder offene Bewertung, d. h. entweder Bestimmung des Anteils eines Qualitätsindikators = x % an der Gesamt-Qualitätsproduktion, die gleich 100 % gesetzt wird, oder Bewertung in Bezug auf systemüberschreitende Maßstäbe, etwa „internationales Niveau", Entscheidung über vergleichende oder Einzelfallbetrachtung,

- Bestimmung der Bewertungsinstrumente und -verfahren: was ist womit zu messen, was in welcher Form zu interpretieren?

Sind diese Fragen geklärt, kann die letzte Frage beantwortet werden: Welcher Art müssen/sollen die Instrumente sein, um das, was als Qualität bzw. qualitätsrelevant definiert worden war, hinreichend zuverlässig zu bestimmen? Grundsätzlich stehen für die Bewertung jeglicher Prozessergebnisse und -wirkungen Instrumente auf drei Ebenen zur Verfügung:

- Bewertungsprogramme (Systematische Gutachtung, →Berichtssysteme, Monitoring, →Evaluation, Akkreditierung, Qualitätsaudit (→Audit), →Zertifizierung, Benchmarking u. a.),
- Bewertungstechnologien (z. B. Mapping of Science, Wissensbilanz, Lehrberichte, Studentische Lehrbewertungen, Rankings, Absolventenbefragungen, Prüfungen, →Peer-Review, indikatorengestützte Bewertung),
- Leistungsindikatoren (Drittmittelquote, Impactfaktor, Studienabbruchquote, Patentanzahl usw.).

Diese drei Ebenen stehen in einem hierarchischen Verhältnis zueinander: Ein Bewertungsprogramm wird aus einer Kombination mehrerer Bewertungstechnologien gebildet, und Bewertungstechnologien benötigen diverse konkrete Leistungsindikatoren. Bewertungsprogramme müssen einem definierten Ziel folgen. Bewertungstechnologien dagegen sind vom Grundsatz her zielblind. Sie können im Rahmen an beliebige Ziele gebundener Bewertungsprogramme eingesetzt werden, soweit sie für den dortigen Bewertungszweck technisch geeignet sind. Je nach Zweck der angestrebten Qualitätsbewertung kann es genügen, nur einige Leistungsindikatoren heranzuziehen oder aber eine bestimmte Bewertungstechnologie (innerhalb derer mehrere Leistungsindikatoren kombiniert werden) anzuwenden.

B Das deutsche Akkreditierungssystem

Akkreditierung im europäischen Kontext. Neuere Entwicklungen der Qualitätssicherung im europäischen Hochschulraum

Don Westerheijden

Es hat den Anschein, als sei Qualität im Hochschulbereich eine ganz neue Erfindung. Um das Jahr 1985 trat eine neue Gruppe von Spezialist/innen zur Qualitätssicherung in den Hochschulen auf den Plan und beanspruchte dort unter der Losung „Qualität muss auf Dauer gesichert werden" einen festen Platz. Unter historischen Perspektiven wandte Guy Neave dagegen ein, dass es nicht erst jetzt um dauerhafte Qualitätssicherung allein gehe, schon weil Qualität aus selbstverständlichen Gründen über die Jahrhunderte des Bestehen der Universitäten in Europa niemals abhanden kam (Neave 1994, 116). Im gleichen Zusammenhang hob er aber hervor, dass sich die Auffassung von Qualität ständig verändert habe. Das galt auch schon für die Zeit vor der Bologna-Erklärung, der wichtigsten Trendwende in der Geschichte der Hochschulen seit der Berliner Universitätsgründung durch Wilhelm von Humboldt. Im vorliegenden Beitrag wird gezeigt, wie die Bologna-Erklärung und der nachfolgende →Bologna-Prozess die Landschaft der Qualitätssicherung im europäischen Hochschulbereich (→Europäischer Hochschul- und Forschungsraum) verändert haben.

1 Die Bologna-Erklärung

Da es an dieser Stelle nicht notwendig ist, die Einzelheiten der Bologna-Erklärung von 1999 zu erläutern, sollen lediglich einige Aspekte unter Perspektiven der Qualitätssicherung beleuchtet werden. Zunächst soll auf die wesentlichen Gründe für die Bologna-Erklärung aufmerksam gemacht werden. Zum einen ist beabsichtigt, die ‚internationale Wettbewerbsfähigkeit' (→Wettbewerb) des europäischen Hochschulsystems zu erhöhen. Zum anderen soll die →Mobilität von Studierenden, speziell von Graduierten innerhalb Europas, gefördert werden. Dementsprechend ist die Bologna-Erklärung in zwei ökonomische Diskurse eingebettet: die Globalisierungsdebatte mit der Frage, wie die europäischen Länder darauf reagieren, und die Entwicklung eines freien europäischen Marktes für Personen ebenso wie für Güter und Kapital (internationale →Attraktivität). Beide Begründungen konvergieren in der Entwicklung eines einheitlichen europäischen Hochschulraumes (→Europäischer Hochschul- und Forschungsraum). Der hauptsächliche Mechanismus, diesen einheitlichen Raum zu konstituieren, liegt darin, die Strukturen des Hochschulsystems der unterzeichnenden Länder durch ein System zu harmonisieren, das auf zwei Hauptzyklen des Studiums basiert, dem Undergraduate und dem Graduate (= Bachelor und Master), um so zu vergleichbaren Abschlüssen zu gelangen.

Was unter vergleichbaren Abschlüssen zu verstehen ist, blieb in der diplomatischen Sprache der Bologna-Erklärung jedoch undefiniert. Von Beginn an war allerdings klar, dass eine erhöhte internationale →Transparenz für solch eine Vergleichbarkeit Voraussetzung ist. Bei der Schaffung von Transparenz zum Zwecke der Vergleichbarkeit wird auch eine neue Rolle der Qualitätssicherung bei der Herausbildung eines einheitlichen Hochschulraums sichtbar. Allerdings blieb in der Bologna-Erklärung ziemlich unklar, wie Transparenz zu erreichen sei. Es wurde lediglich darauf hingewiesen, dass die europäische Kooperation bei der Qualitätssicherung mit Blick auf die Entwicklung vergleichbarer Kriterien und Methodologien gefördert werden solle.

Mit bemerkenswerter Geschwindigkeit entschied sich eine ganze Reihe nationaler europäischer Regierungen dazu, alle →Studienprogramme in ihren Ländern zu akkreditieren. Folgende Alternativen wurden in diesem Zusammenhang ausgeschlossen:

- Qualitätsbewertungen von Studiengängen, wie sie in den meisten westeuropäischen Ländern während der 1990er Jahre eingeführt worden waren (Centre for Quality Insurance and Evaluation of Higher Education 1998), weil die Berichtsformen, die aus dieser Art der Qualitätseinschätzungen entstanden, nicht für genügend transparente Informationen sorgten;
- Qualitätsprüfungen auf institutioneller Ebene, weil dadurch keine Informationen über die faktische Qualität gewonnen würden, welche die Studierenden mit ihrer →Hochschulausbildung (z. B. durch ihre Abschlüsse) erreichen;
- ein →Akkreditierungssystem wie in den USA, das auf einer allgemeinen institutionellen Akkreditierung im Sinne von Minimalstandards (→Standards) für die Anerkennung einer Institution als Hochschuleinrichtung beruht, ergänzt lediglich durch eine Akkreditierung von Programmen in hoch professionalisierten Bereichen (wie Medizin, Krankenpflege, Jura, Ingenieurwesen und Lehrerbildung);

■ Einrichtungen zur Qualitätssicherung auf europäischer Ebene, weil es keinen Bedarf gab, zusätzliche Bürokratieebenen im europäischen Hochschulbereich einzuziehen und so an nationaler Souveränität zu verlieren.

Auf den Nachfolgekonferenzen, die im Zweijahresrhythmus Höhepunkte des →Bologna-Prozesses bildeten, trat die Relevanz der Bologna-Erklärung immer deutlicher zu Tage, zum Teil, indem die Erfahrungen der Signatar-Staaten aufgenommen wurden. In der ersten Nachfolgekonferenz in Prag 2001 lag der Schwerpunkt auf der Einrichtung von →ENQA (The European Network of Quality Assessment Agencies) als der Spinne im Netz für eine weitere Entwicklung von Qualitätssicherung im Bologna-Prozess. Weil ENQA eine derart zentrale Position als Kontaktstelle für Qualitätsbewertung und Akkreditierungseinrichtungen auf nationaler Ebene einnahm, wurde sichergestellt, dass die Qualitätsbewertungsmechanismen schwerpunktmäßig auf nationaler Ebene verblieben. Auf der zweiten Nachfolgekonferenz 2003 in Berlin wurde diese Position untermauert und noch verstärkt. Es wurde beschlossen, dass bis zur dritten Folgekonferenz in Bergen (Norwegen) alle Signatar-Staaten über ein →Akkreditierungssystem oder ein Äquivalent dazu verfügen sollten.

2 Ist die Einführung von Akkreditierungssystemen in allen Ländern in der Abschlusserklärung der Berlin-Konferenz revolutionär?

Aus der Perspektive der europäischen Hochschulpolitik ist der →Bologna-Prozess in der Tat eine revolutionäre Veränderung. Bis dahin galt als grundlegendes Axiom, dass die Hochschulbildung zum Vorrecht nationaler Politiken gehörte und dass die Vielfalt europäischer Hochschulsysteme eine Stärke Europas darstellte. Die langsame, aber anhaltende Integration des gemeinsamen Marktes der Europäischen Union machte jedoch in der zweiten Hälfte der 1990er Jahre deutlich, dass diese Vielfalt auch zu einem ernsthaften Hindernis für weitere Integration und Mobilität (studentische →Mobilität) wurde. Obwohl diese ökonomische Logik weitgehend mit den Ursprüngen der europäischen Wirtschaftsgemeinschaft[1] und deren Sicht auf Hochschulbildung als hochwertige Ausbildung für den europäischen

---

[1] Unter dieser Perspektive hatte die europäische Gemeinschaft in den frühen 1980er Jahren mühsam die Direktiven für die Anerkennung von Hochschulabschlüssen für bestimmte Professionen erlassen (Pertek, Soverovski 1992).

→Arbeitsmarkt[2] übereinstimmte, konnte diese Problematik offensichtlich nicht innerhalb des Rahmens der EU gelöst werden. Vier Länder, Frankreich, Italien, Großbritannien und Deutschland, einigten sich in der →Sorbonne-Erklärung von 1998 auf mehr Harmonisierung untereinander. Andere europäische Staaten traten dieser Initiative bei, die – wie hinreichend bekannt ist – zur Erklärung von Bologna führte. Statt Vielfalt wurde nun Harmonisierung zum neuen Axiom.

Die Einführung von Qualitätssicherung hatte in Europa jedoch weit vor dieser Kehrtwendung begonnen. Nach einer Studie zu 20 europäischen Ländern (davon 15 im westlichen, 5 im mittleren und östlichen Teil des Kontinents) verfügten alle diese Länder über bestimmte Formen der externen →Evaluation von zumindest einigen Teilen ihres Hochschulsystems. Die meisten davon waren bereits vor 1999 eingeführt (Schwarz, Westerheijden, 2003; Tabelle 1).

1983	0 Länder
1992	ungefähr die Hälfte der Länder
2003	alle Länder

Tab. 1: Annähernde Verbreitung von institutionsübergreifender Evaluation in 20 europäischen Ländern

Deutschland war eines der Länder mit dem niedrigsten Grad an Verbreitung von Qualitätssicherung, da es nur in einigen Bundesländern Systeme für institutionsübergreifende →Evaluation gab. Dies änderte sich automatisch um die Zeit der →Sorbonne-Erklärung herum. Ähnliche Entwicklungen lassen sich auch in anderen europäischen Ländern beobachten. Wie bereits erwähnt, waren viele Länder überzeugt, dass eine Akkreditierung aller Studiengänge nach dem Bologna-typischen Zwei-Zyklen-Modus notwendig sei. Dies führte zu einem raschen Anstieg in der Zahl von Ländern, in denen Akkreditierung Teil institutionsübergreifender Evaluationsverfahren wurde (Schwarz, Westerheijden 2003; Tabelle 2).[3]

---

[2] Die Bologna-Erklärung hat im Zusammenhang mit der Globalisierungsagenda eine zweite Motivation, nämlich das Ziel, die europäische Hochschulbildung wieder attraktiver für den weltweiten Markt unter Studierenden zu machen. Dieser Punkt soll hier nicht weiter verfolgt werden (van Vught, van der Wende et al. 2002).

[3] Siehe nächste Seite.

1989	beinahe 0 Länder
1998	ungefähr die Hälfte der Länder
2003	beinahe alle Länder

Tab. 2: Annähernde Verbreitung von institutionsübergreifender Akkreditierung in 20 europäischen Ländern

Aus Tabelle 2 wird ersichtlich, dass Akkreditierung später als andere Formen der →Evaluation eingeführt wurde und sich sehr viel schneller verbreitete. Im Jahr 2003 hatten alle 20 Staaten bis auf Griechenland (wo externe Evaluation erst in diesem Jahr eingeführt worden ist) und Dänemark ein →Akkreditierungssystem zumindest für einige Teile des Hochschulsystems eingeführt. Als einziges Land hatte sich Dänemark bewusst dafür entschieden, die Kombination ministerieller Anerkennung von Hochschulinstitutionen und Studiengängen zusammen mit einem mehr formativen Typ externer Evaluation für den neuen europäischen Kontext als hinreichend angemessen zu erachten.[4]

In einer größeren Zahl der Staaten war Akkreditierung jedoch nicht als systemumfassendes Verfahren ausgebaut. Am deutlichsten wird dies in Großbritannien, wo sich systemumfassende Verfahren lediglich auf eine Form der →Evaluation bezogen – tatsächlich bestand das hauptsächliche Verfahren, mit dem von der Quality Assurance Agency for Higher Eduacation (QAA) gearbeitet wurde, in einer Qualitätsprüfung von institutionseigenen Qualitätssicherungsmechanismen auf institutioneller Ebene. Akkreditierung erstreckte sich lediglich auf einige Professionen und wurde von Organisationen durchgeführt, die dem professionellen Feld selbst entstammten (z. B. in den Fächern Jura, Medizin, Ingenieurwesen).

Allerdings scheint es einen Trend zu speziell anerkannten (und offiziell initiierten) Akkreditierungsverfahren in europäischen Ländern zu geben, um zu zusammenfassenden Qualitätsaussagen für Studiengänge in

---

[3] Das Unterscheidungskriterium der Akkreditierung – um die Frage einer formalen Definition abzukürzen – ist, dass es sich dabei um einen Evaluationsprozess handelt, der mit einer zusammenfassenden Erklärung abschließt, die der evaluierten Einheit (sei es eine Institution oder sei es ein Studiengang) das Überschreiten einer bestimmten Qualitätsstufe bescheinigt (zur weiteren Definition von Akkreditierung Danish Evaluation Institute 2003, Sursock 2001, Young et al. 1983).

[4] Doch sogar in Dänemark kann Akkreditierung unter besonderen Umständen eingesetzt werden, z. B. für bestimmte private Hochschulinstitutionen.

allen Wissensgebieten zu gelangen. Neben Deutschland sind dafür Beispiele: Norwegen, Spanien und die Niederlande. Mehr noch: Seit dem Niedergang des Kommunismus in den frühen 90er Jahren arbeiten die meisten mittleren und östlichen europäischen Staaten mit systemumfassenden →Akkreditierungssystemen. In diesem Sinne war die Berlin-Erklärung nicht revolutionär. Abhängig von einer exakten Interpretation dessen, was einer Akkreditierung als ‚ähnlich' angesehen werden kann, hatten die meisten Länder die geforderten Bedingungen bereits 2003 erfüllt.

3 Akkreditierungssystem auf nationaler Ebene: Kontrastbeispiele

Festzustellen, dass im Hochschulsystem eines Landes ein Akkreditierungsverfahren existiert, ist für sich genommen nicht sehr aufschlussreich, weil es dazu viele Variationen gibt. Unter methodischen Gesichtspunkten kann eine gemeinsame Grundlage in einer Kombination von Selbstevaluation und externer Begutachtung (→Peer-Review) gefunden werden. Signifikante Variationen aber existieren unterhalb (im Einzelnen: Was wird evaluiert und wie?) und oberhalb dieser Ebene (in welcher Prozedur, in welchem institutionellen Arrangement, mit welchen Zielen?). Aus der Perspektive einer Politikgestaltung ist letztere bedeutsamer. Eine Hauptunterscheidung liegt zwischen zentralisierten Akkreditierungsverfahren und offenen →Akkreditierungssystemen.

a Zentralisierte Akkreditierungsverfahren

Die meisten mittel- und osteuropäischen Länder führten Akkreditierungsmechanismen nach dem Niedergang des Kommunismus in den Jahren 1989/90 ein. Während dort natürlich auch große Differenzen zwischen den einzelnen Staaten bestanden, sollen hier in einer groben Charakterisierung mehr die Gemeinsamkeiten als die Unterschiede skizziert werden. Im weitesten Sinne bestanden die Hauptprobleme, denen sich die erste Generation der Akkreditierungsmechanismen in den meisten Ländern gegenüber sah, in:

- Marktkontrolle: Schutz des Hochschulsystems vor neuen (privaten oder ausländischen) Anbietern von →Studienprogrammen mit niedriger Qualität;
- Umwandlung von Studiengängen in der →Hochschulausbildung mit Blick auf die post-kommunistische Gesellschaft;

- Aufrechterhaltung zentraler Kontrolle bei gleichzeitiger Gewährung von mehr Autonomie für die Hochschuleinrichtungen;
- radikaler Rückzug des Staates von einer vormals strikt zentralen Kontrolle mit der Folge einer extremen Dezentralisierung des Hochschulsystems (→Deregulierung).

Im Wirtschaftssystem Mittel- und Osteuropas, das sich rasch von einer industriellen zu einer wissensbasierten Ökonomie nach dem Vorbild der westlichen post-industriellen Gesellschaft umzustellen versuchte, musste sich gleichzeitig die Hochschulbildung von einem elitären Hochschulzugang zur Massenhochschule wandeln. Das enorme Wachstum der studentischen Nachfrage war nach 1989 in einer ersten Linie Grund für den Aufschwung der privaten Hochschulbildung in diesen Ländern.

Die Art der gewählten Akkreditierung – wiederum in den meisten, wenn auch nicht allen Fällen – bestand in einer Studiengangsakkreditierung, bei der Standards für den Input in alle Studiengänge eines Wissensgebiets gesetzt wurden (Ausstattung, Mitarbeiter, Curriculum, Planung etc.). Die Standards wurden de facto, wenn auch nicht immer de jure, durch die akademischen Oligarchien definiert. Die Kontrolle, ob die Akkreditierungsstandards erreicht wurden, lag in Händen eines einzigen Akkreditierungsgremiums, das gewöhnlich nahe der Regierung, manchmal nahe der Gemeinschaft der Hochschulen angesiedelt war, allerdings in Evaluationskommissionen, die unverändert aus (meist nationalen) Mitgliedern der akademischen Oligarchien bestand.

Dem Erhalt institutioneller Autonomie und traditioneller akademischer Werte wurde mehr Bedeutung beigemessen als der Einhaltung von Kriterien mit aktuellem Bezug auf die gesellschaftliche Rolle der →Hochschulausbildung, die unter den neuen gesellschaftlichen Bedingungen gefordert war. Der Tendenz nach wurde Akkreditierung durch eine Reihe von Kriterien operationalisiert, die Inputs (Ausstattung, Anzahl der Mitarbeiter/innen) oder bestenfalls den Lehrprozess aus der Sicht akademischer Erwartungen (Curriculum, Art der Lehre, Examen und Hausarbeiten) betonten. Der Output dieses Prozesses, d. h. die Absolvent/innen, insbesondere deren Beschäftigungsfähigkeit (→Employability), wurde fast nie in Betracht gezogen. Mehr noch, das Vorhandensein nur einer einzigen Akkreditierungsagentur führte zu Uniformität statt Vielfalt. Der Grund für diese Tendenz ist einfach: Jede einzelne Akkreditierungsprozedur überprüft Übereinstimmungen mit einem einzigen Satz von Kriterien. Infolgedessen tendieren alle Programme (in einem bestimmten Wissensgebiet) innerhalb eines Landes zur Konformität mit diesen Kriterien, d. h., sie neigen dazu zu konvergieren. Diese Tendenz verstärkt sich, wenn die Akkreditierungskriterien (→Kriterien) in Form von erforderlichem Input der festgelegten Curriculumelemente statt durch →Kompetenzen der Graduierten definiert sind. In einigen Fällen war eine solche Gleichmacherei Konsequenz der intendierten Äquivalenz, um die Übereinstimmung der Abschlüsse im ganzen Land zu sichern. Diese Sorge bestand speziell in geografisch großen Ländern mit starken Differenzen zwischen hoch entwickelten urbanen Zentren und großen ländlichen Regionen (z. B. in der Russischen Föderation) – auch der gemeinsame europäische Hochschulraum (→Europäischer Hochschul- und Forschungsraum), der Russland seit 2003 einschließt, besitzt ähnliche Charakteristiken.

Natürlich wurden die mittel- und osteuropäischen Staaten in die politischen Diskussionen des →Bologna-Prozesses einbezogen. Besonders seit →ENQA eine zentrale Stellung gewonnen hatte, wurde sie zu einer Plattform, auf der die Akkreditierungsagenturen der Staaten, die noch nicht Mitglieder der EU waren, mit ihren Partnern diskutierten. Allerdings hat dies bis heute (Ende 2003) noch nicht zu einer grundlegenden Überarbeitung der Akkreditierungsverfahren in Mittel- und Osteuropa geführt.

Von den bisher in Westeuropa eingeführten Akkreditierungsverfahren sind das norwegische und das spanische zentralistisch und mittels einer einzigen Agentur organisiert, die Verfahrensaufgaben bis hin zur Durchführung übernimmt. Die Einbeziehung dieser Länder in diesen Abschnitt des Beitrags beinhaltet jedoch nicht, dass dort ähnliche Input-bezogene Akkreditierungskriterien wie die erste Generation der Akkreditierungsverfahren verwendet wurden, wie sie oben diskutiert wurden. Im Gegenteil: Akkreditierungsexpert/innen beider Länder waren an der Formulierung der sog. Dublin Descriptors (s. u.) beteiligt, die den Fokus auf outputbasierte Evaluation legen.

b Offene Akkreditierungssysteme

Einem anderen Modell folgen zwei weitere Länder mit neuen Akkreditierungssystemen: Deutschland und die Niederlande. Obwohl auch diese Länder über eine einzige nationale Agentur zur Koordination und Regulation der Akkreditierungsverfahren verfügen, den Akkreditierungsrat in Deutschland und die Nederlands-Vlaamse Accreditatie Organisatie (NVAO), sind dies keine monopolistischen Kontrolleinrichtungen:

Solche „offenen Akkreditierungssysteme" lassen sich folgendermaßen charakterisieren:[5]

- Akkreditoren (Akkreditierungsagenturen in Deutschland, Qualitätsagenturen in den Niederlanden) haben die Möglichkeit, Qualitätssiegel (→Gütesiegel) anzubieten, sofern sie für glaubwürdig erachtet werden (Marktregulation, s.u.). Wichtig ist, dass keine künstlichen Monopole entstehen und grundsätzlich auch ausländische Akkreditoren beteiligt werden können.

- Studiengänge sind frei, sich Akkreditoren auszusuchen, die ihrem →Profil und ihren Ambitionen entsprechen. Diese Freiheit schließt ein, verschiedene Evaluationen einholen zu können (Mehrfachakkreditierung), z.B. um im Marketing verschiedene Segmente unter Studierenden oder →Arbeitgebern zu berücksichtigen.

- Die Regierung verknüpft Konsequenzen mit der Akkreditierung; in den Niederlanden schließt dies 1. eine Anerkennung der Abschlüsse, 2. eine Berechtigung der Studierenden auf Unterstützung und 3. eine Finanzierung des Studiengangs in einer öffentlichen Hochschulinstitution ein.

- Marktregulation: Die Koordinationsagenturen (Akkreditierungsrat und NVAO) entscheiden, welche Akkreditoren auf dem Markt zugelassen werden. Die →Kriterien dafür basieren auf methodologischen Aspekten (evaluieren die Akkreditoren die Lern- und Bildungselemente, die für essentiell gehalten werden?, entsprechen sie Best-practices in der Hochschulevaluation?), richten sich aber auch auf Forderungen nach Unabhängigkeit und andere Mittel zur Sicherung der Glaubwürdigkeit von Evaluationsergebnissen.

- Darüber hinaus soll die Existenz einer einzigen Koordinierungsagentur sicherstellen, dass kein „Dschungel" von Akkreditoren entsteht. Vor der Einführung nationaler Akkreditierungsverfahren waren einige Bereiche der Hochschulen schon aktiv, mehrfache Akkreditierungen zu erhalten; aber wer außerhalb der unmittelbar eingeweihten Kreise wusste schon, was es bedeutete, wenn z.B. eine Business-School von der

---

[5] Die Tatsache, dass es sich dabei um eine binationale Agentur handelt, führt zu einigen Komplikationen, die aber in diesem Kapitel außer Acht gelassen werden, um eine Konzentration auf die grundlegenden Prinzipien zu ermöglichen.

VSNU (Vereniging van Nederlandse Universiteiten) evaluiert
oder durch die AACSB (Association of Advance Collegiate Business Schools), AMBA (Association of Master of Business Administration) oder →EQUIS akkreditiert wurde?[6]
Obwohl die Möglichkeit ausländischer Akkreditoren ausdrücklich erwähnt
wird, ist in Deutschland bislang noch keine ausländische Akkreditierungsagentur tätig geworden. Das niederländische System wird gerade erst
einsatzbereit gemacht; aber es ist zu erwarten, dass ausländische Qualitätsagenturen dort eine Rolle spielen werden.

In welchem Maße sich die allgemeine Öffentlichkeit bewusst ist
oder sein wird, worin der Unterschied zwischen akkreditierten und nicht-
akkreditierten Akkreditierungen besteht, ist noch nicht untersucht. Es ist
zur Zeit auch noch nicht abzusehen, ob die Hochschulinstitutionen mit
Akkreditierungen zufrieden sind bzw. sein werden, oder ob sie den erforderlichen Akkreditierungen weitere Qualitätssiegel (→Gütesiegel) hinzufügen möchten, um ihre unterstellte Exzellenz in der einen oder anderen
Richtung zu demonstrieren.

c   International aktive Professionen

Letztere Aussage wurde mit Blick auf eine der Organisationen gemacht, die
seit einigen Jahren international in der Akkreditierung aktiv ist: die European Foundation for Management Development (→efmd), die auch die
EQUIS-Akkreditierung für sog. „Business-Schools" vornimmt. Sie vertritt
den Standpunkt, dass eine EQUIS-Akkreditierung einen Wettbewerbs-
vorteil bietet, da sie nur für die exzellentesten Business-Schools in Europa
zugänglich ist, und obendrein eine Akkreditierung darstellt, die einen
Gegensatz zu den minimalen Qualitätsstandards für offizielle Anerken-
nungszwecke bildet.

Mit →efmd und →EQUIS wird die Ebene von Initiativen einer
Qualitätssicherung betreten, die nicht auf den nationalen Rahmen eingeschränkt ist. Sie sind Beispiel für Akkreditierungseinrichtungen, die in
verschiedenen Professionen bestehen und die darauf ausgerichtet sind,
sich bei Akkreditierungen jenseits der Länder zu engagieren, in denen sie
angesiedelt sind. EQUIS ist dabei eine Ausnahme, weil sie von vornherein
international orientiert ist. Andere, die auch im Wirtschaftsbereich tätig
sind, sind die US-amerikanische AACSB und die britische AMBA. Inner-

---

[6] Um diesen Punkt herauszustellen, sollen die Abkürzungen hier nicht ausgeführt werden. Im Übrigen
ist dieses Beispiel real (Campbell/van der Wende, 2000).

halb ihrer Länder haben diese Akkreditoren eine bestimmte Rolle, die in das dortige institutionelle Arrangement eingebettet ist; wenn sie aber außerhalb ihrer nationalen Grenzen tätig werden, stellen sich ähnliche Fragen wie bei transnationalen Bildungsvorschriften: Gehen sie im Ausland genauso vor wie in ihren Heimatländern? Ist das, was sie tun, relevant im Kontext der Empfängerländer? Können oder sollen die Behörden und die allgemeine Öffentlichkeit in den Empfängerländern sie anerkennen und das bewerten, was sie tun? Sollten die Akkreditoren bereit sein, überall im Ausland tätig zu werden? In anderen Berufsbereichen lassen sich ähnliche Entwicklungen beobachten, etwa in der Steuerberatung oder im Ingenieurwesen.[7]

Dies ist nicht überraschend, da es sich dabei um Professionen mit hoher internationaler Aktivität handelt. Das Interesse der Akkreditoren, die letzte Frage zustimmend zu beantworten, ist deshalb verständlich. Das Vorhandensein einer Motivation bedeutet aber nicht zwangsläufig, dass die Antwort zustimmend ausfallen muss; regionale Akkreditoren in den USA haben z. B. diese Frage seit einigen Jahren untereinander diskutiert, ohne bis jetzt zu einem Konsens zu gelangen. Auch in Europa kooperieren einige professionelle Wissensgebiete bei der Akkreditierung international, z. B. wurde im Bereich der öffentlichen Verwaltung (Verwaltungswissenschaften) mit EAPAA (European Association for Public Administration Accreditation) eine Akkreditierungsagentur auf europäischer Ebene geschaffen, die seit einigen Jahren tätig ist.

4   Einige jüngere Initiativen auf europäischer Ebene

Auffallender als die meisten Professionen auf europäischer Ebene sind einige jüngere Projekte und Initiativen, die mehr oder weniger mit dem →Bologna-Prozess verknüpft sind. Als erste soll die →Joint Quality Initiative (JQI) erwähnt werden. Sie besteht aus Expert/innen zur Qualitätssicherung von Regierungen und Qualitätssicherungsagenturen einer informellen Gruppe von Staaten, die sich in Ausrichtung an Output-orientierter →Evaluation zwecks weiterer europäischer Harmonisierung nicht nur im Hinblick auf die Struktur der Abschlüsse, sondern auch wegen ihres Verständnisses der neuen Abschlüsse zusammengefunden haben. Das erste und einflussreichste Ergebnis dieser Kooperation in den Jahren von 2000

---

[7] Die Situation im Ingenieurwesen ist am strukturiertesten, weil die Akkreditoren einiger (angelsächsischer) Länder sich auf den „Washington Accord" geeinigt haben (Washington Accord).

bis 2003 war die Formulierung der nach dem Ort der ersten Präsentation 2002 benannten Dublin Descriptors (Westerheijden, Leegwater 2003). Es handelt sich dabei um eine kurze und abstrakte Liste von Kompetenzen, die von Bachelor- und Masterabsolvent/innen unabhängig von ihrem Wissensgebiet erwartet werden.

Die NVAO hat die Dublin Descriptors explizit als Basis für die Entwicklung von outputorientierten Evaluationskriterien übernommen (→Kriterien). Die JQI wurde von der Europäischen Union unterstützt. Gleichzeitig förderte die EU ein Projekt im Rahmen des Sokrates-Programms, das die JQI hervorragend ergänzt, weil es sich um eine Initiative von mehr als 100 Universitäten aus ganz Europa handelt, Deskriptoren für Kompetenzen zu entwickeln, die von Bachelor- und Masterabsolventen in sieben unterschiedlichen Disziplinen erwartet werden.

In der kurzen Zeit, die ihnen zur Verfügung stand, machten die Beteiligten in diesem Projekt, das wegen der Feinabstimmung der Ausbildungsstrukturen in Europa ,Tuning' genannt wurde (→Tuning-Projekt), eindrucksvolle Fortschritte bei der Formulierung solcher Output-Kriterien. In einem Folgevorhaben zu beiden Vorgängervorhaben, dem transnationalen europäischen Evaluationsprojekt (TEEP), haben einige Qualitätssicherungsagenturen begonnen, die Tuning-Ergebnisse und die Dublin Descriptors in einem wirklichen nationenübergreifenden Evaluationsprozess gemeinsam zu überprüfen.

5 Grenzen der Qualitätssicherung in Bezug auf die Ziele des Bologna-Prozesses

Ziel des →Bologna-Prozesses ist es, bis zum Jahr 2010 einen einheitlichen europäischen Hochschulraum (→Europäischer Hochschul- und Forschungsraum) zu schaffen. Bis dahin sollte die →Mobilität von Studierenden und Absolvent/innen durch keine Hemmnisse mehr gestört werden.

Können Qualitätssicherung und vor allem Akkreditierung, wie sie in Deutschland und den Niederlanden verstanden werden, dies erreichen? Natürlich gibt es im →Bologna-Prozess auch andere Instrumente, die eine entscheidende Rolle spielen, z. B. die Einführung von Credit-Transfer- (→ECTS) und Akkumulationsverfahren (→Credit-Point-System) oder das →Diploma supplement in allen Signatar-Staaten. In diesem Beitrag liegt der Schwerpunkt darauf, was für eine Rolle Qualitätssicherung spielen kann oder nicht. Zwei Überlegungen verdienen besondere Aufmerksamkeit:

1. Akkreditierung und andere Formen der Qualitätssicherung führen zu Aussagen über Studiengänge, Hochschulinstitutionen oder Fakultäten, nicht über einzelne Absolvent/innen oder Studierende. Alles was damit erreicht werden kann, ist die Schaffung optimaler Bedingungen für diese Zielgruppen, indem die Vergleichbarkeit von Abschlüssen für Wissenschaftler/innen in anderen Ländern (für eine akademische Anerkennung) und für Arbeitgeber/innen (für eine professionelle Anerkennung) transparent wird.

2. Akkreditierung von Studiengängen wird auf der Basis der Annahme verliehen, dass es mehr oder weniger als gleichartig identifizierbare Abschlüsse gibt. Moderne Entwicklungen in der Hochschulbildung, einschließlich →Credit-Points, Wahlmöglichkeiten, →Modularisierung, Anerkennung von vorausgehender Arbeitserfahrung „dekonstruieren" die Idee von kohärenten Studiengängen als Einheiten für →Evaluation. Zumindest müssen Evaluationsprozesse eine Vielzahl legitimer Wege von Studierenden in Rechnung stellen, vorgegebene →Kompetenzen zu erwerben. Input- und prozessbasierte Kriterien und Prozesse der Evaluation wären dann überhaupt nicht anwendbar. Noch strikter – solche Überlegungen könnten zu der Frage führen, ob Akkreditierung nicht auf anderen Ebenen stattfinden sollte: auf der Ebene des Individuums (aber wäre sie dann überhaupt unterschieden von den gegebenen studentischen Abschlüssen?) oder der internationalen Anerkennung von studentischen Abschlüssen? Oder auf der Ebene der Hochschulinstitutionen? Im letzteren Fall läge die Alternative nahe, eine Überprüfung der internen bzw. externen Qualitätssicherungsprozesse der Hochschulinstitutionen nach den Grundsätzen der institutionellen Qualitätssicherung wie durch die britische QAA (Quality Assurance Agency for Higher Education), die institutionelle Evaluation der →EUA (European University Association) oder der Hong Kong University Teaching and Learning Quality Process Review (TLQPR) vorzunehmen.[8]

---

[8] Ein Vorteil der institutionellen Überprüfung ist die signifikante Reduzierung der Arbeitsbelastung für die Akkreditierungsinstitutionen – wenn auch nicht für Hochschulinstitutionen, weil diese nach wie vor nachweisen müssen, dass sie interne und externe Qualitätssicherung für jeden Studiengang einrichten und durchführen.

6   Abschließende Bemerkungen

Der →Bologna-Prozess hat einen folgenschweren Einfluss auf die europäische Hochschulbildung – mehr als jedes andere Ereignis seit Wilhelm von Humboldts Engagement für die Gründung der Berliner Universität zu Beginn des 19. Jahrhunderts. Er hat den Kontext für die Qualitätssicherung von einer weitgehenden Begrenzung auf nationale Hochschulbildungsfragen dahingehend erweitert, dass die nationalen Qualitätssicherungsverfahren primär auf die europäischen Herausforderungen reagieren. In Europa bleibt der Schwerpunkt der Evaluationsverfahren auf nationaler Ebene, wobei ein zunehmendes Gewicht auf Akkreditierung gelegt wird. Beide Tendenzen wurden durch die ambitionierten und klaren Aussagen der Berliner Folgekonferenz im September 2003 verstärkt. Dennoch finden sich Beispiele dafür, wie einige gut organisierte Professionen, die sich auf dem internationalen Markt für ihre Produkte genauso wie für ihre Mitglieder/Graduierten einsetzen, auch international in professionellen Akkreditierungsorganisationen aktiv sind.

Wenn man über →GATS (General Agreement on Trade and Services) spricht, wird deutlich, dass die Diskussion in diesem Beitrag auf die Herausforderungen durch den europäischen Kontext begrenzt ist. Die Globalisierung und die Art, wie die Hochschulsysteme der Länder auf diese breitere Herausforderung reagieren, würden weitere Ausführungen erfordern. Für eine umfassende Analyse der Rolle von Qualitätssicherung im Kontext des beginnenden 21. Jahrhunderts ist noch ein weiter Weg zu gehen.

Literatur

Bologna-Erklärung (1999): Der Europäische Hochschulraum. Gemeinsame Erklärung der Europäischen Bildungsminister vom 19. Juni 1999. Bologna.

Campbell, C. / van der Wende, M. (2000): International Initiatives and Trends in Quality Assurance for European Higher Education: Exploratory Trend Report (= ENQA Occasional Papers, 1). Helsinki.

Center for Quality Assurance and Evaluation of Higher Education (1998): Evaluation of European Higher Education. A status report prepared for the European Commission, DG XXII. Center for Quality Assurance and Evaluation of Higher Education. Copenhagen.

Danish Evaluation Institute (2003): Quality Procedures in European Higher Education. ENQA Survey (= ENQA Occasional Paper, 5). Helsinki.

Neave, G. (1994): The politics of quality: developments in higher education in Western Europe 1992–1994, in: European Journal of Education 2, S. 115–133.

Pertek, J. / Soverovski, M. (Hg.) (1992): EC Competences and Programmes within the Field of Education/Compétences et programmes communautaires en matière d'éducation. Maastricht: European Institute of Public Administration.

Schwarz, S. / Westerheijden, D. F. (2003): Accreditation in the Framework of Evaluation Activities: Synopsis of the Current Situation and Dynamics in Europe. Paper presented at the EI/GEW Forum „Shaping the European Area of Higher Education and Research". Berlin.

Sursock, A. (2001): Towards Accreditation Schemes for Higher Education in Europe? Final project report. CRE Association of European Universities. Genf.

van Vught, F. A. / van der Wende, M. C. et al. (2002): Globalization and Internationalization: Policy Agendas compared, in: O. Fulton/J. Enders (Hg.): Higher Education in a Globalizing World. International Trends and Mutual Obervations. Dordrecht, S. 103–120.

Washington Accord: Recognition of equivalency of accredited engineering education programs leading to the engineering degree (1989). Washington, D.C.

Westerheijden, D. F. / Leegwater, M. (Hg.) (2003): Working on the European Dimension of Quality: Report of the conference on quality assurance in higher education as part of the Bologna process, Amsterdam, 12–13 March 2002. Ministerie van Onderwijs, Cultuur en Wetenschappen. Zoetermer.

Young, K. E. et al. (1983): Understanding accreditation: contemporary perspectives on issues and practices in evaluating educational quality. San Francisco.

Institutionelle Verankerung und Rechtsrahmen der Akkreditierung

Hans-Uwe Erichsen

Die Verantwortung für die Qualität von Studiengängen liegt heute in der Bundesrepublik Deutschland bei Hochschulen und Staat: Wissenschaftliche Hochschulen sind per definitionem der Qualität verpflichtet und haben daher die ständige Aufgabe der Qualitätsprüfung und -entwicklung. Zugleich besteht eine aus der verfassungsrechtlich begründeten Verantwortung für die Gleichwertigkeit der in den Ländern der Bundesrepublik erworbenen Abschlüsse und aus der staatlichen Finanzierung hergeleitete Letztverantwortung des Staates, die die Länder im Bereich der Lehre mit Hilfe der →Genehmigung von Studiengängen wahrnehmen.

Um die gemeinsame Verantwortung bei Studiengängen mit einem Hochschulabschluss wahrzunehmen, deren Gleichwertigkeit einerseits und die Mobilität Studierender andererseits zu gewährleisten, hatten die in der Kultusministerkonferenz (→KMK) zusammenwirkenden, für das Hochschulwesen zuständigen Landesminister und die Hochschulrektorenkonferenz (→HRK) eine „Gemeinsame Kommission für die Koordinierung der Ordnung von Studium und Prüfung" (→GemKo) gebildet. Diese Kommission bereitete unter Beteiligung der →Berufspraxis und des Bundes quantitativ (SWS, →Regelstudienzeiten) ausgerichtete Vorschläge für von KMK und HRK zu beschließende Rahmenprüfungsordnungen vor. Die Rahmenprüfungsordnungen wurden zwar als Empfehlungen und damit als im Ergebnis rechtlich unverbindlich qualifiziert, von den Hochschulen vorgelegte, abweichende Prüfungsordnungen wurden aber i.d.R. von den Ministern nicht genehmigt. Das Verfahren zum Erlass dieser Rahmenprüfungsordnungen nahm nicht selten Jahre in Anspruch; es erwies sich als außerordentlich schwerfällig, seine Ergebnisse waren nicht selten zum Zeitpunkt der Verabschiedung bereits durch neue Entwicklungen überholt und damit für zunehmend im internationalen →Wettbewerb stehende Studienangebote kontraproduktiv. Die HRK hat schließlich die Mitarbeit an der Erarbeitung der Rahmenprüfungsordnungen aufgekündigt.

Orientierte sich demnach die Qualitätssicherung in der Lehre in Deutschland in erster Linie an quantitativen Vorgaben und wurde letztlich ex ante durch den Staat mit Hilfe der Genehmigung von Prüfungsordnungen ausgeübt, so haben sich in anderen Ländern Qualitätssicherung und

-entwicklung in der Lehre zunehmend an den durch →Evaluation ermittelten Ergebnissen orientiert; sie finden damit ex post, outcomeorientiert und vielfach nicht durch den Staat statt. Anknüpfend an die internationale Entwicklung und ein gestiegenes Bewusstsein für die Notwendigkeit der Qualitätssicherung und der sich – allerdings in Deutschland eher zögerlich verbreitenden – Einsicht, dass die Verantwortung für die Qualität zumindest auch bei den Hochschulen liege, kam es auch in der Bundesrepublik in den 1990er Jahren zu einem Paradigmenwechsel. Auf der Grundlage von Empfehlungen der →HRK und des →Wissenschaftsrats wird seit Mitte der 1990er Jahre die Einführung von Evaluationsverfahren für die Lehre mit dem Ziel angestrebt, die Hochschulen bei der Einführung systematischer qualitätsfördernder Maßnahmen zu unterstützen, dergestalt deren Verantwortung zu stärken, →Profilbildung und →Wettbewerb voranzutreiben und durch →Transparenz Möglichkeiten des Vergleichs und der Auswahl zu fördern.

1 Einrichtung und rechtliche Ausgestaltung des Akkreditierungssystems

Die 1998 erfolgte Novellierung des Hochschulrahmengesetzes (→HRG) öffnete das deutsche Hochschulwesen für die Umsetzung von Entwicklungen und Einsichten auf europäischer Ebene. So wurde insbesondere in § 19 Abs. 1 HRG – zunächst probeweise[1] – die Möglichkeit eröffnet, an Universitäten und Fachhochschulen gestufte „Studiengänge einzuführen, die zu einem Bachelor- oder Bakkalaureusgrad und zu einem Master- oder Magistergrad führen." Damit war die Erwartung verbunden, zu kürzeren →Studienzeiten, zu mehr inhaltlicher und zeitlicher Anpassungsfähigkeit sowie zu mehr →Flexibilität im Hinblick auf verschiedene und sich wandelnde Ansprüche der Wissenschaft, der →Berufspraxis und der Studierenden zu gelangen. In Verbindung damit wurde ein Verfahren zur Wahrnehmung der Qualitätskontrolle für notwendig erachtet, welches schneller und flexibler als das bisherige war. Auf der Linie der Rücknahme der bisherigen Detailsteuerung des Hochschulwesens durch den Staat liegt es, wenn § 9 HRG nur noch das Ziel definiert, „die Gleichwertigkeit der Studien- und Prüfungsleistungen und der Studienabschlüsse und die Möglichkeit des Hochschulwechsels zu gewährleisten", die organisatorische

---

[1] Durch die Novelle zum HRG vom 1. August 2002 – BGBl. I S. 3831 – wurde diese Möglichkeit endgültig eingeräumt.

und verfahrensmäßige Verwirklichung dieses Ziels indes nicht festschreibt, sondern nur die Notwendigkeit einer Beteiligung der Hochschulen und der Berufspraxis festlegt.

Den so eröffneten Gestaltungsspielraum haben →HRK und →KMK in konzertierter Aktion durch Beschlüsse vom 6. Juli 1998 und vom 3. Dezember 1998 genutzt und 1999 – zunächst auf 3 Jahre probeweise – ein →Akkreditierungssystem für die BA- und MA-Studiengänge und -abschlüsse errichtet. Sie sind damit über die in erster Linie auf Selbststeuerung gerichtete Evaluierung hinaus- und in ein System des Benchmarking übergegangen.

Akkreditierung ist ein Mittel zur Feststellung der Qualität von Leistungen und Produkten. Qualität ist eine Funktion des mit der Leistung, dem Produkt verfolgten Zwecks. Es gibt nicht die Qualität als solche, sondern nur die Qualität im Hinblick auf einen Zweck (fitness for purpose), aber zugleich die Frage nach der Qualität des Zwecks (fitness of purpose). Ergibt sich die Bestimmung von Qualität etwa eines Verhaltens, einer Leistung, eines Produkts also aus dem Bezug auf einen Zweck und ein Ziel, so können auch Verfahren und Organisation zu ihrer Feststellung unterschiedlich sein. Qualität ist daher in mehrerer Hinsicht eine Variable. Im Verfahren der Akkreditierung von Studiengängen in Deutschland ist sie allerdings durch Entscheidung zur Konstanten geworden: Qualitätsmaßstab der Akkreditierung von Studiengängen ist nach den Beschlüssen von →KMK vom 3. Dezember 1998 und →HRK vom 6. Juli 1998 der „fachlich inhaltliche Mindeststandard" und die „Berufsrelevanz" der Studiengänge.

Durch Beschlüsse der →KMK vom 24. Mai bzw. 19. September 2002 wurde das zunächst auf drei Jahre probeweise eingerichtete →Akkreditierungssystem auf eine dauerhafte Grundlage gestellt. In dem unbefristet erlassenen „Statut für ein länder- und hochschulübergreifendes Akkreditierungsverfahren" sind einige das ursprüngliche System verändernde Regelungen enthalten.

Gemäß Ziff. I.2. des am 1. Januar 2003 in Kraft getretenen Statuts sind Studiengänge staatlicher oder staatlich anerkannter privater Hochschulen Gegenstand der Akkreditierung. Der Akkreditierung unterliegen wie vorher die zu den Abschlüssen BA und MA führenden Studiengänge. Hatte es in Ziff. 3 KMK-Beschluss vom 3. Dezember 1998 noch geheißen, dass die Akkreditierung keine „zwingende Voraussetzung" für die Einrichtung von BA- und MA-Studiengängen sei, so legt das neue Statut fest, dass diese zu akkreditieren sind. Aber auch „neu einzurichtende Diplom- und Magisterstudiengänge, in Fachrichtungen, in denen keine Rahmenprüfungsordnung (→GemKo) vorliegt oder die geltende Rahmenprüfungsordnung überholt ist", unterliegen einer obligatorischen Akkreditierung. Diese Regelung steht unter einem Erweiterungsvorbehalt, der durch die →KMK zu realisieren ist. Nach Ziff. I.1. Abs. 3 letzter Satz des Statuts kann mit der Akkreditierung die Feststellung verbunden werden, dass ein Hochschulabschluss den Zugang zum höheren öffentlichen Dienst (→Laufbahnrechtliche Zuordnung im öffentlichen Dienst) eröffnet.

Die Verantwortung für die Funktionsfähigkeit der dezentral organisierten Akkreditierung in Deutschland lag und liegt beim Akkreditierungsrat. Er nimmt sie gem. Ziff. II.4. Abs. 1 des Statuts durch Akkreditierung von Agenturen mit der zeitlich befristeten Verleihung der Berechtigung, Studiengänge zu akkreditieren (Verleihung des Siegels des Akkreditierungsrates, →Gütesiegel), durch Überwachung der Aufgabenerfüllung durch die Agenturen und periodische →Reakkreditierung der Agenturen sowie durch Definition der Anforderungen für das Akkreditierungsverfahren und die Akkreditierungsentscheidung wahr.

Zu den Aufgaben des Akkreditierungsrates gehört seit 2003 nicht mehr die Akkreditierung von Studiengängen, womit er die jedenfalls für die Anfangsphase sehr ergiebige Möglichkeit von Feldversuchen und der Durchführung von Pilotvorhaben verloren hat.

Zwar dient die Akkreditierung in Deutschland entsprechend § 9 HRG dazu, die „Gleichwertigkeit einander entsprechender Studien- und Prüfungsleistungen sowie Studienabschlüsse" zu gewährleisten, es wird jedoch in Ziff. I.1. Abs. 1 letzter Satz des Statuts betont, dass die Akkreditierung nicht die „primäre staatliche Verantwortung für die Einrichtung von Studiengängen" ersetzt. Diese wird durchwegs auch weiterhin durch das Erfordernis der →Genehmigung von Studiengängen realisiert, die allerdings in aller Regel vom Vorliegen der Akkreditierung abhängig gemacht wird oder mit der Verpflichtung dazu verbunden wird.[2] Durch Ziff. II.5. Abs. 1 Ziff. 2 des Statuts wird die Zahl der Ländervertreter verdoppelt. Nunmehr sind vier von 17 Mitgliedern des Akkreditierungsrates Vertreter der Länder. Darüber hinaus muss einer der fünf Vertreter der →Berufspraxis ein Vertreter der für das Dienst- und Tarifrecht zuständigen Landesministerien sein, der gemäss Ziff. II.5. Abs. 2 des Statuts durch die →KMK

---

[2] In einigen Ländern ist an die Stelle der Genehmigung eine Zielvereinbarung getreten, die eine Akkreditierung voraussetzt.

im Einvernehmen mit der Innenministerkonferenz benannt wird. Gemäß Ziff. I.1. Abs. 2 Satz 3 des Statuts sollen Hochschulen, Staat und Berufspraxis bei der Akkreditierung auch in den Agenturen zusammenwirken, was allerdings nicht stattgefunden hat. Die Mitglieder des Akkreditierungsrates werden von der Präsidentin/dem Präsidenten der KMK und der →HRK als Vertretung der die Akkreditierung legitimierenden Länder und Hochschulen gemeinsam für vier Jahre berufen.

Abweichend von der bisherigen Regelung können nach Zif. II.7. Abs. 2 des neuen Organisationsstatuts „Vorgaben, die der Akkreditierungsrat für die Begutachtung von Studiengängen durch die Agenturen festlegt und mit denen die von der Kultusministerkonferenz beschlossenen Strukturvorgaben in das Akkreditierungsverfahren eingebracht werden", nicht gegen die Stimmen der Ländervertreter verabschiedet werden. Auch wenn man davon ausgeht, dass hier das Veto nur durch ein einheitliches Votum der Länderbank geltend gemacht werden kann, so hat damit doch eine Verlagerung des Stimmengewichts im Akkreditierungsrat stattgefunden, der übrigens bisher in aller Regel einstimmig entschieden hat.

In Ziff. III.11. des Statuts ist festgelegt, dass soweit im Akkreditierungsverfahren festgestellt werden soll, dass ein Hochschulabschluss die Bildungsvoraussetzungen für den höheren Dienst erfüllt (→Laufbahnrechtliche Zuordnung im öffentlichen Dienst), ein Vertreter der für die Laufbahngestaltung zuständigen obersten Dienstbehörde des Landes, in dem die jeweilige Hochschule gelegen ist, als Vertreter der →Berufspraxis am Akkreditierungsverfahren zu beteiligen ist. Die dahingehende Feststellung bedarf eines einheitlichen Votums der Vertreter der Berufspraxis, womit dem Vertreter der obersten Dienstbehörde im Ergebnis ein Veto eingeräumt ist. Durch Beschlüsse vom 24. Mai 2002 und 6. Juni 2002 haben Kultusminister- und Innenministerkonferenz sich darauf verständigt, dass für die Feststellung, ob die Bildungsvoraussetzungen von an Fachhochschulen erworbenen Masterstudienabschlüssen den Zugang zum höheren Dienst eröffnen, besondere Regelungen gelten. Dabei geht es um die Festlegung von Kriterien, die „auf Inhalt, Studienumfang und Prüfungsanforderungen sowie den vorhergehenden Studienabschluss" abstellen.

Anders als in den ersten drei Jahren seines Bestehens hat der Akkreditierungsrat gem. Ziff. II.3. Abs. 2 des Statuts seinen Sitz beim Sekretariat der Kultusministerkonferenz (→KMK) und wird die Geschäftsstelle des Akkreditierungsrates „im Sekretariat der Kultusministerkonferenz" eingerichtet (Ziff. II.8. Abs. 1 Satz 1 des Statuts). Schließlich wird das Budget des Akkreditierungsrats und der Geschäftsstelle im Rahmen des Haushalts der KMK bereitgestellt (Ziff. II.9. Abs.1 des Statuts).

2 Rechtliche Qualität und Belastbarkeit des Akkreditierungssystems

Das Akkreditierungssystem in Deutschland erfreut sich nicht eben der Aufmerksamkeit der Rechtswissenschaft, vielmehr führt die Literaturrecherche in die Leere. Rechtsprechung zur Akkreditierung von Studiengängen gibt es bisher nicht. Das Akkreditierungssystem in Deutschland gründet auf Beschlüssen von zunächst Kultusminister- und Hochschulrektorenkonferenz (→KMK, →HRK), dann allein der KMK. Sowohl die KMK als auch die HRK sind nichtrechtsfähige und damit auch nicht rechtsetzungsfähige Organisationen. Die rechtliche Qualität und Belastbarkeit der Grundlage des Akkreditierungssystems lässt sich dadurch vergegenwärtigen, dass es sich weder um eine Verwaltungsvereinbarung noch um einen Staatsvertrag handelt. Demgegenüber wurde in den Niederlanden, Österreich, der Schweiz und Spanien die Akkreditierung durch Gesetz eingeführt und in ihren Eckdaten definiert.

Während in Deutschland – mit Ausnahme der ZEvA – die Akkreditierungsagenturen von rechtsfähigen Organisationen des Privatrechts getragen werden, die ihnen Rechtssubjektivität und Handlungsfähigkeit vermitteln, bleibt die Erscheinung des Akkreditierungsrates auch nach Erlass des Statuts rechtlich undefiniert, angesiedelt in der Grauzone des Öffentlichen. Die Akkreditierung einer Agentur erfolgt in einem vom Akkreditierungsrat bis ins Einzelne festgelegten transparenten Verfahren, das allerdings nicht für sich in Anspruch nehmen kann, rechtlich geregelt zu sein. Dementsprechend ist die Akkreditierung zwar ein öffentlicher Akt, aber kein Rechtsakt. Das – von den Agenturen – bei der Akkreditierung von Studiengängen verliehene →Gütesiegel des Akkreditierungsrates bündelt die Qualitätsaussage eines verselbständigten, aber nicht rechtsfähigen Teilsystems, welches staatliche und gesellschaftliche Komponenten zu systemimmanenter Maßstabsbildung vereint.

Andererseits ist es Aufgabe des Akkreditierungsrates, die Aufgabenerfüllung durch die Agenturen zu überwachen und einen fairen →Wettbewerb unter den Agenturen zu gewährleisten. Es liegt hier ein Konzept vor, welches den Akkreditierungsrat in die Pflicht nimmt, das

Gesamtsystem der Akkreditierung von Studiengängen durch den Erlass von Vor- und Maßgaben zu steuern, das regelgerechte Verhalten der Agenturen zu beaufsichtigen und den Wettbewerb zu regulieren. Dieses Konzept wurde bisher jedenfalls weitgehend umgesetzt, weil alle Beteiligten sich auf ein „Als-ob" eingelassen haben und Konflikte bisher in Mediationsprozessen beigelegt werden konnten. Im Ernstfall fehlt es dem nach Maßgabe des Statuts agierenden Akkreditierungsrat indessen an einer tragfähigen Rechtsgrundlage, um Fehlverhalten und -entscheidungen der Agenturen zu begegnen und etwa Sanktionen zu verhängen.

Die Agenturen werden mit einer Ausnahme von rechtsfähigen Organisationen des Privatrechts getragen, denen gem. Art. 19 Abs. 3 GG Grundrechtsfähigkeit zukommt. Auch wenn der Durchführung von Studiengangsakkreditierungen nach den Vorgaben des Akkreditierungsrates nicht auf Gewinnerzielung gerichtet sein darf und damit das Grundrecht der Berufsfreiheit nicht einschlägig ist, unterliegt sie zumindest dem grundrechtlichen Schutz des Art. 2 Abs. 1 GG. Akkreditierung und Reakkreditierung sind also grundrechtsrelevante Vorgänge, die angesichts der Herleitung dieser Maßnahmen über das von den Kultusministern der Länder verabschiedete Organisationsstatut dem Staat zurechenbar sind und die daher einer gesetzlichen Grundlage bedürfen.

Die Agenturen schließen im Rahmen ihrer Rechtssubjektivität privatrechtliche Verträge mit den Hochschulen, in Einzelfällen auch für die Fälle der →Reakkreditierung also über ihre eigene Akkreditierung durch den Akkreditierungsrat hinaus. Sie können ihre Rechtsbeziehungen zu den Hochschulen nach Maßgabe allgemeiner Geschäftsbedingungen, aber auch jeweils individuell gestalten. Sie können auch über die Reichweite der Akkreditierung durch den Akkreditierungsrat hinaus die Qualität von Studiengängen und Institutionen zertifizieren, sie dürfen insoweit allerdings nicht das Siegel des Akkreditierungsrats (→Gütesiegel) vergeben. Die Agenturen unterliegen in Organisation und Verfahren den Regeln des privatrechtlichen Organisationsrechts, die im Kollisionsfall Vorrang gegenüber dem Regelwerk des Akkreditierungsrates haben. Für Fehlverhalten im Zusammenhang des Vertrages haftet die Organisation.

Auch wenn die Agenturen im Rahmen ihrer Akkreditierung durch den Akkreditierungsrat das Siegel des Akkreditierungsrates verleihen, sind sie weder Beliehene, d. h. zum Erlass hoheitlicher Akte befugt, da eine Beleihung nur auf gesetzlicher Grundlage zulässig ist, noch sind sie Verwaltungshelfer, da ein Träger öffentlicher Verwaltung fehlt, dem ihr Handeln zugerechnet werden kann. Andererseits gewinnt die Akkreditierung durch Verleihung des Siegels des Akkreditierungsrates dadurch Bedeutung, dass sie in manchen Ländern der Bundesrepublik Deutschland durch Gesetz zur Voraussetzung für die staatliche →Genehmigung von Studiengängen gemacht worden ist oder werden wird. Insoweit entfaltet die Verleihung des Siegels des Akkreditierungsrates Tatbestandswirkung.

Insgesamt hat sich damit das Akkreditierungssystem in Deutschland unter rechtlichem Aspekt als hochgradig unbefriedigend und einer rechtlichen Grundlegung bedürftig erwiesen. Die Einsicht in die Notwendigkeit einer rechtlichen Konstituierung des Gesamtsystems hat sich allerdings nur sehr langsam entwickelt. Dabei hatte schon der Evaluationsbericht aus dem Jahre 2002 darauf hingewiesen, dass es notwendig sei, Existenz und Handeln des Akkreditierungsrates rechtlich zu verfassen. Die sich seit Ende 2003 intensivierende Diskussion hat schließlich dazu geführt, dass die Kultusministerkonferenz (→KMK) sich im Oktober 2004 im Einvernehmen mit der →HRK und dem Akkreditierungsrat auf „Eckpunkte für die Weiterentwicklung der Akkreditierung in Deutschland" verständigt hat. In ihnen ist vorgesehen, dass das Land NRW durch Gesetz eine Stiftung des öffentlichen Rechts errichtet und dass dergestalt dem Akkreditierungsrat ein rechtlicher Rahmen und eine rechtliche Grundlage für die Wahrnehmung seiner Aufgaben gegeben werden. Mit dem Inkrafttreten des Gesetzes wird das bisherige Statut für ein länder- und hochschulübergreifendes Akkreditierungsverfahren außer Kraft gesetzt.

3 Rechtliche Sicherung der Grundlagen des Akkreditierungssystems durch die öffentlich-rechtliche „Stiftung zur Akkreditierung von Studiengängen in Deutschland"

In den Eckpunkten heißt es: „Eine erfolgreiche Qualitätsentwicklung mittels eines länder- und hochschulübergreifenden Systems der Akkreditierung setzt voraus, dass einerseits die weitgehend staatlich, d.h. durch die Ländergemeinschaft zu verantwortenden Belange des Gesamtsystems Berücksichtigung finden und andererseits die Akkreditierung nach verlässlichen, transparenten Standards und Verfahren durchgeführt wird. Aufgabe des Akkreditierungsrates ist es, dafür Sorge zu tragen, dass beiden Prinzipien im System der Akkreditierung Rechnung getragen wird.

Dem Akkreditierungsrat kommt somit sowohl bei der Einführung des neuen, gestuften Studiensystems und der Qualitätsentwicklung über Akkreditierung als auch bei deren Weiterentwicklung eine Schlüsselqualifikation zu."

Im Einzelnen sieht das auf der Grundlage der „Eckpunkte für die Weiterentwicklung der Akkreditierung in Deutschland" und mit Zustimmung der übrigen Länder konzipierte Gesetzesvorhaben des Landes NRW vor, dass eine öffentlich-rechtliche „Stiftung zur Akkreditierung von Studiengängen in Deutschland" errichtet wird. Dieser Stiftung obliegen folgende Aufgaben:

- Akkreditierung und Reakkreditierung von Akkreditierungsagenturen (Agenturen) durch eine zeitlich befristete Verleihung der Berechtigung, Studiengänge durch Verleihung des Siegels der Stiftung (→Gütesiegel) zu akkreditieren,
- Zusammenfassung der ländergemeinsamen und landesspezifischen Strukturvorgaben zu verbindlichen Vorgaben für die Agenturen,
- Regelung von Mindestvoraussetzungen für Akkreditierungsverfahren einschließlich der Voraussetzungen und Grenzen von gebündelten Akkreditierungen,
- Überwachung der Akkreditierungen, welche durch die Agenturen erfolgen.

Darüber hinaus hat die Stiftung folgende Aufgaben:

- Sie wirkt darauf hin, einen fairen →Wettbewerb unter den Agenturen zu gewährleisten.
- Sie legt unter Berücksichtigung der Entwicklung in Europa die Voraussetzungen für die Anerkennung von Akkreditierungen durch ausländische Einrichtungen fest.
- Sie fördert die internationale Zusammenarbeit im Bereich der Akkreditierung und der Qualitätssicherung.
- Sie berichtet den Ländern regelmäßig über die Entwicklung bei der Umstellung des Studiensystems auf die gestufte Studienstruktur und über die Qualitätsentwicklung im Rahmen der Akkreditierung.

Die Einräumung der Berechtigung, Studiengänge durch Verleihung des Siegels (→Gütesiegel) des Akkreditierungsrates zu akkreditieren, erfolgt gemäß § 3 des Gesetzes durch Vertrag zwischen der Stiftung und den Agenturen. Gegenstand der Vereinbarungen zwischen der Stiftung und der jeweiligen Agentur sind insbesondere

- die Berücksichtigung der ländergemeinsamen und landesspezifischen Strukturvorgaben für die Akkreditierungsverfahren durch die Agentur bei der Akkreditierung,
- die Einhaltung der Mindestanforderungen für die Akkreditierungsverfahren,
- Qualitätsanforderungen für die interne Organisation der Agentur,
- Berichtspflichten der Agentur gegenüber der Stiftung,
- die Verpflichtung der Agentur, die Berichte über die Akkreditierungen und die Namen der beteiligten Gutachter/innen zu veröffentlichen,
- regelmäßige Information der Agentur durch den Akkreditierungsrat,
- die Voraussetzungen der →Reakkreditierung der Agentur,
- die Einbeziehung der Agentur in die Arbeit der Stiftung, beispielsweise durch die Anhörung der Agentur zu grundlegenden Fragen der Ausgestaltung der Akkreditierungsverfahren,
- die Verteilung der Wahrnehmung internationaler Aufgaben durch die Stiftung und die Agentur nach Maßgabe ihrer jeweiligen Aufgaben,
- die Verpflichtung der Agentur auf das Prinzip der Lauterkeit im Umgang mit dem Siegel (→Gütesiegel) der Stiftung,
- die Voraussetzungen, unter denen die Agentur die von ihr erfolgte Akkreditierung eines Studienganges entzieht,
- die Folgen der Nicht- oder Schlechterfüllung der Vereinbarung.

Die Stiftung wird damit die ihr obliegenden Aufgaben der Steuerung und Kontrolle in dem zweistufigen Akkreditierungssystem der Bundesrepublik durch ein Contract Government realisieren können. Dabei ist davon auszugehen, dass die Verträge mit den Agenturen wesentlich den gleichen Inhalt haben, aber etwa im Hinblick auf Auflagen und Empfehlungen unterschiedlich sein werden.

Sitz der Stiftung ist Bonn. Ihre Organe sind: der Akkreditierungsrat, der Vorstand und der Stiftungsrat. Sie unterhält an ihrem Sitz eine Geschäftsstelle, die von der/dem Geschäftsführer/in im Rahmen der Weisungen der/des Vorsitzenden des Vorstands geleitet wird.

Der Akkreditierungsrat – wie schon vorher das zentrale Organ – beschließt über alle Angelegenheiten der Stiftung. Insbesondere akkreditiert und reakkreditiert er die Agenturen; die Akkreditierung und die →Reakkreditierung können mit einer Bedingung oder einem Vorbehalt des

Widerrufs erlassen oder mit einer Auflage oder dem Vorbehalt einer nachträglichen Aufnahme, Änderung oder Ergänzung einer Auflage verbunden werden. Er trifft seine Entscheidungen mit der Mehrheit seiner Mitglieder. Die laufenden Geschäfte der Stiftung gelten als auf den Vorstand übertragen, soweit nicht der Akkreditierungsrat sich für einen bestimmten Kreis von Geschäften oder für einen Einzelfall die Entscheidung vorbehält.

Die Zusammensetzung des Akkreditierungsrats und die Berufung seiner Mitglieder ändert sich gegenüber der im Statut enthaltenen Regelung nur insoweit, als ihm künftig eine/ein von ihnen gewählte/er Vertreter/in der Agenturen mit beratender Stimme angehört. Die Mitglieder werden auch weiterhin ehrenamtlich tätig sein; sie können bei Vorliegen eines wichtigen Grundes vom Stiftungsrat abberufen werden.

Der Vorstand führt die Beschlüsse des Akkreditierungsrates aus und führt die laufenden Geschäfte der Stiftung; im Übrigen werden die Befugnisse des Vorstands durch eine Satzung bestimmt. Die/der Vorsitzende des Vorstands vertritt die Stiftung gerichtlich und außergerichtlich und kann sich hierbei im Einzelfall oder für einen Kreis von Geschäften vertreten lassen.

Dem Vorstand gehören als Vorsitz die/der Vorsitzende des Akkreditierungsrates, sowie die/der stellvertretende Vorsitzende des Akkreditierungsrates, die/der Geschäftsführer/in der Stiftung an.

Der Stiftungsrat überwacht die Rechtmäßigkeit und Wirtschaftlichkeit der Führung der Stiftungsgeschäfte durch den Akkreditierungsrat und den Vorstand. Dem Stiftungsrat gehören sechs Vertreter/innen der Länder und fünf Vertreter/innen der Hochschulrektorenkonferenz (→HRK) an.

Zur Erfüllung des Stiftungszwecks erhält die Stiftung einen jährlichen Zuschuss der Länder nach Maßgabe der jeweiligen Landeshaushaltsgesetze. Sie ist berechtigt, Zuwendungen von dritter Seite anzunehmen und ist damit wie etwa der Council for Higher Education Accreditation in USA (→CHEA) projektfähig.

Eine wichtige Neuerung ist, dass die Stiftung zur Deckung ihres Verwaltungsaufwandes nach näherer Bestimmung einer von ihr zu erlassenden Satzung Gebühren für die Akkreditierung und Reakkreditierung von Agenturen sowie für die Überwachung der Studiengangsakkreditierungen durch die Agenturen erheben kann.

Die Stiftung gibt sich – wie schon ausgeführt – eine Satzung, die vom Stiftungsrat mit der Mehrheit von zwei Dritteln seiner Mitglieder beschlossen wird und die der Genehmigung des Ministeriums für Wissenschaft und Forschung des Landes NRW bedarf. In der Satzung sind u.a. die Voraussetzungen zu regeln, unter denen eine Akkreditierung oder eine Reakkreditierung entzogen werden kann.

Die Stiftung berichtet den Ländern regelmäßig über die Entwicklung bei der Umstellung des Studiensystems auf die gestufte Studienstruktur und die Qualitätsentwicklung im Rahmen der Akkreditierung. In den Eckpunkten (Ziff. 5) wird dazu unter Bezug auf die „Schlüsselfunktion des Akkreditierungsrats" ausgeführt: „Die Rückkopplung zwischen Akkreditierungsrat und Ländern schließt auch die Entwicklung der Hochschullandschaft im Zuge der aktuellen grundlegenden Umstrukturierung ein, um den Ländern die Grundlagen für weitere Planungen und hochschulpolitische Entscheidungen zu liefern. Dabei sind sowohl gesamtstaatliche Aspekte – auch in Bezug auf internationale →Standards und Anforderungen – als auch regionale Entwicklungen zu berücksichtigen."

Hier zeigt sich, dass die Stellung des Akkreditierungsrats durch die rechtliche Konstituierung an Reichweite und Durchschlagskraft gewonnen hat, ihm insbesondere die Aufgabe zugewiesen worden ist, die Entwicklung im internationalen und nationalen Bereich ständig zu beobachten, darüber zu berichten und damit verbundene Initiativen zur Neugestaltung und Veränderung auszulösen. In den Eckpunkten wird darauf hingewiesen, dass dem Akkreditierungsrat aufgrund seiner zentralen Stellung vor allem „die Außendarstellung und -vertretung" des deutschen Akkreditierungssystems und seiner Strukturen obliegen. Es kommt ihm, wie es in den Erläuterungen heißt, „die Aufgabe zu, das deutsche System nach außen darzustellen, zu erläutern und zu vertreten, Impulse und Folgerungen aus der internationalen Zusammenarbeit aufzugreifen und so zur Weiterentwicklung des deutschen Akkreditierungssystems beizutragen". Auch insoweit ist die Position des Akkreditierungsrats im Verhältnis zu den Agenturen gestärkt worden.

Der Akkreditierung in Deutschland unterliegen die Bachelor- und Master-Studiengänge an staatlichen und staatlich anerkannten, privaten Hochschulen, die Bachelorausbildungsgänge an staatlichen und staatlich anerkannten Berufsakademien sowie neu einzurichtende und solche Diplom- und Magisterstudiengänge, die grundlegend umgestaltet werden sollen, in Fachrichtungen, in denen keine Rahmenprüfungsordnung (→GemKo) vorliegt oder die geltende Rahmenprüfungsordnung überholt ist. Die Akkreditierung erfolgt in Deutschland grundsätzlich auch weiterhin studiengangsbezogen; sie kann allerdings auch als „gebündelte Akkredi tierung" durchgeführt werden, wobei „mehrere Studiengänge in einem einheitlichen Akkreditierungsverfahren zusammengefasst werden". Es wird in den Erläuterungen zu Ziff. 4 der Eckpunkte betont, dass „Rationalisierungs-, Beschleunigungs- und Vereinfachungsmaßnahmen ... allerdings dort ihre Grenzen (finden), wo eine verlässliche Feststellung der Qualität eines Studiengangs nicht mehr gewährleistet ist ... Soweit verlässliche Qualitätssicherungssysteme in den Universitäten aufgebaut sind, ist es möglich, die Akkreditierung unter Berücksichtigung der Ergebnisse der Qualitätssicherung zu vereinfachen. Es ist Aufgabe des Akkreditierungsrats solche Verfahren zu entwickeln" sowie die Grenzen einer Bündelung von Studiengängen im Akkreditierungsverfahren zu definieren.

In einer im Stiftungsgesetz vorgesehenen Verwaltungsvereinbarung werden alle Länder die Wahrnehmung der in den Eckpunkten definierten Aufgaben auf die Stiftung „Akkreditierung von Studiengängen in Deutschland" übertragen. Für die durch Beschluss der Kultusministerkonferenz (→KMK) festgelegten Studien- und Ausbildungsgänge wird die Wahrnehmung der Aufgaben der Kultusministerkonferenz nach § 9 HRG vorbehaltlich eines Widerrufs auf die Stiftung delegiert.

Insgesamt hat die rechtliche Grundlegung des länderübergreifenden Gesamtsystems eine nachhaltige Sicherung der Stellung des Akkreditierungsrats in der Systempflege und -entwicklung und damit die Voraussetzungen für eine allein qualitätsgeleitete Steuerung und Kontrolle des gestuften Akkreditierungssystems in Deutschland geschaffen. Entstandenen und sich abzeichnenden Fehlentwicklungen auf der Ebene der Agenturen wird der Akkreditierungsrat künftig sehr viel wirksamer begegnen können, als das bisher der Fall war. Der Anspruch des Akkreditierungsrats, das deutsche System der Akkreditierung im internationalen Bereich zu vertreten, ist nunmehr rechtlich anerkannt.

Der Akkreditierungsrat

Angelika Schade

1 Einführung der Akkreditierung

Mit der Einführung gestufter Studiengänge mit den Abschlüssen Bachelor/
Bakkalaureus (BA) und Master/Magister (MA) – zunächst probeweise, inzwischen als Regelangebot – durch die Novellierung des Hochschulrahmengesetzes (→HRG) vom August 1998 war die Erwartung verbunden, die
internationale Kompatibilität der deutschen Studienabschlüsse zu verbessern, zu einer →Differenzierung des Studiensystems beizutragen sowie
zu mehr →Flexibilität im Hinblick auf verschiedene und sich wandelnde
Ansprüche der Wissenschaft, der →Berufspraxis und der Studierenden zu
gelangen. Um das zu erreichen, wurde ein schnelleres und flexibleres Verfahren der Qualitätskontrolle für notwendig erachtet als das bisherige, in
dem bei der →Genehmigung durch den Staat geprüft wurde, ob der neue
Studiengang mit geltenden Rahmenprüfungsordnungen (→GemKo) übereinstimmte. Ein damit verbundener Paradigmenwechsel in der Qualitätssicherung in Deutschland knüpfte auch an internationale Entwicklungen
an, die zunehmend die Förderung und Sicherung der Mobilität von Studierenden und den Verbraucherschutz für Studierende, →Arbeitgeber und
Arbeitnehmer auf einem global ausgerichteten →Arbeitsmarkt in den
Vordergrund rückten.

Mit der Erweiterung und →Differenzierung des Systems der Studiengänge verbunden wurde die Einführung eines neuen Qualitätssicherungsverfahrens – Akkreditierung –, das durch Beschlüsse der Hochschulrektorenkonferenz (→HRK) und der Kultusministerkonferenz (→KMK)
erste Konturen erhielt. Das Akkreditierungsverfahren muss im Gefüge der
Zuständigkeiten für die Qualitätssicherung gesehen werden. Bund und
Länder tragen gemeinsam dafür Sorge, dass die Gleichwertigkeit einander
entsprechender Studien- und Prüfungsleistungen sowie Hochschulabschlüsse und die Möglichkeit des →Hochschulwechsels gewährleistet
werden. Qualitätssicherung ist gemäß § 6 →HRG vor allem aber auch Aufgabe der Hochschulen. Zur Institutionalisierung des Zusammenwirkens
zwischen KMK und HRK – unter Beteiligung des Bundes und der →Berufs-
praxis – war eine „Gemeinsame Kommission für die Koordinierung der

Ordnung von Studium und Prüfung" (→GemKo) gebildet worden, die quantitativ ausgerichtete Empfehlungen für Prüfungsordnungen vorbereitete, die durch Beschlüsse von KMK und HRK als Rahmenprüfungsordnungen verabschiedet wurden. Zur Etablierung der neuen Studiengänge und zur zeitnahen Qualitätskontrolle wurden keine Rahmenprüfungsordnungen für BA-/MA-Studiengänge entwickelt, sondern stattdessen von KMK und HRK die Einführung der Akkreditierung und die Etablierung eines Akkreditierungsrates, in dem die für Qualitätssicherung verantwortlichen Akteure zusammenwirken, beschlossen (KMK 1998, HRK 1998).

2   Errichtung des Akkreditierungsrates

Die →HRK erachtete zur Anerkennung der neuen Studiengänge hinsichtlich der Studien- und Prüfungsleistungen sowie der Abschlüsse eine länderübergreifende, bundesweite Akkreditierung unter Beteiligung internationaler Experten als sinnvoll (HRK 1998). Das Akkreditierungsverfahren sollte im Hinblick auf die Erprobungsphase der neuen Studiengänge zunächst zeitlich als Pilotprojekt befristet, flexibel und ohne unnötigen bürokratischen Aufwand gestaltet werden.

Die →KMK hat mit der Einführung des Akkreditierungsverfahrens das Ziel verbunden, Vielfalt zu ermöglichen, Qualität zu sichern und →Transparenz zu schaffen. Sie hat auf der Grundlage der Vorgaben des →HRG Strukturvorgaben (KMK 2001) für die neuen gestuften Studiengänge beschlossen, die der fachlich-inhaltlichen Akkreditierung zugrunde zu legen sind. Um die Zuständigkeiten und Verantwortlichkeiten von Staat und Hochschule bei der Einrichtung von Studiengängen zu berücksichtigen, einigten sich die Kultusminister auf eine funktionale Trennung zwischen staatlicher Genehmigung und Akkreditierung als Voraussetzung für die →Genehmigung; sie verständigten sich darüber hinaus auf die Einrichtung eines länderübergreifenden Akkreditierungsrates durch →HRK und KMK, dessen Geschäftsstelle bei der HRK angesiedelt werden sollte. Die Finanzierung des Akkreditierungsrates hat in der Probephase der Stifterverband für die Deutsche Wissenschaft übernommen.

Entsprechend der Verantwortung für die Ausgestaltung der Studienangebote von Staat, Hochschule und →Berufspraxis wurden im Zusammenwirken von →HRK und →KMK als Mitglieder des Akkreditierungsrates benannt: vier Wissenschaftler/innen, vier Vertreter/innen der Berufspraxis von →Arbeitgeber- und Arbeitnehmerseite, zwei Studierende, zwei Rektoren/Präsidenten, zwei Ländervertreter/innen. Diese Zusammensetzung des Akkreditierungsrates dokumentiert einerseits die gesamtgesellschaftliche Dimension des Reformprozesses, andererseits die Notwendigkeit der Akzeptanz des Prozesses durch die sog. „Stakeholder" (→Partizipation).

Der Akkreditierungsrat stand vor der Aufgabe, ein System der Akkreditierung aufzubauen, das sich durch seine Verantwortung für die Durchsetzung vergleichbarer Qualitätsstandards in einem wesentlich dezentral organisierten, durch Agenturen durchgeführten Verfahren der Akkreditierung der BA-/MA-Studiengänge auszeichnet. Dieser Aufgabe stellte sich der Akkreditierungsrat insbesondere durch Beschlüsse zur Entwicklung von Mindeststandards und Kriterien für die Akkreditierung, zur Konzipierung und Durchführung der Verfahren für die Akkreditierung von Agenturen sowie zur Koordination und Kontrolle (vgl. Akkreditierungsrat 2001).

3 Einrichtung des Akkreditierungsrates auf Dauer

Im Jahr 2001 wurde die Arbeit des Akkreditierungsrates durch eine internationale Expertengruppe evaluiert und der gewählte Ansatz der Qualitätssicherung durch Akkreditierung als ein wichtiger Baustein der Modernisierung des Hochschulsystems in Deutschland und als eine gute Antwort auf die Herausforderungen des internationalen Wettbewerbs nachhaltig bestätigt (Bieri et al. 2001). Daraufhin haben sich →KMK und →HRK grundsätzlich für die Beibehaltung des →Akkreditierungssystems ausgesprochen. Insbesondere der „zentrale" Akkreditierungsrat wurde als Schlüsselakteur des Zusammenhalts in einem offenen System unterschiedlicher, untereinander konkurrierender Agenturen bei der künftigen Entwicklung der länder- und hochschulübergreifenden Qualitätssicherung in Deutschland bestätigt (KMK 2002a).

Am 1. Januar 2003 ist das Statut für ein länder- und hochschulübergreifendes Akkreditierungsverfahren (KMK 2002b), das Aufgaben, Zusammensetzung und Anbindung des Akkreditierungsrates neu regelt, in Kraft getreten. Die Geschäftsstelle des Akkreditierungsrates hat seitdem ihren Sitz beim Sekretariat der →KMK, und die Mittel für den Akkreditierungsrat und seine Geschäftsstelle werden nunmehr im Rahmen des Haushalts des Sekretariats der KMK bereitgestellt. Die Bedeutung der Akkreditierung hat mit Inkrafttreten des Statuts für ein länder- und hochschulübergreifendes Akkreditierungsverfahren noch zugenommen. Akkreditierung soll das System der Qualitätskontrolle qua Rahmenprüfungsordnungen (→GemKo) in Zukunft ersetzen.

Die Aufgaben des Akkreditierungsrates sind noch einmal präzisiert worden:

1. Akkreditierung von Agenturen mit der zeitlich befristeten Verleihung der Berechtigung, Studiengänge zu akkreditieren (Verleihung des Siegels des Akkreditierungsrats; →Gütesiegel),
2. Überwachung der Aufgabenerfüllung durch die Agenturen und periodische →Reakkreditierung der Agenturen,
3. Definition der Mindestanforderungen an die Akkreditierungsverfahren.

Außerdem wirkt der Akkreditierungsrat darauf hin, einen fairen →Wettbewerb unter den Akkreditierungsagenturen zu gewährleisten und die deutschen Interessen in internationalen Netzwerken der Qualitätssicherung zur Geltung zu bringen.

Dem Akkreditierungsrat gehören ab 2003 17 Mitglieder an: vier Hochschulvertreter, vier Ländervertreter, fünf Vertreterinnen der →Berufspraxis (davon ein Vertreter der für das Dienst- und Tarifrecht zuständigen Landesministerien), zwei Studierende, zwei internationale Vertreter.

4 Arbeitsweise des Akkreditierungsrates

Der Akkreditierungsrat tritt ca. acht Mal pro Jahr zu Sitzungen zusammen, in denen er insbesondere aktuelle Themen und Fragen zur Akkreditierung diskutiert und Beschlüsse zur Weiterentwicklung des Systems fasst. Zur Bearbeitung verschiedener Themen oder zur Lösung einzelner Fragen sind Arbeitsgruppen des Akkreditierungsrates eingerichtet worden, denen als Mitglieder sowohl Agenturenvertreter/innen als auch externe Expert/innen angehören. Diese Arbeitsgruppen beschäftigen sich u. a. mit der Weiterentwicklung der Standards oder der internationalen Zusammenarbeit.

Für die Verfahren zur Akkreditierung von Agenturen hat der Akkreditierungsrat jeweils Berichterstatter/innen aus dem Kreis seiner Mitglieder benannt, die den Agenturen in den Antragsverfahren auf Akkreditierung und →Reakkreditierung beratend zur Seite stehen sowie nach erfolgter Akkreditierung die Arbeit der einzelnen Agenturen dauerhaft begleiten sollen. Hierzu können sie in Abstimmung mit der jeweiligen Agentur an Sitzungen des Entscheidungsgremiums der Agentur oder an Gutachtersitzungen in Akkreditierungsverfahren mit Gaststatus teilnehmen.

Neben der Überwachung der Aufgabenerfüllung durch die Agenturen gehört die Förderung von Kommunikation und Kooperation zwischen den Agenturen zu den zentralen Aufgaben des Akkreditierungsrates. Dazu organisiert er regelmäßig Round-Table-Gespräche mit den Agenturen, die vor allem als Plattform für den gegenseitigen Informationsaustausch dienen, nicht zuletzt mit dem Ziel, Kooperation und →Wettbewerb zwischen den Agenturen zu verbessern.

5 Weiterentwicklung der Akkreditierung und des Akkreditierungsrates

Eine wichtige Aufgabe des Akkreditierungsrates wird es auch zukünftig sein, die →Kriterien und →Standards für das Akkreditierungsverfahren weiterzuentwickeln. Auf der Grundlage der Strukturvorgaben der →KMK für die neuen gestuften Studiengänge hatte der Rat mit seinen Mindeststandards und Kriterien sowie dem Referenzrahmen für BA-/MA-Studiengänge allgemeine Vorgaben entwickelt, die von den Agenturen, den →Fachgesellschaften, →Fakultätentagen etc. erweitert werden. Aufgabe des Akkreditierungsrates ist hier, dafür zu sorgen, dass mit den Fachstandards keine neue Form der Rahmenprüfungsordnungen (→GemKo) entwickelt wird.

Mit Beschluss vom Oktober 2003 hat die →KMK „Ländergemeinsame Strukturvorgaben gemäß § 9 Abs. 2 →HRG für die Akkreditierung von Bachelor- und Masterstudiengängen" beschlossen, die die Strukturvorgaben von 1999/2001 ablösen. In diesem Zusammenhang ist es nunmehr u. a. Aufgabe des Akkreditierungsrates, unter Einbeziehung der internationalen Entwicklung Kriterien für Studiengangsprofile zu entwickeln.

Alle Beschlüsse des Akkreditierungsrates sowie die Standards und Kriterien werden überdies im europäischen Rahmen diskutiert. Im internationalen Bereich unterhält der Akkreditierungsrat Kontakte zu Akkreditierungseinrichtungen, die eine ihm vergleichbare Funktion und Aufgabe wahrnehmen. Er ist Mitglied in internationalen Netzwerken der Qualitätssicherung, u. a. im International Network for Quality Assurance in Higher Education (→INQAAHE) und im European Network for Quality Assurance in Higher Education (→ENQA), und schließt Kooperationsverträge mit anderen Akkreditierungseinrichtungen aus dem Ausland zur gegenseitigen Anerkennung von Akkreditierungsentscheiden ab (→D-A-C-H).

Ziel dieser internationalen Netzwerkarbeit ist es insbesondere, →Transparenz hinsichtlich der Studienangebote zu schaffen und die gegenseitige →Anerkennung von Abschlüssen zu erleichtern.

Literatur

Akkreditierungsrat (2001): Arbeitsbericht. Bonn.

Akkreditierungsrat (2003): Arbeitsbericht. Bonn.

Bieri, Stephan / Brinkman, Harry et al. (2001): Bericht der Gutachtergruppe „Evaluation des Akkreditierungsrates". Freiburg i. Br.

HRG (2002): Hochschulrahmengesetz i.d.F. vom 8.8.2002.

HRK (1998): Akkreditierungsverfahren. Beschluss des 185. Plenums der HRK vom 6.7.1998.

KMK (1998): Einführung eines Akkreditierungsverfahrens für Bachelor-/Bakkalaureus- und Master-/Magisterstudiengänge. Beschluss der KMK vom 3.12.1998.

KMK (2001): Strukturvorgaben für die Einführung von Bachelor-/Bakkalaureus- und Master-/Magisterstudiengängen. Beschluss der KMK vom 5.3.1999 i.d.F. vom 14.12.2001.

KMK (2002a): Künftige Entwicklung der länder- und hochschulübergreifenden Qualitätssicherung in Deutschland. Beschluss der KMK vom 1.3.2002.

KMK (2002b): Statut für ein länder- und hochschulübergreifendes Akkreditierungsverfahren. Beschluss der KMK vom 24.5.2002 i.d.F. vom 19.9.2002.

KMK (2003): Ländergemeinsame Strukturvorgaben gemäß § 9 Abs. 2 HRG für die Akkreditierung von Bachelor- und Masterstudiengängen. Beschluss der KMK vom 10.10.2003.

Akkreditierungsagenturen in Deutschland

Barbara M. Kehm

Im Jahre 2003 gibt es in Deutschland insgesamt sechs verschiedene Akkreditierungsagenturen, die berechtigt sind, das Qualitätssiegel des Akkreditierungsrates (→Gütesiegel) an von ihnen akkreditierte Studiengänge mit den Abschlüssen Bachelor/Bakkalaureus und Master/Magister zu vergeben:

- die Agentur für Qualitätssicherung durch Akkreditierung von Studiengängen (AQAS),
- die Akkreditierungsagentur für Studiengänge der Ingenieurwissenschaften, der Informatik, der Naturwissenschaften und der Mathematik (ASII),
- die Akkreditierungsagentur für Studiengänge im Bereich Heilpädagogik, Pflege, Gesundheit und Soziale Arbeit e.V. (AHPGS),
- das Akkreditierungs-, Certifizierungs- und Qualitätssicherungs-Institut (ACQUIN),
- die Foundation for International Business Administration Accreditation (FIBAA) und
- die Zentrale Evaluations- und Akkreditierungsagentur Hannover (ZEvA).

Alle Agenturen wurden vom Akkreditierungsrat für eine begrenzte Zeit zugelassen (→Akkreditierungsdauer) und sind verpflichtet, sich bei ihrer Arbeit an die vom Akkreditierungsrat formulierten „Mindeststandards und Kriterien zur Akkreditierung von Akkreditierungsagenturen und Studiengängen" zu halten. Darüber hinaus müssen die Agenturen den Akkreditierungsrat über vorgenommene Akkreditierungen von Studiengängen sofort unterrichten und ihm einen jährlichen Bericht über ihre Tätigkeit vorlegen.

Legt man den Anteil der von jeder Agentur im Jahr 2002 akkreditierten Studiengänge zugrunde, so hat ASIIN die meisten Studiengänge (44 %) akkreditiert, gefolgt von der ZEvA (31 %) und mit deutlichem Abstand der FIBAA (15 %). ACQUIN akkreditierte 7 Prozent aller Studiengänge im selben Jahr, die AHPGS 2 Prozent und der Akkreditierungsrat selbst 1 Prozent. AQAS wurde erst im Frühjahr 2002 gegründet.

Die einzelnen Akkreditierungsagenturen werden in den folgenden Abschnitten vorgestellt.[1]

---

[1] Die Darstellung folgt im Wesentlichen der vom Akkreditierungsrat auf seiner Website entwickelten Synopse sowie den Einzeldarstellungen der Akkreditierungsagenturen.

1 Die Akkreditierungsagenturen im Überblick

a Agentur für Qualitätssicherung durch Akkreditierung von Studiengängen (AQAS)

Grundinformationen: AQAS ist ein gemeinnütziger Verein mit Sitz in Bonn, der offen ist für die Mitgliedschaft von einzelnen Hochschulen und Hochschulverbünden. Die Agentur wurde im Jahr 2002 von den Hochschulen der Länder Nordrhein-Westfalen und Rheinland-Pfalz gegründet und vom Akkreditierungsrat bis März 2007 zugelassen. Sie akkreditiert Bachelor- und Master-Studiengänge in allen Fachbereichen sowie neu einzurichtende Diplom- und Magisterstudiengänge in den Fachrichtungen, für die keine Rahmenprüfungsordnung (→GemKo) vorliegt bzw. die geltende Rahmenprüfungsordnung überholt ist.

Profil: Das Profil von AQAS betont die Förderung der Zusammenarbeit der Fächerkulturen durch Fachoffenheit, →Interdisziplinarität und →Internationalität. Damit will AQAS dazu beitragen, die nationale und internationale Anerkennung der Bachelor- und Master-Abschlüsse zu verbessern.

Finanzierung, Organisations- und Aufgabenstruktur: Bei der Gründung erhielt AQAS zunächst eine Anschubfinanzierung durch die Länder Nordrhein-Westfalen und Rheinland-Pfalz. Die Agentur finanziert sich im Weiteren aus Mitgliedsbeiträgen und Einnahmen aus den Akkreditierungen.

Das wichtigste Gremium der Agentur ist die Akkreditierungskommission, deren Mitglieder durch den Vorstand berufen werden. Die Akkreditierungskommission setzt sich zusammen aus je vier Vertreter/innen der Universitäten und Fachhochschulen, zwei Vertreter/innen der →Berufspraxis und zwei Vertreter/innen der Studierenden. Je nach Bedarf können bis zu zwei ausländische Expert/innen in die Kommission berufen werden. Den Vorsitz hat die/der Vorstandsvorsitzende inne. Daneben gibt es die Mitgliederversammlung, den Vorstand, einen Beirat, die Fachausschüsse und die Geschäftsstelle. Die Aufgaben der Akkreditierungskommission bestehen in (a) der Festlegung von Verfahrensgrundsätzen und →Standards für die Akkreditierung von Studiengängen, (b) der Berufung von Gutachtergruppen und Fachausschüssen sowie (c) der Beratung und Beschlussfassung über die Akkreditierung von Studiengängen auf der Grundlage der Berichte der Gutachtergruppen.

Das Akkreditierungsverfahren: Dem Akkreditierungsverfahren von AQAS liegen Kriterien der →HRK, der →KMK und des Akkreditierungsrates zu Grunde. Darüber hinaus werden in den Fachausschüssen eigene, fachspezifische Kriterienkataloge entwickelt. Dem Profil der Agentur entsprechend sind die Ziele des Verfahrens die Sicherung einer hohen Ausbildungsqualität im Hochschulbereich sowie die Förderung von →Transparenz und internationaler Anerkennung der Studienabschlüsse. Der Ablauf des Akkreditierungsverfahrens folgt dem üblichen Muster: (a) Antragstellung durch die Hochschule; (b) Selbstdarstellung des Studiengangs nach dem AQAS-Leitfaden; (c) inhaltlich-fachliche Begutachtung durch externe Gutachter/innen; (d) Bericht an die Hochschule mit der Möglichkeit, dazu Stellung zu nehmen; (e) Empfehlung der Gutachter/innen an die Akkreditierungskommission; (f) Entscheidung der Akkreditierungskommission über die Akkreditierung.

b Akkreditierungsagentur für Studiengänge der Ingenieurwissenschaften, der Informatik, der Naturwissenschaften und der Mathematik (ASIIN)

Grundinformationen: ASIIN ist ein gemeinnütziger Verein mit Sitz in Düsseldorf, der sich aus vier Mitgliedergruppen zusammensetzt: (a) der Koordinierungsgruppe der Universitäten, die durch den Akkreditierungsverbund für Ingenieurstudiengänge e.V. organisiert sind; (b) der Koordinierungsgruppe der Fachhochschulen; (c) technischen und naturwissenschaftlichen Vereinen sowie berufsständischen Verbänden; (d) Wirtschaftsverbänden. Die Agentur ist im Jahr 2002 hervorgegangen aus der Fusion der Akkreditierungsagentur für Studiengänge der Ingenieurwissenschaften und Informatik (ASII) und der Akkreditierungsagentur für die Studiengänge Chemie, Biochemie und Chemieingenieurwesen an Universitäten und Fachhochschulen (A-CBC). Ende des Jahres 2002 wurde sie vom Akkreditierungsrat mit einer Auflage bis Ende 2005 zugelassen. Die Auflage besteht in der Zusammenführung der beiden derzeit noch bestehenden Kommissionen, die die früher getrennt agierenden Agenturen (ASII und A-CBC) repräsentieren, bis zum Jahresende 2004, um Vergleichbarkeit und fachübergreifende Aspekte zu gewährleisten und die Kommissionsgröße auf ein handlungsfähiges Maß zu reduzieren. Die Agentur akkreditiert Bachelor- und Master-Studiengänge der Ingenieurwissenschaften, der Informatik, der Naturwissenschaften und der Mathematik sowie neu einzurichtende Diplom- und Magisterstudiengänge in den Fachrichtungen, für die keine

Rahmenprüfungsordnung (→GemKo) vorliegt bzw. die geltende Rahmenprüfungsordnung überholt ist.

Profil: Das Profil von ASIIN folgt einer Empfehlung des Akkreditierungsrates, durch den Zusammenschluss zweier bereits anerkannter Akkreditierungsagenturen zur Stärkung der →Interdisziplinarität der fachlichen Arbeit sowie zu einer neuen Form des Austauschs, der Zusammenarbeit und der Qualitätssicherung in den Ingenieur- und Naturwissenschaften beizutragen.

Finanzierung, Organisations- und Aufgabenstruktur: ASIIN finanziert sich aus Mitgliedsbeiträgen und den Einnahmen aus Akkreditierungen.

Das wichtigste Gremium sind die beiden Akkreditierungskommissionen (I und II), deren Mitglieder durch den Vorstand berufen werden. Die Kommissionen setzen sich zu je einem Drittel aus Vertreter/innen der Universitäten, der Fachhochschulen und der Wirtschaft zusammen. Hinzugezogen werden außerdem internationale Berater/innen, Vertreter/innen der Arbeitnehmer und Vertreter/innen der Studierenden. Weitere Gremien sind die Mitgliederversammlung, der Vorstand, die Fachausschüsse und die Geschäftsstelle. Die Aufgaben der Akkreditierungskommissionen sind wie folgt beschrieben: (a) Festlegung der Verfahrensgrundsätze und Standards für Akkreditierungen; (b) Berufung der Fachausschüsse; (c) Berufung von Auditoren und Einsetzung der Auditteams; (d) Organisation der Schulung von Auditoren; (e) Akkreditierung der Studiengänge aufgrund der Auditberichte und der Vorschläge des Auditteams.

Das Akkreditierungsverfahren: Dem Akkreditierungsverfahren von ASIIN liegen Kriterien der →HRK, der →KMK und des Akkreditierungsrates zu Grunde. Darüber hinaus erfolgt die Entwicklung fachspezifischer Standards in den Fachausschüssen unter Einbeziehung von nationalen und internationalen Erfahrungen. Ziele der Akkreditierung sind die Weiterentwicklung der ingenieur- und informatikwissenschaftlichen Ausbildung sowie die Qualitätsverbesserung der Studiengänge. Der Ablauf der Akkreditierung entspricht dem üblichen Schema – also Antragstellung seitens der Hochschule, Selbstdarstellung nach ASIIN-Leitfaden, inhaltlich-fachliche Begutachtung durch externe Gutachter/innen –, enthält aber bei ASIIN nicht den Bericht an die Hochschule und die Möglichkeit der Stellungnahme seitens der Hochschule. Die Empfehlungen der Gutachter/innen werden der Akkreditierungskommission direkt zugeleitet, darüber hinaus erfolgt ein Bericht an den Fachausschuss. Die Entscheidung über die Akkreditierung trifft die Akkreditierungskommission.

c   Akkreditierungsagentur für Studiengänge im Bereich Heilpädagogik, Pflege, Gesundheit und Soziale Arbeit (AHPGS)

Grundinformationen: Auch die AHPGS ist ein gemeinnütziger Verein mit Sitz in Freiburg. Ihre Mitgliedschaft setzt sich zusammen aus Vertreter/innen der Dekanekonferenz, der Fachbereichstage und einzelner Studiengänge aus den Feldern Heilpädagogik, Pflege, Gesundheit, Sozialarbeit, Sozialpädagogik, Sozialmanagement, aus Studierenden dieser Bereiche, aus wissenschaftlichen Einrichtungen und Gesellschaften der genannten Bereiche sowie aus Berufs-, Fach- und Trägerverbänden und Vertreter/innen der Pflege- und Versorgungspraxis. Die Agentur wurde im Jahr 2001 gegründet und im selben Jahr mit einer Auflage bis Ende 2004 zugelassen. Die Erfüllung der Auflage (eine Satzungsänderung zur Stärkung des Beirats) wurde im April 2002 nachgewiesen. AHPGS akkreditiert Bachelor- und Master-Studiengänge in den Bereichen Heilpädagogik, Pflege, Gesundheit, Soziale Arbeit sowie neu einzurichtende Diplom- und Magisterstudiengänge in den genannten Fachrichtungen, für die keine Rahmenprüfungsordnung (→GemKo) vorliegt bzw. die geltende Rahmenprüfungsordnung überholt ist.

Profil: Zum Profil der Agentur gehört ihr Beitrag zur Neustrukturierung und →Professionalisierung der Gesundheits- und Sozialberufe sowie zu neuen Formen des Austauschs, der Zusammenarbeit und der Qualitätssicherung in diesen Berufsfeldern. Die Pluralität der als Mitglieder einbezogenen Organisationen fördert die Aufnahme und Beachtung der internationalen Fachdiskussion zur Weiterentwicklung der Studiengänge bei gleichzeitiger Unabhängigkeit von Partikularinteressen.

Finanzierung, Organisations- und Aufgabenstruktur: Die AHPGS erhielt zunächst eine Anschubfinanzierung durch die Robert Bosch Stiftung und finanziert sich nun aus Mitgliedsbeiträgen und Einnahmen aus Akkreditierungen.

Das wichtigste Gremium der Agentur ist die Akkreditierungskommission, deren Mitglieder vom Vorstand berufen werden. Die Kommission setzt sich zusammen aus je einem Drittel Vertreter/innen der Universitäten, der Fachhochschulen und der außerhochschulischen Organisationen und

Praxisfelder. Daneben sind der Vorstandsvorsitzende und zwei Vertreter/innen der Studierenden Mitglieder der Kommission. Weitere Gremien sind die Mitgliederversammlung, der Vorstand, die Fachausschüsse und die Geschäftsstelle. Die Aufgaben der Akkreditierungskommission erstrecken sich auf fünf Bereiche: (a) Festlegung der Verfahrensgrundsätze und Bestätigung der Qualitätsstandards für die Akkreditierung, (b) Benennung der Mitglieder der Fachausschüsse und Auditteams, (c) Zuordnung der Studiengänge zu den Fachausschüssen, (d) Beschlussfassung über Akkreditierungsanträge auf der Grundlage der Berichte der Fachausschüsse bzw. Auditteams, (e) Organisation übergreifender Schulungen von Mitgliedern der Fachausschüsse bzw. der Auditoren.

Das Akkreditierungsverfahren: Wie bei den anderen, vom Akkreditierungsrat zugelassenen Akkreditierungsagenturen liegen auch den Akkreditierungsverfahren der AHPGS die von der →HRK, der →KMK und dem Akkreditierungsrat entwickelten →Kriterien zugrunde. Darüber hinaus werden eigene, fachspezifische Kriterienkataloge erarbeitet und diese im Dialog mit Wissenschaft und →Berufspraxis weiterentwickelt. Die Ziele des Akkreditierungsverfahrens der AHPGS werden mit Förderung der →Transparenz und Qualitätssicherung der Studiengänge in den Gesundheits- und Sozialberufen beschrieben. Der Ablauf des Verfahrens ist identisch mit dem von ASIIN, d. h. ohne dass die betroffenen Hochschulen die Möglichkeit zur Stellungnahme erhalten.

d Akkreditierungs-, Certifizierungs- und Qualitätssicherungs Institut (ACQUIN)

Grundinformationen: ACQIN ist ein gemeinnütziger Verein mit Sitz in Bayreuth, der offen ist für die Mitgliedschaft von einzelnen Hochschulen, Berufsverbänden akademischer Berufe und Wirtschaftsunternehmen. Sie agiert vorrangig im süddeutschen Raum. Die Agentur wurde im Jahr 2001 und vom Akkreditierungsrat bis März 2006 zugelassen. Sie akkreditiert Bachelor- und Master-Studiengänge in allen Fachrichtungen sowie neu einzurichtende Diplom- und Magisterstudiengänge in den Fachrichtungen, für die keine Rahmenprüfungsordnung (→GemKo) vorliegt bzw. die geltende Rahmenprüfungsordnung überholt ist.

Profil: Durch Akkreditierungen in allen Fachgebieten will die Agentur einen Beitrag zur interdisziplinären Zusammenarbeit der Fächerkulturen leisten und Möglichkeiten des Austauschs und der Zusammenarbeit unterschiedlichster Akteure aus den Hochschulen und der →Berufspraxis schaffen.

Finanzierung, Organisations- und Aufgabenstruktur: ACQUIN erhielt zunächst eine Anschubfinanzierung durch die Länder Bayern, Thüringen und Sachsen. Sie finanziert sich nun aus Mitgliedsbeiträgen und Einnahmen aus Akkreditierungen.

Wichtigstes Gremium ist die Akkreditierungskommission, deren Mitglieder durch die Mitgliederversammlung bestellt werden. Die Kommission unter dem Vorsitz des Vorstandsvorsitzenden setzt sich zusammen aus je vier Vertretern der Universitäten und Fachhochschulen, zwei Vertretern der →Berufspraxis und zwei Vertreter/innen der Studierenden. Darüber hinaus gibt es je nach Sitzland der Hochschule, an der ein Studiengang akkreditiert wird, eine/n Vertreter/in des jeweiligen Ministeriums als Beobachter. Weitere Gremien sind die Mitgliederversammlung, der Vorstand, die Fachausschüsse und die Geschäftsstelle. Die Aufgaben der Akkreditierungskommission werden folgendermaßen beschrieben: (a) Festlegung der Verfahrensgrundsätze und Bestätigung der von den Fachausschüssen erarbeiteten Beurteilungskriterien; (b) Berufung der Fachausschüsse; (c) Ausübung der Aufsichtspflicht bei der Bestellung der Gutachtergruppen durch die Fachausschüsse; (d) Akkreditierung der Studiengänge auf der Grundlage der Berichte der Gutachtergruppen und der Stellungnahme der Fachausschüsse.

Das Akkreditierungsverfahren: Neben den Kriterien, die von der →HRK, der →KMK und dem Akkreditierungsrat entwickelt wurden, erfolgt bei ACQUIN die Entwicklung weiterer fachspezifischer Kriterienkataloge in den Fachausschüssen. Die Ziele des Akkreditierungsverfahrens werden von ACQUIN wie folgt angegeben: (a) Sicherung von Vielfalt, Qualität und Markttransparenz hinsichtlich neuer Studiengänge; (b) Steigerung der Attraktivität deutscher Hochschulen für ausländische Studierende; (c) Förderung der Vergleichbarkeit akademischer Abschlüsse; (d) Verbesserung der →Effizienz der deutschen →Hochschulausbildung. Der Ablauf des Verfahrens folgt dem üblichen Schema, allerdings erhalten bei ACQUIN die Hochschulen den Bericht der Gutachter/innen ebenso wie der entsprechende Fachausschuss, und sie haben die Möglichkeit zur Stellungnahme.

e   Foundation for International Business Administration Accreditation (FIBAA)

Grundinformationen: Die FIBAA ist eine Stiftung mit Sitz in Bonn, der sechs Spitzenverbände der Wirtschaft aus Deutschland, Österreich und der Schweiz, drei Hochschulvertreter/innen und zwei Unternehmensvertreter/innen angehören. Darüber hinaus werden weitere Vertreter/innen von Unternehmen und aus der Wirtschaft hinzugewählt. Die FIBAA ist die älteste Akkreditierungsagentur in Deutschland. Sie wurde 1994 gegründet und arbeitet seit 1995 als Akkreditierungsagentur. Bereits mehrfach reakkreditiert, ist ihre derzeitige Zulassung bis März 2007. Nach der letzten →Reakkreditierung im Jahr 2002 erhielt die FIBAA die Auflage, innerhalb eines Jahres die Sitzungsfrequenz der Akkreditierungskommission deutlich zu erhöhen und auf eine eindeutige Trennung und unabhängige Deckung der Geschäftsbereiche Akkreditierung einerseits und Information und Beratung andererseits hinzuarbeiten. Die Erfüllung der Auflagen wurde im Mai 2003 nachgewiesen. Die FIBAA akkreditiert wirtschaftswissenschaftlich orientierte Bachelor- und Master-Studiengänge sowie neu einzurichtende Diplom- und Magisterstudiengänge in den Fachrichtungen, für die keine Rahmenprüfungsordnung (→GemKo) vorliegt bzw. die geltende Rahmenprüfungsordnung überholt ist.

Profil: Neben der Akkreditierung hat die FIBAA weitere Arbeitsschwerpunkte, die sich mit der Qualitätssicherung in der wirtschaftswissenschaftlichen Ausbildung sowie mit der Information und Beratung von Studieninteressierten, Hochschulen und Unternehmen befassen.

Finanzierung, Organisations- und Aufgabenstruktur: Die FIBAA finanziert sich durch Mitgliedsbeiträge sowie durch Einnahmen aus Akkreditierungen, Gutachten und Projekten.

Das wichtigste Gremium ist die FIBAA-Akkreditierungskommission (FAK), deren Mitglieder vom Stiftungsrat für zwei Jahre berufen werden. Die Kommission setzt sich zusammen aus sechs Vertreter/innen der Wirtschaft, zwei Vertreter/innen von Forschungsinstituten, einer/m Vertreter/in der Gewerkschaften, fünf Vertreter/innen der Hochschulen, zwei Vertreter/innen der Studierenden und dem „Leiter Akkreditierungen" der Geschäftsstelle, der jedoch nur beratende Stimme besitzt. Weitere Gremien sind der Stiftungsrat, der Beirat (das FIBAA-Forum) und die Geschäftsstelle. Die Aufgaben der FAK werden wie folgt beschrieben: (a) Festlegung der

Verfahrensgrundsätze und Standards für Akkreditierungen; (b) Bestellung der Gutachter/innen und Zusammenstellung des Gutachterteams; (c) Akkreditierung der Studiengänge.

Das Akkreditierungsverfahren: Auch den Verfahren der FIBAA liegen die →Kriterien von →HRK, →KMK und des Akkreditierungsrates zugrunde. Darüber hinaus entwickelt die FIBAA eigene Qualitätsstandards für Bachelor-, Master- und Fernstudiengänge mit Master-Abschluss. Die Ziele des Verfahrens sind →Transparenz, Qualitätssicherung und Qualitätsverbesserung in der managementbezogenen Hochschulaus- und -weiterbildung. Für den Ablauf des Akkreditierungsverfahrens hat die FIBAA ein beratungsintensiveres Schema entwickelt als die anderen Agenturen. Der Antragstellung seitens der Hochschule ist zunächst ein Beratungsgespräch vorgeschaltet. Nach Antragstellung folgt ein Initialbriefing zur Erläuterung der Unterlagen und der Bewertungsmethode. Die Selbstdarstellung des Studiengangs nach den FIBAA-Vorgaben wird gefolgt von einer inhaltlich-fachlichen Begutachtung durch drei externe Gutachter, die sich zwei Tage vor Ort aufhalten. Die Gutachter/innen sprechen ihre Empfehlung an die FIBAA-Akkreditierungskommission aus, die dann die Entscheidung über die Akkreditierung trifft.

f Zentrale Evaluations- und Akkreditierungsagentur Hannover (ZEvA)

Grundinformationen: Im Unterschied zu den meisten anderen deutschen Akkreditierungsagenturen ist die ZEvA eine gemeinsame Einrichtung der niedersächsischen Hochschulen mit Sitz in Hannover. Darüber hinaus kooperiert sie mit dem European Institute for Quality Assurance (EIQA), einem Verbund, dem Hochschulen aus anderen Bundesländern angehören. Die ZEvA wurde 1995 als „Zentrale Evaluationsagentur der niedersächsischen Hochschulen" gegründet und im Jahr 2000 umbenannt in „Zentrale Evaluations- und Akkreditierungsagentur Hannover". Im selben Jahr erfolgte auch ihre erstmalige Zulassung durch den Akkreditierungsrat. Die ZEvA ist derzeit zugelassen bis Februar 2006. Sie akkreditiert Bachelor- und Master-Studiengänge in allen Fachrichtungen sowie neu einzurichtende Diplom- und Magisterstudiengänge in den Fachrichtungen, für die keine Rahmenprüfungsordnung (→GemKo) vorliegt bzw. die geltende Rahmenprüfungsordnung überholt ist.

Profil: Anlässlich der letzten Bewertung des Akkreditierungsrats wurde der ZEvA bescheinigt, dass sie einen wesentlichen Anteil am Ausbau und der Entwicklung des →Akkreditierungssystems in Deutschland geleistet habe. Nicht nur sei es ihr gelungen, immer wieder neue Themen aufzugreifen und zur Diskussion zu stellen, auch im internationalen Bereich spiele sie eine nicht unbeachtliche Rolle. Der Akkreditierungsrat bescheinigte der ZEvA die Entwicklung zu einer gut funktionierenden und von den Hochschulen nachgefragten Akkreditierungsagentur.

Finanzierung, Organisations- und Aufgabenstruktur: Die ZEvA erhält eine Grundfinanzierung aus Mitteln der niedersächsischen „Innovationsoffensive" und hat Einnahmen aus den Akkreditierungen.

Wichtigstes Gremium der ZEvA ist die Ständige Akkreditierungskommission (SAK), deren Mitglieder durch die Landeshochschulkonferenz Niedersachsen für drei Jahre berufen werden. Die SAK setzt sich zusammen aus vier Vertreter/innen der Universitäten, zwei Vertreter/innen der Fachhochschulen, zwei Vertreter/innen der →Berufspraxis und zwei Vertreter/innen der Studierenden. Den Vorsitz führt der wissenschaftliche Leiter der ZEvA, der nur bei Stimmgleichheit ein Stimmrecht besitzt. Darüber hinaus ist ein Mitglied des niedersächsischen Ministeriums für Wissenschaft und Kunst Gast mit beratender Stimme in der SAK. Weitere Instanzen und Gremien der ZEvA sind der wissenschaftliche Leiter, der Geschäftsführer, die Abteilung Evaluation und die Abteilung Akkreditierung. Die Aufgaben der Ständigen Akkreditierungskommission werden wie folgt beschrieben: (a) Überwachung der Verfahrensgrundsätze und Abstimmung curricularer Mindeststandards; (b) Auswahl und Einsatz der Gutachtergruppen; (c) Akkreditierung der Studiengänge; (d) Supervision in Form einer Überprüfung und Bewertung der Arbeit der Abteilung Akkreditierung.

Das Akkreditierungsverfahren: Neben den Kriterien von →HRK, →KMK und des Akkreditierungsrats liegen der Arbeit der ZEvA weitere Kriterien zugrunde. Diese werden gewonnen aus der Einbeziehung von internationalen Verfahrensstandards und von Erfahrungen aus der eigenen Evaluationstätigkeit. Die Kriterien werden in der niedersächsischen Landeshochschulkonferenz diskutiert. Darüber hinaus erfolgt auch eine Weiterentwicklung der Kriterien in Zusammenarbeit mit wissenschaftlichen Organisationen, →Fachgesellschaften, Berufsverbänden und der →Berufspraxis. Die Ziele des Verfahrens werden angegeben mit (a) Sicherung von Vielfalt, Qualität und →Transparenz hinsichtlich neuer Studiengänge sowie (b) Orientierung für Studieninteressierte und Berufspraxis. Der Ablauf des Akkreditierungsverfahrens gestaltet sich wie folgt: (a) Antragstellung seitens der Hochschule; (b) Selbstdarstellung des Fachbereichs bzw. des →Studienprogramms nach ZEvA-Leitfaden; (c) inhaltlich-fachliche Begutachtung durch externe Gutachter/innen; (d) Bericht an die Hochschule mit Möglichkeit der Stellungnahme; (e) Empfehlung der Gutachter/innen über die ZEvA an die Ständige Akkreditierungskommission; (f) Entscheidung der SAK über die Akkreditierung bzw. Vorschlag an die zuständige Genehmigungsinstanz.

2 Die Rolle der Agenturen im Akkreditierungssystem

Obwohl Akkreditierung vielfach in einem Atemzug mit Evaluierung (→Evaluation) genannt und Akkreditierung meist als eine spezielle Form von Evaluierung verstanden wird, muss deutlich zwischen beiden Aktivitäten unterschieden werden. Akkreditierung in Deutschland wird derzeit nur für neue Studiengänge eingesetzt, insbesondere solche mit Bachelor- und Master-Abschlüssen, und gibt sozusagen das Startsignal. Bei der Akkreditierung handelt es sich also im Wesentlichen um eine Ja/Nein-Entscheidung, die aussagt, ob ein neuer Studiengang tatsächlich damit beginnen kann, Studierende aufzunehmen. Allenfalls gibt es noch eine Entscheidung mit Auflagen, die i. d. R. aber vor Beginn erst erfüllt werden müssen.

Im Unterschied dazu wird →Evaluation vorrangig zur Bewertung bereits bestehender Studiengänge eingesetzt und führt in der Regel zu Empfehlungen darüber, wie ein bestimmter Studiengang – oder auch ein Fachbereich oder eine ganze Hochschule – verbessert werden kann.

Die in Deutschland offiziell anerkannten, d. h. vom Akkreditierungsrat zugelassenen Akkreditierungsagenturen spielen bei der Einführung neuer Studiengänge eine wesentliche Rolle. Derzeit wird kaum ein neuer Studiengang ohne positive Akkreditierung genehmigt. Die Kosten sind beträchtlich und variieren zwischen 12.000 und 20.000 €, die von den Fachbereichen oder Hochschulen aufgebracht werden müssen. Die Akkreditierungsverfahren sind weitgehend standardisiert. Unterschiede gibt es im Ablauf nur hinsichtlich der Möglichkeit einer Stellungnahme seitens der Hochschule zum Bericht der externen Gutachter/innen (→Peers) und in den zusätzlich von jeder Agentur entsprechend ihren Schwerpunkten entwickelten Kriterien. Jede Agentur hat dazu ihren eigenen Leitfaden entwickelt.

Der Akkreditierungsrat überwacht die Arbeit der Agenturen und evaluiert sie in regelmäßigen Abständen. Der positive Ausgang der Evaluierung, die auch mit Auflagen erfolgen kann, ist Voraussetzung für die neuerliche Zulassung, die immer nur zeitlich befristet ausgesprochen wird. Auch wenn das System der Begutachtung durch externe →Peers, das sowohl der Akkreditierung als auch der Evaluierung (→Evaluation) zugrunde liegt, in Deutschland als Standard noch weitgehend anerkannt ist, sind doch in den letzten Jahren auch kritische Stimmen zu hören gewesen. Ein wichtiges Argument gegen die Verfahren des →Peer-Review ist der Vorwurf, dass unorthodoxe und nicht dem Mainstream entsprechende Ansätze wenig Chancen haben, positiv begutachtet zu werden. Darüber hinaus führe die Vereinheitlichung der Verfahren nicht nur zu →Transparenz und intersubjektiver Überprüfbarkeit, sondern auch zu der Tendenz, die Akkreditierung auf der Grundlage einer Gewährleistung von Mindeststandards auszusprechen. Aber erst das, was über solche Standards hinausgeht, kann für sich in Anspruch nehmen, auch Qualitätsansprüche zu erfüllen.

Zwei Aspekte werden in den nächsten Jahren zu beobachten sein. Erstens sind mit Akkreditierung und →Evaluation neue Berufsfelder im Hochschulbereich entstanden, deren →Professionalisierung auf Erfahrung und Praxis gründet, aber noch keine professionelle Ausbildung voraussetzt. Supervision und Schulung der Gutachter/innen sind die bisher von den Agenturen angebotenen Möglichkeiten. Zweitens können sich deutsche Hochschulen Studiengänge auch von ausländischen Agenturen akkreditieren lassen. Wenn Akkreditierung zu einem echten Markt wird, dann wird es darauf ankommen, dass deutsche Agenturen ebenfalls international tätig werden – einige sind dies bereits – und darauf, welche grenzüberschreitenden Verbünde von Akkreditierungsagenturen entstehen werden.

3 Akkreditierung und Fachkulturen: Ansätze zu einer Diskussion

Bisher gibt es keine systematische Untersuchung über die Auswirkungen von Akkreditierungsentscheidungen auf die Fachkulturen. Skeptiker der Akkreditierung befürchten, dass durch die Standardisierung der Verfahren und die Festlegung von Kriterien für die strukturellen und curricularen Rahmenbedingungen, die für eine positive Akkreditierung erfüllt sein müssen, tendenziell auch eine Nivellierung der Fachkulturen ausgelöst wird –

sozusagen als unbeabsichtigter Nebeneffekt. Befürworter der Akkreditierung argumentieren, dass die Festlegung von Mindeststandards ein unverzichtbarer Bestandteil effektiver Qualitätssicherung ist und keineswegs Standardisierung impliziert. Jenseits aller kritischen oder enthusiastischen Bewertung des Instruments der Akkreditierung wird es nicht einfacher. Die Gemengelage ist hochkomplex, und hier soll ein erster Versuch unternommen werden, die Problematik zu umreißen:

Bei der Kriterienfestlegung sind die Akkreditierungsagenturen auf die in den →Fachgesellschaften versammelte Kompetenz der Disziplinen angewiesen. Gemeinhin neigen aber gerade die Fachgesellschaften zu einem gewissen Strukturkonservatismus, welcher der gewünschten →Flexibilität und Innovativität (→Innovation) der neuen Studiengänge im Wege stehen kann. Die Anforderung, dass Bachelor-Absolvent/innen einen berufsbefähigenden Abschluss erhalten, verlangt eine Abstimmung mit der Praxis (→Berufspraxis). Die Frage der diesbezüglichen Schlüsselkompetenzen (→Schlüsselqualifikationen) kann additiv, integrativ oder auch nur pro forma geregelt werden.

Die Gestaltung des Verhältnisses von „Fachkultur" und entstehender „Akkreditierungskultur" führt zunächst auf der curricularen Ebene zu einer erneuten Diskussion über Kanon oder Profil. Strukturentscheidungen in Richtung einer möglichst breiten interdisziplinären oder transdisziplinären Ausrichtung (→Interdisziplinarität) werden auf →Profilbildung setzen und mittelfristig zu einer Erosion der disziplinären Kanonisierung beitragen. Jedenfalls kann angenommen werden, dass sich besonders bei der Akkreditierung von Studiengängen, in denen ein Bachelorstudium in zwei Fächern erfolgt (z.B. in einer Reihe von Geistes- und Gesellschaftswissenschaften), durch die damit verbundenen curricularen und strukturellen Veränderungen auf längere Sicht auch die Fachkulturen in den entsprechenden Disziplinen verändern. Dennoch muss ein Ingenieur wissen, wie Statik berechnet wird, eine Chemikerin die Formeln kennen und ein Historiker etwas über Quellenkunde sagen können. Fällt dagegen die Entscheidung, bestehende Studiengänge eher umzuwandeln, mag der disziplinäre Kanon stärker im Vordergrund stehen. Dennoch sind bestimmten Anforderungen an die neuen Qualifizierungsziele Rechnung zu tragen.

Des Weiteren bedeutet die Akkreditierung neuer Studiengänge durch Agenturen hochschulpolitisch nicht nur eine Entlastung der kultusministeriellen Entscheidungsträger, sondern ist ein Governance-Phänomen par excellence, d. h. die Koordinierung interdependenter Handlungsbereiche oder miteinander verbundener Arenen und der in ihnen befindlichen Akteure. Da Fachkulturen nicht an jeder Hochschulen dieselben sind, tritt zum Mehrebenensystem der Fachkultur, der Akkreditierungskultur und der Arbeits- und Berufswelt die Organisationskultur hinzu. Neben den expliziten und impliziten disziplinären und institutionellen Regeln sowie den Koordinationsmodi und ihrer Kopplung müssen auch die Strategien der Akteure berücksichtigt werden. Für die Gestaltung des Verhältnisses von Fachkultur und Akkreditierungskultur sind die angemessenen Koordinationsmodi vielfach erst noch zu finden, da in der Institution Hochschule weder Fachkultur noch Akkreditierungskultur in Reinform gelten.

Für die Adressen und Ansprechpartner/innen der Agenturen vgl. die Adressliste Akkreditierungssystem am Ende des Handbuches.

Literatur

Haakstad, Jon (2001): Accreditation: The New Quality Assurance Formula?, in: Quality in Higher Education 1, S. 77–82.

KMK (2002): Statut für ein länder- und hochschulübergreifendes Akkreditierungsverfahren. Beschluss der KMK vom 24.5.2002 i.d.F. vom 19.9.2002. Bonn.

Mittag, Sandra / Bornmann, Lutz et al. (2003): Evaluation von Studium und Lehre an Hochschulen. Handbuch zur Durchführung von Evaluationsverfahren. Münster, New York, München, Berlin.

Reil, Thomas / Winter, Martin (Hg.) (2002): Qualitätssicherung an Hochschulen: Theorie und Praxis. Bonn.

Schwarz, Stefanie / Westerheijden, Don F. (Hg.) (2004): Accreditation and Evaluation in the European Higher Education Area. Dordrecht (im Druck).

Westerheijden, Don F. (2001): Ex oriente lux? National and Multiple Accreditation in Europe after the Fall of the Wall and after Bologna, in: Quality in Higher Education 1, S. 65–76.

Das Akkreditierungsverfahren

Hermann Reuke

Mit der Einrichtung von Bachelor- und Masterstudiengängen geht ein Paradigmenwechsel einher, der gekennzeichnet ist durch kürzere Studiengänge (→Studienzeiten), Betonung der Berufsqualifikation (→Employability) in der →Hochschulausbildung und eine Ausrichtung universitärer Ausbildung auf →Kompetenzen. Doch wie will man sichergehen, dass dieser Paradigmenwechsel den erforderlichen Qualitätsstandards entspricht? Werfen wir einen Blick auf die bisherige Praxis: Eine Hochschule plante ein neues Studienangebot, das von dem zuständigen Landesministerium genehmigt werden musste. Die →Genehmigung folgte dem Prinzip der aufgeklärten Willkür. Geprüft wurde anhand sog. Rahmenprüfungsordnungen (→GemKo), die in mehrjährigen Abstimmungsprozessen unter den Ländern unter Beteiligung der Hochschulen und der →Berufspraxis entstanden sind. Dabei ging es überwiegend um formale Aspekte. Eine fachlich-inhaltliche Expertise für die Beurteilung eines neuen Studiengangs wurde nicht herangezogen. Das ist nun seit dem neuen Hochschulrahmengesetz anders: Die Implementierung der Bachelor- und Masterstudiengänge wird durch eine Akkreditierung begleitet, die von staatsfernen unabhängigen Agenturen organisiert wird. Neben den Vertreter/innen der Berufspraxis sind natürlich die Fachvertreter/innen aus der →Scientific Community gefragt, wenn es um die Beurteilung der Qualität eines Studiengangs geht. Daher werden Gutachterteams (→Peers) zusammengestellt, die im Rahmen eines Akkreditierungsverfahrens die neuen Studiengänge bewerten.

Gegenstand eines Akkreditierungsverfahrens können derzeit sowohl konsekutive →Studienprogramme, die einen Bachelor- und einen Masterabschluss umfassen, als auch eigenständige Bachelor- oder Masterstudiengänge (auch Weiterbildungsstudiengänge) und Studiengänge mit den Abschlüssen Diplom oder Magister, für die keine Rahmenprüfungsordnung (→GemKo) vorliegt, sein. Die Entscheidung über die →Genehmigung eines Bachelor- und Masterstudienganges bleibt nach dem geltenden Hochschulrecht dem Land vorbehalten. Um den Hochschulen eine gewisse Verfahrenssicherheit zu gewährleisten, ist die zuständige Genehmigungsinstanz über den Antrag auf Akkreditierung bei der Agentur in Kenntnis zu setzen. Die beantragenden Hochschulen werden zu den Kosten herangezogen. Üblicherweise werden die Kosten eines Verfahrens auf der Basis der tatsächlichen Aufwendungen ausgerichtet, d. h. es gibt beispielsweise keine Gebühren pro Studiengang. Entscheidend ist der Personalaufwand der Agentur und der Gutachteraufwand. Auf dieser Basis entstehen i. d. R. Kosten in Höhe von 10.000 bis 12.000 € pro Verfahren, wobei in einem Verfahren mindestens ein Bachelor- und ein Masterstudiengang begutachtet werden. Es gibt jedoch auch Zusammenfassungen verschiedener Anträge aus affinen Disziplinen, die zu erheblichen Kostenreduktionen führen. So betragen die Kosten für die Akkreditierung von etwa einem Dutzend Studiengängen einer großen Fakultät gelegentlich nicht mehr als 25.000 €.

Eine der sensiblen Fragen in der Akkreditierung ist die Dauer der Verfahren. Soweit die eigentliche Begutachtung durch eine Agentur betroffen ist, kann man derzeit von einer sechsmonatigen Bearbeitungszeit ausgehen, von der Annahme eines Antrags bis zur Beschlussfassung gerechnet. Interessanter ist die Frage, wie viel Zeit die interne Vorbereitung in einer Fakultät braucht. Hier gibt es zwar keine verlässliche Statistik, jedoch einige Erfahrungswerte, die deutlich machen, dass man wiederum zwischen der Neuformulierung und -strukturierung eines Curriculums und der Dokumentation für die Akkreditierung unterscheiden muss. Letztere braucht etwa ein Semester, wenn man unterstellt, dass keine aktuelle (Teil-)Dokumentation aus Evaluationsverfahren vorliegt. Die eigentliche Dauer des Vorhabens steckt jedoch in der Neustrukturierung des Curriculums. Und das heißt: Verständigung über die den konsekutiven Studiengängen zugrunde liegenden →Studienreform hinsichtlich Nachfrageorientierung des Studiengangs, Ausrichtung der Studieninhalte auf den Erwerb von →Kompetenzen und schließlich →Modularisierung als Strukturprinzip.

Die meisten Agenturen bieten eine formale Vorprüfung an und vereinbaren anschließend mit der beantragenden Hochschule die Durchführung des Akkreditierungsverfahrens. Nach Zusage der Kostenübernahme durch die Hochschule werden geeignete Gutachter/innen gewonnen. Die beantragende Einrichtung hat die Möglichkeit, die Fachgebiete bzw. wissenschaftlichen Einrichtungen, aus denen die Gutachter/innen stammen sollen, vorzuschlagen.

1 Akkreditierungsverfahren

Das Verfahren ist üblicherweise in drei Stufen gegliedert:

Erste Stufe a Die Hochschule richtet den Antrag an die Agentur (in einigen Bundesländern prüfen die zuständigen Bildungsministerien zunächst die Übereinstimmung mit ihrer landesspezifischen konzeptionellen Bildungsplanung).

b Die Agentur nimmt den Antrag zur Vorprüfung entgegen, ermittelt die Kosten und vereinbart den zeitlichen Verlauf.

Zweite Stufe a Nach Vorliegen der Kostenzusage durch die Hochschule beginnt die Begutachtung, d. h. Prüfung der Unterlagen, Vorschlag für das Auditteam an die zuständige Akkreditierungskommission, Benennung der Gutachter/innen.

b Im Anschluss erfolgt das →Peer-Review, als deren Ergebnis ein Berichtsentwurf mit einem Votum zur Akkreditierung erfolgt.

c Daraufhin erhält die Hochschule bei vielen Agenturen Gelegenheit zur Stellungnahme zu dem Berichtsentwurf und dem Votum.

Dritte Stufe a Die Gutachter/innen legen einen Abschlussbericht mit einem Vorschlag für die Akkreditierung vor.

b Die Akkreditierungskommission beschließt ein Votum zur Akkreditierung.

Mögliche Varianten der Akkreditierung sind:
1 befristete uneingeschränkte Akkreditierung,
2 konditionale Akkreditierung (Erfüllen bestimmter Auflagen notwendig),
3 vorläufige Ablehnung (in diesem Fall erhält die Hochschule Gelegenheit, vor der Akkreditierungskommission gehört zu werden).
Der Antrag auf Akkreditierung bildet den Referenzrahmen für das gesamte Verfahren. Er dient der qualitativen Selbstdarstellung des →Studienprogramms und ist gleichzeitig Grundlage für eine objektive, transparente

(→Transparenz) und valide Begutachtung, die den Gutachter/innen Vergleiche ermöglicht. Dabei sind folgende Leitfragen entscheidend:

- In welchem institutionellen Umfeld wird das neue Studienprogramm durchgeführt?
- Warum soll das neue Studienprogramm eingerichtet werden?
- Welche Ausbildungsziele verfolgt es?
- Mit welchen Ressourcen, auf welche Weise und mit welcher Perspektive für die Absolventen/innen wird es umgesetzt?
- Wie wird die erforderliche Qualität erreicht und gesichert?

Entsprechend ist der Antrag in zwei Abschnitte gegliedert. Der erste Abschnitt dient der Darstellung der Fakultät/des Fachbereichs, also dem institutionellen Umfeld des beantragten Studiengangs, und der Hauptteil befasst sich mit dem beantragten →Studienprogramm selbst. Er dient der Darstellung der Ausbildungsziele und deren Realisierung.

Grundlegender Referenzrahmen für die Beurteilung sind die Vorgaben der Kultusministerkonferenz (→KMK) und des Akkreditierungsrates. Allerdings gibt es zunehmend fachlich ausgerichtete Verbünde, die weitere Vorgaben in die Akkreditierung einbringen möchten: Fachbereichs- und →Fakultätentage, wissenschaftliche Gesellschaften, Berufsverbände etc. Deren →Kriterien werden i. d. R. als Orientierungen, nicht jedoch als verbindliche Vorgaben akzeptiert.

Ein wesentliches Element der Begutachtung ist das →Peer-Review vor Ort. Der Ablauf dieser Begutachtung folgt i. d. R. einem einheitlichen Schema

1. Vorbesprechung der Gutachtergruppe
   Schwerpunkte: Analyse des Akkreditierungsantrages, offene Fragen, Themen für die Vor-Ort-Gespräche.

2. Begehung
   a Auftaktgespräch mit der/m Dekan/in, gegebenenfalls unter Beteiligung der Hochschulleitung.
   Schwerpunkte: Entwicklungsplanungen der Hochschule, Stellun des Faches im Kontext der Hochschule, →Profil und Entwicklungsperspektiven des Faches aus der Sicht der Hochschulleitung, Studium und Lehre im Fachbereich bzw. in der Fakultät (→Studienreform), Personalplanung, Kooperationen, Entwicklungsperspektiven, Ausstattung, Kommunikation und Koordination im Fachbereich, das beantragte →Studienprogramm im Fachbereich, Maßnahmen der Qualitätssicherung.

b Gespräch mit den Programmverantwortlichen
Schwerpunkte: Ausbildungsziele, Curriculum, Studienverlauf, Lehrinhalte und Lehrmethoden, Beratung und Betreuung der Studierenden, Prüfungsorganisation, Studienerfolg, Arbeitsmarktrelevanz (→Employability), Marketing des Studiengangs.

c Gespräch mit den Lehrenden des →Studienprogramms
Schwerpunkte: Curriculum, Studienverlauf, Lehrinhalte und -methoden, Beratung und Betreuung der Studierenden, Fortbildung der Lehrenden.

d Gespräch mit Studierenden verschiedener Studienphasen und der Fachschaft
Schwerpunkte: Ausbildungsziele und →Studienprogramm, Studieninhalte, Studienorganisation und -verlauf, Prüfungen, Beratung und Betreuung der Studierenden, Arbeitsbedingungen, Auslandsstudium, Praktika, Exkursionen.

e Führung durch den Fachbereich/die Institution
Hier sollte die Möglichkeit bestehen, mit Mitgliedern des Fachbereiches, der Hochschulleitung und der Hochschulverwaltung offene Fragen in Einzelgesprächen zu diskutieren, Nachfragen zu stellen und Ergänzungen zu erörtern.

f Abschlussgespräch mit den Programmverantwortlichen, Dekan/in

2 Reakkreditierungsverfahren

Diese Vorgehensweise betrifft die derzeit überwiegenden Verfahren zur Erstakkreditierung. Da diese jedoch zeitlich befristet erfolgt, ist die →Reakkreditierung auf Dauer das Regelverfahren. Hierfür gelten folgende Grundsätze:

Voraussetzung für eine Reakkreditierung ist ein von der beantragenden Hochschule vorzulegender Evaluationsbericht über Lehre und Studium. Dieser Bericht muss durch unabhängige Gutachter/innen unter Mitwirkung von Vertreter/innen der →Berufspraxis erstellt werden und den internationalen Standards genügen.

Die Reakkreditierung überprüft die Umsetzung der Ausbildungsziele, die Erfüllung von Auflagen und Empfehlungen aus der Erst-Akkreditierung und den Verbleib der Absolventen/innen.

Die Agentur akzeptiert für die →Reakkreditierung auch von anderen Einrichtungen betreute Evaluationsverfahren, sofern diese den Verfahrensstandards der Agentur vergleichbar sind. Außerdem haben die Hochschulen die Möglichkeit, das Verfahren der Reakkreditierung mit der Agentur schon bei der Erst-Akkreditierung zu vereinbaren. Damit ist natürlich das Verhältnis von →Evaluation und Akkreditierung berührt. Ohne an dieser Stelle grundsätzlich darauf eingehen zu können, muss der Hinweis erfolgen, dass unter dem Begriff Evaluation ein beträchtliches Spektrum an Qualitätssicherungsverfahren zusammengefasst werden kann, von denen nicht jedes Verfahren geeignet ist, für die Reakkreditierung nutzbar gemacht zu werden. Sofern schon die Evaluation einen deutlichen externen Aspekt der Begutachtung aufweist, ist sie eher geeignet, die auch für die Reakkreditierung relevanten Daten zu liefern, als wenn der Schwerpunkt auf eine interne Evaluation ausgerichtet ist.

Dazu soll der Fachbereich einen „Antrag auf Reakkreditierung" stellen, dem Kopien des Bewertungsberichts und des Akkreditierungsbescheids aus der Erstakkreditierung beigefügt werden. Bei einer vorangegangenen Erstakkreditierung durch die Agentur ist dies nicht notwendig, da die Unterlagen bereits vorliegen.

Der Reakkreditierungsantrag muss folgende Angaben enthalten:

- Darstellung des aktuellen Curriculums mit Erläuterung der gegebenenfalls vorgenommenen Änderungen,
- Liste der beteiligten Lehrenden (mit kurzen Lebensläufen),
- Nachweis der Erfüllung von Auflagen aus der Erstakkreditierung,
- zusammengefasste Ergebnisse einer →Evaluation des Studienerfolgs einschließlich des Absolventenverbleibs,
- Prüfungsergebnisse/Abschlussarbeiten (Statistik der Prüfungsergebnisse, in der Anlage zum Antrag überdies vom Antragsteller ausgewählte sehr gute und gerade noch ausreichend bewertete Abschlussarbeiten),
- gegebenenfalls die Beantwortung ergänzender Fragen der Gutachter/innen.

Dem Antrag sind i. d. R. die geltende und gegebenenfalls geplante Prüfungsordnung, ein Modulhandbuch sowie eine tabellarische Modulübersicht (→Modularisierung) beizufügen. Für die Beschreibung des Curriculums und insbesondere der Module sind die Gliederungspunkte der Allgemeinen Standards der Agentur für die Akkreditierung von Studiengängen heranzuziehen.

Staatliche Anerkennung und Akkreditierung

Horst Juppe

Mit der 4. Novelle zum Hochschulrahmengesetz (→HRG) 1998 wurde den deutschen Hochschulen der Weg zur probeweisen Einführung von Bachelor- und Master-Studiengängen eröffnet. Im Jahr 2002 wurde diese Erprobungsphase mit der 6. HRG-Novelle beendet. Durch das System der Akkreditierung der neuen Studiengänge hat sich die Rolle des Staates bei ihrer Einführung verändert. Ebenso war es erforderlich, für die Absolvent/innen dieser Studiengänge den Zugang zum öffentlichen Dienst und die laufbahnrechtliche Einordnung zu regeln.

1   Staatliche Anerkennung

Hochschulrektorenkonferenz, Entschließung vom 6. Juli 1998
In dieser Entschließung wurden die Vorschläge der →HRK zur Durchführung von Akkreditierungsverfahren verabschiedet. Zur Rolle des Staates finden sich folgende Passagen:

„III. Grundsätze zur Akkreditierung
Nach Landesrecht werden neue Studiengänge an Hochschulen nach Genehmigung durch das Land von einer Hochschule eingeführt. In letzter Zeit wird vereinzelt im Rahmen von mittelfristig verbindlichen Zielvereinbarungen zwischen Hochschulen und Land den Hochschulen die abschließende Entscheidung über Einführung oder Beendigung von Studiengängen überlassen. Eine staatliche Mitwirkung ist wegen der Auswirkungen solcher Entscheidungen auf die Verwendung öffentlicher Mittel entweder über den Abschluss von Ziel- und Leistungsvereinbarungen (Hochschulverträgen) oder über Einzelfallgenehmigung erforderlich. Insofern werden neue Bachelor-/Bakkalaureus- und Master-/Magisterstudiengänge im Sinne des novellierten Hochschulrahmengesetzes im Einvernehmen zwischen Hochschulen und Land eingeführt werden.

IV. Verfahren
3. Das Akkreditierungsverfahren erfolgt auf Antrag der Hochschule. Der Antrag wird entsprechend landesrechtlicher Regelungen zur

Einrichtung von Studiengängen und zur Hochschulfinanzierung entweder der Akkreditierungskommission über das Landesministerium oder parallel der Akkreditierungskommission und dem zuständigen Landesministerium zugeleitet. Damit können – soweit dies nicht über Vereinbarungen zwischen Hochschulen und Land erfolgt – übergeordnete Gesichtspunkte der Hochschulplanung des Landes sowie die finanziellen Rahmenbedingungen berücksichtigt werden."

Kultusministerkonferenz, Beschluss vom 3. Dezember 1998
Unter Bezugnahme auf den Beschluss der →HRK vom 6. Juli 1998 hat die Kultusministerkonferenz (→KMK) die Einführung eines Verfahrens der Akkreditierung von Bachelor-/Bakkalaureus- und Master-/Magisterstudiengängen beschlossen. Hier ist ausgeführt:

„2. Die Einführung eines Akkreditierungsverfahrens muss die Zuständigkeiten und Verantwortlichkeiten von Staat und Hochschule bei der Einrichtung von Studiengängen berücksichtigen. Daraus folgt eine funktionale Trennung zwischen staatlicher Genehmigung und Akkreditierung. Die staatliche Genehmigung bezieht sich auf die Gewährleistung der Ressourcenbasis des einzurichtenden Studiengangs, die Einbindung des Studiengangs in die Hochschulplanung des jeweiligen Landes sowie die Einhaltung von Strukturvorgaben ... Akkreditierung hat demgegenüber die Gewährleistung fachlich-inhaltlicher Mindeststandards und die Überprüfung der Berufsrelevanz der Abschlüsse zum Gegenstand ... Die Vorgaben des Hochschulrahmengesetzes und ländergemeinsame Strukturvorgaben sind sowohl der staatlichen Genehmigung als auch der fachlich-inhaltlichen Akkreditierung von Studiengängen zugrunde zu legen.
3. Die Entscheidung über die Einrichtung eines Bachelor-/Bakkalaureus- und Master-/Magisterstudiengangs bleibt dem Land vorbehalten. Die Akkreditierung ist keine zwingende Voraussetzung für die Einrichtung von Bachelor-/Bakkalaureus- und Master-/Magisterstudiengängen. Das Antragsverfahren kann länderspezifisch ausgestaltet werden."

Aufgrund der vorgenannten Grundlagen haben sich in den einzelnen Bundesländern unterschiedliche Verfahren für die staatliche →Genehmigung herausgebildet. Beispielhaft seien die Verfahren in Bayern und in Nordrhein-Westfalen kurz geschildert:

- In Bayern stellt die Hochschule einen Antrag auf Erteilung des Einvernehmens beim Wissenschaftsministerium. Im Falle einer positiven Entscheidung wird das Einvernehmen auf Probe (in der Regel für 5 Jahre) erteilt. Danach leitet die Hochschule das Akkreditierungsverfahren ein. Wenn die Akkreditierung erfolgt ist, kann der Studiengang eingerichtet werden.

- In Nordrhein-Westfalen klärt die Hochschule im Rahmen einer Voranfrage mit dem Ministerium für Schule, Wissenschaft und Forschung, ob der geplante Studiengang mit der Hochschulplanung des Landes übereinstimmt.
Nach grundsätzlicher Zustimmung des Ministeriums kann von der Hochschule das Akkreditierungsverfahren eingeleitet werden. Nach Abschluss des Verfahrens ist das Ministerium über das Ergebnis zu informieren. Die →Genehmigung des Studiengangs durch das Ministerium erfolgt, sofern die Akkreditierung erteilt wurde.

2 Zugang zum öffentlichen Dienst, laufbahnrechtliche Einordnung

Ständige Konferenz der Innenminister vom 17. April 2002
Eine gemeinsame Arbeitsgruppe der Innenministerkonferenz/Kultusministerkonferenz (→IMK/→KMK) „Laufbahnrechtliche Zuordnung von Bachelor- und Masterabschlüssen" hat sich dieser Problematik angenommen. Ein Auftrag der Arbeitsgruppe lautete, nach Möglichkeiten zu suchen, ob und gegebenenfalls wie auch Fachhochschulabsolventen mit Masterabschluss der Zugang zum höheren Dienst eröffnet werden könne. Auf Grund eines Beschlussvorschlags der Arbeitsgruppe vom 21. Februar 2002 hat die Ständige Konferenz der Innenminister/innen und -senator/innen der Länder am 17. April 2002 folgenden Beschluss gefasst:

„Die IMK spricht sich dafür aus, die an Fachhochschulen und Universitäten erreichten Bachelor-Abschlüsse dem gehobenen Dienst und die an Universitäten erreichten Master-Abschlüsse dem höheren Dienst zuzuordnen.

Die an Fachhochschulen erworbenen Master-Abschlüsse erfüllen nach Auffassung der IMK die Bildungsvoraussetzungen für den höheren Dienst, wenn sie unter Berücksichtigung des vorhergegangenen

Studienabschlusses einem an einer Universität oder gleichgestellten Hochschule erworbenem Diplom-, Magister- oder Master-Abschluss von Inhalt, Studienumfang und Prüfungsanforderungen her gleichwertig sind. Die Gleichwertigkeit wird durch die Akkreditierung festgestellt. Die hierfür durch die Akkreditierung zu erfüllenden Voraussetzungen sind von der gemeinsamen Arbeitsgruppe der IMK und der KMK bis zur Frühjahrssitzung der IMK einvernehmlich festzulegen.

Die bei allen Studienabschlüssen für die Laufbahngruppenzuordnung geltenden beamtenrechtlichen Voraussetzungen des § 13 Abs. 3 BRRG bleiben unberührt."

Mit diesem Beschluss ist die Grundsatzentscheidung gefallen, dass in Deutschland erworbene Bachelor-Abschlüsse dem gehobenen Dienst zugeordnet werden, unabhängig davon, ob sie an einer Fachhochschule oder einer Universität erreicht worden sind, unabhängig davon, ob nach sechs oder nach acht Semestern.

Gemeinsame Arbeitsgruppe KMK/IMK, Vereinbarung „Zugang zu den Laufbahnen des höheren Dienstes durch Masterabschluss an Fachhochschulen"

Die gemeinsame Arbeitsgruppe →IMK/→KMK hat eine Vereinbarung „Zugang zu den Laufbahnen des höheren Dienstes durch Masterabschluss an Fachhochschulen" vorgelegt, die mit Beschluss der KMK vom 24. Mai 2002 und Beschluss der IMK vom 6. Juni 2002 eingeführt worden ist. In ihr sind die für den Nachweis der Gleichwertigkeit eines Masterstudienganges (Fachhochschule) mit einem Diplom-Studiengang an einer Universität oder Technischen Hochschule anzulegenden Kriterien einvernehmlich festgelegt. Die Vereinbarung ist wie folgt gegliedert:

A. Bildungsvoraussetzungen für den höheren Dienst
  I. Vorbemerkungen
  II. Anforderungsprofil für Laufbahnen des höheren Dienstes
  III. Kriterien
B. Akkreditierung
  I. Feststellung der Gleichwertigkeit
  II. Verfahren
  III. Umsetzung
C. Laufbahnrecht
D. Überprüfung

Im Einzelnen ist für den Vorgang der Akkreditierung festgelegt:

„B. Akkreditierung

I. Feststellung der Gleichwertigkeit

Soweit von der Fachhochschule beantragt, wird im Rahmen des Akkreditierungsverfahrens auch festgestellt, ob Masterstudiengänge an Fachhochschulen die oben genannten Kriterien hinsichtlich Inhalt, Studienumfang und Prüfungsanforderungen unter Berücksichtigung des vorhergegangenen Studienabschlusses erfüllen. In die Prüfung einbezogen werden kann auch ein Vergleich mit einem oder mit mehreren Referenzstudiengängen, die den Zugang zum höheren Dienst eröffnen.

II. Verfahren

Für das Verfahren gelten folgende Regeln:

1. Der zentralen Akkreditierungseinrichtung gehört ein Vertreter der Dienstrechtsseite als Vertreter der →Berufspraxis an.

2. Soweit im Akkreditierungsverfahren festgestellt werden soll, dass ein an einer Fachhochschule erworbener Masterabschluss den Zugang zum höheren Dienst eröffnet, wirkt bei der Akkreditierung ein Vertreter der für die Laufbahngestaltung zuständigen obersten Dienstbehörde als Vertreter der →Berufspraxis mit. Welches Land zuständig ist, richtet sich nach dem Sitz der Hochschule.

3. In den Akkreditierungsbescheid wird der Zusatz aufgenommen: „Der Masterabschluss eröffnet den Zugang zum höheren Dienst".

4. Der Zusatz gemäß Ziffer 3 bedarf eines einheitlichen Votums der Vertreter der →Berufspraxis."

Aus dem in B.II.4. geforderten einheitlichen Votum der Vertreter/innen der →Berufspraxis leitet sich das „Veto-Recht" der/s Vertreter/in/s der obersten Dienstbehörde ab.

Protokollnotizen

Zu dem Beschluss der →IMK vom 6. Juni 2002, mit dem der Vereinbarung zugestimmt worden ist, gibt es zwei Protokollnotizen:

Protokollnotiz BY:

„Bayern hat sich enthalten, weil das Innenministerium in dieser Angelegenheit nicht zuständig ist."

Protokollnotiz BW, BE, RP, NW, SL und SH:

„Die Länder Baden-Württemberg, Berlin, Rheinland-Pfalz, Nordrhein-Westfalen, Saarland und Schleswig-Holstein erklären, dass sie bei Akkreditierungsverfahren in ihrem Bereich anstreben, auf das Vetorecht der Dienstrechtsseite zu verzichten."

Zur Protokollnotiz des Freistaates Bayern ist zu ergänzen, dass in Bayern das Staatsministerium der Finanzen die für das allgemeine Dienstrecht zuständige oberste Landesbehörde ist. Bayern hat sich durch Beschluss des Ministerrats vom 25. September 2002 dem Beschluss der IMK vom 6. Juni 2002 angeschlossen.

Bestehende Zugangsberechtigungen

Zurzeit bestehen folgende Zugangsberechtigungen für den gehobenen (gD)/höheren öffentlichen Dienst (hD):

	Abschluss		Zugangsberechtigung		
Grad	Hochschule		Semester	gD	hD
Dipl.-Ing. (FH)	Fachhochschule			X	
Bachelor	Fachhochschule		6	X	
Bachelor	Fachhochschule		8	X	
Bachelor	Universität		6	X	
Bachelor	Universität		8	X	
Dipl.-Ing.	Universität				X
Master	Fachhochschule			X	
Master	Fachhochschule, Akkreditierung mit Zusatz				X
Master	Universität				X

Die Praxis wird hier zeigen, ob in einem 6- bzw. 8-semestrigen Bachelorstudiengang dasselbe Ausbildungsniveau erreicht werden kann wie in einem traditionellen →Diplomstudiengang an einer Fachhochschule.

3 Akkreditierungsverfahren mit Zusatz

Laufbahnrecht

Weitere Festlegungen zur Akkreditierung in Verbindung mit der Feststellung, dass ein Hochschulabschluss den Zugang zum höheren Dienst eröffnet, enthalten das „Statut für ein länder- und hochschulübergreifendes Akkreditierungsverfahren" (Beschluss der KMK vom 24.5.2002 i. d. F. v. 5.2.2004) und „Ländergemeinsame Strukturvorgaben gemäß § 9 Abs. 2 HRG für die Akkreditierung von Bachelor- und Masterstudiengängen" (Beschluss der KMK vom 10.10.2003).

Danach müssen die Akkreditierungsagenturen gewährleisten, dass ein/e Vertreter/in der für die Laufbahngestaltung zuständigen obersten Dienstbehörde als Vertreter/in der →Berufspraxis an der Begutachtung des einzelnen Studiengangs mitwirkt und in diesem Verfahren ihr/sein an den von →KMK und →IMK beschlossenen Kriterien ausgerichtetes Votum zur laufbahnrechtlichen Zuordnung abgeben und gegebenenfalls von dem ihr/ihm zustehenden Veto-Recht Gebrauch machen kann. Die Zuständigkeit für die Benennung einer/s Vertreter/in der Dienstrechtsseite liegt bei dem Land, in dem die antragstellende Hochschule ihren Sitz hat.

Vertreter/innen der Dienstrechtsseite im Akkreditierungsverfahren sind nicht zwangsläufig die Dienstrechtsministerien der Länder, sondern die obersten Landesbehörden, bei denen die jeweilige Zuständigkeit für die Gestaltung der Laufbahn liegt bzw. welche die größte Sachnähe zu dem zu akkreditierenden Studiengang aufweisen.

Es ist vereinbart, dass die für das allgemeine Dienstrecht zuständigen obersten Landesbehörden die zentralen Ansprechpartner für die Akkreditierungsagenturen im jeweiligen Land sind. Deren Aufgabe ist es, die Verbindung mit der für die Gestaltung der jeweiligen Laufbahn zuständigen Dienstbehörde herzustellen. An dem konkreten Akkreditierungsverfahren nimmt die zuständige oberste Dienstbehörde teil.

Verfahren
Die Fachhochschule, die für einen ihrer Master-Studiengänge die hochschulrechtliche Akkreditierung und die laufbahnrechtliche Feststellung der Befähigung für die Laufbahn des höheren Dienstes beabsichtigt, richtet einen entsprechenden Antrag an die von ihr ausgewählte Akkreditierungsagentur. Die Agentur unterrichtet die für das allgemeine Dienstrecht zuständige oberste Landesbehörde des Landes, in dem die Fachhochschule ihren Sitz hat, von dem Antrag.

Die oberste Landesbehörde weist der obersten Dienstbehörde, bei der die jeweilige Zuständigkeit für die Gestaltung der Laufbahn liegt bzw. die die größte Sachnähe zu dem zu akkreditierenden Studiengang aufweist, das Akkreditierungsverfahren zu und unterrichtet die Akkreditierungsagentur hiervon. In der Folge ist ausschließlich die zuständige oberste Dienstbehörde im Verfahren beteiligt, der obersten Landesbehörde kommt nur Koordinierungsfunktion zu.

Die Akkreditierungsagentur übermittelt der zuständigen obersten Dienstbehörde die von der Fachhochschule erstellte Selbstdokumentation zu dem zu akkreditierenden Master-Studiengang und bindet sie in das weitere Verfahren ein (Zusammenstellung der Gutachter-Gruppe, Teilnahme am Vor-Ort-Termin usw.).

Es liegt grundsätzlich im Ermessen der beteiligten obersten Dienstbehörde, wie intensiv sie sich am Akkreditierungsverfahren beteiligt. Es sollte jedoch dabei beachtet werden, dass bei einer Nichtteilnahme kein Veto im Akkreditierungsverfahren ausgeübt wird, sodass von der Akkreditierungsagentur der Zusatz „Der erfolgreiche Abschluss des Studiengangs eröffnet den Zugang zum höheren öffentlichen Dienst" vergeben wird.

Dagegen ist ein Verzicht auf die Teilnahme am Vor-Ort-Termin ohne gleichzeitigen Verlust des Veto-Rechts möglich.

Der Zusatz für die Befähigung zum höheren Dienst kann auch im Wege einer Nachakkreditierung eines bereits akkreditierten Studiengangs erteilt werden. Das Verfahren läuft hierbei ebenfalls über eine Akkreditierungsagentur.

Bewertung und Prüfung des Studiengangs

Inhaltlich ist zu prüfen, ob der betreffende Studiengang die in Teil A der →IMK/→KMK-Vereinbarung „Zugang zu den Laufbahnen des höheren Dienstes durch Masterabschluss an Fachhochschulen" aufgeführten Kriterien hinsichtlich Inhalt, Studienumfang und Prüfungsanforderungen unter Berücksichtigung des vorhergegangenen Studienabschlusses erfüllt. In die Prüfung einbezogen werden kann auch ein Vergleich mit einem oder mehreren Referenzstudiengängen, die den Zugang zum höheren Dienst eröffnen. Folgende Kriterien sind für die Überprüfung festgelegt:

Der Zugang zum höheren Dienst erfordert ein Studium, das durch die Vermittlung

- der Zusammenhänge des studierten Fachs,
- der Fähigkeit, wissenschaftliche Methoden und Erkenntnisse anzuwenden, und
- der für den Übergang in die →Berufspraxis notwendigen Fachkenntnisse gekennzeichnet ist.

Das Studium muss daher im Wesentlichen von folgenden Kriterien und Elementen geprägt sein:

- Vermittlung der Befähigung zu wissenschaftlicher Arbeit und Methodik dieses Fachs,
- Vermittlung von theoretisch-analytischen Fähigkeiten,
- Herausbildung intellektueller und sozialer Kompetenzen durch Vermittlung von abstraktem, analytischem über den Einzelfall hinausgehendem und vernetztem Denken,

Vermittlung der Fähigkeit, sich schnell methodisch und systematisch in Neues, Unbekanntes einzuarbeiten,

Förderung von Selbstständigkeit, Kreativität, Offenheit und Pluralität,

Förderung von Kommunikationsfähigkeit (Streit-, Diskussions-, Diskursorientiertheit von Studiengängen, Kritikfähigkeit, Fähigkeit zur selbstständigen Urteilsbildung, dialektisches Denken).

Die Ausgestaltung eines Studiengangs als berufsbegleitend steht einer Befähigung für den höheren Dienst nicht entgegen.

Ergebnis

Das Ergebnis der Bewertung und Prüfung wird der Akkreditierungsagentur mitgeteilt.

Gegebenenfalls versieht die Agentur die Akkreditierung mit dem Zusatz „Der erfolgreiche Abschluss des Studiengangs eröffnet den Zugang zum höheren öffentlichen Dienst".

Nach der Statistik des Akkreditierungsrates, Stand 1. November 2004, eröffnen von 180 an Fachhochschulen akkreditierten Master-Studiengängen 54 den Zugang zum höheren Dienst.

Beschlüsse und Vereinbarungen

BMR (2002): Beschluss des Bayerischen Ministerrats vom 25. September 2002 „Laufbahnrechtliche Einordnung von Bachelor- und Masterabsolventen".

HRK (1998): Entschließung des 185. Plenums der Hochschulrektorenkonferenz vom 6. Juli 1998 „Akkreditierungsverfahren".

IMK (2002a): Beschluss der Ständigen Konferenz der Innenminister und -senatoren der Länder vom 17. April 2002 „Laufbahnrechtliche Zuordnung von Bachelor- und Masterabschlüssen".

IMK (2002b): Beschluss der Ständigen Konferenz der Innenminister und -senatoren der Länder vom 6. Juni 2002 „Laufbahnrechtliche Zuordnung von Bachelor- und Masterabschlüssen".

IMK/KMK (2002a): Vereinbarung der gemeinsamen Arbeitsgruppe IMK/KMK „Laufbahnrechtliche Zuordnung von Bachelor- und Masterabschlüssen" vom 21. Februar 2002, versandt mit Schreiben der Ständigen Konferenz der Innenminister und -senatoren vom 26. April 2002.

IMK/KMK (2002b): Beschluss der Innenministerkonferenz vom 6.6.2002 und der Kultusministerkonferenz vom 24.5.2002 Vereinbarung „Zugang zu den Laufbahnen des höheren Dienstes durch Masterabschluss an Fachhochschulen".

KMK (1998): Beschluss der Kultusministerkonferenz vom 3. Dezember 1998 „Einführung eines Akkreditierungsverfahrens für Bachelor-/Bakkalaureus- und Master-/Magisterstudiengänge".

KMK (2002): Beschluss der Kultusministerkonferenz vom 24.5.2002 i.d.F. vom 5.2.2004 „Statut für ein länder- und hochschulübergreifendes Akkreditierungsverfahren"

KMK (2003): Beschluss der Kultusministerkonferenz vom 10.10.2003 „Ländergemeinsame Strukturvorgaben gemäß §9 Abs. 2 HRG für die Akkreditierung von Bachelor- und Masterstudiengängen".

B | 7

Kontrolle und Kooperation zwischen Akkreditierungsrat und -agenturen

Falk Bretschneider

Zu den im internationalen Vergleich spezifischen Ausgestaltungen des deutschen →Akkreditierungssystems gehört dessen Zweistufigkeit. Neben dem von der →KMK beherbergten und gemeinsam mit der →HRK eingerichteten zentralen Akkreditierungsrat bestehen bislang sieben fachlich orientierte oder fachübergreifend ausgerichtete und untereinander in Konkurrenz stehende Akkreditierungsagenturen. Der Akkreditierungsrat hat in diesem Gefüge eine zentrale Verantwortung. Seit dem Erlass eines „Statutes für ein länder- und hochschulübergreifendes Akkreditierungsverfahren" durch die KMK im Jahr 2003 (KMK 2003) akkreditiert der Rat gem. Ziff. II.4. Abs. 1 die Agenturen (bislang war er auch befugt, einzelne Studiengangsakkreditierungen vorzunehmen). Er verleiht ihnen bei einer positiven Entscheidung zeitlich befristet die Berechtigung, die eigentlichen Studiengangsakkreditierungen vorzunehmen und das Qualitätssiegel des Akkreditierungsrates (→Gütesiegel) zu vergeben. Der Akkreditierungsrat hat damit die Verantwortung für die Funktionsfähigkeit dieses dezentral organisierten Akkreditierungssystems übertragen bekommen. Zu seinen Aufgaben gehört es daher, einen fairen →Wettbewerb unter den Agenturen zu gewährleisten, die Aufgabenerfüllung durch die Agenturen zu überwachen und diese periodisch zu reakkreditieren (→Reakkreditierung). In seine Gesamtverantwortung für das Akkreditierungssystem fällt auch die Aufgabe, die Anforderungen an das Akkreditierungsverfahren und die Akkreditierungsentscheidung zu definieren. Diese nimmt er wahr durch den Beschluss von „Mindeststandards und Kriterien" für das Akkreditierungsverfahren (Akkreditierungsrat 1999) oder die Verabschiedung eines „Leitfaden für Gutachter/-innen in Akkreditierungsverfahren" (Akkreditierungsrat 2001).

1   Kritische Begleitung durch den Akkreditierungsrat

Um seine Koordinierungs- und Kontrollfunktion im Gesamtsystem und insbesondere gegenüber den Agenturen klarer zu umreißen, hat der Akkreditierungsrat im Jahr 2000 „Eckpunkte für ein Monitoringverfahren des Akkreditierungsrates und der Akkreditierungsagenturen" (Akkreditierungsrat 2000) beschlossen. In diesem Beschluss wird das Zusammenwirken der beiden Ebenen des →Akkreditierungssystems konkretisiert. Insbesondere wird darauf hingewiesen, dass es zu den Aufgaben des Akkreditierungsrates gehört,

- die Umsetzung der Auflagen durch die Agenturen,
- die Einhaltung der „Mindeststandards und Kriterien" bei den Agenturen bzw. in den Begutachtungsverfahren in den Hochschulen
- sowie die Umsetzung weiterer Beschlüsse des Akkreditierungsrates (z. B. Beteiligung von Studierenden in den Verfahren) zu verfolgen und gegebenenfalls auf deren Einhaltung bzw. Umsetzung zu dringen.

Dabei wurde der Begriff „Monitoring-Verfahren" bewusst gewählt. Bis zur endgültigen Klärung der Rechtsstellung des Rates durch die staatliche Seite liegt das Verhältnis zwischen diesem und den Agenturen in einer rechtlichen Grauzone. Die Sanktionsinstrumente des Akkreditierungsrates gegenüber den Agenturen beschränken sich auf die Androhung, die Reakkreditierung zu verweigern. Daher wäre es vermessen, mit einem Katalog von Zwangsmaßnahmen aufzutreten. Vielmehr folgt der Akkreditierungsrat in seinen Bemühungen um ein konstruktives Zusammenwirken mit den Agenturen im Gesamtinteresse des Systems einer Politik der „Kooperation im lernenden System". Das bedeutet, dass er seine Aufsichtsfunktion gegenüber den Agenturen weniger im Sinne einer klassischen Rechtsaufsicht, als vielmehr in dem einer „kritischen Begleitung" wahrnimmt. Dabei wird davon ausgegangen, dass die begleitende Institution (also der Akkreditierungsrat) zugleich auch Beteiligte im Verfahren ist und somit über die reine Kontrollfunktion hinaus auch Konsultations- und Interessenausgleichsfunktionen ausübt. Offenheit bezüglich kritischer oder ungeklärter Sachfragen soll damit für alle Beteiligten gegeben sein; das Monitoring-Verfahren soll auch der Klärung von Problemen und der Analyse in der Durchführung von neuen Verfahren dienen.

Gleichfalls soll diese Situation aber auch nicht dazu führen, dass die Agenturen ihre Tätigkeit als in einen quasi „rechtsfreien" Raum gestellt betrachten und hinsichtlich der ihnen von Seiten des Akkreditierungsrates gemachten Vorgaben Interpretationsspielräume oder gar die Freiheit beanspruchen, sie nicht zu beachten. Bei aller Konsensorientierung des Systems hat sich in den letzten Jahren deutlich gezeigt, dass die Agenturen dazu neigen, sich selbst als die relevanten und kompetenten Akteurinnen des deutschen →Akkreditierungssystems zu begreifen und dem Akkreditierungsrat eine randständige Existenz als Koordinierungsgremium fern der ‚eigentlichen Arbeit' zuzuweisen. Gründe für diese begrenzte Kompetenz des Rates sind:

1. Staatlicherseits ist die Autorität des Akkreditierungsrates im System bislang nicht durch die Verleihung von Sanktionsinstrumenten deutlich gemacht worden.

2. Die „Arbeitsebene" zeigt Emanzipationstendenzen gegenüber der „Aufsichtsebene" – wenn hier auch hinzugefügt werden muss, dass beide Ebenen des Akkreditierungssystems eigentlich als ein Arbeitszusammenhang eines Gesamtsystems betrachtet werden müssen.

3. Die Agenturen dürfen für sich in Anspruch nehmen, durch die Menge der täglich geleisteten Akkreditierungsarbeit über eine Ballung von Kompetenzen zu verfügen, die zur Weiterentwicklung des Systems gehört und berücksichtigt werden muss.

4. Die Agenturen können schließlich auf mitunter starke organisationelle Basen (Geschäftsstellen, Mitgliedsgruppen etc.) zurückgreifen und so flexibel auf Aufgabenkonjunkturen reagieren, während der Akkreditierungsrat hinsichtlich seiner Geschäftsstelle von vielen als materiell und personell unterausgestattet angesehen wird.

Aus dieser Konstellation resultiert, dass der Akkreditierungsrat Mischformen zwischen aufsichtlicher und kooperativer Begleitung der Agenturen entwickelt und in der praktischen Zusammenarbeit mit den Agenturen zur Konfliktlösung auf Mediationsprozesse zurückgegriffen hat. Zum Katalog des begleitenden Monitoring von Seiten des Rates gehören insbesondere:

1. eine mittelbare Berichtspflicht der Agenturen, mit der sie jährlich über ihre Arbeitsweise, ihre Geschäftssituation, personelle und institutionelle Veränderungen, Änderungen in der Mitgliederstruktur, Kooperationsvereinbarungen sowie zusammenfassend über alle abgeschlossenen und in Bearbeitung befindlichen Akkreditierungsverfahren Auskunft zu geben haben (Akkreditierungsrat 2004),

2. eine unmittelbare Informationspflicht der Agenturen, die sich auf alle abgeschlossenen Verfahren bezieht und u. a. der Einspeisung der Informationen über den akkreditierten Studiengang in die mit dem →Hochschulkompass der →HRK verknüpfte Datenbank des Akkreditierungsrates dient,

3. die Ernennung von Berichterstatter/innen aus der Mitte des Rates, welche die Arbeit einzelner Agenturen verfolgen und sowohl Aufsichtsfunktionen (Teilnahme an Kommissionssitzungen der Agentur bzw. an einzelnen Akkreditierungsverfahren, Vorbereitung der →Reakkreditierung) als auch begleitende und beratende Funktionen wahrnehmen und den Agenturen als bevorzugte Ansprechpartner/innen und als Bindeglied zum Rat zur Verfügung stehen,

4. die Zusammenkunft von Rat und Agenturen zu regelmäßigen so genannten „Round-Table-Gesprächen", bei denen sowohl aus dem Rat über neue Beschlüsse und die Beratungen berichtet und von den Agenturen über aktuelle Entwicklungen in ihrem Arbeitsfeld informiert wird als auch ein Gedankenaustausch befördert werden soll, wie anstehende Herausforderungen des Gesamtsystems (z. B. die Reduzierung der Kosten von Akkreditierungsverfahren) gemeinsam bewältigt werden können,

5. die Einbeziehung von Vertreter/innen der Agenturen in die einzelnen thematischen Arbeitsgruppen des Akkreditierungsrates (z. B. zur Weiterentwicklung der Mindeststandards und Kriterien oder zur internationalen Vernetzung des →Akkreditierungssystems), die dort ihre praktischen Erfahrungen aus der Agenturarbeit einbringen können.

Diese Mischform aus Kontroll- und Kooperationsverhältnis zwischen Rat und Agenturen schließt jedoch nicht aus, dass der Rat als Anlaufstelle für Kritiken seitens der Hochschulen oder anderer Verfahrensbeteiligter zur Verfügung steht und die an ihn herangetragenen Probleme so bald wie möglich und umfassend klärt. Allerdings gibt es bislang keine verbindlichen Verfahren, die Konflikte zwischen Rat und Agenturen (z. B. bei einer getroffenen Studiengangsakkreditierung) regeln könnten. Gemäß der Geschäftsordnung des Akkreditierungsrates sind Konfliktlösungsmöglichkeiten bisher nur hinsichtlich einzelner Beschlüsse des Rates gegeben. Sollten diese den Widerspruch einer oder aller Agenturen finden, so wird eine endgültige Entscheidung im Vernehmen mit der →KMK und der →HRK hergestellt: „Über Widersprüche gegen seine Entscheidungen entscheidet der AR nach Beratung des Widerspruchs mit der KMK/HRK-Arbeitsgruppe ‚Weiterentwicklung der Struktur des Hochschulwesens' abschließend."

2   Weitere Entwicklungen

Noch einmal sei daher hier auf die rechtlich unbefriedigende Stellung des Rates im →Akkreditierungssystem hingewiesen, die es ihm u. a. versagt, ein regelgerechtes Verhalten der Agenturen im eintretenden Falle zu erzwingen. Ebenso muss der Umstand betont werden, dass bisherige Konflikte durch kooperatives Verhalten aller Seiten beigelegt werden konnten. Dieses systemimmanente Verhalten aller beteiligten Akteur/innen darf aber nicht darüber hinweg täuschen, dass sich seit der Einrichtung des →Akkreditierungssystems in Deutschland zwischen Rat und Agenturen Konfliktpotenziale aufgebaut haben. Durch die Einsicht aller Beteiligten in den Erfolgsdruck des Gesamtsystems sind diese bislang zwar nicht offen ausgebrochen, gleichfalls machen sie aber deutlich, dass die rechtliche Ausgestaltung des deutschen Akkreditierungssystems auch im Sinne seiner Aufgabenerfüllung (Aufbau und Erhaltung eines Vielfalt ermöglichenden und →Transparenz garantierenden Systems der Qualitätssicherung im Hochschulbereich) dringend nötig erscheint. In eine solche Richtung weisen inzwischen Verhandlungen innerhalb der →KMK, welche zur rechtlichen Absicherung des Akkreditierungsrates seine Umwandlung in eine öffentlich-rechtliche Stiftung beabsichtigen (KMK 2004). Aufgaben, Rechte und Pflichten sowie Zusammenwirken von Rat und Agenturen sollen durch ein vom Land Nordrhein-Westfalen verabschiedetes Stiftungsgesetz klar definiert und in jeweils zwischen Akkreditierungsrat und einzelnen Agenturen abgeschlossenen Vereinbarungen konkretisiert werden. Die Arbeit beider Ebenen des deutschen →Akkreditierungssystems wäre damit auf eine rechtlich belastbarere Grundlage gestellt, der Akkreditierungsrat hätte eine eigene Rechtspersönlichkeit. Ebenso soll den Agenturen ermöglicht werden, eine Person ihres Vertrauens zu bestimmen, die an den Sitzungen des Akkreditierungsrates mit beratender Stimme teilnimmt und als Bindeglied zwischen diesem und den Agenturen fungiert (weitere Details der Stiftungskonstruktion und des zukünftigen Rechtsverhältnisses zwischen Akkreditierungsrat und -agenturen sind im Beitrag B | 2 beschrieben).

Insbesondere der letzte Punkt führt aber neue Spannungspotenziale in das Miteinander von Agenturen und Rat ein. Der Logik des deutschen →Akkreditierungssystems, das einen Rat zur Koordinierung und Kontrolle der Arbeit der Agenturen kennt, widerspricht es, den „Kontrollierten" einen Platz unter den „Kontrolleuren" zu ermöglichen. Indes sind hier politische Zwecksetzungen stärker als organisationstheoretische Rationalisierungen. Konfliktpotenziale endgültig ausschließen wird also auch eine rechtliche Justierung der Koordinierungs- und Kontrollmechanismen zwischen beiden Ebenen des Akkreditierungssystems nicht können. Letzten Endes wird es in der Praxis auch weiterhin auf ein gemeinsam getragenes Einverständnis und auf einen Kooperationswillen aller Seiten ankommen, um die bereits vorhandenen Reibungsverluste in der Arbeit zu minimieren und neue vermeiden zu helfen.

Literatur:

Akkreditierungsrat (1999): Mindeststandards und Kriterien zur Akkreditierung von Akkreditierungsagenturen und Akkreditierung von Studiengängen mit den Abschlüssen Bachelor/Bakkalaureus und Master/Magister.

Akkreditierungsrat (2000): Eckpunkte für ein Monitoring-Verfahren des Akkreditierungsrates und der Akkreditierungsagenturen.

Akkreditierungsrat (2001): Leitfaden für Gutachter/-innen in Akkreditierungsverfahren.

KMK (2003): Ländergemeinsame Strukturvorgaben gemäß § 9 Abs. 2 HRG für die Akkreditierung von Bachelor- und Masterstudiengängen. Beschluss der Kultusministerkonferenz vom 10.10.2003.

KMK (2004): Eckpunkte für die Weiterentwicklung der Akkreditierung in Deutschland. Festgestellt von der KMK am 4.6.2004.

Akkreditierung von Institutionen

Elke Lütkemeier

Bund und Länder haben den →Wissenschaftsrat im Jahr 2000 mit der institutionellen Akkreditierung nicht-staatlicher Hochschulen (→Privathochschulen) beauftragt. Sie reagierten damit auf die deutliche Zunahme privater Hochschuleinrichtungen in Deutschland, deren vielfältige Organisationsformen und Profile neue Fragen hinsichtlich Vergleichbarkeit und Qualitätssicherung der Bildungsangebote aufwarfen.

Der →Wissenschaftsrat berät die Bundesregierung und die Regierungen der Länder. Er hat die Aufgabe, Empfehlungen zur inhaltlichen und strukturellen Entwicklung der Hochschulen, der Wissenschaft und der Forschung sowie des Hochschulbaus zu erarbeiten. Im Wissenschaftsrat arbeiten Wissenschaftler/innen und Repräsentant/innen des öffentlichen Lebens gleichberechtigt mit Vertreter/innen von Bund und Ländern zusammen. Er besteht aus zwei Kommissionen, der Wissenschaftlichen und der Verwaltungskommission, die in der Vollversammlung zusammentreten und dort Beschlüsse – insbesondere zur Verabschiedung von Stellungnahmen und Empfehlungen – fassen. Zur Bearbeitung der einzelnen Themen werden Ausschüsse und Arbeitsgruppen eingesetzt, denen Mitglieder der beiden Kommissionen sowie externe Sachverständige angehören.

Der →Wissenschaftsrat ist das einzige Gremium in Deutschland, das Akkreditierungen von Hochschulen auf institutioneller Ebene vornimmt, wobei sich das Verfahren auf Hochschulen in nicht-staatlicher Trägerschaft beschränkt. Hierzu zählen – unabhängig von der Finanzierung – sowohl private als auch kirchliche Hochschulen. Nach Angaben im →Hochschulkompass der Hochschulrektorenkonferenz (→HRK) (Stand November 2004) bestehen in Deutschland derzeit 53 private und 44 kirchliche Hochschulen. Bei einer Gesamtzahl von 333 staatlich anerkannten Hochschulen machen nicht-staatliche Einrichtungen damit inzwischen mehr als ein Viertel der Hochschulen in Deutschland aus. Nicht eingerechnet sind Einrichtungen, die in privater Rechtsform von staatlichen Hochschulen gegründet wurden, Niederlassungen ausländischer Hochschulen sowie Bildungsanbieter, die im Franchise-Verfahren Abschlüsse ausländischer Hochschulen anbieten. Die zahlenmäßige Bedeutung nicht-staatlicher Hochschulen relativiert sich allerdings deutlich, wenn man den Anteil der Studierenden an der Gesamtstudierendenzahl betrachtet. So beträgt der Studierendenanteil privater und kirchlicher Hochschulen lediglich 2,0 bzw. 1,3 Prozent.

Im Folgenden wird zunächst das Verfahren der institutionellen Akkreditierung nicht-staatlicher Hochschulen durch den Wissenschaftsrat dargestellt. Anschließend soll ein Ausblick auf die weitere Entwicklung der institutionellen Akkreditierung in Deutschland gegeben werden.

1 Die institutionelle Akkreditierung nicht-staatlicher Hochschulen durch den Wissenschaftsrat

a Der Akkreditierungsausschuss des Wissenschaftsrats

Der Wissenschaftsrat hat auf der Basis seiner Empfehlungen zur Akkreditierung privater Hochschulen einen Akkreditierungsausschuss eingesetzt, der sich im Januar 2001 konstituierte. Er setzt sich aus 16 Mitgliedern des Wissenschaftsrates, darunter vier Vertreter/innen der Länder und einem Bundesvertreter, sowie fünf externen Sachverständigen zusammen. Der Akkreditierungsausschuss führt die formale Vorprüfung der Antragsunterlagen durch, setzt die Gutachtergruppen für die einzelnen Akkreditierungsverfahren ein, berät über deren Stellungnahme und erarbeitet auf dieser Grundlage eine Empfehlung für die Beschlussfassung im Wissenschaftsrat. Die verabschiedeten Empfehlungen und Stellungnahmen werden veröffentlicht und sind über die Geschäftsstelle des Wissenschaftsrates zu beziehen. In den ersten vier Jahren seines Bestehens erarbeitete der Akkreditierungsausschuss sechs Stellungnahmen, die im Wissenschaftsrat verabschiedet wurden. Neun Verfahren sind aktuell anhängig und befinden sich in unterschiedlichen Stufen der Bearbeitung. Auf der Basis dieser Erfahrungen hat der Wissenschaftsrat 2004 das Verfahren der institutionellen Akkreditierung optimiert und die Verfahrensgrundsätze und die Kriterien in einem Leitfaden festgeschrieben.

b Ziele und Aufgaben der institutionellen Akkreditierung

Die institutionelle Akkreditierung nicht-staatlicher Hochschulen soll die Frage klären, ob eine Hochschule in der Lage ist, Leistungen in Lehre und Forschung zu erbringen, die anerkannten wissenschaftlichen Maßstäben entsprechen. Ziel der institutionellen Akkreditierung ist damit in erster Linie der Schutz der „Verbraucher", vor allem der Studierenden, aber auch der privaten und öffentlichen →Arbeitgeber als Abnehmer der Absolventen.

Zugleich liefert die Akkreditierung einen wichtigen Beitrag zur Qualitäts-kultur und Qualitätssteigerung, die im Zuge der Sicherung der Zukunfts-fähigkeit der Hochschulen eine Schlüsselrolle einnehmen.

Die Akkreditierung kann nicht auf die Überprüfung fest definierter Standards beschränkt werden, da diese insbesondere dann zu starr sind, wenn es um die Beurteilung der Entwicklungsfähigkeit einer Hochschule oder die Beurteilung innovativer Konzepte geht, für die es noch keine Maß-stäbe gibt. Um der Innovationsfähigkeit der Institutionen Rechnung tragen zu können, sind die Hochschulen vielmehr an ihren selbst definierten Zielen und Aufgaben zu messen. Zu prüfen ist zum einen, ob diese folge-richtig abgeleitet sind und allgemeinen akademischen Grundsätzen ent-sprechen. Zum anderen muss die Hochschule nachweisen, dass sie über die notwendigen Ressourcen und Strategien verfügt, um die selbst gesetz-ten Ziele zu erreichen. Im Einzelnen sind bei der Prüfung der zu akkredi-tierenden Hochschulen folgende Prüfbereiche zu berücksichtigen: Leitbild und →Profil, Strategie, Organisation und Verwaltung, Leistungsbereich Lehre und Studium sowie Serviceleistungen für Studierende, Leistungs-bereich Forschung, personelle und sächliche Ausstattung, Finanzierung sowie Qualitätskontrolle und Qualitätsentwicklung. Die institutionelle Ak-kreditierung stellt stets eine Einzelfallbetrachtung dar, die – wie bei jedem →Peer-Review – wesentlich auf den Erfahrungen und dem Fachwissen der →Peers beruht.

c   Verfahrensschritte

Die institutionelle Akkreditierung nicht-staatlicher Hochschulen wird formal in einem gestuften Verfahren durchgeführt, das die Erarbeitung des fachlichen Votums und der Empfehlung für die Akkreditierungsentschei-dung in getrennten Gremien vorsieht: Die eigens eingesetzte Arbeitsgruppe erarbeitet das fachliche Votum, auf dessen Grundlage der Akkreditie-rungsausschuss unter Berücksichtigung übergreifender und hochschul-politischer Gesichtspunkte die Empfehlung für die Akkreditierungsent-scheidung des Wissenschaftsrates vorbereitet. Entscheidend dabei ist, dass das Votum der Arbeitsgruppe durch den Ausschuss inhaltlich nicht mehr verändert werden kann.

Im Einzelnen gliedert sich das Verfahren in folgende Schritte:

■ Zunächst prüft die jeweilige Hochschule anhand eines Fragen-kataloges, inwieweit sie in ihren Leistungsbereichen bestimmte Voraussetzungen erfüllt. Das Ergebnis der Selbstprüfung soll mit einem Ziel- und Entwicklungsplan in einem Bericht der Hochschule zusammengefasst und beim zuständigen Ministerium eingereicht werden. Dieses stellt den Akkreditierungsantrag und leitet den Bericht nach Autorisierung an den Wissenschaftsrat weiter.

■ Der Akkreditierungsausschuss unterzieht die eingereichten Antragsunterlagen einer Vorprüfung und entscheidet über die Beratungsfähigkeit des Antrages. Ist diese gegeben, setzt der Akkreditierungsausschuss eine Gutachtergruppe ein, deren Mitglieder auf die Leistungsbereiche und das →Profil der Hochschule ausgerichtet sind.

■ Die Gutachtergruppe prüft den Bericht der zu akkreditierenden Hochschule durch eine Begehung vor Ort (→Vor-Ort-Begehung). Dieser Vor-Ort-Besuch ist mit Anhörungen und Befragungen der Hochschulangehörigen, Studierenden sowie der Vertreter/innen des Landes verbunden. Je nach Größe und fachlicher Breite der zu akkreditierenden Hochschule nimmt er ein bis zwei Tage in Anspruch.

■ Die Arbeitsgruppe leitet ihr fachliches Votum in Form eines Bewertungsberichtes an den Akkreditierungsausschuss weiter, der die Empfehlung für die Akkreditierungsentscheidung des Wissenschaftsrates vorbereitet.

■ Der Wissenschaftsrat berät und entscheidet in der Vollversammlung über die Akkreditierung der Hochschule.

Abbildung 10 veranschaulicht das Zusammenspiel der verschiedenen Gremien des Wissenschaftsrates im Rahmen der institutionellen Akkreditierung nicht-staatlicher Hochschulen.

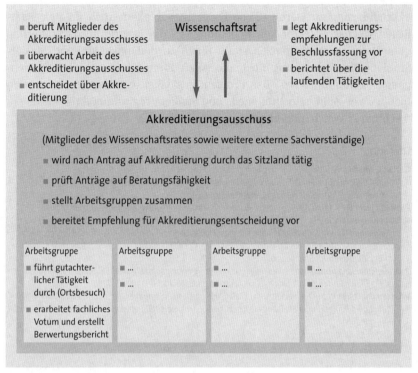

Abb. 10: Akkreditierungsverfahren des Wissenschaftsrates

Die Akkreditierung ist stets befristet und kann auf Antrag verlängert werden. Die Dauer der zeitlichen Befristung ist von verschiedenen Voraussetzungen und dabei nicht zuletzt von der Qualität der Hochschule abhängig. Bei neu gegründeten Hochschulen ist die Akkreditierung vorläufig und auf maximal fünf Jahre befristet. Für bestehende Hochschulen ist eine Ausdehnung der Befristung auf bis zu zehn Jahre möglich.

2 Ausblick

Mit der institutionellen Akkreditierung nicht-staatlicher Hochschulen durch den Wissenschaftsrat und der Akkreditierung von →Studienprogrammen durch Agenturen, die hierfür vom Akkreditierungsrat zertifiziert sein müssen, bestehen zwei gänzlich voneinander getrennte Systeme der Qualitätssicherung an Hochschulen. Eine wichtige Aufgabe wird zukünftig darin bestehen, das Verhältnis zwischen institutioneller und Studiengangsakkreditierung zu klären. Diese Frage ist vor allem auch für den staatlichen Hochschulsektor von Bedeutung, da die Programmakkreditierung quantitativ an ihre Grenzen stößt. Sollte zu den Bachelor- und Master-Studiengängen zukünftig noch die Akkreditierung von Diplom-Studiengängen kommen, würde das Problem zusätzlich verschärft. Abzuwarten bleibt, ob es gelingt, institutionelle und Studienprogrammakkreditierung in fruchtbarer Weise miteinander zu verknüpfen.

Literatur

Gerlach, Johann W.: Akkreditierung von privaten Hochschulen, in: Schriftenreihe der Arbeitsgruppe Fortbildung (= Fortbildungsprogramm für die Wissenschaftsverwaltung, Materialien Nr. 92). Weimar (im Druck).

Projekt Q der HRK (2003): Wegweiser 2003 – Qualitätssicherung an Hochschulen. Bonn.

Kohler, Jürgen (2004): Institutionelle Qualitätssicherung statt Programmevaluation?, in: A. Hopach (Hg.): Qualitätssicherung an Hochschulen – Neue Herausforderungen nach der Berlin-Konferenz (Fachtagung des Projekts Q der HRK vom 20. bis 21. November 2003 in Bonn). Bielefeld, S. 237–250.

Richter, Roland (2002): Akkreditierungs- und Anerkennungsverfahren im Hochschulsystem der USA, in: Beiträge zur Hochschulforschung 1, S. 6–29.

Wissenschaftsrat (2001): Empfehlungen zur Akkreditierung privater Hochschulen, in: Empfehlungen und Stellungnahmen 2000, Bd. I. Köln, S. 201–228.

C

Instrumente und Elemente der Akkreditierung von Studiengängen

Bachelor/Bakkalaureus

Heidrun Jahn

1 Ein neuer Hochschulabschluss

An deutschen Hochschulen werden neben Studiengängen mit Diplom- und Magisterabschlüssen auch Studiengänge mit Bachelor- und Masterabschlüssen angeboten. Während das novellierte Hochschulrahmengesetz (→HRG) von 1998 noch vorsah, Bachelor- und Masterstudiengänge zur Erprobung einzurichten, wurden diese mit der 6. HRG-Novelle von 2002 § 19 zur regulären Alternative zu den Hochschulgraden nach § 18 erklärt. Die Qualität von Bachelor- und Masterstudiengängen soll durch Akkreditierung gesichert werden.

Mit dem Bachelor als ersten und dem Master als weiteren Hochschulabschluss wird ein gestuftes bzw. konsekutives Studiengangssystem in Deutschland eingeführt. Der Bachelor (oder synonym bezeichnet Bakkalaureus) kann als erster berufsqualifizierender Abschluss nach mindestens drei und maximal vier Jahren →Regelstudienzeit an der Hochschule erworben werden. Mit einer im Vergleich zu traditionellen Hochschulabschlüssen kürzeren Regelstudienzeit wird ein hoher Anspruch an Berufsqualifizierung (→Employability) verbunden.

Die Kultusministerkonferenz (→KMK) stellt fest, dass in einem System mit gestuften Studienabschlüssen der Bachelor der →Regelabschluss eines Hochschulstudiums ist und für die Mehrzahl der Studierenden zu einer ersten →Berufseinmündung führt. Er soll ein gegenüber den Diplom- und Magisterstudiengängen eigenständiges berufsqualifizierendes Profil haben, das durch die in der →Regelstudienzeit zu vermittelnden Inhalte und die zu erwerbenden Kompetenzen deutlich werden muss (KMK 2003a, b). Eine Qualifizierung für den Berufseinstieg bzw. Berufsstart reicht aber nicht aus. Im Bachelorstudiengang sind darüber hinaus Basiskompetenzen für berufliche oder akademische Weiterqualifizierung im Kontext eines lebenslangen Lernprozesses zu erwerben.

Akademische Weiterqualifizierung bedeutet vor allem, dass ein Bachelorabschluss grundsätzlich zu einem Masterstudium berechtigt. Die →Durchlässigkeit im Hochschulsystem sollte nicht bildungspolitisch über eine Quotierung des Anteils der Bachelor- und Masterstudenten eingeschränkt werden, obwohl dies von einigen Seiten gefordert wird (zu den hohen Risiken solcher Überlegungen Teichler 2003). Gleichwohl können aus den curricularen Anforderungen an den jeweiligen Masterstudiengang besondere bzw. über den Abschluss eines Bachelorstudiengangs hinausgehende Zugangsvoraussetzungen für diesen Studiengang an der Hochschule bestimmt werden.

Die folgende Abbildung soll wesentliche Unterschiede zwischen dem traditionellen und dem gestuften Studiengangsmodell vor allem bezüglich der Übergangsmöglichkeiten in Berufstätigkeit veranschaulichen: So bietet der Bachelorabschluss im Unterschied zum Diplomabschluss die Möglichkeit, die Hochschule nach 6 Semestern zu verlassen, zu einem späteren Zeitpunkt wieder an die Hochschule zurückzukommen oder gleich an der Hochschule zu verbleiben und über ein Masterstudium in die Berufstätigkeit (oder Promotionsphase) zu gehen.

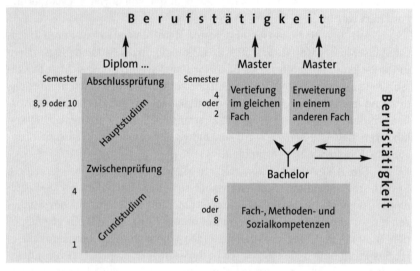

Abb. 11: Unterschiede zwischen traditionellem und gestuftem Studiengangsmodell

Welche Möglichkeiten Bachelorabschlüsse eröffnen können, hängt nicht zuletzt von den damit erworbenen Berechtigungen ab. Bachelorabschlüsse verleihen laut →KMK grundsätzlich die selben Berechtigungen wie Diplomabschlüsse der Fachhochschulen. Außerdem sollen keine Unterschiede hinsichtlich der Dauer der Studiengänge oder der Institutionen, an denen sie erworben werden, gemacht werden (KMK 2003). Bachelor und Master sind mit ihren Profilen und Berechtigungen nicht mehr wie die traditionellen Abschlüsse an einen bestimmten →Hochschultyp gebunden. Daraus resultieren für die einzelne Hochschule mehr Möglichkeiten zur Profilierung ihrer Studiengänge (→Profilbildung).

2 Ziele und Motive für die Einführung

Die Einführung von Bachelorstudiengängen an deutschen Hochschulen ist mit unterschiedlichen Zielen und Motiven verbunden. Sie lassen sich zu folgenden Schwerpunkten zusammenfassen.

a Internationalisierung

Die Implementierung von Studiengängen mit Bachelorabschlüssen soll zu einer Verbesserung der Kompatibilität deutscher Studiengänge und Abschlüsse (gegenseitige →Anerkennung) und zu einer Erhöhung der internationalen →Mobilität von Studierenden und Absolvent/innen führen. Wichtige Motive dafür sind, dass

- deutsche Hochschulabschlüsse international nicht ausreichend anerkannt werden, da weltweit in über 80 Prozent der Länder ein gestuftes Studiensystem üblich ist,
- Anerkennungsprobleme sowohl ein Studium für Ausländer in Deutschland wenig attraktiv erscheinen lassen als auch ein Studium für Deutsche im Ausland erschweren,
- die Beschäftigung auf internationalen Arbeitsmärkten zunehmend bedeutsamer wird, aber mit unüblichen Abschlüssen eher schwierig ist.

Fokussiert werden diese Motive für die Einführung von Bachelorstudiengängen an deutschen Hochschulen im so genannten →Bologna-Prozesss, der auf die Schaffung eines europäischen Hochschulraums bis 2010 gerichtet ist. Bei der Verständigung der europäischen Hochschulminister/innen auf dafür erforderliche gemeinsame Ziele und Referenzstrukturen erhält die Implementierung eines zweistufigen Studiensystems bis 2005 besondere Priorität. Der nach der ersten, mindestens dreijährigen Stufe zu erwerbende Abschluss (Bachelor) soll dabei eine für den europäischen →Arbeitsmarkt relevante Qualifikationsebene attestieren und den Zugang zur zweiten Stufe (Master) ermöglichen. Hervorzuheben ist, dass die Hochschulminister/innen auf der Berlin-Konferenz im September 2003 unterstrichen, dass das Verständnis und die Akzeptanz der neuen Abschlüsse durch eine Vertiefung des Dialogs in den Einrichtungen und zwischen diesen und →Arbeitgebern zu verbessern ist.

b   Studienreform

Ein weiterer Schwerpunkt für die Einführung von Bachelorstudiengängen betrifft die Reform des deutschen Hochschulstudiums. Die Motive für eine solche Studienreform werden vor allem aus Problemen des deutschen Studiums hergeleitet:

- Die durchschnittlichen →Studienzeiten bis zu einem ersten Hochschulabschluss sind zu lang, und die Studienabbrecherquote ist auch im Vergleich zu anderen Ländern zu hoch (→Abbruchalternative).

- Das deutsche Hochschulstudium bietet zu wenig differenzierte Studienangebote für die unterschiedlichen Fähigkeiten und Erwartungen der Studierenden. Die bereits erläuterte Abbildung lässt die geringe →Flexibilität des traditionellen Studiengangmodells erkennen.

- Wissensvermittlung dominiert im Studium und berufsrelevante Kompetenzen wie →Schlüsselqualifikationen können in zu geringem Maße erworben werden.

Die Bachelorstudiengänge sollen durch ein stärker strukturiertes Studienangebot mit →Modulen, →Credit-Points und →studienbegleitenden Prüfungen zu kürzeren →Studienzeiten und geringeren Studienabbrecherquoten (→Abbruchalternative) führen. Es soll vielfältige Bachelorangebote mit flexiblen Übergängen in die Berufstätigkeit geben. Bachelorstudiengänge sind Output-orientiert zu konzipieren und sollen eine bestimmte →Niveaustufe im studentischen Kompetenzerwerb realisieren (→Kompetenz). Das entspricht wiederum europäischen Rahmenvereinbarungen im →Bologna-Prozess.

3   Probleme mit Umsetzung und Akzeptanz

Als Begründung für die Aufnahme der Bachelor- und Masterstudiengänge in das Regelangebot der Hochschulen wurde ihr rascher quantitativer Anstieg von etwa 100 Studiengängen im Wintersemester 1998/99 auf etwa 1.000 Studiengänge im Wintersemester 2001/02 genannt. Nicht gleichermaßen wurde in Betracht gezogen, dass sich zu diesem Zeitpunkt erst ca. 2 Prozent aller Studierenden in Bachelor- und Masterstudiengängen befanden und die Unternehmen noch wenig mit den neuen Abschlüssen anzufangen wussten. Im Wintersemester 2002/03 waren ca. 3 Prozent der Studierenden in diesen Studiengängen eingeschrieben. Die Zahl der Bachelor- und Masterangebote stieg zum Januar 2004 auf etwa 2.000 Studiengänge an (davon etwa 950 mit Bachelorabschluss – 65 Prozent an Universitäten, 35 Prozent an Fachhochschulen). Viele Unternehmen sind weiterhin unsicher, welche Qualifikationen sich hinter den neuen Abschlussbezeichnungen verbergen. Die folgende Abbildung zeigt die Bachelorstudiengänge nach Fächergruppen und →Hochschultypen. Sprach-, Kultur- und Sozialwissenschaften umfassen zusammen mit Mathematik, Naturwissenschaften und Ingenieurwissenschaften etwa 80 Prozent des gegenwärtigen Bachelorangebots. Während in den beiden erstgenannten Fächergruppen die universitären Angebote dominieren, gibt es in den Ingenieurwissenschaften und auch in den danach platzierten Wirtschaftswissenschaften deutlich mehr Bachelorstudiengänge an Fachhochschulen. Die Verteilung der Bachelorangebote auf die Hochschultypen spiegelt nicht nur Präferenzen von Universitäten, sondern auch das eingeschränkte Fächerspektrum von Fachhochschulen wider. Aus der Abbildung wird sichtbar, dass in den weiteren Fächergruppen jeweils weniger als 50 Bachelorstudiengänge angeboten werden. Aufmerksam zu machen ist aber z. B. auf die Gruppe der Gesundheitswissenschaften, in der Bachelorstudiengänge für Fächer entwickelt wurden, die in Deutschland noch nicht im tertiären Bereich vertreten waren (Logopädie, Physiotherapie, Ergotherapie).

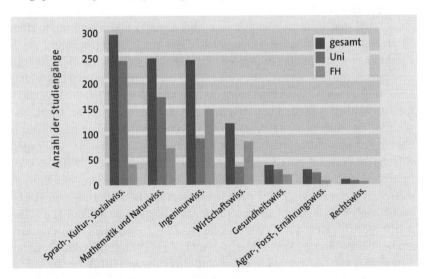

Abb. 12: Bachelorstudiengänge an deutschen Hochschulen nach Fächergruppen und Hochschultypen (Stand: Januar 2004, Quelle: http://www.Hochschulkompass.de)

Trotz zahlreicher Neuerungen ist es bei der Entwicklung der Bachelorstudiengänge bisher noch nicht ausreichend gelungen, die genannten Ziele für ihre Einführung auch in qualitativ neue Studienangebote umzusetzen. Probleme bei der Umsetzung von Bachelorstudiengängen spiegeln sich in Schwierigkeiten bei deren Akzeptanz durch Studierende und Unternehmen wider.

Für die Studierenden als Betroffene der neuen Studiengangsentwicklungen ist generell festzustellen, dass sie bisher zu wenig in die Debatte über Bachelor- und Masterstudiengänge in Deutschland einbezogen wurden. So sehen sie häufig weniger die Vorteile, die ihnen ein kurzes und strukturiertes Bachelorstudium bieten kann, als die damit verbundenen Gefahren. In erster Linie gilt das für die ungeklärte Akzeptanz der Bachelorabschlüsse auf dem →Arbeitsmarkt. Studierende befürchten aber auch, dass sich hinter dem Ruf nach Studienzeitverkürzung (→Studienzeiten) und Senkung der Studienabbrecherquoten (→Abbruchalternative) vor allem hochschulpolitische Interessen einer weiteren Reduzierung der finanziellen Ressourcen für ein Studium verbergen.

Die Ziele des →Bologna-Prozesses werden von den meisten Studierenden begrüßt. Sie sehen in einem gemeinsamen europäischen Hochschulraum vor allem erweiterte Möglichkeiten für Studium und Berufstätigkeit (HIS 2003).

Bei den Unternehmen, speziell bei kleinen und mittelständischen Betrieben, sind die neuen Studienabschlüsse noch wenig bekannt. Auch Erfahrungen mit Inhaber/innen solcher Abschlüsse konnten bisher kaum gesammelt werden, da im Jahr 2002 z. B. erst knapp 1.000 Bachelor- und ca. 2.000 Master-Absolvent/innen die Hochschulen verließen. Unsicherheiten darüber, was man von den neuen Abschlüssen erwarten kann, lassen die Tendenz erkennen, Absolvent/innen mit traditionellen Abschlüssen eher oder zumindest zu besseren Konditionen einzustellen. Umfragen zeigen großen Informationsbedarf vieler Unternehmen (DIHK 2002). Informationskampagnen gemeinsam mit Hochschulen sollen dazu führen, dass sich die →Arbeitgeber/innen besser auf die Rekrutierung von Hochschulabsolvent/innen mit neuen Studienabschlüssen einstellen. Die Wirtschaft spricht sich für Qualitätssicherung der Bachelor- und Masterstudiengänge durch Akkreditierung und ihre Weiterentwicklung unter Beteiligung von Vertreter/innen der Unternehmen aus (BDA 2003).

4 Zur Entwicklung und Sicherung der Qualität von Bachelorstudiengängen

Im Folgenden werden Bedingungen gekennzeichnet, die für Entwicklung und Sicherung der Qualität von Bachelorstudiengängen besonders bedeutsam sind. Sie sollten als Voraussetzungen für ihre Akkreditierung verstanden werden.

a Kompetenzorientierte Bestimmung der Studienziele und Bachelorprofil

Bei der Konzipierung oder Begutachtung eines Bachelorstudiengangs ist vor allem die Frage zu beantworten, welche →Kompetenzen die Studierenden in diesem Studiengang erwerben können. Für die Beantwortung der Frage reicht eine Reduzierung auf Berufsqualifizierung als Orientierung an aktuellen Arbeitsmarktanforderungen nicht aus. Auch in einem Bachelorstudiengang geht es um den Erwerb von akademischer Bildung, die geeignet sein sollte, sowohl →Employability als Beschäftigungsfähigkeit im Sinne einer generativen Kompetenz, die sich wandelnden Anforderungen innerhalb des Berufs zu bewältigen, als auch Citizenship als Kompetenz zu entwickeln, aktiv an der Gestaltung des gesellschaftlichen Lebens teilzuhaben (Wildt 2003). Auf dieser Basis sind fachspezifische und allgemeine, so genannte Schlüssel-Kompetenzen auf Bachelorniveau (erster Hochschulabschluss) zu definieren (→Schlüsselqualifikationen).

In einem gestuften Studiengangssystem hat der Bachelorstudiengang die Aufgabe, vor allem den Erwerb grundlegender Fachkenntnisse, Methoden- und Sozialkompetenzen für →lebenslanges Lernen, für verschiedene weitere Qualifizierungswege zu ermöglichen, aber auch zum unmittelbaren Einstieg in chancenreiche Berufsfelder zu befähigen. Aus dieser Funktion resultieren Konsequenzen für sein Profil, das sich von dem eines Masterstudiengangs unterscheiden muss. Ein Bachelorstudiengang soll ein grundständiges wissenschaftliches Studium ermöglichen, das im Vergleich zu einem weiterführenden Masterstudium breiter angelegt ist und weitgehend auf fachwissenschaftliche Spezialisierung verzichtet bzw. diese dem Masterstudium überlässt.

Die →KMK stellt zum generellen Bachelorprofil fest, dass in Bachelorstudiengängen wissenschaftliche Grundlagen, Methodenkompetenz und berufsfeldbezogene Qualifikationen vermittelt werden. Im Unterschied zu den stärker zu differenzierenden Masterstudiengängen sollen Bachelorstudiengänge nicht den Profiltypen „stärker anwendungsorientiert" und „stärker forschungsorientiert" zugeordnet werden (KMK 2003b). Bei der Umsetzung der allgemeinen Vorgaben in ein konkretes Bachelorprofil sind die Stärken des Faches an der jeweiligen Hochschule zu nutzen, die diesen Studiengang von anderen unterscheiden.

b Entwicklung eines international kompatiblen Studiengangskonzepts

Es ist ein strukturell, inhaltlich und didaktisch-methodisch schlüssiges Studiengangskonzept zu entwickeln, das den Erwerb der geplanten Kompetenzen ermöglicht. Duale und Teilzeit-Studien sind stärker für die Integration von Praxisbezügen zu nutzen. Auswahl und Gestaltung der →Lern-/Lehrformen und der →studienbegleitenden Prüfungsformen sollen nicht zuletzt →Studierbarkeit in der →Regelstudienzeit ermöglichen.

Internationale Kompatibilität ist aber vor allem möglich, wenn auch an deutschen Hochschulen ein „Shift from Teaching to Learning" stattfindet (Wildt 2003). Die traditionelle Input-Orientierung an Lehraufwand und Inhaltsangebot soll durch eine Output-Orientierung an Lernaufwand und Qualifikationsergebnis der Studierenden abgelöst werden. Europäische Rahmenvereinbarungen zu →Workload, →Learning Outcomes oder zu →Modulen mit →Credit-Points sind umzusetzen bzw. weiterzuentwickeln.

c Gewährleistung erforderlicher personeller und materiell-technischer Ausstattung

Für die Realisierbarkeit der gesetzten Ziele und des geplanten Studiengangskonzepts ist eine bestimmte personelle, sächliche und räumliche Ausstattung des Studiengangs zu gewährleisten. Bei der Akkreditierung eines Studiengangs spielt auch die Frage eine Rolle, ob die notwendigen Ressourcen gesichert sind. Einschränkend ist darauf aufmerksam zu machen, dass den Hochschulen aber in der Regel keine zusätzlichen Mittel für die Entwicklung von Bachelorstudiengängen zur Verfügung gestellt werden.

d Aufbau von Strukturen und Maßnahmen für kontinuierliche Qualitätssicherung

Zu den Qualitätssicherungsmaßnahmen für Studiengänge gehören neben der Beratung und Betreuung der Studierenden (→Studienberatung) auch die →Evaluation während des Studiums und vor allem seiner Ergebnisse (→Learning Outcomes) etwa durch Absolventenbefragungen oder Verbleibsstudien. Dabei sollen nicht zahlreiche isolierte Einzelmaßnahmen initiiert, sondern ein kontinuierlicher Qualitätssicherungsprozess entwickelt werden, der in ein umfassendes Qualitätsmanagementsystem (→Qualitätsmanagement) an der Hochschule integriert ist.

Die Qualitätssicherung in der Autonomie jeder Institution ist wiederum Bestandteil der Qualitätssicherung auf nationaler und europäischer Ebene. Auf der Berlin-Konferenz (→Bologna-Prozess) wurde als Priorität bis 2005 vereinbart, wechselseitig anerkannte Kriterien und Methoden der Qualitätssicherung zu entwickeln. Die nationalen Qualitätssicherungssysteme sollen u. a. eine Beteiligung der Studierenden, Kooperation und Vernetzung beinhalten. Eine stärkere Einbeziehung von Studierenden (→Studentischer Akkreditierungspool) und Vertreter/innen der →Berufspraxis in die Entwicklung und Sicherung der Qualität von Bachelorstudiengängen ist in Deutschland zunehmend notwendig (→Partizipation), vor allem wenn bis 2010 in den meisten Fächern traditionelle Studiengänge und Abschlüsse vollständig durch Bachelor- und Masterstudiengänge ersetzt werden sollen.

Literatur

BDA (Hg.) (2003): Bundesvereinigung der Deutschen Arbeitgeberverbände: Memorandum zur gestuften Studienstruktur (Bachelor/Master). Berlin.

DIHK (2002): Deutscher Industrie- und Handelskammertag: Bachelor- und Masterstudiengänge. Erhebung des DIHK bei Mitgliedsunternehmen von Industrie und Handelskammern über die Akzeptanz von Bachelor- bzw. Masterstudiengängen bzw. Beschäftigungsaussichten der Absolventen dieser Studiengänge in der Wirtschaft. Berlin.

HIS (Hg.) (2003): Studierende auf dem Weg nach Europa. Studierendenuntersuchung 2003 zur Akzeptanz des Bologna-Prozesses. Hannover.

KMK (2003a): 10 Thesen zur Bachelor- und Masterstruktur in Deutschland. Beschluss der Kultusministerkonferenz vom 12.6.2003.

KMK (2003b): Ländergemeinsame Strukturvorgaben gemäß § 9 Abs. 2 HRG für die Akkreditierung von Bachelor- und Masterstudiengängen. Beschluss der Kultusministerkonferenz vom 10.10.2003.

Teichler, Ulrich (2003): Die Master-Stufe an Hochschulen in Europa – Probleme und Chancen, in: Das Hochschulwesen 5, S. 174–178.

Wildt, Johannes (2003): „The Shift from Teaching to Learning" – Thesen zum Wandel der Lernkultur in modularisierten Studienstrukturen, in: Landtagsfraktion Bündnis 90/Die Grünen (Hg.): Unterwegs zu einem europäischen Bildungssystem. Reform von Studium und Lehre an den nordrhein-westfälischen Hochschulen im internationalen Kontext. Düsseldorf, S. 14–21.

Master/Magister[1]

Annette Fleck

1   Ein neuer Hochschulabschluss: Master[2]

Der Master gem. § 19 →HRG ist ein weiterer berufsqualifizierender Abschluss, der mindestens ein und maximal zwei Jahre →Regelstudienzeit sowie einen Arbeitsumfang (→Workload) von 60–120 →Credit-Points nach dem →ECTS umfasst. Der Charakter des Master als weiterer berufsqualifizierender Abschluss muss bei den Zugangsvoraussetzungen betont werden. Diese Zugangsvoraussetzungen sind Gegenstand der Akkreditierung (KMK, 2003). Den Strukturvorgaben der →KMK zufolge ist Zugangsvoraussetzung für einen Masterstudiengang immer ein berufsqualifizierender Hochschulabschluss.

Masterabschlüsse berechtigen grundsätzlich zur →Promotion. Sie werden nach den Profiltypen „stärker forschungsorientiert" und „stärker anwendungsorientiert" unterschieden.

In einem System mit gestuften bzw. konsekutiven Studiengängen – dem Bachelor-Master-Modell – darf die →Regelstudienzeit insgesamt fünf Jahre nicht überschreiten. Da Bachelor- und Masterstudiengänge zu akkreditieren sind, ist diese Vorgabe für die Planung und →Genehmigung von Studiengängen bindend.

Die Kultusministerkonferenz (→KMK) differenziert in ihren Strukturvorgaben vom 10. Oktober 2003 zwischen den konsekutiven, den nicht-konsekutiven und den weiterbildenden Masterstudiengängen, die sowohl an Universitäten als auch an Fachhochschulen eingerichtet werden können. Ein konsekutiver Masterstudiengang kann den vorausgehenden Bachelorstudiengang entweder fachlich fortführen und vertiefen oder – unter Wahrung des fachlichen Zusammenhangs – fachübergreifend erweitern (KMK 2003, 4.1). Nicht-konsekutive Masterstudiengänge bauen nicht auf dem vorausgehenden Bachelorstudiengang auf. Sie können als eigenständige weiterführende Studiengänge eingerichtet werden. In den Anforderungen entsprechen sie den konsekutiven Masterstudiengängen (KMK 2003, 1.3; 1.4) und führen zu dem gleichen Qualifikationsniveau und zu denselben Berechtigungen (Zulassung zum höheren Dienst; Zugang zur

---

[1] Da Bachelor- und Master gemeinsam als neue Abschlusstypen in Deutschland eingeführt werden, sei zahlreicher thematischer Ergänzungen wegen auch auf C | 1 verwiesen.

[2] Um einer Verwechslung mit dem Magister gem. § 18 HRG vorzubeugen, wird im Folgenden nur der Begriff „Master" verwendet.

→Promotion). Weiterbildende Masterstudiengänge setzen neben einem qualifizierten Hochschulabschluss qualifizierte →Berufspraxis von i. d. R. nicht weniger als einem Jahr voraus (KMK 2003, 4.3). Bezüglich der Anforderungen, des Qualifikationsniveaus und den Berechtigungen entsprechen sie den konsekutiven Masterstudiengängen.

Obwohl die Strukturvorgaben der →KMK den Hochschulen theoretisch die Möglichkeit eröffnen, den Typus des Masterstudiengangs selbst zu bestimmen, ist dieser in der Praxis durch entsprechende Ländervorgaben z. T. eingeschränkt. Insbesondere Teile von nicht-konsekutiven Masterangeboten („Professional Master", Abschluss von Ausbildungsgängen mit schwerpunktmäßig berufsvorbereitender bzw. berufsqualifizierender Ausrichtung, ohne unbedingte Promotionsberechtigung; Professional (Degree) werden kontrovers diskutiert. So wird etwa mit der Einführung dieses „Master light" die →Transparenz, das Qualitätsniveau und die Qualitätskontrolle der Masterstudiengänge in Deutschland als gefährdet angesehen und dieses als ein Ausscheren aus dem →Bologna-Prozess bezeichnet.

Masterabschlüsse sind durch ein hohes fachliches und wissenschaftliches Niveau, das mindestens dem der eingeführten Diplomabschlüsse entsprechen muss, gekennzeichnet (KMK 2003, 2.1).

2 Ziele und Motive für die Einführung

Die Einführung von Masterstudiengängen an deutschen Hochschulen ist mit unterschiedlichen Zielen und Motiven verbunden. Sie lassen sich zu folgenden Schwerpunkten zusammenfassen.

a Internationalisierung

Masterstudiengänge werden im Rahmen der Etablierung des Europäischen Hochschulraums (→Bologna-Prozess) eingerichtet. Das zwei-zyklische Bachelor-Master-Modell, das bis 2005 flächendeckend in Europa eingeführt werden soll, verbessert die Vergleichbarkeit der Abschlüsse und damit die internationale →Mobilität von Studierenden und Absolvent/innen. Unterstützende Maßnahmen hierfür sind die Einführung eines ECTS-kompatiblen Leistungspunktesystems (→ECTS, →Credit-Point-System), die →Modularisierung von Studieninhalten, die Ergänzung des Zeugnisses durch ein →Diploma Supplement sowie der Abbau von Mobilitätshemmnissen (z. B. europäisches →BAFöG).

Masterstudiengänge, die explizit auf Studienbewerber aus dem

Ausland zugeschnitten sind, zeichnen sich zusätzlich durch eine Internationalisierung ihrer Curricula (Maiworm, Wächter 2002; ACA 2003) und durch ein fremdsprachliches Lehrangebot aus.

Auf europäischer Ebene gibt es zurzeit unterstützende Maßnahmen zur Entwicklung von international ausgerichteten Masterstudiengängen. Hier sollen nur zwei genannt werden: das „Joint Masters Project" der Europäischen Universitätskonferenz (→EUA) (EUA 2004) und das Programm Erasmus Mundus der EU-Kommission (EU 2004).

b   Studienreform

Mit der Einführung von Bachelor-/Master-Studiengängen versuchen die Hochschulen, Aspekte der →Studienreform anzugehen. Im Vordergrund stehen dabei die Verringerung der →Studienzeiten und der Studienabbrecherquoten (→Abbruchalternative). Hierzu dient die Einführung des Bachelor, der nach sechs bis acht Semestern zum ersten berufsqualifizierenden Abschluss führt und der den →Regelabschluss eines Hochschulstudiums darstellt. Mit der Einführung von Masterstudiengängen erhalten die Hochschulen die Chance, ihr →Profil stärker in bestimmten Schwerpunktbereichen auszubilden.

Weitere Reformaspekte im Zusammenhang der Master-Einführung sind (Tauch, Rauhvargers 2002; Maiworm, Wächter 2002; Gensch, Schindler 2003):

- Stärkere Orientierung an der →Berufspraxis (→Employability),
- Diversifizierung des Studienangebots durch interdisziplinäre Curricula (→Interdisziplinarität),
- Erwerb von Fachkenntnissen (Forschungsorientierung),
- Attraktivität für ausländische Studierende (internationale →Attraktivität).

3   Zahlen und Akzeptanz

Im September 2004 beträgt die Zahl der Masterstudiengänge in Deutschland 1.180 (→Hochschulkompass). Masterabschlüsse sind den Diplom- und Magisterstudiengängen an Universitäten und gleichgestellten Hochschulen äquivalent.

Während für die Akzeptanz des Bachelor Fragen der Anerkennung auf dem →Arbeitsmarkt (→Employability) im Vordergrund stehen, sind es bezüglich der Akzeptanz des Master die Zulassungsvoraussetzungen. Da der Zugang zum Master weitere besondere Zugangsvoraussetzungen von den Studienbewerber/innen fordern kann, befürchten Studierende zu Recht, dass mit der Einführung des zwei-zyklischen Systems mit beschränkter →Durchlässigkeit eine zusätzliche Hürde eingeführt wird.

4 Zur Entwicklung und Sicherung der Qualität von Masterstudiengängen

Im Folgenden werden Bedingungen gekennzeichnet, die für Entwicklung und Sicherung der Qualität von Masterstudiengängen besonders bedeutsam sind. Sie sollten als Voraussetzungen für ihre Akkreditierung verstanden werden.

a Studiengangsprofile

Masterstudiengänge sind nach den Profiltypen „stärker anwendungsorientiert" und „stärker forschungsorientiert" zu differenzieren. Die Zuordnung zu einem der Profiltypen ist im →Diploma Supplement darzustellen und wird in der Akkreditierung verifiziert. Hierzu stellt der Akkreditierungsrat →Kriterien auf (Akkreditierungsrat 2004). Darüber hinaus sind folgende Aspekte relevant für die Beurteilung eines Studiengangskonzeptes:

- Qualität des Curriculums (fachlich-wissenschaftliches Niveau),
- Berufsqualifizierung (→Employability),
- Personalressourcen,
- materielle Ausstattung.

b. Entwicklung eines international kompatiblen Studiengangskonzepts

Es ist ein strukturell, inhaltlich und didaktisch-methodisch schlüssiges Studiengangskonzept zu entwickeln. Auswahl und Gestaltung der →Lern-/Lehrformen- und der →studienbegleitenden Prüfungsformen sollen nicht zuletzt →Studierbarkeit in der →Regelstudienzeit ermöglichen.

Internationale Kompatibilität ist durch eine Output-Orientierung an Lernaufwand und Qualifikationsergebnis der Studierenden zu erreichen. Europäische Rahmenvereinbarungen zu →Workload, →Learning Outcomes oder zu →Modulen mit →Credit-Points sind umzusetzen bzw. weiterzuentwickeln.

c Gewährleistung erforderlicher personeller und materiell-technischer Ausstattung

Für die Realisierbarkeit der gesetzten Ziele und des geplanten Studiengangskonzepts ist eine bestimmte personelle, sächliche und räumliche Ausstattung des Studiengangs zu gewährleisten. Bei der Akkreditierung eines Studiengangs spielt auch die Frage eine Rolle, ob die notwendigen Ressourcen gesichert sind.

d Aufbau von Strukturen und Maßnahmen für kontinuierliche Qualitätssicherung

Qualitätssicherungsmaßnahmen für Masterstudiengänge umfassen Fragen der Studienorganisation (Beratung und Betreuung der Studierenden; →Studienberatung), die →Evaluation des Studiums und seiner Ergebnisse durch z. B. Absolventenbefragungen bzw. Verbleibsstudien.

Auf der Berlin-Konferenz wurde als Priorität bis 2005 vereinbart, wechselseitig anerkannte Kriterien und Methoden der Qualitätssicherung zu entwickeln. Die nationalen Qualitätssicherungssysteme sollen u. a. eine Beteiligung der Studierenden, Kooperation und Vernetzung beinhalten. Eine stärkere Einbeziehung von Studierenden (→Studentischer Akkreditierungspool) und Vertreter/innen der →Berufspraxis in die Entwicklung und Sicherung der Qualität von Bachelor-Masterstudiengängen ist in Deutschland zunehmend notwendig, vor allem, wenn bis 2010 in den meisten Fächern traditionelle Studiengänge und Abschlüsse vollständig durch Bachelor- und Masterstudiengänge ersetzt werden sollen.

Literatur

Akkreditierungsrat (2004): Deskriptoren für die Zuordnung der Profile „forschungsorientiert" und „anwendungsorientiert" für Masterstudiengänge. Beschluss des Akkreditierungs- rates vom 1.4.2004.

KMK (2003): Ländergemeinsame Strukturvorgaben gemäß § 9 Abs. 2 HRG für die Akkreditierung von Bachelor- und Masterstudiengängen. Beschluss der Kultusministerkonferenz vom 10.10.2003.

EU (2004): Allgemeine & berufliche Bildung, Erasmus Mundus, online einsehbar unter: http://europa.eu.int/comm/education/programmes/mundus/index_de.html.

EUA (2004): Joint Masters Project, online einsehbar unter: http://www.eua.be/eua/en/projects_joint.jspx.

Gensch, S. K. / Schindler, G. (2003): Bachelor- und Masterstudiengänge an den staatlichen Hochschulen in Bayern. Bayerisches Staatsinstitut für Hochschulforschung und Hochschul- planung IHF (= Beiträge zur Hochschulforschung, Bd. 64).

Maiworm, Friedhelm / Wächter, Bernd (2002): English-Language-Taught Degree Programmes in European Higher Education. Bonn.

Tauch, Christian / Rauhvargers, Andrejs (2002): EUA Survey on Master Degrees and Joint Degrees in Europe.

Niveau- und Profilabgrenzungen von Bachelor und Master

Falk Bretschneider

Die neuen Studiengänge Bachelor und Master sind mit Reformbemühungen verbunden, die beträchtliche Veränderungen der Konzeptionen des Hochschulstudiums beabsichtigen. Sie sollen keine Umetikettierungen vorhandener Studiengänge sein. Gleichsetzungen wie etwa →Diplomstudiengang (Fachhochschule) = Bachelor oder Diplomstudiengang (Universität) = Master geben für die Übergangszeit zwar einen Orientierungsrahmen, werden den Absichten der Reform jedoch keinesfalls gerecht. Sogar kontraproduktiv sind Gleichsetzungen des Uni-Vordiploms mit dem Bachelorabschluss. Daraus ergeben sich drei Anforderungen an die Studiengangsgestaltung:

a Sowohl der Bachelor- wie der Masterabschluss sollen gewisse Merkmale tragen, die sie von traditionellen Studiengängen unterscheidbar machen und die den Nutzen ihrer Einführung in Deutschland begründen.

b Bachelor und Master müssen im Sinne des →Bologna-Prozesses als unterschiedliche →Niveaustufen der →Hochschulausbildung untereinander unterscheidbar sein.

c Vor allem an Masterstudiengänge richtet sich die Vorgabe der →KMK, unterschiedliche Profile auszuprägen.

Angesichts einer in den Hochschulen mitunter heftig geführten Diskussion und dabei geäußerten Befürchtungen um eine Niveauabsenkung der neuen Studiengänge gegenüber herkömmlichen Hochschulabschlüssen (insbesondere beim Bachelor) ist darauf hinzuweisen, dass solche Besorgnisse sich dann als unbegründet erweisen, wenn die Studiengangsgestaltung sich an den geforderten Maximen einer inhaltlichen →Studienreform orientiert und die aktuellen Erkenntnisse der Lern- und Lehrforschung ausreichend berücksichtigt (Webler 2004). Erfolg oder Misserfolg der neuen Abschlüsse hängen deshalb ausschlaggebend davon ab, ob sie den Studierenden als „umetikettierte" traditionelle Diplom- oder Magisterabschlüsse angeboten werden oder ob sie sich der Herausforderung einer qualitativen (und nicht allein strukturellen) Studienreform produktiv stellen.

1 Gemeinsamkeiten von Bachelor- und Masterstudiengängen

Bachelor- und Masterstudiengänge müssen inhaltlich den Reformintentionen nach und strukturell gemäß den Strukturvorgaben der →KMK (KMK 2003) die folgende Merkmale tragen:

- Sie sind wissenschaftliche Studiengänge und führen zu berufsqualifizierenden Abschlüssen (→Employability), was durch die zu erwerbenden Kompetenzen deutlich werden muss; neben der Vermittlung von Fach- und Methodenkompetenz ist die Entwicklung von sozialen, (arbeits-)methodischen und Selbstkompetenzen (→Schlüsselqualifikationen) sicherzustellen. Gleichzeitig soll für sie bei der Akkreditierung ein Bedarf des →Arbeitsmarktes nachgewiesen werden; beide Studiengänge können sowohl an Fachhochschulen wie an Universitäten angeboten werden.

- Die Studiengänge müssen modularisiert sein (→Modularisierung), bei der Akkreditierung ist eine Übersicht über die →Module (z. B. in Form eines „Modulhandbuchs") vorzulegen; gleichzeitig müssen sie mit einem Kreditpunktsystem (→Credit-Point-System) (Kombination aus Transfersystem und Akkumulierungssystem; →ECTS) ausgestattet sein und →studienbegleitendes Prüfen ermöglichen; beide Studiengänge sehen am Ende eine Qualifizierungsarbeit (→Bachelor- bzw. →Masterarbeit) vor; schließlich ist beim Studienabschluss ein →Diploma Supplement auszufertigen.

- Die Studiengänge sollen im Curriculum internationale Aspekte berücksichtigen (→Internationalisierung) und, gemäß ihrer inhaltlichen Vermittlungsabsicht, Praxisphasen beinhalten.

Neben diesen allgemeinen Anforderungen bestehen besondere Anforderungen an spezielle Studienangebote wie z. B. duale, auslandsorientierte oder Fern- und Online-Studiengänge.

2   Niveauabgrenzungen von Bachelor- und Masterstudiengängen

a   Strukturelle Unterschiede zwischen Bachelor- und Masterstudiengängen (KMK 2003)

Die in Deutschland weitgehend aus den Vorgaben der →KMK abgeleiteten gemeinsamen Anforderungen an Bachelor- und Masterstudiengänge sind vor allem struktureller Natur und daher leicht zu beschreiben. Gleiches gilt für die jeweils unterschiedlichen Anforderungen an beide Studiengänge (Tabelle 1):

Merkmal	erster Studienabschnitt (undergraduate) = Bachelor	zweiter Studienabschnitt (graduate) = Master
Abschlussarbeit	→Bachelorarbeit, 6–12 ECTS-Punkte	→Masterarbeit, 15–20 ECTS-Punkte
Abschlussart	erster berufsqualifizierender Abschluss, →Regelabschluss	weiterer berufsqualifizierender Abschluss
Berechtigungen	berechtigt zur Bewerbung für Masterprogramme (wie derzeit Diplomabschlüsse an Fachhochschulen)	berechtigt zur Bewerbung für ein Promotionsvorhaben (wie derzeit Diplom- und Magisterabschlüsse an Universitäten oder gleichgestellten Hochschulen)
ECTS-Punkte[1]	180 (= 3 Jahre), 210 (= 3,5 Jahre), 240 (= 4 Jahre)	60 (= 1 Jahr), 90 (= 1,5 Jahre), 120 (= 2 Jahre); insgesamt max. 300 (unter Einbeziehung des ersten Studienabschlusses)
Profilierung	nein	ja, in „anwendungsorientiert" und „forschungsorientiert" sowie in „konsekutiv", „nicht-konsekutiv", „weiterbildend"
Promotionsberechtigung	nein	ja
→Regelstudienzeit	mind. 3, max. 4 Jahre	mind. 1, max. 2 Jahre (konsekutiv insgesamt max. 5 Jahre)
Zulassungsvoraussetzungen	Hochschulzugangsberechtigung	erster berufsqualifizierender Abschluss, weitere Zugangsvoraussetzungen möglich

Tabelle 1: Strukturelle Unterschiede zwischen Bachelor und Master (KMK)

---

[1] Die Jahresangaben (→Regelstudienzeit) sollten zur Orientierung dienen; der →Bologna-Prozess weist im Sinne einer von Kompetenzprofilen (→Learning Outcomes) und Arbeitsbelastung (→Workload) abgeleiteten Bestimmung von Studienabschnitten von einer Rechnung in Zeitquantitäten weg und hin zu einer Rechnung in →Credit-Points.

b   Allgemeine inhaltliche Niveauabgrenzung

Ungleich schwieriger wird die Aufgabe, wenn qualitative Unterscheidungsmerkmale eingeführt und etwa unterschiedliche Kompetenzprofile aufgestellt werden sollen. Häufig müssen Vokabeln, die allein qualitative Relationen begründen, konkrete Abgrenzungskriterien ersetzen. Diese Formulierungen bleiben oft bewusst vage, da sich eine fächerübergreifende Niveauabgrenzung unmöglich in der gewollten Konkretisierung durchführen lässt – entweder geraten solche Abgrenzungen zu grob und sind daher nur begrenzt hilfreich, oder aber sie geraten zu detailliert, gefährden daher zumindest potenziell die angestrebte Vielfalt der Studienangebote, lassen sich nur auf sehr begrenzte Bereiche anwenden und führen zu einem neuen strukturkonservativen Einschlag des Hochschulsystems. Mitunter wird auf „allgemeine, international akzeptierte Qualifikationsbeschreibungen" verwiesen (NAO 2003). T. Vroeijenstijn hat jedoch bemerkt, dass trotz solcher Verweise ein klares Verständnis über die Niveauabgrenzungen innerhalb des →Europäischen Hochschul- und Forschungsraums noch nicht existiert und erst hergestellt werden muss. Die Vorlage der sog. Dublin Descriptors durch die →Joint Quality Initiative (JQI) bietet für eine solche Verständigung eine produktive Grundlage und sollte daher für jeweils länderspezifische Niveauabgrenzungen die Ausgangsbasis bilden (Vroeijenstijn 2003, 6).

Aus den Strukturvorgaben der →KMK (KMK 2003) ergeben sich keine unmittelbaren Aussagen zur inhaltlichen Niveauabgrenzung von Bachelor- und Masterstudiengängen. Es wird allein darauf hingewiesen, dass Bachelorstudiengänge „wissenschaftliche Grundlagen, Methodenkompetenz und berufsfeldbezogene Qualifikationen" vermitteln (Abs. 3.1.). Eine genauere inhaltliche Bestimmung des Masterabschlusses gibt es nicht; es erfolgt allein der Hinweis: „Im Interesse der internationalen Reputation und der Akzeptanz der Masterabschlüsse durch den →Arbeitsmarkt ist ein hohes fachliches und wissenschaftliches Niveau, das mindestens dem der eingeführten Diplomabschlüsse entsprechen muss, zu gewährleisten" (Abs. 2.1.).

Der Akkreditierungsrat hat mit einem „Referenzrahmen für Bachelor- und Masterstudiengänge" (Akkreditierungsrat 2001) versucht, eine solche Niveauabgrenzung vorzunehmen. Er hat dabei für die Akkreditierungstätigkeit der Agenturen festgelegt (Tabelle 2):

Bachelor	Master
Ein Bachelorstudiengang muss so angelegt sein, dass er zur Anwendung von wissenschaftlichen Methoden des Faches befähigt und mit der Vermittlung einer fachlichen Systematik eine fachorientierte Grundlegung für eine spätere berufliche Tätigkeit bereitstellt.	Ein Masterstudiengang unterscheidet sich vom Bachelor im Grad der Tiefe und der Komplexität des vermittelten Fachwissens, im Grad der zu erwerbenden Fähigkeit, dieses Wissen eigenständig zu erweitern und ohne Anleitung auf neue Situationen anzuwenden, sowie im Grad der zu erwerbenden Fähigkeit zu eigenverantwortlichem Handeln im Berufsfeld in gleichberechtigter Kooperation mit fachfremden Entscheidungsebenen.

Tabelle 2: Referenzrahmen für Bachelor- und Masterstudiengänge (Akkreditierungsrat)

Die →Joint Quality Initiative hat mit der Vorlage der Dublin Descriptors (JQI 2003) eine Systematik vergleichbarer, allgemeiner und fachübergreifender Standards für eine inhaltliche Niveauunterscheidung („levels") von Bachelor- und Masterstudiengängen vorgeschlagen (Tabelle 3). Sie arbeitet gemäss der Bologna-Vorgaben (→Bologna-Prozess) mit Kompetenzbeschreibungen (→Kompetenz; →Learning Outcomes) und beschreibt daher die Anforderungen, die Absolvent/innen der jeweiligen Studiengangsarten bzw. Qualifikationsstufen erfüllen sollen. Konkrete Vorgaben für die Studiengangsgestaltung selbst sind damit nicht verbunden; diese müssen sich aus dem jeweiligen Fach ergeben:

	Bachelorabsolvent/innen	Masterabsolvent/innen
Wissen und Verstehen	… haben Wissen und Verstehen bewiesen in einem Studiengebiet, das auf einer Ausbildung der Sekundarstufe II aufbaut und diese übersteigt und das typisch ist für ein Niveau, das (unterstützt durch Fachbücher für Fortgeschrittene) einige Aspekte einschließt, die den „state of the art" in diesem Studiengebiet darstellen.	… haben Wissen und Verstehen bewiesen, welche typischerweise auf einem Bachelor-Niveau aufbauen, dieses übersteigen, erweitern und/oder verstärken und welche die Grundlage oder die Gelegenheit bilden für Kreativität und Originalität zur Entwicklung und/oder Anwendung von Ideen – oft in einem Forschungszusammenhang.
Anwendungs wissen und -verstehen	… können ihr Wissen und Verstehen auf eine Weise anwenden, die ein professionelles Angehen ihrer Arbeit oder ihrer Tätigkeit belegt, und	… können ihr Wissen und Verstehen und ihre Problemlösungsfähigkeit in neuen und unbekannten Umfeldern mit – bezogen auf ihr eigenes

Tabelle 3 (Teil A): Dublin Descriptors (Joint Quality Initiative; dt. Übersetzung)

	Bachelorabsolvent/innen	Masterabsolvent/innen
	haben ihre Kompetenzen bewiesen durch Erarbeiten und Weiterentwikkeln von Argumenten und Problemlösungen in ihrem Studiengebiet.	Studiengebiet – breiterem oder multidisziplinärem Kontext anwenden.
Urteilsbildung	... haben die Fähigkeit zum Sammeln und Interpretieren von relevanten Daten (üblicherweise innerhalb ihres Studiengebiets), die Urteile erlauben, welche Reflexionen zu relevanten sozialen, wissenschaftlichen und ethischen Themen einschließen.	... haben die Fähigkeit, Wissen einzuordnen, Komplexität zu meistern und Urteile auch im Rahmen unvollständiger oder begrenzter Information zu fällen – dies unter Berücksichtigung der sozialen und ethischen Verantwortung, die mit der Anwendung ihrer Kenntnisse und ihrer Bewertungen verbunden sind.
Kommunikation	... können Informationen, Ideen, Probleme und Lösungen an Expert/innen und Laien kommunizieren.	... können ihre Schlussfolgerungen, ihr Wissen und ihre rational begründeten Thesen an Expert/innen und Laien klar und unzweideutig kommunizieren
Lernqualifikationen	... haben die Lernfähigkeit entwickelt, die sie benötigen, um sich selbstständig und kontinuierlich weiterzubilden.	... haben die Lernfähigkeit entwickelt, die es ihnen gestattet, sich auf eine Art weiterzubilden, die weitgehend selbstgesteuert und autonom ist.

Tabelle 3 (Teil B): Dublin Descriptors (Joint Quality Initiative; dt. Übersetzung)

Auf der Basis dieser allgemeinen Kompetenzbeschreibungen soll im Moment von →KMK und →HRK ein „Qualifikationsrahmen für deutsche Hochschulabschlüsse" entwickelt werden. Dieser ist noch nicht endgültig verabschiedet, Entwürfe (KMK/HRK 2004) weisen aber eine ähnliche Ausrichtung wie die Dublin Descriptors auf und präzisieren diese innerhalb des spezifischen Rahmens des deutschen Hochschulsystems. An wichtigen Kompetenzabgrenzungen zwischen Bachelor und Master können diesen Entwürfen folgende Angaben entnommen werden (Tabelle 4):

	Bachelor	Master
Wissen und Verstehen	Wissensverbreiterung	Wissensverbreiterung
	Bachelorabsolvent/innen haben ein breites und integriertes Wissen und Verstehen der Grundlagen ihres	Masterabsolvent/innen haben Wissen und Verstehen nachgewiesen, das normalerweise auf einem

Tabelle 4 (Teil A): Qualifikationsrahmen für deutsche Hochschulabschlüsse (HRK/KMK, Entwurf)

	Bachelor	Master
	Lerngebietes nachgewiesen. Wissen und Verstehen bauen auf der Ebene der Hochschulzugangsberechtigung auf und gehen über diese wesentlich hinaus.	Bachelor-Programm aufbaut und dieses wesentlich vertieft oder erweitert. Sie sind in der Lage, die Besonderheiten, Grenzen, Terminologien und Lehrmeinungen ihres Lerngebietes zu definieren und zu interpretieren.
	Wissensvertiefung	**Wissensvertiefung**
	Sie verfügen über ein kritisches Verständnis der wichtigsten Theorien, Prinzipien und Methoden ihres Lerngebietes und sind in der Lage, ihr Wissen vertikal, horizontal und lateral zu vertiefen. Ihr Wissen und Verstehen entspricht dem Stand der Fachliteratur, schließt aber zugleich einige vertiefte Wissensbestände auf dem aktuellen Stand der Forschung in ihrem Lerngebiet ein.	Ihr Wissen und Verstehen bildet die Grundlage für die Entwicklung und/oder Anwendung eigenständiger Ideen. Dies kann anwendungs- oder forschungsorientiert erfolgen. Sie verfügen über ein breites, detailliertes und kritisches Verständnis auf dem neuesten Stand des Wissens in einem oder mehreren Spezialbereichen.
Können (Wissenserschließung)	**Instrumentale Kompetenz**	**Instrumentale Kompetenz**
	Sie können ihr Wissen und Verstehen auf ihre Tätigkeit oder ihren Beruf anwenden und Problemlösungen und Argumente in ihrem Fachgebiet erarbeiten und weiterentwickeln.	Sie können ihr Wissen und Verstehen sowie ihre Fähigkeiten zur Problemlösung in neuen und unvertrauten Situationen anwenden, die in einem breiteren oder multidisziplinären Zusammenhang mit ihrem Studienfach stehen.
	Systemische Kompetenzen	**Systemische Kompetenzen**
	Sie können relevante Informationen in ihrem Studienfach sammeln, bewerten und integrieren sowie daraus Urteile ableiten und soziale, wissenschaftliche und ethische Aspekte dabei berücksichtigen. Sie können selbstständig weiterführende Lernprozesse gestalten.	Sie können Wissen integrieren und mit Komplexität umgehen. Sie können auch auf der Grundlage unvollständiger oder begrenzter Informationen sachgerechte Entscheidungen fällen und dabei soziale und ethische Verpflichtungen berücksichtigen, die sich aus der Anwendung ihres Wissens und aus ihren Entscheidungen ergeben. Sie können selbstständig weiterführende Lernprozesse gestalten und weitgehend selbst-

Tabelle 4 (Teil B): Qualifikationsrahmen für deutsche Hochschulabschlüsse (HRK/KMK, Entwurf)

Bachelor	Master
	gesteuert und/oder autonom eigenständige wissenschaftliche Studien durchführen.
Kommunikative Kompetenzen	**Kommunikative Kompetenzen**
Sie können fachbezogene Positionen und Problemlösungen formulieren, argumentativ verteidigen und zu Problemlösungen beitragen. Sie können sich mit Fachvertreter/innen und mit Laien über Informationen, Ideen, Probleme und Lösungen austauschen.	Sie können Fachvertreter/innen und Laien ihre Schlussfolgerungen und die diesen zu Grunde liegenden Informationen und Beweggründe in klarer und eindeutiger Weise darlegen. Sie können sich mit Fachvertreter/innen und Laien über Informationen, Ideen, Probleme und Lösungen austauschen.

Tabelle 4 (Teil C): Qualifikationsrahmen für deutsche Hochschulabschlüsse (HRK/KMK, Entwurf)

Vorteil dieser allgemeinen Kompetenzbeschreibungen ist ihre Offenheit, die in jedem Fach vor dem Hintergrund der Lehrerfahrungen der Hochschulen einen Orientierungsrahmen für die Studiengangsgestaltung abgibt, ohne durch zu strikte Vorgaben die Kreativität und →Innovation der Studienangebote zu behindern.

c Fachliche Konkretisierung

Die große Allgemeinheit ist gleichzeitig natürlich auch der größte Nachteil dieser Kompetenzbeschreibungen. Diese geben in jedem Fall nur einen groben Orientierungsrahmen ab, der anschließend fächerspezifisch auf vier Ebenen gefüllt werden muss:

1. Auf der Ebene der einzelnen Hochschule muss innerhalb der Phase der Studiengangsgestaltung ein Einverständnis über die einzelnen Kompetenzanforderungen (z. B. über die „wichtigsten Theorien, Prinzipien und Methoden" eines Lerngebietes) hergestellt und dieses begründet und intersubjektiv verstehbar gemacht werden.

2. Auf der Ebene der Akkreditierungsagenturen müssen entsprechende Organe (z. B. Fachausschüsse) die allgemein formulierten Akkreditierungskriterien und -standards (→Kriterien, →Standards) in studiengangsspezifische Anforderungen übersetzen. Dabei muss auch ein Anforderungsprofil für die beiden Qualifikationsstufen Bachelor und Master erstellt werden.

3. Auf der Ebene des konkreten Akkreditierungsverfahrens müssen die →Peers untereinander ein Einverständnis über die Niveauabgrenzungen und über die daraus erwachsenden konkreten qualitativen Anforderungen an das Studiengangskonzept herstellen. Dieses muss einerseits mit staatlicherseits vorgegebenen Rahmenrichtlinien, mit den fachspezifischen Standards der Agenturen, aber auch mit innerhalb des Faches gewachsenen Verständnissen über die Qualifikationen der Absolvent/innen abgeglichen werden. Schließlich muss sich daraus ein Übereinkommen mit der antragstellenden Hochschule ergeben, das sicherstellt, dass die allgemein formulierten Qualifikationsanforderungen durch die spezifisch von der Hochschule gewählten und disziplinär eingebetteten Qualifikationsschritte auch gewährleistet werden. Die Peers haben also einmal mehr eine zentrale Verantwortung innerhalb der Akkreditierung wahrzunehmen.

4. Hilfestellung bieten können schließlich Initiativen, die sich innerhalb des →Bologna-Prozesses mit einer europaweiten Verständigung über allgemeine und fachspezifische Standards beschäftigen. Als Beispiel kann hier die bereits angeführte →Joint Quality Initiative, aber auch das sog. →Tuning-Projekt genannt werden. Letzteres wird von der Europäischen Kommission als Pilotprojekt gefördert und zielt nicht auf eine Angleichung der Ausbildungsinhalte, sondern auf eine Kompatibilität der Qualifikationsniveaus ab (also nicht darauf, was ein „europäischer Chemiker" im Einzelnen wissen, sondern zu welchen Aufgabenerfüllungen er in der Lage sein muss). Das Projekt beschäftigt sich momentan mit den Fachrichtungen Wirtschaft, Erziehungswissenschaften, Geologie, Geschichte, Mathematik, Physik und Chemie. Eine zentrale Rolle nehmen im Tuning-Projekt die Kompetenzen ein (Generic Competences, →Schlüsselqualifikationen), als da wären: methodische und analytische Fähigkeiten, Lernkompetenz, Problemlösungskompetenz, Vermittlungskompetenz, die Fähigkeit, theoretisches Wissen in der Praxis anzuwenden, soziale Kompetenzen, die Verbindung von eigenständiger Arbeit und Teamarbeit sowie ein effektives Informationsmanagement.

Als Beispiel für eine fachspezifische Ausgestaltung allgemein formulierter Qualifikationsanforderungen auf der Ebene der Akkreditierungsagenturen seien die „Qualitätsstandards" der FIBAA (FIBAA 2000, 2000a) angeführt. Diese folgen nicht dem etwa von den Dublin Descriptors vorgegebenen Beschreibungsrahmen, sondern führen aus der fachspezifischen Perspektive der Wirtschaftswissenschaften heraus wichtige Kompetenzbereiche wie Internationalität, Praxisbezug oder Persönlichkeitsentwicklung als Akkreditierungskriterien ein und entwickeln für diese dann fachspezifische Mindeststandards (Tabelle 5):

Bachelor	Master
[International] „Ein Bachelor-Studiengang sollte eine internationale Ausrichtung enthalten, die den Teilnehmern den Zugang zu globalen wirtschaftlichen Zusammenhängen verschafft."	[International] „Ein Master-Studiengang muss den Teilnehmern den Blick auf internationale Entwicklungen in dem studierten Fachgebiet eröffnen. Die zunehmende Bedeutung von Fremdsprachen, vornehmlich die Anwendung der englischen Sprache in Wissenschaft und in Wirtschaft, sollte sich zumindest in Teilen des Curriculums widerspiegeln."
[Praxisbezug] „Neben dem Studium theoretischer Grundlagen sollen die Studierenden angeregt werden, sich Befähigung in der Umsetzung/Anwendung betriebs- und/oder volkswirtschaftlicher Erkenntnisse, sowie anderer Schwerpunktthemen gemäß Programmziel anzueignen."	[Praxisbezug] „Das Programm sollte nicht praxisfern durchgeführt werden. Unter anderem ist darauf zu achten, dass das erworbene Wissen auch an konkreten Beispielen des Wirtschaftsprozesses ausgerichtet ist. Zugleich sollte es den Teilnehmern die Möglichkeit bieten, sich in höchstmöglichem Umfang praktische Befähigungen in volks- und betriebswirtschaftlichen Methoden und von Handlungsmustern im Geschäftsprozess anzueignen."
[Zielkonformität und Themenbereiche] „Ein Bachelor-Studiengang soll das allgemeine wirtschaftswissenschaftliche Grundlagenwissen und die wesentlichen Funktionsbereiche in Unternehmen/Organisationen vermitteln. Darüber hinaus ist eine Schwerpunktbildung durch das Angebot von besonderen Vertiefungskursen zu ermöglichen."	[Themenbereiche] „In einem Master-Programm soll der Lehrplan den Teilnehmern und Teilnehmerinnen eine gemeinsame Wissensgrundlage zu den wesentlichen Funktionsbereichen in Unternehmen und Organisationen vermitteln ... Verschiedene Fachperspektiven sollten im Studium integrativ behandelt werden, so dass Wirtschaftsprozesse und betriebliches Handeln in ihren Zusammenhängen verstanden und unternehmerisches Denken gefördert wird. Es sollten auch kommunikative und soziale Kompetenzen entwickelt und die ethische und gesellschaftliche Dimension wirtschaftlichen Handelns vermittelt werden."
[Geistige Entwicklung] „Ein Bachelor-Studiengang soll die intellektuellen Fähigkeiten der Studierenden entwickeln. Von den Absolventinnen und Absolventen werden neben einer grundlegenden Befähigung in der wissenschaftlichen Arbeitsweise insbesondere Fähigkeiten zum analytischen Denken, zum Verständnis auch komplexer Sach- und Denkzusammenhänge, zur Synthese von Wissenskomponenten und zum Einbeziehen größerer Zusammenhänge sowie zum Transfer erworbenen Wissens auf andere Problemstellungen erwartet."	

Tabelle 5 (Teil A): Niveauabgrenzungen in den „FIBAA-Qualitätsstandards"

Bachelor	Master
	[Wissenschaftliche Qualifikation und →Persönlichkeitsentwicklung] „In einem Master-Studiengang sollen Absolventen eine spürbare Förderung ihres intellektuellen Niveaus und ihrer akademischen Befähigungen erfahren und insgesamt ihr Persönlichkeitsbild fortentwickeln. So können im Bereich geistiger Förderung erwartet werden
	das Herbeiführen eines vertieften Verständnisses für die Theorie- und Modellbildung der jeweiligen wissenschaftlichen Disziplin gemäß Studiengangsbezeichnung und ein vertieftes Verständnis für die Anwendung der Theorien oder Modelle bei der Lösung praktischer Probleme,
	die aktive Förderung von Neugier für theoretische Fragestellungen und Empirie,
	die Befähigung zu mehrdimensionaler Betrachtungsweise von theoretischen oder praxisbezogenen Aufgabenstellungen,
	Angebote im Curriculum, die eine Bereitschaft zur kritischen Wägung bisheriger Ansätze, Sichtweisen und Orientierungen begünstigen.
	Im Bereich der Persönlichkeitsbildung können erwartet werden
	die Entwicklung professioneller Kompetenzen zu einer mehr generalistisch-fachübergreifenden Orientierung und, über die Anforderungen des operativen Arbeitsfeldes hinaus, von strategischen Denkweisen,
	Förderung der persönlichen Offenheit für fremde, insbesondere transnational existente Sichtweisen und deren Integration in das eigene Denken und Handeln,
	Förderung der persönlichen Offenheit für Wandlungsprozesse und Innovation allgemein,
	die Bereitschaft zur kritischen Auseinandersetzung mit aktuell diskutierten Sachverhalten gesellschaftlicher, politischer und fachlicher Art."

Tabelle 5 (Teil B): Niveauabgrenzungen in den „FIBAA-Qualitätsstandards"

3 Profilabgrenzungen von Masterstudiengängen

Die →KMK hat unter Bezugnahme auf internationale Üblichkeiten in ihren Strukturvorgaben bestimmt, dass sich Masterstudiengänge nach den Profilen „stärker anwendungsorientiert" und „stärker forschungsorientiert" unterscheiden. Der Akkreditierungsrat hat in der Folge Deskriptoren vorgegeben (Akkreditierungsrat 2004), die eine solche Unterscheidung operationalisieren (Tabelle 6). Die Unterscheidung in zwei Profiltypen ist für alle Typen von Masterstudiengängen verbindlich (konsekutiv, nichtkonsekutiv, weiterbildend). Die Profilbildung differenziert allerdings auf der Basis von Merkmalen aller Masterstudiengänge:

- Zulassungsvoraussetzung für beide Profile ist der erste berufsqualifizierende Abschluss; nach den KMK-Strukturvorgaben (KMK 2003) können entsprechend den Profilen weitere Zulassungskriterien von den Hochschulen aufgestellt werden;

- die Profile unterscheiden sich nicht hinsichtlich Studiendauer (→Studienzeiten) oder der Anzahl von Kreditpunkten (→Credit-Point);

- beide Profile müssen berufsqualifizierend (→Employability) sein;

- beide Profile verleihen die gleichen Berechtigungen wie das derzeitige Uni-Diplom bzw. der →Magisterstudiengang an Universitäten und gleichgestellten Hochschulen – d. h., sie berechtigen zur →Promotion und eröffnen den Zugang zu Laufbahnen des höheren öffentlichen Dienstes (→laufbahnrechtliche Zuordnung);

- beide Profile können schließlich sowohl an Fachhochschulen wie an Universitäten und gleichgestellten Hochschulen angeboten und studiert werden.

An die Wissenschaftlichkeit beider Profiltypen werden insofern gleiche Anforderungen gestellt, als sie beide zur Bewerbung für ein Promotionsvorhaben berechtigen; gleichfalls muss aber auch ein „stärker forschungsorientierter" Studiengang für Berufsfelder außerhalb der Hochschule qualifizieren und deshalb seine Ausbildungsschritte mit den Bedürfnissen des Arbeitsmarktes abgleichen – womit nicht gesagt ist, dass er eine spezifische Praxisrelevanz des von ihm vermittelten Wissens und der Kenntnisse nachweisen muss. Vielmehr sollte sich besonders hier die Praxisorientierung eines Studienangebotes aus der intensiven Vermittlung von Schlüsselqualifikationen für wissenschaftliches Arbeiten ergeben.

Der Akkreditierungsrat hat darauf hingewiesen, dass es keine wissenschaftsimmanente Begründung für die Trennung der beiden von der →KMK eingeführten Profile gibt und dass andere Hochschulsysteme innerhalb der Bologna-Zone diese Trennung nicht kennen. Bei der Profilzuweisung muss deshalb Pragmatik walten; die Profilbeschreibungen vermittelten nur relative Unterschiede und müssen jeweils studiengangsspezifisch angewendet und dem jeweiligen Studiengangsziel entsprechend gewichtet werden. Bei der →Reakkreditierung sollten schließlich Studierenden- und Absolvent/innenbefragungen einbezogen werden, um die Profilschärfe und ihre Selektionswirkungen überprüfen zu können.

Merkmal	„stärker anwendungsorientiert"	„stärker forschungsorientiert"
Studienziele (Schwerpunkte der Vermittlung)	Die Ausbildung hat das Ziel, aktuell vorhandenes Wissen zu lehren und die Fähigkeit zu vermitteln, dieses auf bekannte und neue Probleme anzuwenden sowie sich auch nach dem Studienabschluss selbstständig neues Wissen und Fähigkeiten anzueignen. Bei diesen Studienzielen liegen die Schwerpunkte auf der Vermittlung von: studiengangsspezifischem Fachwissen in Verbindung mit theoretischem Basiswissen, das die weitere Aneignung und Einordnung von wissenschaftlichen Erkenntnissen in der beruflichen Praxis ermöglicht, methodisch-analytischen Fähigkeiten und zugleich synthetischer Fähigkeiten der kontextspezifischen Anwendung von Methoden und Kenntnissen, sowie berufsfeldspezifischen Schlüsselqualifikationen, insbesondere der Fähigkeit zur Kooperation mit fachfremden Partnern und der Auseinandersetzung mit wissenschaftsexternen Anforderungen.	Die Ausbildung hat das Ziel, die Studierenden auf der Basis vermittelter Methoden und Systemkompetenz und unterschiedlicher wissenschaftlicher Sichtweisen zu eigenständiger Forschungsarbeit anzuregen. Durch die Ausprägung der Lehre sollen die Studierenden lernen, komplexe Problemstellungen aufzugreifen und sie mit wissenschaftlichen Methoden auch über die aktuellen Grenzen des Wissensstandes hinaus zu lösen. Die Studienziele konzentrieren sich im Unterschied zum anwendungsorientierten Profil vor allem auf: ein an den aktuellen Forschungsfragen orientiertes Fachwissen auf der Basis vertieften Grundlagenwissens, methodische und analytische Kompetenzen, die zu einer selbstständigen Erweiterung der wissenschaftlichen Erkenntnisse befähigen, wobei Forschungsmethoden und -strategien eine zentrale Bedeutung haben, berufsrelevante Schlüsselqualifikationen vor allem mit dem Ziel interdisziplinärer Kooperation.

Tabelle 6 (Teil A): Deskriptoren für die Zuordnung der Profile „forschungsorientiert" und „anwendungsorientiert" für Masterstudiengänge (Akkreditierungsrat)

Merkmal	„stärker anwendungsorientiert"	„stärker forschungsorientiert"
Lehrinhalte und Veranstaltungsformen	Die Lehrinhalte und Veranstaltungsformen dienen dem Ziel, neben dem fundierten Fachwissen und der Kenntnis unterschiedlicher wissenschaftlicher Lehrmeinungen die Fähigkeit zu vermitteln, praxisbezogene Problemstellungen zu erkennen und zu lösen. Dies kann in erster Linie erreicht werden durch: berufsfeldrelevante Schwerpunktsetzung bei der Vermittlung des grundlagenbezogenen und fachspezifischen Wissens, Fallstudien und Projektarbeiten im Sinne exemplarischer Problemlösungen, ggf. Praktika und Praxissemester unter Anleitung der Hochschule, die Orientierung der →Masterarbeit an praktischen Problemen, insbesondere ihre Durchführung in Kooperation mit der Praxis.	Lehrinhalte und -formen basieren in stärkerem Maße auf der Einheit von Lehre und Forschung und vermitteln über das Grundlagen- und Fachwissen hinaus Methoden- und Systemkompetenz. Insbesondere geht es um: breites Grundlagenwissen und Orientierung der theoretischen Schwerpunkte an aktuellen Forschungsentwicklungen in den Fachgebieten, vertiefte Methoden- und Strategienkompetenz, die zu eigenständiger wissenschaftlicher Forschung befähigen, Vermittlung fachübergreifenden Wissens und die Befähigung zur Integration wissenschaftlicher Vorgehensweisen unterschiedlicher Fachgebiete, Einbindung der Studierenden in Forschungs- und Entwicklungsprojekte, vor allem im Rahmen von Projekt- und Abschlussarbeiten.
Lehrende	Entsprechend den Studienzielen soll die Lehre im Wesentlichen von Lehrenden getragen werden, die neben ihrer wissenschaftlichen Qualifikation über einschlägige Erfahrung in der berufspraktischen Anwendung wissenschaftlicher Erkenntnisse und Methoden verfügen. Zu berücksichtigen ist in erster Linie: die im außeruniversitären Bereich gemachten einschlägigen Erfahrungen zur Umsetzung wissenschaftlicher Erkenntnisse in die berufliche Praxis,	Entsprechend diesen forschungsorientierten Zielen soll die Lehre getragen werden von Lehrenden, die je nach Fach neben außerhochschulischen, berufspraktischen Erfahrungen vor allem aus eigener aktiver Forschung schöpfen können. Lehrende mit wissenschaftlicher Qualifikation, Forschungserfahrung und aktueller -praxis sollen in der Regel mindestens 2/3 der Lehre tragen. Für die Qualifikation zu berücksichtigen sind dabei in erster Linie:

Tabelle 6 (Teil B): Deskriptoren für die Zuordnung der Profile „forschungsorientiert" und „anwendungsorientiert" für Masterstudiengänge (Akkreditierungsrat)

Merkmal	„stärker anwendungsorientiert"	„stärker forschungsorientiert"
	die ständige Aktualisierung dieser Anwendungskompetenz z. B. in Form von Technologie- und Wissenstransfer, Praxissemester, F&E-Projekten, Gutachter- und Beratungstätigkeit, Patentaktivitäten, fachbezogener Weiterbildung.	wissenschaftliche Veröffentlichungen, Gutachtertätigkeit, Patentaktivitäten oder künstlerische Leistungen, Aktivitäten in der kooperativen Weiterentwicklung wissenschaftlicher Forschung und Lehre (je nach Fachdisziplin z. B. Teilnahme an Tagungen, interdisziplinäre und internationale wissenschaftliche Kooperationen), verantwortliche Durchführung von Forschungsprojekten mit Drittmitteln und Unterstützung anerkannter wissenschaftlicher, öffentlicher oder privater Fördereinrichtungen und Programme, Beteiligung an F&E-Projekten im außerhochschulischen Bereich, Leitung von Forschungsinstituten, Forschungsgruppen u. Ä.
Ausstattung der Hochschule und Verbindungen zum Umfeld	Die Ausstattung der Hochschule und ihre Verbindungen zu ihrem Umfeld müssen die Anwendungsorientierung unterstützen. Hier kommt es vor allem auf die folgenden Punkte an: intensive Kontakte und Kooperationen mit Institutionen und Organisationen aus den für die Studiengänge relevanten Bereichen, z. B. Wirtschaftsunternehmen, Verwaltungen oder andere gesellschaftliche Einrichtungen, entsprechende technische und organisatorische Ausstattungen zur Vermittlung anwendungsorientierter Inhalte (Werkstätten, Laboratorien und laborative Ausstattungen, Modelle u. a.) oder entsprechende Kontakte zu den Praxisfeldern,	Die Hochschulen und die am Studiengang beteiligten Fachbereiche müssen über die Anforderungen an die Lehre hinaus eine entsprechende Ausstattung und Kontakte für Forschung nachweisen, an der Studierende partizipieren können. Zu achten ist dabei in erster Linie auf: Bibliotheken mit relevanter Forschungsliteratur, insbesondere aktuelle Fachzeitschriften zum Stand der Forschung, Archive, Dokumentationszentren, Kontakte mit und Zugänge zu anderen Forschungszentren und Dokumentationsbeständen, Labors und laborative Ausstattungen, geeignete Computerhard- und -software,

Tabelle 6 (Teil C): Deskriptoren für die Zuordnung der Profile „forschungsorientiert" und „anwendungsorientiert" für Masterstudiengänge (Akkreditierungsrat)

Merkmal	„stärker anwendungsorientiert"	„stärker forschungsorientiert"
	in denen diese Vermittlung organisiert werden kann. Dazu gehört auch eine ausreichende Computer-hard- und Software, Zugang zu Bibliotheken, Archiven und Dokumentationszentren.	Prüfstände und notwendige Großgeräte, wissenschaftliches Personal zur Durchführung von Forschungsarbeiten und zur Anleitung der einbezogenen Studierenden, interinstitutionelle Vereinbarungen zur Nutzung von Ressourcen auch an anderen Standorten.

Tabelle 6 (Teil D): Deskriptoren für die Zuordnung der Profile „forschungsorientiert" und „anwendungsorientiert" für Masterstudiengänge (Akkreditierungsrat)

Literatur

Akkreditierungsrat (2001): Referenzrahmen für Bachelor-/Bakkalaureus- und Master-/Magister-Studiengänge. Beschluss vom 20.6.2001.

Akkreditierungsrat (2004): Deskriptoren für die Zuordnung der Profile „forschungsorientiert" und „anwendungsorientiert" für Masterstudiengänge. Beschluss vom 1.4.2004.

FIBAA (2000a): Qualitätsstandards der FIBAA für Studienprogramme mit dem Abschluss Master/Magister in Deutschland, Österreich und der Schweiz. Bonn.

FIBAA (2000b): Qualitätsstandards der FIBAA für Studienprogramme mit dem Abschluss BACHELOR/Bakkalaureus in Deutschland, Österreich und der Schweiz. Bonn.

JQI (2004): Shared ‚Dublin' descriptors for the Bachelor's, Master's and Doctoral awards (= Working-document der Joint-Quality-Initiative, Dublin 23.3.2004)

KMK (2003): Ländergemeinsame Strukturvorgaben gemäß § 9 Abs. 2 HRG für die Akkreditierung von Bachelor- und Masterstudiengängen. Beschluss der Kultusministerkonferenz vom 10.10.2003.

NAO (2003): Netherlands Accreditiation Organization: Accreditation framework for existing degree courses in higher education. Den Haag.

Vroeijenstijn, Ton (2003): Similarities and Differences in Accreditation. Looking for a Common Framework. Den Haag.

Webler, Wolff-Dietrich (2004): Welches Niveau darf von einem Bachelorstudium erwartet werden? Wenn Curricula professionell entwickelt, Lehre professionell angeboten und Studium vernünftig angeleitet wären, dann ..., in: Frauke Gützkow, Gunter Quaißer (Hg.): Hochschule gestalten. Denkanstöße aus Hochschulpolitik und Hochschulforschung. Bielefeld, S. 231–248.

Standards und Kriterien

Franz Börsch

1   Die Anforderungen an das Akkreditierungsverfahren

Die Akkreditierung von Studiengängen zielt darauf ab, die Qualität eines →Studienprogramms anhand von Standards und mittels Kriterien festzustellen. Da Qualität allerdings erst dann von einer relativen zu einer im weitesten Sinne messbaren Größe wird, wenn mit ihr ein bestimmtes Ziel oder ein bestimmter Zweck verbunden wird (fitness for purpose), muss der Feststellung von Qualität eine Bestimmung der Qualitätsmerkmale vorangehen.

Die Einführung des gestuften Studiensystems in Verbindung mit der Akkreditierung als neuem Qualitätssicherungsinstrument ist mit ganz unterschiedlichen Erwartungen verknüpft worden. So sollte im Zuge der Reformbemühungen die Vielfalt in der deutschen Hochschullandschaft vermehrt, die Mobilität von Lehrenden und Lernenden gefördert, die →Transparenz der Studienangebote verbessert, die Vergleichbarkeit der einzelnen →Studienprogramme gewährleistet, die Berufsrelevanz der Abschlüsse (→Employablity) sichergestellt und die Qualität von Lehre, Studium und Studienabschlüssen gesichert werden. Der zuletzt genannte Punkt wird in dem Beschluss der Kultusministerkonferenz (→KMK) zur künftigen Entwicklung der länder- und hochschulübergreifenden Qualitätssicherung in Deutschland mit der Akkreditierung in Beziehung gesetzt und folgendermaßen präzisiert: „Aufgabe des Akkreditierungsverfahrens ist die Gewährleistung fachlich-inhaltlicher Mindeststandards und die Überprüfung der Berufsrelevanz der Abschlüsse" (KMK 2002a, 1.2). Die der fachlich-inhaltlichen Begutachtung zugrunde liegenden Standards sollen sich gemäß den Vorgaben der KMK unmittelbar aus dem allgemeinen fachlichen Konsens in dem jeweiligen, von den →Peers vertretenen Fachgebiet ergeben. Zugleich muss allerdings sichergestellt sein – so die Vorgaben des KMK-Statuts für ein länderübergreifendes Akkreditierungsverfahren –, dass die Mindestanforderungen sowie die Berufsrelevanz des zu akkreditierenden Studiengangs auf der Grundlage eines „formalisierten und objektivierbaren Verfahrens" festgestellt werden (KMK 2002b, I.1. Abs.1).

Die an das Akkreditierungsverfahren gerichteten Erwartungen spiegeln offensichtlich nicht nur sehr unterschiedliche – nämlich sowohl den einzelnen Studiengang als auch das Studiensystem im Ganzen betreffende –, sondern auch miteinander konfligierende Zielsetzungen wider. Der zentrale Zielkonflikt bezieht sich in diesem Zusammenhang auf die Frage, wie im Rahmen eines formalisierten Qualitätssicherungsverfahrens die Vergleichbarkeit der Studienangebote gewährleistet werden kann, ohne die Gestaltungsfreiheiten der Hochschulen und damit die Vielgestaltigkeit der Studienangebote durch allzu detaillierte Vorgaben einzuengen.

2 Das Konzept der Kriterien

Unter Berücksichtigung des Spannungsverhältnisses zwischen struktureller Vergleichbarkeit und inhaltlicher Vielfalt und unter der Einbeziehung der mit der →Studienreform verknüpften Erwartungen hat der Akkreditierungsrat einen Katalog von vergleichsweise allgemein gehaltenen Kriterien zur Akkreditierung von Studiengängen entwickelt. Die Kriterien, so das Konzept, stellen einen flexiblen Prüfrahmen für die Begutachtung von Studiengängen dar, der die Qualitätsdimension der Akkreditierung auch nach außen hin sichtbar und transparent machen soll. Im Rahmen des →Peer-Review werden der Begutachtung im Wesentlichen folgende, auf die einschlägigen Beschlüsse und Empfehlungen von →HRK und →KMK Bezug nehmende Kriterien zugrunde gelegt:

1. Die Qualität und Internationalität des Curriculums unter Berücksichtigung von Studieninhalten, Studienverlauf und Studienorganisation sowie Leistungsnachweisen, Prüfungsstruktur und Prüfungsfächern; →Modularisierung, Leistungspunktsystem (→Credit-Point-System) und →ECTS,

2. die Berufsbefähigung (→Employability) der Absolvent/innen unter anderem durch die Abschätzung absehbarer Entwicklungen in möglichen Berufsfeldern,

3. das personelle Potenzial der Hochschule bzw. der beteiligten Hochschulen und gegebenenfalls anderer kooperierender Einrichtungen,

4. die räumliche, apparative und sächliche Ausstattung in Bezug auf Hörsäle, Labors, Bibliotheken, EDV etc. und

5. die Zulassungsvoraussetzungen für Masterstudiengänge und Übergangsmöglichkeiten zwischen herkömmlichen Diplom- und Magisterstudiengängen und gestuften Studiengängen (→Durchlässigkeit).

Die vom Akkreditierungsrat verabschiedeten Kriterien sind von den Agenturen bei der Akkreditierung von Studiengängen anzuwenden und inhaltlich weiterzuentwickeln (Akkreditierungsrat 2000, 11–14). Diese Vorgabe hat zum Teil zu einer Präzisierung, zum Teil jedoch auch zu sehr unterschiedlichen Differenzierungsgraden der Kriterien geführt. Da sich der →Wettbewerb zwischen den Agenturen allerdings nicht auf die Beschaffenheit der Kriterien und damit auf die Qualität der Verfahren erstrecken darf, obliegt es dem Akkreditierungsrat, die Vergleichbarkeit der von den Agenturen durchgeführten Verfahren im Rahmen seiner Monitoring-Funktion beständig sicherzustellen.

In dem durch die Kriterien vorgegebenen Rahmen ist es die Aufgabe der Gutachter/innen, die Zielsetzung des Studiengangskonzepts und die Plausibilität der vorgesehenen Umsetzung zu beurteilen und auf diese Weise festzustellen, ob ein Studiengang ein schlüssiges und kohärentes Bild im Hinblick auf gesetzte und zu erreichende Ziele ergibt. Die Kriterien bilden hier gewissermaßen den Katalog der Prüfvariablen, die als Indikatoren für das Vorhandensein oder Nichtvorhandensein eines Zusammenhangs zwischen Rahmenbedingung und Konkretion dienen. Mit Bezug auf das Kriterium „Berufsbefähigung" (→Employability) heißt das zum Beispiel, dass ein Fachbereich die Berufsrelevanz eines zu akkreditierenden Studiengangs nachweisen muss, ohne dass die konkrete Form des Nachweises von vornherein vorgegeben ist. Engmaschige Vorgaben wären in diesem Zusammenhang nicht zuletzt deshalb wenig hilfreich, als die Feststellung der Berufsrelevanz je nach Fachgebiet, Ausrichtung des Studiengangs oder arbeitsmarktpolitischen Rahmenbedingungen einen unterschiedlichen Fokus zugrunde legen muss.

Als Orientierungshilfe sowohl für die Gutachter/innen als auch für die antragstellenden Hochschulen dienen der vom Akkreditierungsrat veröffentlichte „Leitfaden für Gutachter/-innen in Akkreditierungsverfahren" (Akkreditierungsrat 2001) und die von den einzelnen Agenturen entwickelten Leitlinien für die Akkreditierung von Studiengängen. Diese Handreichungen exemplifizieren die Kriterien und tragen dazu bei, die Verfahrensunsicherheit zu minimieren.

3 Was sind Standards?

Ein Standard ist eine Festlegung als Ergebnis einer Übereinkunft. Seinen Wert kann ein Standard – wie zum Beispiel die DIN-Festlegungen für Schraubgewinde oder Werkzeugmaße – schon allein aufgrund seines Übereinkunftscharakters erhalten. Andere Standards sind verbindliche Festlegungen mit einem eigenen inhaltlichen Wert; so liegt beispielsweise den

Vorschriften für Geländerhöhen das Ziel zugrunde, in einem festgelegten Geltungsbereich flächendeckend Unfälle zu verhindern. Für die Standards im Bereich der →Hochschulausbildung sind sowohl ihr Übereinkunftscharakter als auch ihre inhaltliche Zielsetzung von zentraler Bedeutung. Infolgedessen sieht sich das Akkreditierungsverfahren einem Kontinuum von formalen Standards auf der einen und fachlich-inhaltlichen Standards auf der anderen Seite gegenüber, wie folgende Beispiele belegen sollen.

Die ländergemeinsamen Strukturvorgaben der →KMK (KMK 2003), deren Berücksichtigung im Rahmen des Akkreditierungsverfahrens festzustellen ist (KMK 2002a, 1.2), stellen beispielsweise ein Set von formalen Standards dar, die länderübergreifend ein Mindestmaß an Kompatibilität der Bildungsangebote im Hochschulbereich sicherstellen sollen. Hier geht es unter anderem um die Vorgabe von Abschluss- bzw. Gradbezeichnungen, →Regelstudienzeiten oder obligatorischen Zulassungsvoraussetzungen. Als Beispiel für Standards, die eher in der Mitte des oben genannten Kontinuums angesiedelt sind, lassen sich das European Credit Transfer System (→ECTS) und die zugehörigen Key Features heranziehen. Ein zentrales Ziel des ECTS liegt zwar wiederum in der Schaffung von Vergleichbarkeit als Voraussetzung von Mobilität; darüber hinaus stellen einige Bestandteile des Transfer- und Akkumulationssystems aber auch einen Wert jenseits bloßer Kompatibilitätserzeugung dar, wie zum Beispiel die Berücksichtigung der studentischen Arbeitsbelastung (→Workload) oder die Steigerung der →Transparenz durch →Diploma Supplement oder Course Catalogue (→Kurskatalog). Am anderen Ende des Kontinuums stehen die fachlich-inhaltlichen Standards, die sich – wie oben erwähnt – aus dem allgemeinen fachlichen Konsens in den von den →Peers vertretenen Fachgebieten ergeben. Insofern operiert die Akkreditierung mit Standards unterschiedlicher Prägung, angefangen von rein quantitativen Standards wie der Anzahl von ECTS-Punkten oder →Regelstudienzeiten bis hin zu rein qualitativen Standards, die sich auf fachlich-inhaltliche Fragen oder die Beurteilung der Plausibilität und Konsistenz eines Studiengangskonzepts beziehen.

Vor dem Hintergrund der europäischen Entwicklung in der Qualitätssicherung (→Bologna-Prozess) wirken noch weitere Standards zumindest mittelbar in die Akkreditierung hinein. Um die Kompatibilität innerhalb des zweistufigen Studiensystems auf europäischer Ebene zu verbessern (gegenseitige →Anerkennung), sind beispielsweise im Rahmen der →Joint Quality Initiative die sog. Dublin Descriptors als überfachliche

Kompetenzbeschreibungen entwickelt worden. Als ein Beispiel für die Entwicklung von sowohl fachübergreifenden als auch fachspezifischen Standards im europäischen Kontext kann das sog. →Tuning-Projekt herangezogen werden. Dieses von der Europäischen Kommission geförderte Pilotprojekt hat nicht die Angleichung der Ausbildungsinhalte, sondern die Kompatibilität der Ausbildungsniveaus zum Ziel und zwar in den Fachrichtungen Wirtschaft, Erziehungswissenschaften, Geologie, Geschichte, Mathematik, Physik und Chemie. In dem Abschlussbericht der ersten Projektphase wird unter Bezugnahme auf die →Learning Outcomes insbesondere auch auf die Rolle der Generic Competences hingewiesen, die bei der Definition der von den Absolvent/innen zur erlangenden Qualifikation berücksichtigt werden müssen (→Kompetenz). Im Rahmen des Projektes stellen sie einen Sammelbegriff für diejenigen Fähigkeiten dar, welche die Absolvent/innen unabhängig von dem rein fachlichen Wissen erlernen sollen, und zwar nicht zuletzt deshalb, um auf die wechselnden Anforderungen eines zunehmend dynamischer werdenden →Arbeitsmarktes und die Verringerung der Halbwertszeit des Wissens vor allem in den Natur- und Ingenieurwissenschaften auf adäquate Weise reagieren zu können. Als wichtigste Schlüsselkompetenzen (→Schlüsselqualifikationen) werden in dem Bericht vor allem methodische und analytische Fähigkeiten, Lernkompetenz, Problemlösungskompetenz, Vermittlungskompetenz, die Fähigkeit, theoretisches Wissen in der Praxis anzuwenden, soziale Kompetenzen wie die Verbindung von eigenständiger Arbeit und Teamarbeit sowie ein effektives Informationsmanagement aufgeführt.

Die beständig wachsende Anzahl verschiedenster Standards auf nationaler und internationaler Ebene birgt gleichermaßen Chancen und Gefahren. Mit Blick auf die Aktivitäten von →Fakultäten- und Fachbereichstagen, →Fachgesellschaften, Berufsverbänden oder auch Akkreditierungsverbünden wird es künftig bei der Akkreditierung nicht nur um die Entwicklung und Durchsetzung von Standards, sondern immer auch um die Verhinderung von Standardisierungstendenzen gehen.

4 Die Feststellung von Standards

Der Begriff der „Mindeststandards" ist von Beginn an mit dem Vorwurf konfrontiert worden, er stehe für Mittelmaß und nicht für Exzellenz. Dieser Vorwurf ist insofern unbegründet, als „mindest" im mathematischen Sinne schlicht für größer/gleich steht, also eine Abgrenzung nach unten darstellt, wohingegen Höchststandards die Existenz einer Obergrenze voraussetzen würden. Wenn es die Aufgabe des Akkreditierungsverfahrens ist, fachlich-inhaltliche Mindeststandards zu gewährleisten (KMK 2002a, 1.2), dann heißt das, dass ein Studiengang nicht nur den ländergemeinsamen Strukturvorgaben der →KMK entspricht, sondern dass er darüber hinaus ein schlüssiges Studiengangskonzept aufweist, dass er modularisiert (→Modularisierung) und mit einem ECTS-Leistungspunktesystem ausgestattet ist (→Credit-Point-System; →ECTS), dass er berufsbefähigend ist (→Employability) und dass diese Eigenschaften im Rahmen eines Begutachtungsverfahrens, an dem Lehrende, Lernende und Vertreter/innen der →Berufspraxis beteiligt waren, nachgewiesen worden ist. Dass sich die fachlich-inhaltlichen Standards der Gutachter/innen laut KMK-Beschluss aus dem allgemeinen fachlichen Konsens hinsichtlich der inhaltlichen Anforderungen an eine berufsqualifizierende →Hochschulausbildung ergeben (KMK 2002a, 1.2.), wirft allerdings die Frage auf, inwieweit jener fachliche Konsens durch die Standards der verschiedenen →Fachgesellschaften oder →Fakultätentage beeinflusst, geprägt oder sogar vorgegeben wird und inwieweit hierdurch wiederum Uniformität an die Stelle der Vielgestaltigkeit tritt. Ein wesentlicher Vorteil der im Akkreditierungsverfahren zu prüfenden Standards besteht aber im Gegensatz zu den unflexiblen Vorgaben der Rahmenprüfungsordnungen (→GemKo) darin, dass sie nicht starr, sondern entwicklungsoffen sind, da sie als Gegenstand einer kontinuierlich geführten Diskussion über Inhalte und Qualität immer nur das Ergebnis einer vorläufigen Übereinkunft darstellen können.

Auch die Diskussion auf europäischer Ebene macht deutlich, dass es bei den Bemühungen um gemeinsame Standards nicht um die Nivellierung der europäischen Bildungsvielfalt durch starre Vorgaben einer zentralen Definitionsmacht geht, sondern um die ständige Weiterentwicklung gemeinsamer Standards, Kriterien und Methoden der Qualitätssicherung (Berlin-Communiqué 2003).

Literatur:

Akkreditierungsrat (2000): Akkreditierung von Akkreditierungsagenturen und Akkreditierung von Studiengängen mit den Abschlüssen Bachelor/Bakkalaureus und Master/Magister – Mindeststandards und Kriterien. Bonn.

Akkreditierungsrat (2001): Leitfaden für Gutachter/-innen in Akkreditierungsverfahren. Bonn.

Berlin-Communiqué (2003): „Den Europäischen Hochschulraum verwirklichen". Kommuniqué der Konferenz der europäischen Hochschulministerinnen und -minister am 19. September 2003 in Berlin.

KMK (2002a): Künftige Entwicklung der länder- und hochschulübergreifenden Qualitätssicherung in Deutschland. Beschluss der Kultusministerkonferenz vom 1.2.2002.

KMK (2002b): Statut für ein länder- und hochschulübergreifendes Akkreditierungsverfahren. Beschluss der Kultusministerkonferenz vom 24.5.2002 i.d.F. vom 19.9.2002.

KMK (2003): Ländergemeinsame Strukturvorgaben gemäß § 9 Abs. 2 HRG für die Akkreditierung von Bachelor- und Masterstudiengängen vom 10.10.2003.

Tuning (2003): Tuning Educational Structures in Europe. Final Report, Pilot Project – Phase One. University of Deusto and University of Groningen.

C | 5 Berufsbefähigung/Beschäftigungsfähigkeit

Roland Richter

Die Diskussion um die Begriffe Berufsqualifizierung/Berufsbefähigung fand seit den frühen 1970er Jahren in dem dann 1976 vom Hochschulrahmengesetz vorgegebenen Rahmen als Auseinandersetzung um den Theorie-/Praxisbezug und die Theorie-/Praxisorientierung des Hochschulstudiums ihren Ausdruck. Durch die seit den 1990er Jahren international geführte und im →Bologna-Prozess intensivierte Debatte um die Begriffe Beschäftigungsfähigkeit/→Employability hat sie eine neue Richtung erhalten.

1 Berufsqualifizierung/Berufsbefähigung

Das Hochschulrahmengesetz (→HRG) schreibt seit 1976 unverändert in § 7 als Ziel des Studiums vor, dass „Lehre und Studium den Studenten auf ein berufliches Tätigkeitsfeld vorbereiten und ihm die dafür erforderlichen fachlichen Kenntnisse, Fähigkeiten und Methoden dem jeweiligen Studiengang entsprechend […] vermitteln (sollen)". Weiterhin wird in § 10 HRG bestimmt, dass „die Studiengänge in der Regel zu einem berufsqualifizierenden Abschluss (führen)". Diesen kann die Hochschule gem. § 18 HRG „auf Grund der Hochschulprüfung, mit der ein berufsqualifizierender Abschluss erworben wird", als Diplomgrad mit Angabe der Fachrichtung oder seit der HRG-Novelle von 1998 gem. § 19 auf Grund von Prüfungen, mit denen ein „erster" bzw. ein „weiterer berufsqualifizierender Abschluss" erworben wird, als Bachelor- bzw. als Mastergrad verleihen.

Das Ziel der →Hochschulausbildung war und ist also zunächst und in erster Linie die Berufsvorbereitung: Denn – so Epping in seinem HRG-Kommentar – „die Studierenden sollen nicht Wissenschaft erfahren und dadurch auch auf den Beruf vorbereitet werden. Vielmehr soll das Studium auf den Beruf vorbereiten, wobei den Studierenden […] die dafür erforderlichen fachlichen Kenntnisse, Fähigkeiten und Methoden so vermittelt werden, dass sie zur wissenschaftlichen Arbeit befähigt werden" (Epping 2000, zu § 7, 4 f.). Diese Befähigung wird sodann nach erfolgreicher Absolvierung eines →Studienprogramms mit der Verleihung eines „berufsqualifizierenden" Abschlusses attestiert, der i. d. R. den Zugang zu einem Beruf eröffnet, ohne eine ausschließliche Berufszulassung bzw. eine Berufsfertigkeit zu implizieren. Der „berufsqualifizierende" Charakter des Abschlusses ist schließlich von der Hochschule durch die ständige Beobachtung des Wissenschaftsprozesses einerseits und der Entwicklung und Bedürfnisse der →Berufspraxis andererseits zu gewährleisten (Epping 2000, zu § 10, 9 ff.).

Schon Bode, der in seinem HRG-Kommentar von 1978 einerseits „die Verstärkung des ‚Praxisbezuges' des Studiums" als „ein Hauptanliegen des HRG" identifiziert und als Reflex auf „die Erosion des ursprünglichen Bildungsauftrages der Universität" von der Persönlichkeits- zur →Berufsausbildung und als Bemühen um „eine Neudefinition des Verhältnisses von Studium und Praxis" interpretiert (Bode 1978, 42), stellt andererseits die mangelnde definitorische Klarheit des Begriffes „berufsqualifizierender Abschluss" fest: „Eine genaue Definition dieses Begriffes enthält das Gesetz nicht und kann es angesichts der fachspezifischen Besonderheiten und der Veränderungen in der Berufswelt wohl auch nicht geben. Andererseits kann dieser Schlüsselbegriff für die Organisation des gesamten Studienangebots nicht beliebiger Definitionsherrschaft lokaler Satzungsgeber anheim gestellt bleiben. Erforderlich ist vielmehr im Interesse der Absolventen und der ‚Abnehmer' eine auch empirisch fundierte Analyse der – gegenwärtigen und absehbaren – →Berufspraxis, was nicht ohne einen Mindestkonsens mit Vertretern der Berufspraxis geleistet werden kann" (Bode 1978, 65).

Demzufolge wurde im Rahmen der Studienreformdebatte der 1970er und 80er Jahre in z.T. paritätisch von Hochschulen, →Berufspraxis und Ministerien besetzten Kommissionen versucht, sowohl der gesetzlich formulierten Zielvorstellung, während des Studiums die Berufsqualifizierung/Berufsbefähigung der Studierenden zu fördern, nachzukommen als auch die Entwicklung und curriculare Implementierung verschiedener Elemente des Praxisbezuges wie z.B. integrierte Praxissemester, angeleitete Berufserkundungsseminare oder Projektstudien und problemorientierte Studiensequenzen zu unterstützen, ohne vordergründig die →Berufspraxis zu reproduzieren. Dennoch wurde die vordringlich im Studium durch entsprechende Praxisbezüge sicherzustellende Vorbereitung auf die angestrebten beruflichen Tätigkeitsfelder überwiegend lediglich verstanden als ein Fitmachen der Absolvent/innen für einen mehr oder weniger passgenauen Einstieg in den Beruf.

2 Beschäftigungsfähigkeit/Employability

Der in den 1990er Jahren insbesondere im Rahmen des →Bologna-Prozesses zur Schaffung eines europäischen Hochschulraumes in die Debatte eingeführte Begriff der europaweiten Beschäftigungsfähigkeit/Employability geht dagegen über diesen Vorbereitungs- und Berufsfeldbegriff weit hinaus und zielt auf etwas Neues, indem – aufgrund des sich national wie international rapide ändernden →Arbeitsmarktes und der sich entsprechend wandelnden Arbeitsbedingungen – der fachlich orientierte „Theorie-/Praxisbezug" im Studium nur mehr eine Facette darstellt. Er scheint die jahrelange Diskussion um den neben dem allgemeinen Fachwissen notwendigen Erwerb „extra-funktionaler Fähigkeiten und Fertigkeiten", die sog. →Schlüsselqualifikationen, zu radikalisieren (Orth 1999).

Dies wird auf europäischer Ebene erstmals im Prague-Communiqué von 2001 angedeutet, in dem die europäischen Bildungsminister/innen allgemein formulieren: „Die Minister drückten ihre Wertschätzung für die Beiträge [der Hochschulen] zur Entwicklung von →Studienprogrammen, die akademische Qualität mit *nachhaltiger Employability* verbinden, aus" [alle Übersetzungen vom Verf.; Hervorhebung R. R.]. Dies soll – nach Haug – in einer langfristigen Perspektive geschehen: „Der angemessene Zugang scheint die ‚nachhaltige Employability' in einer Perspektive des lebenslangen Lernens zu unterstreichen, insofern fachübergreifende Fähigkeiten für fast alle Arten von Berufen in einem bestimmten Bereich gefordert wurden, unabhängig von den nationalen/institutionellen Unterschieden in den Studienprogrammen" (Haug 2001, 3). Nach Reichert/ Tauch haben sich in Europa inzwischen zwei Meinungslager herausgebildet: Das eine Lager unterscheide zwischen den auf Academic Quality und den auf Employability gerichteten Kompetenzen und schreibe die letzteren mehr dem Bachelor- und die ersteren eher dem Master-Niveau zu; das andere Lager vertrete einen integrierten Ansatz, wonach sowohl Academic Quality als auch Employability Spezifikationen der gleichen Kompetenzen seien, weshalb beide sowohl auf Bachelor- als auch auf Master-Niveau vermittelt und erworben werden müssten, allerdings in unterschiedlicher Ausprägung. In jedem Fall könne es den Hochschulen in diesem Zusammenhang – wie schon beim traditionellen „Praxisbezug" – immer nur um die Schaffung von nachhaltiger Employability und nicht um die Befriedigung kurzfristiger Marktinteressen und -bedarfe gehen (Reichert, Tauch 2003, 37 f.).

Dementsprechend definieren Hillage und Pollard (1998) Employability im Allgemeinen zunächst als:

- die Fähigkeit des Individuums, einen Arbeitsplatz zu bekommen,
- seine andauernde Fähigkeit, im Beschäftigungssystem zu bleiben,
- „Unabhängigkeit" im →Arbeitsmarkt (Faktoren, die das Individuum in die Lage versetzen, im Hinblick auf seine Beschäftigungssituation wählen zu können),
- Qualität der Arbeit (Elias 2002, 1).

Ihrer Auffassung nach ist Employability „die Fähigkeit, sich selbst genügend auf dem →Arbeitsmarkt zu bewegen und sein Potenzial durch nachhaltige Beschäftigung zu realisieren. Für jeden hängt die Employability von Wissen, Fähigkeiten und Haltungen und davon ab, in welcher Weise diese eingesetzt und gegenüber den →Arbeitgebern präsentiert werden und in welchem Kontext man eine Beschäftigung sucht" (Elias 2002, 13).

Nach Harvey (1999) ergeben sich mit Blick auf die Realisierung des Aspekts von Employability im Studium die Herausforderungen aus einer Reihe organisationsstruktureller Veränderungen des →Arbeitsmarktes. Sie bestehen in Anforderungen wie z. B.:

- Stellenabbau (Downsizing), Straffung der Arbeitsorganisation (Delayering) sowie räumliche und zeitliche Flexibilisierung von Arbeitsverhältnissen (Part-Time, Short-Term, Home Working, Patchwork Biography etc.),
- dem Verschwinden traditioneller Akademikerlaufbahnen (Entberuflichung) zugunsten von zunächst „unterwertigen" Arbeitsverhältnissen („a graduate job is any job a graduate does"), deren Potenziale die Stelleninhaber/innen selbst erst noch entwickeln müssen („growing a job"),
- einer stärkeren Gewichtung der in den horizontal bzw. vertikal flexibleren Organisationsstrukturen erbrachten Leistungen gegenüber traditionellen Kriterien wie Betriebszugehörigkeit etc.,
- einer durch die Straffung der Arbeitsorganisation theoretisch begründeten, in der Praxis wegen fehlender Fortbildung allerdings vielfach noch nicht verwirklichten Stärkung der Beschäftigten zur selbstgesteuerten Verantwortungswahrnehmung und Entwicklung von Kompetenzen (Empowerment und Ownership).

Um diesen Anforderungen des sich wandelnden →Arbeitsmarktes gerecht zu werden, ist zunächst eine gute Fachausbildung grundlegend, allerdings immer weniger ausschlaggebend: „Software-Firmen sind nicht auf der Suche nach Computer-Spezialisten, sie brauchen vielmehr IT-geschultes Personal, das in Teams kommunizieren und arbeiten kann. Fachspezifisches Wissen ist in den meisten Bewerbungsverfahren nicht der primäre Eignungsindikator für die Tätigkeit … Die Personalchefs wollen neben dem formalen Studienabschluss noch eine ganze Reihe anderer Fähigkeiten …" (Harvey 1999, 14). Eine Tendenz, die Morley äußerst kritisch betrachtet: „In einem sich schnell ändernden Kontext werden just-in-time oder frei verfügbare Fähigkeiten und Wissen als angemessener angesehen als spezialisiertes Fachwissen" (Morley 2001,134).

Neben einem guten Hochschulexamen sind heute oft von gleicher, wenn nicht entscheidenderer Wichtigkeit für eine Anstellung zunächst die Präsentation der „interaktiven" Fähigkeiten, wie Kommunikation, Kontaktfähigkeit und Teamwork, sowie „personale" Merkmale wie Selbstmotivation, Selbstmanagement, Integrität, Lernfähigkeit, Ideenreichtum, Initiative, Risikofreudigkeit und Verantwortung, also die sog. Soft bzw. Generic Skills (→Schlüsselqualifikationen). „Das sind – kurz gesagt – die Eigenschaften, die Organisationen helfen, mit Veränderungen umzugehen." (Universities UK 2002, 11) Für eine dauerhafte Beschäftigung ist deshalb – so Harvey – für das Unternehmen/die Organisation von besonderem Interesse, in welcher Weise Wissen, Fertigkeiten und Fähigkeiten von den Arbeitnehmer/innen in die Arbeitsprozesse eingebracht werden. Harvey unterscheidet hier zwischen drei Profilen von graduierten Beschäftigten: Denjenigen, die sich lediglich einpassen in die vorfindlichen Unternehmens-/Organisations-Strukturen (adaptive); denjenigen, welche die Fähigkeit haben, sich im Team produktiv einzubringen (adaptable); und denjenigen, welche die Prozesse durch Innovationen voranbringen (transformative). „Es besteht eine Spannung zwischen ‚in eine Organisation passen' und der Fähigkeit, innovativ zu sein, Änderungen vorauszuahnen und zukunftsfähige Entwicklungen zu unterstützen" (Harvey 1999, 17). Das bedeutet allerdings auch, dass das Unternehmen/die Organisation an der nachhaltigen Fortbildung der Arbeitnehmer/innen interessiert sein muss, um deren Employability zu erhalten und zu verbessern: „Bei Employability geht es um mehr als arbeitsfähige Absolventen anzuwerben. Es geht auch darum, die langjährigen Mitarbeiter weiterzubilden" (Universities UK 2002, 12 ff.). Dies macht wiederum deutlich, dass Employability grundsätzlich ein immer wieder von beiden Seiten in Gang zu bringender und zu haltender Prozess ist und keineswegs nur den (künftigen) Arbeitnehmer/innen als ständige Aufgabe zur Erhaltung ihrer Wettbewerbsfähigkeit zugewiesen werden darf.

3 Sicherung der Beschäftigungsfähigkeit als Aufgabe der Studienreform

Aus dieser Analyse ergibt sich für die Hochschulen zwangsläufig die Frage, in welcher Weise sie – wollen sie das Thema →Employability zum Nachteil der Weiterentwicklung ihres eigenen Angebots und Auftrages nicht an andere, gegebenenfalls private Bildungs- und Ausbildungsinstanzen verlieren – dazu beitragen können, transformative Lifelong- Learning-Prozesse sicherzustellen (→Lebenslanges Lernen) (Harvey 1999, 22). Als Ausweg aus der hier etwas holzschnittartigen Gegenüberstellung von traditioneller, implizit oft noch als disziplinzentrierte Nachwuchsförderung verstandener Wissenschaftsvermittlung einerseits und platter, lediglich den Anforderungen außeruniversitärer →Berufspraxis genügender höherer →Berufsausbildung andererseits betrachtet Harvey das Konzept des Empowering of Learners, demzufolge die Studierenden durch eine Vielzahl von curricular implementierten Lernerfahrungen in ganz unterschiedlichen Kontexten gestärkt werden, die mit →Employability verbundenen Dimensionen sukzessive zu erkennen und zu erwerben.

Entsprechende Möglichkeiten werden in folgenden Bereichen gesehen (Harvey 1999, 22):

- Weiterentwicklung der curricularen Wahlfreiheit, die oft nur in einem Mangel an Kohärenz des →Studienprogramms endet, hin zu von den Studierenden selbst gesteuerten Lernkontrakten zwischen Studierenden und Lehrenden als Moderator/innen der Lernprozesse,
- studentische →Veranstaltungskritik als Feedback über gemachte Lehr- und Lernerfahrungen,
- studentische Vertretung in Gremien der hochschulischen Selbstverwaltung, Entwicklung der Kritikfähigkeit der Studierenden bezüglich der erfahrenen Lehr- und Lernprozesse,
- betreute und reflektierte praktische Arbeitserfahrungen im Beschäftigungsfeld.

Die hier vorgestellten Bereiche zur Stärkung der →Employability der Studierenden thematisieren diese weniger im Sinne eines bekannten studienfachbezogenen, disziplinkomplementären Praxisbezuges, sondern im Sinne eines von Studierenden bereits während ihres Studiums in vielen Bereichen und auf verschiedenen Ebenen – darunter eben auch in tätigkeitsfeldbezogenen Studien- und Praxisbereichen – einzuübenden Verhaltens, das zu Empowerment und Ownership der Individuen in Bezug auf die Selbststeuerung von Problemlösungen und damit zu einer nachhaltigen Employability führen kann. Um all dies zu ermöglichen, müssen die →Studienprogramme organisatorisch, aber auch in der methodisch-didaktischen Gestaltung der →Module und Lehrveranstaltungen sowie im Studierenden-Lehrenden-Verhältnis entsprechende Freiräume und Experimentierflächen bereitstellen: „ … die größten Erträge stellen sich ein, wenn authentische Erfahrungen in das Curriculum integriert werden, wenn Studierende wissen, was sie lernen können und darin unterstützt werden, dieses zu erkennen, und wenn das Nachdenken und die Wiedergabe der Lernprozesse ernst genommen werden und die späteren Weiterbildungsmaßnahmen begleiten" (Little 2003, 14).

Konkrete Maßnahmen, um in diesem Sinne die →Employability der Studierenden und Absolvent/innen zu steigern, können darüber hinaus ebenso die verstärkte curriculare Integration von Erkundungsseminaren, angeleiteten Praxisphasen, Wettbewerben etc. sein, wie die in den letzten Jahren an vielen Hochschulen vorangetriebene, jedoch in vielen Fällen noch nicht hinreichend unterstützte und in das Studiengeschehen integrierte Arbeit der Careers Services und der Alumni-Rekrutierung und -Betreuung. Schließlich müssen die Aspekte der Employability verstärkt Gegenstand von Studienreformprozessen (→Studienreform), aber auch von Evaluations- (→Evaluation) und Akkreditierungsverfahren werden, denn die Qualität von →Studienprogrammen erweist sich nicht nur, aber eben auch an der nachhaltigen Employability der Hochschulabsolvent/innen.

Literatur

Bode, Christian (1978): Kommentar zu §§ 7, 10 HRG, in: P. Dallinger, C. Bode, F. Dellian: Hochschulrahmengesetz. Kommentar. Tübingen.

Elias, Peter (2002): Hogarth, Terence; Pierre, Gaelle: The Wider Benefits of Education and Training: A Comparative Longitudinal Study (= Department for Work and Pensions. Research Report 178). Leeds; online einsehbar unter:
http://www.dwp.gov.uk/asd/asd5/rport178/Main.pdf.

Epping, Volker (2000): Kommentar zu §§ 7, 10 HRG (25. Lieferung), in: Hailbronner, Kay/Geis, Max-Emanuel (Hg.): Kommentar zum Hochschulrahmengesetz. Heidelberg.

Harvey, Lee (1999): New Realities: The relationship between higher education and employment. Keynote presentation at the European Association of Institutional Research (EAIR) Lund.

Harvey, Lee (2001): Defining and Measuring Employability, in: Quality in Higher Education 2, S. 97–109.

Haug, Guy (2001): The TUNING project in the context of main trends in higher education in Europe. Brüssel; online einsehbar unter: http://odur.let.rug.nl/TuningProject/presentations/TUNING_Guy_Haugh.pdf.

Little, Brenda (2003): International perspectives on employability. A briefing paper prepared by Brenda Little (Centre for Higher Education Research and Information, the Open University), with advice from ESECT and LTSN Generic Centre colleagues; online einsehbar unter: http://www.ltsn.ac.uk/genericcentre/index.asp?id=17641.

Morley, Louise (2001): Producing New Workers: quality, equality and employability in higher education, in: Quality in Higher Education 2, S. 131–38

Orth, Helen (1999): Schlüsselqualifikationen an deutschen Hochschulen. Konzepte, Standpunkte und Perspektiven. Neuwied, Kirftel.

Prague-Communiqué (2001): Towards The European Higher Education Area. Communiqué of the meeting of the European Ministers in charge of Higher Education in Prague on 19th May 2001; online einsehbar unter: http://www.bologna-berlin2003.de/pdf/Prague_communiquTheta.pdf.

Reichert, Sybille / Tauch, Christian (2003): Trends in Learning Structures in European Higher Education. Bologna four years after (Trends III); online einsehbar unter: http://www.bologna-berlin2003.de/pdf/TrendsIII_full.pdf.

Universities UK (2002): Enhancing employability, recognising diversity. Making links between higher education and the work of work. London; online einsehbar unter: http://www.universitiesuk.ac.uk/bookshop/downloads/employability.pdf.

Modularisierung und Kerncurricula

Ulrich Welbers

1 Organisationsebenen von Modularisierung

Für systematische Überlegungen zur Nutzung der Modularisierung als curriculares Organisationsprinzip der Studiengänge ist es hilfreich, zunächst die Strukturierung und Terminologie aus Modellprojekten der Bund-Länder-Kommission (BLK) zu Grunde zu legen, nach der es drei Strukturebenen von Modulen in Studiengängen gibt (BLK 2002, 5; Gehrlicher 2001, 293):

- Die größten Einheiten, die als Makromodule oder Metamodule zu bezeichnen sind, geben die Gliederung des Studiums in Studienabschnitte an beziehungsweise in konsekutiv aufeinander aufbauende Bachelor- und Masterprogramme. Auf der Ebene der Makromodule ist im Hinblick auf den europäischen Bildungsraum (→Europäischer Hochschul- und Forschungsraum) wohl die höchste →Flexibilität und studentische →Mobilität zu erwarten. Gerade deswegen ist es wichtig, hier möglichst unbürokratische und vereinfachte Verfahren zu finden, die das →ECTS als Folie weitreichender Anerkennung interpretieren, nicht aber als zunehmende →Bürokratisierung von Nicht-Anerkennung begreifen und so neue Hürden z.B. beim Eingang in den Masterstudiengang errichten. Die Entwicklung ist hier zur Zeit uneindeutig.

- In einem zweiten Modularisierungsschritt ergeben sich so genannte Mesomodule, die als Binnengliederung der Makromodule in einzelne Teilbereiche (die einzelnen Fächer oder Fachmodule) anzusehen sind. Diese sollten zwischen 18 und 30 SWS Umfang haben. Hier ist die Notwendigkeit verbindlicher Klärung im Fachbereich bzw. in der Fakultät besonders groß, sind Kommunikations- und Organisationsentwicklung direkt angezeigt. Die Bildung von Mesomodulen sollte an einem Standort weitgehend standardisierten, dauerhaft vereinbarten Strukturen folgen. Gerade hier sollte der Übersichtlichkeit in der Studiengangentwicklungsplanung Vorrang vor Einzelspezifizierungen gegeben werden, seien sie aus Fachperspektive noch so begründet und im Einzelfall plausibel: In erster Linie entscheidend ist, wie gut gelernt wird, und erst in zweiter oder dritter Linie, wie umfangreich und speziell fachliche Inhalte präsentiert werden.

■ Mikromodule sind schließlich innerhalb der Mesomodule diejenigen Verbünde von fachwissenschaftlich bestimmbaren und hochschuldidaktisch durchaus variantenreichen unterschiedlichen Lehr- und Lernkomponenten (Studienbausteine), die thematisch und in ihrer Kompetenzorientierung eine integrierte ziel- und handlungsbezogene Einheit bilden. Sie werden in der Regel von den Studierenden in einem Studienjahr abgeschlossen. Auch und vor allem die Module dieser curricularen Ebene werden durch ihr jeweiliges Qualifikationsziel definiert, und sie sind für das Anliegen der Studienreform, also die zielgerichtete Verbesserung des Lehrens und Lernens an Hochschulen, besonders interessant. Sie sind auch für die Lehrenden förderliche Konstruktionshilfe. Sie eröffnen einen Experimentalraum für die Studienreform, der aktiv genutzt werden kann und soll.

Die Terminologie bietet vor allem eine alltagstaugliche Konvention an, um im Fachbereich über Modularisierung zielgerichtet zu sprechen. Dies ist in jedem Fall notwendig (auch wenn man sich für eine andere Konvention entscheidet), damit eine Verwirrung in Einzelfragen und eine Überlagerung der Argumentationsebenen von vornherein möglichst minimiert werden.

2   Lerndramaturgien in Studienmodulen

Wie aber kann aus einem Modul – vor allem auf der Ebene der Studien- bzw. Mikromodule – qualitativ mehr werden als die Addition von schon immer routinemäßig präsentierten Lehrveranstaltungsinhalten und fachlichen Wissensbeständen bzw. Inhaltskatalogen nach dem Muster des wissenschaftlichen „state of the art" oder eines dann doch eher vorderhand aus Sicht der Fachwissenschaft entwickelten und damit meist wenig abgesicherten Qualifikationsprofils für Absolvent/innen? Am Beispiel des Mikromoduls kann am besten verdeutlicht werden, dass Modulbildung, soll sie das Lernen wirklich nachhaltig verbessern, stets mit der Planung und Ausgestaltung einer inneren Lerndramaturgie für jedes Modul verbunden ist (Abb. 13).

■ Studienbausteine/Studienelemente

■ Lernweg/Qualitätsentwicklung

Prüfung des Moduls

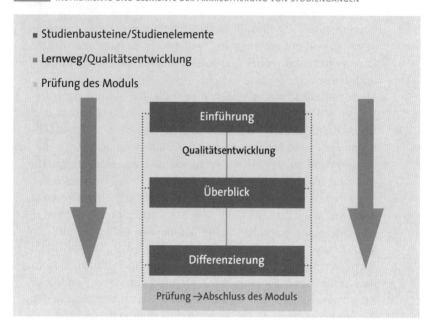

Abb. 13: Modulstruktur Mikromodul

Lerndramaturgie heißt hier, die möglichen Schritte des Lernens unter der hochschuldidaktischen Perspektive gezielt zur Grundlage der Erarbeitung von Wissen und Können der Einzelnen zu machen. Sie beschreibt die Folie, nicht die Inhalte der Vermittlung. Diese könnte sich z.b. im Rahmen eines Lernarrangements abspielen, das nach einer Schrittabfolge Einführung – Überblick – Differenzierung konfiguriert ist. In einem Mikromodul werden fachliche Aspekte soweit transformiert und integriert, dass sie als möglichst positive Lernerfahrung geeignet sind, Qualifikationen zu vermitteln. Auch andere Arrangements bzw. Lerndramaturgien sind natürlich denkbar und möglich wie z.b. Einführung – Anwendung – Transfer, Überblick – Vertiefung – Anwendung, Anwendung – Reflexion – Vertiefung usw. Entscheidend ist, dass die Anforderung einer spezifischen Konzeption einer solchen Dramaturgie für die Modulbildung im Fachbereich verbindlich eingerichtet wird. Die intra- und intermodulare Verknüpfung der einzelnen fachwissenschaftlich-geprägten oder auch interdisziplinär-angeordneten Module muss zudem einzeln ausgewiesen und hochschuldidaktisch begründet sein. Ein Mikromodul sollte aus eben solchen hochschuldidaktischen Gründen in der Regel sechs SWS groß sein, dies erleichtert einerseits die Routinenbildung beim Lernen erheblich (das Lernen muss nicht immer wieder neu gelernt werden), hält andererseits die innere Lerndramaturgie überschau- und erfahrbar und fördert schließlich den Aufbau von Lernstrategien. Es sollte mit einer Prüfung oder auch mit einem anderen, die einzelnen Bausteine bzw. Lehrveranstaltungen verknüpfenden Element – z. B. einem Portfolio – zusammengebunden und damit abgeschlossen werden (Welbers 2003, 188, 202). Der Qualifikationserwerb soll damit gesichert werden, nichts anderes ist die Aufgabe von Prüfungen, deren Didaktik gerade in Modulprüfungen stets auf dieses Ziel hin ausgerichtet sein soll.

Kreditpunktesysteme (→Credit-Point-System) erhöhen nicht nur die studentische →Mobilität in Europa und darüber hinaus, sie können als Größe für den →Workload, den Studienaufwand der Studierenden, vor allem die Kontinuität des Lernens sichern helfen, und sie organisieren das Lehren dafür grundsätzlich vom Lernen her. Hier ist der „Shift from Teaching to Learning" nicht nur angezeigt, sondern auch gut und alltagstauglich umsetzbar. Auch die Weiterbildung kann mit der Hilfe von Kreditpunktesystemen zielgerichteter in spezifische Professionalisierungskontexte (→Professionalisierung) eingebunden werden. Dies wiederum hat den Vorteil, dass der Professionalisierungsdruck auf die Hochschulen wächst, indem sie auf hohem Niveau das anbieten müssen, was im Praxistest der Weitergebildeten im →Arbeitsmarkt auch wirklich bestehen kann und individuell weiterhilft.

3 Kerncurricula

Mit Blick gerade auch auf die internationale Entwicklung und die Entwicklung im Beschäftigungssystem ist mit der Modularisierung ein grundlegender Paradigmenwechsel, ja ein prinzipieller Abschied von einer Lehrorganisation angezeigt, die als additive Abarbeitung eines auf den Wissenschaftskanon einzelner Disziplinen gerichteten Gegenstandskatalogs verfährt. Vielmehr ist die Vermittlung fachlicher Gegenstände immer schon so auszugestalten und sind auch die Gegenstände von vorneherein so zu konzentrieren, dass ihre Verknüpfung mit Fragen des Wissensmanagements, mit dem zentralen methodischen Repertoire des Faches und den Anwendungsperspektiven der fachlichen Gegenstände und dafür mit der Aufgabe, zentrale Aspekte fachbezogener Professionalität im diesbezügliches Lehren transparent werden zu lassen, im Mittelpunkt der modularen Ausgestaltung der Studiengänge steht.

Gerade bei der Formulierung von Kerncurricula ist somit nicht der materiale Umfang der Wissensbestände entscheidend, sondern inwieweit fachbasiertes Wissen problemorientiert und in Transferprozessen so eingesetzt werden kann, dass an diesem Wissen zentrale Verfahrensweisen der jeweiligen Disziplin exemplarisch eingeübt werden können. Handlungsleitend für eine gelungene Formulierung von Kerncurricula ist der in der Praxis der Hochschullehre einzulösende Erprobungsraum des Lernens und damit zuvor die explizite Auswahl von Seiten der Lehrenden, wie und welche Gegenstände der Fachdisziplin sich in der Vermittlung so bewähren können, dass der an ihnen kenntlich werdende fachliche Zusammenhang eine Verknüpfung zwischen fachlichem Wissen, gesellschaftlicher Praxis und positiver Lernerfahrung besonders gut ermöglicht. Hochschulisches Lehren muss gerade in seiner Perspektive auf zentrale Aspekte der Disziplinen fachlich und didaktisch besonders anspruchsvolles und beispielhaftes Lehren sein, damit Standards des Faches als wichtig, erreichbar und im Transfer als gestaltungssicher erlebt und diagnostiziert werden können. Die modulare Struktur des Studiums soll dafür je nach standortspezifischen Möglichkeiten und Schwerpunktsetzungen der Hochschulen ein beispielhaftes und gleichwohl praxisrelevantes Lernmodell vorstellen, das die Situierung fachlicher Gegenstände in Anwendungsprozessen als positive Möglichkeit eines Umgangs mit diesen Gegenständen aufzeigt.

Der oben genannte curriculare Paradigmenwechsel findet seine hochschuldidaktische Entsprechung in dem bereits postulierten „Shift from Teaching to Learning" (Wildt 2003, 14). Mit Blick auch auf die internationale Perspektive stellt Wildt fest, dass „die in den Fachkulturen an Hochschulen zumeist herrschende Lehre, dass es im didaktischen Geschehen auf die ‚Content-Orientierung', d. h. auf Darstellung und Vermittlung von Lehrinhalten ankommt, zusehends an Einfluss" verliere. „Der Sichtwechsel des ‚Shift from Teaching to Learning' richtet den Blick dagegen auf die Ergebnisse des Lernens (Output-Orientierung, →Learning Outcomes) und die Strategien, mit denen sie erreicht werden." Dies ist gerade für das Kerncurriculum, das die unverzichtbaren fachlichen Gegenstände exemplarisch für die Wissenschaftsdisziplin vorführen und erarbeiten will, ein zentraler Gedanke, und gerade wegen dieses hohen, lernerzentrierten Anspruchs an die Kerncurriculumentwicklung „werden Lehren und die →Lehrkompetenz keineswegs funktions- oder anspruchslos. Im Gegenteil: Lehren wird neu kontextuiert und neu durch das Lernen hindurch gedacht."

In dem hier skizzierten Bezugsdreieck einer qualifikationsorientierten, curricularen Konzentration zwischen wissenschaftlicher Verdichtung, exemplarischer Vermittlungsqualität und lernerzentriertem Lehrhandeln besteht zukünftig die zentrale Gemeinsamkeit und auch der →Wettbewerb um Qualitätsprofile der Studiengänge über die Standorte hinweg und eben nicht vorderhand in den Inhaltskatalogen und ihrer möglichst materialreichen Bemessung (Abb. 14).

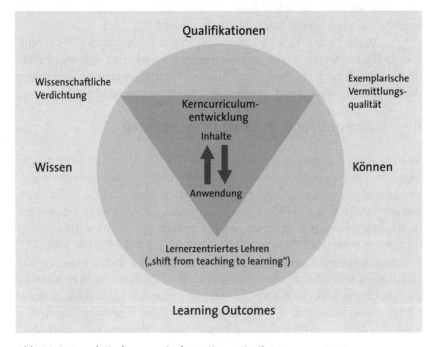

Abb. 14: Bezugsdreieck zur curricularen Konzentration

Bei der Bildung von Kerncurricula sollte daher unbedingt vermieden werden, möglichst breite Fachinhalte in komprimierter Form additiv in der Modulstruktur zusammenzudrücken unter der meist äußerst problematischen Maßgabe, diese seien disziplinär unumstritten und damit legitimationsunabhängig vermittlungsgültig. Vielmehr müssen aufgrund des fachlichen Potenzials fachbezogene Qualifikationskataloge ausgebildet und differenziert benannt werden, die dann wiederum an exemplarischen Inhalten gelehrt und gelernt werden können. Wie zielsicher und mit welcher Vermittlungsprofessionalität dies geschieht, macht die Qualität eines Studienstandortes zukünftig wesentlich aus. In Kerncurricula treffen somit relevante Inhalte auf beispielhafte Vermittlung im Hochschulunterricht, Wissen und Können werden handlungssicher zusammengeführt in der Gestaltung und Reflexion von Anwendungsprozessen. Zu zeigen, dass dies möglich und nützlich ist und ob, wo und wie die spezifische Wissenschaftsdisziplin gesellschaftliche Relevanz aufweist, dies in der Hochschullehre zu bündeln und verfügbar zu machen ist die systematische Aufgabe von Kerncurricula in modularen Studienstrukturen. Die Ergebnisse der diesbezüglichen Lernprozesse wären dann schon im weiteren Studium direkt einsetzbar.

An der Frage, wie anspruchsvoll solche Kerncurricula als Konzentration fachlicher Lernprozesse gestaltet werden, entscheidet sich womöglich, ob Modularisierung überhaupt eine Verbesserung gegenüber der bisherigen Ausbildungspraxis in der Hochschullehre anbieten kann und wird.

4 Akkreditierung und Modulbeschreibung

Bezüglich der Auffassung von Modularisierung und Moduldefinitionen gibt es nicht nur international, national, länderbezogen, hochschulbezogen, sondern sogar fachbereichsbezogen erhebliche Unterschiede. Selbst eine einfache Definition von Modul fällt nicht nur schwer, sondern scheint gar unmöglich oder muss sich stets im Widerstreit mit anderen Definitionsangeboten behaupten. Dies muss nicht per se zum Schaden der Modularisierungsdiskussion werden. Eine sehr allgemeine, möglicherweise in viele Richtungen verknüpfbare Bestimmung ist die folgende: „Module bezeichnen ein Cluster bzw. einen Verbund von Lehrveranstaltungen, die sich einem bestimmten thematischen oder inhaltlichen Schwerpunkt widmen. Ein Modul ist damit eine inhaltlich und zeitlich abgeschlossene Lehr- und Lerneinheit, die sich aus verschiedenen Lehrveranstaltungen zusammensetzen kann. Es ist qualitativ (Inhalte) und quantitativ (Anrechnungspunkte) beschreibbar und muss bewertbar (Prüfung) sein" (BLK 2002, 4). Trotz der mittlerweile mannigfachen Definitionsangebote und -probleme haben jedoch die Akkreditierungsagenturen stets die Forderung nach genauer Beschreibung der Module in ihren Kriterienkatalogen festgeschrieben (ACQUIN 2002, 27; AQAS 2002, 30; ZEvA 2002, 20), was wiederum die Einlösung dieses berechtigten und wichtigen Anspruchs jedoch nicht einfacher macht. Bezüglich der Modulbeschreibung gibt es unterschiedliche Ansätze. Im Rahmen der Modellprojektarbeit der BLK wurde auf ein im Groben dreigliedriges Konzept gesetzt, das „Angaben über

- Allgemeines (Modultitel, Modulnummer, Modulumfang, →Credit-Points, Lehrform, Zuordnung zum Teilgebiet, →Niveaustufe, Lage im Studienplan/Semester, Angebotsturnus, Dozent/in),
- Modulfunktionalität (Lernziel/zu erwerbende →Kompetenzen, Lehrinhalt, Literaturempfehlungen, Prüfungsmodalitäten/Leistungsnachweise),
- Schnittstellenbeschreibung (erwartete Vorkenntnisse, Teilnehmer/innenkreis, Beitrag zu anderen, nachfolgenden Modulen)" enthält (BLK 2002, 16).

Laut →KMK und den (eher prüfungsrechtlichen) Überlegungen von Wex gehören zu einer angemessenen Modulbeschreibung mindestens:

- „Inhalte und Qualifikationsziele des Moduls,
- Lehrformen (→Lern-/Lehrformen),
- Voraussetzungen für die Teilnahme,
- Verwendbarkeit des Moduls,
- Voraussetzungen für die Vergabe von Leistungspunkten (→Credit-Points),
- Leistungspunkte und Noten,
- Häufigkeit des Angebots von Modulen,
- Arbeitsaufwand,
- Dauer der Module" (Wex 2002, 7).

Gerade im Zusammenhang der Modulbeschreibung, vor allem aber im Hinblick auf die Akkreditierung, sei noch einmal auf die Wichtigkeit durchgängig kompatibler Modulgrößen hingewiesen. Die Angaben für eine praktikable Größe von Mikromodulen schwanken zwar vielfach, die Erfahrungen in ausgewiesenen Modellprojekten sprechen jedoch stets von einem Umfang von sechs oder acht Semesterwochenstunden. Hier wird ein zentrales Problem offenbar, auf das auch Wex hinweist: „Liegt kein hochschulübergreifender Konsens über die Definition von Modulen vor, so sind die Module auch nicht vergleichbar, und die wechselseitige Anerkennung bei einem →Hochschulwechsel muss scheitern. Eine Gleichwertigkeit von Modulen ist erst dann gegeben, wenn sie in Inhalt, Umfang und Anforderungen einander im wesentlichen entsprechen" (Wex 2002, 7). Auf diesbezügliche Absprachen dringt auch das Autor/innenteam der BLK: „Die Nutzung modularer Studienstrukturen als ‚Baukastensystem' zur flexiblen Kombination von Modulen innerhalb des Curriculums und/oder in der fakultätsübergreifenden Zusammenarbeit setzt die Kompatibilität für den

Einsatz von Modulen in verschiedenen Studiengängen voraus. Diese ‚technischen' Schnittstellen sind gegeben, wenn

- die Module einen gleichen zeitlichen Umfang haben,
- Module innerhalb eines Semesters abgeschlossen werden und
- das gleiche Leistungspunktsystem (→Credit-Point-System) (...) in allen Studiengängen einer Hochschule verwendet wird" (BLK 2002, 12).

Zurzeit kann leider von einer solchen Entwicklung hin zu gemeinsamen Modulstrukturen nur sehr begrenzt die Rede sein. Die Entwicklung ist vielmehr widersprüchlich und die daraus resultierenden Schwierigkeiten in der Praxis sind schon jetzt erheblich. Im Hinblick auf eine gelingende Akkreditierung, vor allem aber für eine möglichst große Anerkennungsmöglichkeit und Austauschbarkeit von Modulen, werden Hochschulen sinnvollerweise dazu kommen müssen, hier zu weitreichenden Vereinbarungen zu kommen (Gehrlicher 2001, 292). Sollte sich allerdings mittelfristig die Bemessungsgrundlage von Studiengängen und Modulen von Semesterwochenstunden ausschließlich auf den →Workload verschieben, wäre im Bereich des SWS eine Lockerung quantitativer Standards durchaus denkbar. Von vielen gewünscht, ist hier momentan keineswegs eine deutliche Bewegung in diese Richtung zu verzeichnen.

Für eine akkreditierungsfähige Modulbeschreibung kann das folgende Beispiel einer Checkliste von AQAS dienen. Die Agenturen gleichen sich hier in ihrem Anforderungsprofil zunehmend an:

- „Werden die Module den Vorgaben der →KMK entsprechend beschrieben?
- Sind Inhalte, Qualifikationsziele, Lehrformen (→Lern-/Lehrformen) der Lehrveranstaltungen/des Moduls aufgeführt?
- Ist der erwartete Arbeitsaufwand der Studierenden in Stunden (→Workload)/Anzahl der Leistungspunkte (→Credit-Points) für Lehrveranstaltungen/Modul aufgeführt?
- Ist die Art der Prüfungen angegeben?
- Ist die Voraussetzung für die Teilnahme an dem Modul angegeben?
- Ist die Dauer des Moduls (Anzahl Semester) angegeben?
- Wie oft wird ein Modul angeboten?
- Werden die Module/einzelne Lehrveranstaltungen auch in anderen Studiengängen angeboten?
- Ist die Anzahl der Leistungspunkte (ECTS) für Lehrveranstaltungen angegeben?" (AQAS 2002, 30)

Direkt modulbezogene Kriterien und solche der Lehrorganisation greifen in diesem Katalog also bereits von vornherein ineinander und machen deutlich, welche Wichtigkeit konsensuale Lösungen in diesem Bereich erhalten, ja, dass diese quasi vom Gegenstand her erzwungen werden. Die Akkreditierung nimmt nach anfänglichen Orientierungsprozessen einen durchaus positiven Verlauf, baut sich aus zu einem an Akzeptanz zunehmenden und Erfolg versprechenden Instrumentarium zur Qualitätssicherung im Hochschulbereich. Die Kriterienkataloge sind inhaltlich und hochschuldidaktisch anspruchsvoll und geben gute Argumentationshilfen, aus einer Anpassungsdiskussion im Fachbereich eine Studienreformdiskussion zu machen.

Literatur

AQAS (2002): Agentur für Qualitätssicherung durch Akkreditierung von Studiengängen. Qualität, Transparenz, Vergleichbarkeit. Instrumente für die Akkreditierung von Studiengängen an Hochschulen. Bonn.

ACQUIN (2002): Akkreditierungs-, Certifizierungs- und Qualitätssicherungs-Institut. Bayreuth, Hamburg.

BLK (2002): Bund-Länder-Kommission für Bildungsplanung und Forschungsförderung: Modularisierung in Hochschulen. Handreichung zur Modularisierung und Einführung von Bachelor- und Master-Studiengängen. Erste Erfahrungen und Empfehlungen aus dem BLK-Programm ,Modularisierung'. Erstellt von Bohn, Andrea / Kreykenbohm, Gudula et al. (= Materialien zur Bildungsplanung und Forschungsförderung). Bonn.

Gehrlicher, Isabel (2001): Modularisierung, in: Hanft, Anke (Hg.): Grundbegriffe des Hochschulmanagements. Bielefeld, S. 291–294.

Welbers, Ulrich (Hg.) (2003): Vermittlungswissenschaften. Wissenschaftsverständnis und Curriculumentwicklung. Düsseldorf.

Wex, Peter (2002): Bachelor und Master. Prüfungsrecht und Prüfungsverfahren, in: Berendt, Brigitte/Voss, Hans-Peter et al.: Neues Handbuch Hochschullehre. Stuttgart, Beitrag H 1.2. Lieferung Juli 2002, S. 1–68.

Wildt, Johannes (2003): ,The Shift from Teaching to Learning' – Thesen zum Wandel der Lernkultur in modularisierten Studienstrukturen, in: Landtagsfraktion Bündnis 90/ Die Grünen (Hg.): Unterwegs zu einem europäischen Bildungssystem. Reform von Studium und Lehre an den nordrhein-westfälischen Hochschulen im internationalen Kontext. Düsseldorf, S. 14–19; online einsehbar unter: http://www.gruene.landtag.nrw.de/publik/info03/pdf/0309-Studienreform.pdf.

ZEvA (2002): Zentrale Evaluations- und Akkreditierungsagentur Hannover: Akkreditierung neuer Studiengänge mit dem Abschluss Bachelor und Master. Hannover (3., überarb. Aufl.); online einsehbar unter: http://www.zeva.uni-hannover.de/akkred/verfahren/Leitfaden-3.Auflage.pdf.

Eine ausführliche Einführung in die Problematik findet sich im Beitrag von Welbers, Ulrich: Modularisierung als curriculares Organisationsprinzip, in: Berendt, Brigitte/Voss, Hans-Peter et al.: Neues Handbuch Hochschullehre. Stuttgart 2002.

Internationalisierung des Studiums – Zum Erwerb interkultureller Kompetenz

Birgit Szczyrba, Johannes Wildt

Die Internationalisierung des Studiums gehört zu den zentralen Zielsetzungen des →Bologna-Prozesses zur Schaffung eines europäischen Hochschulraumes (→Europäischer Hochschul- und Forschungsraum). Die Schaffung dieses Raumes ist eine Aufgabe, die nur im internationalen Zusammenwirken der nationalen Hochschulsysteme und -politiken verwirklicht werden kann. Die Strukturvorgabe der Bologna-Deklaration lautet, europaweit das zwei-zyklische System von Bachelor- und Master-Studiengängen einzuführen. In einer Einigung auf Credit-Transfer-Systeme (→ECTS), →Diploma Supplement, →Modularisierung usw. werden die Merkmale einer Studienstruktur festgelegt, die Internationalität durch formale Kompatibilität herstellen. Diese Merkmale müssen realisiert werden, um die Mobilität der Studierenden und die Rahmenbedingungen für den internationalen →Wettbewerb als zentrale Zielsetzungen der Reform zu gewährleisten. Sie allein reichen allerdings nicht aus, Ziele einer Internationalisierung des Studiums zu erfüllen. An die Akkreditierung von Studiengängen werden deshalb Kriterien einer Internationalisierung des Studiums angelegt, die über die formalen Kompatibilitäten hinausgehen. In diesem Sinne geht es darum, das Studienangebot und das Arrangement von Studienbedingungen an Internationalisierungsperspektiven auszurichten.

Solche Kriterien einer auf Internationalisierung abzielenden Studienreform stehen in Zusammenhang mit einer Umsteuerung der Studienreform von Input- zu Output-Kriterien. Der Output des Studiums bemisst sich dabei nicht nur an quantitativen Größen wie die Zahl der Absolvent/innen und die Studiendauer (→Studienzeiten) in Bezug auf die →Regelstudienzeit, sondern auch qualitativ an den →Kompetenzen, welche die Studierenden in ihrem Studium erwerben. An eine am Output orientierte →Studienreform richtet sich deshalb die Anforderung, die Internationalisierung in die Kompetenzentwicklung einfließen zu lassen. D. h. konkret, die Studierenden zu befähigen, sich kompetent in internationalen Kontexten, also unterschiedlichen Kulturen zu bewegen. Die Frage lautet daher, inwieweit die Hochschulbildung Gelegenheit zum Erwerb interkultureller Kompetenzen bietet.

Der vorliegende Beitrag konzentriert sich vor dem Hintergrund der in anderen Beiträgen dieses Bandes hinreichend behandelten Fragen der

Internationalisierung durch Strukturreform des Studiums zur Verbesserung von Mobilität und Wettbewerbsfähigkeit auf die Frage der Verwirklichung der Internationalisierung durch curriculare Gestaltung des Studiums und die Herstellung von Lernbedingungen *on campus*. Daraus erwächst die Frage nach der Förderung des Erwerbs interkultureller Kompetenzen.

1 Kriterien der Internationalisierung des Studiums

Auch in Deutschland hat die Hochschul- und →Studienreform aufgrund des Erfordernisses der Internationalisierung im Zuge der Herausbildung eines europäischen Hochschulraums (→Europäischer Hochschul- und Forschungsraum) an Schubkraft gewonnen. So hat die Hochschulrektorenkonferenz (→HRK) am 6. Juli 1998 beschlossen, das deutsche Studienangebot an internationalen Mustern auszurichten. Ziele sind die Verbesserung der internationalen Kompatibilität deutscher Studienabschlüsse und damit der studentischen →Mobilität sowie die Erhöhung der Nachfrage ausländischer Studierender nach Studienplätzen in Deutschland (Akkreditierungsrat 2004).

Es ist deshalb nur folgerichtig, dass die Internationalisierung des Studiums und die Herstellung von →Transparenz und Vergleichbarkeit zentrale Kriterien der →Studienreform sind. Die angelegten →Kriterien für die Beurteilung der Vergleichbarkeit sind bislang formaler und fachlich-inhaltlicher Art (ebd.). Der Akkreditierungsrat hat deshalb die Beachtung solcher Kriterien der Internationalisierung von Studiengängen zu einem zentralen Kriterium für die Entscheidung über die Zulassung von Akkreditierungsagenturen erhoben. Die Agenturen sind in ihren Akkreditierungsverfahren insoweit gehalten, solche Maßstäbe einer Internationalisierung anzulegen.

Im Folgenden wird tabellarisch zusammengefasst, wie die Agenturen in den Akkreditierungsverfahren →Kriterien der Internationalisierung zur Geltung bringen. Die folgende Auflistung beruht auf den zugänglichen Selbstbeschreibungen der Akkreditierungsagenturen bzw. der von ihnen formulierten Kriterien. Alle Angaben sind den Webseiten der Agenturen entnommen (Quellenangaben im Literaturverzeichnis). Über die faktische Anwendung dieser Kriterien auf Akkreditierungsentscheidungen kann zurzeit keine valide Aussage getroffen werden, da eine empirische Begleitung bzw. Überprüfung der Entscheidungsprozesse einschließlich der Verwirklichung von Kriterien bis heute nicht vorliegt.

a   Akkreditierungsagenturen in Deutschland und ihre Kriterien für die Internationalisierung

Folgende Tabelle gibt eine Übersicht über die Anforderungsprofile der einzelnen Akkreditierungsagenturen an die Internationalisierung von Studiengängen:

Agentur	zentrale Profilelemente der Internationalisierung	Fragen und Aspekte zur Internationalisierung
AQAS	Fachoffenheit, Interdisziplinarität und Internationalität Einbindung in das europäische Netzwerk und die Orientierung an den europäischen Qualitätsstandards	In welcher Weise ist eine internationale Ausrichtung des Curriculums beabsichtigt? Durch welche curricularen Elemente wird eine internationale Ausrichtung des Studiengangs realisiert? Durch welche infrastrukturellen Maßnahmen wird eine internationale Ausrichtung des Studiengangs unterstützt (Sprachkurse, spezifische Beratungsangebote etc.)?
ASIIN	die internationale Kompatibilität deutscher Studienstrukturen und –abschlüsse attraktivere deutsche Hochschulen durch Angebot international kompatibler Abschlüsse oder Studienteilleistungen für deutsche und ausländische Studierende	Ausrichtung – national/international (fremdsprachliche Lehrveranstaltungen, Auslandssemester, Brückenveranstaltungen für ausländische Studierende)
AHPGS	Aufnahme und Beachtung der nationalen und internationalen Fachdiskussion zur Weiterentwicklung der jeweiligen Studiengängen bei gleichzeitiger Unabhängigkeit von Partikularinteressen einzelner Hochschulen, →Fachgesellschaften oder Praxisorganisationen; Sicherstellung einheitlicher, international vergleichbarer Standards der verschiedenen sozialen und gesundheitsbezogenen Studiengänge. Hierzu wird ein permanenter Infor-	Internationalität des Studiengangs/ Auslandsstudium Umfang und Art der Kooperation mit anderen Hochschulen, Forschungs- und Lehreinrichtungen außerhalb der Hochschulen und der Wirtschaft im In- und Ausland, Alumni-Netzwerke Vertragliche Regelungen dieser Kooperationen gegebenenfalls vorgesehene Doppel-Abschlüsse der kooperierenden in- und ausländischen Hochschulen

Tabelle (Teil A): Übersicht über die Internationalisierungskriterien der Akkreditierungsagenturen in Deutschland

Agentur	zentrale Profilelemente der Internationalisierung	Fragen und Aspekte zur Internationalisierung
	mationsaustausch mit anderen nationalen und internationalen Akkreditierungsagenturen sowie Repräsentanten von Hochschulen und Praxisorganisationen durchgeführt.	
ACQUIN	Basiskriterium: Internationale Ausrichtung (der Studiengang enthält internationale Komponenten und/oder ist von der Konstruktion her in internationale Systeme eingepasst) Vollständigkeitskriterien: Kompatibilität im europäischen Kontext (Mobilitätsvoraussetzung) Studienplätze und Anreize für ausländische Studierende Kooperationen innerhalb der Hochschule mit anderen Disziplinen sowie außerhalb mit anderen Einrichtungen im In- und Ausland	Welche Anreize gibt es für ausländische Studierende? Existieren Brückenveranstaltungen für ausländische Studierende, für Studienanfänger (zur Herstellung eines gleichen Eingangsniveaus), für „fachfremde" Studierende? Welche? Je nach Anspruch und Ausrichtung sind Studienplätze für ausländische Studierende nicht in jedem Studiengang eine conditio sine qua non, dagegen sollte jeder Studiengang auf dem neuesten Stand der Wissenschaft basieren.
FIBAA	die internationale →Mobilität fördern	Ein Bachelor-Studiengang sollte eine internationale Ausrichtung enthalten, die den Teilnehmern den Zugang zu globalen wirtschaftlichen Zusammenhängen verschafft. Vorlesungen/Seminare zum Thema Internationales/Interkulturelles Management sollten vorgesehen werden. Wünschenswert sind auch Lehrveranstaltungen in englischer Sprache, der weltweit üblichen Wissenschafts- und Geschäftssprache; ein Praxisaufenthalt im englischen Sprachraum kann die gleiche Wirkung erzielen. Die englische Sprache kann durch andere Fremdsprachen im →Studienprogramm ersetzt werden.

Tabelle (Teil B): Übersicht über die Internationalisierungskriterien der Akkreditierungsagenturen in Deutschland

Agentur	zentrale Profilelemente der Internationalisierung	Fragen und Aspekte zur Internationalisierung
		Ein Master-Studiengang muss den Teilnehmern den Blick auf internationale Entwicklungen im studierten Fachgebiet eröffnen. Die zunehmende Bedeutung von Fremdsprachen, vornehmlich die Anwendung der englischen Sprache in Wissenschaft und Wirtschaft, sollte sich zumindest in Teilen des Curriculums widerspiegeln.
		Ein Master-Programm, das laut Programmziel eine qualifizierende Weiterbildung für „Management"-Tätigkeiten anbietet und/oder einen „internationalen" Bezug vorweist, muss von seiner Anlage her eine ausgeprägt internationale und interkulturelle Ausrichtung haben und den Teilnehmern den Blick für globale wirtschaftliche Zusammenhänge schärfen. Das kann durch methodische Instrumente wie Vorlesungen, die Zusammensetzung der Arbeitsgruppen, die Betonung von international vergleichenden Ansätzen bei Problemlösungen und, generell, durch Mehrsprachigkeit erreicht werden.
		In bestimmtem Umfang sollte ein solches Programm in Englisch, der weltweit üblichen Geschäftssprache, oder einer dem Programmziel gemäßen alternativen Fremdsprache durchgeführt werden.
ZEVA	nationale sowie internationale Anerkennung der Abschlüsse gewährleisten	Ausrichtung des Curriculums – national/international (fremdsprachliche Lehrveranstaltungen, Auslandssemester),

Tabelle (Teil C): Übersicht über die Internationalisierungskriterien der Akkreditierungsagenturen in Deutschland

Agentur	zentrale Profilelemente der Internationalisierung	Fragen und Aspekte zur Internationalisierung
		externe Kooperation mit Hochschulen/außerhochschulischen Einrichtungen (einschließlich internationaler Zusammenarbeit)

Tabelle (Teil D): Übersicht über die Internationalisierungskriterien der Akkreditierungsagenturen in Deutschland

b   Synoptische Betrachtung der Internationalisierungskriterien

Die in der Tabelle aufgeführten →Kriterien der Internationalisierung, die im Akkreditierungsprozess beachtet werden, fließen in die Entscheidung ein, ob ein Studiengang als internationalisiert gelten kann oder nicht. In der Gesamtsicht fällt auf, dass die Agenturen generell von einer allgemeinen internationalen Ausrichtung des Studiengangs ausgehen. In der Konkretisierung dieser allgemeinen Kriterien entsteht unter dem Aspekt der Häufigkeit eine Reihenfolge folgender Ausrichtungen:

- Am häufigsten finden sprachliche Aspekte Erwähnung. Hierunter fallen sowohl Sprachkurse wie auch fremdsprachliche Lehrveranstaltungen.

- Ähnlich häufig werden Auslandssemester und Brückenveranstaltungen für ausländische Studierende als curriculare Besonderheiten erwähnt.

- Kooperationsbeziehungen zwischen Hochschulen im In- und Ausland sowie darin enthaltene vertragliche Regelungen zu Abschlüssen folgen in der Häufigkeit.

- Weitaus seltener werden inhaltliche Aspekte einer Internationalisierung des Studiengangs angesprochen. Inhaltliche Aussagen finden sich in erster Linie bei fachbezogenen Akkreditierungsagenturen. Insbesondere für die Agentur FIBAA, die sich auf wirtschaftswissenschaftliche Studien spezialisiert hat, spielen internationale Aspekte der Wirtschaft eine große Rolle. Auch der Agentur AHPGS, die Studiengänge aus dem gesundheitswissenschaftlichen Bereich akkreditiert, geht es um vergleichbare soziale und gesundheitsbezogene Standards der Studiengänge.

- Noch seltener finden sich Hinweise auf infrastrukturelle Aspekte, die dann allerdings – wie bei der Agentur AQAS – nicht hinreichend konkretisiert werden.

c Die hochschuldidaktische Sicht auf die Internationalisierung von Lehre und Studium

Insgesamt fällt bei der synoptischen Betrachtung der Internationalisierungskriterien auf, dass es kaum Aussagen über hochschuldidaktische Gestaltungsaspekte gibt, obwohl diese für den Erfolg der Einzelmaßnahmen ausschlaggebend sein dürften.

So werden etwa bei den fremdsprachlichen Studienangeboten keinerlei Strategien einer Gestaltung von Lehrveranstaltungen unter Berücksichtigung bilingualen Lehrens und Lernens angesprochen (Alexaschenkowa, Huber et al. 2002). Des Weiteren findet man keine Aussage darüber, wie etwa die Vorbereitung auf Auslandssemester so gestaltet werden kann, dass die studierenden Outgoings auf die interkulturellen Anforderungen in der Begegnungskultur vorbereitet werden. Auch die Brückenkurse der Incomings betreffen eher Sprach- und Fachprobleme als Fragen der kulturellen Integration. Ungenutzt bleiben Möglichkeiten, die Anwesenheit internationaler Studierender an deutschen Hochschulen zu nutzen, um heimische Studierende auf die Aufgaben einer internationalisierten Wissensproduktion durch Forschung und Lehre vorzubereiten (Küchler 2003).

Infrastrukturelle Aspekte der Gestaltung des Campus-Lebens unter dem Gesichtspunkt interkultureller Begegnung sind nahezu unerwähnt. Für soziale, d. h. interaktionsgebundene Aspekte eines Auslandsstudiums bzw. eines Studiums von ausländischen Studierenden an deutschen Hochschulen existieren jedoch Beispiele, wie verschiedene Kulturen Unterstützung im Umgang miteinander erhalten (Klemm, Müller et al. 2001, Möller, Reisener et al. 2003): Auf der einen Seite handelt es sich dabei um Partnerschaftsprogramme und internationale Events zur Begegnungsförderung, auf der anderen Seite werden Beratungsformate wie Mentoring, Tutoring und Consulting (Wildt, Szczyrba 2004) für internationale Studierende angeboten.

2 Internationalisierung von Lehre und Studium als Lerngelegenheit zum Erwerb interkultureller Kompetenz

Die Internationalisierung der Hochschulen geschieht nicht wie von selbst durch die bloße reale oder virtuelle Anwesenheit von Personen anderer Nationalität. Der Prozess der Internationalisierung erfordert vielmehr spezielles Wissen, Fähigkeiten und Einstellungen bei Studierenden wie bei Lehrenden, um in interkulturellen Situationen kompetent zu handeln

(Küchler 2003, 4). Dieser These stehen ernüchternde empirische Ergebnisse zur Einschätzung der Wichtigkeit interkultureller Kompetenz gegenüber: Im Rahmen des Pilotprojektes „Tuning Educational Structures in Europe" der EU-Kommission (Beginn 2000) (→Tuning-Projekt) halten befragte Hochschulabsolvent/innen und potenzielle →Arbeitgeber/innen die Entwicklung interkultureller Kompetenz eher für nachrangig; die Absolvent/innen schätzen das Ausmaß der erworbenen interkulturellen Kompetenz als Schlüsselkompetenz (Generic Competence) durch ihr Studium als gering ein (EU-Kommission 2003, 30 ff.; Wildt 2004). Die Kommission betrachtet allerdings interpersonale Kompetenzen als eine Säule der europäischen →Hochschulausbildung (ebd. 15). Bewegen sich also die Akteur/innen des internationalisierten und globalisierten Hochschulalltags unter suboptimalen Bedingungen zum Erwerb bzw. zur Vermittlung interkultureller Kompetenz?

In dem o. g. empirischen Ergebnis zeigt sich die Paradoxie, dass trotz des Institutionsziels der Internationalisierung des Studiums die interkulturelle Kompetenz als Learning Output im Bereich der Generic Competences an den Hochschulen weder besonders hoch gewichtet noch nach Einschätzung der Befragten in nennenswertem Umfang realisiert wird. Die normative Kraft des Faktischen gelten zu lassen und es bei diesem Befund zu belassen, scheint angesichts der Anforderungen an ein internationalisiertes Studium und seine Akteur/innen keine Lösung. Deshalb ist nach Möglichkeiten zu suchen, den Erwerb interkultureller Kompetenzen stärker zu fördern. Da dies – wie oben beschrieben – keineswegs selbstverständliches Ergebnis der curricularen und infrastrukturellen Maßnahmen an den Hochschulen ist, sind grundlegendere Überlegungen zur Frage des Erwerbs interkultureller Kompetenzen erforderlich, aus denen hochschuldidaktische Gestaltungsmöglichkeiten hervorgehen. Sie ergeben sich im Wesentlichen aus der interkulturellen Interaktion im internationalisierten Hochschulraum.

a   Die internationalisierte Hochschule als sozialer Interaktionsraum

Die These, dass sich in internationalem Zusammenhang an Hochschulen besondere Anforderungen an die Interaktionskompetenz von Lehrenden und Lernenden stellen, ergibt sich aus der Betrachtung der Hochschulen als Interaktionsraum, den Besonderheiten interkultureller Interaktion und interkultureller Kompetenz.

Während in den 1980er Jahren noch wie selbstverständlich von den internationalen Studierenden erwartet wurde, sich wie ‚Gäste' an die gastgebenden Institutionen und Länder anzupassen, greift heute das Bild der „Kooperation unter gleichberechtigten Partnern mit gegenseitigem Vertrauen" (Teichler 2001, 2) als ideale Rollenkonfiguration. International mobile Wissenschaftler/innen und Studierende können nicht mehr schlicht als Gäste betrachtet werden, die sich umstandslos an die Bedingungen des gastgebenden Landes anpassen. Das Ideal der „Partner" kann jedoch nicht darüber hinwegtäuschen, dass Bildung durch Wissenschaft an Hochschulen immer in asymmetrischen Vermittlungskontexten unter Ungleichen stattfindet (Wildt 2003) – ein Grund mehr, die Beziehungsregulierung in der Interaktion im Kontext des Lehrens und Lernens besonders unter interkulturellen Aspekten genauer zu beleuchten.

Die expandierende Nutzung internationaler Studienangebote gibt weiteren Anlass, die Situation der Hochschulen auf kooperatives interkulturelles Interaktionspotenzial zu analysieren, besonders auch unter dem Aspekt hoher Drop-out-Quoten unter internationalen Studierenden (Metz-Göckel, Auferkorte 2003).

b   Verstehensprozesse in interkulturellen Settings

Unter Rekurs auf kommunikationspsychologische Modelle betrachtet Losche (1995) die interkulturelle Interaktion als besonders riskant und störanfällig. Sie verweist auf die prinzipielle Störanfälligkeit von Verstehensprozessen in der menschlichen Interaktion durch Interpretationsleistungen der empfangenden Person, die der beabsichtigten Botschaft der sendenden Person nicht oder nur mangelhaft entsprechen. Fremdsprachenerwerb reduziert die Risiken nicht unbedingt. Im direkten sozialen Handeln in interkulturellen Kontexten kommt es darauf an, die Prozesse des Verstehens in ihrer Sinnhaftigkeit in Richtung gemeinsamen Handelns zu optimieren.

Ein Misslingen des Verstehensprozesses kann Ermüdung, Irritation oder Verwirrung in der interkulturellen Interaktion herbeiführen. Missebenso wie Nichtverstehen kann Aggressionen, Ablehnung u. a. konflikthaften Haltungen und Handlungen hervorrufen. In akademischen Lehr-Lern-Situationen sieht Callan (2000) „Gefahrenzonen" mit breitem Raum für „Fehlkommunikation der Kulturen" (ebd. 24), z.B. durch die Zugehörigkeit zu ehemals unterschiedlichen Gesellschaftssystemen in Ost und West und der damit verbundenen „umfassenden intellektuellen und ideologischen Ausstattung" aufeinander treffender Menschen (Übers. durch die Verf.).

c   Interkulturelle Kompetenz

Interkulturelle Kompetenz erhielt im Zuge der Migrationsbewegungen in Deutschland für Pädagogik und Sozialwesen Bedeutung als Schlüsselbegriff. Zuvor wurde er für Unternehmen als Teil der Personalentwicklung mit dem Versprechen höherer Erfolgsquoten, besser erschlossener Arbeitsmärkte und zufriedener Mitarbeiter/innen und Kund/innen in das Management integriert.

Neuere Untersuchungen (Preuschoff 2003) führen zu der These, dass der Begriff der interkulturellen Kompetenz nicht im eigentlichen Sinne eine besondere Kompetenz beschreibt, sondern vielmehr unter dem Begriff der Sozialkompetenzen einzuordnen ist, die auch in anderen Interaktionskontexten zu angemessenen Interaktionsergebnissen führen können. Das heißt nicht, dass die interkulturelle Interaktion im Hochschulkontext dem urwüchsigen Zustandekommen bzw. dem Zufall überlassen werden sollte. Vielmehr ist darauf hinzuweisen, dass die Qualifizierung von Verstehensprozessen auf Seiten der Lehrenden und Studierenden bereits durch eine Vielzahl von Diversitätsentwicklungen (→Diversität) notwendig geworden ist. Unter anderem sind es Bedingungen der →Interdisziplinarität, der Pluralisierung von Berufsbildern bei gleichzeitigem Wegfall tradierter Lebensentwurfsmöglichkeiten und Lebensplänen und die Verkürzung des Studiums bei gleichzeitigem Effizienzdruck, die Hochschulakteur/ innen eine Vielzahl von Rollen in einer Vielzahl von Handlungskontexten abverlangen. Durch die Internationalisierung des Studiums kommen auf Lehrende wie auf Studierende zusätzliche Aufgaben der Diversitätsbewältigung zu. Im Kontext internationaler Begegnung stellt sich das Verstehensproblem jedenfalls insoweit verschärft, als die Differenz der Herkunftskulturen zu einem unvollständigen Verstehen bzw. zu Miss- oder Nichtverstehen führt. Eigene kulturelle Deutungsmuster können nur in projektiver Ergänzung zum Verstehen der Interaktionspartner/innen aus anderen Kulturen mit anderen Deutungsmustern verwendet werden. Handlungsentscheidungen verdichten sich, die Legitimierungdes Handelns unterliegt größerem Druck.

Als zentrale Anforderungen an die interkulturelle Interaktion gelten u. a. (Mecheril 2002):

- angemessenes Wissen über interkulturelle Situationen, Fähigkeiten zum Umgang mit den spezifischen affektiven, kognitiven, sozialen u.a. Anforderungen kultureller Differenz,
- das Vermögen, sich selbst, die eigene symbolische Position in konkreten Interaktionssituationen der Differenz sowie

- die eigenen biografischen Erfahrungen vor dem Hintergrund kultureller Differenz zu reflektieren.

Studierende sind in internationalen Austauschprogrammen zur Erfüllung solcher „extremen Herausforderungen" (Stephenson 2002, 99; Übers. durch die Verf.) ihrer Interaktionskompetenz nicht oder nicht ausreichend gerüstet. Für einen Auslandsaufenthalt zum Zweck eines gesamten Studiums ist anzunehmen, dass in den ersten Monaten ähnliche Anforderungen an die Bewältigung von Fremdheit auf die Studierenden einwirken wie bei einem Austauschaufenthalt. Gerade in dieser ersten Phase stehen jedoch wichtige Entscheidungen über Studienschwerpunkte etc. an. Knapp-Potthoff (1997, 190) umschreibt mit ihrer Begriffsschöpfung „interkulturelles Interaktionsparadox" die Beobachtung, dass Personen mit Angehörigen anderer Kulturen tendenziell anders interagieren als mit Angehörigen der eigenen Kultur. Das bedeutet, dass Interagierende nicht einfach das Phänomen der interkulturellen Situation vorfinden, sondern dass sie diese aktiv erzeugen. Die so zur interkulturell gemachten Situation ist ein Ort, der Schnittstellen gesellschaftlicher, institutioneller und kultureller Praktiken birgt.

Die Ansprüche an Menschen in Hinblick auf ihre Verständigungsleistung in der Interaktion mit anderen kulturell, ethnisch oder national verschiedener Herkunft wachsen. Ein systematischer Platz zur Qualifizierung von Verstehensprozessen im Rahmen der Ausbildung von Lehrenden und Studierenden existiert bisher in Einzelfällen (Küchler 2003).

3 Interkulturelle Verstehensprozesse im internationalisierten Studium

Der Paradigmenwechsel in der Hochschullehre, der unter dem Motto „The Shift from Teaching to Learning" (Wildt 2004; Szczyrba, Wildt 2004) einen Reformschub in das Selbstverständnis von Lehrenden gebracht hat, verlangt auch und besonders in Hinblick auf die Bedingungen im internationalisierten Studium von Lehrenden, ihre Rollenauffassung im didaktischen Handeln auf der Basis interkulturell tauglicher Lernkonzepte zu präzisieren und anzureichern. Der Hauptaspekt der Lehrtätigkeit verlagert sich auf die Unterstützung aktiven und selbstorganisierten Lernens der Studierenden und darüber hinaus auf Aufgaben der Lernberatung. Die Anforderungen an Lehrende, die sich mit dem Paradigmenwechsel stellen, bedeuten nicht nur den flexiblen Umgang mit neuen, veränderten Rollen (nicht mehr nur

Instruktor/in, sondern auch Moderator/in, Coach, Consulter: Wildt; Szczyrba 2004). Das berufliche Handeln als Lehrende/r erfährt einen vervielfachten Kontext durch internationale, interkulturelle (Szczyrba, Wildt 2003), interdisziplinäre u. a. Diversitätsentwicklungen (→Diversität). Lehrende müssen unter pluralisierten Bedingungen Perspektiven von Menschen unterschiedlichster Herkunft, Disziplin, Sozialisation etc. verstehen sowie angemessen und legitimiert handeln.

Hierzu bedarf es einer Reihe von Verstehensvorgängen als Prozesse des Antizipierens und Rekonstruierens der Perspektiven anderer (Szczyrba 2003). Verstehensprozesse als Grundlage sozialen Handelns passieren in anspruchsvollen Handlungskontexten. Mit dem Anwachsen von Bedingungen der Heterogenität in sozialen Beziehungen muss sich auch die Hochschule als Interaktionsraum auseinander setzen. Unter der Prämisse, dass Organisationen nur aus den Handlungen ihrer Mitglieder bestehen (Buer 1998), wird interkulturelle Kompetenz eine Voraussetzung zum Handeln im internationalisierten Studium. Basale Voraussetzung im Sinne von Schlüsselkompetenzen (→Schlüsselqualifikationen) sind neben formalen und infrastrukturellen Aspekten gezielt zu fördern.

Zur Förderung interkulturellen Verstehens bietet sich ein breites Spektrum hochschuldidaktisch erprobter Ansätze an. Diese Ansätze reichen von speziellen interkulturellen Trainings mit umfassenden Übungsrepertoires (HOPIKOS, Möller 2003) über Lernsituationen, in denen interkulturelle Begegnung mithilfe von Empathie und Perspektivenwechsel stattfindet, bis hin zu hochschuldidaktischen Beratungsformaten des Mentoring oder der Supervision, in denen eine Reflexion interkultureller Erfahrung im Zentrum steht (Szczyrba, Wildt 2004).

Literatur

AHPGS (2002): Standards und Kriterien für die Akkreditierung von Bachelor- und Masterstudiengängen im Bereich Heilpädagogik, Pflege, Gesundheit und Soziale Arbeit; online einsehbar unter: http://www.ahpgs.de/standards/ahpgs_kriterien.PDF.

Alexaschenkowa, Irina / Huber, Ludwig et al. (2002): Bilingual studieren in Nowgorod – ein deutsch-russisches Kooperationsprojekt, in: Das Hochschulwesen 4, S. 145–153.

AQAS: Leitfaden für Hochschulen zur Erstellung des Akkreditierungsantrags; online einsehbar unter: http://www.aqas.de/leitfaden.php.

AQUIN: Akkreditierungs-, Certifizierungs- und Qualitätssicherungs-Institut (ACQUIN) (= http://www.acquin.org/Beurteilungs-massstabe/beurteilungs-massstabe.html).

ASIIN: Akkreditierungsagentur für Studiengänge der Ingenieurwissenschaften, der Informatik, der Naturwissenschaften und der Mathematik: Anforderungen und Verfahrensgrundsätze für die Akkreditierung von Bachelor- und Masterstudiengängen in den Ingenieurwissenschaften, der Informatik, den Naturwissenschaften und der Mathematik (Mai 2004). Informationen für Hochschulen.

Buer, Ferdinand (1998): Typische Handlungsmuster in Organisationen. Eine soziologisch-soziodramatische Interpretationsfolie für die Supervision, in: Organisationsberatung – Supervision – Clinical Management 3, S. 239–262.

Callan, Hilary (2000): Cultur and Rhetoric in the Discourse of International Education, in: Callan, Hilary (Hg.): International Education: Towards a Critical Perspective (= EAIE occasional paper 12), S. 19–30.

EU-Kommission (2003): Tuning Educational Structures in Europe 2003; online einsehbar unter: http://www.relint.deusto.es/TUNINGProject/doc.tuningphase1.

FIBAA (2002): Foundation for International Business Administration Accreditation: Qualitäts-standards der FIBAA für Studienprogramme mit dem Abschluss BACHELOR/Bakkalaureus in Deutschland, Österreich und der Schweiz, September 2000; online einsehbar unter http://www.fibaa.de/ger/downlo/BA-Standards.pdf.

HOPIKOS: Hochschulübergreifendes Projekt Interkulturelle Kompetenz für Studierende; online einsehbar unter: http://www.rrz.uni-hamburg.de/HOPIKOS/02ikt.html.

Klemm, Sybille / Möller, Elke et al. (2001): Zur didaktisch-strukturellen Verbesserung der Studiensituation ausländischer Studierender an der Universität Dortmund. Leuchtturm-projekt. Abschlussbericht, Dortmund (unveröffentlicht).

Knapp-Potthoff, Annelie (1997): Interkulturelle Kommunikationsfähigkeit als Lernziel, in: dies./Liedke, Martina (Hg.): Aspekte interkultureller Kommunikationsfähigkeit. München, S. 181–205.

Küchler, Uwe (2003): Amerikanistik interkulturell: Eine Studie zur Internationalisierung im Fach Amerikanistik, in: Journal Hochschuldidaktik 1, S. 4–6.

Losche, Helga (1995): Interkulturelle Kommunikation. Sammlung praktischer Spiele und Übungen. Alling.

Mecheril, Paul (2002): „Kompetenzlosigkeitskompetenz". Pädagogisches Handeln unter Einwanderungsbedingungen, in: Auernheimer, Georg (Hg.): Interkulturelle Kompetenz als pädagogische Professionalität. Opladen, S. 15–34.

Metz-Göckel, Sigrid / Auferkorte-Michaelis, Nicole (2003): „Studieneffizienz von inter-nationalen Studierenden an der Universität Dortmund. Ist-Analyse der Studierenden. Daten und Erfahrungen mit der Studieneingangsphase". Antrag des HDZ Universität Dortmund auf eine Forschungsförderung aus Mitteln der Titelgruppe 94 auf Vorschlag der Senatskommission für Forschung und wissenschaftlichen Nachwuchs. Dortmund (unveröffentlicht).

Möller, Elke (2003): Weg in ein erfolgreiches Studium – Das Come2Campus-Patenschafts-programm der Universität Dortmund. Ein Betreuungskonzept zur Integration ausländischer Studierender in der Studieneingangsphase, in: Behrendt, Brigitte/Voss, Hans-Peter et al. (Hg.): Neues Handbuch Hochschullehre, Griffmarke F 2.2.

Möller, Elke / Reisener, Julia-Charlott et al. (2003): Projektantrag „Mentorenprogramm für aus-ländische Studierende an der Universität Dortmund". Dortmund (unveröffentlicht).

Preuschoff, Susanne (2003): Interkulturelle Kompetenztrainings – Was kommt nach 20 Jahren Hofstede?, in: Journal Hochschuldidaktik 1, S. 10–12.

Stephenson, Skye (2002): Beyond the Lapiths and the Centaurs: Cross-Cultural „Deepening" Through Study Abroad, in: Grünzweig, Walter/Rinehart, Nana (Hg.): Rockin' in Red Square. Critical Approaches to International Education in the Age of Cyberculture. Münster, S. 85–104.

Szczyrba, Birgit (2003): Rollenkonstellationen in der pädagogischen Beziehungsarbeit. Bad Heilbrunn.

Szczyrba, Birgit / Wildt, Johannes (2003): Interkulturelle Interaktion im Kontext der Inter-nationalisierung von Hochschulen, in: Das Hochschulwesen 4, S. 135–144.

Szczyrba, Birgit / Wildt, Johannes (2004): Das Lehren vom Lernen her verstehen. Anregungen zur Perspektivenübernahme durch Zielgruppenimagination, in: Behrendt, Brigitte/Voss, Hans-Peter et al. (Hg.): Neues Handbuch Hochschullehre (im Druck).

Teichler, Ulrich (2001): Internationalisierung – auch eine Gestaltungsaufgabe für die Hochschule?, in: hochschule innovativ 6, S. 2–3.

Wildt, Johannes (2003): Auf dem Wege zu einer Beziehungswissenschaft. Vorwort, in: Szczyrba, Birgit: Rollenkonstellationen in der pädagogischen Beziehungsarbeit. Bad Heilbrunn, S. 9–11.

Wildt, Johannes (2004): „The Shift From Teaching To Learning" – Thesen zum Wandel der Lernkultur in modularisierten Studienstrukturen, in: Ehlert, Holger/Welbers, Ulrich (Hg.): Qualitätssicherung und Studienreform. Düsseldorf, S. 168–178.

Wildt, Johannes / Szczyrba, Birgit (2004): Supervision of PhD. Eine qualitative Voruntersuchung zur Einführung von Qualifizierungsinitiativen für die Betreuung/Beratung in der Promotionsphase (= Projektbericht an die Hans-Böckler-Stiftung). Dortmund.

ZevA: Zentrale Evaluations- und Akkreditierungsagentur Hannover: Gliederungsvorschlag für die Antragsunterlagen der Hochschulen; online einsehbar unter: http://www.zeva.uni-hannover.de/akkred/verfahren/Gliederungsvorschlag.pdf.

Gender Mainstreaming in der Qualitätssicherung von Bachelor- und Masterstudiengängen

Frauke Gützkow

Mit der Einführung von gestuften Studiengängen und von Akkreditierungsverfahren wurden im deutschen Hochschulsystem Reformprozesse angestoßen, die im →Bologna-Prozess auf europäischer Ebene ihre Entsprechung haben. Die Geschlechterdimension ist noch nicht Bestandteil von →Standards und →Kriterien für die Akkreditierung von gestuften Studiengängen. Bei der Entwicklung neuer Studiengänge wird das Instrumentarium des Gender Mainstreaming noch nicht eingesetzt.

Die Verbindung der Debatte um die Qualität von Bachelor- und Masterstudiengängen mit den Zielsetzungen der Geschlechterdemokratie und der Strategie des Gender Mainstreaming eröffnet jedoch neue Dimensionen für die Hochschulentwicklung: In den Hochschulen gibt es nach wie vor ein Demokratiedefizit. Es sind Männerinstitutionen, die blind gegenüber der Kategorie Geschlecht sind; der Frauenanteil an C4-Professuren oder an Studierenden der Informatik sind augenfällige Belege dafür. In einigen Studiengängen gibt es außerdem ein Qualitätsdefizit. Gender Mainstreaming hat ein transformatorisches Potenzial, das über das Geschlechterverhältnis hinausgeht.

Ziel dieses praxisorientierten Beitrags ist es aufzuzeigen, dass Hochschulen gewinnen können, wenn sie sich für geschlechtsspezifische Betrachtungsweisen öffnen. Ausgehend von dem Gender-Begriff und der Zielsetzung Geschlechterdemokratie wird die Strategie des Gender Mainstreaming vorgestellt und auf den →Bologna-Prozess bezogen. Dass Gender ein Qualitätsmerkmal von Studiengängen ist und wie Gender-Kompetenz im Hochschulalltag wirksam werden kann, wird an Beispielen veranschaulicht: Die Methode des „Gender Mainstreaming in 6 Schritten" wird anhand der Entwicklung eines neuen Studiengangs vorgestellt; eine Gender-Checkliste in Bezug auf Bachelor- und Masterstudiengänge skizziert die inhaltlichen Dimensionen des Gender Mainstreaming.

1   Gender

Im Gegensatz zum Deutschen kennt der anglo-amerikanische Sprachraum zwei Begriffe für Geschlecht: Sex und Gender. Das soziale Geschlecht (Gender) ist konstruiert durch soziale Interaktion und wird täglich neu hergestellt auch in und mittels Bildung. Die sozio-kulturellen Ausprägungen der biologischen Geschlechterunterschiede (Sex) führen dazu, dass Individuen von einer Gesellschaft geprägt sind, für die die Zugehörigkeit zu einem Geschlecht eine wichtige soziale Kategorie ist.

Die Hochschulen sind wie auch die Gesellschaft insgesamt geprägt von wenig hinterfragten Geschlechterstereotypen. Deutlich sichtbar ist dies an der geschlechtsspezifischen Arbeitsteilung in der Erwerbs- und Reproduktionsarbeit oder der geschlechtsspezifischen Studienwahl. Das hierarchische Geschlechterverhältnis erzeugt zugleich eine gesellschaftlich übliche Anerkennungsverteilung, die für die Geschlechter in hohem Maße unterschiedlich ist: Autonomie wird höher bewertet als Fürsorge, Erwerbsarbeit höher als Reproduktionsarbeit. Auch in Studium und Lehre besteht die Gefahr einer affirmativen Reproduktion diskriminierender Strukturen. Für Lehrende wie Studierende ist es deshalb wichtig, sich im Hinblick auf das Geschlechterverhältnis der eigenen historisch-gesellschaftlichen Gewordenheit bewusst zu werden.

Eine geschlechterbewusste Gestaltung des Studiums berücksichtigt bei der Wahl der Inhalte, Methoden, Materialien und Organisation die Kategorie Geschlecht. Sie macht die hierarchischen Bewertungen von weiblich und männlich konnotierten Eigenschaften und Fähigkeiten bewusst und arbeitet an ihrer Veränderung.

2   Geschlechterdemokratie

Geschlechterdemokratie, die Gleichwertigkeit von Frauen und Männern, ist ein normatives Ziel sowie ein organisationspolitisches Instrument und ein Leitbild für die politische Praxis, das durch die Strategie des Gender Mainstreaming erreicht werden soll. Alle Akteur/innen einer Organisation werden für die Umsetzung von Geschlechterdemokratie in die Verantwortung genommen. So genannte Frauenprobleme werden als Probleme der gesamten Organisation begriffen. Die Frauen- und gleichstellungspolitische Arbeit wird um das Element der selbstbewussten, offensiven Kooperation mit Männern erweitert.

Ziel ist die Herstellung demokratischer Verhältnisse zwischen Frauen und Männern, bezogen auf die gesamtgesellschaftliche Umgestaltung, aber auch die Umgestaltung von Bildungs- und Wissenschaftseinrichtungen oder die Neugestaltung von Studiengängen im Interesse von

Frauen und Männern. Dieser Paradigmenwechsel löst die Konventionen und die Hierarchien der Geschlechter für beide Parteien auf. Partizipationschancen und Ressourcenverteilung von Frauen und Männern sind gleichberechtigt, die geschlechtsspezifischen Macht- und Herrschaftsstrukturen und Identitätszuweisungen werden überwunden.

Das Ziel der Geschlechterdemokratie verbindet mehrere Dimensionen: eine utopische, die eine Auflösung der Hierarchien der Geschlechter für beide Parteien anstrebt; die Umgestaltung der Männerinstitution Hochschule im Interesse von Frauen und Männern führt zu einer geschlechterdemokratischen Hochschule. Die strategische Dimension der Geschlechterdemokratie führt von der autonomen Frauenförderung (Empowerment) einerseits und dem Frauenförderansatz als Defizit- und Benachteiligungsansatz andererseits zu einem genderbezogenen Ansatz; die geschlechtsspezifischen Macht- und Herrschaftsstrukturen werden verändert, indem Männer einbezogen werden. Als Organisationsinstrument verändert Geschlechterdemokratie die Institution, denn die Erreichung dieses Ziels wird zur Gemeinschaftsaufgabe aller. Schließlich stellt das Konzept der Geschlechterdemokratie die Repräsentationsfrage im Sinne einer Ressourcen- und Machtverteilung zwischen Männern und Frauen.

3 Gender Mainstreaming

Die Strategie des Gender Mainstreaming bietet das Instrumentarium, um auf dem Weg zur Geschlechterdemokratie voranzukommen. Gender-Checklisten oder das 6-Schritte-Verfahren können ganz pragmatisch in Verfahren der Hochschulsteuerung oder bei der Einrichtung von Bachelor- und Masterstudiengängen angewandt werden.

Das Konzept des Gender Mainstreaming geht von Gender als sozialem Geschlecht aus, nicht von Sex als biologischem. Der Begriff Gender verdeutlicht, dass Erscheinungsweisen von Geschlecht historisch, schichtspezifisch und kulturell gewachsen sind. Damit sind Rollen, Positionen oder Identitäten nicht unveränderbar, sondern öffnen sich für individuelle und gesellschaftliche Aushandlungsprozesse.

Als Leitprinzip ist Gender Mainstreaming seit 2002 im Bundesgleichstellungsgesetz verankert. Mit dem Amsterdamer Vertrag von 1999 werden die EU-Mitgliedsländer auf eine aktive und integrierte Gleichstellungspolitik im Sinne des Gender Mainstreaming verpflichtet.

Eine Definition soll Ziele, Inhalte und Vorgehensweise des Gender Mainstreaming verdeutlichen: Gender Mainstreaming ist der Hebel für ein neues Geschlechtergefühl: Statt geschlechtsspezifischer Ungerechtigkeiten gleiche Chancen für Frauen und Männer, Umverteilung von Zeit, Arbeit, Geld und Macht in der Gesellschaft. Gender Mainstreaming verändert den Organisationsalltag: durch konsequente Analyse aller Aktivitäten aus der Geschlechterperspektive, ob es sich um geschlechtersensible Studiengangsgestaltung, Zielvereinbarungen für Chancengleichheit, Gender Studies oder neue Lernsoftware handelt. Gender Mainstreaming ist eine Handlungsstrategie in der Gleichstellungspolitik und -praxis, die Anliegen und Erfahrungen, unterschiedliche Lebensrealitäten und Interessen von Frauen und Männern in die Planung, Durchführung, Überwachung und Auswertung von (politischen) Maßnahmen von vornherein und selbstverständlich berücksichtigt und einbezieht (Streitkultur 2002; femina politica 2002).

Anders ausgedrückt: Gender Mainstreaming besteht in der (Re-)Organisation, Verbesserung, Entwicklung und Evaluation von Entscheidungsprozessen in allen Politikbereichen und Arbeitsbereichen einer Organisation mit dem Ziel, dass die Akteur/innen den Blickwinkel der Gleichstellung zwischen Frauen und Männern in allen Bereichen und auf allen Ebenen einnehmen (Jüngling 1999, Kirsch-Auwärter, Roloff 2002). Barbara Stiegler hat das Bild eines Zopfes gefunden, um die Wirkungsweise zu verdeutlichen: Gender Mainstreaming wird als vierter Strang in die Entscheidungsprozesse einer Organisation eingeflochten neben Sachgerechtigkeit, Machbarkeit und Kosten (Stiegler 2003).

Gender Mainstreaming ergänzt die Politik der Frauenförderung und löst diese nicht ab. Um dem Ziel der Geschlechterdemokratie näher zu kommen, ist die Doppelstrategie von Frauenpolitik und Gender Mainstreaming erforderlich. In der hochschulpolitischen Praxis sind es z.B. die Gleichstellungsbeauftragten, welche die Anstöße zur Ausgestaltung des Ziels der Chancengleichheit in Zielvereinbarungen oder anderen neuen Steuerungsinstrumenten geben.

4 Wo bleibt Gender Mainstreaming in der europäischen Hochschulpolitik?

Die Vereinheitlichung des europäischen Hochschulraums ist das Ziel des so genannten →Bologna-Prozesses. In Berlin fand am 18./19. September

2003 die dritte Folgekonferenz der europäischen Bildungs- und Wissenschaftsminister/innen statt. Organisationen von Wissenschaftlerinnen oder von Frauen- und Gleichstellungsbeauftragten an Hochschulen wurden weder in die Vorbereitung der Konferenz einbezogen noch als offizielle Beobachterinnen eingeladen. Gender Mainstreaming wurde bis zur Berlin-Konferenz in den Entwicklungsperspektiven des europäischen Hochschulraums ausgeblendet. Damit wurden gleichstellungspolitische Aspekte bei der Europäisierung der Studienstrukturen nicht genutzt. Gender-Aspekte werden noch nicht als Prüfkriterien in Akkreditierungsverfahren herangezogen, die Auswirkungen der neuen Studienabschlüsse Bachelor und Master auf die Qualifikationschancen von Frauen und Männern in den von ihnen präferierten Studiengängen und Beschäftigungsbereichen noch nicht untersucht. Chancen bei der →Modularisierung von Studieninhalten durch die Implementierung neuer Erkenntnisse der Frauen- und Geschlechterforschung in die Lehrinhalte der unterschiedlichen Fachdisziplinen werden noch nicht in der gesamten Hochschulöffentlichkeit wahrgenommen.

Die Bundeskonferenz der Frauen- und Gleichstellungsbeauftragten an Hochschulen (BuKoF) hat sich deshalb dafür eingesetzt, in das Abschlussdokument der Berlin-Konferenz folgenden Satz aufzunehmen „Qualitätskriterien für Hochschulprogramme müssen auch Chancengleichheit und die Anerkennung von Vielfalt (Diversity) enthalten" (→Diversität). Umzusetzen wäre dies durch die Einbeziehung von Gleichstellungsstandards in die nationalen und institutionellen Verfahren der Qualitätskontrolle. Diese Formulierung konnte nicht durchgesetzt werden. Es wurde jedoch erreicht, dass in der Präambel des Berlin-Kommuniqués „Realisierung des Europäischen Hochschulraums" vom 19. September 2003 der Abbau von Ungleichheiten aufgrund des Geschlechts als Aufgabe verankert wurde: „Die Ministerinnen und Minister bekräftigen erneut die Bedeutung der sozialen Dimension des Bologna-Prozesses. Die Notwendigkeit, die Wettbewerbsfähigkeit zu verbessern, muss mit dem Ziel, der sozialen Dimension des Europäischen Hochschulraumes größere Bedeutung zu geben, in Einklang bracht werden; dabei geht es um die Stärkung des sozialen Zusammenhalts sowie den Abbau sozialer und geschlechtsspezifischer Ungleichheit auf nationaler und europäischer Ebene" (Berlin-Communiqué 2003). Damit verpflichten sich 40 Staaten, bei der Realisierung des europäischen Hochschulraums auf die Verringerung der Ungleichheit der Geschlechter hinzuwirken – bei all den Maßnahmen, die im Kommuniqué beschrieben werden: von der Qualitätssicherung und der Struktur der Hochschulgrade über die Förderung der studentischen →Mobilität bis zum →Lebenslangen Lernen.

Damit wurde ein erster Schritt getan und der Rahmen abgesteckt für Aktivitäten auf europäischer und auf nationaler Ebene und auch an Hochschulen. Um die Diskussion zu befördern, ist die von Gerd Köhler (GEW) angeregte Einrichtung eines nationalen Bologna-Forums zur Vorbereitung der Konferenz in Bergen im Jahr 2005 sinnvoll. Gender Mainstreaming gehört auf die Agenda eines solchen Arbeitszusammenhangs. Außerdem ist der Aufbau eines europäischen Netzwerks von Frauen- und Gleichstellungsbeauftragten an Hochschulen erforderlich; noch fehlt es in einigen Ländern jedoch an nationalen Vertretungsstrukturen.

Mögliche weitere Schritte auf dem Weg zu einem geschlechterbewussten Qualitätssicherungsverfahren in Deutschland sind die Ausdifferenzierung der Kriterien für die Akkreditierung von Studiengängen durch den Akkreditierungsrat und die einzelnen Akkreditierungsagenturen. Die Etablierung von Gender Mainstreaming als Handlungsstrategie in der Qualitätssicherung und in der Gestaltung von Studiengängen würde Verfahren und Inhalte verändern. Wissenschaftlerinnen und Gleichstellungsbeauftragte sind im Akkreditierungsrat und in Akkreditierungsagenturen, d. h. in den Begutachtungsteams und Entscheidungsgremien, zu beteiligen.

5 Umsetzungsbeispiel Gender Mainstreaming in Hochschulen: Einrichtung eines neuen Studiengangs (Gender Mainstreaming in 6 Schritten)

Mit dem Schlagwort der „Geschlechterverträglichkeitsprüfung" wird deutlich, dass es sich bei der Auseinandersetzung mit geschlechtsspezifischen Zusammenhängen und der Formulierung geschlechterdemokratischer Zielsetzungen um eine Qualitätsprüfung handelt. Auf den Handlungsbedarf im Akkreditierungsrat und in den einzelnen Akkreditierungsagenturen in Bezug auf die →Kriterien und →Standards sowie die Notwendigkeit, Männer und Frauen in den Begutachtungsgruppen und Entscheidungsgremien angemessen zu beteiligen, wurde oben schon hingewiesen. In diesem Absatz wird vorgestellt, wie auf Hochschulebene das Qualitätsmerkmal Gender durch die Anwendung des 6-Schritte-Verfahrens inhaltlich und methodisch in der Gestaltung eines neuen Studiengangs wirksam werden kann. Zur Veranschaulichung werden beispielhafte Fragestellungen zu den 6 Schritten genannt:

1. *Definition des gleichstellungspolitischen Ziels:* Zu gleichstellungspolitischen Zielen in der Studiengangsgestaltung gehören sowohl quantitative Vorgaben – z.b. Steigerung des Männeranteils an den Lehramtsstudierenden für die Sekundarstufe I oder des Frauenanteils an den Studierenden der Informatik auf 50 Prozent – als auch qualitative Vorgaben – die jeweiligen Interessen von Frauen und Männern an einem Fach sollen bei der Auswahl der Studieninhalte und in der →Hochschuldidaktik berücksichtigt werden.

2. *Analyse der Betroffenen und der Probleme:* Zu fragen ist danach, welche Gruppen von Studierenden und/oder Lehrenden mit den Maßnahmen erreicht werden sollen bzw. davon betroffen sind. Hilfreich sind hier Daten zur Geschlechterverteilung der Studierenden, aber auch der Lehrenden in der betreffenden Fächergruppe, zu den Vorkenntnissen der Studierenden oder danach, ob es sich um einen grundständigen oder einen Aufbaustudiengang handelt. Mögliche Hemmnisse auf dem Weg zur Chancengleichheit müssen erkannt und bearbeitet werden.

3. *Entwicklung von Optionen:* Bei der Entwicklung eines neuen Studiengangs sind meist mehrere Optionen denkbar. Der Beschreibung der Studienziele, der Inhalte, der →Module, der Methoden, der Zugangsvoraussetzungen (→Durchlässigkeit), der Anforderungen an die Lehrpersonen usw. liegen die gleichstellungspolitischen Ziele zu Grunde. Probleme – nicht nur in Bezug auf die ungenügende Berücksichtigung von Frauen oder Männern – sollen frühzeitig erkannt werden, um sie bearbeiten zu können.

4. *Analyse der Optionen und Entwicklung eines Lösungsvorschlags:* In diesem Arbeitsschritt werden die verschiedenen Konzepte für den neuen Studiengang – z. B. monoedukative Lehrformen – daraufhin überprüft, ob die beschriebenen Ziele erreicht werden können. Gender-Checklisten helfen dabei, sich für eine Option zu entscheiden, mögliche Hemmnisse frühzeitig zu erkennen und gegensteuern zu können und mit Aussicht auf Erfolg den Antrag auf Akkreditierung des Studiengangs zu stellen.

5. *Umsetzung:* Dies ist die Phase der Einrichtung eines Studienganges. Auch bei Fragen der Studienplanorganisation, der Vorlesungszeiten, der Auswahl der Räume oder der Werbung bei Studierenden ist die Geschlechterperspektive unerlässlich.

6. *Erfolgskontrolle und Evaluation:* Die Entwicklung geschlechter-
bewusster Kriterien und eine regelmäßige quantitative Daten-
erhebung sind wichtige Voraussetzungen für die Evaluation.
Selbstverständlich sollen die Begutachtungsgruppen paritätisch
besetzt sein und ihre Mitglieder die nötige Gender-Kompetenz mitbringen, um die Erreichung der gleichstellungspolitischen Ziele des
Studiengangs zu überprüfen.

So weit diese knappe allgemeine Erläuterung eines Instruments des Gender
Mainstreaming am Beispiel von Schritten der Studiengangsentwicklung. Es
ist wichtig, dass dieser Prozess mit Beginn der Studiengangsentwicklung
ansetzt und nicht im Sinne einer Folgenabschätzung angehängt wird, wenn
die Weichen bereits gestellt sind. Um Zielsetzung und Verfahren zu veranschaulichen und Angebote für diejenigen zu machen, die an den Hochschulen die Reformarbeit leisten, sind weitere Konkretisierungen sinnvoll
(vgl. den Nachtrag zu diesem Beitrag).

Es versteht sich von selbst, dass solche Arbeitsweisen Gender-
Kompetenz erfordern, die durch Maßnahmen der Sensibilisierung und der
Schulung aufgebaut und gefördert werden müssen. Die Kultur einer Hochschule entwickelt sich Schritt für Schritt im Wechselspiel mit der Verpflichtung auf das Ziel der Geschlechterdemokratie und mit der Anwendung des
Gender Mainstreaming. Es empfiehlt sich, das Instrumentarium zunächst
in ausgewählten Projekten und später flächendeckend einzusetzen. Dass
diese Zielsetzungen keine Utopien sind, zeigen Erfahrungen: Der Rück-
gang der Studierendenzahlen in den Ingenieurwissenschaften in den
90er Jahren z. B. hatte das Problembewusstsein in den Fachkulturen
geschärft und zu gezielten Angeboten für Frauen geführt. Erste Erfahrungen mit dem Kriterium Chancengleichheit in Zielvereinbarungen zwischen
Land und Hochschule und bei der leistungsorientierten Mittelvergabe
zeigen, dass Anreize hilfreich sind.

6 Gender-Checkliste zur Entwicklung neuer Studiengänge

Gender-Checklisten für einzelne Vorhaben oder Arbeitsgebiete enthalten
üblicherweise Fragen, die die unterschiedliche Interessenlage oder
Betroffenheit von Frauen und Männern erfassen – ausgehend von einer
Bestandsaufnahme, bezogen auf Ziele, Maßnahmen, Hindernisse und
Evaluationskriterien. In diesem Absatz wird von gängigen Akkre-
ditierungskriterien und gewerkschaftlichen Anforderungen ausgegangen.

In der Praxis der inhaltlichen Studienreform und der Studienstruktur-reform sowie der Qualitätssicherung geht es sowohl darum, neue Studiengänge von vornherein unter Gender-Gesichtspunkten zu entwickeln, als auch darum, fertige Konzepte zu überprüfen, ob sie geschlechterbewusst und geschlechtergerecht sind. Folgende Kriterien bieten sich für eine Gender-Checkliste zur Entwicklung neuer Studiengänge an:

1. *Ausgangssituation:* Wie ist die Ausgangssituation in Bezug auf die Geschlechterdimension am Fachbereich unter quantitativen (z.B. Anzahl männlicher Studierender oder mit Frauen besetzter Professuren) und qualitativen Gesichtspunkten (Fragestellungen und Ergebnisse der Geschlechterforschung)? Wer hat den Studiengang mit wem entwickelt und diskutiert? Waren Frauen und Männer beteiligt, wurden die Gleichstellungsbeauftragte oder andere Gender-Expertinnen und -experten einbezogen? Welche Angebote macht der Fachbereich zum Erwerb von Gender-Kompetenz?

2. *Ziele:* Ist der neue Studiengang fachlich und wissenschaftlich und auch unter Gender-Gesichtspunkten schlüssig begründet? Liegt eine differenzierte und im Studiengang selbst operationalisierte Beschreibung der Ziele vor, die mit der Absolvierung des Studienganges erreicht werden sollen? Berücksichtigt diese Beschreibung das Ziel der Geschlechterdemokratie?

3. *Studium und Beruf:* Wird von einem berufsübergreifenden Praxisbegriff ausgegangen, der die „Lebenspraxis" mit einbezieht, das hierarchische Geschlechterverhältnis reflektiert und über den Aspekt des Bedarfs auf dem →Arbeitsmarkt hinausgeht? Ist der Studiengang berufsqualifizierend, sind die Abschlüsse polyvalent, gibt es Anschlussmöglichkeiten an weiterführende Studiengänge nach Phasen der Berufstätigkeit oder Familienarbeit? Eröffnet er Frauen und Männern gleichwertige berufliche Entwicklungsperspektiven und Chancen auf dem Arbeitsmarkt?

4. *Inhalte, Kerncurricula:* Werden die Ergebnisse der Geschlechterforschung in das →Kerncurriculum einbezogen? Ist der Studiengang interdisziplinär angelegt (→Interdisziplinarität), ermöglicht er die Bearbeitung von Problemstellungen und Sachverhalten in übergreifenden Zusammenhängen, die sich nicht der Fächersystematik fügen? Wie sollen Methoden- und soziale Kompetenzen vermittelt bzw. erarbeitet werden und werden dabei Geschlechtsrollenstereotype reflektiert? Gibt es ein Kerncurriculum und wird

der Anteil an verbindlichen Studieninhalten zugunsten eines hohen Wahlpflichtanteils reduziert, der den Studierenden die notwendigen unterschiedlichen Optionen im Studiengang eröffnet?

5. *Studienstruktur und Modularisierung:* Ermöglichen Studienstruktur und Studienorganisation die Differenzierung im Niveau für Studienanfänger sowie Fortgeschrittene, Pflicht-, Wahlpflicht- und Wahlangebote, Einführung in Berufsfelder, Praktika, Unterscheidung von grundlagen-, forschungsmethoden- und berufsfeldorientierten Lehrveranstaltungen, Teilzeitstudium ...? Werden die diesbezüglich unterschiedlichen Interessen und Bedürfnisse von Frauen und Männern berücksichtigt? Wird der Studiengang ausgehend von den Lehr- und Lernzielen (→Lernziele) modular gestaltet (→Modularisierung) und werden die zu erbringenden Studien- und Prüfungsleistungen jeweils nach Abschluss eines Moduls mit →Credit-Points zertifiziert? Ist der (modularisierte) Studiengang didaktisch schlüssig aufgebaut und der fachliche Gesamtzusammenhang des Studiums sichergestellt? Werden bereits vorhandene berufliche Erfahrungen oder anders erworbene Kenntnisse und Qualifikationen (z. B. →Selbststudium, Familienarbeit) berücksichtigt?

6. *Abschlüsse:* Sind die Abschlüsse auf dem →Arbeitsmarkt anerkannt? Ist die →Durchlässigkeit zwischen Studium und Beruf, zwischen →Hochschultypen, zwischen Studiengängen und zwischen Hochschulen und anderen Lernorten gewährleistet? Sind eventuelle Zugangsvoraussetzungen insbesondere zu Master- und Promotionsstudiengängen geschlechtersensibel gestaltet? Gibt es geschlechterdifferenzierte Verbleibsuntersuchungen für ähnliche Studiengänge?

7. *Internationalität:* Werden nationale Begrenzungen der Studieninhalte überwunden, im Ausland erworbene Studienleistungen anerkannt, das Verständnis für andere Kulturen gefördert und die Ausbildung in anderen Sprachen ermöglicht? Wie wird die Kooperation zwischen Studierenden und Wissenschaftler/innen aus unterschiedlichen Ländern gefördert und wird auf ein ausgewogenes Verhältnis von Frauen und Männern geachtet? Gibt es geschlechtsspezifische Hinderungsgründe für Mobilität, die in der Kultur oder schlicht in der Elternschaft liegen?

8. *Qualitätssicherung:* Sind die Kriterien und das Instrumentarium für Qualitätssicherung und Qualitätsentwicklung des neuen Studien-

gangs geschlechterbewusst und sind die Begutachtungsgruppen sowie die Entscheidungsgremien geschlechterparitätisch besetzt? Geht aus dem Studiengangskonzept hervor, dass es einen Konsens des Lehrpersonals gibt über Konzeption des Studiengangs, Bezug zwischen →Profil des Studiengangs und Arbeitsschwerpunkten der beteiligten Professuren, Konzepte für regelmäßige interne und externe →Evaluation und für weitere Verfahren der Qualitätsentwicklung (z.B. Zielvereinbarungen), →Partizipation der Studierenden und Lehrenden an der Evaluation, kooperative Planung des Lehrangebotes, Verbindung des Studiengangs mit den Managementstrukturen der Hochschulen usw.?

9. *Ressourcen:* Gibt es eine geschlechterdifferenzierte Analyse der Ressourcen des Fachbereichs hinsichtlich Personal, Räumen und Sachmitteln für den neuen Studiengang? Ist die Mindestausstattung gesichert? Dazu gehört die prinzipielle Sicherung des Studienangebots durch hauptamtliches Personal, Festlegung von Gruppengrößen für Veranstaltungen, Verwaltungspersonal, Tutor/innen, Ressourcen für Gastwissenschaftler/innen aus dem In- und Ausland, für Praktika im In- und Ausland? Wie ist dabei die Verteilung der Geschlechter? Wie viel Geld wird für die Ausstattung von so genannten Frauen- und Männerstudiengängen aufgewandt? Wer nutzt die Ressourcen (z. B. Sporthallen, Labore, Bibliotheken)?

7 Nachbemerkung

Nach Redaktionsschluss für diesen Band sind einige Veröffentlichungen zu Bachelor- und Masterstudiengängen und zu Verfahren der Qualitätssicherung erschienen: Die Bundeskonferenz der Frauen- und Gleichstellungsbeauftragten an Hochschulen (BuKoF) hat Handlungsleitfäden zu Bachelor und Master sowie zur Akkreditierung und Evaluation von Studiengängen erarbeitet (BuKoF 2004a u. b). Außerdem hat sie Positionspapiere zu Gender in der Modularisierung sowie zur Akkreditierung von Studiengängen unter Berücksichtigung des Qualitätsmerkmals Gender vorgelegt (BuKoF 2004c u. d). Sabine Hering und andere haben eine Fachtagung zu Frauen im Bologna-Prozess veranstaltet (Hering, Kruse 2004) und eine Homepage zu Bachelor- und Masterstudiengängen unter Gender-Gesichtspunkten aufgebaut (Hering et al. 2004). Dort findet sich auch ein Fragebogen von Gundrun Ehlert und Brigitte Hasenjürgen mit 20 Fragen zum

Diskussionsprozess über Studienreformen in Studiengängen für Soziale Arbeit und in Studiengängen mit Schwerpunkt Sozialpädagogik. Die Fragen werden hier auszugsweise wiedergegeben, weil sie die Ausführungen in den Abschnitten 5 und 6 sehr gut ergänzen (Ehlert, Hasenjürgen 2004):

■ **Zu Gender in der Lehre (vor der Studienreform)**

5. Ist in Ihrem Studiengang das Genderthema curricular institutionalisiert (Gender Studies, Wahlpflichtfach, Schwerpunktsetzung o. Ä.)?
6. In welchem Umfang thematisieren Sie selbst geschlechtsspezifische Fragestellungen in der Lehre?
7. Wie wird das Genderthema in Ihrem Kollegium angenommen?

■ **Zu Gender im Bolognaprozess**

13. Ist in Ihrem Studiengang schon über die mögliche Integration des Genderthemas in einen modularisierten B.A.- oder M.A.-Studiengang diskutiert worden?
14. Wie soll in Ihrem Studiengang Gender im modularisierten Lehrangebot eines B.A.-Studiengangs verankert werden? [mögliche Antworten: noch nicht klar – Gender nicht vorgesehen – als Querschnittsthema in allen Modulen – als eigenes Gendermodul – im Diversitymodul (Gender, Interkulturalität, Queer u. a.) – Genderkompetenz als eine fachunabhängige Kompetenz (Generic Competence) – Sonstiges, und zwar]
15. Wie soll in Ihrem Studiengang Gender im modularisierten Lehrangebot eines M.A.-Studiengangs verankert werden? (...)
16. Welche Form der Integration des Genderthemas in einen B.A.- oder M.A.-Studiengang befürworten Sie selbst? (...)
17. Was sind nach Ihrer Einschätzung die wesentlichen Probleme bei der Integration des Genderthemas in B.A.- und M.A.-Studiengänge der Sozialen Arbeit?
18. Wie schätzen Sie die Auswirkungen von modularisierten B.A.- und M.A.-Studiengängen auf das Genderthema in Ihrem Studiengang ein?
19. Bitte begründen Sie Ihre positive oder negative Einschätzung.
20. Wenn Sie noch etwas zum Thema Gender und modularisierte Studiengänge beitragen möchten, dann ist hier Platz.

INSTRUMENTE UND ELEMENTE DER AKKREDITIERUNG VON STUDIENGÄNGEN

Literatur

Berlin-Communiqué (2003): „Den Europäischen Hochschulraum verwirklichen". Kommuniqué der Konferenz der europäischen Hochschulministerinnen und -minister am 19. September 2003 in Berlin.

BuKoF (2004a): Bundeskonferenz der Frauen- und Gleichstellungsbeauftragten, Akkreditierung und Evaluation von Studiengängen – Ein Handlungsleitfaden (nicht nur) für Frauen- und Gleichstellungsbeauftragte (Mai 2004).

BuKoF (2004b): Bundeskonferenz der Frauen- und Gleichstellungsbeauftragten, Bachelor & Master – Ein Handlungsleitfaden (nicht nur) für Frauen- und Gleichstellungsbeauftragte (April 2004).

BuKoF (2004c): Bundeskonferenz der Frauen- und Gleichstellungsbeauftragten, Positionspapier um Thema Gender in der Modularisierung (April 2004).

BuKoF (2004d): Bundeskonferenz der Frauen- und Gleichstellungsbeauftragten, Positionspapier zur Akkreditierung von Studiengängen – Berücksichtigung des Qualitätsmerkmals Gender (Mai 2004).

Ehlert, Gudrun / Hasenjürgen, Brigitte (2004): Gender im Bolognaprozess. 20 Fragen zum Diskussionsprozess über Studienreformen in Studiengängen für Soziale Arbeit und Studiengängen mit Schwerpunkt Sozialpädagogik im Frühjahr 2004, online einsehbar unter: http://www.bolognaprozess-gender.uni-siegen.de.

femina politica (2002): Geschlechterdemokratie – ein neues feministisches Leitbild? = femina politica: Zeitschrift für feministische Politik-Wissenschaft, Berlin, Heft 2.

GKZ (2004): GenderKompetenzZentrum Berlin, online einsehbar unter: http://www.genderkompetenz.info.

Hering, Sabine et al. (2004): Bachelor- und Masterstudiengänge. Chancen, Risiken und Nebenwirkungen für Frauen und Männer in der Wissenschaft. Erste Befunde und weiterführende Fragen, online einsehbar unter: http://www.bolognaprozess-gender.uni-siegen.de.

Hering, Sabine / Kruse, Elke (2004): Frauen im Aufwind des Bologna-Prozesses? Erste Hinweise zu Chancen, Risiken und Nebenwirkungen. Eine Tagungsdokumentation. Siegen.

Jüngling, Christiane (1999): Organisationsforschung und Geschlechterpolitik: Von der Herrschaftsmaschine zur Spielwiese für Mikropolitiker, in: Margret Krannich (Hg.): Geschlechterdemokratie in Organisationen, o. O., S. 21–34.

Kirsch-Auwärter, Edith: Gender Mainstreaming als neues Steuerungsinstrument? Versuch einer Standortbestimmung, Göttingen, o. J.

Roloff, Christine (2002) (Hg.): Personalentwicklung, Geschlechtergerechtigkeit und Qualitätsmanagement an der Hochschule. Bielefeld.

Stiegler, Barbara (2003): Gender Mainstreaming: Postmoderner Schmusekurs oder geschlechterpolitische Chance?, Bonn, Friedrich-Ebert-Stiftung.

Streitkultur (2002): Gender Mainstreaming. Theorie und Praxis = Streitkultur: Magazin für Politik und Kultur in Europa 1.

Credit-Systeme und ECTS

Stefanie Schwarz-Hahn

Das European Credit Transfer System (ECTS) entstand Ende der 1980er, Anfang der 1990er Jahre und wurde als ein Instrument entwickelt, das zum Ziel hat, die studentische →Mobilität zwischen den unterschiedlichen europäischen Hochschulsystemen zu erleichtern. ECTS ist eine „Erfolgsgeschichte"; es hat sich in den letzten 15 Jahren als Transfersystem von Studienleistungen etabliert und bewährt. Der Startschuss zur Einführung von Credit-Systemen an deutschen Hochschulen ist Mitte der 1990er Jahre gefallen. Die Bundesregierung und der Deutsche Akademische Austauschdienst (DAAD) haben zur Diskussion und zur Einführung eines Credit-Systems wesentlich beigetragen. Im KMK-Beschluss vom 1998 wird dargelegt, dass zumindest in den neuen gestuften Studiengängen – mit den Abschlüssen Bachelor/Bakkelaureus und Master/Magister – ein Credit-System eingeführt werden soll. Insgesamt, das zeigt u. a. die HRG-Novellierung von 1998, ist die Annahme weit verbreitet, dass über kurz oder lang alle Studiengänge an deutschen Hochschulen mit der Studienstruktur Bachelor und Master angeboten werden (Berlin-Communiqué 2003). Seit Ende der 1990er Jahre sind die Weichen klar für die Einführung von →Credit-Points an deutschen Hochschulen gestellt.

Dieser Übersichtsartikel soll die zentralen Themen der Ausgestaltung von Credit-Systemen benennen. Detailliertere Informationen zu Credit-Systemen an deutschen Hochschulen und im internationalen Vergleich finden sich in „Credits an deutschen Hochschulen. Kleine Einheiten – große Wirkung" (Schwarz, Teichler, 2000) und in „Credits an deutschen Hochschulen" (Stifterverband 2000).

1 Definition und Essenz eines Credit-Systems

Die Definition des Credit-Systems kann wie folgt beschrieben werden (Schwarz, Teichler 2000): Unter Credit-Systemen werden Systeme der Leistungsbewertung an Hochschulen verstanden, in denen das gesamte Studium im Rahmen eines Studiengangs in einzelne – gewöhnlich nach zeitlichem Aufwand gemessene – Einheiten gegliedert wird, diese Eineiten getrennt bewertet werden und diese Teil-Bewertungen in die →Bewertung der gesamten Studienleistung eingehen. Stimmen wir einem solchen Verständnis zu, so bedeutet das gegenüber dem bisher in der Bundesrepublik Deutschland vorherrschenden Studien- und Prüfungssystem, dass

- das Nebeneinander von Veranstaltungen durch Leistungsbewertungen in allen Veranstaltungen bzw. Veranstaltungsgruppen zu ersetzen wäre (was nicht bedeutet, dass Vorlesungen abgeschafft werden müssten),
- eine übergreifende Berechnungseinheit für den Umfang bzw. Aufwand im Studium (→Workload) geschaffen werden müsste (der erwartete Zeitaufwand auf Seiten der Studierenden eignet sich am ehesten als universelle Maßgröße),
- die Erträge in den Teileinheiten des Studiums in jedem Falle konstitutiv in die Errechnung des Gesamtertrags des Studiums eingehen (z.B. im Falle von Benotungen als Beitrag zur Teilnote, der nicht durch weitere Leistungsbeurteilungen, etwa Zwischenprüfen, revoziert werden kann; die Definition verlangt allerdings kein durchgängiges System →studienbegleitender Prüfung; so kann z.B. eine Examensarbeit vorgesehen und mit →Credit-Points bewertet werden).

2 Credit-System: Ein formaler Mechanismus?

Ein Credit-System ist in seiner Essenz ein formaler Mechanismus, der es erlaubt, Studienaktivitäten und -leistungen in Mengenmaße umzusetzen. Dadurch wird der Tausch von Einzeleinheiten bzw. die Akkumulation von Einzeleinheiten im Prinzip erleichtert. Insofern kann ein Credit-System zum Beispiel – wenn wir den Tauschaspekt betrachten – mit einer „Wechselstube" verglichen werden (Teichler 1997), in dem transparent, erwartungssicher und aufwandarm getauscht werden kann.

Jedes bestehende Credit-System greift jedoch in seiner konkreten Gestaltung über den formalen Mechanismus hinaus. Es wird eingebettet in Prinzipien und Regelungen, die folgenreich sind für

- den Geltungs- und Anwendungsbereich: Anerkennungen und Akkumulationen werden in bestimmte Richtungen erleichtert und in andere erschwert,
- die Inhalte und Prozesse des Studiums: bewusst oder unbewusst werden bestimmte Inhalte sowie Lehr-, Lern- und Prüfungsstile unterstützt und andere untergraben.

Rationale Gestaltung eines Credit-Systems erfordert, diese Beziehung von

Form und Geltung sowie Inhalt aufzuklären, d.h. sich der durch formale Gestaltungsentscheidungen erfolgenden inhaltlichen Gestaltung bewusst zu sein bzw. für inhaltliche Optionen angemessene formale Ausgestaltungen zu wählen. Erfolgt keine rationale Gestaltung, so kommt es zu nicht-intendierten Nebeneffekten bzw. zu aktiven Bemühungen zum Unterlaufen bzw. Untergraben des Systems.

3 Der Bescheinigungsbereich

Was wird mit einem →Credit-Point bescheinigt? Mindestens gehören dazu neben Informationen über die/den Studierenden, auf den sich die Bescheinigung bezieht,

1. der Gegenstandsbereich,
2. der Umfang des Studienaufwands (→Workload),
3. der Zeitpunkt des Studienaufwands,
4. ein Nachweis, dass die Leistung erfolgt ist,
5. die bescheinigende Instanz.

Weitere Informationen sind nicht essenziell für die Logik eines Credit-Systems. Überwiegend können ergänzende Informationen einerseits die →Bewertung der nachgewiesenen Leistungen erleichtern, andererseits die →Flexibilität des Credit-Systems eingrenzen (d.h. möglicherweise die Anerkennung auch erschweren). Der Nachweis eines oder mehrerer zusammenhängender →Credit-Points unterscheidet sich von einem „Schein" in bestehenden deutschen Leistungsnachweissystemen

- in der Regel im Anwendungsbereich und in der Validität (→Credit-Points werden für alle einzelnen oder Gruppen von Lehrveranstaltungen vergeben und zählen ohne Filter von Prüfungen als Teil der Gesamtbeurteilung),
- möglicherweise in der Spezifikation der Angaben (Bescheinigungen von →Credit-Points müssen nicht unbedingt Informationen über Noten, die Zuordnung zu einem Studiengang und die Zuordnung zu einem Stadium des Studiums enthalten).

4 Funktionen von Credit-Systemen

Credit-Systeme haben in jedem Falle zwei wesentliche Funktionen:

- Sie ermöglichen eine erhöhte →Transparenz des Studienaufwands (→Workload) und der Studienleistungen und

- sie sind Teil eines Prüfungssystems, in dem →studienbegleitendes Prüfen einen hohen Stellenwert hat.

Credit-Systeme haben noch eine Reihe von anderen Potenzialen, die ausgeschöpft werden können, aber nicht ausgeschöpft werden müssen. Zum Beispiel kann (und soll an deutschen Hochschulen) an die Einführung eines Credit-Systems die Einführung der →Modularisierung gekoppelt sein.

Credit-Systeme sollten so angelegt sein, dass sie zumindest in vier Richtungen der Hochschulreform zur Verbesserung führen:

- Erleichterung der studentischen →Mobilität,
- Erhöhung der →Transparenz von Lehre und Studium,
- Verkürzung der Studiendauer (→Studienzeiten),
- Hinführung zu →Lebenslangem Lernen.

Mobilität: Seit den 90er Jahren verzeichnen wir eine zunehmende Vielfalt der Hochschulen und Studiengänge. Credit-Systeme erleichtern den Studierenden die Möglichkeit, ihre Studienleistungen wie Gepäck im Rucksack zu schultern und mobil von einer Hochschule zur nächsten zu wechseln (→Hochschulwechsel). Diese Möglichkeit wird in Zukunft an Bedeutung gewinnen, da prognostiziert wird, dass Studierende verstärkt Hochschulen nach →Profil und nicht nur, wie bisher ein Großteil der Studierenden, nach Nähe zum elterlichen Wohnort wählen. Die strukturelle Änderung durch Einführung von →Credit-Points an deutschen Hochschulen wird voraussichtlich den Entschluss auf studentischer Seite, die Hochschule nach einer gewissen Zeit innerhalb von Deutschland zu wechseln, erleichtern. Von den Erfahrungen, die Studierende durch den Hochschulwechsel während des Erststudiums erlangen, können sie insbesondere beim Übergang in den Beruf profitieren, denn potenzielle →Arbeitgeber schätzen die regionale →Flexibilität von Absolvent/innen in der Regel hoch ein und bevorzugen Bewerber/innen, die bereits während ihres Studiums aktiv und mobil sind.

Auch die europäische Mobilität, das heißt, der Wechsel zu einer ausländischen Hochschule, wird von Bildungsplanern oftmals als Pluspunkt für den fachlichen Werdegang von Studierenden dargestellt. Entsprechende Förderprogramme (z. B. SOKRATES) werden seit über 10 Jahren von der Europäischen Union gefördert, um die Mobilität zwischen europäischen Hochschulsystemen effektiv zu stimulieren. Eine wachsende Zahl von deutschen Studierenden nehmen dieses Angebot war. Angesichts dieser wachsenden Mobilität der Studierenden kann ein Credit-System die Überprüfung der im Ausland erbrachten Studienleistungen erleichtern und bietet die Möglichkeit, diese anzuerkennen und anzurechnen. Hier erweist sich das auf europäischer Ebene eingeführte European Credit Transfer System (ECTS) als adäquates Maß (nach den Mindeststandards und -kriterien des Akkreditierungsrates ist die Einführung des ECTS ein Kriterium bei der Akkreditierung des Studienganges) (EU 2004).

Empirische Studien weisen darauf hin, dass ausländische Studierende, die in Deutschland studieren möchten, aufgrund der unsicheren Anrechung der Studienleistungen von einem Studienaufenthalt abgeschreckt werden können und stattdessen in einem Land, welches bereits →Credit-Points eingeführt hat, studieren wollen. Das deutsche Hochschulsystem wird mit der flächendeckenden Einführung eines international kompatiblen Credit-Systems deshalb wettbewerbsfähiger (→Wettbewerb).

Transparenz: Die Einführung von Credit-Systemen erleichtert die Übersichtlichkeit der Studiengänge. →Credit-Points geben eine detaillierte Darstellung dessen, was an einer Hochschule in Bezug auf die Lehre und das Lernen geleistet wird. Studierende können sich frühzeitig einen Studienplan machen und zielgerichteter studieren. Lehrende können ihre Lehrinhalte effizienter in Bezug auf Lehrinhalte und Lernergebnisse (→Learning Outcomes) abstimmen. Es ist zu erwarten, dass die Einführung eines Credit-Systems dazu führt, dass Lehrpläne besser abgestimmt werden. Aufgrund der zunehmenden Transparenz wird demnach auch der Ressourceneinsatz in den einzelnen Fächern besser kalkulierbar.

Verkürzung der Studiendauern und Lebenslanges Lernen: Die Einführung eines Credit-Systems kann zur Verkürzung der Studiendauern (→Studienzeiten) an deutschen Hochschulen führen (Schwarz, Teichler 2000). Es wird aber generell angenommen, dass aufgrund vielfältiger Faktoren, wie beispielsweise die Zunahme an sog. non-traditional Studierenden und der Trend zum Lebenslangen Lernen, die Studiendauern auch in den kommenden Jahren weiter zunehmen werden. Die Entwicklung hin zu zunehmender Heterogenität der Studierendenklientel in den nächsten Jahrzehnten ist insofern interessant, als eine heterogenere Studierendenpopulation mit unterschiedlichen individuellen Ausrichtungen entsprechend zeitlich flexibel in der Planung des Hochschulstudiums sein könnte (→Flexibilität). Im Hinblick auf flexible Lehr- und Prüfungsformen und deren zeitliche Verteilung erhalten →Credit-Points somit eine Wertsicherungsfunktion, da der Wert für eine einmal erbrachte Leistung nicht verloren geht (Kraft, Kropf 2000). Damit wird die Nutzung einer bereits erworbenen Leistung erhöht und die Kombination unterschiedlicher

Studienangebote zu neuen Studiengängen ermöglicht. Dies wiederum kann studienzeitverkürzende Funktion haben.

5 Irrwege der aktuellen Diskussion

Die derzeitige Diskussion zu →Credit-Points ist immer wieder von Missverständnissen geprägt. Hier sollen die zwei größten Irrwege der Diskussion kurz skizziert werden:

Einführung von ECTS: In Deutschland wird zur Zeit immer wieder die Debatte geführt, inwieweit es sich lohne, ECTS einzuführen und wie diese Einführung aussehen könnte. Diese Diskussion ist irreleitend. ECTS ist ein System, das entwickelt wurde, um die Mobilität durch Erleichterung der gegenseitigen →Anerkennung der Studienleistungen innerhalb von Europa zu fördern, also zunächst ein reines Transfer-System. Seit 2002 arbeiten die Konstrukteur/innen des ECTS daran, es von einem reinen Transfersystem in ein Transfer- und Akkumulationssystem zu verwandeln. Dieser Prozess ist 2004 mit der Vorlage neuer ECTS-Richtlinien und der Umwandlung des ECTS in ein European Credit Transfer and Accumulation System vorerst abgeschlossen worden (EU 2004). Es bleibt jedoch abzuwarten, zu welchem Zeitpunkt die Studiengangsbetreuer/innen, die für die Einführung der Credit-Systeme für die Studiengänge verantwortlich sind, flächendeckend von dem weiterentwickelten ECTS in Kenntnis gesetzt sind. Generell gilt deshalb für Studiengänge an deutschen Hochschulen: Wenn ein Credit-System eingeführt werden soll, sollte es nicht darum gehen, „das" ECTS einzuführen, sondern es sollte um die Einführung eines Systems gehen, das in der Berechnung des Studienaufwands die gleiche Logik und die gleichen Einheiten wie ECTS benutzt oder zumindest eine leichte Umrechnung erlaubt. Das heißt konkret, der Umfang der →Credit-Points sollte pro Semester 30 und pro Jahr 60 betragen. Der theoretische Lernaufwand für einen Credit-Point sollte alle Lernleistungen des Studierenden einschließen, einschließlich Vor- und Nachbereitungszeiten zu den Lehrveranstaltungen (→Workload).

Modularisierung: In der Diskussion über Credit-Systeme ist eine Sprachverwirrung über Modularisierung eingetreten. Die →KMK hat diese Verwirrung bestärkt, indem sie den Beschluss vom 5. März 1999 formuliert: „Bei der Genehmigung eines Bachelor-/Bakkalaureus- und Master-/Magisterstudiengangs ist grundsätzlich nachzuweisen, dass der Studiengang modularisiert (→studienbegleitende Prüfungen) und mit einem Credit-System ausgestattet ist." Die KMK unterstellt mit dieser Formulierung, dass „studienbegleitendes Prüfen" und „Modularisierung" identisch sind. Tatsächlich erfordert die Logik eines Credit-Systems lediglich, dass die Leistungsbewertung im Studium in weitem Maße studienbegleitend erfolgt (s.u.), keineswegs jedoch unbedingt eine Modularisierung des Studiums. Unter Modularisierung des Studiums wird in der Fachliteratur dagegen verstanden

- eine starke Konzentration des Lehrangebots in kompakte Einheiten (z. B. Durchführung von einer Lehrveranstaltung in 1–2 Wochen statt einer Parallelität verschiedener Lehrveranstaltungen über 1–2 Semester),
- eine weitgehende Offenheit/→Flexibilität/Beliebigkeit in der zeitlichen Sequenzierung des Studiums,
- eine relativ große Offenheit/→Flexibilität/Beliebigkeit in der inhaltlichen Kombination von Studieneinheiten zu einem Gesamtergebnis – einem erfolgreichen Studienabschluss.

Ähnlich wie für Credit-Systeme besteht derzeit für Modularisierung an deutschen Hochschulen keine allgemeingültige Definition oder Systemlogik. Eine Darstellung, in welchem Ausmaß sich die Credit-Systeme und Modularisierungen der einzelnen Bachelor- und Masterstudiengänge unterscheiden, bietet eine vom Bundesministerium für Bildung und Forschung (BMBF) geförderte Studie zur Einführung von Bachelor- und Masterstudiengängen an deutschen Hochschulen (Schwarz, Rehburg 2004).

6 Credit-Points an deutschen Hochschulen: Erste Einblicke in die Empirie

Die von Schwarz-Hahn und Rehburg durchgeführte Studie beruht auf der Untersuchung sämtlicher neuer Bachelor- und Masterangebote an deutschen Hochschulen. Sie zeigt die wichtigsten Elemente der Studienstrukturreform im Vergleich zwischen →Hochschultypen und Studienfachgruppen. Im Hinblick auf die Einführung von Credit-Points – in der Studie als „Leistungspunkte" bezeichnet – wird Folgendes deutlich:

In fast 90 Prozent aller neuen Studiengänge gibt es ein Credit-System, darunter zu 95 Prozent in den konsekutiven →Studienprogrammen, also bei der direkten Verbindung eines Bachelor- und eines Masterstudiengangs an einem Fachbereich. Die eigenständigen Studiengänge vergeben zu jeweils über 80 Prozent Credit-Points.

Die empfohlene Anlehnung an das ECTS betrifft vor allem die Anzahl der zu vergebenden Credit-Points: Für ein Vollzeitstudium sollen dies 60 pro Studienjahr, also 30 pro Semester sein. Die Angaben der Befragten an den Fachbereichen ergeben diesbezüglich folgendes Bild (siehe Tabelle): In knapp 60 Prozent aller Studiengänge mit Bachelor und Master werden, dem ECTS-Standard entsprechend, 30 Leistungspunkte pro Semester vergeben. Die Naturwissenschaften und die Ingenieur-wissenschaften erfüllen diesen Standard am ehesten. In etwa jedem achten neuen Studiengang erhalten die Studierenden weniger als 30 Leistungs-punkte pro Semester. Dies ist vor allem für die kultur- und sozial-wissenschaftlichen sowie die wirtschafts- und rechtswissenschaftlichen Studiengänge zutreffend. In fast einem Drittel der Fälle hingegen werden durchschnittlich mehr als 30 Leistungspunkte im Semester vergeben; meist betrifft das die Wirtschafts- und Rechtswissenschaften.

	Studienfachgruppe					Gesamt
	KULT/SOZ	WI/JUR	NAT/MED	ING	interdisz.	
1 bis 29 Leistungs-punkte	24	22	5	6	11	12
30 Leistungspunkte	47	31	75	66	56	58
31 und mehr Leistungspunkte	29	47	20	28	33	29
Gesamt	100	100	100	100	100	100
Anzahl (n)	(161)	(77)	(165)	(185)	(114)	(702)

Frage D.08: a) Wie viele Leistungspunkte werden in einzelnen Studienabschnitten vergeben?

Tabelle: Anzahl der vergebenen Leistungspunkte pro Semester nach Studienfachgruppe (Schwarz-Hahn 2004)

Auch die Forderung, bei der Vergabe von Credit-Points den studentischen Arbeitsaufwand (→Workload) zu berücksichtigen, wird derzeit noch un-einheitlich umgesetzt. In den Antworten der Befragten zeigt sich, dass die individuelle Regelung zur Bemessung eines Leistungspunktes kaum mit einer einzigen Aussage zu beschreiben ist. Beispielsweise finden sich häufig verschiedene Vorgehensweisen für unterschiedliche Arten von Lehr-veranstaltungen; eigentlich sinnvoll, denn somit wird dem studentischen

Arbeitsaufwand Rechnung getragen. Allerdings wird dieses Prinzip für nahezu jedes →Studienprogramm an deutschen Hochschulen individuell gestaltet. Darunter leiden die für die neuen Studienprogramme so wichtigen Eigenschaften wie Kompatibilität und →Transparenz des Studiums. Zusammenfassend kann für das deutsche Hochschulsystem im Jahr 2003 festgestellt werden, dass Credit-Systeme einen großen Gestaltungsspielraum sowohl für die Konstruktion des operativen Regelwerks als auch für die Ausgestaltung der Curricula zulassen. Dieser Gestaltungsspielraum sollte bei der Einführung von Credit-Systemen an deutschen Hochschulen kreativ genutzt werden. Allerdings sollte darauf geachtet werden, dass auf nationaler Ebene ein einheitliches Credit-System eingerichtet wird. Hier haben die Akkreditierungsorgane (Akkreditierungsrat und Agenturen) die Verantwortung, sich so gut untereinander abzustimmen, dass die Freiheiten und kreativen Spielräume, die den Studiengängen bei der Einrichtung von Credit-Systemen derzeit gegeben werden, dergestalt in Genehmigungsverfahren begleitet werden, dass sie ein hohes Maß an Einheitlichkeit und somit auch →Effizienz und Kompatibilität aufweisen.

Literatur

Bauer, Marianne (2000): Credit-Systeme an schwedischen Hochschulen. In: Schwarz, Stefanie und Teichler, Ulrich (Hg.): Credits an deutschen Hochschulen. Kleine Einheiten – große Wirkung. Neuwied.

Berlin-Communiqué (2003): „Den Europäischen Hochschulraum verwirklichen". Kommuniqué der Konferenz der europäischen Hochschulministerinnen und -minister am 19. September 2003 in Berlin.

Brinckmann, Hans (1998): Die neue Freiheit der Universität. Operative Autonomie für Lehre und Forschung an Hochschulen. Berlin.

Dalichow, Fritz (1997): Kredit- und Leistungspunktsysteme im internationalen Vergleich. Hg. vom BMBF. Bonn.

De Jong, Uulkje / van Hout, Hans (2000): Das Credit-System in den Niederlanden: Entwicklungen und Herausforderungen. In: Schwarz, Stefanie und Teichler, Ulrich (Hg.): Credits an deutschen Hochschulen. Kleine Einheiten – große Wirkung. Neuwied.

EU (2004): ECTS – European Credit Transfer System; online einsehbar unter: http://europa.eu.int/comm/education/programmes/socrates/ects_en.html.

Gehmlich, Volker (2000): Möglichkeiten und Grenzen des European Credit Transfer Systems (ECTS), in: Schwarz, Stefanie/Teichler, Ulrich (Hg.): Credits an deutschen Hochschulen. Kleine Einheiten – große Wirkung. Neuwied.

Kraft, Manfred / Kropf, Ulrike (2000): Bonuspunktesystem am Fachbereich Wirtschaftswissenschaften der Universität GH Paderborn. In: Schwarz, Stefanie und Teichler, Ulrich (Hg.): Credits an deutschen Hochschulen. Kleine Einheiten – große Wirkung. Neuwied.

Meyer-Guckel, Volker / Schwarz, Stefanie et al. (Hg.) (2000): Credits an deutschen Hochschulen. Transparenz – Koordination – Kompatibilität. Hg. vom Stifterverband für die Deutsche Wissenschaft. Bonn.

Roscher, Falk / Sachs, A. (1999): Credit-Rahmenwerk für die Fachhochschulen in Baden-Württemberg (= Schriftenreihe Report, Bd. 37). Alsbach/Bergstraße.

Schwarz, Stefanie / Teichler, Ulrich (2000) (Hg.): Credits an deutschen Hochschulen. Kleine Einheiten – große Wirkung. Neuwied.

Schwarz-Hahn, Stefanie / Rehburg, Meike (2004): Bachelor und Master in Deutschland. Eine Bilanz der Studienstrukturreform. Münster.

Stifterverband (2000): Stifterverband für die Deutsche Wissenschaft. Credits an deutschen Hochschulen. Bonn.

Teichler, Ulrich (1999): Bachelor- und Mastergrade in den Geisteswissenschaften im Ausland, in: Deutscher Akademischer Austauschdienst (DAAD) (Hg.): Tagungsdokumentation „Bachelor und Master in den Geistes-, Sprach- und Kulturwissenschaften" (= Dok&Mat, Bd. 33). Bonn, S. 37–142.

Abschlussbezeichnungen

Peter Dietz

Eine der wesentlichen Forderungen der Bologna-Erklärung zur Schaffung eines kompatiblen europäischen Hochschulraums (→Europäischer Hochschul- und Forschungsraum; →Bologna-Prozess) ist die europaweite Übernahme eines Systems leicht les- und vergleichbarer Abschlüsse. Diesem Gedanken folgend hat für Deutschland die Kultusministerkonferenz (→KMK) in ihren ländergemeinsamen Strukturvorgaben vom 10. Oktober 2003 (KMK 2003) einen Rahmen geschaffen, der die Gleichwertigkeit einander entsprechender Studienabschlüsse gewährleisten soll, insbesondere im Hinblick auf eine größtmögliche →Flexibilität beim →Hochschulwechsel. Im Vergleich zu diesen sehr strikt gehaltenen Regelungen in Deutschland stehen die Bemühungen um Kompatibilisierung innerhalb Europas erst am Anfang – mittelfristig wird es hier keine anerkannte Regelung geben, die eine Flexibilität der Studierenden über die Staatsgrenzen hinweg ohne bilaterale Kontaktaufnahme zur gegenseitigen →Anerkennung gewährleistet.

1 Welche grundsätzliche Überlegungen führen zur Definition der Abschlussbezeichnungen?

Bezüglich der Abschlussbezeichnungen sind die Strukturvorgaben geprägt von den folgenden Überlegungen:

- Abschlüsse und Abschlussbezeichnungen müssen der materiell-inhaltlichen Ausrichtung Rechnung tragen, und
- sie sollen aus Gründen der →Transparenz und Übersichtlichkeit eine möglichst geringe Anzahl von Bezeichnungen aufweisen. Diese an sich divergenten Forderungen führen zu einem Kompromiss, der in den Strukturvorgaben in einer gegenüber den bisherigen Diplomabschlussbezeichnungen anders gefassten Fachzugehörigkeit zum Ausdruck kommt. Mit der darin enthaltenen klaren Gliederung in die beiden Grade Bachelor und Master einerseits und die fachlichen Untergliederungen in Arts, Science, Engineering und Laws stellen sich die Abschlussbezeichnungen des deutschen Ausbildungssystems meist eindeutiger dar als die von der geschichtlichen Entwicklung der Stu-

diengänge geprägten Abschlussbezeichnungen vieler anderer europäischer Länder. Dies heißt aber auch, dass zur aussagekräftigen Bezeichnung einer beruflichen Qualifikation neben der Abschlussbezeichnung die Nennung des Studienganges notwendig ist.

■ Mit der Einführung der Bachelor-/Masterstudiengänge erfolgt nach der politischen Vorgabe „gleichwertig aber nicht gleichartig" eine Abkehr von der institutionellen →Differenzierung nach dem →Hochschultyp in der Abschlussbezeichnung. Universitäten und Fachhochschulen sind gleichermaßen berechtigt, gemäß der Akkreditierung ihrer Studiengänge die Abschlussbezeichnungen Bachelor und Master zu vergeben. Auch die Differenzierung nach den Profiltypen „stärker anwendungsorientiert" und „stärker forschungsorientiert" führt zu keinerlei Differenzierung in den Abschlussbezeichnungen.

■ Abschlüsse und Abschlussbezeichnungen sind international (mindestens europäisch) kompatibel zu gestalten. Mit dieser Forderung, die an sich dem Bologna-Gedanken (→Bologna-Prozess) genau entspricht, ergeben sich zur Zeit noch erhebliche Schwierigkeiten. Die Ausbildungssysteme der europäischen Länder sind so unterschiedlich, dass sich mittelfristig nur Vereinbarungen auf Basis des →ECTS treffen lassen, die aber nach bisherigen Erfahrungen insbesondere bei Doppeldiplomierungen (→Double Degree) oder Ausbildungsnetzen in bilateralen Vereinbarungen befriedigend gelöst werden können (Berlin-Communiqué 2003). Die Frage der Abschlussbezeichnungen muss dabei je nach den Prioritäten der beteiligten Hochschulen und Studierenden individuell gelöst werden.

2 Nach welchen Regeln werden Abschlussbezeichnungen festgelegt?

Nach den Strukturvorgaben der →KMK vom 10. Oktober 2003 sind Bachelor- und Masterstudiengänge eigenständige Studiengänge, die zu eigenständigen Abschlüssen führen. Daraus folgt zunächst:

1. Für einen erfolgreich abgeschlossenen Bachelor- oder Masterstudiengang kann jeweils nur ein Grad verliehen werden. Mit dieser Formulierung soll eine klare Trennung der einstufigen von den

zweistufigen Studiengängen schon dadurch geschaffen werden, dass man eine Unverwechselbarkeit definiert und Gleichwertigkeitsbestrebungen über eine Anerkennungspraxis unterbindet. Bachelor- und Mastergrade gem. § 19 →HRG können somit nicht zugleich mit dem Abschluss eines →Diplom- oder →Magisterstudienganges gem. § 18 HRG verliehen werden. Desgleichen kann mit Abschluss eines Bachelor- oder Masterstudienganges gem. § 19 HRG nicht zugleich ein Diplom- oder Magistergrad verliehen werden.

Da es den Hochschulen grundsätzlich freigestellt ist, ob sie Abschlüsse nach § 18 oder § 19 →HRG anbieten, legt die Kultusministerkonferenz (→KMK) Gleichstellungsregeln fest. Hinsichtlich der Wertigkeit der Bachelor- und Masterabschlüsse (§ 19 HRG) und der Abschlüsse Diplom/Magister (§ 18 HRG) gilt:

- Bachelorabschlüsse verleihen grundsätzlich dieselben Berechtigungen wie Diplomabschlüsse an Fachhochschulen, und
- Masterabschlüsse verleihen dieselben Berechtigungen wie Diplom- und Magisterabschlüsse an Universitäten und gleichgestellten Hochschulen.

Diese Regelungen wurden insbesondere im Hinblick auf die Beschäftigung im öffentlichen Dienst getroffen.

2. Nach dem Graduierungssystem gem. § 19 →HRG wird der Mastergrad auf Grund eines weiteren berufsqualifizierenden Hochschulabschlusses verliehen. Deshalb kann der Mastergrad nur erworben werden, wenn bereits ein erster berufsqualifizierender Abschluss vorliegt. Dies wird im Allgemeinen der Bachelorabschluss sein, es kann aber – insbesondere bei Studierenden aus dem Ausland, die eine anders geartete berufsqualifizierende Ausbildung erhalten haben – ein in einem Feststellungsverfahren zu prüfender anderer Abschluss sein. Ausdrücklich ausgeschlossen sind damit grundständige Studiengänge, die nach vier oder fünf Jahren unmittelbar zum Masterabschluss führen.

3. Eine →Differenzierung der Abschlussgrade und Abschlussbezeichnungen nach der Dauer der →Regelstudienzeit wird bei den Bachelor- und Masterstudiengängen nicht vorgesehen. Für drei- oder vierjährige Bachelorstudiengänge, für ein- oder zweijährige Masterstudiengänge oder andere Kombinationen werden keine unterschiedlichen Grade oder Zusätze zum Grad vergeben. (Die Strukturvorgaben enthalten neben der Angabe der Studienleistungen

im →ECTS die Regelstudienzeiten, da dies noch geltenden Regulierungen entspricht – künftig wird die Studienleistung ausschließlich nach →Credit-Points bemessen werden.)

4. Auch die Studienabfolge (konsekutiv, nicht-konsekutiv oder weiterbildend) hat keinen Einfluss auf die Abschlussbezeichnung. Nach dem Grundsatz, dass die Verleihung des Grades eine nach fachlichen Kriterien ausgerichtete Prüfung der Studienleistung nach dem Prinzip des Qualifikationsniveaus und der Berufsqualifizierung voraussetzt, wird auch keine Unterscheidung zwischen Primärstudiengängen und Weiterbildungsstudiengängen getroffen.

Dies könnte bedeuten, dass in nicht-konsekutiven oder in weiterbildenden Studiengängen ein Unterschied in der Abschlussbezeichnung verwendet wird – beispielsweise könnte der Bauingenieur mit Bachelor-Abschluss, der im weiterbildenden Studium einen Masterstudiengang Architektur absolviert, die Bezeichnung „Bachelor of Engineering, Master of Arts (B.Eng., M.A.)" verwenden.

Diesem konsequenten Gedanken „Wo Master draufsteht, muss auch Master drin sein" wird die Regelung durch die Strukturvorgaben der →KMK leider nicht ganz gerecht, indem sie für nicht-konsekutive Mastergrade Abschlussbezeichnungen zulässt, die von dem vorgegebenen Bezeichnungskatalog abweichen (z. B. MBA). Hier ist offenbar ein Kompromiss in Richtung der Kompatibilität mit anderen Ausbildungssystemen geschaffen worden, bei denen in →Professional und →Academic Degree unterschieden wird und dies auch in den Abschlussbezeichnungen zum Ausdruck kommt (→efmd 2003). Im Gegensatz zu Systemen im internationalen Kontext, bei denen gestufte Studiengänge zu unterschiedlichem Qualifikationsniveau führen, die durch besondere Abschlussbezeichnungen charakterisiert werden, lehnt das deutsche System diese →Differenzierung von Mastergraden unterschiedlichen Niveaus ab. Im Hinblick auf eine grenzübergreifende Akzeptanz (z. B. die Berechtigung zur →Promotion) muss die mit dem Begriff Master als Codeformulierung verbundene Qualität sichergestellt und in der Akkreditierung überprüft werden.

3 Welche Abschlussbezeichnungen gibt es?

Die oben geschilderten Grundsätze führen in den Strukturvorgaben der →KMK vom 10. Oktober 2003 zu folgenden verbindlichen Abschlussbezeichnungen (Tabelle):

Fächergruppen	Abschlussbezeichnungen
Spach- und Kulturwissenschaften	Bachelor of Arts (B.A.)
Geisteswissenschaften	Master of Arts (M.A.)
Sport, Sportwissenschaft	
Sozialwissenschaft	
Kunstwissenschaft	
Mathematik	Bachelor of Science (B.Sc.)
Naturwissenschaften	Master of Science (M.Sc.)
Medizin	
Agrar-, Forst- und Ernährungswissenschaften	
Ingenieurwissenschaften	Bachelor of Science (B.Sc.)
	Master of Science (M.Sc.)
	oder
	Bachelor of Engineering (B.Eng.)
	Master of Engineering (M.Eng.)
Wirtschaftswissenschaften	Nach der inhaltlichen Ausrichtung des Studienganges:
	Bachelor of Arts (B.A.)
	Master of Arts (M.A.)
	oder
	Bachelor of Science (B.Sc.)
	Master od Science (M.Sc.)
Rechtswissenschaften	Bachelor of Laws (LL.B)
	Master of Laws (LL.M)

Tabelle: Abschlussbezeichnungen in Deutschland (KMK)

Für Abschlussbezeichnungen im Bereich der staatlich geregelten Studiengänge (insbesondere Lehramt, Medizin, Rechtswissenschaften) und bei kirchlichen Abschlüssen gelten zum Teil andere Regeln.

Bei interdisziplinären Studiengängen (→Interdisziplinarität) richtet sich die Abschlussbezeichnung nach demjenigen Fachgebiet, dessen Bedeutung im Studiengang überwiegt. Bei den Ingenieur- und den Wirtschaftswissenschaften richtet sie sich nach der inhaltlichen Ausrichtung des Studiengangs. Dies ist jeweils im Akkreditierungsverfahren festzulegen. Fachliche Zusätze zu den Abschlussbezeichnungen sind ausgeschlossen.

Für die Abschlussbezeichnungen können auch deutschsprachige Formen verwendet werden (z. B. Bakkalaureus der Wissenschaften).

Gemischtsprachliche Bezeichnungen sind ausgeschlossen. Unter Beachtung des Bestrebens nach kompatiblen und leicht verständlichen Bezeichnungen empfiehlt sich generell der Gebrauch von englischsprachigen Bezeichnungen.

Mit der oben gezeigten Liste der Abschlussbezeichnungen ist sicherlich kein Anspruch auf Vollständigkeit verbunden. Außerdem ist zu erwarten, dass die Zugehörigkeit zu einer bestimmten Kategorie von Abschlussbezeichnungen in der Zukunft zu Diskussionen anregen wird. Wie ist beispielsweise die inhaltliche Ausrichtung eines Wirtschaftswissenschaftlers mit der Bezeichnung definiert, welche Kriterien führen beim Ingenieur zu „Sc." oder „Eng."? Hier kommt der Akkreditierung und damit den Akkreditierungsagenturen eine Klärungsaufgabe zu, die in dem „lernenden System" der Akkreditierung zu gewissen Gepflogenheiten führen wird.

4 Wie werden die Abschlussbezeichnungen festgelegt und vergeben?

Die Abschlussbezeichnung wird in jedem Akkreditierungsverfahren eines Studienganges auf Antrag der jeweiligen Hochschule bzw. der Fakultät festgelegt, sie gilt dann für die Dauer der Akkreditierung. Für die/den Absolvent/in wird sie vergeben in der nach dem erfolgreichen Abschluss überreichten Urkunde, die wiederum durch das →Diploma Supplement zwingend ergänzt wird, das über das dem Abschluss zugrunde liegende Studium im Einzelnen Auskunft erteilt.

Es wird vorgeschlagen, dass die Urkunde zur Verleihung des Abschlusses folgende Informationen enthält:

- offizielle Bezeichnung der Hochschule, die den Abschlussgrad verleiht,
- Fakultät oder Fachbereich, an welcher/m der Abschlussgrad erworben wird,
- die Abschlussbezeichnung,
- Studiengang, in dem der Abschlussgrad erworben wird, einschließlich der →Regelstudienzeit (zu ersetzen durch Angabe der →Credit-Points),
- →Profil des Studiengangs,
- Name des Studierenden einschließlich der bisher erworbenen Abschlussgrade.

Die beiden folgenden Darstellungen zeigen Beispiele für die Gestaltung der Urkunde, der Inhalt dieser Darstellungen ist frei erfunden.

URKUNDE

Die Fachhochschule Göttingen
Fachbereich Forstwissenschaften
verleiht mit dieser Urkunde

Frau Henriette Müller

nach erfolgreich bestandenen Prüfungen im dreijährigen (180 credits) Bachelorstudiengang

Landschaftsgestaltung

den Hochschulgrad

Bachelor of Arts (B.A.)

Siegel der Hochschule

Rektor/Rektorin   Dekan/Dekanin

Abb. 15: Urkunde Bachelor of Arts

TECHNISCHE UNIVERSITÄT CLAUSTHAL
GEMEINSAME FAKULTÄT FÜR BERGBAU, HÜTTENWESEN UND
MASCHINENWESEN

URKUNDE

Die Technische Universität Clausthal
Fachbereich Maschinenbau
verleiht mit dieser Urkunde

Herrn B.Eng. Heinrich Müller

nach erfolgreich bestandenen Prüfungen im zweijährigen (120 credits)
weiterführenden forschungsbezogenen Studiengang

Umweltschutztechnik

den Hochschulgrad

Master of Science (M.Sc.)

Siegel der Hochschule

Rektor/Rektorin   Dekan/Dekanin

Abb. 16: Urkunde Master of Sciences

Literatur

KMK (2003): Ländergemeinsame Strukturvorgaben gemäß § 9 Abs. 2 HRG für die Akkreditierung von Bachelor- und Masterstudiengängen. Beschluss der Kultusministerkonferenz vom 10. 10. 2003.

efmd (2003): European Foundation for Management and Development (efmd): Draft Proposal for the Designation of Master's Degree Titles in Management Education in Europe; online einsehbar unter http://www.fibaa.de.

Berlin-Communiqué (2003): „Den Europäischen Hochschulraum verwirklichen". Kommuniqué der Konferenz der europäischen Hochschulministerinnen und -minister am 19. September 2003 in Berlin.

C | 11 Diploma Supplement

Terence N. Mitchell

1 Warum und von wem wurde das Diploma Supplement entwickelt?

Absolvent/innen eines deutschen Hochschulstudienganges erhalten normalerweise zwei Abschlussdokumente, die Urkunde und das Zeugnis, jeweils in deutscher Sprache. Letzteres enthält Informationen über die Studienleistungen, traditionell in der Form der Noten der Diplomhauptprüfungen in den betreffenden Fächern.

Die zur Akkreditierung anstehenden gestuften Studiengänge mit dem Abschluss „Bachelor" oder „Master" müssen modularisiert (→Modularisierung) und an die ECTS-Regeln angelehnt mit einem Leistungspunktsystem (→Credit-Point-System) versehen werden. Sie sollen auch nach den Prinzipien der Bologna-Erklärung (→Bologna-Prozess) so weit transparent sein, dass ein/e Absolvent/in Studienabschlussdokumente vorweisen kann, die europaweit verständlich sind. Da Module studienbegleitend geprüft werden und von unterschiedlicher Größe sein können, ergibt sich eine relativ große Anzahl von Prüfungsergebnissen, die in geeigneter Weise dokumentiert werden müssen.

Zu diesem Zweck wurde von einer Arbeitsgruppe, die aus Vertretern der EU-Kommission, des Europarates und →UNESCO/CEPES (Centre Européen pour l'Enseignement Supérieur) bestand, ein Modell für ein Diploma Supplement in den Jahren 1998/99 entwickelt („European administrative annex to the diploma"). Die Bedeutung des Diploma Supplement wurde bereits vorher in der „Convention on the Recognition of Qualifications Concerning Higher Education in the European Region" (→Lisbon Convention) von 1997 deutlich gemacht.

Das Diploma Supplement soll also die →Bewertung und Einstufung von akademischen Abschlüssen sowohl für Studien- als auch Berufszwecke erleichtern und verbessern. Auf europäischer Ebene sprachen sich die (damalige) „Confederation of European Rectors' Conferences" (1998) und die europäischen Bildungsminister/innen in der Bologna-Erklärung (1999) für die Einführung des Diploma Supplement (DS) aus.

2 Was heißt Diploma Supplement auf Deutsch?

Spätestens an dieser Stelle wird eine deutsche Übersetzung für den Begriff Diploma Supplement vermisst werden. →HRK, →KMK und Akkreditierungsrat verwenden bisher den englischen Ausdruck, wohl weil eine zutreffende Übersetzung problematisch ist. An manchen Stellen findet man den völlig inakzeptablen Ausdruck „Diplomzusatz" (das englische Wort „diploma" wird nämlich hier im Sinne von „Urkunde" und nicht von „Diplom" gebraucht). Der in Österreich gebräuchliche Begriff „Anhang zum Diplom" ist etwas besser, gemeint ist aber ein Anhang zur Urkunde. Zu befürworten ist daher die Formulierung „Urkundenzusatzdokument", falls eine Übersetzung gewünscht wird.

3 Wie sieht es mit der Einführung in Deutschland aus?

Zur Einführung des DS in Deutschland gibt es eine Reihe von Beschlüssen von →HRK und →KMK, die nicht nur die gestuften B.A.-/M.A.-Abschlüsse, sondern auch das herkömmliche Diplom betreffen (HRK 1999; KMK 1999, Abschn. 3.2.; KMK/HRK 2000a, § 20 Abs. 2; KMK/HRK 2000b, § 22 Abs. 2).

4 Welche Information enthält das Diploma Supplement?

Das DS soll „eine Beschreibung über Art, Niveau, Kontext, Inhalt und Status eines Studiums bieten, das die genannte Person absolviert und erfolgreich abgeschlossen hat". Zu diesem Zweck ist eine Einteilung in acht Punkten vorgesehen; Angaben sollen zu allen gemacht werden. Es gibt ein DS-Template in allen 11 offiziellen EU-Sprachen. Die Einteilung für die deutschsprachige Version ist wie folgt:

    1. Angaben zur Person
       1.1. Familienname(n)
       1.2. Vorname(n)
       1.3. Geburtsdatum
       1.4. Matrikelnummer
    2. Angaben zur Qualifikation
       2.1. Name der Qualifikation, verliehener Titel (jeweils
           vollständig und abgekürzt)
       2.2. Hauptstudienfach bzw. -fächer
       2.3. Name und Status der verleihenden Institution

2.4. Name und Status der für den Studiengang verantwortlichen Institution

3. Angaben zum Niveau der Qualifikation

3.1. Niveau der Qualifikation

3.2. Regelstudienzeit

3.3. Zulassungsvoraussetzungen

4. Angaben über den Inhalt und die erzielten Ergebnisse

4.1. Studienart

4.2. Anforderungen des Studiums

4.3. Angaben zum Studium (z. B. absolvierte Module) und erzielte Beurteilungen/→Bewertungen/→ECTS/→Credit-Points)

4.4. Beurteilungsskala und, wenn verfügbar, Anmerkungen zur Vergabe der Beurteilungen

4.5. Gesamtbeurteilung der Qualifikation

5. Angaben zur Funktion der Qualifikation

5.1. Zugangsberechtigung zu weiterführenden Studien

5.2. Beruflicher Status

6. Sonstige Angaben

6.1. Weitere Angaben

6.2. Informationsquellen für ergänzende Angaben

7. Beurkundung des DS (mit Siegel)

7.1. Ausstellungsdatum

7.2. Unterschrift/Name

7.3. Amtliche Funktion der ausstellenden Person

8. Angaben zum deutschen Hochschulsystem (National Statement)

Hierbei kommt Punkt 4 eine zentrale Bedeutung zu, da dort die Studieninhalte und Einzelergebnisse aufgelistet sind. In Deutschland ist es zurzeit vorgesehen, dass das DS in englischer Sprache ausgegeben wird.

5 Wer unterstützt die Hochschulen bei der Einführung des Diploma Supplement?

Es ist völlig klar, dass besonders in der Anfangsphase die Erstellung der Diploma Supplements sehr aufwendig ist. Deshalb hat die →HRK eine Datenbank „Diploma Supplement Deutschland" (DSD) entwickelt. Es handelt sich um eine eigenständige Programmanwendung für PCs unter Windows oder Macintosh-Rechnern mit MacOS. Einzelheiten findet man auf der HRK-Seite „Service für Hochschulangehörige" (HRK 2004).

Dort findet man Download-Links, u. a. für:

- DSD-Datenbank (Windows- oder Macintosh-Version),
- Bedienungsanleitung für die Datenbank,
- Textfassung des „National Statements" (Punkt 8 oben).

Es besteht die Möglichkeit einer telefonischen Beratung, der Präsentation und/oder Beratung „vor Ort".

Die HIS GmbH hat in Version 5.0 ihres Software-Pakets HISPOS-GX die Möglichkeit vorgesehen, Diploma Supplements automatisch zu erstellen (HIS 2004).

6 Was bringt das Diploma Supplement den Studierenden?

- Die erworbene Qualifikation wird verständlicher und ihre Vergleichbarkeit im Ausland wird erhöht.
- Die absolvierten →Module und die erworbenen →Kompetenzen werden genau beschrieben.
- Objektivität und eine faire Beurteilung der Leistungen und Kompetenzen wird gewährleistet.
- Einfacherer Zugang zu Arbeits- oder Studiermöglichkeiten im Ausland wird ermöglicht.
- Berufsbezogene Kompetenzen werden nachgewiesen.

7 Was bringt das Diploma Supplement der ausstellenden Institution?

- Es ermöglicht akademische und professionelle Anerkennung, so dass die von der Institution vergebenen Abschlüsse transparenter werden (→Transparenz).
- Es schützt die nationale und institutionelle Autonomie, bietet aber einen gemeinsamen, in ganz Europa akzeptierten Rahmen.
- Es fördert fundierte Einschätzungen bezüglich der vorliegenden akademischen Qualifikationen.
- Es verdeutlicht das →Profil der ausstellenden Institution im Ausland.
- Es fördert das berufliche Fortkommen der Absolvent/innen auf nationaler und internationaler Ebene.
- Es spart Zeit für Personen, die sich mit akademischen Qualifikationen und deren Wert auseinander setzen müssen.

8 Warum ist das Diploma supplement notwendig?

Neue akademische Qualifikationen werden ständig weltweit kreiert, und Länder ändern ständig ihre Qualifikationssysteme und Bildungsstrukturen wegen der schnellen wirtschaftlichen, politischen und technologischen Änderungen in der Gesellschaft. Die Nicht-Anerkennung und inkorrekte Evaluierung von erworbenen Qualifikationen ist ein globales Problem. Da die den Absolvent/innen ausgegebenen Unterlagen oft nicht aussagekräftig sind, ist es sehr schwierig, eine Qualifikation einzustufen ohne detaillierte und geeignete Information.

Das Diploma Supplement versucht, diese Probleme zu entschärfen, denn:

- es fördert die →Transparenz im tertiären Bildungssektor,
- es hat keine Schwierigkeiten mit schnellen Änderungen der Qualifikationen,
- es unterstützt Mobilität, Zugang zu weiteren Bildungsangeboten und →Lebenslanges Lernen,
- es unterstützt faire und kompetente Beurteilungen von Qualifikationen.

Literatur

HIS (2004): Prüfungsverwaltung HIS-GX Modul POS; online einsehbar unter: http://www.his.de/Abt1/HISPOS.

HRK (1999): Internationale Anerkennung deutscher Hochschulabschlüsse stärken, HRK empfiehlt „Diploma Supplements". Empfehlung der HRK, 187. Plenarsitzung, Februar 1999.

HRK (2004): Diploma Supplement HRK; online einsehbar unter: http://www.hrk.de/de/service_fuer_hochschulmitglieder/157.php.

KMK (1999): Strukturvorgaben für die Einführung von Bachelor-/Bakkalaureus- und Master-/Magister-Studiengängen; Beschluss der KMK vom 5.3.1999 i.d.F. vom 14.12.2001.

KMK/HRK (2000a): Musterrahmenordnung für Diplomprüfungen – Universitäten und gleich gestellte Hochschulen – i.d.F. vom 13.10.2000.

KMK/HRK (2000b): Musterrahmenordnung für Diplomprüfungen – Fachhochschulen – i.d.F. vom 13.10.2000.

Akkreditierung und Evaluation

Karin Fischer-Bluhm

Wer über diese beiden Begriffe, die in Deutschland zur Bezeichnung von Qualitätssicherungsinstrumenten in Hochschulen benutzt werden, nachdenken möchte oder muss, weil er mit den Verfahren konfrontiert wird, sollte sich der unterschiedlichen Nutzung dieser Begriffe bewusst sein: Es gibt eine alltagssprachliche Verwendung, die sich permanent verändert, und eine hochschulpolitische Interpretation, die ebenfalls eine eigene Dynamik besitzt. Für den Begriff Evaluation gibt es darüber hinaus einen wissenschaftlichen Sprachgebrauch in Psychologie, Erziehungswissenschaften und Soziologie. Viele, die das Wort Evaluation alltagssprachlich oder hochschulpolitisch benutzen, wissen von der wissenschaftlichen Literatur zu Evaluation als Forschungsmethode nichts oder wenig.

Im Folgenden werden der Sprachgebrauch und die Praxis von Akkreditierung und Evaluation im Hochschulbereich Deutschlands dargestellt und unter strukturellen Gesichtspunkten reflektiert.

1 Evaluation und Akkreditierung in der Alltagssprache

Noch vor 15 Jahren war das Wort Evaluation in den Zeitungen so gut wie nicht zu finden. Inzwischen wird Evaluation alltagssprachlich für allerlei Arten von Überprüfung – ähnlich vielfältig wie im Englischen – benutzt: beispielsweise prüft der Rechnungshof inzwischen häufig nicht mehr das Finanzgebaren öffentlicher Einrichtungen, sondern evaluiert es.

Der Begriff Akkreditierung kommt ursprünglich aus dem Bankenwesen und bedeutet, jemanden als kreditwürdig einzustufen. In der Diplomatie wird Journalisten und Diplomaten mit einer Akkreditierung das Recht verliehen, sich in fremden Territorien nach bestimmten zwischenstaatlich festgelegten Regeln zu bewegen. Im Bildungsbereich wurde der Begriff in den USA geprägt, in denen es viele private Anbieter und kein Verfahren staatlicher Anerkennung (→Genehmigung) (entsprechend auch kein Subsidiaritätsprinzip) gibt. Seit 1904 werden in den USA Hochschulen, Fachbereiche, Schulen und Kindergärten zeitlich befristet anerkannt und in veröffentlichte Listen eingetragen. Die Akkreditierungen werden entweder von Zusammenschlüssen von Bildungseinrichtungen (es gibt in den USA sechs regionale Zusammenschlüsse) oder von Berufsverbänden vorgenommen.

2 Evaluation in der Hochschulpolitik

In der Hochschulpolitik in Deutschland wird Evaluation vor allem als Synonym für ein Verfahren der Selbst- und Fremdüberprüfung benutzt, wie es der →Wissenschaftsrat und die Hochschulrektorenkonferenz (→HRK) Mitte der 1990er Jahre für die Evaluation von Studium und Lehre empfohlen haben (HRK 1995; Wissenschaftsrat 1996). Im Wissenschaftsbereich war der Begriff „Evaluation" u. a. deshalb so leicht einführbar, weil die beiden Merkmale „Selbstanalyse oder Selbstdarstellung" und „Begutachtung" oder →Peer-Review aus den Begutachtungsverfahren der DFG (Deutsche Forschungsgemeinschaft) und anderen Forschungsförderungseinrichtungen vertraut waren. Inzwischen gibt es in Deutschland vier Hochschulverbünde und zwei Agenturen von Bundesländern, die nach den Regeln des Wissenschaftsrates und der Hochschulrektorenkonferenz Studienfächer evaluieren. Zwei davon, der Verbund Norddeutscher Universitäten (Nordverbund) und die Zentrale Evaluations- und Akkreditierungsagentur Niedersachsens (ZEvA), evaluieren kontinuierlich und systematisch seit zehn Jahren Studienfächer und haben sich im vergangenen Jahr einer Meta-Evaluation unterzogen (Mittag, Bornmann et al. 2003).

Als Ziel wird die Verbesserung der Praxis in den Studienfächern genannt, als →Kriterien für die Beurteilung der Studienfächer werden i. A. solche verwendet, die sich der Frage *fit for purpose* zuordnen lassen, wie sie z. B. vom →Wissenschaftsrat formuliert wurden: Hat der Fachbereich Ziele, die transparent und auf dem Stand der wissenschaftlichen Entwicklung sind? Stimmt die Praxis in der Lehre, der Beratung, der Prüfung, dem →Selbststudium in sich und mit den Zielen überein? Wird sorgsam mit der Zeit von Lehrenden und Studierenden sowie mit den zur Verfügung gestellten Steuergeldern umgegangen? In den von Bundesländern finanzierten Evaluationsagenturen kommt die Frage „Stellung des Faches im Lande?" hinzu.

3 Akkreditierung in der Hochschulpolitik

In den USA in die Liste der akkreditierten Hochschulen oder Fachbereiche eingetragen zu sein bedeutet für die Institution zweierlei: Erstens können Studienbewerber/innen sicher sein, dass es sich hier nicht um Scharlatane, sondern um geprüfte Anbieter handelt, und zweitens haben sich die Regierungen in den Staaten der USA verpflichtet, Stipendien und Gelder für studentische Jobs nur an Studierende zu geben, die in Hochschulen studieren, die in diese anerkannten Listen eingetragen sind.

In Europa ist die Akkreditierung von Hochschulen, Fakultäten oder →Studienprogrammen als Möglichkeit der Qualitätssicherung erst fünf, sechs Jahre alt (eine Ausnahme bildet die Akkreditierung von Studienprogrammen durch Berufsverbände in Großbritannien, die zu Berufsberechtigungen der Absolvent/innen des Programms führen; Schnitzer 1999).

Seitdem der Staat sich immer weiter aus der Detailsteuerung der Hochschule zurückzieht bzw. zurückziehen will (→Deregulierung), soll die Steuerung der Hochschulen mittels Vorgaben durch Überprüfungen der Praxis abgelöst werden.

In Deutschland werden zurzeit →Studienprogramme zeitlich befristet durch privatwirtschaftlich organisierte Akkreditierungsagenturen akkreditiert. →Privathochschulen, die in die staatliche Hochschulbauförderung einbezogen werden möchten, müssen sich beim →Wissenschaftsrat als Institutionen akkreditieren lassen. Kommen sie ohne staatliche Hochschulbauförderung aus, reicht als Betriebsgenehmigung die staatliche Anerkennung durch das jeweilige Landesministerium aus.

Die Akkreditierung ist die erste Überprüfung von →Studienprogrammen, die systematisch, flächendeckend und kontinuierlich angewandt wird und die erste Betriebserlaubnis (→Genehmigung durch die Landesministerien) ergänzt. Sie kann damit einerseits einen Verbraucherschutz darstellen, weil sie mit der gleichmäßigen Anwendung von →Kriterien für →Transparenz sorgen wird. Andererseits kann sie für die Anbieter eine Kontrollinstanz werden, die nicht unbedingt die besten Lösungen zulässt (das Problem ist zum Beispiel aus der Weiterentwicklung von DIN-Normen bekannt), sondern im öffentlichen Interesse gleichmäßige →Standards setzt.

Die Akkreditierungsagenturen für →Studienprogramme (es gibt zurzeit sieben Agenturen: drei, die für alle Studienfächer ihre Dienste anbieten; vier, die fachgruppenspezifisch ausgerichtet sind) müssen nach den Standards des Akkreditierungsrates arbeiten und sich selbst alle fünf Jahre reakkreditieren (→Reakkreditierung) lassen.

Strukturvorgaben für gestufte Studiengänge wurden und werden in den anderen europäischen Ländern in Erlassen oder Gesetzen vom Ministerium für das nationale Hochschulsystem geregelt, sie existieren daher unabhängig von den Qualitätssicherungsverfahren (Schwarz, Westerheijden 2003).

Nur in Deutschland gibt es eine ordnungspolitische Verquickung: Nicht die Bundesländer geben in Erlassen oder Gesetzen die Strukturvorgaben für die gestuften Studiengänge vor, sondern die Kultusministerkonferenz (→KMK). Sie zahlt und beherbergt den Akkreditierungsrat, bestimmt dessen Arbeitsmöglichkeiten und erlässt Regeln für seine Arbeit. Die →Genehmigung gestufter Studiengänge wird durch die meisten Landesministerien zurzeit nur befristet erteilt und die Entfristung an die Akkreditierung gebunden. Die genehmigten Studiengänge sind nicht immer kompatibel mit den Strukturvorgaben der KMK. Die Agenturen sind an die →Standards und Strukturvorgaben der Kultusministerkonferenz und des Akkreditierungsrates gebunden. Der Akkreditierungsrat erteilt ihnen Daseinsberechtigung nur unter dieser Maßgabe. Die Hochschulen investieren in Akkreditierung nur, wenn die Agenturen vom Akkreditierungsrat anerkannt sind.

Das bringt die Agenturen zurzeit in die Situation, die Strukturvorgaben der KMK in den einzelnen →Studienprogrammen durchzusetzen. Das Kriterium *fit for purpose* tritt daher in seiner praktischen Bedeutung im Verhältnis zum Kriterium *fit for structure* zurück.

4   Evaluation und Akkreditierung im sozialwissenschaftlichen Sprachgebrauch

Evaluation wird als Forschungsmethode in den Sozialwissenschaften benutzt, wenn keine dem Labor ähnliche Methode verwendet werden kann, weil das soziale Feld lebendig und zu komplex ist. Evaluation bedeutet, ein geordnetes und nachvollziehbares Verfahren sowohl für die Analyse eines Feldes oder Gegenstandsbereiches (dabei ist der Unterschied zur Feldforschung nicht zu verwischen) als auch für die Bildung von Urteilen und Meinungen aus diesen Analysen (anerkannte sozialwissenschaftliche Methoden) anzuwenden. Es werden über fünfzig verschiedene Formen der Evaluation unterschieden, die sich auf einem Kontinuum anordnen lassen, dessen Ende auf der einen Seite so definiert ist: Evaluation bereitet eine Entscheidung über die Existenz (Fortbestand oder Abschaffung) eines Programms, einer Institution etc. vor. Das gegenüberliegende Ende bildet die Evaluation, die den Programmdurchführenden, den Praktikern, den Akteuren im Feld hilft, die tägliche Praxis zu reflektieren, die Ziele klarer zu fassen und die Praxis auf die Ziele hin zu gestalten (Beywl 1988).

Evaluationen, die eine Entscheidung über die Existenz (über Fortbestand, Geldvergabe o.Ä.) vorbereiten, laufen immer Gefahr, in der Analyse nicht an die ehrlichen Einschätzungen der Untersuchten heranzukommen (weil sie den positiven Ausgang der Analyse herbeiführen möchten). Entsprechend werden i.A. Verfahren verwendet, die Aussagen „über" das Untersuchungsfeld generieren, eher Eigenschaften und mit anderen ähnlichen Untersuchungsfeldern vergleichbare Merkmale (Rankings) beschreiben. Die Entscheidungsträger sind normalerweise nicht identisch mit den Evaluierern. Es sind häufig Politiker/innen, speziell zusammengesetzte Kommissionen etc., die anderen Zwängen und Dynamiken, z. B. fiskalischen Notwendigkeiten, unterliegen als Forscher/innen, die eine methodisch saubere Analyse anstreben. Entsprechend laufen Betroffene und Forscher/innen Gefahr, dass die Entscheidungen nach anderen Kriterien als die in der Analyse Herausgefundenen gefällt werden.

In den Evaluationen, die sozusagen sozialwissenschaftliche Hilfe zur Selbsthilfe für die Akteure eines Untersuchungsfeldes sind, werden Entscheidungen über die Konsequenzen aus der Analyse zum Teil für alle transparent gefällt (zum Beispiel in Zielvereinbarungen am Ende der Evaluation), zum Teil werden jedoch auch Neuerungen sozusagen subkutan bereits über die Einsichten der Akteure in der Analysephase eingeführt. Bei dieser Sorte Evaluation nimmt man die unbeabsichtigten Wirkungen von Interventionen im Untersuchungsfeld zugunsten der Verbesserung der Praxis in Kauf, d.h. der sozialwissenschaftliche Grundsatz, Interventionen kontrollieren, beobachten und vergleichen zu können, wird im Verhältnis zum Ziel, die Praxis nachhaltig zu verbessern (was praktisch heißt, so viele Akteure wie möglich für die Reflexion und Meinungsbildung zu gewinnen), zurückgesetzt.

Dem sozialwissenschaftlichen Sprachgebrauch folgend wäre Akkreditierung an dem einen Ende des Kontinuums der Methodik anzusiedeln: Mit ihr wird eine Entscheidung über den Bestand (gegebenenfalls mit Auflagen) oder Nicht-Bestand eines →Studienprogramms getroffen. Die Evaluationen in der Verantwortung der Hochschulen, wie sie in den Verbünden zur Verbesserung in Studium und Lehre durchgeführt werden, liegen am anderen Ende: Sie dienen der Verbesserung der Praxis durch die Lehrenden und Studierenden selbst.

Folgt man den Beschreibungen und Standards von Evaluationsverfahren, muss man/frau sich vor der Beteiligung an einem Verfahren fragen (DGE 2002):

- Was ist das Ziel?
- Wer zahlt?
- Wer darf analysieren, wer beraten?
- Wer darf das Ergebnis festlegen, wer die Konsequenzen ziehen?
- Wer veröffentlicht was?

Nach einem Vergleich der Vorgehensweisen in Akkreditierung und Evaluation soll auf diese fünf W-Fragen zurückgekommen werden.

5 Vorgehen in Evaluation und Akkreditierung

Das Verfahren der Akkreditierung schaut zunächst aus wie das der Evaluation:

- Auftrag an eine Agentur,
- Anfertigen einer Selbstbeschreibung oder eines Selbstreports,
- →Peer-Review.

Erst in den darauf folgenden Schritten und in den Zielen, Beteiligungsregeln und -rechten und dem Umgang mit den Ergebnissen unterscheiden sich die beiden Verfahren.

In der Akkreditierung wird das Gutachten an einen Fachausschuss in der Akkreditierungsagentur gegeben, die darauf achtet, dass der Einzelfall gleichmäßig mit den anderen in der Agentur anstehenden Entscheidungen von den Gutachter/innen (→Peers) bewertet wird. Gutachten und Votum des Fachausschusses gehen in die Akkreditierungskommission, die überfachlich mit Lehrenden, Studierenden und Berufsvertretern zusammengesetzt ist und entscheidet, ob der Einzelfall mit oder ohne Auflagen akkreditiert, abgelehnt oder zurückgestellt werden soll. Über Ablehnungen gibt der Akkreditierungsrat bislang keine öffentlich zugänglichen Daten heraus, über Zurückstellungen könnte man nur Insider befragen. Dem Vernehmen nach wird 10 Prozent der „Antragsteller" (wie die Studiengangsbetreiber verräterisch genannt werden) die Akkrditierung verweigert. Ein Drittel der Akkreditierungen wird mit Auflagen ausgesprochen, diese werden vom Akkreditierungsrat veröffentlicht und beziehen sich in diesen ersten Jahren fast durchgängig auf die Strukturvorgaben der Kultusministerkonferenz (→KMK) (Modulbeschreibungen [→Modularisierung], →Credit-Points, →studienbeleitende Prüfungen). Das heißt, Akkreditierung hilft der →KMK, Vorgaben durchzusetzen.

In der Evaluation richtet sich das Gutachten an die Auftraggeber, d. h. entweder an den Hochschulverbund oder an die landesweite Agentur. Die Gutachten enthalten neben der Bewertung der Ziele und der Praxis im untersuchten Studienfach i. A. Empfehlungen an die verschiedenen Adressaten: Fachbereichsorgane (darin noch manchmal getrennt nach Lehrenden und Studierenden), Hochschulleitungen und Ministerien.

In den landesweiten Agenturen werden die Gutachten mit der Bitte um Stellungnahme an die Hochschulen weitergegeben, und es wird um einen Maßnahmenkatalog gebeten, den die Hochschule auf der Grundlage des Gutachtens entwickeln will.

In den Hochschulverbünden wird das Gutachten im Allgemeinen noch einmal ausführlich diskutiert, z.B. im Nordverbund auf einer Auswertenden Konferenz. Die Definition der Ergebnisse für den Fachbereich und die zu ergreifenden Maßnahmen werden darauf folgend in jeder Hochschule einzeln zwischen Hochschulleitung und Fachbereich in einer Zielvereinbarung niedergelegt, in der steht, was mit welchem Ziel unternommen werden soll, wer für die jeweilige Maßnahme verantwortlich ist und bis wann sie erledigt werden soll. Möglichkeiten der Kurskorrektur, wenn eine Maßnahme nicht zum Ziel führt, sind im Verfahren eingebaut. Zielvereinbarungen und Berichte werden veröffentlicht.

In der Evaluation zielt das Verfahren also vorrangig auf die Selbstreflexion und baut auf die Kraft der Kollegien und Hochschulleitungen, Verbesserungen einzuführen.

6 Die fünf W-Fragen

Folgende Fragen sollte man klären, bevor man evaluiert oder akkreditiert. Nach den Antworten richtet sich die Auswahl einer Agentur ebenso wie die Planung des notwendigen Arbeitsaufwandes.

Was ist das Ziel?
Alle Agenturen und Geschäftsstellen, die Evaluation und/oder Akkreditierung anbieten, äußern als Ziel: die Praxis in Lehre und Studium zu verbessern. Genauere Analyse der Zielformulierungen sollte jede und jeder von Fall zu Fall vornehmen, weil die Ziele zurzeit im Flusse sind.

„Zielgruppen" von Evaluation sind Organisationseinheiten in den Hochschulen, die ein ganzes Studienfach verantworten. Evaluation zielt damit auch auf einen Organisationsentwicklungsprozess innerhalb der Hochschule. „Zielgruppen" von Akkreditierung sind Betreiber von Studiengängen, und die sind nicht immer identisch mit den Organisationseinheiten in den Hochschulen. Akkreditierung kann daher nur mittelbar für die Organisationsentwicklung wirken.

Wer zahlt?

In den landesweiten Evaluationsagenturen zieht das Ministerium im Hochschulhaushalt vorab die Kosten für die Agentur und die Durchführung der Evaluationen ein und gibt sie den Agenturen. In den Hochschulverbünden teilen sich die beteiligten Hochschulen die Kosten der Geschäftsstelle, die Kosten für die Gutachter/innen und gemeinsame Tagungen. Die Fachbereiche haben selten Einfluss, von welcher Agentur sie in der Evaluation betreut werden wollen. In den landesweiten Agenturen müssen sie sich am Verfahren beteiligen, die Existenz der Agentur ist von der Meinung der evaluierten Hochschulen weitgehend unabhängig. Die Geschäftsstellen in den Hochschulverbünden werden nur so lange von den Mitgliedshochschulen bezahlt werden, wie die Hochschulen die Evaluationen als nützlich empfinden.

In den Akkreditierungen zahlen die Hochschulen für die Akkreditierung ihrer Studiengänge. Die Agenturen werden in den ersten Jahren entweder aus öffentlichen Mitteln oder aus Zuschüssen von Berufsverbänden anfinanziert. Die Preise der verschiedenen Agenturen unterscheiden sich nicht sehr. Preisnachlässe können durch Bündelung von Aufträgen an eine Agentur erreicht werden. Innerhalb der Hochschulen gibt es unterschiedliche Verteilungen der Kosten: Meistens werden die Kosten nach einem vorher festgelegten Schlüssel zwischen Hochschulleitung und betroffenem Fachbereich aufgeteilt. Auf diese Weise können die Fachbereiche bei der Wahl, welcher Agentur der Auftrag gegeben wird, mitsprechen. Einfluss auf das Gebaren der Akkreditierungsagentur haben Hochschulen und Fachbereiche nur über die Zahl der Aufträge, die sie an die Agenturen geben; in einigen Agenturen auch über die Mitgliedschaft in einem die Agentur betreibenden Verein.

Wer darf analysieren, wer beraten?

In den Evaluationsverfahren wird von allen eine möglichst breite Beteiligung von Studierenden und Lehrenden in der Stärken-Schwächen-Analyse und der Erarbeitung von Problemlösungsmöglichkeiten angestrebt und von den Agenturen i. A. durch Beratung, Moderation für Gruppendiskussionen oder Unterstützung bei Erhebungen gestärkt. Die Selbstbeschreibung oder der Selbstreport wird i. A. vom Fachbereichsrat oder Institutsrat verabschiedet. In manchen Verbünden haben Studierendenvertretung und

Frauenbeauftragte das Recht auf ein Minderheitenvotum. Was reflektiert wird, wird durch einen Frageleitfaden der Agentur kanalisiert, nicht vorgegeben. Die Frageleitfäden sind meist so breit angelegt, dass nie alles diskutiert werden kann, sondern ausgewählt werden muss.

In Akkreditierungsverfahren gibt es keine Empfehlungen für das Zustandekommen der Selbstbeschreibung. Die Frageleitfäden der Agenturen sollen vollständig beantwortet werden.

Die Gutachterkommissionen in Evaluationsverfahren werden i. A. vom Leiter der Agentur oder dem Sprecher des Hochschulverbundes auf Vorschlag der Evaluierten oder im Einvernehmen mit ihnen zusammengesetzt. Beide Vorgehensweisen werden in der Hoffnung gewählt, so den Empfehlungen der Gutachter/innen zu mehr Akzeptanz zu verhelfen und damit den Ergebnissen der Evaluation zu mehr Chancen, realisiert zu werden.

In Akkreditierungen werden die Gutachter/innen vom Entscheidungsgremium der Agentur berufen, die Vorschläge werden in den Fachausschüssen erarbeitet, der Auftrag gebenden Einrichtung wird ein Veto-Recht gegen einzelne Vorschläge eingeräumt, falls Befangenheit von Gutachter/innen zu befürchten ist. Die Zusammensetzungen der Gutachterkommissionen (Professor/innen von Universitäten und Fachhochschulen, Berufsvertreter/innen und Studierende) sind vom Akkreditierungsrat vorgegeben. Das Verfahren zur Berufung der Gutachter/innen entspricht der allgemeinen Praxis in Existenzentscheidungen vorbereitenden Evaluationen (DFG, →Wissenschaftsrat).

Wer definiert das Ergebnis und wer darf die Konsequenzen ziehen?
In Evaluationen werden Bewertungen und Empfehlungen den Evaluierten zur Stellungnahme gegeben und in den Hochschulverbünden breit diskutiert. Alle Konsequenzen aus den Evaluationen liegen in der Verantwortung der Hochschule. Nur im Nordverbund gibt es ein gemeinsam abgesprochenes Verfahren zur „Pflege der Folgen aus Evaluationen": die Zielvereinbarungen und ihr Monitoring.

Was als Qualitätsverbesserung angesehen wird, wird in einem Beratungsprozess zwischen Evaluierten, Gutachter/innen und Hochschulleitung entwickelt.

In Akkreditierungen dienen Bewertungen und Empfehlungen der Gutachter/innen sowie die Stellungnahme der Hochschule dem Fachausschuss und der Akkreditierungskommission als Entscheidungsgrundlage für die Ja-, Nein- oder Mit-Auflagen-Entscheidung. Die Auflagen müssen in einer gesetzten Frist von der auftraggebenden Hochschule erfüllt werden. Tut sie das nicht, erlischt die Akkreditierung. Man nimmt gemeinhin an, dass damit auch die →Genehmigung, den Studiengang zu betreiben, erlischt, hat aber noch keine Erfahrungen, ob Ministerien tatsächlich Genehmigungen versagen werden.

Die →Kriterien für die Entscheidung – soweit sie nicht das schlichte Vorhandensein der Strukturvorgaben der →KMK betreffen – werden in der Akkreditierungskommission entwickelt. Die Kommission ist unabhängig von Finanzentscheidungen – nur die Agentur ist abhängig vom Geld der Auftraggeber, die Mitglieder der Kommission nicht –, so dass eine Verzerrung der Kriterienentwicklung mit finanziell motivierten Argumenten ausgeschlossen werden kann.

Wer veröffentlicht was?
In Evaluationen von Studienfächern veröffentlichen i. A. die Agenturen bzw. Geschäftsstellen die Ergebnisse der Evaluation, manche die Selbstbeschreibungen, Gutachten und Stellungnahmen im Wortlaut, manche in Auszügen, welche die Agentur herstellt. Im Nordverbund – hier als Beispiel für Hochschulverbünde – bestimmen die Evaluierten mit den Gutachter/innen gemeinsam am Ende des Verfahrens, ob Selbstbeschreibungen und Gutachten im Wortlaut veröffentlicht werden oder Ergebnisberichte der Fachbereiche. Zielvereinbarungen werden immer mit veröffentlicht.

In Akkreditierungen veröffentlicht der Akkreditierungsrat die Merkmale des akkreditierten →Studienprogramms in Auszügen sowie die Akkreditierungsdaten inklusive der eventuell formulierten Auflagen. Selbstbeschreibung, Gutachten, Stellungnahmen der Hochschule und Protokolle bleiben unveröffentlicht.

7 Fazit

Evaluationen nach den Maßgaben von →Wissenschaftsrat und Hochschulrektorenkonferenz (→HRK) eröffnen den Evaluierten breite Chancen auf Selbstreflexion und Nutzung des Instrumentes für selbst bestimmte Verbesserungen in Studium und Lehre. Sie können wirkungslos bleiben, wenn entweder das Kollegium im Fachbereich das Instrument nicht nutzt oder in der Hochschule kein Verfahren zur Folgenpflege (mit Sanktionen, ohne Sanktionen?) vorhanden ist. Sie sind deshalb als Qualitätssicherungsinstrument immer so gut, wie die an ihr Beteiligten (Fachbereiche und

Hochschulleitungen) sich in ihr engagieren. Als Verfahren ermöglichen sie Vielfalt und Qualitätsentwicklung jeweils von dem Stand aus, auf dem der jeweilige Fachbereich gerade ist. In den Hochschulverbünden kann die Evaluation als Bestandteil der Organisationsentwicklung genutzt werden, wenn sie mit den anderen Steuerungsinstrumenten der Hochschule (Controlling, Hochschulentwicklungsplanung etc.) verquickt wird.

Akkreditierungen sollten ursprünglich auf breiter Basis, d. h. bei allen Studiengangsbetreibern in Deutschland, sukzessive die Standards für die Durchführung von →Studienprogrammen dynamisieren und höher schrauben helfen. Sie sind bereits jetzt nützlich, die schwarzen Schafe unter den Studiengangsanbietern auszusortieren. Ob die ursprüngliche Intention verwirklicht werden kann, ist noch nicht abzusehen. Von Hochschulleitungen und Landesministerien werden sie zurzeit genutzt, um die gestuften Studiengänge nach den Strukturvorgaben der →KMK zu gestalten.

Der Akkreditierungsrat hat auf die unterschiedlichen Zielsetzungen und Verfahrensgrundsätze beider Ansätze hingewiesen und beschlossen, dass Evaluationen und Akkreditierungen in getrennten Verfahren durchzuführen seien (Akkreditierungsrat 2003). Aus seinem Blickwinkel ist vor allem wichtig, die Beratung und Entscheidung über Akkreditierungen in eigens für die Akkreditierung zusammengestellten Gutachterkommissionen und Akkreditierungskommissionen erfolgen zu lassen. Gleichzeitig räumt er die Möglichkeit ein bzw. fordert im Sinne von Arbeitsökonomie dazu auf, Evaluationsergebnisse, die zeitnah zum Akkreditierungsantrag und nach den →Standards des Akkreditierungsrates zustande gekommen sind, in Akkreditierungsagenturen zu nutzen, um ein „schlankeres" Akkreditierungsverfahren durchzuführen. Gemeint ist damit, dass die Agentur auf eine Begehung der Einrichtung verzichten könnte und die Gutachter/innen nach Aktenlage ihre Bewertung vornehmen können. Was zeitnah heißt, ist bisher in Deutschland nicht erprobt. Was Evaluationen nach den Standards des Akkreditierungsrates sind, ebenfalls nicht.

Werden die beiden Verfahren unter den Gesichtspunkten der fünf W-Fragen betrachtet, so lassen sich derzeit folgende Schlüsse ziehen: Diejenige Hochschule oder Fakultät, derjenige Fachbereich, der eine Selbstüberprüfung zum Zwecke der Verbesserung der eigenen Prozesse, Abläufe und Ergebnisse durchführen will, ist gut beraten, die Selbstreflexion nach der Maßgabe der Ziele der eigenen Hochschule durchzuführen, sich also einer Evaluation zu unterziehen. Nur so können sie sicher sein, sich vom aktuellen Stand aus weiterzuentwickeln. Teile der Selbstbeschreibung werden sich mit den in Akkreditierungen abgefragten Daten, Merkmalen und Prozeduren eines →Studienprogramms überschneiden, sie sollten so formuliert werden, dass sie ohne Aufwand in einem Akkreditierungsantrag wieder benutzt werden können. Sich einer Akkreditierung zu unterziehen bedeutet zurzeit, attestiert zu bekommen, dass ein Studienprogramm fit für die neuen Strukturen der gestuften Studiengänge ist und den Vergleichsmaßstäben in Deutschland standhält. Das ist ein beruhigendes Attest, bringt aber im Einzelfall nicht die Qualitätsdiskussion in den Fachbereich.

Literatur

Akkreditierungsrat (2003): Beschluss des Akkreditierungsrates zum Verhältnis von Evaluation und Akkreditierung (verabschiedet am 30.11.1999, geändert am 5.12.2003).

HRK (1995): Hochschulrektorenkonferenz: Zur Evaluation im Hochschulbereich unter besonderer Berücksichtigung der Lehre. Entschließung des 176. HRK-Plenums vom 03.07.1995, Bonn.

Wissenschaftsrat (1996): Empfehlungen zur Stärkung der Lehre in den Hochschulen durch Evaluation. Weinheim 1996.

Mittag, Sandra / Bornmann, Lutz et al. (2003): Evaluation von Studium und Lehre an Hochschulen – Handbuch zur Durchführung mehrstufiger Evaluationsverfahren. Münster.

Schnitzer, Klaus (1999): Akkreditierungsverfahren und -erfahrungen im Ausland (= HIS-Informationen 5).

Schwarz, S. / Westerheijden, D. (Hg.) (2003): Accreditation in the Framework of Evaluation Activities in the European Area. Frankfurt/M.

Beywl, Wolfgang (1988): Zur Weiterentwicklung der Evaluationsmethodologie. Grundlegung, Konzeption und Anwendung eines Modells der responsiven Evaluation. Bern.

DGE (2002): Deutsche Gesellschaft für Evaluation e.V.: Standards für Evaluation. Köln.

Weiterbildungsstudiengänge

Peter Faulstich

Im Rahmen der Fortsetzung des →Bologna-Prozesses und seiner Umsetzung in Deutschland wird die Hochschullehre insgesamt dem Dreischritt von Qualitätssicherung, Akkreditierung und staatlicher Anerkennung (→Genehmigung) unterworfen. Dies betrifft ausdrücklich auch die wissenschaftliche Weiterbildung (Akkreditierungsrat 2001). In seinem Referenzrahmen für die B.A.-/M.A.-Studiengänge vom 20. Juni 2001 hat der Akkreditierungsrat sich zunächst auf grundständige, konsekutiv angelegte Studienangebote bezogen und gleichzeitig auf notwendige weitere Schritte hingewiesen:

„Im Hinblick auf die Möglichkeit lebenslangen Lernens sind in steigendem Maße Angebote für ein weiterbildendes Studium mit akademischem Abschluss zu erwarten, die grundsätzlich den gleichen akademischen Standards wie die grundständigen Studiengänge zu entsprechen haben. Dennoch müssen hier im Zusammenwirken mit den Abnehmern, d. h. insbesondere mit der Berufspraxis, Maßstäbe und Kriterien diskutiert und modifiziert, gegebenenfalls auch neu entwickelt werden" (ebd.).

Nach seiner Neukonstituierung im Jahr 2003 hat sich der Akkreditierungsrat verstärkt mit dem Themenkomplex Qualitätssicherung der wissenschaftlichen Weiterbildung befasst und dazu eine eigene Arbeitsgruppe eingerichtet.

Diese Aktivitäten reagieren auf die sich abzeichnende Expansion von Weiterbildungsbeteiligungen der Hochschulen und auf eine beginnende Reorganisation des Verhältnisses von grundständigem und weiterbildendem Studium im Kontext der Diskussion um →Lebenslanges Lernen. Allen Unkenrufen zum Trotz, die Universitäten seien zu akademisch, zu bürokratisch (→Bürokratisierung), zu elitär, kommt langsam, aber zunehmend die Beteiligung der Hochschulen an der Weiterbildung in Gang. Obwohl die Unterstellung vorherrscht, die Hochschulaktivitäten seien nach wie vor ein Randphänomen, wird durch explorative Recherchen belegt, dass es ein beachtliches Aktivitätsniveau und -spektrum zur Weiterbildung an Hochschulen gibt (Bade-Becker, Faulstich et al. 2004). Gerade in den letzten Jahren ist vieles angestoßen worden. Die Umbruchsituation im →Bologna-Prozess wird auch für die Weiterbildungsstrukturen erhebliche Folgen haben, wenn neben die wissenschaftliche Erstausbildung bei Bachelor- und Master-Abschlüssen neue Weiterbildungszertifizierungen und -graduierungen treten.

1 Expansion wissenschaftlicher Weiterbildung

So sieht sich Weiterbildung an Hochschulen neuen Herausforderungen gegenüber. Der Bedarf an wissenschaftlicher Weiterbildung nimmt zu (Faulstich, Graessner et al. 2004, 156–161). Sich verkürzende Wissenshalbwertszeiten – bezogen auf fachliche Inhalte – betreffen Hochschulabsolvent/innen wegen ihrer Nähe zu einer sich dynamisierenden Wissensproduktion besonders. Die resultierende Nachfrage wird zurzeit befriedigt durch ein breites Anbieterspektrum von Akademien, Berufs- und Arbeitgeberverbänden, Kammern, kommerziellen Instituten und vor allem durch innerbetriebliche Programme und Kurse – die Hochschulen spielen bisher eher eine Nebenrolle mit einem Anteil von sicher weniger als 10 Prozent (ebd. 160). Was nicht heißt, dass Hochschullehrer/innen nicht stärker beteiligt sind – aber sie sind es nicht für die Hochschulen, sondern für andere Institutionen.

Zunehmend versuchen die Hochschulen diese Potenziale für die eigene Entwicklung zu nutzen. Ein aktivierender Faktor liegt angesichts drastisch knapper werdender öffentlicher Mittel für die Bewältigung der Kernaufgaben von Forschung und Lehre darin, Weiterbildungsaktivitäten als Instrument der Ressourcengewinnung zu nutzen.

Die Aufbruchssituation drängt, den Stellenwert von Lehre, die grundständige und weiterführende Angebote einbezieht, neu zu klären: Unter „wissenschaftlicher Weiterbildung" versteht die Kultusministerkonferenz (→KMK) Fortsetzung oder Wiederaufnahme organisierten Lernens nach Abschluss einer ersten Bildungsphase und in der Regel nach Aufnahme einer Erwerbs- oder Familientätigkeit, wobei das Weiterbildungsangebot dem fachlichen und didaktischen Niveau der Hochschule entspricht. Dies umfasst a) Ergänzendes aus zusätzlichen Fachrichtungen (z. B. Betriebswirtschaftslehre für Mediziner/innen), b) Zusätzliches durch Spezialisierung in einem abgeschlossenen Studium (z. B. Coaching für Erziehungswissenschaftler/innen), c) Aufbauendes aus anderen Fachrichtungen (z. B. Weiterbildungsstudium Geragogik für Psycholog/innen). Die Angebotsformen sind unterschiedlich strukturiert und reichen im Spektrum von durch Prüfungsordnungen geregelten „Weiterbildenden Studiengängen", die meistens berufsbegleitend als abschlussbezogene Teilzeitangebote laufen, bis zu Einzelveranstaltungen (Vorträge, Tagungen, Workshops), für die allenfalls die Teilnahme bescheinigt wird.

Dieses Aktivitätsspektrum wissenschaftlicher Weiterbildung gewinnt an Gewicht – allerdings wegen mangelnder Statistiken bisher nur durch einzelne Recherchen, Schätzungen und Hochrechnungen belegt: Im „Hochschulkompass" der Hochschulrektorenkonferenz findet man beim Stand Mitte 2004 1.947 Einträge in der Rubrik „Weiterführende Studienangebote". Diese Zahl umfasst aber auch direkt an das Grundstudium anschließende Zusatz-, Ergänzungs- und Aufbaustudiengänge. (Im Vergleich dazu sind 9.187 grundständige Studienmöglichkeiten verzeichnet.) Eine Recherche der Deutschen Gesellschaft für wissenschaftliche Weiterbildung und Fernstudium (DGWF) schätzt die Teilnahmefälle auf 70.000 (Bade-Becker, Faulstich et al. 2004, 120). Die Gasthörer/innen-Statistik der Hochschulen weist etwa 40.000 Teilnehmende aus. Ein Großteil der Weiterbildungsteilnehmenden wird davon allerdings nicht erfasst.

Gesichertere Angaben können über die interne Struktur der in die Erhebung der DGWF einbezogenen Angebote gemacht werden (ebd. 121 ff.): Als Zugangsvoraussetzung wird bei fast zwei Dritteln der Weiterbildenden Studiengänge ein Hochschulabschluss vorausgesetzt. Das heißt aber umgekehrt auch, dass bei einem Drittel die Öffnung für qualifizierte Berufstätige erfolgt. Bei anderen Angebotsformen ist die Zugänglichkeit breiter. Die Zertifikate weiterbildender Studiengänge vergeben meist einen eigenen Hochschulabschluss, oft einen eigenen Titel; selten ist der Durchstieg zu grundständigen Abschlüssen (wie z. B. Diplom) möglich.

Für die Durchführung ist erstaunlich, dass der Anteil reinen Fernstudiums oder E-Learnings gering ist. Meistens werden Präsenzveranstaltungen angeboten. Diese finden oft in Kooperation mit externen Einrichtungen wie Unternehmen, Verwaltungen, Berufsverbänden, Kammern, Gewerkschaften u. a. statt. Auch bei der Zusammensetzung der Lehrenden stellen nach der DGWF-Recherche wissenschaftlich ausgewiesene Praktiker/innen etwa ein Viertel der Dozent/innen.

Für die Expansion wissenschaftlicher Weiterbildung ist es angesichts der beschriebenen Ausgangslage sinnvoll, auf eine konsequente →Modularisierung des Hochschulsystems im Kontext der Einführung der M.A.-/B.A.-Strukturen zu setzen. Damit werden die Diskussionen um die „Baustein-Hochschule" (Weizsäcker et al. 1970) wieder aufgenommen.

2 Akkreditierungskriterien und -prozesse

Ursprünglich etabliert, um einen Referenzrahmen für die mit § 19 der Neufassung des Hochschulrahmengesetzes (→HRG) vom 20. August 1998 zur Erprobung eingerichteten Bacholor-/Bakkalaureus- und Master-/Magister-Studiengänge zu entwickeln, werden Akkreditierungsverfahren seit 2002 mit der stabilen Etablierung des deutschen →Akkreditierungssystems zu einem zentralen Prozess für die Qualitätssicherung im Hochschulbereich (Akkreditierungsrat 2002). Damit wird für die Studienangebote an Hochschulen insgesamt wie für die Weiterbildungsmöglichkeiten auf wissenschaftlichem Niveau ein Modell generalisiert, wie es im Zusammenhang der Akkreditierung der konsekutiven Bachelor- und Masterstudiengängen, aber auch bei den Aus- und Fortbildungsorten und im IT-Bereich bereits eingesetzt worden ist (HRK 2000; 2001). Ein solches dreistufiges Modell von →Qualitätsmanagement, →Zertifizierung und Akkreditierung, wie es z. B. auch zur Ausführung des Sozialgesetzbuches (SGB), Drittes Buch – Arbeitsförderung vorgeschlagen worden ist (Faulstich, Gnahs et al. 2003) und wie es durch Rechtsverordnung des Bundesministeriums für Wirtschaft und Arbeit (BMWA) umgesetzt wurde, scheint für den Bildungsbereich insgesamt tragfähig. Aus diesem Konzept resultieren Anforderungen an ein systematisch aufgebautes Modell der Akkreditierung:

- Vergleichbarkeit sichern und spezifische Träger- und Maßnahmeentwicklungen zulassen,
- →Transparenz herstellen und gleichzeitig regionale und spezifische Unterschiede gewährleisten (→Diversität; →Profilbildung),
- Selbst- und Fremdevaluation kombinieren (→Evaluation; →Peer-Review) und
- gleichzeitig den Aufwand einschränken, aber auch
- verlässliche Aussagen der Evaluation zulassen.

Entsprechend müssen Kriterien für Qualitätskonzepte formuliert werden:

- Orientierung an Nachfrageinteressen,
- Förderung der Qualifikationsentwicklung der anbietenden Einrichtungen,
- Rückgriffe auf anerkannte Evaluationsmethoden (→Evaluation),
- Einbeziehung der Anbieter- sowie der Maßnahmequalität.

Daraus folgen auch Kriterien für die Anerkennung von Akkreditierungsagenturen:

- institutionelle Unabhängigkeit gegenüber Weiterbildungsträgern und Wirtschafts- und Berufsverbänden,
- Einbezug in die öffentliche Verantwortung,
- verlässliche personelle, räumliche und finanzielle Infrastruktur,
- anbieterübergreifende Arbeit,

- Zusammenführen nationaler und internationaler Kompetenz,
- →Transparenz des Verfahrens,
- eigene Qualitätssicherungsmaßnahmen und
- Berichtspflicht gegenüber dem Akkreditierungsrat.

Es ist wahrscheinlich, dass die Akkreditierungsagenturen nicht nur die Hochschulen als Adressaten und Einnahmequelle haben werden. Ein expandierender Markt von Bildungsdienstleistungen greift weltweit auf Lernangebote zu (→GATS) und erzwingt im Zusammenhang gravierende organisatorische und curriculare Konsequenzen in Richtung auf →Modularisierung und Standardisierung. Demgegenüber kommt es darauf an, die öffentliche Verantwortung für ein zugängliches System der Hochschullehre zu stärken, welches über berufliche Verwertbarkeit hinausgeht und den Bildungsauftrag der Hochschule ernst nimmt, wie er z. B. auch in den Zieldimensionen des „Forum Bildung" gefasst sind: „Bildung und Qualifikation zielen immer auf Entwicklung der Persönlichkeit, Teilhabe an der Gesellschaft und Beschäftigungsfähigkeit" (Forum Bildung 2002, 54) (→Employability, →Schlüsselqualifikationen).

3 Problemaspekte für abschlussbezogene Angebote wissenschaftlicher Weiterbildung

Die Systemqualität (Faulstich, Gnahs, Sauter 2004) wissenschaftlicher Weiterbildung ist an diesen Zieldimensionen zu messen. Daraus resultieren Anforderungen an den Akkreditierungsprozess, die es ermöglichen, zentrale Qualitätsaspekte von weiterbildenden Studiengängen zu beurteilen:

a Adressaten und Zugang

Teilnehmende an weiterbildenden Studiengängen sind auch gegenwärtig schon vielfach berufserfahrene Praktiker/innen, die nicht immer über akademische Abschlüsse verfügen. Entsprechend müssen alternative Zugangswege offen gehalten werden (→Durchlässigkeit). Wenn die Eingangsvoraussetzungen klar definiert werden, können entsprechend Voraussetzungen und Äquivalenzen geprüft werden.

Ein spezifisches Problem wird durch die Wertigkeit „informell erworbener Kompetenzen" aufgeworfen. Der Stellenwert der Berufs- und Familienerfahrung ist gerade bei weiterbildenden Studien besonders hoch, wenn die Adressaten nicht auf einmal erworbene formale Abschlüsse festgeschrieben werden sollen. Entsprechend sind Praxisanteile im Studienangebot einzubauen.

b   Angebotsumfang

Weiterbildende Studiengänge werden nach vorliegenden Erfahrungen in der Regel 40 bis 120 →Credit-Points umfassen. Studienerfolg und Abbruchquoten bisheriger Angebote lassen erwarten, dass die Zeitbelastung für die Studierenden nur in seltenen Fällen den Umfang erreicht, der voll den Anforderungen entspricht, um an den „konsekutiven" Master heranzukommen.

c   Studierbarkeit und Angebotsorganisation

Entsprechend werden weiterbildende Studiengänge in der Regel berufsbegleitend organisiert werden. Teilzeitformen, besonders auch unter Einbezug von Fernstudienanteilen, müssen möglich sein, weil die Adressaten nicht aus ihren Berufs- oder Familientätigkeiten und ihren sozialen Kontexten aussteigen. Entsprechend muss die Studienorganisation ein hohes Maß an Flexibilität und Wählbarkeit zulassen. Daraus folgt eine Differenzierung der →Module nach Grund-, Vertiefungs-, und Aufbau- sowie Pflicht- und Wahlangeboten. Es sollte so möglich sein, Module, welche bei anderen Institutionen oder informell erfüllt worden sind, anzuerkennen. Als Anforderungen an Module können formuliert werden: Organisiertheit, Systematisiertheit, Zertifizierbarkeit, Kontinuität des Angebots, Profiliertheit, sowie deren Dokumentation (→Modulbeschreibung).

d   Durchlässigkeit und Anrechenbarkeit

Weiterbildende Studiengänge liegen in der Regel unter dem Angebotsumfang im konsekutiven Modell und sind also nicht als ganze, sondern über einzelne →Module anrechenbar.

e   Abschlussbezeichnung

Daraus resultiert, wenn zugleich an Abschlussbezogenheit festgehalten werden soll, ein Abstand gegenüber den Zertifikaten aus dem konsekutiven Modell. „Diese Mastergrade (Master of Arts, Master of Science, Master of Engineering, Master of Laws) dürfen nur dann für Weiterbildungsstudiengänge verwendet werden, wenn sie in ihren Anforderungen einem konsekutiven Masterstudiengang gleichwertig sind" (KMK 2003a). Insofern werden spezifische Abschlussbezeichnungen entstehen: „Für Weiterbildungsstudiengänge und nicht-konsekutive Masterstudiengänge dürfen auch Mastergrade verwendet werden, die von den genannten Bezeichnungen abweichen (z. B. MBA)" (KMK 2003b).

Daraus folgt eine Zweistufigkeit der Abschlussbezeichnung, bei der
- für weiterbildende Studiengänge mit einem den konsekutiven Masterstudiengängen entsprechenden Niveau die von der KMK vorgeschlagenen „allgemeinen" Mastertitel vergeben werden,
- spezialisierte Angebote mit 40 bis 120 →Credit-Points nach vorgängigem Studium und praktischer Erfahrung durch eine spezielle Abschlussbezeichnung z. B. „Master of Advanced Studies", „Master of Professional Studies" gekennzeichnet werden.

Wie bei den grundständigen Studiengängen ist es aber auch bei den weiterbildenden Studiengängen erforderlich, Transparenz und Übersichtlichkeit durch ein überschaubares Bezeichnungssystem sicherzustellen. Insofern bedarf es mindestens disziplin- bzw. branchenspezifischer Abstimmungsprozesse, um ein Mindestmaß an Vergleichbarkeit und Übertragbarkeit zu sichern.

f Trägerschaft/Anbieter

Anbieter von wissenschaftlicher Weiterbildung sind Ausgründungen staatlicher Hochschulen oder private Institute (→Privathochschulen). Für die zu akkreditierenden Studienangebote gilt, dass sie einzubeziehen sind in ein System öffentlich verantworteter Bildungsmöglichkeiten. Auch wenn gegenwärtig ein bedeutender Anteil der Wissensvermittlung von Einrichtungen außerhalb der Hochschulen geleistet wird, müssen Hochschulen bzw. Fakultäten und Fachbereiche als „Ort der Verantwortlichkeit" für Zertifizierung und Verleihung des Abschlussgrades klar erkennbar sein. Da viele Angebote weiterbildender Studiengänge vom Gegenstandsbezug her zwingend interdisziplinär angelegt sind (→Interdisziplinarität), erhalten die zentralen Einrichtungen für Weiterbildung an Hochschulen eine wichtige Rolle als koordinierende Institutionen und als Geschäftsstelle. Zuständigkeiten für Lehre können gemeinsamen Ausschüssen übertragen und über die Weiterbildungseinrichtungen organisiert werden. Bezüglich der wissenschaftlichen Kompetenz der anbietenden Einrichtung muss auf das Urteil der →Scientific Community, das über die Gutachter/innen in das Akkreditierungsverfahren eingebracht wird, vertraut werden.

g   Lehrpersonal

In weiterbildenden Studiengängen findet sich meistens eine Mischung der Lehrenden von Personen aus Hochschuldisziplinen und dem Themenfeld. Dies ist für praxisorientierte Angebote zwingend notwendig. Nichtsdestoweniger muss der Personaleinsatz in der Lehre in der Verantwortung der Hochschule bleiben.

4   Perspektiven wissenschaftlicher Weiterbildung

Mit der Entwicklung der Studiengangsstrukturen im weiterbildenden Studium fallen weitreichende organisatorische und curriculare Entscheidung für die Lehre an Hochschulen insgesamt. Eine Öffnung der Hochschulen für die Anforderungen →Lebenslangen Lernens setzt eine konsequente →Modularisierung voraus. Dafür ist die durch die Akkreditierungsdiskussion ausgelöste Reorganisation der grundständigen Studiengänge und ihre Integration in die B.A.-/M.A.-Struktur ein wesentlicher Impuls, durch den Weiterbildung an Hochschulen ein wesentlich höheres Gewicht erhalten kann.

Langfristig ist dann die Unterscheidung zwischen Erst- und Weiterbildung inhaltlich kaum mehr begründbar, sondern Lernen verteilt sich über die gesamte Lebensspanne. Mit ihren Weiterbildungsangeboten befinden sich die Hochschulen in einer Zwischenlage zwischen Hochschul- und Weiterbildungssystem. Die Grenzen werden zunehmend fließend. Es kommt deshalb darauf an, das institutionelle Profil der Hochschulangebote zu schärfen.

Literatur:

Akkreditierungsrat (2000): Akkreditierung von Akkreditierungsagenturen und Akkreditierung von Studiengängen mit den Abschlüssen Bachelor/Bakkalaureus und Master/Magister – Mindeststandards und Kriterien. Bonn.

Akkreditierungsrat (2001): Referenzrahmen für Bachelor-/Bakkalaureus- und Master/Magister-Studiengänge. Bonn.

Akkreditierungsrat (2002): Arbeitsbericht 2000/2001. Bonn.

Bade-Becker, U. / Faulstich, P. et al. (2002): Bestandsaufnahme wissenschaftlicher Weiterbildung an Hochschulen, in: Hochschule und Weiterbildung 2, S. 117–125.

Faulstich, P. / Gnahs, D. et al. (2003): Qualitätsmanagement in der beruflichen Weiterbildung: ein Gestaltungsvorschlag. Berlin.

Faulstich, P. / Gnahs, D. et al. (2004): Systemqualität beruflicher Weiterbildung. Bonn.

Faulstich, P. / Graessner, G. et al. (2004): Wissenschaftliche Weiterbildung als bildungswissenschaftliche Aufgabe, in: Datenreport Erziehungswissenschaft. Opladen.

Forum Bildung (2001): Qualitätsentwicklung und Qualitätssicherung im internationalen Wettbewerb. Bonn.

HRK (2000): Wegweiser 2000 durch die Qualitätssicherung in Lehre und Studium. Bonn.

HRK (2001): Zukunftsaufgabe Qualitätsentwicklung. Bonn.

KMK 2003a: 10 Thesen zur Bachelor- und Masterstruktur in Deutschland. Beschluss der Kultusministerkonferenz vom 10.06.2003.

KMK 2003b: Ländergemeinsame Strukturvorgaben gemäß § 9 Abs. 2 HRG für die Akkreditierung von Bachelor- und Masterstudiengängen, Beschluss der Kultusminister-konferenz vom 10.10.2003.

Weizsäcker E. U. et al. (1970): Baukasten gegen Systemzwänge. München.

Akkreditierung von Promotionsprogrammen

Antonia Kupfer, Johannes Moes

Die Promotion – gerade in Deutschland – ist eine Phase, die bei aller Unterschiedlichkeit der Fächer (Human- und Tiermedizin bleiben hier, wie in dem Großteil der Reformdebatten, als eigener Bereich unberücksichtigt) in ihrem Charakter deutlich anders strukturiert ist als die vorausgehenden Studienphasen, oft ist sie eher als erste Phase von „Wissenschaft als Beruf" anzusehen; von einem „Promotionsstudium" kann man in der kontinentaleuropäischen Tradition nur sehr eingeschränkt sprechen (Kupfer, Moes 2003). Im Sinne einer sinnvollen Vervollständigung soll deshalb hier diskutiert werden, ob eine Akkreditierung für den Bereich der Promotion überhaupt denkbar ist und wenn ja, unter welchen Rahmenbedingungen. Dabei erscheinen drei Ebenen wichtig: erstens ist die Promotionsphase in Deutschland in den letzten Jahren Objekt gezielter Reformanstrengungen geworden, die auf eine stärkere Strukturierung und Aufwertung hinauslaufen. Dies geschieht zweitens vor dem Hintergrund, die Promotion in die laufenden Europäisierungsprozesse in der Forschungs- und Hochschulpolitik (→Europäischer Hochschul- und Forschungsraum) einzubeziehen, und angesichts vorausgegangener Reformen und Akkreditierungserfahrungen in europäischen Nachbarländern. Und drittens lassen sich in dem dadurch aufgespannten Kontext Kernelemente einer strukturierteren Promotion daraufhin untersuchen, ob sie gegebenenfalls Gegenstand einer Akkreditierung sein könnten. Abschließend soll die Frage der Akkreditierung mit einem „Ja, aber" beantwortet werden: Eine Akkreditierung von Promotionsstudiengängen dürfte auch in Zukunft weder nötig noch möglich sein, wohl aber eine Akkreditierung von „Graduiertenzentren" oder ähnlichen Institutionen, an denen eine stärker strukturierte Promotion angesiedelt ist.

1 Reformansätze zur Strukturierung und Aufwertung der Promotion in Deutschland

Seit über zehn Jahren sind die Promotionsphase und die Qualifikation des wissenschaftlichen Nachwuchses Gegenstand von hochschulpolitischen Diskussionen. In der Breite hat sich dennoch bislang wenig geändert, abgesehen von einigen, wenn auch wegweisenden, Reformansätzen, die zusammen mit den zentralen Empfehlungen und Gesetzesänderungen die zukünftigen Konturen der Promotion in Deutschland erkennen lassen (Moes 2003). Zeitlich und vom Umfang an der Spitze der Reformprojekte sind die Graduiertenkollegs der Deutschen Forschungsgemeinschaft (DFG) zu nennen. Hier werden seit über einem Jahrzehnt Gruppen von Professor/innen und Doktorand/innen in thematisch übergreifenden Arbeitszusammenhängen organisiert. Es werden gemeinsame Seminare und Workshops veranstaltet. Die – zum größeren Teil über Stipendien der Kollegs finanzierten – Doktorand/innen finden einen inhaltlichen und sozialen Rahmen, in dem sie sich intensiv ihrer Dissertation zuwenden können. An diesem Modell inhaltlich orientiert sind mehr oder weniger auch neuere Projekte der Max-Planck-Gesellschaft oder der Bundesländer Niedersachsen, Nordrhein-Westfalen und Bayern (Moes 2003). Das viel gelobte und zum Vorbild erhobene Programm der Graduiertenkollegs erreicht aber bis heute nur eine kleine Minderheit der Promovierenden. Grob gerechnet sind es etwa 4.000. Unter den abgelegten Promotionen insgesamt halten „Kollegiat/innen" einen Anteil von zehn Prozent (fünfzehn in Mathematik und Physik). Die Masse der etwa 50.000 Wissenschaftlichen Mitarbeiter/innen in Universitäten und Forschungseinrichtungen wird aber hiervon kaum erreicht. In ihrem Alltag sind sie – positiv formuliert – durch Lehre und Forschung wesentlich direkter in die Wissenschaft eingebunden. Negativ gesehen werden sie – fächer- und fallspezifisch verschieden – durch promotionsferne Tätigkeiten in der eigenen Qualifizierung behindert und erfahren keinerlei systematische Förderung ihrer Promotion.

Mit dem Graduiertenkolleg-Programm im Blick haben Hochschulrektorenkonferenz (→HRK) und →Wissenschaftsrat parallel 1996 und in modifizierter Form 2002/03 eine Reform der Promotion in der Breite, in Richtung einer stärkeren Strukturierung vorgeschlagen (HRK 1996, 2003; Wissenschaftsrat 1997, 2002). Diese geht in Richtung einer Verbreitung von Promotionskollegs als thematisch-sozialem Zusammenhang wie in den Graduiertenkollegs, ergänzt allerdings durch neu zu schaffende Institutionen (Graduiertenzentren/Doktorandenzentren), die am US-amerikanischen Vorbild der Graduate Schools orientiert sind. In dieser Doppelstruktur sollen die ausbildenden Einrichtungen eine institutionelle Verantwortung für die Betreuung der Promotionen wahrnehmen, forschungsbegleitende Studien und die Vermittlung akademischer →Schlüsselqualifikationen anbieten. Durch diese Maßnahmen soll ein eigens zu schaffender Status als „Doktorand/in" entstehen, wo bislang Promovierende an der Universität nur als Studierende oder wissenschaftliche Mitarbeiter/innen behandelt werden und als eigene Gruppe unsichtbar bleiben.

Die letzten drei Stichworte wurden in der 5. Novelle des Hochschulrahmengesetzes (HRG) von 2002 aufgegriffen. Im neu geschaffenen § 21 wurde ein eigener Doktorandenstatus eingeführt und die Hochschulen zum Angebot forschungsbegleitender Studien und der Vermittlung von Schlüsselqualifikationen verpflichtet. Auch nach dem Wegfall des Paragrafen, der nach dem Urteil des Bundesverfassungsgerichtes über die Ungültigkeit der Novelle von 2004 nach dem jetzigen Stand der Diskussion nicht wieder in das HRG aufgenommen wird, kennzeichnen diese Stichworte die Ziele der Reform, zumal sich die Formulierungen des HRG-„Doktorandenparagrafen" in einigen Landeshochschulgesetzen wiederfinden. Daneben qualifiziert eine Promotion in der erneuten Fassung des HRG formell auch für eine Universitätsprofessur (Juniorprofessur) – insofern wird sie in der Bedeutung für die Nachwuchsrekrutierung aufgewertet. Anhand der Reformvorschläge, Pilotprojekte und Gesetzesregelungen zeichnet sich also eine Reformierung und stärkere Strukturierung der Promotionsphase in Deutschland ab. Die Frage der Akkreditierung gehört auch in den Kontext der Europäisierung des Hochschulraumes, um den es im folgenden Abschnitt geht.

2 Europäische Perspektiven

Das wichtigste Merkmal der Veränderung der Promotionsphase im kontinentalen Europa ist die stärkere Strukturierung der Promotion. Während früher vornehmlich in der durch starke Abhängigkeit gekennzeichneten Zweierkonstellation aus Doktorvater und Doktorand promoviert wurde, haben viele europäische Länder im Verlauf der 1990er Jahre ergänzend Graduiertenschulen mit obligatorischem Seminarprogramm für Promovierende eingeführt (Kupfer, Moes 2003). Die stärkere Strukturierung der Promotionsphase dient zur Verbesserung der Ausbildung Promovierender und zur Vereinheitlichung der Promotion in den unterschiedlichen europäischen Ländern, die innerhalb ihres Bereichs den internationalen Austausch fördern und im →Wettbewerb mit den USA auch die Rekrutierung außereuropäischer Promovierender verstärken wollen (→Bologna-Prozess).

Eine stärkere Strukturierung der Promotionsphase geht dabei nicht notwendig mit einer Verbreitung von Akkreditierung in diesem Bereich einher. In den USA werden beispielsweise Universitäten als Ganzes akkreditiert, nicht aber die einzelnen Graduate Schools oder einzelne Promotionsstudiengänge. In Schweden und Norwegen haben die staatlichen Universitäten, die alle sechs Jahre evaluiert werden, Promotionsrecht (Mähler 2004; NOKUT 2004). Akkreditiert werden einzelne Promotionskurse nichtstaatlicher Universitäten oder University Colleges. In beiden Ländern werden Akkreditierungsanträge an die jeweilige nationale Akkreditierungsagentur gestellt und in letzter Instanz vom Ministerium entschieden. Die Kriterien zielen hauptsächlich auf die Qualitätssicherung in dreierlei Hinsicht: das akademische Umfeld, die Anforderungen an die Supervisor/innen und die den Promovierenden zur Verfügung stehende Infrastruktur müssen gewisse Mindeststandards (→Standards) erfüllen. In den Niederlanden werden seit 1992 die für die Ausbildung des wissenschaftlichen Nachwuchses meist universitätsübergreifenden „Forschungsschulen" (Onderzoekscholen) von der Nationalen Akademie der Wissenschaften für jeweils sechs Jahre akkreditiert, wobei eine Akkreditierung üblich, aber nicht verpflichtend ist (Michon 2002, 78).

Durch die Aufnahme der Promotionsphase in das Berlin-Communiqué, verabschiedet auf der Konferenz der europäischen Wissenschaftsminister/innen im September 2003, wurde die Diskussion auf europäischer Ebene über die Akkreditierung im Bereich der Promotion angestoßen (Berlin-Communiqué 2003). Im März 2004 fand in Dublin ein Treffen von Akkreditierungsagenturen und Ministerialvertreter/innen zum Thema möglicher „Doctorate Descriptors" statt (die Ergebnisse in JQI 2004). Die Folgekonferenz 2005 im norwegischen Bergen wird voraussichtlich konkretere Vorschläge zur Ausgestaltung der Promotionsphase und damit auch zu Rahmenbedingungen für eine mögliche Akkreditierung im Bereich Promotion vorlegen. Dieser Prozess wird für die deutsche Situation von Expert/innen der Akkreditierungsagenturen und der Kultusministerkonferenz (→KMK) als wichtiger Anstoß genannt, um Grundsätze für die Akkreditierung hierzulande zu entwickeln.

3 Gesichtspunkte von Akkreditierung im Bereich Promotion

Im Folgenden sollen aus der deutschen und internationalen Diskussion Gesichtspunkte einer möglichen Akkreditierung im Bereich Promotion destilliert werden, die auch eine Handreichung für die Praxis sein können. Bei diesen Gesichtspunkten geht es darum, das Spektrum der Ausgestaltungsmöglichkeiten aufzuzeigen.

a. Zunächst ist zu prüfen, auf welchem Niveau die Institutionalisierung strukturierter Promotion angesiedelt ist. Die Möglichkeiten reichen von Instituts- über Fakultäts- und Fachbereichsebene bis zu hochschulübergreifender Organisation. Auch die Kooperation zwischen Forschungsinstituten oder auch zwischen Hochschulen und außerhochschulischer Forschung ist möglich. Bei jeder Organisationsform sollte die Finanzierung des Personals, die Bereitstellung eines Budgets für zentrale Angebote der Beratung und Vermittlung von →Schlüsselqualifikationen eindeutig geklärt werden. Es stellt sich auch die Frage einer sinnvollen Mindestgröße von Organisationseinheiten zur Durchführung qualifizierter Promotionen.

b. Erste Bedingung für eine Akkreditierung sollte eine (regelmäßig wiederholte) Bestandsaufnahme sein, die über die Zahl der laufenden und abgeschlossenen Promotionen (differenziert nach Geschlecht, Fächern, Supervisor/innen) und die vorhandenen Ressourcen (Seminar- und Betreuungsangebote, Arbeitsplätze und Finanzierungsbeihilfen) informiert. Diese Informationen sollten auch öffentlich, u. a. im Internet, zugänglich sein, und über die Aufnahmemodalitäten zu den jeweiligen Programmen unterrichten.

c. Relevant für die Akkreditierung ist auch, ob ein Programm alle Promovierenden der Fakultät(en) erfassen soll, oder ob es sich nur an eine Teilgruppe richtet, beispielsweise durch thematische Ausrichtung, aber auch durch zeitliche Belastungen, die beispielsweise „externe" Promovierende, Eltern oder Wissenschaftliche Mitarbeiter/innen indirekt ausschließen. Zu fragen ist nach der intendierten Reichweite eines Programms und nach Maßnahmen, um auch spezielle Adressat/innengruppen zu erreichen.

d. Zwischen den Promotionskulturen in Natur- und Technikwissenschaften, den Sozialwissenschaften und den Geisteswissenschaften bestehen erhebliche Unterschiede, welche die unterschiedlichen Rahmenbedingungen für Promotionen in den einzelnen Fächern berücksichtigen sollten. Zu fragen ist, welche Fachspezifika in die unterschiedlichen Konzepte von Promotionsprogrammen in welcher Form Eingang finden.

e. Die Frage des Zugangs zur Promotion wird im Rahmen der Diskussion über Akkreditierung im Bereich Promotion relevant. Es stellt sich die Frage, ob die etablierte Auswahlstruktur eines personalisierten Auswahlverfahrens durch ein stärker formalisiertes Verfahren (Auswahlgespräche aufgrund von Bewerbungen nach Mindestvoraussetzungen) ersetzt werden soll. Es gäbe ferner die Möglichkeit einer „Selbstselektion" durch intensivierte Beratung oder auch die Einführung einer Probezeit. Die Validität und Verlässlichkeit von Auswahlverfahren müsste in jedem Fall nachgewiesen werden.

f. Generell ungeklärt und daher für einzelne Einrichtungen zu klären ist das Verhältnis der Promotion zu fortgeschrittenen Studiengängen wie dem M.A. Die europäische Diskussion und auch die Empfehlungen des Wissenschaftsrates gehen von einer konsekutiven Gliederung B.A.-M.A.-Promotionsphase aus, die im Einzelnen für fortgeschrittene M.A.-Studierende durchlässig organisiert sein kann. Anders als in den angloamerikanischen „Graduate Schools" wären die M.A.-Studiengänge grundsätzlich nicht in die Einrichtungen integriert. Dazu gehört außerdem die Frage der Mobilität nach dem M.A.-Abschluss (besonders an den Fachhochschulen): Werden aktive Maßnahmen ergriffen, um M.A.-Absolvent/innen von anderen Hochschulen zu rekrutieren, oder gelangen lediglich die eigenen Studierenden in die Promotionsprogramme?

g. Zur Akkreditierung im Bereich Promotion sollte die den Promovierenden zur Verfügung gestellte Infrastruktur gehören. Dazu können neben Labors und Arbeitsräumen, Bibliotheken und IT-Services auch Mittel für Forschungs- und Konferenzreisen gehören.

h. Das Pensum an Lehrveranstaltungen für Promovierende muss gut ausgewogen geplant werden, damit es eine zügige und hochwertige Promotion unterstützt und nicht behindert. Statt vorgegebener Studienpläne sollten (wie in Schweden) die benötigten Kenntnisse und zu besuchenden Seminare in Einzelgesprächen mit den Doktorand/innen individuell festgelegt werden, wobei ein zeitlicher Rahmen vorzugeben ist, der die minimalen und maximalen ECTS-Anforderungen definiert, die über die Gesamtpromotionszeit sinken sollten. Zu klären ist, wie viel Lehrdeputat von welchen Lehrenden zur Verfügung gestellt wird, die Hauptlast sollte von dauerbeschäftigten Lehrenden abgedeckt werden.

i. Auch eine Supervision der Promovierenden im Sinne einer strukturierten, kollektiv verantworteten Betreuung wird ein wichtiger Bestandteil der Überlegungen bei der Akkreditierung im Bereich

Promotion. Hierzu gehören Regelungen über den Inhalt der Supervision, ihre Form und ihren Status, die durch Akkreditierung festgelegt werden können. Formen der Supervision können von der traditionellen Zweierkonstellation über Erweiterung durch ein Team von Hochschullehrer/innen beispielsweise innerhalb eines Graduiertenkollegs, bis zur hochschulübergreifenden, internationalen Supervision reichen. Für eine Akkreditierung sollte überlegt werden, ob die Supervisionsregelungen obligatorischen Charakter, beispielsweise durch den Abschluss eines Promotionsvertrages, haben sollen und wenn ja, wie ihre Nichteinhaltung sanktioniert werden kann.

j. Da die Promotionsphase durch eigenständige Forschung gekennzeichnet ist, sind auch die Forschungsleistungen der jeweiligen Einrichtung relevant. Besonders für die Akkreditierung thematisch orientierter Programme ist es daher wichtig sicherzustellen, dass die betreuende Einrichtung durch eigene Forschung ausgewiesen ist durch existierende Forschungsgruppen oder -verbünde.

k. Weiter ist die Frage, welchen Anteil die Anfertigung der Dissertation innerhalb der gesamten Promotion einnehmen soll, relevant. Der Aufwand für die Dissertation kann im Rahmen des →ECTS bestimmt werden, wobei ein Mindest- und ein maximaler Umfang vorgegeben werden kann. Der Gesamtaufwand muss das Verhältnis von eigener Forschung, Seminararbeit, Lehre, Dienstleistungen oder promotionsfernen Tätigkeiten berücksichtigen.

l. Die stärkere Strukturierung der Promotionsphase zielt auf ihre stärkere Vergleichbarkeit für einen internationalen Austausch. Gewünscht wird nicht nur die Anwerbung ausländischer Promovierender an deutsche Hochschulen, sondern auch auf die zunehmende Mobilität von deutschen Promovierenden (studentische →Mobilität). Bei Akkreditierungsverfahren könnten demnach Fragen über die konkreteren Rahmenbedingungen eines Auslandsaufenthalts während der Promotion (internationale Kontakte, Sprachvorbereitung, Finanzierungshilfen etc.) sowie dessen Dauer eine Rolle spielen. Obligatorische Regelungen, wie sie von der Zentralen Evaluations- und Akkreditierungsagentur in Hannover gefordert werden (ZEvA 2003, 8), lassen sich nicht von allen Promovierenden gleichermaßen realisieren und schließen daher beispielsweise promovierende Eltern möglicherweise aus.

m. Weiterhin gehört das Abschlussverfahren von Promotionen zu den Überlegungen über Akkreditierung. Die Begutachtung der Dissertation kann durch den Doktorvater/die Doktormutter mit zusätzlichem Zweitgutachter oder Zweitgutachterin, aber auch durch die Begutachtung in einem größeren Team aus Hochschullehrer/innen aus der gleichen Hochschule oder aus anderen Hochschulen innerhalb und außerhalb Deutschlands erfolgen, und die Dauer der Begutachtung kann festgelegt werden. Weitere Gesichtspunkte sind der Charakter der abschließenden mündlichen Verhandlung in Form einer Fächerprüfung (Rigorosum) oder eines wissenschaftlichen Gesprächs über die Dissertation (Disputation), die Besetzung der Prüfungs- oder Gutachter/innen-Kommissionen sowie der Modus der Veröffentlichung der Dissertation.

n. Schließlich kann die Akkreditierung im Bereich Promotion die berufliche Qualifizierung Promovierender mit einbeziehen, indem die Ressourcen einer (außerwissenschaftlichen) Berufsqualifizierung erfasst werden, wie etwa spezialisierte Zweige von Career Centers. Auch die Anzahl der Abbrüche, die Promotionsdauer und der berufliche Verbleib der Promovierenden können, wie bereits in Schweden, als Bestandteil der Akkreditierung erfasst (Mähler 2004) und eine Ehemaligenpflege betrieben werden.

4 Ausblick

Es wird deutlich, dass die Qualität von Einrichtungen einer strukturierten Promotion unter vielen Gesichtspunkten bestimmbar ist. Diese Qualität lässt sich nicht nur ex post „messen", sondern es lassen sich auch Mindestanforderungen festlegen: in diesem Sinn ist eine Akkreditierung denkbar. Unter dem Begriff „strukturierte Promotion" faltet sich ein Spektrum von Möglichkeiten auf, dem die Realität der Promotionsphase in vielen Fächern und an vielen Orten noch nicht entspricht, auch wenn ein Trend in dieser Richtung sichtbar ist. Für den alten und vielfach unzureichenden Status Quo erscheint eine Akkreditierung dagegen eher unwahrscheinlich, weil er wenig formalisiert und daher nur schwer in seiner Qualität bestimmbar ist. Eine Akkreditierung von Promotionsprogrammen könnte daher den Trend zu einer Strukturierung der Promotion verstärken und qualitativ absichern, dies erscheint wünschenswert. Allerdings lässt sich eine Akkreditierung nicht an „Promotionsstudiengängen" parallel zu den

B.A./M.A.-Studiengängen festmachen, da Promotionen über ein Studium hinausgehen. Stattdessen erscheint es als eine brauchbare Möglichkeit, Einrichtungen der strukturierten Promotion wie etwa Graduiertenzentren zu akkreditieren, so wie das auch im niederländischen Vorbild der Fall ist. Ebenso wie dort wird eine Akkreditierung wahrscheinlich freiwillig sein und trotzdem die regulierende Wirkung nicht verfehlen. Eine Akkreditierung hätte zunächst den Vorteil, eine Mindestgröße und -ausstattung für z. B. Graduiertenzentren zu definieren und so Projekten Einhalt zu gebieten, die nur eine namentliche, aber keine inhaltliche Veränderung vornehmen. Der Europäisierungsprozess erweist sich für die Umsetzung strukturierter Promotion als wichtiger Motor. Schon vor der Konferenz in Bergen 2005 gibt es Bemühungen, Bedingungen für derartige Einrichtungen und deren Akkreditierung zu schaffen.

Literatur

Berlin-Communiqué (2003): „Den Europäischen Hochschulraum verwirklichen". Kommuniqué der Konferenz der europäischen Hochschulministerinnen und -minister am 19. September 2003 in Berlin.

HRK (1996): Zum Promotionsstudium. Entschließung des 179. Plenums vom 9.7.1996; online einsehbar unter: http://www.hrk.de/beschluesse/1883.htm.

HRK (2003): Zur Organisation des Promotionsstudiums. Entschließung des 199. Plenums vom 17./18.2.2003; online einsehbar unter: http://www.hrk.de/downloads/Promotion.pdf.

JQI (2004): Shared 'Dublin' descriptors for the Bachelor's, Master's and Doctoral awards; online einsehbar unter: http://www.jointquality.org/content/ierland/Result%20 Draft%20 Dublin%20Descriptors%203%20cycles.doc.

Kupfer, Antonia / Moes, Johannes (2003): Promovieren in Europa. Ein internationaler Vergleich von Promotionsbedingungen. Frankfurt/M.; online einsehbar unter: http://www.promovierenden-initiative.de/materialien/PiE.pdf.

Mähler, Helena (2004): Accreditation of higher education degrees in Sweden (unveröffentlicht).

Michon, John A. (2002): Accreditation of Research Schools in the Netherlands; in: Jürgen Enders/de Weert, Egbert (Hg.): Science, Training and Career – Changing Modes of Knowledge Production and Labor Markets. Proceedings of an International Workshop. Enschede (University of Twente: CHEPS; 77–79; online einsehbar unter: http://www.utwente.nl/ cheps/what's_new/ latest_news/careerconference/endersconference1-German.pdf

Moes, Johannes (2003): Promovieren in Deutschland. Eine kommentierte Materialsammlung. Frankfurt/M.; online einsehbar unter: http://userpage.fu-berlin.de/~jmoes/pide/index.html.

National Agency for Quality Assurance in Education (2004): Standards and criteria for accreditation of courses issued by the Norwegian Agency for Quality Assurance in Education May 5, 2003; online einsehbar unter: http://www.nokut.no/sw482.asp.

Wissenschaftsrat (1997): Empfehlungen zur Doktorandenausbildung und zur Förderung des Hochschullehrernachwuchses. Köln.

Wissenschaftsrat (2002): Empfehlungen zur Doktorandenausbildung. Saarbrücken Drs. 5459/02; online einsehbar unter: http://www.wissenschaftsrat.de/texte/5459-02.pdf.

ZEvA (2003): Allgemeine Standards für die Akkreditierung von Doktoranden-Programmen an Universitäten. Hannover (unveröffentlicht).

D Akkreditierung und Partizipation

Peers und Peer-Review

Achim Hopbach

1 Was ist Peer-Review?

Peer-Review bezeichnet die Beurteilung wissenschaftlicher Qualität durch ebenbürtige Fachkolleg/innen, die sog. Peers. Ursprünglich eingeführt, um die Qualität von Manuskripten für Fachzeitschriften vor der Publikation zu beurteilen, etablierte sich das Peer-Review-Verfahren nach und nach auch in anderen Qualitätssicherungsverfahren des Wissenschaftsbetriebs, z.B. nicht zuletzt in der Begutachtung von Forschungsvorhaben durch die Deutsche Forschungsgemeinschaft (DFG) und in den institutionellen Evaluationen des Wissenschaftsrats (Wissenschaftsrat 2002) und schließlich in zweistufigen Lehrevaluationen.

Im engeren Sinne sind Peers Wissenschaftler/innen aus dem Fachgebiet des zu begutachtenden wissenschaftlichen Gegenstandes. Im Zuge der Ausweitung des Peer-Review auf andere Gegenstände als Zeitschriftenaufsätze hat sich inzwischen eine erweiterte Definition des Begriffs durchgesetzt, indem auch Wissenschaftler/innen aus benachbarten oder anderen Disziplinen sowie weitere Expert/innen, vor allem Studierende und Vertreter/innen der →Berufspraxis, hinzugezählt werden, die gerade bei der Akkreditierung von Studiengängen unverzichtbar sind (ENQA 2003, 23 ff.).

Bei der endgültigen Etablierung eines Systems der Akkreditierung von Studiengängen maßen die beteiligten Akteure Hochschulrektorenkonferenz (→HRK) und Kultusministerkonferenz (→KMK) der Beteiligung externer Peers eine zentrale Rolle zu. Im „Statut für ein länder- und hochschulübergreifendes Akkreditierungsverfahren" ist die Beteiligung von Peers verbindlich festgeschrieben (KMK 2002a, III.11.1). Mit diesem Beschluss bekräftigte die KMK die von ihr selbst und der Hochschulretorenkonferenz 1999 bei der probeweisen Einführung der Akkreditierung vorgegebene Linie, die 2001 auch in der Evaluierung der Arbeit des Akkreditierungsrats bestätigt wurde (Bieri, Brinkmann et al. 2001, 6). Auch im deutschen →Akkreditierungssystem liegt der Beteiligung externer Expert/innen die erweiterte Definition des „Peer" zugrunde, da neben Fachkolleg/innen Vertreter/innen der →Berufspraxis und Studierende an den Verfahren teilnehmen.

2   Warum Peer-Review?

Die Verfechter des Peer-Review-Verfahrens halten die Beteiligung von Fachwissenschaftler/innen an Qualitätssicherungsverfahren in der Wissenschaft für unverzichtbar, da der „kognitive Gehalt von Wissenschaft nur von Angehörigen der jeweiligen Scientific community sachkundig beurteilt werden kann" (Bornmann, Daniel 2003, 207). Dem halten die Kritiker entgegen, dass die Qualität der Verfahren nur schwer überprüft werden kann (Hornbostel 1997, 321). Eine schematische Gegenüberstellung von Argumenten pro und contra Peer-Review (Tabelle) zeigt, dass aus ein und demselben Sachverhalt Vor- und Nachteile entstehen können. Dies ist ein Hinweis auf die starke Abhängigkeit von einer seriösen Umsetzung der Prinzipien des Peer-Review, deren Nichteinhaltung die Vorteile nicht nur schwächen, sondern möglicherweise ins Gegenteil verkehren.

Pro Peer-Review	Contra Peer-Review
Begutachtung durch Expert/innen (z. B. statt Ministeriale)	Manipulationsanfälligkeit bei interessengeleiteter Auswahl der Gutachter/innen
Instrument der Steuerung durch Wissenschaft selbst	Mangelnde →Transparenz
Ermöglichung individueller Begutachtung jenseits inhaltlicher Standards	Subjektivität der Verfahren
Hohe Validität bei nicht völlig übereinstimmender Begutachtung	
Hohe Reliabilität bei übereinstimmender Begutachtung	Gefahr der Diskriminierung von Ansätzen, die vom Mainstream abweichen
Hohe Akzeptanz in der Disziplin	

Tabelle: Pro und Contra Peer-Review

Untersuchungen von Reliabilität und Validität der Ergebnisse aus Peer-Review-Verfahren untermauern die grundsätzlichen Vorbehalte gegenüber diesem Verfahren der Qualitätssicherung allerdings nicht (Hornbostel 1997, 197 f.). Ungeachtet der Kritik hat sich daher auch international im Bereich der Qualitätssicherung in der Lehre die Beteiligung von Peers weitgehend als Standard etabliert (Mittag, Bornmann et al. 2003).

Bei der Akkreditierung von Studiengängen liegt die besondere Bedeutung des Peer-Review zum einen in der Trennung der formalen von der inhaltlichen Beurteilung eines →Studienprogramms, zum anderen und vor allem in der individuellen Begutachtung eines Studiengangs jenseits vorgegebener inhaltlicher Mindeststandards (→Standards). Die individuelle Begutachtung eines eigenständigen Studiengangs rückt an die Stelle der Kontrolle starrer inhaltlicher und fachlicher Vorgaben. Die Hochschulen besitzen damit mehr →Flexibilität und Gestaltungsspielraum bei der Gestaltung der Curricula (→Diversität, →Profilbildung). Vor allem für Studiengänge in neu entstehenden Disziplinen oder an der Schnittstelle mehrerer Disziplinen (→Interdisziplinarität) schaffen Akkreditierung und Peer-Review und damit die Abkehr vom alten System der Rahmenordnungen (→GemKo) überhaupt erst die Grundlage für eine adäquate Begutachtung der Qualität und der Sinnhaftigkeit des Studiengangs. Die individuelle Begutachtung orientiert sich unmittelbar am allgemeinen fachlichen Konsens und im Falle disziplinenübergreifender Studiengangskonzepte an der fachwissenschaftlichen Einschätzung hinsichtlich der inhaltlichen Anforderungen an eine wissenschaftlich fundierte und berufsqualifizierende →Hochschulausbildung im jeweiligen Fachgebiet. „Vorformulierte fachlich-inhaltliche Vorgaben für die einzelnen Studiengänge, an die die Peers gebunden wären, gibt es nicht" (KMK 2002b, 1.2). Diese Abkehr in der Qualitätssicherung von den starren und allzu detaillierten Rahmenordnungen für Diplom- und Magisterstudiengänge hin zu einer jeweils individuellen Betrachtungsweise wird zu Recht als Paradigmenwechsel in der Qualitätssicherung bezeichnet.

3 Wie funktioniert das Peer-Review?

Nach der ersten formalen Prüfung eines Akkreditierungsantrags stellt die Akkreditierungsagentur eine Gruppe von Gutachter/innen zusammen und leitet den Mitgliedern die Selbstdarstellung der Fakultät oder des Fachbereichs zu. Zentrales Element des Peer-Review in Akkreditierungsverfahren ist der Vor-Ort-Besuch der Expertengruppe, für den sich in Deutschland wie auch international eine anderthalb bis zweitätige Dauer durchsetzt. Diese Begehung der antragstellenden Einrichtung durch die externen Expert/innen dient einerseits der Überprüfung der in den Antragsunterlagen und der Selbstdarstellung des Antragstellers gemachten Angaben. Andererseits bewerten die Expert/innen den zu akkreditierenden Studiengang auf der Basis der eigenen Kenntnisse und Erfahrungen. Um einen umfassenden Eindruck der Rahmenbedingungen, von Konzept und Umsetzung des Studiengangs zu erhalten, führen die Peers Gespräche mit Leitung und Verwaltung der Hochschule, Fakultäts- oder Fachbereichs- und Institutsleitung, Lehrenden und Studierenden. Gegenstand der Gespräche sind je nach Gesprächspartner sämtliche den Studiengang betreffenden Fragen, die idealerweise in der Selbstdokumentation bereits behandelt wurden, von den Basiskriterien in Form der staatlichen Vorgaben zu →Modularisierung und Kreditpunkten (→Credit-Point) etc. über die Ziele des Studiengangs, seine Inhalte und die angewandten Vermittlungsmethoden (→Lern-/Lehrformen), die Prüfungsmodalitäten, die Zulassungsmodalitäten, Qualifikation des Lehrpersonals, Betreuung etc. der Studierenden, Ressourcen, Praxisbezug des Studiengangs, Aspekte der →Internationalisierung bis hin zu Fragen des →Qualitätsmanagements. Einige Akkreditierungsagenturen haben auf ihren Internetseiten Musterpläne für den Ablauf der →Vor-Ort-Begehungen und Gesprächsleitfäden veröffentlicht, so dass auch auf Seiten der Hochschulen eine optimale Vorbereitung auf die Begutachtung möglich ist. Am Ende des Besuchs steht in der Regel ein vorläufiges Feedback an den Antragsteller. Die Ergebnisse und Einschätzungen des Besuchs werden in einem Bericht zusammengefasst, der aufgrund der Selbstdarstellung und der vor Ort erzielten Eindrücke eine Empfehlung für die Akkreditierungsentscheidung durch die Agentur enthält. In der Regel erhalten die Antragsteller die Möglichkeit, zu einer vorläufigen Fassung des Berichts Stellung zu nehmen, um mögliche materielle Fehler zu vermeiden. Praxiserfahrungen zeigen, dass die Fakultäten und Fachbereiche die Gespräche des Vor-Ort-Besuchs nutzen, um mit Hilfe des Blicks ,von außen' das Angebot des Studiengangs zu verbessern. Außerdem werden häufig beanstandete kleinere Mängel sofort nach der Begehung behoben.

4   Wie wird man Peer?

Die Abkehr von der Überprüfung starrer inhaltlicher →Standards und die Hinwendung zur Begutachtung individueller Studiengänge rückt die Peers ins Zentrum der Akkreditierungsverfahren. Mit der Qualität des Peerreview stehen und fallen Qualität und Akzeptanz der Akkreditierung. Daher besitzen Auswahl der einzelnen Peers und Zusammensetzung der Expertengruppe eine entscheidende Bedeutung für die Verfahren. Denn auch die Kritiker der Akkreditierung verweisen auf die „Abhängigkeit" vom Urteil

der Peers. Kommt es zu Konflikten in Bezug auf eine Akkreditierungsentscheidung, bezieht sich die Kritik meist auf die Peers, die als nicht gut
vorbereitet, als nicht sachkundig, als voreingenommen etc. wahrgenommen werden. Zu den zentralen Anforderungen an einen Peer gehören
daher (fach-)wissenschaftliche Ausgewiesenheit, Unabhängigkeit, fehlende
Interessengebundenheit in Bezug auf die Fakultät oder den Fachbereich
mit dem zu akkreditierenden Studiengang. Die Peers sollten daher nicht
aus demselben Bundesland kommen, keine engen Verbindungen zur Fakultät oder zum Fachbereich haben, sei es durch Feindschaft, ehemalige
Zugehörigkeit oder Beteiligung an Berufungsverfahren etc. Uneinigkeit
besteht in der Frage der Nominierung. Sollen die Fakultäten ein Vorschlags-
recht haben? Zwar gehen in dieser Frage die Meinungen auseinander und
räumen einige Agenturen den Antragstellern die Möglichkeit ein, Vorschläge zu machen. Die Entscheidung über die Auswahl der Peers liegt
jedoch allein bei den Agenturen. Bei der Auswahl der Peers bedienen sich
die Agenturen vielfach extra hierfür eingerichteter Pools von Expert/innen,
in denen sie ausgewiesene Experten aus den jeweiligen Fachgebieten
zusammenfassen, oder sie nutzen →Fachgesellschaften zur Unterstützung
bei der Suche nach Peers. Besondere Bedeutung kommt dabei dem
→Studentischen Akkreditierungspool zu, dessen sich die Agenturen bei der
schwierigen Suche nach studentischen Expert/innen für die Verfahren
bedienen können und nach Auffassung des Akkreditierungsrates bedienen
sollen (Akkreditierungsrat 2000).

Nicht nur die persönliche Qualifikation und Reputation des einzelnen
Peers ist wichtig für die Qualität des Verfahrens, auch die Zusammensetzung der Peer-Group ist von zentraler Bedeutung. Um eine adäquate
(fach-)wissenschaftliche Begutachtung des Studiengangs gewährleisten zu
können, ist eine gewisse fachliche Breite unter den Gutachter/innen unum-
gänglich. Diese ist auch wichtig, um das Ziel einer größeren →Flexibilität
bei der Gestaltung von Studiengängen zu erreichen und nicht etwa durch
allzu homogen zusammengesetzte Gutachtergruppen einem Mainstream in
der inhaltlichen Konzeption des Studiengangs Vorschub zu leisten. Größe
der Expertengruppe und sonstige Beteiligung werden von den Agenturen
unterschiedlich gehandhabt. Während die Beteiligung von Vertreter/innen
der beruflichen Praxis durch →HRG und Statut der →KMK festgeschrieben
ist, gilt dies nicht für die Beteiligung von Studierenden. Zwar ist nach Auffassung der Befürworter die Beteiligung von Studierenden an den Peer-Reviews sehr wichtig und die Erfahrungen sind durchweg positiv. Dennoch

beteiligten bisher nicht alle Agenturen Studierende an den →Vor-Ort-Bege-
hungen. Angesichts entsprechender Forderungen im Berlin-Kommuniqué
der europäischen Hochschulminister/innen vom 19. September 2003 wird
sich die Beteiligung Studierender an Peer-Reviews zukünftig als Standard
etablieren.

Literatur

Akkreditierungsrat (2000): Beschluss des Akkreditierungsrates zu der Vertretung der Studierenden im Akkreditierungsrat, in Akkreditierungsagenturen und Gutachtergruppen (verabschiedet im Rahmen der 8. Sitzung des Akkreditierungsrates am 15. Mai 2000).

Bornmann, Lutz / Daniel, Hans-Dieter (2003): Begutachtung durch Fachkollegen in der Wissenschaft. Stand der Forschung zur Reliabilität, Fairness und Validität des Peer-Review-Verfahrens, in: Schwarz, Stefanie/Teichler, Ulrich (Hg.): Universität auf dem Prüfstand. Konzepte
und Befunde der Hochschulforschung, Frankfurt/M., S. 207–225.

Mittag, Sandra / Bornmann, Lutz et al. (2003): Evaluation von Studium und Lehre an Hochschulen. Handbuch zur Durchführung mehrstufiger Evaluationsverfahren. Münster u. a. Bieri,
S./Brinkman, H. et al. (2001): Bericht der Gutachtergruppe „Evaluation des Akkreditierungsrates". Freiburg i. Br.; online einsehbar unter: http://www.akkreditierungsrat.de.

Hornbostel, Stefan (1997): Wissenschaftsindikatoren. Bewertungen in der Wissenschaft. Opladen.

KMK (2002a): Statut für ein länder- und hochschulübergreifendes Akkreditierungsverfahren.
Beschluss der Kultusministerkonferenz vom 24.5.2002 i.d.F. vom 19.9.2002.

KMK (2002b): Künftige Entwicklung der länder- und hochschulübergreifenden Qualitätssicherung in Deutschland. Beschluss der Kultusministerkonferenz vom 1.3.2002.

ENQA (2003): Quality Procedures in European Higher Education. An ENQA Survey (= ENQA
Occasional Papers 5). Helsinki.

Wissenschaftsrat (2002): Aufgaben, Kriterien und Verfahren des Evaluationsausschusses des
Wissenschaftsrates, Drs. 5375/02.

Studentische Beteiligung an der Akkreditierung

Falk Bretschneider[1]

Im Sinne der derzeitigen Qualitätsdiskussion lässt sich die Bewertung von Studienangeboten im Akkreditierungsverfahren als Ergebnis einer Aushandlung auf der Basis von Urteilen begreifen, die aus Erfahrung in verschiedenen Bereichen (→Scientific Community, →Berufspraxis, Staat) hervorgehen. Studierende als bedeutsame Mitgliedsgruppe der Hochschule müssen natürlich an dieser Aushandlung beteiligt werden und ihr spezifisches Expertenwissen einbringen können. Eine Beteiligung von Studierenden in Akkreditierungsverfahren ist jedoch bis heute keineswegs selbstverständlich. International ist sie weitgehend unüblich. Sowohl auf Seiten der Studierenden selbst (Bretschneider 2004) wie auch auf Seiten anderer Akteur/innen des →Akkreditierungssystems bestehen Vorbehalte.

Dabei lässt sich zeigen, dass die studentische →Partizipation auf allen Ebenen des Akkreditierungsverfahrens nicht nur neue Handlungschancen für Studierende eröffnet, sondern sie erhöht auch die Qualität der Akkreditierungsentscheidung insgesamt und wirkt auf das Studienangebot zurück. Zudem koppelt sie die →Studienreform an deren Zielgruppe und gibt den Studierenden so die Chance, ihre Interessen darin einzubringen, sich mit den Ergebnissen zu identifizieren und Verantwortung für die Umsetzung zu übernehmen (Bretschneider 2003).

1 Qualitätssicherung und studentische Beteiligung

Die Sorge um die Qualität des Studiums ist eine zentrale Aufgabe studentischer Interessenvertretung. Studierende haben sich bereits in den 1970er und 1980er Jahren in den Studienreformkommissionen betätigt. In mehr oder weniger großem Umfang waren und sind sie durch ihre Vertretungen (Fachschaftsräte u. Ä.) auf Instituts- und Fakultäts- bzw. Fachbereichsniveau an der Studiengangsentwicklung beteiligt. Mit der Abschaffung bzw. dem Auslaufen der Rahmenprüfungsordnungen (→GemKo) und der Einführung der Akkreditierung bietet eine Betätigung als studentische/r Vertreter/in im Akkreditierungsrat, in den Gremien der Agenturen bzw. als Gutachter/in in den Auditteams nun eine neue Möglichkeit, bei der

[1] Teile dieses Beitrages beruhen auf Anregungen von Lars Schewe, für deren Überlassung der Autor zu danken hat.

Begutachtung von Studiengängen zu partizipieren. Studierende können hier – eingebettet in umfassendere Studienreformbemühungen und in neue organisatorische Formen – ihre Kompetenz als Expert/innen ihrer Lernbedürfnisse (Welbers 2001) bzw. der Gestaltung des Studiums einbringen.

Nicht zuletzt besitzt die studentische Beteiligung an der Akkreditierung als Ausweis der demokratischen Qualität der öffentlichen Institution Hochschule einen Eigenwert (grundsätzlich dazu Nitsch, Gerhardt et al. 1965; Köhler 1986). Sie bezieht eine Gruppe von Hochschulmitgliedern in die Reformen ein, die sich diesen bisweilen unter anderem deshalb verweigerte, weil sie aus den Reformprozessen ausgeschlossen war und sich in ihnen nicht wiedererkannte. Eine faire Beteiligung der Studierenden an der Akkreditierung schafft dagegen Akzeptanz für die →Studienreform, überzeugt Studierende von der Sinnhaftigkeit der Reformbemühungen, vermag diese zu beschleunigen und bewirkt eine tiefere Nachhaltigkeit ihrer Implementation. In diesem Sinne ist auch die Erwähnung der studentischen Beteiligung im Berliner Kommuniqué der europäischen Hochschulminister/innen zu verstehen. Bedenken in Hinsicht auf organisatorische Probleme wie materielle Kosten einer studentischen Beteiligung an der Akkreditierung sollten diese Chancen nicht verspielen.

2 Organisatorische Grundlagen

Der Akkreditierungsrat hat frühzeitig festgelegt, dass Studierende zwingend in den Entscheidungsgremien der Akkreditierungsagenturen vertreten sein müssen. Darüber hinaus hat er empfohlen, Studierende als →Peers in die Auditteams einzubeziehen (Akkreditierungsrat 2001). Die studentische Vertretung in den Gremien ist daher ein Kriterium für die Akkreditierung der Agenturen durch den Rat; die Beteiligung von Studierenden an den einzelnen Verfahren dagegen beruht momentan auf Freiwilligkeit. Allerdings setzen, bestärkt durch positive Erfahrungen, immer mehr Agenturen Studierende als Gutachter/innen in den Studiengangsakkreditierungen ein.

Um den Agenturen bei der Suche nach geeigneten studentischen Gutachter/innen behilflich zu sein, haben die Studierenden mittlerweile einen →Studentischen Akkreditierungspool gegründet. An diesem Pool beteiligen sich der freie zusammenschluss von studierendenschaften (→fzs), der etwa die Hälfte der in Deutschland eingeschriebenen Studierenden vertritt, die Studierendenverbände RCDS und Bundesverband

Liberaler Hochschulgruppen und eine Reihe von Landes-Astenkonferenzen und Bundesfachschaftstagungen. Der fzs hat die Verwaltung des Pools übernommen. Der Pool repräsentiert somit, soweit dies angesichts der organisatorischen Zersplitterung der deutschen Studierendenschaft überhaupt möglich ist, am wirksamsten die Interessen der Studierenden. Über seine Arbeitsweise informiert der Studentische Akkreditierungspool auf einer Internetseite (Schewe 2004). Seine Aufgaben liegen insbesondere in der Rekrutierung und Schulung studentischer Gutachter/innen, wobei er u. a. mit dem →Projekt Q zusammenarbeitet. Der Pool versteht sich selbst als Vertreter der Studierenden in Akkreditierungsverfahren; die in Begutachtungsverfahren arbeitenden Studierenden werden deshalb von ihm nach einem festen Verfahren „entsandt". Hochschulpolitische Stellungnahmen zu Fragen der Akkreditierung gibt der Pool nicht ab; dies bleibt seinen jeweiligen Mitgliedsorganisationen in Eigenverantwortung überlassen.

3 Qualitätskriterien und Qualitätsstandards: Die Rolle der Studierenden beim Peer-Review

Das Peer-Review als „Herzstück" der Akkreditierung versammelt gleichberechtigte Expert/innen in einem gemeinsam getragenen und gemeinsam verantworteten Bewertungsverfahren. In ihrem Urteil sind alle beteiligten Mitglieder der Gutachter/innen-Gruppe gleichrangig. Aus unterschiedlichen Bereichen stammende Erfahrungen versammelnd, macht eine möglichst heterogene Zusammensetzung und damit eine Multiperspektivität der Auditteams den Reiz des Verfahrens aus. Eine faire studentische Beteiligung muss ein gleichberechtigtes Urteil der Studierenden im Verfahren sicherstellen. Bürge einer gleichberechtigten →Partizipation der Studierenden an der Akkreditierung muss deshalb in erster Linie die Akkreditierungsagentur sein, die klare, durchschaubare und regelkonforme Prozeduren gewährleistet: Gleichberechtigte Teilnahme für alle an allen Stufen der Akkreditierung, Recht auf Minderheitenvotum, absolute Transparenz des Verfahrens für die Beteiligten, Öffentlichkeit der Entscheidungen, etc. sollten selbstverständliche Elemente der Akkreditierungsverfahren sein und können zu Garanten für gegenseitigen Respekt und den für die gemeinsame Qualitätsarbeit wichtigen Vertrauensaufbau werden.

Daneben haben allerdings auch die Kriterienkataloge eine regulative Funktion. Sie beziehen die Expertenurteile auf einen gemeinsamen Rahmen und stellen auf diese Weise Vergleichbarkeit her. Soweit sich die

Gutachter/innen an diesen Kriterien orientieren, erleichtert dies eine gleichberechtigte Kommunikation und Entscheidungsfindung.

Gute Bewertungskataloge sollen sich vom innovationshemmenden und inflexibel standardisierten Verfahren der Rahmenprüfungsordnungen (→GemKo) unterscheiden. Sie müssen daher in den fachlich-inhaltlichen Teilen offen genug gestaltet sein, um ein vielfältiges Studienangebot nicht technokratisch einzuengen. Sie sollen auch ermöglichen, dass alle Beteiligten an der Begutachtung eben jene Erfahrungen einbringen, wegen denen sie für diese Aufgabe ausgewählt wurden. Ohne Zweifel sind wegen der Heterogenität Konflikte zu erwarten. Um so wichtiger ist es, diese vor dem unterschiedlichen Erfahrungs- und damit Interessenhintergrund zu verstehen und durch faire Verfahren die Möglichkeiten für einen Ausgleich zu schaffen.

Zwei verallgemeinernde Beispiele: 1. Bei der Studienkonzeption neigen Hochschullehrer/innen mit Blick auf die Konkurrenz im Fach dazu, Alleinstellungsmerkmale auszuprägen; die Studierenden dagegen sind mit Blick auf ihre Arbeitsmarktperspektiven häufiger an Mainstream-Qualifizierungen und nicht an Spezialisierungen interessiert. Im Begutachtungsverfahren fordern daher zwar alle Seiten eine gut ausgestattete und gut erschlossene Bibliothek. Sie meinen mit diesem Standard jedoch nicht das Gleiche: Die Hochschullehrer/innen verstehen darunter eine mit aktuellen Fachzeitschriften gut bestückte Bibliothek; die Studierenden dagegen denken eher an Standardwerke, die zur Prüfungsvorbereitung unabdingbar sind. Die Professorin verlangt ein funktionierendes Ausleihsystem, damit sie sich in Ruhe an ihrem Arbeitsplatz im Büro vorbereiten kann; der Studierende dagegen fordert zahlreiche Leseplätze im zentralen Büchersaal, um nicht in der Unruhe des Wohnheims arbeiten zu müssen. 2. Bei der Curriculum-Gestaltung werden die Studierenden häufig auf Aktualität und praktische Relevanz des Wissens setzen, die Hochschullehrer/innen dagegen auf die angemessene Repräsentanz der Forschungsdiskussionen in den Lehrveranstaltungen. Studierende werden auf eine Orientierungssicherheit bietende Schwerpunktbildung im Curriculum sehen; die Hochschullehrer/innen werden der Neigung nur schwer widerstehen, die Komplexität und Verwobenheit des eigenen Faches und seiner Gegenstände vermitteln zu wollen.

Verschiedene Erfahrungswelten generieren unterschiedliche Perspektiven und unterschiedliche Perspektiven generieren unterschiedliche Anforderungsprofile an den Studiengang. Die Anziehungskraft einer partizipativen Begutachtungsanordnung bei der Akkreditierung besteht in einer Steigerung der denkbar möglichen Studiengangsgestaltungen. Qualität orientiert sich dabei nicht nur an einem fachdisziplinär bereits ausgehandelten „state of the art", sondern an einer Vielzahl von Studiengangskonfigurationen, die auf außerwissenschaftliche Bedürfnisse Rücksicht nehmen und diese mit dem hohen Anspruch der →Hochschulausbildung zu verbinden wissen.

Zu Konflikten kann es dabei kommen, wenn die an der Begutachtung Beteiligten keine Aushandlungsperspektive auf das Begutachtungsverfahren haben, wenn eigene Motivationen legitimationsunabhängig als relevant gesetzt, die anderer Akteure jedoch in Zweifel gezogen werden. Letztlich ist das Akkreditierungsverfahren auf Konsens orientiert, nicht auf Konfrontation von Ansichten. Für das Begutachtungsverfahren schädlich sind dabei weniger inhaltliche Überzeugungen (diese sollen vielmehr gerade nutzbar gemacht werden), sondern eine doktrinäre Haltung. Auf allen Seiten setzt es deshalb Kooperationsbereitschaft und eine Neigung voraus, verfügbare Alternativen zu benennen und diese zu verhandeln.

In diesem Zusammenhang muss auch darauf hingewiesen werden, dass Akkreditierung in politische Rahmenvorgaben eingebunden ist. Die Einführung von →Studiengebühren bei Weiterbildungsangeboten oder die Nötigung der Fachbereiche durch die →KMK, für Masterangebote weitere Zulassungsvoraussetzungen neben dem erfolgreichen Bachelordiplom zu erlassen (zu absehbaren negativen Folgen Teichler 2003), aber auch Kapazitätsfragen sind Beispiele. Diese mögen z. B. Positionen der studentischen Interessenverbände entgegenlaufen, können aber im Akkreditierungsprozess nicht aufgehoben werden. Wer als studentische/r Gutachter/in in Akkreditierungsverfahren mitarbeitet, muss sich der Grenzen dieser Verfahren bewusst sein und der Tatsache ins Auge blicken, dass diese Hochschulpolitik keinesfalls ersetzen können.

Studierende sollten deshalb bei der Akkreditierung auf die Chancen setzen, die das Verfahren bietet. Die Formulierung und Durchsetzung von rigiden und engmaschigen Kriterienkatalogen, zu denen zu greifen man in der Wahrnehmung einer Unterlegenheit im Machtgefüge der Hochschulen geneigt sein könnte, würde das freie und kreative Spiel der Aushandlungsprozesse im Peer-Review konterkarieren. Der scheinbare Vorteil würde nicht nur dem Grundanliegen der Qualitätssicherung widersprechen, sondern könnte auf Kosten der Studierenden auch leicht in Nachteile einer rigiden und inflexiblen Studiengangsentwicklung umschlagen. Zudem sprechen zwei methodische Einwände gegen ein zu hohes Gewicht von Kriterienkatalogen:

- Diese können nicht die Ebene der Entscheidung über die Qualität der einzelnen Studiengänge erreichen.
- Kriterien- und Standardsetzung (→Kriterien, →Standards) kann niemals Entscheidungen über die Sinnhaftigkeit einer bestimmten Studiengangsgestaltung treffen.

Peer-Reviews lassen sich – wie auch die internationale Erfahrung zeigt – nicht durch objektivierende Verfahren der empirischen Sozialforschung ersetzen. Abgesehen von den praktischen Problemen des Arbeitsaufwandes und der immensen Kosten, die mit empirische Verfahren verbunden sind, können diese zwar den Informiertheitsgrad von Entscheidungen erhöhen und sind deshalb punktuell auch durchaus nützlich; ihre Ergebnisse lassen sich jedoch nicht ohne Wertentscheidungen in präskriptive Urteile transformieren. Im Übergang von der Gesellschaftsanalyse zur Gesellschaftsgestaltung sind perspektiven- und interessengebundene Aushandlungsprozesse wie das Peer-Review also nicht hintergehbar.

Ziel der gemeinsamen Arbeit in der Begutachtung muss es deshalb auch – und gerade – aus studentischer Sicht sein, dass alle Gutachter/innen sich auf den jeweiligen Begutachtungsfall in seiner Eigenart einlassen und ein Klima der Aushandlung entwickeln, das einen offenen Dialog und eine Verständigung ermöglicht (ESIB 2002). Gut ist ein Studiengang deshalb nicht, wenn er vorgeschriebenen formalen Standards entspricht (das taten die meisten der nach den Rahmenprüfungsordnungen [→Gem-Ko] genehmigten deutschen Studiengänge durchaus). Gut ist ein Studiengang, wenn sich alle Gutachter/innen darauf verständigen können, dass er aus ihrer durch Erfahrungswissen abgestützten Perspektive heraus Sinn macht.

4 Dimensionen studentischer Beurteilung bei der Akkreditierung

Kriterienkataloge erfüllen in diesem Kontext die wichtige Aufgabe, dem Einzelnen in Erinnerung zu rufen, dass er mit seinem Expertenurteil große Verantwortung auf sich nimmt. Dieses Urteil allerdings muss aus der vorgängigen Erfahrung jedes Gutachters und jeder Gutachterin schöpfen. Wertvoll wird der spezifisch „studentische Blick" für die Akkreditierung, weil er anders und anderes sieht. Ein abschließender Katalog studentischer

Kriterien lässt sich daraus nicht entwickeln; immerhin jedoch können hier Dimensionen beschrieben werden, an denen sich die studentische Beurteilung im Akkreditierungsverfahren orientieren sollte. Diese sollen allerdings nicht aus dem Zusammenhang gerissen werden, weil sie erst in ihrer jeweiligen Kombination die Qualität eines Studienganges und seines Umfeldes aus studentischer Sicht definieren. Als Dimensionen zur studentischen Beurteilung eines Studienangebotes sind insbesondere zu nennen: a) Anforderungen an die Inhalte und Methoden des Studienprogramms, b) Anforderungen an das Umfeld des Studiengangs und c) Anforderungen an die studentische Beteiligung bei der Entstehung, der Qualitätssicherung und der Weiterentwicklung des Studiengangs.

a   Studienprogramm

Die Qualität eines Studienangebotes bemisst sich heute nicht nur an seiner inhaltlich-strukturellen Kohärenz und seiner didaktisch-methodischen Eignung, Studierende unterschiedlicher Hochschulzugangsvoraussetzungen, individueller Begabungen, sozialer Herkunft und lebensweltlicher Verankerung zu integrieren. Das curriculare Design, aber auch die soziale Umfeldgestaltung sollen auch ermöglichen, das Studium erfolgreich und im staatlich vorgegebenen Zeitrahmen abzuschließen (→Studienzeiten). Der Aufenthalt an der Hochschule soll so zu einem individuell wie gesellschaftlich ertragreichen Lebensabschnitt werden (Gützkow, Kiel, Bultmann 1998). Dieser komplexe Zusammenhang unterschiedlicher Studienbedingungen macht die →Studierbarkeit eines Studienganges aus.

- Zahlreiche strukturelle Instrumente der Studienreform zur Beurteilung von Studienprogrammen werden mittlerweile durch staatliche Vorgaben abgedeckt. Die studentische Bewertung kann sich hier darauf beschränken, die Art ihrer Umsetzung zu überprüfen. Dies betrifft insbesondere Elemente wie →Modularisierung, →studienbegleitendes Prüfen oder Leistungspunktsysteme (→Credit-Point-System).

- Andere Aspekte haben sich dagegen im Bewusstsein der Studiengangsgestalter noch nicht gleicherart verfestigt, so dass die studentische Beurteilung hier einen besonderen Einfluss nehmen kann. Zu nennen wären auf der Ebene der inhaltlichen Gestaltung des Studienangebotes Elemente wie Inter- bzw. Transdisziplinarität (→Interdisziplinarität) des Studienangebotes, Sensibilisierung für kulturelle und soziale →Diversität in der demokratischen Gesellschaft (→Gender Mainstreaming, ethische Erziehung), Erzeugung eines Bewusstseins der Verantwortung des Einzelnen für das Leben in der Gemeinschaft, die aus dem Privileg des Wissens- und Kenntniserwerbs resultiert (soziale und ethische →Schlüsselqualifikationen).

- Im Hinblick auf die Studienorganisation wären zu nennen die Zeitbelastung durch Veranstaltungen, Hausarbeiten und Prüfungen (→Workload), curriculare Wahlmöglichkeiten (inkl. der Frequenz von prüfungsrelevanten Lehrangeboten), die →Durchlässigkeit gegenüber anderen Abschlüssen (besonders zwischen Bachelor- und Masterabschlüssen).

- Hinzu kommen schließlich die Lehr- und Lernformen (→Lern-/Lehrformen), die ein aktives Lernverhalten ermöglichen und intrinsische Motivation freisetzen sollten. Dazu gehören innovative Lehrformen (Gruppenarbeit statt Frontalunterricht, Projektarbeit statt Auswendiglernen), die herkömmliche Veranstaltungsformen (Vorlesung, Seminare, Laborarbeit) zumindest ergänzen sollten. Schließlich ist wichtig, auf das Vorhandensein von Brückenkursen für diejenigen zu dringen, die mögliche Zugangsvoraussetzungen des Studienangebotes nicht mitbringen, diese jedoch in zumutbarer Zeit und Aufwand nachholen können und wollen.

- Hinsichtlich des Praxisbezugs des Studiums werden sich Konflikte mit anderen Akteur/innen im Akkreditierungsverfahren nicht ausschließen lassen. Für Studierende steht das Ziel der dauerhaften Berufsfähigkeit im Vordergrund. Absolvent/innen sollen nicht nur so qualifiziert sein, dass sie sich in der aktuellen Arbeitsmarktsituation zurechtfinden, sondern dass sie über eine breite berufliche Grundqualifizierung verfügen, die sie nicht auf eine Nische im →Arbeitsmarkt festlegt. Wichtig ist für sie →Employability und nicht Berufseinsatzfähigkeit in einer konkreten Profession. Das bedeutet auch, dass die mit einem Studienabschluss erworbenen Kompetenzen sich nicht nur am jeweiligen Ist-Zustand des Berufsfeldes orientieren dürfen. Absolvent/innen müssen in der Lage sein, ihr Berufsfeld mit einer gewissen Distanz betrachten zu können, nicht zuletzt, um es in seinen sozialen und wirtschaftlichen Dimensionen kritisch reflektieren und gegebenenfalls verbessern zu können.

■ Im Zusammenhang mit der →Employability wird immer wieder auf die wichtige Rolle der sog. Soft Skills (→Schlüsselqualifikationen) oder Generic Competences (→Tuning-Projekt) verwiesen. Die Art und Weise ihrer Vermittlung sollte allerdings nicht die eigentliche Absicht konterkarieren: In vielen Studiengängen werden Soft Skills in außerhalb des eigentlichen Studienangebotes laufenden Ergänzungsveranstaltungen und häufig von externem Lehrpersonal vermittelt. So werden sie aber vom Fach gelöst; dies ist dem Gedanken des Praxisbezugs geradezu entgegengesetzt. Training von Schlüsselqualifikationen ohne Fachbezug bleibt „Stricken ohne Wolle" (Wildt 2001, 39). Und oft ist die Vermittlung vollständig an den gerade aktuell wahrgenommenen Anforderungen des →Arbeitsmarkts orientiert, so dass weder eine dauerhafte Beschäftigungsfähigkeit erreicht, noch eine mögliche Änderung des Berufsfeldes in den Blick genommen wird. Studentische Gutachter/innen sollten im Akkreditierungsverfahren somit immer darauf achten, dass die Vermittlung der Soft Skills konsistent in das Lernprogramm eingebunden ist und einen fachlichen Praxisbezug herstellen, der im Geiste der →Einheit von Forschung und Lehre zudem an die wissenschaftliche Grundlegung des Studiums gebunden bleiben muss (statt „Rhetorik für Erstsemester" also „Präsentationstechniken in der Soziologie").

b   **Umfeld des Studiengangs**

■ Studierende haben stets die Notwendigkeit betont, bei der Beurteilung eines Studienganges auch das Studienumfeld in den Blick zu nehmen (ESIB, fzs 2003); auch auf Seiten der Politik beginnt sich eine Sensibilisierung für dieses Thema bemerkbar zu machen (Schnitzer 2003). Trotz eines langsamen Einstellungswandels auf Seiten der Lehrenden und der Administration (heute besonders noch bei der Entwicklung auslandsorientierter Studiengänge) werden diese Aspekte jedoch immer noch zu stark vernachlässigt. Auch wenn die konkreten Studiengangsverantwortlichen nicht für das lokale Wohnraumangebot, studentische Jobmöglichkeiten, das Stipendienangebot, Kinderbetreuungseinrichtungen oder das Vorhandensein von kulturellen oder sportlichen Entspannungsangeboten verantwortlich gemacht werden können, muss bei ihnen doch eine Sensibilität dafür entwickelt werden, dass gerade diese Elemente für den Erfolg von Studienbemühungen mitunter wichtiger werden als die genuinen Charakteristika des Studienganges wie das Curriculum.

- In die volle Verantwortlichkeit eines Studiengangsanbieters fällt dagegen die Infrastruktur, die er Studierenden zur erfolgreichen Absolvierung des Studiums zur Verfügung stellt. Dazu gehören die Kapazität von Lehrveranstaltungen (in überfüllten Seminaren studiert es sich aller Erfahrung nach schlecht), das Vorhandensein, die Ausstattung und die Zugänglichkeit von Bibliotheken, Projekträumen, EDV-Kabinetten, Sprachunterrichtsräumen, Laboren, Werkstätten etc. Richtet sich der Studiengang an ausländische Studierende, haben die Anbieter für die kulturelle (d. h. auch sprachliche) und soziale Integration der Studierenden zu sorgen, wollen sie einen erfolgreichen Studienvollzug erreichen. Spätestens bei der →Vor-Ort-Begehung lassen sich zudem Umfeldfaktoren wie die Gestaltung der Unterrichtsräume (Licht- und Luftzugänglichkeit), die Anlage des Campus (Grünflächen, Ruhezonen, Imbissmöglichkeiten, Kontaktzonen), die Verkehrsanbindung und die Entfernungen zwischen einzelnen Unterrichtsräumen beurteilen. Die moderne Arbeitsplatzforschung zeigt zur Genüge, wie wichtig die Zufriedenheit mit dem Arbeitsumfeld für Motivierung und damit für den Arbeitserfolg ist.

- Schließlich ist die soziale Einbindung der Studierenden in die Hochschule ein wichtiger Faktor für die Beurteilung der Studienbedingungen. Dazu gehören die Erreichbarkeit von Dozent/innen (zeitliche Frequenz von Sprechstunden, räumliche Entfernung der Büros von den Unterrichtsräumen), das Vorhandensein einer funktionierenden und von der Hochschulleitung gehörten studentischen Vertretung am Fachbereich und an der Hochschule (Fachschaftsrat, AStA, Studentenrat), das Angebot an Erstsemester-Orientierungsveranstaltungen und Tutorien. Essenzieller Bestandteil jedes Studienangebotes muss zudem eine funktionierende und zugängliche →Studienberatung sein. Angesichts der Stresserfahrungen, die ein Studium mit sich bringen kann, sollte zudem auf das Vorhandensein einer speziellen psychologischen Beratungsmöglichkeit bzw. einer Lernberatung gesehen werden.

■ Daneben sind außerdem noch fachspezifische Aspekte zu beachten: So hat die BuFaTa Chemie (Bundesfachtagung der Chemiefachschaften) im Jahre 2002 ein „Handbuch zur Laborsicherheit" veröffentlicht, welches nun natürlich als Basis für die Beurteilung von Chemiestudiengängen dienen sollte (BuFaTa Chemie 2002).

■ Akkreditierungsverfahren haben ihre Grenzen. Da sie sich in unserem Kontext auf einen oder höchstens mehrere Studiengänge beschränken, fehlt oft der Blick auf die Hochschule als Ganze – was gerade bei Fragen der Beurteilung des Studienumfelds wichtig sein kann. Zahlreiche Beratungsangebote etwa müssen aus Ressourcengründen auf Hochschulebene angesiedelt werden und können sich nicht nur auf einen Studiengang beschränken. Eine fehlende Studienberatung an der Hochschule X bei einem ansonsten hervorragenden Studiengangsangebot des Fachbereiches →kann daher kaum zur negativen Akkreditierungsentscheidung führen (hat die Hochschule dagegen eine solche und der Studiengang nutzt sie nicht, dann schon). Kompromisse lassen sich hier nicht vermeiden – im Sinne eines Beitrages der Akkreditierung zur qualitativen Weiterentwicklung des Studienangebotes sollte es aber immer hilfreich sein, auf solche Mängel (selbst wenn sie nicht unmittelbar abstellbar sind) hinzuweisen und auf ihre Aufnahme in die abschließende Bewertung der Gutachter/innen-Gruppe zu dringen. Den Hochschulen wird damit die Chance zur „Nacharbeit" gegeben.

c   **Studentische Beteiligung an der Entstehung, der Qualitätssicherung und der Weiterentwicklung des Studiengangs**

■ Eine noch so gute Beteiligung von Studierenden in einem Akkreditierungsverfahren kann nicht die Einbindung von Studierenden in die Entstehung des Studienganges vor Ort ersetzen. Der Grund dafür ist simpel: Ein/e studentische/r Gutachter/in kann noch so informiert und reflektiert sein, viele Problemzonen und Schwachstellen kennen nur die Studierenden an der Hochschule. Zudem sind zahlreiche Forderungen der →Studienreform an ein gutes Studium nicht erst innerhalb eines Akkreditierungsverfahrens umzusetzen, sondern müssen vor Ort vorangebracht werden – wobei studentische Beteiligung i. d. R. hilfreich ist. Daher gibt es ein verallgemeinerbares Kriterium für studentische Gutachter/innen: Es müssen (soweit vorhanden) immer Studierende an der Erstellung des Studienganges beteiligt gewesen und ihnen die Möglichkeit gegeben worden sein, ihre Vorstellungen, Anregungen und Kritiken in die Studiengangsentwicklung einzubringen. Das heißt nicht, dass automatisch ein Studiengang, der nicht die Gnade der Studierenden vor Ort gefunden hat, schlecht ist und nicht akkreditiert werden sollte (viele Gründe bis hin zu fachbereichsinternen Konflikten können zur Ablehnung geführt haben). Zeigen sich jedoch die Studierenden am anbietenden Fachbereich vom Studiengang überzeugt, ist dies sicher allgemein ein gutes Zeichen (welches die studentischen Gutachter/innen wiederum allerdings keinesfalls von ihrer Aufgabe der vorurteilsfreien Begutachtung entlastet!).

■ Gesagtes gilt (im Falle von Reakkreditierungsverfahren) natürlich auch für die Qualitätssicherung und eventuelle Weiterentwicklung des Studienganges. Regelmäßige →Veranstaltungskritiken, aber auch die Beteiligung von Studierenden an Auswertungs- und Strategiesitzungen sollten zum selbstverständlichen Verhalten der Studiengangsverantwortlichen gehören. Schließlich gehört zur Verantwortung des Anbieters gegenüber den Studierenden, dass er die Studiengangserstellung und -weiterentwicklung auf mehrere Schultern am Fachbereich verteilt. Leider geraten heute immer noch zahlreiche Studiengänge zur karrierefördernden „Privatangelegenheit" einzelner Professor/innen – mit allen negativen Folgen für die Studierenden, wenn jene die Hochschule verlassen oder das Interesse am Studiengang verlieren sollten.

5 Checkliste für die studentische Beteiligung an einem Akkreditierungsverfahren (Gutachter/in)

Vorbereitung der Begutachtung

■ Wichtig ist zunächst, sich mit den Verfahrensgrundlagen vertraut zu machen. Unter Umständen muss also die Agentur um ergänzende Informationen gebeten werden (Leitfaden für Gutachter/innen mit Verfahrensablauf und -grundsätzen wie z. B. Unabhängigkeit des Urteils und Schweigepflicht, Kriterienkataloge etc.). Von der Agentur sollten zudem rechtzeitig vor der Begutachtung alle notwendigen Materialen (Antragsunterlagen der Hochschule, Mitglieder des Auditteams mit Kontaktmöglichkeiten, Anfahrtshinweise etc.) zur Verfügung gestellt worden sein. Wichtige Informationen zur Agentur und zum Verfahren sowie zu den gesetzlichen Grundlagen des Akkreditierungsverfahrens finden sich auch auf den Internetseiten des Akkreditierungsrates.

- Zur Vorbereitung der Begutachtung gehört, sich bei geeigneten Stellen (z. B. Bundesfachschaftstagungen) nach möglichen generellen Problemen des Studienfaches zu erkundigen, um kompetent urteilen zu können. Sollte dies noch nicht der Fall sein, ist zudem eine Schulung als Gutachter/in beim →Studentischen Akkreditierungspool unabdingbar, um mit dem Verfahren der Akkreditierung hinreichend vertraut zu sein. Diese macht mit politischen, institutionellen und organisatorischen Grundlagen der Akkreditierung vertraut und führt in die Methodik des →Peer-Review ein.

Sichtung der Unterlagen

- Eine verantwortungsvolle Begutachtung beginnt vor der →Vor-Ort-Begehung. Zunächst lässt sich ein Bild der Hochschule und des Fachbereichs gewinnen, indem deren Öffentlichkeitsarbeit betrachtet wird (Plakate, Studienwerbematerial, Homepage). Wie werden Schüler/innen angesprochen, die sich für ein Studium interessieren? Welche Voraussetzungen sollen Bewerber/innen mitbringen, welche Praxisrelevanz wird dem Studium in den Informationsmaterialien zugeschrieben?
- Der nächste Schritt besteht in einer Sichtung der eingereichten Unterlagen. Aufmerksamkeit sollte hier zunächst das Curriculum erfahren (wie hoch ist der Anteil an Frontalunterricht, der für schlechte Studienleistungen verantwortlich gemacht werden kann; welche Hilfestellungen erhalten Studienanfänger/innen; soll aktiv in Gruppen und in Projekten gearbeitet werden). Wird den Studierenden die Möglichkeit gegeben, über soziale und

kulturelle Implikationen des Studienfaches zu reflektieren? Werden die Geschlechteraspekte genügend berücksichtigt, und wie hoch ist der Anteil eingeschriebener Frauen? Ist der Studiengang interdisziplinär verknüpft, wie realisiert er den Praxisbezug des Studiums (aus dem Fach heraus, durch Praxisphasen wie Praktika etc.)? Wie breit ist das Wahlspektrum im Studiengang (wie hoch also ist der Verschulungsgrad)? Wird die Vermittlung von Soft Skills (→Schlüsselqualifikationen) sinnvoll ins →Studienprogramm eingebettet? Sind die Lehrenden hochschuldidaktisch geschult? Wird in den Vermittlungsstrategien Wert auf Lernen statt auf Lehren, auf Kompetenzen statt auf Wissen gelegt (→Learning Outcomes)? Wird ein selbstmotiviertes und selbstorganisiertes Lernen befördert?

Begutachtung vor Ort

■ Vor Ort können die zahlreichen Kriterien zum Studienumfeld (Unterrichtsräume, Campus, Arbeits- und Ruhezonen, Bibliothek, Mensa etc.) abgeprüft werden, soweit dies noch nicht anhand der Unterlagen möglich war. Zusätzliche Aspekte lassen sich nachprüfen, z. B.: Stehen moderne Lehrmaterialien (Projektoren in den Hörsälen, PC-Gruppenräume) zur Verfügung? Eine zu Hause vorbereitete Gedankenstütze hilft hier, Wichtiges nicht zu vergessen. Zentrales Element der →Vor-Ort-Begehung ist das Gespräch mit den Studiengangsverantwortlichen, aber auch mit den Studierenden (eine solche Begegnung sollte Element jeder Begehung sein). Hier können Nachfragen gestellt werden (z. B. zur sozialen Zusammensetzung der Studierendenschaft und entsprechenden Gestaltungen des Umfeldes), Missverständnisse ausgeräumt, Übelstände angesprochen und eventuell sofort abgestellt werden. Wichtig ist es, bei der Begehung zu einem Gesamturteil zu kommen, ohne einzelne Elemente der Begutachtung außer Acht zu lassen; es müssen zahlreiche der aufgezählten Kriterien abgewogen (eine schlechte Mensa ins Verhältnis zu einer hervorragenden Bibliothek und ein enges und mit zu wenig Plätzen ausgestattetes Computerkabinett ins Verhältnis zu einem guten →Tutorenprogramm gesetzt) und abschließend eine möglicherweise schwierige Ja-Nein-Entscheidung getroffen werden. Sollte für eine Akkreditierung mit Auflagen plädiert werden, so muss darauf geachtet werden, dass diese Auflagen kurzfristig umsetzbar sind; ansonsten haben sie keinen Sinn.

■ Im Gespräch mit den Studierenden lässt sich erfahren, wie der Studiengang entwickelt wurde, wie seine Qualität gesichert, wie er weiterentwickelt werden und vor allem wie die Beteiligung der Studierenden an diesen Schritten aussah bzw. aussehen soll. Es ist wichtig, dass der Studiengang vom gesamten Fachbereich getragen wird und nicht nur von einzelnen Lehrpersonen vorangetrieben wird.

■ Im Zusammenspiel mit den anderen Gutachter/innen sollte darauf geachtet werden, dass das studentische Urteil gehört wird. Sollten studentische Argumente nicht überzeugen können, sollte immer darauf gedrungen werden, dass sie dennoch im Protokoll der Begehung auftauchen, das hinterher Grundlage für den Gutachter/innen-Bericht ist. Eigene Notizen helfen, sich an Wichtiges zu erinnern.

Nach der Begutachtung

■ Am Wichtigsten nach Abschluss einer Begutachtung ist, den von einem Mitglied der Gruppe oder der Geschäftsstelle der Agentur verfassten Begutachtungsbericht vor dessen Vorlage im Entscheidungsgremium (und damit der Akkreditierungsentscheidung) lesen und das Einverständnis mit der gemeinsam getroffenen Entscheidung des Auditteams nochmals erklären zu können. Bis zum Abschluss des Verfahrens (d. h. der öffentlich verkündeten Akkreditierungsentscheidung) darf das Ergebnis der Begutachtung nicht an andere weitergegeben werden; über alle anderen Verfahrenseinzelheiten (z. B. Informationen, die bei der Begutachtung gewonnen wurden) ist aus Vertrauensschutz für die antragstellende Hochschule auch danach Stillschweigen zu bewahren.

■ Nach Abschluss des Verfahrens sollte der →Studentische Akkreditierungspool informiert und über eventuell aufgetretene Probleme ein kurzer Bericht für die Poolverwaltung verfasst werden.

Literatur

Akkreditierungsrat (2000): Beschluss des Akkreditierungsrates zu der Vertretung der Studierenden im Akkreditierungsrat, in Akkreditierungsagenturen und Gutachtergruppen (15.5.2000); online einsehbar unter: http://www.akkreditierungsrat.de.

Bretschneider, Falk (2003): Studentische Partizipation zwischen Interessenvertretung und außengelenkter Selbstregierung. Eine Analyse aus Akteurssicht am Beispiel der Akkreditierung, in: die hochschule 1, S. 174–186.

Bretschneider, Falk (2004): Eine kurze Geschichte vom langen Atem. Was studentischer Politik in Deutschland fehlt, in: Gützkow, F. / Quaißer, G. (Hg.): Hochschule gestalten. Denkanstöße aus Hochschulpolitik und Hochschulforschung. Bielefeld, S. 153–164.

BuFaTa Chemie (2002): Innovation von unten – Arbeitssicherheits- und Umweltschutzprojekte an Hochschulen; online einsehbar unter: http://bufata.chemie.de/reader/ivu.html.

ESIB (2002): European Student Handbook on Quality Assurance in Higher Education.Brüssel; online einsehbar unter: http://www.esib.org/projects/qap/QAhandbook/index.html.

ESIB/fzs (2003): Failing Bologna. State of Implementation of the Bologna Objectives in Germany. Student's National Report for the Berlin Summit on Higher Education. Bonn, online einsehbar in: http://www.esib.org/BPC/Countries/Germany/natrep_final.pdf.

Gützkow, Frauke / Kiel, Sabine et al. (1998): Eckpunkte für eine qualitative Studienreform; online einsehbar unter: http://www.fzs-online.org/article/21/de.

Köhler, Gerd (1986): Hochschule in der Demokratie, Demokratie in der Hochschule. Demokratische Alternativen zur Wendepolitik in Hochschule und Forschung. Dokumentation des Göttinger Kongresses, 7.–9. Dezember 1984. Freiburg i. Br.

Nitsch, Wolfgang / Gerhardt, Uta et al. (1965): Hochschule in der Demokratie. Berlin/Neuwied.

Schewe, Lars (2003): Und wie funktioniert der Pool nun genau?, in: http://www.studentischer-pool.de/ablaufpool.html.

Schnitzer, Klaus (2003): Die soziale Dimension im europäischen Hochschulraum. Der EURO STUDENT REPORT als Monitorsystem. HIS-Kurzinformation A5/2003. Hannover; online einsehbar unter: http://www.his.de/Abt2/Auslandsstudium/pdf/Kia/kia200305.pdf.

Teichler, Ulrich (2003): Die Master-Stufe an Hochschulen in Europa – Probleme und Chancen, in: Das Hochschulwesen 5, S. 174–178.

Welbers, Ulrich (2001): Akkreditierung als Partizipationsstrategie. Beteiligungschancen für Studierende auf dem Weg zu gestuften Studiengängen, in: Studentische Partizipation in Akkreditierungsverfahren (= Materialien des Studentischen Akkreditierungspools 1). Bonn, S. 12–35.

Wildt, Johannes (2001): Ein hochschuldidaktischer Blick auf Lehren und Lernen in gestuften Studiengängen, in: Ulrich Welbers (Hg.): Studienreform mit Bachelor und Master. Gestufte Studiengänge im Blick des Lehrens und Lernens an Hochschulen. Modelle für die Geistes- und Sozialwissenschaften. Neuwied, S. 25–42.

Beteiligung der Arbeitgeber an der Akkreditierung

Christoph Anz, Hans-Jürgen Brackmann

Außerhalb Deutschlands war Akkreditierung als Instrument der Qualitätssicherung schon längst selbstverständlich, als hierzulande erst die Voraussetzungen für die umfassende und externe Qualitätssicherung von Studienangeboten geschaffen wurden. Insbesondere auf dem wirtschaftswissenschaftlichen Sektor – und hier vor allem für die Fülle von MBA-Programmen – gibt es zahlreiche nationale Qualitätssicherer, die diese Art der Gütekontrolle seit vielen Jahrzehnten betreiben. Dabei gibt es zwei Ausrichtungen, nach denen sich die Akkreditierungsagenturen unterscheiden: Während die einen eine Fakultät bzw. eine Business-School im Ganzen unter die Lupe nehmen und bewerten, konzentrieren sich die anderen auf die Überprüfung einzelner Studiengänge bzw. einzelner Programme. Allein im Bereich MBA und Wirtschaftswissenschaften ist der internationale Markt gut bestückt mit Akkreditierungsagenturen. Der Bogen der Akkreditierer spannt sich zum Beispiel von den USA mit der 1916 gegründeten American Assembly of Collegiate Schools of Business (AACSB) über die Asociacion Espanola de Escuelas de Direccion de Empresas (AEEDE) in Spanien, die englischen Akkreditierer Association of MBAs (AMBA) und Association of Business Schools (ABS), das Chapitre in Frankreich, die Foundation for International Business Administration Accreditation (FIBAA) für den deutschsprachigen Raum bis hin zu den Gründungen in Mittel- und Osteuropa wie Russian Association of Business Education (RABE), Central and Eastern European Management Development Network (CEEMAN) und Forum in Polen.

Ähnlich verhält es sich in anderen Wirtschaftsbereichen. Auch hier ist die Akkreditierung international Standard. Zwar müssen die von den Akkreditierungsagenturen ausgewiesenen Ergebnisse noch nicht ohne weiteres vergleichbar sein. Aber die Tendenz, dass über Absprachen, gemeinsame →Standards und sogar gemeinsame Bewertungsverfahren Vergleichbarkeit (gegenseitige →Anerkennung) geschaffen wird, ist deutlich spürbar. Dies ist ganz im Interesse der Studierenden, vor allem aber auch des Abnehmermarktes. Nicht zuletzt dessen Nachfrageverhalten trägt entscheidend dazu bei, ob die für Deutschland neue Studienstruktur mit den Abschlüssen Bachelor und Master auch breite Akzeptanz findet – und dies nicht nur im Bereich der Wirtschaftswissenschaften, sondern über die gesamte Breite der Studienangebote hinweg. Dabei war von Beginn an zu beobachten, dass die großen, international tätigen Unternehmen sehr positiv auf die Einführung der gestuften Studiengänge in Deutschland reagiert haben; für sie ist die Umsetzung des →Bologna-Prozesses die längst überfällige Angleichung an internationale Standards. Inzwischen machen auch die Signale und öffentlichen Äußerungen aus der mittelständischen Wirtschaft deutlich, dass die neuen Abschlüsse grundsätzlich der richtige Weg sind.

1 Notwendigkeit von Akkreditierung

Für die Arbeitgeber ist es wichtig, dass neben einer größeren →Transparenz des Studiengangs und der von den Studierenden erbrachten Leistungen mittels →ECTS und des →Diploma Supplement Transparenz der Qualität zur Selbstverständlichkeit wird. Daher setzt die Wirtschaft auf das Prinzip der Akkreditierung, an der neben Vertreter/innen der Wissenschaft auch Berufspraktiker/innen aus Unternehmen beteiligt sind. Das System der Akkreditierung muss allerdings noch weiterentwickelt werden, damit es zu einem echten Kompass für die Unternehmen und Studieninteressierten in der europäischen Hochschullandschaft werden kann. Das erfolgreiche Durchlaufen eines verlässlichen und aussagekräftigen Akkreditierungsverfahrens muss ein Qualitätssiegel (→Gütesiegel) darstellen.

Entscheidend für die Akzeptanz der neuen Abschlüsse sind →Transparenz und Qualität der Studienangebote. Daher ist es für die Arbeitgeber selbstverständlich, das neue Instrument der Akkreditierung nicht nur zu begrüßen, sondern aktiv zu nutzen und zu gestalten, um auf diese Weise Erwartungen und eigene Erfahrungen in den Prozess einbringen zu können. Unternehmen haben einerseits umfangreiche Erfahrungen auf dem Gebiet der Qualitätssicherung von Produkten und Prozessen; dieser Erfahrungsschatz kann für die Hochschulen von hohem Wert sein, wenn sie sich bemühen, eigene Qualitätsstandards (→Standards) zu entwickeln. Andererseits haben die Unternehmen bestimmte Erwartungen an die Qualität der →Hochschulausbildung, an zu vermittelnde Qualifikationen, die von den Absolvent/innen für einen erfolgreichen Berufseinstieg mitgebracht werden müssen. Dies sind neben den fachlichen Qualifikationen insbesondere die sog. Soft Skills (→Schlüsselqualifikationen), die entscheidend zur Berufsbefähigung (→Employability) einer/s Hochschulabsolventen/in beitragen.

Die einzelnen Qualitätskriterien, die für die Bewertung der Studiengänge herangezogen werden müssen, sind noch nicht hinreichend klar definiert und somit nur schwer vergleichbar. Hierdurch mangelt es den Gutachterentscheidungen unterschiedlicher Akkreditierungsagenturen noch immer an der erforderlichen →Transparenz und Aussagekraft. Die Wirtschaft muss gemeinsam mit den Agenturen und den Hochschulen den allgemeinen Anforderungskatalog an Studiengänge operationalisieren, d.h. es sind valide Kriterien für die allgemeinen Qualitätsanforderungen zu erarbeiten. Dies bietet der Wirtschaft die Möglichkeit, verstärkt Aspekte der Berufsorientierung in die Konzipierung der Studiengänge einzubringen. Im notwendigen zweiten Schritt muss dann sichergestellt werden, dass die übergeordneten Qualitätskriterien von allen Agenturen auch einheitlich angewandt werden.

2 Entwicklung von Qualitätskriterien

Vor diesem Hintergrund haben die →Arbeitgeber- und Unternehmensvertreter/innen aus dem Akkreditierungsrat und den Kommissionen der Akkreditierungsagenturen einen Kriterienkatalog entwickelt, der zunächst eine inhaltliche Beschreibung des Begriffs „Berufsbefähigung" liefert (→Employability). Dieses Ziel einer jeden →Hochschulausbildung sorgt für reichlich Diskussionsstoff, seitdem er vom Gesetzgeber in die hochschulrechtlichen Bestimmungen aufgenommen worden ist. Insbesondere Universitäten haben zum Teil erhebliche Schwierigkeiten, dieses Ausbildungsziel genauer zu definieren. Aber auch im Rahmen der Qualitätssicherung besteht eine gewisse Unsicherheit, wie die Erreichung dieses Ziels verlässlich überprüft werden kann. Deshalb ist der Kriterienkatalog zusätzlich mit entsprechenden Fragestellungen versehen, die eine gezielte Überprüfung der Studienangebote auf Leistungen im Hinblick auf die Vermittlung von „Berufsbefähigung" ermöglichen. Um zu veranschaulichen, welche Inhalte konkret gemeint sind, seien die Kriterien sowie die dazugehörigen Überprüfungsfragen in Tabellenform abgedruckt:

Kriterium	Überprüfungsfragen
Definition der angestrebten Berufsfelder (in Wirtschaft, Wissenschaft und Verwaltung)	Existiert eine Beschreibung der relevanten Berufsfelder für diesen Studiengang?
	Wie ist das Curriculum darauf ausgerichtet, den Studierenden eine Befähigung für

Kriterium	Überprüfungsfragen
	die typischen Arbeitsbereiche der jeweiligen Berufsfelder zu vermitteln?
Praxiseinbindung bei der Konzeption und Implementierung des Studiengangs	Wie wurden die Berufsfelder bei der Konzeption und Implementierung des Studiengangs eingebunden?
	Existiert ein Programmbeirat und wie setzt er sich gegebenenfalls zusammen?
	Wie werden Veränderungen des Konzeptes mit den Berufsfeldern abgestimmt?
Praxiseinbindung in Lehre und Forschung	Welche →Berufspraxis weisen die eingesetzten Lehrenden auf?
	Werden Lehrbeauftragte aus der Praxis gezielt in der Lehre eingesetzt?
	Werden Fallstudien aus der Praxis benutzt?
	Wie ist die Aktualisierung der eingesetzten Praxisunterlagen gewährleistet?
	Werden Forschungsprojekte mit den Berufsfeldern abgestimmt?
Praxiserfahrung der Studierenden und Absolvent/innen	Wie ist sichergestellt, dass die Studierenden einen Einblick in das relevante Berufsfeld erhalten?
	Sind Praktika verbindlich vorgeschrieben und über welche Zeiträume?
	Wie werden diese Praxiserfahrungen im Curriculum verarbeitet?
	Werden diese Praxisaufenthalte bewertet?
	Spielen diese überfachlichen Qualifikationen eine Rolle?
Überfachliche Qualifikationen: angemessene sprachliche und schriftliche Ausdrucksfähigkeit in Deutsch	Existiert eine Liste der übergreifenden Qualifikationen, die im Studium besonders gefördert werden?
angemessene sprachliche und schriftliche Ausdrucksfähigkeit in Englisch	Wie werden die einzelnen überfachlichen Qualifikationen vermittelt?
Teamfähigkeit	Wie wird der Vermittlungserfolg überprüft?
Recherche- und Arbeitstechniken	
Moderations- und Feedbacktechniken	
Präsentationstechniken	
analytische Fähigkeiten	

Kriterium	Überprüfungsfragen
Denken in Zusammenhängen	
allgemeine Methoden- und Anwendungskompetenz	
Kreativität und →Flexibilität in der Anwendung von Kenntnissen, Erfahrungen und Methoden	
Umsetzungskompetenz	
unternehmerisches Denken und Handeln	
interkulturelles Verständnis	
Fähigkeit zu kontinuierlichem Lernen	

Ziel der Arbeitgeber ist es, aus den eigenen Erfahrungen und Anforderungen an Absolvent/innen heraus mit den Hochschulen in einen intensiven Dialog zu treten, um die letztlich gemeinsamen Ziele einer hohen Qualität der Studienangebote und der Absolvent/innen zu sichern. Das bedeutet nicht, die Curricula für die Hochschulen zu schreiben, sondern den Hochschulen entscheidende Informationen darüber zu vermitteln, was an Kompetenzen und Qualifikationen von den Absolvent/innen erwartet wird. Darüber hinaus sehen die Arbeitgeber ihre Verantwortung darin, den Hochschulen zum Zwecke der Qualitätssicherung die dazu möglichen Instrumente und deren Anwendbarkeit zur Verfügung zu stellen.

Die Agenturen sollen nicht nur Listen der akkreditierten Studiengänge veröffentlichen, sondern auch deren jeweiliges Ausbildungs- und Qualitätsprofil. Daraus muss klar hervorgehen, in welchem Maße ein Studiengang welche Kriterien als Voraussetzung für die Akkreditierung erfüllt hat. Die internationale Ausrichtung der →Hochschulausbildung erfordert es, dass die Akkreditierung als europäisch angelegtes Qualitätssicherungsinstrument gestaltet wird und dass die am Akkreditierungsverfahren beteiligten Hochschul- und Unternehmensvertreter/innen entsprechende europäische Qualitätsprofile mitentwickeln, an deren Kriterien sich jeder neue Studiengang messen lassen muss. Auf diese Weise entstünde eine differenzierte Bewertung der akkreditierten Studiengänge, welche die Kompass-Funktion der Agenturen noch unterstützen würde.

Vertreter der Unternehmen sollten angemessen (möglichst zu einem Drittel) im Akkreditierungsrat und in den Akkreditierungsagenturen

(z. B. in Gutachterkommissionen und -gruppen) vertreten sein, um mit ihrer Expertise dazu beizutragen, dass die Kriterien „Praxisbezug" und „Berufsfähigkeit" bei der konzeptionellen Gestaltung der Studiengänge verstärkt zum Tragen kommen.

Die Rahmenbedingungen, unter denen Studiengänge derzeit akkreditiert werden, sind mit Blick auf die Umsetzung und praktische Handhabbarkeit dieses Qualitätssicherungsinstrumentes zu optimieren. Das setzt u. a. voraus, dass die →Evaluation als Aufgabe der Hochschulen und die Akkreditierung als externe Form der Qualitätssicherung konzeptionell, institutionell und prozedural besser aufeinander abgestimmt werden. Evaluation ist das notwendige Instrument für das fortlaufende →Qualitätsmanagement und die →Qualitätsentwicklung in einer Hochschule. Mittels Akkreditierung ist zu überprüfen, ob die Hochschule und der Fachbereich ein internes Qualitätsmanagement kontinuierlich gewährleisten.

3 Kompetenzen transparent machen

Die Wirtschaft erwartet von den Hochschulen ein Höchstmaß an →Transparenz hinsichtlich der Studienanforderungen und -inhalte sowie hinsichtlich der in einem Studiengang vermittelten Qualifikationen und →Kompetenzen. Transparenz ist durch Publizität des jeweiligen Studiengangangebots zu gewährleisten.

Dies entspricht auch dem im →Bologna-Prozess eingeschlagenen Weg: Der →Transparenz dienen die dort vorgeschlagenen Instrumente wie das European Credit-Transfer-System (→ECTS) und das →Diploma Supplement; beides muss verbindlich eingeführt werden. Voraussetzung für eine erfolgreiche Anwendung von ECTS ist die konsequente →Modularisierung der Studienangebote. Modularisierung heißt, die Studiengänge von den Qualifizierungszielen her zu konzipieren. Jede Lehrveranstaltung muss im Hinblick auf ihren Stellenwert und ihren Beitrag für bzw. zu diesen Zielen definiert werden. Damit verbunden sein muss eine Abkehr von Semesterwochenstunden als zentraler Planungsgröße. An ihre Stelle hat der durchschnittliche Arbeitsaufwand der Studierenden (→Workload) zu treten. Die ECTS-Punkte als Indikator der damit verbundenen Arbeitszeit sind bei der Konzipierung der Veranstaltungen zu berücksichtigen (→Credit-Point). Die →Lernziele, die mit einem →Modul erreicht werden sollen, sind mit dem für seine Bearbeitung veranschlagten Aufwand verknüpft. Bei der

Akkreditierung ist schlüssig nachzuweisen, dass der Studiengang sachgerecht und leistungsorientiert modularisiert und mit einem durchgängigen Leistungspunktesystem (→Credit-Point-System) versehen ist. Mit der →Modularisierung verbunden ist die Frage, wo Lernen stattfindet und welche außerhalb eines Hochschulstudiums erworbenen →Kompetenzen und Fertigkeiten bei Vorliegen eines entsprechenden Nachweises auf ein Hochschulstudium angerechnet werden können und sollen. Dazu sollte geprüft werden, welche der in der Aufstiegsfortbildung vermittelten Qualifikationen und Kompetenzen berücksichtigt werden können. Die Arbeitgeber sprechen sich hier für eine größere →Durchlässigkeit zwischen den verschiedenen Bildungsbereichen aus.

4 Weitere Entwicklungen

Im Zuge des →Bologna-Prozesses wird erkennbar, dass mittlerweile eine Fülle von Akteuren im deutschsprachigen Raum und in Europa auftreten, um die Entwicklungen im Rahmen der Qualitätssicherung mitzugestalten. Hierzu gehören nationale und internationale Institutionen, die miteinander verflochten sind bzw. sich zu gemeinsamen Handlungsstrategien zusammengeschlossen haben. In diesem Zusammenhang ist der Zusammenschluss des österreichischen Akkreditierungsrates und des dortigen Fachhochschulrates, des Schweizer Organs für Qualitätssicherung und des deutschen Akkreditierungsrates zu sehen (→D-A-C-H). Hierzu gehören aber auch Zusammenschlüsse wie →ENQA und →ECA: Ziel von ENQA ist es, dass die europäischen Hochschulen an der Qualitätssicherung und -prüfung der Studienabschlüsse beteiligt werden. Auf diese Weise sollen europäische Abschlüsse besser miteinander verglichen werden können. So soll durch ENQA gefördert werden, dass die Evaluations-/Akkreditierungsinstanzen der einzelnen Länder sich untereinander über ihre Richtlinien und Verfahren absprechen und so größere Kooperationen möglich machen. In ECA haben sich hingegen die Akkreditierungsagenturen zusammengeschlossen, da sie sich in ENQA nicht ausreichend berücksichtigt fühlen.

Dabei ist es gegenwärtig nicht absehbar, welche Initiativen sich durchsetzen und die weitere Entwicklung entscheidend mitbestimmen werden. Allein bedeutsam für die weitere Arbeit im Akkreditierungsprozess wird sein, dass →Transparenz und Vergleichbarkeit geschaffen werden; dies gilt sowohl für die Prüf- und Bewertungsverfahren als auch

für das Leistungsspektrum der Hochschulen, denn sowohl die Studierenden als auch der →Arbeitsmarkt haben ein berechtigtes Interesse daran zu
wissen, was wo unter welchen Bedingungen geleistet wird.

Gewerkschaftliche Beteiligung an der Akkreditierung

Bernd Kaßebaum, Joachim Koch-Bantz, Wolfgang Neef

1 Beteiligungsmotive

Im wesentlichen sind es zwei Motive, welche die Gewerkschaften als Teil der →Berufspraxis veranlassen, sich aktiv am →Bologna-Prozess und damit an der inhaltlichen und organisatorischen Neugestaltung von Studiengängen (→Studienreform) zu beteiligen.

Erstens müssen die Gewerkschaften angesichts des unaufhaltbaren Strukturwandels der Arbeitsmärkte ihre Hochschularbeit aufwerten: Der Bedarf an Hochqualifizierten im Beschäftigungssystem steigt stark an. Deshalb unterstützen die Gewerkschaften auch die Politik der Bundesregierung, die Studierquote auf 40 Prozent eines Jahrgangs heraufzusetzen, was mittlerweile auch annähernd erreicht wurde. Allerdings stehen dem nach wie vor hohe Abbrecherquoten gegenüber, so dass die Absolvent/innen-Zahlen deutlich geringer sind als sie sein könnten.

Derzeit studieren ca. 1,8 Millionen Menschen in Deutschland. Hochschularbeit bedeutet in diesem Sinne Studierendenarbeit. Es geht um Mitgliederentwicklung, sei es als Kommunikations- und Dienstleistungsangebot gegenüber Studierenden, die bereits Mitglied einer Gewerkschaft sind, sei es als Informationsangebot zur Senkung der Beitrittshürden gegenüber denjenigen, die nach dem Studium in einem Arbeitsverhältnis auf Betriebsräte und Gewerkschaften stoßen. Gewerkschaften müssen Kontakte zu Mitgliedern halten, die nach der beruflichen Erstausbildung über den Zweiten Bildungsweg ein Studium beginnen, und sie müssen Kontakte zu Abiturient/innen aufbauen, die direkt mit dem Studium beginnen und später als Beschäftigte in den Betrieben und Verwaltungen arbeiten. Dazu brauchen die Gewerkschaften Kompetenzen, Dienstleistungen, Beteiligungsangebote und Produkte, die originäre Ausbildungs- und Berufsinteressen der Studierenden aufnehmen. Neben Fragen des Berufseinstiegs, der Bewerbung, der Arbeitsvertrags-Beratung u. a. m. gehören hierzu auch und in Verlängerung der gewerkschaftlichen Bildungs- und Berufsbildungspolitik Fragen der Qualität der hochschulischen Ausbildung, der Gestaltung von Praktika und Studiengängen.

Damit ist das zweite Motiv benannt. Die Gewerkschaften müssen zu Anwälten einer qualifizierten Ausbildung von Studierenden werden. Studienreform ist für die Gewerkschaften kein neues Thema, auch wenn es bisher eher randständig angesiedelt ist. Schon in den 1970er Jahren begann eine lebhafte Diskussion über die Qualität der Studiengänge in den naturwissenschaftlichen und ingenieurwissenschaftlichen Fächern. Damals war es selbstverständlicher, die Ausbildung in Beziehung zur Arbeit künftiger Ingenieur/innen und Naturwissenschaftler/innen zu setzen, weil diesen Berufsgruppen eine besondere Rolle und damit auch eine besondere Verantwortung im Innovationsprozess zugewiesen wurde. Es gab enge Verbindungen zwischen einer qualifizierten Ausbildung und Debatten um sozial und ökologisch verträgliche Technologien, um alternative Produktion und Produkte. Die IG Chemie legte schon 1970 Konzepte für die Studienreform in der Chemie vor, die IG Metall veröffentliche 1984 zusammen mit dem DGB den „Modellstudiengang Maschinenbau/Elektrotechnik", dem 1998 ein Konzept für „Innovative Studienmodelle in den Ingenieurwissenschaften" folgte.

2 Gewerkschaftliche Kriterien zur Studienreform

Das Pendel der Einflussnahme schlägt zur Zeit von der Gestaltungschance um zur Risikominimierung. Dies hat viele Gründe. U. a. den, dass durch eine Vielzahl von ministeriellen und hochschulischen Interessen Hürden aufgebaut werden und der Trend zur „Überbürokratisierung" verstärkt wird. Die Universitäten haben ihre konkurrenzbetonte Abgrenzung gegenüber den Fachhochschulen längst nicht aufgegeben. Verstaubte Elitekonzeptionen werden gegen die erforderliche →Durchlässigkeit der neuen Studiengänge gestellt, die verabredeten, auf „Theorie" als wesentlichen Ausbildungsinhalt orientierten →Workloads gefährden Praxisanteile und Praxissemester u. a. m. Der Einfluss der →KMK im Akkreditierungsrat hat das Gewicht strukturkonservativer staatlicher Einflussnahme, beispielsweise in der Reduktion von Durchlässigkeit zwischen Bachelor- und Master-Studiengängen oder in der Frage der →Studiengebühren, wachsen lassen.

Gewerkschaftliche Grundpositionen zum Thema Studienreform und zu den neuen Abschlüssen und Verfahren existieren seit geraumer Zeit. Benannt werden sollen der Kürze wegen nur folgende Punkte:

Durchlässigkeit: Erforderlich sind Übergänge von der qualifizierten beruflichen Tätigkeit zum Studium und zurück, vom Bachelor- zum Masterstudiengang und in die →Promotion, vom Studium in die Weiterbildung, von der Fachhochschule zur Universität oder umgekehrt. Lebensbegleitendes Lernen (→Lebenslanges Lernen) ist nur möglich, wenn diese Übergänge möglichst ohne Hürden realisiert werden.

Gleichwertigkeit: von beruflicher Ausbildung und Abitur, von Fachhochschule und Universität.

Chancengleichheit: Unabhängig von der sozialen Herkunft und den Einkommensverhältnissen des Elternhauses müssen alle gleiche Bildungschancen haben. Das Gegenteil ist derzeit der Fall. Der Anteil von Studierenden aus Arbeiter- oder Migrantenfamilien sinkt.

Teilzeitstudium: Studienstrukturen z. B. für Berufstätige oder Erziehende und für Studierende, die neben dem Studium erwerbstätig sind.

Duales Studium: Ausweitung und Qualitätsverbesserung von Studiengängen, in denen gleichzeitig eine →Berufsausbildung und ein Studium absolviert werden kann oder in denen Praxisphasen mit Hochschulphasen verzahnt sind. Diese Form des Studiums gewinnt für Studierende wie für die Akteure in den Berufsfeldern zunehmend an Attraktivität.

Hochschulzugang für Berufserfahrene: Der →Hochschulzugang muss generell für Berufserfahrene durchlässiger werden. Dies gilt nicht nur für den Übergang in ein BA-Studium, sondern auch für MA-Studiengänge. Aus Weiterbildungsstrukturen wie z. B. der IT-Weiterbildung muss bei entsprechenden →Credit-Points der direkte Zugang z. B. auch zum Masterstudium möglich sein. Auch eine erfolgreich absolvierte herkömmliche Aufstiegsfortbildung (Meister, Techniker etc.) muss entsprechend honoriert werden; eine Forderung, die der DGB und seine Gewerkschaften gemeinsam mit dem BDA erheben, ohne dass sie bislang auf der KMK-Seite auf positive Resonanz gestoßen wäre.

Die in dem Projekt für ein innovatives Ingenieurstudium 1998 vorgestellten Leitbilder bilden bis heute einen großen Konsens im gewerkschaftlichen Raum für die Gestaltung der technischen Studiengänge. Die Leitbilder lauten – hier verkürzt dargestellt:

- Integration fachübergreifender, also gesellschaftlicher, sozialer, ökologischer und ökonomischer Bezugspunkte der Technik („Nachhaltigkeit") und des verantwortlichen technischen Handelns in der Ingenieurausbildung,
- Praxisbezug und Reflexion der sich wandelnden →Berufspraxis innerhalb des Studiums,
- aktivierende und problemorientierte Lehr- und Lernformen (→Lern-/Lehrformen) im Studium zur Vermittlung von

→Schlüsselqualifikationen und Methodenkompetenz (z. B. Projektstudium, Planspiele ...),

■ größere Attraktivität von Ingenieurstudium und -beruf für Frauen,
■ weg von starren Curricula, hin zur „lernenden Organisation", zu einem Prozess der reflexiven Curriculumverbesserung.

In abgewandelter Form können diese Leitbilder auch auf andere Studienbereiche übertragen werden.

Dabei sei angemerkt: Dieser Ansatz richtet sich auch gegen die neoliberalen Leitbilder von einer ökonomisierten bzw. privatisierten Ausbildung, in der Studierende „Kunden" sind, Studiengänge und Curricula „Produkte", die von Ersteren (über →Studiengebühren) „gekauft" werden, und die Lehrenden „Kostenträger", die durch Controlling-Systeme mit Belohnungen oder Sanktionen zur Leistung angehalten werden.

3 Die Arbeit in den Agenturen

Mit Beteiligung der Gewerkschaften hat der Akkreditierungsrat Kriterien entwickelt. Diese bilden den Rahmen für die Arbeit der Agenturen. Einzelnen Agenturen gehen auf dieser Basis dazu über, für das von ihnen angezielte Fächerspektrum eigene weitergehende „allgemeine" Kriterien und – wie bei ASIIN – für jede Fächergruppe „fachspezifische" Kriterien zu entwickeln. Gibt es auf der allgemeinen Ebene von Akkreditierungsrat und Agenturen durchaus große Schnittmengen mit den gewerkschaftlichen Vorstellungen, so beginnen sich derzeit auf der „Fachebene" die jeweiligen Fächerkulturen mit ihren meist strukturkonservativen Vorstellungen durchzusetzen, ein Prozess, der vor allem in den Natur- und Ingenieurwissenschaften nahtlos an das Vorgehen in früheren Studienreformkommissionen anknüpft. Zu bemängeln sind vor allem ein einseitiger Fachbezug mit konventionellen Lehrveranstaltungs-Formen (Vorlesung, Übung) anstelle integrierter didaktischer Modelle, die sog. Input-Orientierung anstelle des Blicks auf den Ertrag der Ausbildung (→Learning Outcomes) und die Vernachlässigung von Praxisorientierung und überfachlichen Inhalten. Die →Hochschuldidaktik spielt ebenso eine untergeordnete Rolle wie der Bezug auf nationale und europäische „Good Practise" oder die Orientierung an expliziten Forderungen der →Berufspraxis. „Fachübergreifende Inhalte" werden regelmäßig minimiert und an den Rand gedrängt.

→Studienreform als Prozess kann aber nur funktionieren, wenn eine wirksame Rückkopplung zwischen Lehrpersonal, Lehrinhalten und

-methoden auf der einen und den Ergebnissen der Lehr- und Lernprozesse, dem Outcome, auf der anderen Seite erfolgt, z. B. durch die Absolventen/innen und durch die Bewertung der →Berufspraxis. Allein durch die Einrichtung von Akkreditierungsagenturen und durch das Akkreditierungsverfahren ist keineswegs gesichert, dass Studienreform gefördert wird. Wie alle deutschen Einrichtungen neigen auch die Agenturen dazu, durch Richtlinien, Berechnungsverfahren (z. B. für →Workload und →Credit-Points, Mindest-Fächer-Kataloge usw.) bürokratische Systeme aufzubauen, die alles Neue, Ungewohnte, Innovative fast automatisch erschweren, weil es in diese Muster gezwängt wird. Hinzu kommt die Neigung von Hochschulprofessor/innen, am „Bewährten" festzuhalten, und das sind die mit starker Beeinflussung durch die Fakultäten- oder Fachbereichstage erlassenen Rahmenordnungen. Die Studienreformarbeit seit 1970, die großenteils in die gleiche Richtung ging wie heute, hat sich schon damals vergeblich an diesen Bollwerken abgearbeitet.

So könnte Akkreditierung zum normativen Korsett entarten, das für Studienreform sogar zur Hürde wird, anstatt sie zu befördern, und so zum Etikettenschwindel beiträgt: Alte Inhalte, neue Abschlussbezeichnungen. Schon kann man Tendenzen beobachten, den Bachelor-Abschluss zu einem erweiterten Vordiplom mit Auslesefunktion zu machen, indem das klassische Grundstudium um ein paar „anwendungsbezogene" Fächer ergänzt wird. Denn ein wirklich „berufsbefähigender" Abschluss – international soll das der Bachelor-Abschluss sein – setzt ein vom ersten Semester an gründlich reformiertes Studium voraus, und insbesondere: Es ist in sechs Semestern nicht realisierbar, wie es die meisten deutschen Bachelor-Studiengänge vorsehen. Umso unverständlicher, dass Fachhochschulen häufig geneigt sind, das bewährte Praktikumssemester ersatzlos zu streichen. Hier muss also noch viel geschehen, bevor die Akkreditierung tatsächlich Studienreform voranbringt.

Im Rahmen der Beteiligung der Gewerkschaften an der Arbeit der Akkreditierungsagentur ASIIN ist daher der größte Teil der Einflussnahme darauf gerichtet, „überfachliche Anteile" in Bachelor- und Master-Studienkonzepte einzubringen, Problembezug und Projektarbeit einen möglichst hohen Stellenwert zu geben, duale Studienkonzepte zu fördern und den Berufsbezug (→Employability) besser zu verankern. Dazu gehören auch die Qualitätssicherung, die Weiterbildung des Lehrpersonals und insbesondere die Unterstützung des Wechsels von der bisherigen Input- zur sog. Outcome-Orientierung des Akkreditierungsprozesses, der gerade erst zaghaft beginnt.

4 Ein alter Zopf: Theorie versus Praxisorientierung

Schon im Vorfeld der Gründung wollten vor allem im ingenieurwissenschaftlichen Bereich etliche Universitäten an der „bewährten" Zweiteilung in ein (an den Universitäten beheimatetes) „theoriebezogenes" und (an den Fachhochschulen vorherrschendes) „anwendungsbezogenes" Studium festhalten. Sind doch mit dieser Zweiteilung einige wichtige Privilegien für Universitätsprofessor/innen und nach wie vor Nachteile für Fachhochschulprofessor/innen und -absolvent/innen verbunden: Das Promotionsrecht, die Lehrverpflichtung von 8 Stunden (gegenüber 18 Stunden an Fachhochschulen) und der damit verbundene Spielraum für Forschung, die real immer noch unterschiedliche Wertigkeit der Diplom-Abschlüsse an Universitäten und Fachhochschulen, und zwar nicht nur – wie häufig behauptet wird – im öffentlichen Dienst. Umgekehrt sind natürlich die Fachhochschulen daran interessiert, über mehr Forschung (also „Theorieorientierung") und, damit zusammenhängend, die Konzipierung von möglichst vielen forschungsorientierten „Master"-Studiengängen just diese Zweiteilung und die damit verbundenen Nachteile zu überwinden. Dafür müssen sie aber z. B. die entsprechenden Ausstattungsmerkmale nachweisen, was sie wiederum in nachteilige Positionen gegenüber den Universitäten bringt, und sich curricular vom „Anwendungsbezug" entfernen, um echte „Gleichwertigkeit" zu erreichen.

Die →Differenzierung „theoriebezogen" – „anwendungsbezogen" macht in der Arbeit der Akkreditierungskommissionen größte Schwierigkeiten. In der beruflichen Praxis sind z. B. mehr oder weniger alle Ingenieure „anwendungsbezogen" tätig. Der DGB und der BDA (Bundesvereinigung der deutschen Arbeitgeberverbände) sind gemeinsam der Auffassung, dass dies eine überholte Differenzierung sei. Die beruflichen Einsatzfelder von Uni- und Fachhochschulabsolventen/innen unterscheiden sich kaum. Sucht man außerhalb des universitären Wissenschaftsbetriebs das „theorieorientierte" Berufsfeld, landet man bei Forschung und Entwicklung: Das macht aber nur rund 9 Prozent der gesamten Palette der Einsatzbereiche für Ingenieur/innen aus (vor rund 20 Jahren übrigens noch mehr als das Doppelte). Man stellt dann erstaunt fest, dass die angeblich „anwendungsorientierten" Fachhochschulabsolvent/innen dort zu 9 Prozent eingesetzt sind – und die angeblich „theorieorientierten" Universitätsabsolvent/innen ebenfalls zu 9 Prozent (VDI 2000; Zahlen für 1993).

Auch die Kultusministerkonferenz (→KMK) zweifelt an der Sinnhaftigkeit dieser →Differenzierung und hat deshalb im Dezember 2003 beschlossen, nur für Master-Studiengänge eine Unterscheidung zwischen „forschungsbezogen" und „anwendungsbezogen" vorzusehen. Es ist absehbar, dass diese überkommene Zweiteilung (die international ohnehin schon seit langem auf Unverständnis stößt) im Laufe der Zeit mangels Plausibilität zerbröselt und damit die Bahn freier wird für einen →Wettbewerb zwischen Fachhochschulen und Universitäten um die bessere Qualität ihrer Ausbildung. Ein Prozess, der sich noch beschleunigen wird, weil die Kooperationsbeziehungen zwischen Universitäten und Fachhochschulen mit der Schaffung gemeinsamer Bachelor- und Master-Studiengänge zunehmen werden.

5 Arbeitsmarkt

Ein wichtiges Motiv für die Einführung der neuen Studiengänge ist die →Internationalität, was heißt, den Wechsel des Hochschulortes (→Hochschulwechsel; studentische →Mobilität) im internationalen Maßstab zu erleichtern, attraktiver für ausländische Studierende zu werden und die Anerkennung der deutschen Hochschulabschlüsse im Ausland zu verbessern. Spätestens durch die Mittelkürzungen an den Hochschulen mit dem Drang, →Studienzeiten zu verkürzen und durch die zunehmende Wirkung des sog. →Bologna-Prozesses hat die Diskussion über den Bachelor als ersten und für die breite Mehrheit der Studierenden vorgesehenen berufsbefähigenden Abschluss an Fahrt aufgenommen. Der Master soll entweder konsekutiv oder über Weiterbildungsstudiengänge als mögliche Aufstiegsvoraussetzung nur einem kleinen Teil der Bachelor-Absolvent/innen offen stehen.

Aus Sicht der Gewerkschaften handelt es sich hierbei aber um einen durch bisher nichts gedeckten Wechsel auf die Zukunft, der die Studierenden massiv verunsichert. Die Unternehmen – vor allem die kleinen und mittelständischen Unternehmen (KMU) – reagieren nach wie vor sehr zurückhaltend, wenn es um die Einstellung von Bachelor-Absolvent/innen geht. Es hilft in der öffentlichen Diskussion auch nicht weiter, dass namhafte Vertreter deutscher Großunternehmen mit dem Hinweis auf die Nachfrage nach dem Abschluss Dipl.-Ing (FH) eine künftige Nachfrage für den Bachelor unterstellen. Tatsächlich ist aus Sicht der Unternehmen die Lage sehr unübersichtlich. Kann man sich beim Master u. U. noch an den

Diplomabschlüssen orientieren, ist die Frage, wie ein – sechssemestrig – erworbener Bachelorabschluss einzustufen sei, alles andere als banal. In verschiedenen Bundesländern nimmt die Unübersichtlichkeit noch einmal durch die Berufsakademie-Abschlüsse zu.

Die Beschäftiger sind zudem aus guten Gründen skeptisch, was die Qualität des Bachelorabschlusses betrifft, insbesondere was dessen Beschäftigungsfähigkeit (→Employability) angeht. Denn auf sechs Semester angelegte Studiengänge können kein „Ingenieur-Niveau" herstellen – das hat die Geschichte der sechssemestrigen Ingenieurschul-Studiengänge in Deutschland deutlich gezeigt. Sie könnten allenfalls einen „Notausgang" für die rund 50 Prozent sog. Drop-outs bilden (→Abbruchalternative), die im heutigen „Grundstudium" der Ingenieurfächer entstehen. Es ist zudem abzusehen, dass eben dieses abstrakt-mathematisch-naturwissenschaftliche Grundstudium auch in den neuen Studiengängen fast unangetastet bleibt und deshalb der Bachelor lediglich ein durch 2 Semester „Anwendung" aufgepepptes Propädeutikum wird – was die Bedenken von Berufsfeld-Seite noch vergrößern wird. Klar muss deshalb sein: Bachelor-Studiengänge müssen inhaltlich von Grund auf neu aufgebaut werden, mit Problembezug ab dem ersten Semester. Das heißt: Die „Zerschlagung" des ohnehin seit 100 Jahren problematischen abstrakten Grundstudiums steht spätestens jetzt ganz oben auf der Liste der Reformziele im Zusammenhang mit der Einführung akkreditierter Studiengänge, und die Vertreter/innen der →Berufspraxis müssen hier eine Vorreiter-Rolle spielen.

Eine weitere Ungereimtheit ergibt sich aus der Entscheidung der Innenminister der Länder, im öffentlichen Dienst auch bei den neuen Abschlüssen Bachelor und Master bezüglich der Besoldung zwischen Universität und Fachhochschule zu unterscheiden. Dies widerspricht nicht nur eindeutig den Festlegungen von →KMK und Akkreditierungsrat, die zu Recht hochschulübergreifende →Standards verlangen; dies ist auch eine zu beseitigende Antiquiertheit im Besoldungsrecht. Die Konferenz der Innenminister der Länder (→IMK) hat sich massiv dem Ansinnen verweigert, Master-Absolvent/innen aus Fachhochschulen den Zugang zu den Laufbahnen des Höheren Dienstes zu ermöglichen, wo doch Master-Abschlüsse – egal ob an Fachhochschulen oder Universitäten erworben – nach den Kriterien der Kultusminister/innen gleichwertig sind. Das vorläufige Ergebnis der Verhandlungen zwischen der KMK und der IMK: Fachhochschulen müssen im Akkreditierungsverfahren formell beantragen, dass der jeweilige Studiengang als Zugangsvoraussetzung zum höheren Dienst gilt.

Im Akkreditierungsverfahren ist ein/e Vertreter/in der Innenbehörde des Sitzlandes der Fachhochschule zu beteiligen – auch das wird den bürokratischen Aufwand bei der Akkreditierung noch vergrößern.

Die IG Metall hat begonnen, in ihren Tarifverträgen bezüglich der Einstiegsgehälter Bachelor- und Master-Niveaus zu definieren. Sie macht keinen Unterschied zwischen Fachhochschule und Universität und versucht zudem, durch einen relativ hohen Einstieg für beide Abschlüsse auch zur Qualitätssteigerung des Bachelorabschlusses beizutragen, der – wie die Sozialberufe zeigen – durchaus auch in Konkurrenz zur schulischen und/oder betrieblichen Ausbildung geraten kann (im Ingenieurbereich insbesondere zu den Techniker-Abschlüssen).

Solange jedoch absehbar ist, dass der Bachelorabschluss in den technischen Berufen nur geringe Berufschancen bietet, kann aus gewerkschaftlicher Sicht nur schwer geraten werden, ein Studium mit diesem Abschluss aufzunehmen. Es müssen deshalb die Übergänge zwischen Bachelor- und Masterabschlüssen vollständig durchlässig sein. Sie dürfen nicht mit zusätzlichen Auswahlprüfungen oder Gebühren belastet werden.

6 Beteiligungsverfahren

Die Gewerkschaften begreifen die neuen Abschlüsse Bachelor und Master und die Akkreditierungsverfahren nicht als Ziel an sich, sondern als Mittel zum Zweck. Und sie sehen die Ambivalenz der neuen Verfahren und Abschlüsse. Unbestreitbar sind die Risiken zunehmender Bürokratisierung mit Einführung der Akkreditierung und das Risiko mangelnder Nachfrage gerade der Bachelor-Absolvent/innen auf dem →Arbeitsmarkt. Dennoch haben sich die Gewerkschaften von Anfang an an den Prozessen beteiligt, weil sie hier auch die Chance gesehen haben und sehen, Studiengänge mitzugestalten. Und sie beteiligen sich, weil hinter der Einführung der neuen Abschlüsse der Prozess der Europäisierung des Hochschulraumes (→Bologna-Prozess) liegt – mit den Grundkonflikten zunehmender Kommerzialisierung und Standardisierung des Studiums.

Im Unterschied zu den Verfahren der Studienreformkommissionen, in denen Gewerkschaften und →Arbeitgeber „am Katzentisch" saßen, ist in den neuen Verfahren die Beteiligung von Vertreter/innen der →Berufspraxis, von Arbeitgebern und Gewerkschaften aufgewertet worden, um auch über die Verfahren eine bessere Orientierung der Studiengänge an der Berufspraxis zu erzielen. Trotzdem sind die Verfahren in wesentlichen Punkten mangelhaft und müssen dringend ergänzt bzw. präzisiert werden.

Vertreter/innen der →Berufspraxis sind im Akkreditierungsrat und in den Agenturen vertreten. Dies hat die Kultusministerkonferenz (→KMK) in wichtigen Grundentscheidungen festgelegt. Von derzeit 17 Vertreter/innen im Rat sind fünf aus der Berufspraxis, „davon ein Vertreter der für das Dienst- und Tarifrecht zuständigen Landesministerien", von den zwei auf die Gewerkschaften bzw. den zwei auf die →Arbeitgeber entfallenden Sitzen wird nur jeweils einer von den Sozialparteien benannt, der andere von →HRK bzw. →KMK berufen, womit diese in das autonome Benennungsrecht der Gewerkschaften eingreifen.

Festgelegt ist sowohl im →HRG wie in den „Mindeststandards und Kriterien", die der Akkreditierungsrat für die Akkreditierung der Agenturen und zur Sicherung von Qualitätsmerkmalen verabschiedet hat, dass die →Berufspraxis „angemessen" zu beteiligen ist. In Fußnote 2 wird dies so spezifiziert: „ ... die am Wirtschaftsleben Beteiligten, die von der →Arbeitgeber- und der Arbeitnehmerseite vorgeschlagen werden". Praktisch bedeutet dies, dass die Berufspraxis in den Gremien der Agenturen zu beteiligen ist. Den Gewerkschaften wird dabei in den zentralen Akkreditierungskommissionen der Agenturen lediglich ein Sitz zugestanden, was natürlich viel zu wenig ist, um den spezifischen Blick auf Berufspraxis, den die Gewerkschaften einbringen können, angemessen zur Wirkung kommen zu lassen. Darüber hinausgehende Beteiligungen in den Kommissionen, Ausschüssen und Auditteams der Agenturen werden in den Agenturen selbst geregelt – oft noch mangelhaft, was die Rechte und Rahmenbedingungen von Arbeitnehmer/innen in den Verfahren betrifft.

Die neue Logik der Akkreditierung sieht darüber hinaus einen weiteren, bisher für die Gewerkschaften unüblichen und eng mit den Prozessen der Entstaatlichung korrelierenden Beteiligungsweg vor. Sie können selbst die Mitgliedschaft in den Agenturen anstreben, soweit dies in deren Satzungen vorgesehen ist. Sie hätten darüber hinaus sogar die Möglichkeit, eigene Agenturen zu gründen oder mitzugründen. Am Beispiel ASIIN, der bundesweit agierenden Agentur für Studiengänge der Ingenieur- und Naturwissenschaften, bedeutet dies, dass neben der formalen Beteiligung eines Arbeitnehmervertreters in der Akkreditierungskommission die IG Metall und die IG BCE in Absprache mit dem DGB die Mitgliedschaft in der Agentur erworben haben und somit über die Mitgliederversammlung und die Mitgliedergruppe „Wirtschaft und →Berufspraxis" zusätzliche Einfluss-möglichkeiten besitzen.

Diese neuen Einflussmöglichkeiten erfordern spezifische Wege zu ihrer Realisierung. Deshalb haben die beiden Gewerkschaften (IG Metall und IG BCE) gemeinsam mit Ver.di, der Hans-Böckler-Stiftung und der Zentraleinrichtung Kooperation an der TU Berlin ein „gewerkschaftliches Gutachternetzwerk für die Natur-, Ingenieurwissenschaften und die Informatik" initiiert (Gutachternetzwerk 2004), um gewerkschaftlich orientierten Berufspraxisvertreter/innen Zugänge in die Kommissionen und Audit-teams zu ermöglichen, die Prozesse der Akkreditierung in den genannten Fachrichtungen kritisch zu begleiten, Positionen bezüglich der Akkreditie-rung wie der Studiengänge zu entwickeln, die Zusammenarbeit mit Wissenschaft und Studierenden zu verbessern und örtliche Prozesse der Studienreform zu unterstützen. Für die sozialwissenschaftlichen Fächer gibt es eine zweite Initiative von DGB und Hans-Böckler-Stiftung.

7 Beteiligungsperspektiven

Die Chance, durch ein höheres Gewicht der →Berufspraxis bei der Einführung der neuen Studiengänge ein Mehr an Studienqualität zu erzielen, bleibt gering, wenn man Beteiligungsrechte der Arbeitnehmerseite nicht stabilisiert und absichert. Im Grunde bedarf es der paritätischen Verteilung der Berufspraxissitze in den Ausschüssen der Agenturen und im Akkreditierungsrat auf →Arbeitgeber und Gewerkschaften. Ansonsten geraten Arbeitnehmerinteressen wie die Sicherung lebenslanger Berufs-fähigkeit (→Employability), die →Partizipation u. a. m. zu Gunsten kurz-fristiger Verwertung ins Hintertreffen, zumal die Hochschulen oft die Nähe zur „Wirtschaft" suchen. Schließlich muss auch geregelt sein, zu welchen Bedingungen ein ehrenamtlich tätiger Beschäftigter an den Auditierungs-verfahren teilnehmen kann, ohne Nachteile zu erleiden. Dazu gehören u. a. eine Freistellungsregelung und der Verdienstausfall. Man kann auf Dauer nicht erwarten, dass abhängig beschäftigte, ehrenamtlich tätige Gutachter/innen sich an Verfahren beteiligen, in denen die Vertreter/innen der Hochschulen oder von Unternehmen benannte Expert/innen zu gänz-lich anderen Bedingungen arbeiten können.

Die Gewerkschaften müssen lernen, dass der Strukturwandel mit zunehmendem Anteil akademisch ausgebildeter Arbeitnehmer/innen eine neue Qualität der Bildungspolitik verlangt. Mit derselben Selbstverständlichkeit und demselben Selbstbewusstsein, mit denen die Gewerkschaften die Prozesse der dualen Ausbildung und der betrieblichen Weiterbildung mitgestalten, müssen sie auch zu kompetenten „Anwälten" der Ausbildungsinteressen von Studierenden werden.

Europäische Prozesse wie der →Bologna-Prozess wirken in die nationalen Kontexte, ohne dass es auf europäischer Ebene bisher ausreichende Beteiligungsstrukturen für die Gewerkschaften gibt – im Gegensatz übrigens zu den Studierenden-Verbänden, die natürlich die Gewerkschaften nicht ersetzen können, selbst wenn sie die gleichen Positionen verträten. Hier müssen gerade die Industriegewerkschaften zusätzlich zu den Bildungsgewerkschaften auf der europäischen Bühne in Erscheinung treten. Der EGB muss dringend diese Prozesse koordinieren.

Literatur

Hans-Böckler-Stiftung (Hg.) (2003): Qualität durch Akkreditierung? Düsseldorf.
Hans-Böckler-Stiftung/IG Metall et al. (Hg.) (2003): Neue Studiengänge gestalten. Aufbau eines gewerkschaftlichen Gutachternetzwerkes zur Akkreditierung von Bachelor- und Masterstudiengängen in der Ingenieur- und Informatikerausbildung. Düsseldorf.
Färber, Christiane et al. (Hg.) (2003): Kooperation Wissenschaft Arbeitswelt. Münster.
Neef, Wolfgang (2002): Neue Studienabschlüsse für Ingenieure – Etikettenschwindel oder Reformkatalysator?, in: Die Mitbestimmung 1–2, S. 62 f.
VDI (Hg.) (2000): Ingenieurbedarf 2000. Düsseldorf .
Neef, Wolfgang/Pelz, Thomas (1998): Innovative Studienmodelle in der Ingenieurausbildung. Abschlussbericht eines gemeinsamen Projektes von Zentraleinrichtung Kooperation an der TU Berlin, Hans-Böckler-Stiftung, DGB und IG Metall (3. Aufl.).
Neef, Wolfgang/Pelz, Thomas (Hg.) (1996): Ingenieurinnen und Ingenieure für die Zukunft. Berlin.
Gutachternetzwerk (2004): Gewerkschaftliches Netzwerk für Gutachter/innen in den Ingenieur- und Naturwissenschaften und der Informatik; online einsehbar unter: http://www.gutachternetzwerk.de.

E Anhang

Qualitätssicherung, Akkreditierung, Partizipation – ein Glossar

Falk Bretschneider, Peer Pasternack

Zeichenerklärung

→ verweist auf einen weiteren Eintrag des Glossars
* kennzeichnet Stichworte, auf die im Handbuchtext nicht verwiesen wird
A|1 verweist auf einen Beitrag des Handbuches (Ordnungsnummer)
Internetadressen stehen jeweils am Ende des Glossareintrages

ABET

Abk. für *Accreditation Board for Engineering and Technology, Inc.* Von amerikanischen Berufsverbänden getragene Akkreditierungsorganisation für den Bereich der Ingenieurwissenschaften und der Informatik. In den USA sichert der erfolgreiche Abschluss eines von ABET akkreditierten vierjährigen →Studienprogramms die allgemeine Anerkennung der erreichten Berufsqualifikation durch die →Arbeitgeber und wird oft auch als Zugangsnachweis für die Aufnahme eines Graduate-Studiums gefordert. ABET ist zunehmend auch auf dem europäischen Markt tätig.
http://www.abet.org

Abschluss

Die →gestuften Studiengänge verleihen nach erfolgreichem Bestehen der Prüfungen die akademischen Abschlüsse →Bachelor bzw. →Master. Diese werden nicht in allgemeiner Form verliehen, sondern durch eine Zusatzbezeichnung ergänzt, die den Abschluss hinsichtlich seiner disziplinären Herkunft und seiner Ausrichtung auf Theorie- oder Praxisorientierung hin näher bezeichnet. Von der →KMK sind folgende Abschlussbezeichnungen für akkreditierte Studiengänge zwingend vorgeschrieben: Bachelor bzw. Master of Arts (B.A./M.A.), Bachelor bzw. Master of Science (B.Sc./M.Sc.), Bachelor bzw. Master of Engi-

neering (B.Eng./M.Eng.), Bachelor bzw. Master of Laws (LL.B/LL.M).
C |10

Abbruchalternative

Politisches Argument für die Einführung von →gestuften Studiengängen: Da die bisherigen Diplom- und →Magisterstudiengänge gegen Studienende zu einer erheblichen Arbeitsbelastung für die Studierenden werden und dadurch zahlreiche →Studienabbrüche erklärt werden, soll der Abschluss eines →Bachelor zu einer mit weniger Arbeitsbelastung verbundenen Alternative zum →Studienabbruch werden.

Abschlussbezeichnung →Abschluss
ACA

Abk. für *The Academic Cooperation Association.* Europäische Organisation zur Förderung der Kooperation im Bereich der höheren Bildung; Mitglieder sind größtenteils unabhängige Organisationen auf nationalem Level, die von ihren Regierungen oder von anderer Seite mit der Führung internationaler akademischer Kooperation und internationalen Austausches beauftragt wurden. Für Deutschland Mitglied ist der Deutsche Akademische Austauschdienst (DAAD).
http://www.aca-secretariat.be

Academic Degree

Im amerikanischen System gestufter Abschlüsse im Gegensatz zum →Professional Degree ein Abschluss, der auf eine Tätigkeit im Wissenschaftsbereich oder in artverwandten Tätigkeitsfeldern vorbereitet und deshalb besonders an den Standards wissenschaftlichen Arbeitens ausgerichtet sein muss. Da auch er auf ein berufliches Einsatzfeld vorbereitet, eigentlich eine Sonderform des Professional Degree für den wissenschaftlichen Nachwuchs.

Akkreditierung*

Verfahren zur formellen Anerkennung der Kompetenz einer Organisation, spezifische Leistungen auszuführen – z. B. einen bestimmten Studiengang durchzuführen. Im Unterschied zur →Evaluation, die (hochschul-)systemintern betrieben wird, beruht die Akkreditierung auf extern formulierten Qualitätsanforderungen. Erbrachte Leistungen werden zu vorab und extern definierten Mindeststandards ins Verhältnis gesetzt. Die Akkreditierung fragt also danach, ob etwas ‚gut genug' ist. Tendenziell sind daher Veränderungs- oder Entwicklungsaspekte weniger bedeutsam als Harmonisierung. Deshalb gilt Akkreditierung auch als eher konservativ. Das Akkreditierungsverfahren endet mit der →Zertifizierung bzw. der Ablehnung der Zertifizierung; s. a. →Reakkreditierung.

Akkreditierungsagentur*

Vom →Akkreditierungsrat anerkannte Betriebseinheit, deren Fähigkeit, →Akkreditierungen von Studiengängen durchzuführen, in einem eigenen Akkreditierungsverfahren festgestellt wird. Erhält vom Rat für eine bestimmte Zeit die Berechtigung, →Bachelor- und →Masterstudiengänge sowie bestimmte →Diplomstudiengänge an staatlichen deutschen Hochschulen zu akkreditieren und ihnen bei positivem Verfahrensausgang als Qualitätsausweis das →Siegel des Akkreditierungsrates zu verleihen; s. a. →Monopolstellung von Agenturen.
B | 4

http://www.aqas.de (Agentur für Qualitätssicherung durch Akkreditierung von Studiengängen, Bonn)
http://www.asiin.de (Akkreditierungsagentur für Studiengänge der Ingenieurwissenschaften, der Informatik, der Naturwissenschaften und der Mathematik, Düsseldorf)
http://www.ahpgs.de (Akkreditierungsagentur für Studiengänge im Bereich Heilpädagogik, Pflege, Gesundheit und Soziale Arbeit, Freiburg)
http://www.acquin.de (Akkreditierungs-, Certifizierungs- und Qualitätssicherungs-Institut, Bayreuth)
http://www.fibaa.de (Foundation for International Business Administration Accreditation, Bonn)
http://www.zeva.de (Zentrale Evaluations- und Akkreditierungsagentur, Hannover)

Akkreditierungsdauer

Akkreditierungsentscheidungen sind zeitlich befristet. Über die Dauer der →Akkreditierung entscheidet der →Akkreditierungsrat (bei Agenturen) bzw. die →Akkreditierungsagenturen (bei →Studienprogrammen); sie behalten sich i. d. R. vor, bei Verstößen gegen die →Akkreditierungsauflagen oder Veränderungen der in den vorgelegten Berichtsunterlagen dargestellten Sachstände die Akkreditierung zu widerrufen.
B | 5

Akkreditierungspool, Studentischer →Studentischer Akkreditierungspool

Akkreditierungsrat*

1999 von →HRK und →KMK eingerichtetes Gremium aus Hochschullehrern, Vertretern der →Berufspraxis (Gewerkschaften und →Arbeitgeber) und der staatlichen Seite sowie Studierenden (→Studentischer Akkreditierungspool), welches das Verfahren der →Akkreditierung im Hochschulbereich in Deutschland koordiniert und überwacht. Hauptaufgabe ist die Akkredi-

tierung und begleitende Kontrolle der →Akkreditierungsagenturen durch die Setzung allgemeiner →Standards und →Kriterien für die Akkreditierungspraxis.
B | 3
http://www.akkreditierungsrat.de

Akkreditierungssystem
Ist das Verfahren der →Akkreditierung weltweit auch relativ gleich, so bestehen doch von Land zu Land erhebliche Unterschiede hinsichtlich der institutionellen Ausgestaltung der Akkreditierung. Zu unterscheiden sind ein- und zweistufige →Akkreditierungssysteme: Während in den meisten Ländern vom Staat, Berufskorporationen o. ä. getragene →Akkreditierungsagenturen direkt die Akkreditierung der Studiengänge vornehmen (Einstufigkeit), werden die Agenturen in Deutschland zunächst vom zentralen, von Staat und Hochschulen eingesetzten →Akkreditierungsrat auf ihre →Qualität geprüft und zertifiziert, bevor sie die eigentliche Studiengangsakkreditierung betreiben können (Zweistufigkeit). Daneben ist die Akkreditierung von Studiengängen zu unterscheiden von →institutionellen Akkreditierungen, d. h. der Akkreditierung von Hochschulen (in Deutschland von →Privathochschulen) oder Fachbereichen.

Akkreditierungsvertrag
Zwischen Hochschule und →Akkreditierungsagentur geschlossener Vertrag, der ein nach den möglichen Schritten Information und Beratung das eigentliche und kostenpflichtige Akkreditierungsverfahren einleitet. Regelt Rechte und Pflichten der antragstellenden Hochschule wie der Agentur, die Schritte des Verfahrens und die finanziellen Verpflichtungen der antragstellenden Hochschule.

Anerkennung, gegenseitige
Bezeichnet eine formale Vereinbarung zwischen zwei oder mehreren Körperschaften, die verliehenen Zertifikate oder Diplome oder die Programme des jeweils anderen als den eigenen gleichwertig anzusehen. Ebenso können zwei oder mehr →Akkreditierungsagenturen ihre jeweiligen Methoden und Prozeduren als gleichwertig und in ihrer Funktion äquivalent anerkennen.

APEL
Abk. für *Accreditation of Prior Experiential Learning*. Bezeichnet die Anerkennung von früher außerhalb von Bildungseinrichtungen erworbenen Kompetenzen und Kenntnissen. Deren Anrechnung ist im Zusammenhang des Konzepts des →Lebenslangen Lernens von Bedeutung für die Entwicklung eines international anwendbaren und kompatiblen Leistungspunktsystems (→Credit-Point-System).

Arbeitgeber
Bereitsteller von Arbeitsplätzen, auf denen Beschäftigte Arbeitstätigkeiten ausüben; insofern der Sache nach keine „Arbeitgeber", sondern Arbeitsplatzgeber; gleichwohl ist die Bez., insbesondere durch das Arbeitsrecht, verfestigt. Die wichtigsten Arbeitgeber sind die gewerbliche Privatwirtschaft und der öffentliche Dienst, daneben aber auch freie Träger und rechtlich verselbstständigte Betriebe im Besitz der öffentlichen Hände. Als Vertreter der →Berufspraxis sind die Arbeitgeber im →Akkreditierungsrat und in den →Akkreditierungsagenturen präsent. Über die Bundesvereinigung der Deutschen Arbeitgeberverbände (BDA) und einzelne Branchen-Arbeitgeberverbände wirken vor allem die gewerblichen Arbeitgeber auch an der Setzung von →Standards für die Akkreditierungsverfahren mit, indem ein einheitlicher Verbandswille erzeugt, in Positionspapieren öffentlich gemacht und in die Debatten in den Akkreditierungseinrichtungen eingespeist wird. Hinsichtlich der Kenntnis über die und Akzeptanz der →gestuften Studien-

abschlüsse muss zwischen (gewerblichen) Arbeitgebern als Unternehmern einerseits und Arbeitgeber-Verbandsfunktionären andererseits unterschieden werden. Erstere haben in der Regel einen hohen Informationsbedarf, während letztere einen verallgemeinerten Willen ihrer Mitglieder vertreten, der deren Kenntnisdefizite durch Verbandswissen substituiert.

Arbeitsaufwand →Workload

Arbeitsmarkt
Bezeichnet den (i. d. R. ökonomisch-abstrakt gemeinten) Ort, auf dem die Nachfrage nach und das Angebot von Arbeitskräften zusammentreffen. Arbeitsmarktpolitik umfasst alle institutionellen, rechtlichen und politischen Maßnahmen zur Regelung des Angebots von und der Nachfrage nach Arbeitskräften (z. B. Arbeitszeitregelungen, Ausbildungserfordernisse; konjunkturelle, strukturelle Interventionen) sowie zur Korrektur arbeitsmarktpolitischer Fehlentwicklungen. Die Beteiligung der →Berufspraxis an der →Akkreditierung lässt sich als aktive Arbeitsmarktpolitik begreifen, insofern sie durch die Orientierung an der →Employability der Absolventen Qualifikations- und Mobilitätsengpässe beseitigen soll.
A | 4, C | 5, D | 3, D | 4

Attraktivität, internationale
Schlagwort der politischen Debatte, mit dem auf eine imaginäre Stellung eines Teilnehmers am Wirtschaftsleben (z. B. der Hochschulen) im internationalen Ressourcenverkehr rekurriert wird. I. d. R. wird der Begriff zur Kennzeichnung einer suboptimalen Platzierung deutscher Hochschulangebote im internationalen →Wettbewerb um Studierende und Absolventen gebraucht; er bezieht sich aber auch auf die Arbeitsbedingungen des akademischen Personals. Motivieren soll er Anstrengungen, die →Qualität des deutschen Bildungssystems einem wiederum imaginären internationalen Standard anzugleichen und damit die Chancen z. B. deutscher Hochschulen auf ausländische Studierende und deutscher Absolventen bei der Arbeitsnachfrage erhöhen; s. a. →Internationalisierung.
A | 5

Audit
Prozess der Überprüfung einer Institution oder eines →Studienprogramms zur →Evaluation bzw. Feststellung eines Sachstandes (hinsichtlich des Curriculums, des Lehrpersonals, der Infrastruktur u. a.).

Bachelorarbeit
Auch Bachelor Thesis; die Bachelorarbeit steht am Ende eines →Bachelorstudienganges und ist eine selbstständig erarbeitete und verfasste wissenschaftliche Arbeit, welche die im Studium erworbenen wissenschaftlichen Qualifikationen in der Anwendung dokumentieren soll.

Bachelorstudiengang*
Studiengang an →Universitäten und gleichgestellten Hochschulen sowie an →Fachhochschulen, der nach einer →Regelstudienzeit von mindestens 3 und höchstens 4 Jahren erworben werden kann und mit dem akademischen Grad Bachelor (auch Bakkalaureus, Abk. für beide B.A.) abschließt. Gehört mit dem →Masterstudiengang zu dem neu eingeführten Graduierungssystem →gestufter Studiengänge, das einstweilen parallel neben den traditionellen Studiengängen (→Diplomst., →Magisterst., →Lehramtsst.) besteht. Während des Studiums werden grundlegende fachliche und methodische →Kompetenzen sowie ein Überblick über die Zusammenhänge der gewählten Studienrichtung erworben. Auf ein erfolgreich absolviertes B.A.-Studium kann ein Master-Studium folgen (→Durchlässigkeit). Vor seiner Einführung in Deutschland wurde der B.A. vor

allem in angelsächsisch geprägten Hochschulsystemen nach einem in der Regel dreijährigen Hochschulstudium verliehen. Allerdings gibt es keinen einheitlichen B.A., der eine überall vergleichbare Qualifikationsstufe symbolisiert. Die Motive zur Einführung des B.A. in Deutschland sind vielfältig: Studienzeitverkürzung, →Zertifizierung von Studienabbrechern (→Abschlussalternative), Beiträge zur →Internationalisierung (→Mobilität, übernationale Äquivalenzen), quantitative Bewältigung von als ansteigend angenommenen Studienanfängerzahlen, →Differenzierung der Studienoptionen (Reaktion auf die Ausdifferenzierung der Studierendenschaft), Erhöhung der Selektionsquote; Einführung von General Studies bzw. „Collegisierung" des Hochschulstudiums (Entlastung des dualen Berufsausbildungssystems), Schaffung von Nebenfachoptionen, stärkere Berufsorientierung (→Employability), Streben der Fachhochschulen nach tendenzieller Aufhebung der Unterscheidung von sog. berufsorientierten (→Fachhochschulen) und sog. wissenschaftlichen Hochschulen (→Universitäten).

C | 1

BAföG

Abk. für *Bundesausbildungsförderungsgesetz*, regelt die Vergabe von staatlichen Unterstützungen (zur Hälfte als Darlehen) an Studierende nach sozialen Kriterien. Nach der aktuellen Fassung des BAföG sind Studien bis zum zweiten berufsqualifizierenden Abschluss förderungswürdig. Dabei sind allerdings zahlreiche Detailrichtlinien zu Förderungsberechtigungen und -höchstdauern zu beachten, über welche die jeweiligen BAfFöG-Ämter informieren. http://www.bafoeg.de

Bakkalaureus →Bachelorstudiengang
Berichtssystem

Sammelbez. für diverse Varianten systematischer Berichterstattung, die durch die Verpflichtung zur Regelmäßigkeit und die Einhaltung formaler Standards, die Vergleichbarkeit sicherstellen, gekennzeichnet sind. An Hochschulen gibt es neben dem jährlichen Haushaltsabschluss eine Vielzahl von inhaltlich orientierten, d. h. die Erfüllung des Leistungsauftrags der Hochschule thematisierenden Berichtsformen. Dazu zählen insbesondere der Selbstreport als Bestandteil regelmäßiger →Evaluationen, der Leistungsbericht über die Erfüllung eines Hochschulvertrags, der Lehrbericht und seit neuerem auch die Wissensbilanz. Komplementär zur Autonomiesteigerung werden solche z. T. neuartigen Berichtssysteme verstärkt installiert. Sie sollen eine systematische Überprüfung der Leistungserfüllung durch Leistungsindikatoren ermöglichen und zugleich den Abbau direkter Interventionsmöglichkeiten ausgleichen. Für Controlling z. B. ist ein funktionierendes Berichtssystem zentrale Voraussetzung. Berichtssysteme können bei entsprechender Ausgestaltung den Informationsvorsprung, der bislang mit Machtpositionen innerhalb der Hochschule verbunden ist, relativieren.

Berufsausbildung

Ausbildungsphase, die unmittelbar auf einen Einsatz in einem beruflich begrenzten Feld des →Arbeitsmarktes vorbereitet. Im hochschulpolitischen Kontext wird das Konzept der Berufsausbildung häufig als Gegenbild zur →Hochschulausbildung gebraucht und als verschult, an praktischer Einsatzfähigkeit im Unternehmen und an den Konjunkturen und Bedürfnissen des Arbeitsmarktes ausgerichtet geschildert.

Berufsbefähigung →Employability
Berufseinmündung

Bezeichnet den Übergang von der Ausbildungsphase in eine (meist erste) berufliche Tätigkeitsphase. Diese Phase ist ein Schwellenzustand, in dem sich

u. a. die vom →Arbeitsmarkt erwartete →Qualität des absolvierten →Studienprogramms bzw. des erworbenen Abschlusses daran bemisst, ob potenzielle →Arbeitgeber die erworbenen Qualifikationen ohne weitere Ausbildungsleistungen in ihren unternehmerischen Vollzug integrieren können oder nicht. Auch hier soll die Beteiligung der →Berufspraxis an der →Akkreditierung eine bessere Koordination zwischen Absolventenangebot und -nachfrage durch die Wirtschaft erreichen und somit Transferverluste vermeiden.

berufsbegleitendes Studium →Teilzeitstudiengang

Berufsfeldorientierung

Die Bez. setzt sich ab vom Begriff der Berufsorientierung, d. h. der eng umrissenen Definition von professionellen Anforderungen in Bezug auf ein Berufsbild: Studierende in zahlreichen Studiengängen studieren nicht (mehr) auf ein bestimmtes Berufsbild, sondern allenfalls auf ein bestimmtes berufliches Einsatzfeld hin. Die Bez. reagiert also auf die Instabilität sowohl des →Arbeitsmarktes wie von Berufsrollen und Berufsbiografien. Berufsfeldorientierung ist eine Herausforderung für die Curriculumgestaltung, die insbesondere durch die Integration überfachlichen Qualifikationserwerbs zu bewältigen ist.

Berufspraxis

Bezeichnet generell eine längere und tiefer gehende Erfahrung in einem beruflichen Einsatzfeld. Im Rahmen der →Qualitätssicherung wird der Begriff in einem engeren Sinne gebraucht und bezeichnet die Vertretung und das Einbringen beruflicher Belange in hochschulpolitische Entscheidungsprozesse durch Beteiligung von →Peers aus dem jeweilig vermuteten Berufseinsatzfeld der Absolventen bei der →Akkreditierung des →Studienprogramms. Dabei sind Arbeitgeber-

(→Arbeitgeber) und Arbeitnehmerseite (Gewerkschaften) gleichermaßen gemeint.

D | 3, D | 4

Berufsqualifizierung →Employability

Beschäftigungsfähigkeit →Employability

Bewertung

Bezeichnet im Kontext der Hochschullehre die gesamte Bandbreite an schriftlichen, mündlichen und praktischen Tests/Prüfungen sowie Projekten, mit denen über den Lernfortschritt einer/s Studierenden in einer Lerneinheit oder über die erreichte Leistung für eine bestimmte →Niveaustufe entschieden wird. Diese Maßnahmen werden von den Studierenden hauptsächlich genutzt, um ihren eigenen Lernfortschritt zu bewerten („formative Bewertung") bzw. von der Hochschule zur Beurteilung angewandt, ob eine Lerneinheit hinsichtlich der Lernergebnisse zufrieden stellend absolviert wurde („summative Bewertung"). Im übrigen kann zwischen →quantitativen Bewertungen und →qualitativen Bewertungen unterschieden werden.

Bologna-Prozess

Bez. in der politischen Debatte für die in verschiedenen internationalen Vereinbarungen und Verträgen von zahlreichen europäischen Ländern angestrebte Schaffung eines →europäischen Hochschul- und Forschungsraumes. Grundlage und Namensgeberin war eine 1999 abgehaltene Konferenz der Bildungsminister von 29 europäischen Staaten in Bologna (der 1998 eine Zusammenkunft der französischen, britischen, italienischen und deutschen Minister in Paris und die Verabschiedung der →Sorbonne-Erklärung vorausging); gefolgt von bisher zwei Folgekonferenzen in Prag (2001) und Berlin (2003). Eine dritte Folgekonferenz ist für 2005 in Bergen angekündigt. In der Bologna-Konferenz 1999 wurden vereinbart: die Einführung ver-

gleichbarer akademischer Abschlüsse in allen beteiligten Staaten, eines Leistungspunktsystems (→Credit-Point-System, →ECTS), eines zweistufigen Studiensystems aus →Bachelor- und →Masterstudiengängen. Weiter wurden Vereinbarungen zur Förderung von Qualitätssicherungsmaßnahmen an Hochschulen beschlossen, die u. a. in Deutschland zu einem System der →Akkreditierung von Studiengängen führten. Auf der Prag-Konferenz 2001 wurden über die Bekräftigung der in Bologna beschlossenen Maßnahmen hinaus keine weiteren wesentlichen Schritte beschlossen. An der Berlin-Konferenz 2003 beteiligten sich nicht nur inzwischen 40 europäische Länder, sondern hier wurde auch eine Beschleunigung des Prozesses verabredet, der u. a. bis 2005 zu einem allgemein eingeführten zweistufigen Abschlusssystem in den Signatarstaaten führen soll, die verbindliche Einführung eines →Diploma Supplement zur Sicherung einer →gegenseitigen Anerkennung der Abschlüsse vorsieht und Strukturen für die interne und externe →Qualitätssicherung zu schaffen verspricht. Außerdem wurde ein vergleichbares, interdisziplinär angelegtes Doktoratsstudium als weiteres Ziel in den Bologna-Ziel-Katalog aufgenommen.
A | 1
http://www.bologna-berlin2003.de
http://www.bologna-bergen.no

Bundesausbildungsförderungsgesetz
→BAföG

Bürokratisierung
Erweiterung und Zuspitzung bürokratischer Regelungen wie hierarchischer Organisation, Kompetenzzuweisungen, Regelgebundenheit, Unpersönlichkeit und Schriftlichkeit über ein sachlich erforderliches Maß hinaus. Das jeweils sachlich erforderliche Maß ist nicht absolut zu fixieren. Es muss vielmehr im Rahmen einer Abwägung durch die Beteiligten ausgehandelt werden. Die Abwägung hat dabei zu erfolgen zwischen der Sicherstellung einerseits rechtsgebundenen Handelns, also der Vermeidung von Willkür, und andererseits von Freiräumen für situationsspezifisches Reagieren und initiatives Handeln. Im Akkreditierungskontext wird erwartet, dass die Ersetzung staatlicher →Genehmigungen von Studien- und →Prüfungsordnungen durch ein gesetzlich fixiertes Akkreditierungserfordernis zu einer →Entbürokratisierung führt. Zugleich gibt es Befürchtungen, dass sich im Zusammenspiel von Ministerialverwaltungen und Agenturen eine „Akkreditierungsbürokratie" entwickelt, die eine erneute →Bürokratisierung – nun die der Akkreditierungsverfahren – vorantreibt. Dem können klare gesetzliche Regelungen (die auch der Willkürvermeidung dienen) entgegenwirken sowie der Umstand, dass die einzelnen →Akkreditierungsagenturen als wechselseitige Wettbewerber auftreten, also für ihre Klienten nicht alternativlos sind. Dies wiederum setzt voraus, dass es innerhalb der Agenturlandschaft nicht zur Kartellbildung kommt (→Monopolstellung von Agenturen); s. a. →Entbürokratisierung.

CEE
Abk. für *Central and Eastern European Network of Quality Assurance Agencies in Higher Education*. Regionales Subnetwork von →INQAAHE für die mittel- und osteuropäischen Mitgliedsstaaten.
http://www.staff.amu.edu.pl/~ects/uka/subnetwork.html

CEPES →UNESCO-CEPES

Change Management
Management umfasst alle Aktivitäten zur Führung eines Unternehmens bzw. einer Organisation durch Leitungspersonal. Diese bestehen darin, einerseits Differenzierung (Arbeitsteilung), andererseits Integration (Koordination) zu organisieren: Die Arbeitsteilung ist funktional notwendig, und zugleich

entsteht mit ihr Koordinationsbedarf. Die wichtigsten Integrationsinstrumente sind Planung, Kontrolle, Organisation und Personalführung. Unterschieden werden üblicherweise drei Managementebenen: (a) normatives Management, das die Unternehmensziele definiert; (b) strategisches Management, das die Voraussetzungen der Zielrealisierung klärt; (c) operatives Management, das die Umsetzung der Ziele organisiert, indem aus (a) und (b) auftrags- und mitarbeiterbezogene Einzelmaßnahmen abgeleitet und deren möglichst optimale Realisierung initiiert und gesteuert werden. Im Zuge eines zunehmend wettbewerblichen Selbstverständnisses von Organisationen, die bislang nicht unternehmensförmig organisiert sind, übernehmen auch Behörden, Verbände, soziale Einrichtungen oder Hochschulen Managementelemente. Diese Neigung wird an Hochschulen durch den Wandlungsdruck, dem sie sich ausgesetzt sehen, verstärkt. Die traditionelle akademische Selbstverwaltung und die nebengeordnete kameralistisch basierte Hochschulverwaltung gelten als unzureichend verbindlich (Selbstverwaltung) bzw. unzureichend flexibel (Hochschulverwaltung) für die Anforderungen des Wandels. Daher bildet sich in Gestalt des Change Managements eine spezifische Form des Managements heraus, die nicht auf die Optimierung des Bestehenden orientiert ist, sondern auf dessen zielgebunden organisierte Transformation. Change Management ist das Management des geplanten organisatorischen Wandels unter besonderer Berücksichtigung der spezifischen Schwierigkeiten, die der Gestaltung hoch komplexer und vernetzter sozialer Systeme innewohnen. Letzteres erfordert besondere Instrumente, u. U. auch Meta-Steuerung, d. h. indirekte, erst längerfristig wirkende Steuerung höherer Ebene. Die Anwendung sog. Bombenwurf- oder Konkursstrategien oder die Änderung durch Anordnung ist in der Praxis durchaus verbreitet, doch handelt es sich dabei um problematische Strategien: Sie sind entweder unwirksam oder nicht nachhaltig oder mit unvertretbaren sozialen Kosten verbunden. Wie jedes Management umfasst auch Change Management Aktivitäten in drei Dimensionen: Organisationsentwicklung (Veränderung der Strukturen und Prozesse), Personalentwicklung (Veränderung des Verhaltens) sowie Kulturentwicklung (Veränderung der Werte und Normen).

CHEA

Abk. für *U.S. Council for Higher Education Accreditation*. Zentrale amerikanische Akkreditierungseinrichtung, die eine dem deutschen →Akkreditierungsrat vergleichbare Koordinierungs- und Überwachungsfunktion (Anerkennung der einzelnen Akkreditierungsorganisationen) wahrnimmt. http://www.chea.org

Credit →**Credit-Point**

Credit-Point

Credits sind numerische Werte in →Credit-Point-Systemen, die einer Lehrveranstaltung zugeordnet werden, um das für den Kurs erforderliche Arbeitspensum der Studierenden zu beschreiben. Die Credits spiegeln somit den quantitativen Arbeitsanteil wider, der für jede Veranstaltung im Verhältnis zum geforderten Studienpensum für den erfolgreichen Abschluss eines gesamten akademischen Jahres an der Hochschule aufgewendet werden muss (d. h. Vorlesungen, praktische Arbeiten, Seminare, Tutorien, Exkursionen, Eigenstudium in der Bibliothek und zu Hause, Prüfungen und andere Formen der Leistungsbewertung). Sie berücksichtigen somit das gesamte Studienpensum und nicht nur die lehrkraftge-

bundenen Veranstaltungen lehrerge-
bundenen Unterrichts. Für einen
→Bachelorstudiengang wird in der Regel eine Credit-Anzahl von 180, für
einen →Masterstudiengang von 120 zu
Grunde gelegt. Pro Semester sind
daher durchschnittlich 30 Credits nachzuweisen.

C | 9
Credit-Point-System
Das System hat zwei wesentliche
Elemente. Zum einen sammeln die
Studierenden nicht mehr Scheine für
absolvierte Lehrveranstaltungen, sondern Kreditpunkte (→Credit-Point).
Das erleichtert die Übertragung er-
brachter Leistungen auf andere Studiengänge oder Hochschulen. Zum
anderen ermöglicht das System eine
Gestaltung des Studiums, bei der die
Prüfungen vollständig in den Ablauf
des Studiums eingebunden sind. Unmittelbar im Anschluss an die einzelnen
Lehrveranstaltungen werden jeweils
die dargebotenen Inhalte abgeprüft
und gegebenenfalls der Studienerfolg
bescheinigt; gesonderte Zwischen-
und Abschlussprüfungen entfallen.
Nicht bestandene Klausuren werden
mit Minuspunkten, die eine bestimmte
Höchstzahl nicht überschreiten dürfen,
auf dem Konto vermerkt. Die Punkte
messen dabei das erbrachte Arbeitspensum, Benotungen erfolgen extra.
Als Vorteile des Systems werden ge-
wertet: erhöhte →Transparenz, insofern
jede/r Studierende immer weiß, wo
er/sie gerade im Studium steht; Vermeidung punktueller Belastungen im
Studienverlauf wie auch Abbau von
Examensängsten; Straffung des Studiums und Verbesserung der →Studier-
barkeit des jeweiligen Studiengangs;
Erleichterung der internationalen Mobilität, insbesondere im Rahmen des
→ECTS. Als Nachteil gilt die (bislang bestehende) Kompliziertheit des Systems:
Es arbeitet mit Bonus- und Malus-
Punkten, Fach- und Zeitgewichtungen

sowie Sonderregelungen. Eine konsequente Anwendung des Systems erfordert eine strikte →Modularisierung
des Studiums.

C | 9
Credit-System →Credit-Point-System
Curricularnormwert
Gibt die Lehrnachfrage/den Lehrbe-
darf pro Studierende/r eines Studien-
ganges während des Grund- und
Hauptstudiums an. Die Einheit sind
die Semesterwochenstunden (SWS).

D-A-C-H
D-A-C-H ist ein regionales Netzwerk,
dem der →Akkreditierungsrat, der
Österreichische Akkreditierungsrat,
der Österreichische Fachhochschulrat
und das Schweizer Organ für Akkreditierung und Qualitätssicherung angehören. Das Ziel der Zusammenarbeit
ist, die gegenseitige →Anerkennung
von Ergebnissen der Akkreditierungsverfahren zu erreichen. Schritte dazu
sind u. a. die Entwicklung eines gemeinsamen „Code of Good Practice",
die Erarbeitung von Richtlinien für die
→Qualitätssicherung von →Akkreditie-
rungsagenturen und die Zusammenarbeit in grenzüberschreitenden Akkreditierungsverfahren.
http://www.akkreditierungsrat.at
(Österreichischer Akkreditierungsrat)
http://www.oaq.ch
(Schweizer Organ für Akkreditierung
und Qualitätssicherung)

Datenschutz
Im Rahmen der Einführung eines Con-
trollings an Hochschulen entstehen
Kollisionen zwischen Datenschutz-
recht einerseits und dem Bemühen, in
der Kosten-Leistungs-Rechnung Finanz-
daten und Leistungen auf einzelne
Personen zu beziehen, andererseits.
Hier sind Güterabwägungen nötig,
nicht zuletzt in Hinsicht auf künftig
u. U. angestrebte Änderungen der Ge-
setzeslage.

Degree →Academic Degree; →Double Degree;
→Joint Degree; →Professional Degree

Deregulierung

Im Hochschulsektor das Bestreben, die gesetzlichen Freiräume der Hochschulen zu erweitern, d. h. die Regelungsdichte zur vermindern und damit die Hochschulautonomie zu stärken; s. a. →Hochschulrahmengesetz. Die Deregulierung gilt als wesentliche Voraussetzung für die Flexibilisierung bzw. →Entbürokratisierung.

Differenzierung

Im Kontext der Hochschul- und →Studienreform Bez. für die Ausbildung unterschiedlicher →Profile von Hochschulen bzw. Fachbereichen und die Diversifizierung von Studienangeboten (→Diversität).

Diploma Supplement

Bezeichnung für einen Text mit einheitlichen Angaben zur Beschreibung von Hochschulabschlüssen (Grade, Zertifikate, Prüfungen; allgemein, engl.: „Diploma") und damit verbundenen Qualifikationen, der offiziellen Dokumenten über Hochschulabschlüsse (Verleihungs-Urkunden, Prüfungs-Zeugnissen) als ergänzende Informationen beigefügt werden soll. Es entstand 1998/99 aus einer Initiative von Europäischer Union, Europarat und →UNESCO/CEPES, der sich inzwischen die meisten europäischen Staaten angeschlossen haben. Es soll die →Bewertung und Einstufung von akademischen Abschlüssen sowohl für Studien- als auch Berufszwecke erleichtern und verbessern. Es wird in der Standardform in englischer Sprache ausgestellt. C | 11
http://www.europa.eu.int/comm/education/policies/rec_qual/recognition/diploma_de.html

Diplomstudiengang

Element des traditionellen deutschen Studienangebotes, umfasst das Studium eines Faches bis zum berufsqualifizierenden Abschluss, dem Diplom (z. B. Diplom-Ingenieur, Diplom-Mathematiker, Diplom-Psychologe). Diplom-

studiengänge finden sich vorwiegend in den Ingenieur-, Natur- und Wirtschaftswissenschaften, aber auch in einigen Fächern der Geistes- und Sozialwissenschaften. Dabei muss in der Regel nach der Hälfte der Studienzeit eine Vordiplomprüfung abgelegt werden, in der die bisher erlernten Grundlagen im jeweiligen Studienfach geprüft werden. Der organisatorische Ablauf und einzuhaltende Fristen sind in der Diplomprüfungsordnung festgeschrieben. Diese werden auf der Grundlage von Rahmenprüfungsordnungen von den Kultusministerien der Länder geprüft und zugelassen (→GemKo). Vor allem im Hauptstudium (nach dem Vordiplom) sind →Differenzierungen durch Studienschwerpunkte und Vertiefungsrichtungen möglich; dazu gehört auch das Studium von Teilgebieten anderer Fächer (Nebenfachprüfung für einen Diplomstudiengang).

Diversität

Ursprünglich aus der Biologie stammender Begriff (die Variabilität unter lebenden Organismen jeglicher Herkunft, die Vielfalt innerhalb der Arten und zwischen den Arten sowie die Vielfalt der Ökosysteme). Im Rahmen der Studienreformmaßnahmen findet der Begriff in zweierlei Ausprägung Verwendung: (a) bezeichnet er die Vielfältigkeit der Studierenden, deren Studienmotive und -kompetenzen und fordert dazu auf, diese Elemente im Rahmen eines „Diversitätsmanagements" bei der Studiengangentwicklung und -durchführung zu berücksichtigen; (b) wird von Diversität gesprochen, wenn darauf hingewiesen werden soll, dass in der derzeitigen Reformphase möglichst unterschiedliche und miteinander konkurrierende Maßnahmen der →Studienreform erprobt werden und damit prozess- und ergebnisoffen gestaltet werden sollten.

Doppeldiplome →Double Degree

Double Degree

Abschluss, der am Ende eines Studiums steht, das partnerschaftlich von Institutionen aus verschiedenen Ländern angeboten wird und zu einem anerkannten gemeinsamen Abschluss führt. Im Unterschied zu →Joint Degrees, bei denen nur ein einziges Diplom mit Siegel und Unterschrift beider Hochschulen vergeben wird, wird bei Double Degrees von jeder teilnehmenden Hochschule ein Diplom ausgestellt – das Diplom der (deutschen) Heimathochschule wie auch der entsprechende akademische Abschluss der (ausländischen) Partnerhochschule. Daher ist es nicht notwendig, dass beide Hochschulen ein identisches →Studienprogramm anbieten (→integrierter Studiengang). In einem Vertrag wird festgelegt, welche Teile des jeweiligen Studienplans von den Austauschstudierenden unbedingt zu absolvieren sind, um Anspruch auf den Studienabschluss zu haben. Der Double Degree sollte nur eine Vorstufe zu einem Joint Degree darstellen, wenn die Gesetzgebung im Land die Vergabe einer gemeinsamen Urkunde (noch) nicht erlaubt.

Durchlässigkeit

Schlagwort aus der politischen Debatte, das vor allem in zwei Bedeutungen gebraucht wird: (a) bezeichnet es im Zuge einer →Flexibilisierung des Ausbildungssystems die politisch gewollte Möglichkeit, zwischen den →Hochschultypen, aber auch zwischen dem Hochschulsystem und dem →Arbeitsmarkt ohne Schwierigkeiten wechseln zu können und z. B. Phasen der Berufstätigkeit und der akademischen Ausbildung abzuwechseln; (b) bezeichnet es die politische Forderung nach einer Offenhaltung von höher qualifizierenden Masterangeboten für alle Studierenden, die einen Bachelorabschluss erworben haben bzw. die Möglichkeit,

zwischen verschiedenen Profiltypen wechseln zu können. Zu einem widersprüchlichen Gebrauch kommt es, wenn z. B. zwar die Durchlässigkeit des Systems →gestufter Studiengänge nach Hochschultypen gefordert wird, gleichzeitig aber eine Abschottung durch →Eignungsprüfungen und Übergangsquoten für den Masterbereich gefordert wird.

ECA

Abk. für *European Consortium for Accreditation in Higher Education*. Seit 2003 eingerichtetes Konsortium, in dem Österreich, Deutschland, Irland, die Niederlande, Flandern, Norwegen, Spanien und die Schweiz vertreten sind. Es handelt sich dabei um ein vorerst bis 2007 zeitlich begrenztes Projekt mit dem Ziel der wechselseitigen Anerkennung von Akkreditierungsentscheidungen durch die teilnehmenden Staaten.

ECTS

Abk. für *European Credit Transfer System*. Mithilfe von →Credits ermöglicht das System Austauschstudenten an ausländischen Hochschulen, Punkte zu sammeln, die dann auf das einheimische Studium angerechnet werden. Die am ECTS beteiligten Hochschulen haben durch Abstimmungen eine gegenseitige →Anerkennungsquote der Hochschulleistungen von über 90 Prozent erreicht, während in anderen Austauschprogrammen nur ca. drei Viertel der Studienleistungen aus dem Ausland anerkannt werden.

http://www.europa.eu.int/
comm/education/programmes/
socrates/ects_de.html

Effektivität von Hochschule

Grad der Wirksamkeit und der Zielerreichung. Aufbauend auf einer Wirksamkeitsanalyse der eingesetzten Ressourcen und Instrumente – die auch prozessbegleitend einsetzbar ist (→Berichtssystem) –, kann die Effektivität eines Prozesses an dessen Ende im Rahmen eines Soll-Ist-Vergleichs festgestellt werden: In welchem Ausmaß hat ein bestimmtes Programm sein Ziel erreicht? Stärker als die Feststellung der →Effizienz von Hochschulen ist die Effektivitätsfeststellung auch geeignet, die Erreichung von Qualitätszielen zu überprüfen. Damit ist sie insbesondere im Bereich der Forschung und Lehre auch hochschuladäquater, als schlichte Effizienzmessungen es sind.

Effizienz von Hochschulen

Effizienz ist ein Maßbegriff zur Bewertung eines Prozesses oder Zustandes hinsichtlich seines Input-Output-Verhältnisses und dessen Zustandekommens, mit anderen Worten: das Verhältnis zwischen Kosten und Nutzen eines Programms oder einer Maßnahme. Die Feststellung erfolgt im Rahmen eines Input-Output-Verleichs: Welcher Mitteleinsatz hat zu welchen Ergebnissen geführt? Ein effizienter Zustand ist der, in dem es zu den gegebenen Bedingungen nicht möglich ist, von mindestens einem Gut mehr als und zugleich von allen anderen Gütern mindestens genauso viel wie aktuell geschehend zu fertigen. Die Effizienz von Organisationen festzustellen ist wg. der Komplexität der Bewertungsproblematik nur sehr bedingt möglich; als heuristische Alternative gilt hier, auf die Bewertung des Erreichens von Subzielen zurückzugreifen, für die eine positive Beziehung zum jeweiligen Oberziel angenommen werden kann. An Hochschulen im Speziellen ist Effizienz nur in eng umrissenen Bereichen sinnvoll feststellbar, etwa in der Verwaltung und anderen wissenschaftsunterstützenden Einheiten wie Bibliothek oder Rechenzentrum. In Forschung und Lehre steht einer Effizienzbetrachtung zweierlei entgegen: Zum einen sind Forschungs- und Lehrprozesse lediglich formal zu finalisieren, nicht aber inhaltlich. Zum anderen

sind die verfügbaren quantitativen Kennziffern (wie Drittmittelquote oder Studierendenzahlen) unzulänglich, insoweit sie die – für Hochschulleistungen zentrale – qualitative Dimension nicht abzubilden vermögen. Hochschulangemessener ist die Betrachtung der →Effektivität.

efmd

Abk. für *European Foundation for Management Development*. Europäisches Netzwerk von Organisationen und Einzelpersonen, die im Bereich der Management-Entwicklung tätig sind. Nimmt die →EQUIS-Akkreditierung für „Business-Schools" vor.

http://www.efmd.be

Eignungsprüfung, -feststellung

Zu den Zugangsvoraussetzungen für einige Studienangebote gehörendes Examen, das nach der Erfüllung formaler Zugangskriterien in mündlichen oder schriftlichen Prüfungen, Motivationsgesprächen, Tests u. Ä. die persönlichen wie fachlichen Fähigkeiten der Kandidaten und Kandidatinnen abprüft und mit Hilfe der Ergebnisse eine Prognose über einen erfolgreichen Verlauf des Studiums zur Grundlage der Zulassungsentscheidung macht. Wird in →gestuften Studiengängen immer mehr benutzt, um am Übergang zwischen B.A. und M.A., wie von der →KMK gefordert, die Erfüllung zusätzlicher Zulassungsvoraussetzungen zu erheben und damit die →Durchlässigkeit zwischen den gestuften Studiengängen einzuschränken.

Einheit von Forschung und Lehre

Die Formel geht inhaltlich auf Wilhelm von Humboldt zurück, der sie allerdings selbst so nicht gebraucht hat. Aus seinen Schriften zur Berliner Universitätsgründung lässt sich jedoch extrapolieren, dass Lehre aus Forschung gespeist sein soll, indem die Lehrenden zugleich immer auch Forschende seien, und dass Studierende und Lehrende sich als Partner begegnen sollen, die ein gemeinsamer Dienst an der Wissenschaft einige. Die insbesondere in Deutschland tief in der akademischen Kultur verankerte Vorstellung, dass nur jeweils wenige Angehörige jeder Generation für die Wissenschaft begabt seien, führt im Zuge der zunehmenden Verallgemeinerung akademischer Bildung zur Infragestellung des Prinzips der Einheit von Forschung und Lehre. Dem steht entgegen, dass allein eine „Kontaktphase mit Wissenschaft" (Michael Daxner) dazu befähigt, im nachfolgenden Berufsleben komplexe Handlungslagen in weitgehend risikoneutraler und sozial verträglicher, d.h. hinreichend Handlungsfolgen abschätzender Weise zu bewältigen. Die hierfür benötigten situations- und prozessanalytischen Fähigkeiten bedürfen eines Trainings der methoden- und kritikgebundenen Analyse, wie es nur im Rahmen der wissenschaftlichen Befassung mit den Studieninhalten zu realisieren ist.

Employability
Bezeichnet die Fähigkeit von Absolvent/innen, nach Studienabschluss dem →Arbeitsmarkt mit einer berufseinsatzfähigen Qualifikation zur Verfügung zu stehen und zielt daher darauf hin, neben der fundierten wissenschaftlichen Ausbildung die Vermittlung von praxisnäheren Studieninhalten, berufsfeldbezogenen →Zusatzqualifikationen (z. B. BWL, EDV, Fremdsprachen) und von →Schlüsselqualifikationen (z. B. Teamfähigkeit, Präsentationstechniken, kommunikative Kompetenz) ins Zentrum der →Hochschulausbildung zu stellen.
A | 4, C | 5

EQUIS
Abk. für *European Quality Improvement System*. System zur Akkreditierung von Business Schools, das 1997 von der European Foundation for Management Development (→efmd)

eingeführt worden ist. EQUIS wurde mit Unterstützung der EU-Kommission geschaffen.

ENQA
Abk. für *European Network on Quality Assurance in Higher Education*. Im Gefolge der Prag-Konferenz (→Bologna-Prozess) 2001 eingerichtetes europäisches Netzwerk, dessen Ziel der Erfahrungsaustausch und die Verbreitung von Informationen über „Good Practices" und über neue Entwicklungen der →Qualitätssicherung im Hochschulbereich ist. Zu den Partnern gehören staatliche Behörden, Hochschulinstitutionen und Qualitätssicherungsagenturen.
http://www.enqa.net

Entbürokratisierung
Sammelbez. für alle Maßnahmen, die der Vereinfachung von Verwaltungsabläufen durch Reduzierung der Anzahl, der Regelungstiefe und der Regelungsdetailliertheit (a) gesetzlicher Vorschriften und (b) von Verwaltungsverfahren dienen. Die Idee der E. speist sich zum einen aus dem Subsidiaritätsprinzip, wonach Entscheidungen immer auf der jeweils niedrigst möglichen Ebene getroffen werden sollen, d. h. nur diejenigen Aufgaben, die nicht auf einer unteren Ebene (z. B. Gemeinde oder Fachbereich) erledigt werden können, einer höheren Ebene (z. B. Land oder Hochschulleitung) übertragen werden. Zum anderen hat sie ihre Quelle in der Auffassung, dass mündige Bürger und Bürgerinnen keiner zur Bevormundung ausufernden Verregelung ihres Lebens seitens des Staates bedürfen, dass der Staat aber mündiger Bürger und Bürgerinnen bedarf, die in ihrer Initiative nicht durch sachfremde bürokratische Regelungen (→Bürokratie) gehemmt sind. Im Hochschulreformkontext wird Entbürokratisierung im Rahmen von →Flexibilisierung und →Deregulierung betrieben.

EQO

Abk. für *European Quality Observatory.* Zusammenschluss von Forschungseinrichtungen, der auf europäischer Ebene die →Qualitätssicherung für das E-Learning befördern soll. Dazu gehören die Sammlung und Systematisierung von Qualitätsansätzen zum E-Learning, der Aufbau einer „Community of Practice" im E-Learning sowie die Mitwirkung an der Entwicklung neuer Standards und Normen.
http://www.eqo.info

ERASMUS

1987 von der Europäischen Gemeinschaft (EG) installiertes Programm zur Förderung temporärer studentischer Mobilität (→Mobilität, internationale). Gefördert wurden die Zusatzkosten für einen halb- oder ganzjährigen Studienaufenthalt an einer ausländischen Hochschule, die mit der Heimatfakultät bzw. Heimathochschule in vertraglich geregelten Austauschbeziehungen steht und deren Studiennachweise nach Rückkehr der/s Studierenden anerkannt werden. 1995 in das SOKRATES-Programm zur Förderung der akademischen Mobilität integriert.

ESIB

Abk. für *European Student Information Bureau* (vollständiger Name: ESIB – The National Unions of Students in Europe). 1982 gegründeter europäischer Dachverband von aktuell 50 Organisationen der Studierendenschaften aus 37 Ländern, repräsentiert ca. 10 Mio. europäische Studierende. ESIB vertritt und befördert die Bildungs-, sozialen, ökonomischen und kulturellen Interessen von Studierenden auf europäischer Ebene (u. a. bei der Europäischen Union, dem Europarat oder der UNESCO).
http://www.esib.org

ESOEPE

Abk. für *European Standing Observatory for the Engineering Profession*

and Education. Verbund europäischer Fachakkreditierungsorganisationen im Bereich der Ingenieurwissenschaften.

EUA

Abk. für *The European University Association.* Zusammenschluss von europäischen Universitäten (Einzeluniversitäten und Rektorenkonferenzen), repräsentiert aktuell 731 Mitglieder aus 45 europäischen Ländern. Versteht sich als gemeinschaftliche Interessenvertretung der Hochschulen gegenüber Politik und Öffentlichkeit und als Forum für den gemeinsamen Meinungsbildungsprozess auf europäischer Ebene.
http://www.eua.be

Europäischer Hochschul- und Forschungsraum

Politische Vision eines durch möglichst geringe Mobilitätshindernisse und durch gleichwertige Bildungsangebote der einzelnen Mitgliedsstaaten gekennzeichneten Raumes, in dem sich Schüler/innen, Studierende, Lehrende und Forschende sowie vor allem auch Absolventen und Absolventinnen relativ frei bewegen können und dabei flexibel auf ökonomische Konjunkturen reagieren. Begründet wird diese Vision in der politischen Debatte vor allem durch die Annahme, eine Homogenisierung der Bildungsangebote und eine größtmögliche Mobilität der Bildungsnachfrage vergrößere die wirtschaftliche Potenz Europas gegenüber Konkurrenten im Globalisierungsprozess. Dem zu Grunde liegt wiederum die Auffassung, wirtschaftliche Macht ließe sich in Zeiten globaler Finanz- und Güterströme vorwiegend durch ein hohes Bildungs- und Wissensniveau der Menschen sichern. Diese Vision ist dem politischen Umsetzungsprozess (→Bologna-Prozess) vorgelagert.
A | 1

Evaluation

Leistungsbewertung. Grundsätzlich können im Hochschulbereich (a) die

Evaluation der Lehre und die der Forschung sowie (b) die externe und die interne Evaluation unterschieden werden. Evaluation der Lehre bezeichnet eine systematische Beurteilung und →Bewertung der Lehr- und Lernprozesse, der Rahmenbedingungen und Organisation des Lehrbetriebs; indem Defizite und Problembereiche erkannt werden und eine Verständigung über die Kriterien guter Lehre stattfindet, soll die Lehre optimiert werden können. Evaluation der Forschung gewinnt zunehmende Bedeutung im Rahmen →leistungsorientierter Besoldung. Stärker noch als bei der Evaluation der Lehre stehen hier die Bewertungskriterien im Streit. Der Forschungsindikator Drittmittelquote z. B. könne auch dokumentieren, dass der Einwerbende lediglich risikolose Mainstream-Themen bearbeite und erfolgreiches Netzwerkmanagement betreibe; über die →Qualität seiner Forschung, etwa ihre Innovativität, müssten hohe Drittmittelquoten nichts Zwingendes aussagen. Die Schwierigkeiten der Bewertung von Qualität sollen dadurch neutralisiert werden, dass die Evaluation durch auswärtige Expert/innen, sog. →Peers, durchgeführt wird. Solche externen Evaluationen oder →Peer-Reviews beruhen in der Regel auf einer internen Evaluation. Diese erfolgt meist in Gestalt eines Selbstreports, der quantitative Daten aufbereitet und qualitative Selbsteinschätzungen von Stärken, Schwächen sowie Entwicklungspotenzialen enthält. Eine Begehung der zu evaluierenden Einrichtung durch die Peers, die Gespräche mit Mitarbeiter/innen und Führungspersonal einschließt, mündet dann in die Erstellung des Evaluationsberichts. Dieser leitet aus den gewonnenen Eindrücken und Einschätzungen Veränderungsvorschläge ab. – Im Rahmen des →New Public Management wird es künftig auch zunehmend Evaluationen von lehr- und forschungsunterstützenden Verwaltungsleistungen geben.
C | 12

EvaNet
Abk. für *Evaluations-Netzwerk zur Evaluation und Qualitätssicherung an deutschen Hochschulen.* Von HIS (Hochschul-Informations-System GmbH) im Auftrag von →Projekt Q bereitgestelltes breites elektronisches Informationsangebot (Internet, E-Mail-Newsletter) zu Fragen von Qualitätsentwicklung und -sicherung an Hochschulen.
http://www.evanet.his.de

Experte/-in →Peer

Fachbereichstag → Fakultätentag

Fachgesellschaft
Wissenschaftliche Gesellschaften, in denen sich i. d. R. Wissenschaftler/innen einer Disziplin, einer bestimmten Richtung innerhalb der Disziplin oder eines Forschungsfeldes zusammengeschlossen haben, um gemeinsam über die akademisch-professionellen Standards und deren Weiterentwicklung zu beraten und zu wachen. Die fachliche Kompetenz der Fachgesellschaften wird im Rahmen des →Akkreditierungssystems immer wieder aktiviert werden müssen, um die fachlich-inhaltlichen →Kriterien bei der konkreten Studiengangsbewertung auszufüllen. Gleichfalls repräsentieren die Fachgesellschaften aber auch die Gefahr einer neuerlichen Homogenisierung des Studienangebots durch die Orientierung an starren quantitativen oder qualitativen Vorgaben (→GemKo). Darüber hinaus tendieren Fachgesellschaften zu einer konservativen Bewahrung herkömmlicher disziplinärer Strömungen und zur Abwehr innovativer Ansätze.
B | 4

Fachhochschule*
Anwendungsorientierter →Hochschultyp. Angeboten werden vornehmlich

ingenieurwissenschaftliche Studiengänge und solche in Wirtschaft, Sozialwesen, Gestaltung und Informatik. Das Studium ist kürzer als an Universitäten; die Lehrkräfte haben – vermittelt über ein Lehrdeputat von 18 Wochenstunden – ihren Schwerpunkt in der Lehre; Forschungsaktivitäten finden vorrangig in den Bereichen der anwendungsbezogenen Forschung sowie des Technologie- und Wissenstransfers statt. Im Zuge der Einführung von →gestuften Studiengängen kommt es zu einer symbolischen Gleichstellung der FH-Studiengänge, indem die Abschlüsse Bachelor und Master nicht mehr wie bislang die FH-Diplome mit dem Klammerzusatz „FH" gekennzeichnet werden müssen. Durch ein Offenhalten der →laufbahnrechtlichen Zuordnung von Masterabschlüssen an Fachhochschulen zum gehobenen oder zum höheren öffentlichen Dienst (→IMK) ist diese symbolische Gleichstellung allerdings noch nicht faktisch umgesetzt.

Fakultätentag
Zusammenschluss der Fakultäten eines jeweiligen disziplinären Feldes, der in einem disziplinär breiteren Spektrum als die →Fachgesellschaften die akademisch-professionellen Interessen der Lehrenden an Hochschulen wahrnimmt und zu bewahren sucht. Dies geschieht durch Kongresse, Informations- und Erfahrungsaustausch auf formeller wie informeller Ebene, Stellungnahmen zu hochschul- und wissenschaftspolitischen Entwicklungen und Problemlagen, durch Öffentlichkeitsarbeit und Lobbying bei politischen Verantwortungsträgern. Die deutschen Fakultätentage sind seit 2000 im „Allgemeinen Deutschen Fakultätentag" zusammengeschlossen. http://www.fakultaetentag.de

Flexibilität
Anpassungsfähigkeit, insbesondere an wechselnde Aufgaben oder Bedingungen der Aufgabenerfüllung. Es besteht ein Spannungsverhältnis zur Stabilität, die gleichermaßen wie Flexibilität Voraussetzung gedeihlicher Entwicklung von Systemen, Institutionen, Organisationen und Individuen ist. Das ‚rechte Maß' zu finden muss Gegenstand von Aushandlungsprozessen sein. Im Zusammenhang der →Studienreform ist Flexibilität zu einer Zentralforderung an die Studierenden geworden, die sich bereits während ihres Studiums auf die Anpassungsnotwendigkeiten der flexibilisierten Arbeitswelt vorbereiten sollten. Im Anschluss an die kritische These Richard Sennetts vom „flexiblen Menschen" innerhalb der deregulierten, marktwirtschaftlich organisierten Gesellschaften der Gegenwart wird dagegen auch eine reine Zweckorientiertheit individueller Studiengestaltung durch „flexible Studierende" (Roland Bloch) in Frage gestellt.

Föderalismus →Hochschulgesetze der Länder

Forschung und Lehre →Einheit von Forschung und Lehre

Forschungsbezug
Entsprechend dem Prinzip der →Einheit von Forschung und Lehre soll Hochschullehre forschungsbezogen stattfinden. Das heißt zum einen, dass Hochschullehre aus Forschung – konkret aus aktiver Forschungstätigkeit der Lehrenden – gespeist sein soll. Es heißt zum anderen, dass die Studierenden entweder in den Forschungsprozess einbezogen werden oder Lehr-Lern-Formen realisiert werden, die dem Forschungsprozess nachgebildet sind. Im Zuge der Debatten über →Differenzierung wird der Forschungsbezug akademischer Ausbildung insoweit in Frage gestellt, als er in der sog. Massenhochschule nurmehr für eine Minderheit der Studierenden realisiert werden könne. Unberücksichtigt bleibt bei dieser Argumentation, dass in der Konsequenz die →Hochschul-

ausbildung für die Mehrheit der Studierenden zur Fachschulausbildung regredierte.

fzs

Abk. für *freier zusammenschluss von studierendenschaften*. Dachverband der deutschen Studierendenschaften mit Sitz in Bonn, nimmt die Interessenvertretung der Studierenden in hochschulpolitischen Debatten und Verhandlungen mit anderen Akteuren und Institutionen wahr. Verwaltet den →Studentischen Akkreditierungspool.
http://www.fzs.org

GATS

Abk. für *General Agreement on Trade in Services*. Internationales Dienstleistungsabkommen, verhandelt im Rahmen der Welthandelsorganisation WTO mit dem Ziel, den grenzüberschreitenden Transfer von Dienstleistungen (u.a. auch Bildungsdienstleistungen – Educational Services) zu regeln und z. B. ausländische Bildungsanbieter inländischen gleichzustellen. In der seit 2000 laufenden aktuellen Verhandlungsrunde, die eine weitere Liberalisierung des internationalen Dienstleistungsverkehrs zum Ziel hat, gehört der Themenkreis Bildung zu den wichtigsten Verhandlungsgegenständen. Für die europäischen Mitgliedsstaaten führt die Europäische Gemeinschaft (EU) die Verhandlungen.
A | 2
http://www.wto.org/english/
tratop_e/serv_e/serv_e.htm

gegenseitige Anerkennung →
Anerkennung, gegenseitige

GemKo

Abk. für *Gemeinsame Kommission für die Koordinierung der Ordnung von Studium und Prüfung*. Von →KMK und →HRK eingerichtete Kommission, die unter Beteiligung der →Berufspraxis und des Bundes bundesweit verbindliche Rahmenrichtlinien für die Ausarbeitung von akademischen →Prüfungsordnungen erließ (Rahmenprüfungsordnungen). Zunehmend in die Kritik geriet die GemKo in den 1990er Jahren durch den Vorwurf eines langwierigen Verfahrens, das →Innovation und Vielfalt der deutschen Studienangebote behindere und die deutschen Hochschulen im internationalen →Wettbewerb benachteilige. Durch den Ausstieg der HRK in ihrer Arbeit praktisch zum Erliegen gekommen, stellte die GemKo 2002 ihre Tätigkeit ein und wurde durch das →Akkreditierungssystem abgelöst.

Genehmigung

Für die Einrichtung eines Studienganges genügt nicht die →Akkreditierung, sondern diese muss durch eine staatliche Genehmigung des Studienganges ergänzt werden. Im Zuge des Kultusföderalismus behandeln die Wissenschaftsministerien der Länder dieses Problem unterschiedlich: Während in einigen Ländern die positive Akkreditierungsentscheidung automatisch zur staatlichen Genehmigung führt, behalten sich andere vor, beide Schritte unabhängig voneinander zu vollziehen und u. U. auch akkreditierte Studiengänge, die z. B. nicht in die Landeshochschulplanung passen, nicht zu genehmigen.

Gender Mainstreaming

(Re-)Organisation, Verbesserung, Entwicklung und Evaluierung aller Prozesse mit dem Ziel, durch alle an den Entscheidungs- und Implementationsprozessen beteiligten Akteure eine geschlechterbezogene Sichtweise in alle politischen Konzepte auf allen Ebenen und in allen Phasen der Umsetzung einzubringen.
C | 8

Gestufter Studiengang*

Laut § 19 des →Hochschulrahmengesetzes wird den deutschen Hochschulen die Einführung von →Bachelor- und →Masterstudiengängen ermöglicht. Bachelor-Studiengänge sind grundständig und vermitteln innerhalb einer →Regelstudienzeit von drei bis vier Jahren eine erste Berufsqualifikation. Auf ein erfolgreich absolviertes Bachelor-Studium kann ein Master-Studium folgen. Master-Studiengänge führen in einer Regelstudienzeit von ein bis zwei Jahren zu einer weiteren Berufsqualifikation. Konsekutive Bachelor- und Masterstudiengänge (→konsekutive Studiengänge) sind inhaltlich aufeinander aufgebaut und dürfen nach § 19 Absatz 4 des Hochschulrahmengesetzes eine Regelstudienzeit von zusammen fünf Jahren nicht überschreiten. Ein nicht-konsekutives Master-Studium bietet die Möglichkeit, beim zweiten berufsqualifizierenden Abschluss eine neue Studienrichtung einzuschlagen.

Gleichwertigkeit von Abschlüssen

Nach § 9 Abs. 2 →Hochschulrahmengesetz haben die Länder den gesetzlichen Auftrag, die Gleichwertigkeit einander entsprechender Studien- und Prüfungsleistungen sowie Studienabschlüsse und die Möglichkeit des →Hochschulwechsels in Deutschland zu gewährleisten.

Gütesiegel

Grafisch gestaltetes Signet, dass nach Abschluss eines Qualitätsbewertungsprozesses (→qualitative Bewertung) verliehen wird und nach außen das erreichte Qualitätsniveau dokumentieren und bewerben soll. In Deutschland ist allein der →Akkreditierungsrat befugt, ein Gütesiegel als Ausweis eines erfolgreich durchlaufenen Akkreditierungsverfahrens nach seinen →Standards und →Kriterien zu verleihen; er delegiert diese Befugnisse allerdings an die →Akkreditierungsagenturen, die in seinem Auftrag die einzelnen Studiengangsakkreditierungen durchführen.

Abb. 17: Qualitätssiegel des Akkreditierungsrates

Hamburger Modell →Integrierter Studiengang

Hochschulausbildung

Nach § 2 →Hochschulrahmengesetz bereiten Hochschulen auf berufliche Tätigkeiten vor, die die Anwendung wissenschaftlicher Erkenntnisse und wissenschaftlicher Methoden oder die Fähigkeit zu künstlerischer Gestaltung erfordern. In § 7 heißt es weiter: „Lehre und Studium sollen die Studierenden auf ein berufliches Tätigkeitsfeld vorbereiten und ihnen die dafür erforderlichen fachlichen Kenntnisse, Fähigkeiten und Methoden dem jeweiligen Studiengang entsprechend so vermitteln, dass sie zu wissenschaftlicher oder künstlerischer Arbeit und zu verantwortlichem Handeln in einem freiheitlichen, demokratischen und sozialen Rechtsstaat befähigt werden."

Hochschuldidaktik

Wissenschaft von der Hochschullehre. Befasst sich in Forschung und Entwicklung, Weiterbildung und Beratung mit Lehr- und Lernprozessen an der Hochschule. Die Hochschuldidaktik zielt auf die →Professionalisierung des wissenschaftlichen Lehrens und eine Steigerung der →Qualität des Studierens. Sie stellt sich diese Aufgabe in fachlichen, fachübergreifenden und beruflichen Perspektiven. Hochschuldidaktische Initiativen und an der →Studienreform interessierte Hochschulangehörige sowie weitere Personen sind in Deutschland in der AHD – Arbeitsgemeinschaft für Hochschuldidaktik e. V. zusammengeschlossen.
http://www.hdz.unidortmund.de/ahd/index.php

Hochschulgesetze der Länder

Der deutsche Hochschulbereich ist im Hinblick auf die Gesetzgebungskompetenzen durch die Rahmengesetzgebungskompetenz des Bundes – die dieser durch das →Hochschulrahmengesetz wahrgenommen hat – und die Gesetzgebungsbefugnis der Länder gekennzeichnet. In allen Ländern gibt es Hochschulgesetze, die teils allgemein für alle Arten von Hochschulen (→Hochschultyp), teils besonders für bestimmte Hochschularten (→Universitäten, →Fachhochschulen, Kunsthochschulen usw.) gelten.

Hochschulkompass

Der Hochschulkompass ist das Informationsangebot der →HRK zu allen deutschen Hochschulen und deren Studienangeboten. Er verzeichnet inzwischen auch den Akkreditierungsstatus von →Bachelor- und →Masterstudiengängen.
http://www.hochschulkompass.hrk.de

Hochschulrahmengesetz →HRG
Hochschulrektorenkonferenz →HRK
Hochschultyp

In Deutschland lassen sich zwei Grundtypen von Hochschulen unterscheiden: →Universitäten und →Fachhochschulen (FH). Fachlich fokussierte Hochschulen wie Kunst-, Pädagogische und Theologische Hochschulen lassen sich hinsichtlich des Ausbildungsanspruches den Universitäten zuordnen. Wie diese besitzen sie das →Promotions- und z. T. auch das Habilitationsrecht (an Kunsthochschulen für die jeweils vertretenen wissenschaftlichen Fächer). Daneben gibt es den systematischen Sonderfall der Berufsakademien, die zwar dem tertiären Bildungssystem zugehören, aber keine Hochschulen sind. Hinsichtlich der dualen Unterscheidung von Universitäten und Fachhochschulen hat sich die Sprachregelung „gleichwertig, aber andersartig" eingebürgert. Über das Ausmaß der Andersartigkeit gibt es unterschiedliche Auffassungen: Interessenvertreter der Universitäten neigen häufig dazu, ihre Einrichtungen als „wissenschaftliche Hochschulen" zu charakterisieren – und damit implizit die FHs als nichtwissenschaftliche Hochschulen. Hochschulpolitisch setzt sich indes zunehmend durch, den Unterschied in der differenzierten Forschungsorientierung der beiden Hochschultypen zu sehen: die Universitäten vornehmlich grundlagenforscherisch orientiert, die FHs hingegen in der angewandten Forschung engagiert. Im Zuge der →Differenzierung und →Profilbildung soll diese Unterscheidung als Qualitätsmerkmal des deutschen Hochschulsystems gestärkt werden, um die differenzierten Nachfragewünsche der Studieninteressierten und des →Arbeitsmarktes bedienen zu können. In diesem Sinne führen auch sowohl Universitäten wie Fachhochschulen eigene →gestufte Studiengänge ein, die sich nicht in hochschultypspezifischen Abschlussbezeichnungen, sondern in unterschiedlich profilierten Curricula voneinander unterscheiden.

Hochschulwechsel

Ein Hochschulwechsel ist die Fortsetzung des Studiums an einer anderen Hochschule. Die Immatrikulationsbestimmungen der Hochschulen sind unterschiedlich; normalerweise ist aber ein Wechsel von Hochschule zu Hochschule problemlos möglich. Falls in einem Fach Prüfungen definitiv nicht bestanden wurden, kann dieses Fach an keiner anderen Hochschule des In- und Auslands mehr studiert werden. Was bei einem Hochschulwechsel anerkannt wird, ist von Fach zu Fach verschieden und muss individuell abgeklärt werden. Erleichtert werden soll der Hochschulwechsel gerade durch die Einführung der gestuften Studienstruktur (→gestufte Studiengänge) und von →Credit-Point-Systemen.

Hochschulzugang

Gesamtheit der Regelungen, welche die Berechtigung zur Aufnahme eines Studiums an einer staatlichen Hochschule regeln. Zum Studium an einer Hochschule berechtigt die allgemeine oder fachgebundene Hochschulreife. Die allgemeine Hochschulreife (Abitur) berechtigt uneingeschränkt zum Studium, die fachgebundene Hochschulreife nur zum Studium der im Zeugnis ausgewiesenen Studiengänge. Zum Studium an einer →Fachhochschule berechtigt daneben auch das Zeugnis der Fachhochschulreife. Zur Aufnahme eines Masterstudiums müssen lt. →KMK neben dem erworbenen Bachelorgrad (oder eines vergleichbaren Abschlusses) auch weitere Zulassungsvoraussetzungen erfüllt werden, die von der jeweiligen Hochschule aufgestellt werden. Die Industrie klagt heute bereits in vielen Branchen über Nachwuchsmangel, auch bei akademisch qualifizierten Arbeitskräften. Arbeitsmarktprognosen lassen darüber hinaus befürchten, dass trotz der gestiegenen Studierneigung der künftige Bedarf an Akademikern nicht gedeckt werden kann. Neue Eingangshürden vor dem Studium mit der Begründung, das Abitur biete keine Gewähr mehr für die Studierfähigkeit oder es gäbe zu viele Studierende, sind daher dysfunktional. Zentralabitur oder Hochschuleingangsprüfungen bedeuten ebenso wie der Numerus clausus letztlich Zulassungsbeschränkungen (→Durchlässigkeit). Grundsätzlich ist aber die Fortsetzung der Öffnungspolitik auf der Grundlage einer hohen Studierquote die bildungspolitisch gebotene Antwort auf die Herausforderungen einer modernen Gesellschaft und einer von wachsender Wissensbasierung geprägten Ökonomie (→Öffnungsbeschluss).

HRG

Abk. für *Hochschulrahmengesetz*. Vom Bund erlassenes Rahmengesetzwerk, innerhalb dessen die Gesetzgeber der einzelnen deutschen Länder die jeweilige Gestaltung des von ihnen verantworteten Hochschulsystems vornehmen können. Regelt allgemeine Fragen des deutschen Hochschulsystems, wie z. B. Grundfragen der Hochschulorganisation und -verwaltung, die Fragen von →Studiengebühren oder der Einführung eines gestuften Studienabschlusssystems. Ist Ausdruck der gemeinsam von Bund und Ländern getragenen Verantwortung für eine →Gleichwertigkeit einander entsprechender Studien- und →Prüfungsordnungen sowie der Hochschulabschlüsse in Deutschland. www.bmbf.de/pub/hrg_20020815.pdf

HRK

Abk. für *Hochschulrektorenkonferenz*. 1990 aus der 1949 gegründeten Westdeutschen Rektorenkonferenz hervorgegangener Zusammenschluss der deutschen →Universitäten und ihnen gleichgestellter Hochschulen sowie seit 1995 durch Integration der bis dahin separat bestehenden Fachhochschulrektorenkonferenz (FRK) auch der →Fachhochschulen. Die HRK wird von einem Präsidenten (zurzeit Peter Gaethgens) geführt und hat ihren Sitz in Bonn. Sie verhandelt auf ihren Plenarversammlungen aktuelle Probleme der Hochschulpolitik und beteiligt sich in zahlreichen Gremien als Vertreterin der deutschen Hochschulen an den politischen Verhandlungen. Sie hat keinerlei Anordnungsbefugnis und arbeitet daher vorrangig mit dem Mittel der Empfehlung. Gemeinsam mit der →KMK ernennt sie die Mitglieder des →Akkreditierungsrates, den sie von 1999 bis 2002 auch institutionell beherbergt hat. http://hrk.de

Informationspaket
Teil des Informationsangebotes der Hochschule, das sich besonders an potenzielle Studienbewerber/innen (inländisch wie ausländisch) richtet und nach deren Bedürfnissen zusammengestellt werden soll.

IMK
Abk. für *Innenministerkonferenz*. Zusammenschluss der Innenminister der deutschen Länder; für die →Akkreditierung durch einen Beschluss relevant, der die →laufbahnrechtliche Zuordnung von Studiengängen mit dem Abschluss →Master an →Fachhochschulen (gehobener oder höherer öffentlicher Dienst) von der Entscheidung des Innenministeriums des Sitzlandes der anbietenden Fachhochschule abhängig macht.
B | 6

Innovation
Änderung des dominanten Schemas eines Ablaufs, die den Akteuren Vorteile verschafft (z. B. ihre Position innerhalb wettbewerblicher Strukturen verbessert). Der Innovationsbegriff enthält zwei miteinander verbundene zentrale Elemente: Zum einen stellt eine Innovation eine Neuheit oder (Er-)Neuerung dar, die sich zum anderen mit einem spürbaren Wechsel verbindet. Prozessual muss eine Innovation zunächst entdeckt oder erfunden und sodann eingeführt, angewandt und institutionalisiert werden.

INQAAHE
Abk. für *International Network for Quality Assurance Agencies in Higher Education*. Das Hauptziel des 1991 eingerichteten Netzwerkes ist es, über die aktuellen Entwicklungen von Theorie und Praxis der →Qualitätssicherung und -entwicklung im Hochschulbereich zu informieren.
http://www.inqaahe.nl

Institutionelle Akkreditierung
Verfahren zur →Akkreditierung ganzer Institutionen (hier: Hochschulen), wobei sämtliche →Studienprogramme, Diplome und die Infrastruktur der anbietenden Einrichtung auf die zur Ausführung des Studienangebotes notwendige →Qualität geprüft und die anschließend zertifiziert wird. In Deutschland ist die institutionelle Akkreditierung von →Privathochschulen üblich, da sie in diesem Segment die Voraussetzung einer dauerhaften staatlichen Anerkennung der dort erworbenen Studienabschlüsse ist. Die institutionelle Akkreditierung von Privathochschulen übernimmt der →Wissenschaftsrat.
B | 8

Integrierter Studiengang
Der Begriff „Integrierter Studiengang" wird für unterschiedliche Studiengangsmodelle verwendet. Es lassen sich unterscheiden (a) eine traditionelle Verwendung, die auf die „integrierten →Diplomstudiengänge" an Gesamthochschulen verweist, in die sich sowohl Studieninteressierte mit Fachhochschulreife als auch mit allgemeiner Hochschulreife einschreiben konnten. Nach einem weitestgehend gleich verlaufenden Grundstudium musste eine Entscheidung für eine der beiden Abschlussmöglichkeiten (Diplom 1 = 7 Semester, Diplom 2 = 9 Semester) getroffen werden (sog. Y-Modell). Weiter wird von „integrierten Studiengängen" gesprochen, wenn (b) die Rede von binationalen, d. h. von zwei unterschiedlichen Hochschulen im gleichen Fach angebotenen Studiengängen ist, wobei sich der Auslandsaufenthalt für die Studierenden in den normalen Studienvollzug integriert und zum Erwerb eines →Double oder →Joint Degrees führt (Beispiel sind die zahlreichen im Rahmen der Deutsch-Französischen Hochschule angebotenen →Doppeldiplome). Schließlich fand der Begriff (c) im Rahmen der Einführung →gestufter Studiengänge Verwendung zur Be-

zeichnung des sog. „Hamburger Modells", das eine Integration des Bachelorabschlusses in das →Diplom- bzw. →Masterstudium anbieten, den B.A. also zur tatsächlichen →Abbruch- alternative machen, allen anderen Studierenden aber eine Fortsetzung des Studiums offen halten wollte.

Interdisziplinarität

Bezeichnet die Zusammenarbeit verschiedener Wissenschaftsdisziplinen in Forschung und/oder Lehre, wobei im Unterschied zu bloßer Multidisziplinarität ein spezifischer kooperationsbedingter Mehrwert generiert wird. Voraussetzung der Interdisziplinarität ist die Disziplinarität, doch ist es häufig notwendig, die spezifischen Grenzen einzelner Disziplinen zu überschreiten, da sich die wissenschaftlich zu bearbeitenden Probleme nicht den Disziplingrenzen fügen. Vielmehr sind sie zunehmend dadurch ausgezeichnet, genau an den Grenzen zweier oder mehrerer Disziplinen angesiedelt zu sein. In Bezug auf die Disziplinarität der Wissenschaft ist die Wissenschaftsgeschichte generell durch zwei Entwicklungen gekennzeichnet: Zum einen vollzieht sich fortwährend eine interne Ausdifferenzierung der Disziplinen (nach dem Muster Naturforschung – Physik – Quantenmechanik). Zum anderen ist eine ebenso fortwährende Neuintegration zuvor ausdifferenzierter Disziplinen (etwa die Zusammenführung von chemischen Fragestellungen und physikalischen Modellen in der physikalischen Chemie) zu beobachten. Dabei wird in der Regel zunächst ein bestimmtes Forschungsfeld über seinen Gegenstand integriert, bedient sich aber theoretisch und methodisch in den jeweiligen Quellendisziplinen, entwickelt dann aber ggf. einen spezifischen Theorie- und Methodenbestand, der zur Konstituierung als eigenständiger Disziplin führt (etwa die Entwicklung

der Werkstoffforschung aus Chemie, Physik und Ingenieurwissenschaft zur eigenständigen Werkstoffwissenschaft, die dann wiederum gemeinsam mit der Informatik zur Quelle der Werkstoffinformatik wurde). In der Lehre gibt es eine Tendenz zur Interdisziplinarisierung, indem mit der Begründung der →Employability zunehmend Studiengänge etabliert werden, die verschiedene Disziplinen (bzw. disziplinäre Module) zusammenführen (z. B. Bioingenieurwesen oder „Management and Intercultural Studies" mit dem Abschluss eines Diplomkulturwirts).

Internationalisierung

Internationalisierung ist begrifflich abzusetzen von Europäisierung einerseits und Globalisierung andererseits. Europäisierung kann als „Internationalisierung light" verstanden werden, insoweit sie sich auf einen Raum bezieht, der durch kulturgeschichtliche Gemeinsamkeiten gekennzeichnet ist und sich darauf aufbauend als ökonomisches, politisches und kulturelles Bündnis gegenüber den anderen Regionen der Welt konstituiert (→Europäischer Hochschul- und Forschungsraum). Der Globalisierungsbegriff reflektiert konkurrenzbetonte Prozesse des globalen →Wettbewerbs und eine entstehende Weltordnung, in der einzelstaatliche Grenzen eine zunehmend untergeordnete Rolle spielen. Mit Internationalisierung wird die Entwicklung zu einer Weltordnung beschrieben, die weiterhin von Einzelstaatlichkeit bestimmt ist, aber zu grenzüberschreitenden und von strategischen Überlegungen bestimmten Kooperations- und Austauschbeziehungen (etwa zwischen Hochschulen) führt. Internationalisierung ist also breiter gefasst als Europäisierung und enger als Globalisierung, da Grenzziehungen weiterhin fortbestehen und damit auch Ein- und Ausschlüsse. Im

Hochschulsektor vollziehen sich Internationalisierungsprozesse als (a) Internationalisierung in der Forschung; (b) Internationalisierung von Studieninhalten und -organisation (Hochschulabsolvent/innen müssen neben der fachlichen Qualifikation zunehmend die Kenntnis anderer Kulturen, die Beherrschung mehrerer Sprachen sowie die internationale Einsetzbarkeit, also interkulturelle →Kompetenz besitzen; Formen der Anpassung von Inhalt und Struktur des Studiums sind zum einen internationale Studiengänge und zum anderen Elemente einer strukturellen Internationalisierung des Studiums insbesondere durch die Ermöglichung von Auslandsaufenthalten als integraler Bestandteil des Studiums, die gegenseitige →Anerkennung von Studienleistungen und -zeiten, die Koordinierung von Curricula, die Verstärkung des Fremdsprachenunterrichts, die verstärkte Berücksichtigung internationaler Entwicklungen in den Studieninhalten, die Einführung →gestufter Abschlüsse, →Akkreditierung, →Credit-Point-System und →Modularisierung sowie die Mobilitätserleichterung nicht nur nach außen, sondern auch von außen durch den Abbau von Barrieren für ausländische Studierende [→Mobilität, internationale]); (c) Internationalisierung des Politikfelds Hochschule (neben die einzelstaatliche Politik treten neue Akteure in Form von supra- oder internationalen Organisationen – wie EU, →OECD, UNESCO, World Bank –, die mit je eigenen Definitionen der Funktionen von Hochschulen und der Ziele von Hochschulbildung versuchen, Reformprozesse zu beeinflussen und Steuerungsziele mitzubestimmen, →Attraktivität, internationale).
A | 5, C | 7

Joint Degree
Abschluss, der partnerschaftlich von Institutionen aus verschiedenen Ländern angeboten wird und zu einem anerkannten gemeinsamen Abschluss führt. Joint Degrees werden im Gegensatz zu →Double Degrees normalerweise nach →Studienprogrammen verliehen, die (idealerweise) folgende Bedingungen erfüllen: (a) die Studienprogramme werden gemeinsam von zwei oder mehreren Institutionen entwickelt und/oder anerkannt, (b) Studierende jeder teilnehmenden Institution absolvieren Teile des Programms an der jeweils anderen Institution, (c) die Studienaufenthalte an den teilnehmenden Institutionen weisen eine vergleichbare Länge auf, (d) →Studienzeiten und positiv absolvierte Prüfungen an den Partneruniversitäten werden zur Gänze und automatisch angerechnet, (e) Hochschullehrer/innen jeder teilnehmenden Hochschule unterrichten an der jeweiligen Partnerinstitution und arbeiten das Lehrprogramm gemeinsam aus, (f) nach Absolvierung des vollen Programms erhält die/der Studierende ein Diplom, das von beiden Hochschulen gemeinsam ausgestellt wird.

Joint Quality Initiative
Informelles Netzwerk zur →Qualitätssicherung und Akkreditierung von B.A.- und M.A.-Studiengängen in Europa. http://www.jointquality.org

Kennzahlen
Numerischer Ausdruck vorhandener Quantitäten, z. B. Summe der eingeworbenen Drittmittel oder Anzahl der Studierenden, d. h. quantitative Informationen mit besonderer Aussagekraft, z. B. über Zustände, Eigenschaften, Leistungen, Zielerreichung oder Wirkungen einer Einheit, eines Systems oder der Systemumwelt. Formal treten sie entweder als absolute Zahlen oder als Verhältniszahlen auf. Verwendet werden sie als Soll-/Richtgrößen, für inner- oder zwischenhochschulische Leistungsvergleiche, für die Hochschulentwicklungspla-

nung, zur Bewertung der Ressourcenauslastung und zur Überprüfung von Zielvereinbarungen. Kennzahlen sind Grundlage für informierte Leitungsentscheidungen, Controlling und Leistungsvergleiche. Der Kennzahlenwert ist die ermittelte Zahl (Beispiel: die Kennzahl ist „Kosten pro Antrag", während „25 g/Antrag" der Kennzahlenwert mit Maßeinheit ist). Da Daten nicht ‚sprechen', bedürfen Kennzahlenwerte immer der Interpretation.

Kerncurriculum

Auf die Vorstellung eines für alle verbindlichen Kanons an Wissen, Kenntnissen und Fähigkeiten aufbauend, beschreiben Kerncurricula die Inhalte, die zur Erreichung bestimmter fachlicher, personaler, sozialer und methodischer →Kompetenzen notwendig sind. Kerncurricula bestimmen das Fächergefüge, die Inhalte und Themen und die erwarteten Kompetenzen klar, eindeutig und verbindlich.

C | 6

KMK

Abk. für *Konferenz der Kultusminister der Länder der Bundesrepublik Deutschland*, kurz *Kultusministerkonferenz*. Zusammenschluss der Bildungs-, Wissenschafts- und Kulturminister der deutschen Länder ohne eigentliche legislative Grundlage und Befugnis, der auf dem Wege gemeinsam (einstimmig) verabschiedeter und anschließend von den Landesregierungen gebilligter Beschlüsse unter anderem der Sicherung eines gleichwertigen Studienangebotes im gesamten Bundesgebiet dient. Regelt durch die Verabschiedung von Rahmenvorgaben und ländergemeinsame Strukturvorgaben die Akkreditierung von →Bachelor- und Masterstudiengängen sowie durch ein Statut die Arbeitsweise des →Akkreditierungsrates und der →Akkreditierungsagenturen. Gemeinsam mit der →HRK

ernennt sie die Mitglieder des Akkreditierungsrates, den sie seit 2002 auch institutionell beherbergt. http://www.kmk.org

Kompetenz

Mit der →Modularisierung von Studienangeboten und der Einführung von Leistungspunktsystemen (→Credit-Point-System) wird der Wandel vom Lehr- zum Lernparadigma vollzogen. Wichtigstes Ziel von Lernprozessen ist demnach die Erlangung von unterschiedlichen Kompetenzen, die zur Bewältigung der vielfältigen Anforderungen in Wissenschaft, Gesellschaft und im Beruf erforderlich sind. Ziel eines →Studienprogramms sollte sowohl der Erwerb fachlich ausgerichteter Kompetenzen als auch solcher Fähigkeiten sein, die eine Hinführung der Studierenden zum „Lebenslangen Lernen" begünstigen. Die zu erlangenden Kompetenzen werden in Form von Lernergebnissen (→Learning Outcomes) beschrieben. Das →Tuning-Projekt der Europäischen Union empfiehlt dazu die beiden Kompetenzdimensionen „subject-related competencies" (Fachkompetenzen) und „generic competencies" (fachunabhängige Kompetenzen).

konsekutive Studiengänge

Im weiteren Sinn Bez. für ein System aufeinander aufbauender Studiengänge, wobei i. d. R. Bezug auf die international gebräuchliche Struktur aufeinander folgender →Bachelor- und →Masterstudiengängen genommen wird. Im engeren Sinn bezeichnet der Begriff Studiengänge, die aneinander anschließen. Daher werden in den Rahmenrichtlinien der →KMK →konsekutive und nicht-konsekutive Masterstudiengänge unterschieden, je nachdem, ob zwischen dem Studium in einem Bachelor- und in einem Masterstudiengang eine Phase der Berufstätigkeit liegt oder nicht.

Kreditpunktsystem →Credit-Point-System

Kriterien

Im Kontext der →Qualitätssicherung Bezeichnung für festgelegte Merkmale, mit deren Hilfe das Erreichen bestimmter →Standards quantitativ gemessen bzw. qualitativ bestimmt werden kann. Kriterien beschreiben detaillierter als Standards die für die →Zertifizierung notwendigen Charakteristika des zu begutachtenden Gegenstandes bzw. die dafür zu erfüllenden Bedingungen und stellen die Basis für eine Evaluationsentscheidung dar. Der →Akkreditierungsrat hat 1999 „Mindeststandards und Kriterien" definiert, die der →Akkreditierung von →Akkreditierungsagenturen bzw. von Studiengängen zu Grunde gelegt werden sollen. Die Kriterien zur Akkreditierung von Studiengängen sind auf die Beschlüsse der →KMK und die Vorgaben des →HRG bezogen. Sie sind „mindestens für die Akkreditierung von Studiengängen heranzuziehen". Dabei handelt es sich um: Anforderungen an die →Qualität und Internationalität des Curriculums unter Berücksichtigung von Studieninhalten, Studienverlauf und Studienorganisation sowie Leistungsnachweisen, Prüfungsstruktur und Prüfungsfächern; →Modularisierung, Leistungspunktsystem (→Credit-Point-System) und →ECTS; Berufsbefähigung (→Employability) der Absolventinnen und Absolventen auf Grund eines in sich schlüssigen, im Hinblick auf das Ziel des Studiums und die Vorbereitung auf berufliche Tätigkeiten plausiblen Studiengangskonzepts; Abschätzung der absehbaren Entwicklungen in möglichen Berufsfeldern; personelles Potenzial der Hochschule bzw. der beteiligten Hochschulen und ggf. anderer kooperierender Einrichtungen; räumliche, apparative und sächliche Ausstattung; bei →Master-Studiengängen: erster berufsqualifizierender Abschluss und ggf.

weitere Zulassungsvoraussetzungen; Übergangsmöglichkeiten zwischen herkömmlichen →Diplom- und Magister Studiengängen und →gestuften Studiengängen.

C | 4

http://www.akkreditierungsrat.de (Link „Mindeststandards/Kriterien")

Kultusministerkonferenz →KMK

Kurskatalog

Ein Kurskatalog beschreibt ähnlich dem fachspezifischen Teil eines →Informationspaketes möglichst genau das Umfeld und die Modalitäten eines Studienganges sowie die angebotenen Module. Es sollten mindestens nachfolgende Punkte enthalten sein: Allgemeine Informationen zur Hochschule und zum Studienort, Informationen zum Fachbereich, Gliederung und Ablauf des Studiums, Prüfungssystem, verwendetes Leistungspunktsystem (→Credit-Point-System) (einschließlich der Definition eines Leistungspunktes) und Benotungsschema, Modulbeschreibungen, Ansprechpartner, wichtige Adressen, Telefonnummern usw. Wegen der internationalen Orientierung sollte er noch in einer anderen gängigen Sprache, vorzugsweise Englisch, sowie im Internet veröffentlicht werden.

Laufbahnrechtliche Zuordnung im Öffentlichen Dienst

Aufgrund einer Vereinbarung zwischen →KMK und →IMK in das Akkreditierungsverfahren eingeführtes Element, das eine Zuordnung von Masterabschlüssen an →Fachhochschulen zu den beiden laufbahnrechtlichen Niveaus gehobener und höherer Dienst sowie den entsprechenden Tarifgruppen des Bundes-Angestellten-Tarifs (BAT) vornimmt.

B | 6

Learning Agreement

Das Learning Agreement (Studienabkommen) ist ein Instrument des →ECTS. In ihm werden das im Ausland zu absolvierende →Studienprogramm sowie die bei erfolgreichem Abschluss eines Moduls bzw. einer Lehrveranstaltung zu vergebenden Leistungspunkte festgelegt. Das Learning Agreement ist für die Heimat- und die Gasthochschule sowie für Studierende bindend. Die Studierenden stimmen zu, das Studienprogramm an der Gasthochschule als festen Bestandteil des Studiums zu absolvieren, die Heimathochschule garantiert die volle akademische Anerkennung der aufgeführten Lehrveranstaltungen.

Learning Outcomes
Begriff zur Bezeichnung der z. B. mit einem →Studienprogramm zu erreichenden bzw. zu erwartenden Ergebnisse bei den Absolventen, gemessen anhand verschiedener →Indikatoren wie Wissensschatz, kognitive Fähigkeiten, Sozialverhalten. Outcomes werden bestimmt als die direkten Resultate des Lehrprogramms bei den Lernenden – sie sind zu unterscheiden von den →Lernzielen, die etwa bei der →Akkreditierung vom Studienprogrammanbieter für das Programm formuliert wurden. Sie bestimmen, worüber ein Lernender nach Vollendung der Lernphase an Faktenwissen, Verständniswissen, Demonstrationsfähigkeit zu verfügen hat und sie bemessen sich an den spezifischen intellektuellen und praktischen Fähigkeiten, die durch die erfolgreiche Absolvierung einer Lerneinheit (→Modularisierung) nachgewiesen werden. Outcomes bestimmen das Minimum, das zum Erreichen eines bestimmten Lernniveaus als notwendig vorausgesetzt wird, und sind zu unterscheiden von den Lehrintentionen der Lehrenden.
A | 2

Lebenslanges Lernen
Bildungspolitisches Konzept, das auf den Erwerb und die Erneuerung aller Arten von Fähigkeiten, Interessen, Wissen und Qualifikationen von der Vor-

schule bis ins Rentenalter abzielt. Es schließt alle Arten des Lernens ein: formales Lernen (z. B. Fachhochschulstudiengang mit Abschluss); nichtformales Lernen (z.B. Erwerb von beruflichen Fähigkeiten am Arbeitsplatz); informelles Lernen (z. B. generationsübergreifendes Lernen oder Lernen mit Freunden). Entsprechend den Bedürfnissen und Interessen des/der Einzelnen können oder werden die Lerninhalte, -formen und -orte variieren.

Lehramtsstudiengang
Bez. für Studiengänge an staatlichen Hochschulen, die als erste Phase der Lehrerausbildung insbesondere auf Tätigkeiten in der Schule (je nach den verschiedenen Schulformen) vorbereiten und mit einer ersten Staatsprüfung (Staatsexamen) abschließen. Rechtsgrundlage für Studium und Examen in den Lehramtsstudiengängen ist die „Lehramtsprüfungsordnung I" (LPO I). Eine Einbeziehung der Lehramtsstudiengänge in das System der →gestuften Studiengänge ist in einigen Ländern in Vorbereitung.

Lehrkompetenz
Bez. für die zentrale professionelle Kompetenz und Qualifikation von Lehrenden an Hochschulen. Wird mitunter in Gegensatz zur Forschungskompetenz gesetzt, was in einem auf der →Einheit von Forschung und Lehre beruhenden Hochschulsystem allerdings eine reduktionistische Auffassung darstellt. Zur Lehrkompetenz gehören neben der fachlichen Qualifikation i. e. S. etwa didaktisch-methodisches Wissen sowie Fähigkeiten der verbalen und nonverbalen Kommunikation, soziale Kompetenzen etc.

Leistungspunktsystem →
Credit-Point-System
Lern-/Lehrformen
Alle Formen der methodisch-didaktischen Ausgestaltung einer Lerneinheit (z. B. →Modul). Zu den verschiedenen Lern-/Lehrformen an Hochschulen

zählen z. B. die Vorlesung, Seminare und Übungen, aber auch selbstständiges Arbeiten in Gruppen oder im Labor oder das →Selbststudium.

Lernvereinbarung →Learning Agreement

Lernziele

Sollen aus Sicht der Lehrenden die fachlichen Kenntnisse und Fähigkeiten beschreiben, welche die Studierenden nach Abschluss einer Lerneinheit erlangt haben sollen. Hier werden im Gegensatz zu den →Learning Outcomes also Lehrergebnisse wiedergegeben.

Lisbon Convention

Convention on the Recognition of Qualifications Concerning Higher Education in the European Region. 1997 auf einer Konferenz in Lissabon verabschiedete Vereinbarung zur gegenseitigen →Anerkennung von Qualifikationen im Hochschulbereich. Vorläufer-Dokument des →Bologna-Prozesses.

http://www.bologna-berlin2003.de/pdf/Lisbon_convention.pdf

Magisterstudiengang

Der Abschluss Magister Artium (M.A.) ist wie die Diplomprüfung ein akademischer und kein staatlicher Hochschulabschluss. Magisterstudiengänge bilden in geistes- und sozialwissenschaftlichen Fächern aus. Die Fächer unterscheiden sich zu naturwissenschaftlichen Disziplinen und →Diplomstudiengängen dahingehend, dass sie nicht unmittelbar an konkreten Fragestellungen der beruflichen Praxis ausbilden und eine große Wahlfreiheit hinsichtlich der inhaltlich-thematischen Beschäftigung gegeben ist. Charakteristisch für jeden Magisterstudiengang ist die Breite des Studiums. Die Studierenden werden mit sehr vielen Wissensgebieten, Perspektiven, Methoden und Nachbardisziplinen vertraut. Durch die Anleitung zum selbstständigen Denken und Lernen ohne starre Vorgaben werden Studierende so zu „Generalisten" ausge-

bildet. Das Studium gliedert sich in ein Grund- und ein Hauptstudium. Das Grundstudium schließt mit der Zwischenprüfung ab, die in der Regel im 4. Semester abgelegt werden soll. Die Meldung zur Magisterprüfung kann nach dem 6. Semester erfolgen. Die Prüfung soll vor Ende des 9. Semesters abgeschlossen sein.

Management →Change Management; →New Public Management

Masterarbeit

Auch Master Thesis; ist eine selbstständig erarbeitete und verfasste wissenschaftliche Arbeit am Ende eines Studienganges mit dem Abschluss Master. Im Vergleich zur →Bachelorarbeit werden ein deutlich höherer Grad an Selbstständigkeit, intellektueller Durchdringung des Themas und Arbeitsaufwand (→Workload) erwartet.

Masterstudiengang*

(Nicht zu verwechseln mit dem →Magisterstudiengang.) Studiengang an →Universitäten und gleichgestellten Hochschulen sowie an →Fachhochschulen, der mit dem akademischen Grad Master (auch Magister, Abk. für beide M.A.) abschließt. Laut § 19 Absatz 3 des →Hochschulrahmengesetzes beträgt die →Regelstudienzeit von Masterstudiengängen mindestens 1 und höchstens 2 Jahre. Konsekutive →Bachelor- und →Masterstudiengänge (→Konsekutive Studiengänge) dürfen nach § 19 Absatz 4 des Hochschulrahmengesetzes eine Regelstudienzeit von zusammen fünf Jahren nicht überschreiten. M.A.-Studiengänge bauen auf einen bereits erworbenen Abschluss und eventuell auf eine Phase der Berufstätigkeit auf und vermitteln einen weiteren berufsqualifizierenden Abschluss. Der Master gehört mit dem Bachelor zu dem neu eingeführten System →gestufter Studienabschlüsse, das einstweilen parallel neben den traditionellen Studienabschlüssen (→Diplom, →Magister, →Lehramt) besteht. Während des Master-Studiums erfolgt entweder eine tiefer gehende Spezialisierung innerhalb der gewählten Studienrichtung oder eine interdisziplinäre Weiterqualifikation (→Interdisziplinarität). Bei nichtgestuften Studienangeboten bietet das Master-Studium die Möglichkeit, eine neue Studienrichtung einzuschlagen.

C | 2

Mindeststandard →Standards

Mitbestimmung

Neben dem Umstand, dass eine demokratische Gesellschaft idealerweise keine nichtdemokratisch verfassten Institutionen haben sollte, ist Mitbestimmung auch funktional notwendig: Sie führt spezifische Kompetenzen in Entscheidungsprozesse ein und sichert damit eine hohe →Qualität der Entscheidungen. Sie trägt zur Integration der Hochschulangehörigen in ihre Hochschule bei, schafft Akzeptanz für Entscheidungen und damit auch die Basis für deren erfolgreiche Umsetzung in der Hochschule. Seit der Hochschulreform der Endsechziger-/Siebzigerjahre wird die Mitbestimmung an Hochschulen vornehmlich über die Gremien der Gruppenhochschule – in denen Repräsentant/innen aller Mitgliedergruppen vertreten sind – realisiert. Daneben sichern die Personalräte und ein differenziertes Beauftragtenwesen (insbesondere Frauen- bzw. Gleichstellungsbeauftragte, Ausländerbeauftragte und Behindertenbeauftragte), dass spezifische Mitbestimmungsansprüche zum Zuge kommen; s. a. →Partizipation.

Mobilität, studentische

In den →Hochschulgesetzen wird jetzt ausdrücklich die Aufgabe der Hochschulen angesprochen, auf die Verbesserung der studentischen Mobilität innerhalb Europas hinzuwirken, insbesondere durch Maßnahmen, welche die gegenseitige →Anerkennung von Studien- und Prüfungsleistungen erleichtern. Dadurch sollen die Möglichkeiten des →Hochschulwechsels auch auf internationaler Ebene verbessert werden (internationale Studiengänge). Die gegenseitige →Anerkennung beruht auf der →Gleichwertigkeit der entsprechenden Studiengänge. Schon früher wurde die Feststellung der Gleichwertigkeit nicht dadurch gehindert, dass es in den einzelnen Studiengängen bundesweit inhaltliche und strukturelle Differenzierungen gab und gibt, so z. B. bei der Chemie, wo neben 10-semestrigen auch 9-semestrige Studiengänge angeboten werden. Das Zusammenwachsen Europas führt zu einem noch vielfältigeren Ausbildungssystem, das eine entsprechend großzügige Beurteilung der Gleichwertigkeit von Studien- und Prüfungsleistungen erfordert. Die Großzügigkeit liegt deshalb nahe, weil jeder Auslandsstudienaufenthalt grundsätzlich Kompetenzerweiterungen und Erfahrungsgewinne bringt, deren ausbildungsspezifischer Wert höher zu veranschlagen ist als etwaige Niveauunterschiede der Lehrveranstaltungen, sofern diese zumindest hochschulischen Charakters sind.

A | 5

Modul

Bez. für eine in sich abgeschlossene formale Lerneinheit mit einem stimmigen und eindeutigen Set von Lernergebnissen (→Learning Outcomes) und Bewertungskriterien. Es kann sich aus verschiedenen → Lern-/Lehrformen (z. B. Vorlesung, Übung, →Praktikum) unterschiedlicher Disziplinen zusammensetzen, darf jedoch nicht in Untermodule (Units) geteilt sein. In der Regel erstrecken sich die Lehrveranstaltungen eines Moduls auf ein Semester (Ausnahmen sind möglich) und werden grundsätzlich mit mindestens einer Prüfungsleistung abgeschlossen, auf deren Grundlage →Credits (Leistungspunkte) vergeben werden. Außerdem muss das Modul mit einer →Bewertung abschließen, die in der Regel über eine differenzierte Benotung erfolgen kann.

C | 6

Modularisierung

Zusammensetzung eines Studiengangs aus unterschiedlich kombinierbaren Modulen. Jedes →Modul erstreckt sich i. d. R. über je ein Semester, und alle Module sind vollständig unabhängig voneinander. Abgeschlossen wird jedes Modul mit einer →studienbegleitenden Prüfung, was sich wiederum mit einem →Credit-Point-System verbindet. Probleme, die durch die Modularisierung auftreten können, sind insbesondere Fragen danach, wie die Studierenden zu einem systematischen Studierverhalten animiert werden können und wie Redundanzen in den Lehrinhalten gering zu halten sind.

C | 6

Modulbeschreibung

Modulbeschreibungen sind als Orientierung für die Studierenden, für die →Studienberatung und die Abstimmung unter Modulangeboten unverzichtbar. Als Grundlage für die →Anerkennung von Studien- und Prüfungsleistungen sollten sie einheitlich gestaltet sein und folgende Mindestangaben enthalten: Modultitel, -nummer, Art und Umfang, Dauer, Anzahl der →Credits, Lerngebiet, Lage im Semester, Status (Wahl, Pflicht, Wahlpflicht), Lernziel, Lernform, zu erwerbende →Kompetenzen, Leistungsnachweis, Teilnahmevoraussetzungen, Folgemodule, Ansprechpartner, Literatur, Angaben zum Studiengang/den Studiengängen, für den/die das →Modul angeboten wird, sowie der damit angestrebte Abschluss.

Monopolstellung von Agenturen

Ein Monopol nennt man eine Marktsituation, in der nur ein Anbieter oder Nachfrager die Preise in einem Marktsegment kontrollieren kann. Die Gefahr einer Monopolstellung von →Akkreditierungsagenturen besteht derzeit vor allem in internationalen Kooperationsvereinbarungen, die Agenturen schließen, um den von ihnen akkreditierten Studiengängen internationale →Anerkennung verschaffen, wobei andere Agenturen vom Abschluss ähnlicher Vereinbarungen oder vom Beitritt zum Kooperationsverbund ausgeschlossen bleiben (→Washington Accord).

NARIC

Abk. für *National Academic Recognition Information Centres*. Anerkennungsstelle für ausländische Studiengänge in Großbritannien.

http://www.enic-naric.net

New Public Management (NPM)

Zielt auf eine managementorientierte Lösung der Steuerungsprobleme öffentlicher Verwaltungen und Unternehmen, darunter auch Hochschulen. NPM folgt einem neuen Leitbild öffentlicher Aufgabenwahrnehmung, das gekennzeichnet ist durch →Entbürokratisierung, Klientenorientierung, Mitarbeiterorientierung, Leistungsqualität und Kostendisziplin. Als Voraussetzung der Umsetzung dieses Leitbildes gelten die Begrenzung des öffentlichen Aufgabenspektrums auf sog. Kernaufgaben sowie die Anwendung von Managementmethoden, insbesondere →Qualitätsmanagement, Personalmanagement und Controlling. Dazu gehören im Weiteren die Arbeit mit klaren Ergebnisvorgaben und →Deregulierung. Dies erfordert zugleich die Überprüfung der Ergebnisvorgaben, wozu Leistungsindikatoren definiert und angewandt werden müssen (→Kriterien). Realisiert werden soll die Managementorientierung über die konsequente Anwendung des Subsidiaritätsprinzips, die Stärkung der

Eigenverantwortung und dezentrale Strukturen sowie deren Rahmensteuerung. Die Leistungen sollen durch (teil-)verselbständigte Einheiten erbracht werden, die idealerweise mit eigenen Budgets arbeiten und per Kontraktmanagement an die übergeordnete Einheit rückgebunden werden. Hinter all dem steht die Idee, den Wettbewerbsgedanken auch im Bereich öffentlicher Leistungserbringung heimisch zu machen.

Niveaustufe
Bez. einer Einheit zur Beschreibung des Anforderungsgrades und der Komplexität einer Lerneinheit sowie des Maßes, das Lernende an Verantwortlichkeit/Selbstständigkeit beim Lernen aufbringen müssen, um die Lerneinheit erfolgreich abschließen zu können. Die Niveaustufe beschreibt also die Anforderungen an das Lernbemühen der Studierenden.
C | 3

OECD
Abk. für *Organisation for Economic Co-operation and Development*. Ist die Spitzenorganisation der westlichen Industrieländer. Zu den 29 Mitgliedern gehören aber mittlerweile auch Staaten aus Asien und Osteuropa. Die 1961 gegründete Organisation plant und koordiniert die wirtschaftliche Zusammenarbeit und Entwicklung weltweit. Das OECD-Sekretariat in Paris betreibt Forschungsprojekte zur Vorhersage wirtschaftlicher Entwicklungen, insbesondere auch in den Staaten der Dritten Welt, aber auch zum sozialen Wandel und neuen Technologien. Dazu gehören auch vergleichende Studien zum Bildungsniveau einzelner Länder wie z. B. die internationale Schulleistungsstudie PISA *(Programme for International Student Assessment)*. Die Ergebnisse der Forschungen und Analysen der OECD werden in der Regel veröffentlicht.
http://www.oecd.org

Öffnungsbeschluss
Der sog. Öffnungsbeschluss von 1977 wird in den aktuellen Debatten immer einmal wieder in Frage gestellt, wenn es um die strukturelle Unterfinanzierung des Hochschulsektors geht. 1977 hatten die Ministerpräsidenten der Länder beschlossen, die Hochschulen grundsätzlich für alle Studierwilligen und -berechtigten offen zu halten, obgleich deren Anzahl zwar dramatisch anstieg, zusätzliche Ausstattungen der Hochschulen aber nicht vorgesehen waren. Der Hintergrund war, dass aufgrund der geburtenschwachen Jahrgänge für die 8oer Jahre sinkende Studierendenzahlen prognostiziert wurden. Deshalb sollten die Hochschulen eine vorübergehende „Überlast" auf sich nehmen, um den „Studentenberg" zu „untertunneln". Die Prognosen erwiesen sich als falsch, weshalb die Überlast zu einem Dauerzustand wurde. In den aktuellen Reformdisputen wird der Öffnungsbeschluss gelegentlich von Hochschulvertretern in Frage gestellt, um auf die prekäre Finanzsituation der Hochschulen aufmerksam zu machen. Die objektive Arbeitsmarkt-Entlastungsfunktion, die von den Hochschulen auch wahrgenommen wird, macht eine generelle Kündigung des Öffnungsbeschlusses unmöglich. Allerdings reagieren viele Hochschulen auf die Situationsverschärfung seit einigen Jahren mit örtlichen, fachbezogenen Zugangsbeschränkungen. Ebenso unterlaufen Bestrebungen zahlreicher Hochschulen und Hochschulpolitiker, den Hochschulen ein Auswahlrecht unter den Studieninteressierten (bzw. bestimmten prozentualen Teilen unter ihnen) zu gewähren (→Eignungsprüfung, -feststellung), faktisch den Öffnungsbeschluss.

Ökonomisierung
Prozess der Anpassung bislang nicht-ökonomisch (sondern in der Regel ka-

meralistisch-bürokratisch) gesteuerter öffentlicher Einrichtungen an Marktmechanismen. Oft handelt es sich um den Versuch, zu diesem Zweck Märkte zu simulieren. Ein echtes Scheiternsrisiko, wie es für Märkte konstitutiv ist, wird meist ausgeschlossen: Der Konkursfall soll für z. B. Hochschulen bislang nicht eintreten können, hier gilt eine Gewährsträgerhaftung.

Partizipation

Bez. für die aktive Beteiligung von Bevölkerungsgruppen, Organisationen, Verbänden, Parteien etc. an Entscheidungen, die ihr Leben beeinflussen. Partizipation ermöglicht es allen Beteiligten, in Entscheidungsprozessen aktiv darauf Einfluss nehmen zu können, welche politischen Prioritäten gesetzt werden und wie Politik formuliert wird, wie Ressourcen verteilt werden und wie der Zugang zu öffentlichen Gütern und Dienstleistungen geregelt wird. Die Beteiligung an solchen Veränderungsprozessen geschieht in drei unterschiedlichen Dimensionen: (a) *Partizipation als Prozessbeteiligung*, wobei Prozessbeteiligung Partizipation auf der Arbeitsebene von Projekten und Programmen (z. B. bei der Durchführung eines Akkreditierungsverfahrens) bedeutet. An Planung, Durchführung und →Evaluation sind verschiedene Akteursgruppen des Staates, der Zivilgesellschaft oder der Privatwirtschaft beteiligt. Partizipative Methoden tragen dazu bei, dass die Akteure ihre Interessen artikulieren und verhandeln können sowie Erfahrungen und kulturelle Wertvorstellungen einbringen können. Auf diese Weise können sich die Akteure mit einem Projekt oder Programm identifizieren. Sie übernehmen Verantwortung und machen sich ein Vorhaben zu Eigen (*Ownership*) (b) *Demokratische Partizipation*, wobei Bürgerbeteiligung ein Indikator für die demokratische Qualität von Gesellschaften ist und eine politische Kultur des Dialogs hervorbringt: →Transparenz, Rechtstreue, Rechenschaftslegung und Reformarbeit gehören zu ihren Merkmalen. Diese Kultur des Dialogs kann über die politische Beteiligung an Wahlen, Entscheidungen über öffentliche Güter und über den Schutz von Minderheiten und Benachteiligten und ihre soziale Integration gepflegt werden. Beschaffung und Verteilung öffentlicher Mittel spielen dabei eine wichtige Rolle; (c) *Systemische Partizipation*, welche darauf abhebt, dass die Beteiligung von Akteuren an Entscheidungen durch Regeln und Institutionen (z. B. die Mitgliedschaft verschiedener Statusgruppen im →Akkreditierungsrat) ermöglicht oder behindert werden kann. Sie umfasst die Wechselbeziehungen zwischen Staat, Zivilgesellschaft und Privatsektor, beispielsweise über die dauerhafte Verankerung verschiedener Beteiligungsformen; s. a. →Mitbestimmung.
D | 1, D | 2, D | 2, D | 4

Peer-Review

Verfahren der →Qualitätssicherung, mit dem die →Qualität, →Effektivität und →Effizienz eines →Studienprogramms, des Lehrpersonals, der zu Grunde liegenden Infrastruktur u. a. von externen Expert/innen (→Peer) begutachtet und bewertet wird.
D | 1

Peer

Engl. für „Gleiche". Streng genommen Bezeichnung für Akademiker der gleichen Disziplin und der gleichen mitgliedschaftsrechtlichen Stellung. Im Rahmen der →Qualitätssicherung werden als Peers jedoch alle zur Begutachtung und →Bewertung im Rahmen eines →Peer-Review eingesetzten Evaluatoren bezeichnet, wobei sie alle ein spezielles Erfahrungswissen im Bereich des zu begutachtenden Gegenstandes und über Kenntnis der Besonderheiten von Hochschulbildung verfügen müssen.

D | 1

Persönlichkeitsentwicklung

Bez. für die Ausprägung individueller kommunikativer, persönlicher und organisatorischer →Kompetenzen, die zur Bewältigung alltäglicher Herausforderungen im Berufsleben, aber auch im gesellschaftlichen Zusammenleben befähigen sollen. Im Umfeld der Hochschulreformmaßnahmen meist in einem eingeschränkteren Sinne gebraucht und auf →Schlüsselqualifikationen abzielend, welche die wirksame Umsetzung von Fachwissen erschließen und Räume im Berufsleben eröffnen. Dazu gehören neben übergeordneten Qualifikationen (z. B. →Flexibilität) Fach- und Methodenkompetenzen und vor allem Sozial- und Selbstkompetenzen (Inhalte wirksam zu präsentieren, sich in Diskussionen selbstsicher zu behaupten, ein Projekt im Team zu erarbeiten, vielfache Anforderungen in knapper Zeit zu organisieren oder Stress zu bewältigen).

Polyvalenz

Bez. für die Verwertbarkeit eines Abschlusses in mehreren beruflichen bzw. Ausbildungszusammenhängen. Ein Abschluss gilt dann als polyvalent, wenn er nicht nur den Zugang zu einem einzigen Beruf oder Berufsfeld eröffnet, sondern für verschiedene Berufsausübungen nutzbar ist; s. a. →Berufsfeldorientierung, →Employability.

Praktikum

Praxisphase im, vor oder nach dem Studium, bei der bereits Gelerntes in einem Praxisfeld (also in Wirtschaft oder Verwaltung) anwendend vertieft und in der konkreten Anwendungssituation das theoretisch Erworbene in praktische Handlungskompetenz übersetzt werden soll. Mitunter auch Bez. für praxisbezogene Lehrveranstaltun-

gen, die in Labor, Werkstatt oder am Computer konkrete Arbeitstechniken vermitteln.

Privathochschulen

Hochschulen in privater Trägerschaft. In Deutschland ist es sinnvoll, zwischen Hochschulen in kirchlicher und solchen in sonstiger nichtöffentlicher Trägerschaft zu unterscheiden: erstere arbeiten unter der Selbstbindung an einen Gemeinwohlauftrag, letztere sind in der Regel kommerziell orientierte Unternehmen – wobei es Ausnahmen gibt wie die Private Universität Witten-Herdecke, die keine Gewinne erwirtschaftet. Als Faustregel kann gelten: je eingeschränkter das Fächerspektrum einer Privathochschule, desto marktgängiger sind die angebotenen Studiengänge, und je marktgängiger die Studienangebote, desto kommerzieller ist die Hochschule orientiert. Seit den 90er Jahren gibt es in Deutschland einen Gründungsboom privater Hochschulen mit extrem eingeschränktem Fächerspektrum (Wirtschaftswissenschaften, Informatik). Trotz ihres Spezialhochschulcharakters treten diese Einrichtungen gern als →„Universitäten" auf. Zugleich gibt es deutliche Aufweichungen des Prinzips, dass eine privat gegründete Hochschule auch privat finanziert werden sollte. Fast alle privaten Hochschulen in Deutschland erhalten direkte oder indirekte Zuwendungen (z. B. Mietfreiheit) vom Staat oder den Sitzkommunen. Private Hochschulen bedürfen der staatlichen Anerkennung, damit die an ihnen erworbenen Abschlüsse uneingeschränkt gültig sind.

Professional Degree

Im amerikanischen System gestufter Abschlüsse im Gegensatz zum →Academic oder Research Degree ein Abschluss von Ausbildungsgängen mit schwerpunktmäßig berufsvorbereitender/berufsqualifizierender Ausrichtung. Beide Abschlüsse sind akademische Grade, berechtigen jedoch nicht in gleicher Weise zur →Promotion. Im Unterschied zum →Academic Degree, der für das Studium von rein wissenschaftlichen Fächern verliehen wird, bezeichnet der Professional Degree den Abschluss von →Studienprogrammen (wie z. B. Engineering, Agriculture oder Architecture), für die ein konkretes Berufseinsatzfeld bestimmbar ist und die Aufstellung professioneller Anforderungsprofile für die Berufstätigkeit quantitativ und qualitativ möglich ist (z. B. Qualifikationen im Arbeitsschutz).

Professionalisierung
Im engeren Sinne Verberuflichung einer bestimmten Tätigkeit. Im weiteren Sinne Standardisierung von (Mindest-)Anforderungen, die zur Ausübung einer bestimmten Tätigkeit erfüllt werden müssen, und die damit Kommunikation und Kooperation mit anderen Akteuren in einem professionellen Feld auf einer gemeinsamen Grundlage ermöglichen.

Profil, Profilbildung
Im Geist des →New Public Managements Element zu einer stärker wettbewerblichen Orientierung der Hochschulen, wobei bei der Erfüllung der Aufgaben in Forschung und Lehre eine Konzentration auf besondere Stärken stattfinden soll; dabei wird davon ausgegangen, dass solches der Hochschule erlaubt, sich positiv von anderen Mitanbietern abzusetzen (Profilierung). Als Dimensionen der →Differenzierung lassen sich verschiedene Profilbildungsarten unterscheiden: (a) Hochschulen mit besonderer Mission (z. B. Schaffung homo- oder heterogener Lern- und Studienmilieus für unterschiedlich Begabte, „Spitzenuniversitäten"), (b) Spezialisierung auf bestimmte Fächer oder Fächergruppen, (c) Profilierung nach einer Hochschulart (→Universität, →Fachhochschule, Gesamthochschule; →Hochschultyp),

(d) Art des Lehrangebots (Präsenzuniversität, Fernuniversität), (e) Konzentration auf Schwerpunkte/Sondergebiete in der Forschung (Centers of Excellence) etc. Ausgangspunkt ist dabei immer eine Stärkung der (positiven) Besonderheiten der Hochschule, die in einem Selbstfindungsprozess (Leitbild, Mission) herausgearbeitet worden sind. Ziel ist es, im →Wettbewerb um Ressourcen, Studierende und Personal zu bestehen und die Außenbeziehungen der Hochschule (Kooperationen, regionale Einbettung, internationale Beziehungen) zu optimieren.

Projekt Q
Temporäres Arbeitsprojekt, angeregt von und angesiedelt bei der →HRK, das seit Mitte der 90er Jahre die Debatte um die →Qualitätssicherung und -entwicklung durch Konferenzen, Studientagungen, Publikationen, Unterstützung von Modellprojekten und andere Maßnahmen anregt, befördert und begleitet. Betreibt zusammen mit dem Hochschul-Informations-System (HIS) das →EvaNet.
http://www.projekt-q.de

Promotion
Verleihung eines Doktorgrades durch eine dazu berechtigte Hochschule. Die Promotion dient dem Nachweis der Befähigung zu vertiefter wissenschaftlicher Arbeit. Voraussetzung ist (außer bei Ehrenpromotionen) die Vorlage einer Dissertation. Im Rahmen des →Bologna-Prozesses wurde auf der Berlin-Konferenz 2003 als weiteres Ziel in den Bologna-Ziel-Katalog zur Schaffung eines einheitlichen europäischen Hochschulraumes (→Europäischer Hochschul- und Forschungsraum) aufgenommen, ein vergleichbares, interdisziplinär angelegtes Doktoratsstudium zu entwickeln.

Prüfungsordnung
Rechtsvorschriften unterschiedlicher Art im Schul- und Hochschulwesen,

die Voraussetzungen, Inhalte und Verfahren von Prüfungen regeln. Je nach Art der Prüfung werden sie von den zuständigen Ministerien oder, im Falle von Hochschulprüfungen, von den Hochschulen erlassen und in der Regel vom Wissenschaftsministerium des Landes genehmigt.

Qualität*
Die Betriebswirtschaftslehre definiert Qualität als Güte eines Produkts (Sach- oder Dienstleistung) im Hinblick auf seine Eignung für den Verwender. Im →Qualitätsmanagement, das zunehmend auch für Hochschulen als adaptionsfähig gilt, wird mit Normen und →Standards gearbeitet: soweit bestimmte Standards erfüllt sind, kann ein Erstellungsprozess als qualitätsfördernd gelten bzw. kann einem Produkt Qualität attestiert werden. Für Hochschulen ist dies nicht vollständig übertragbar, da Hochschulen nur zum Teil normierbare Güter produzieren und nur zum Teil standardisierbare Abläufe realisieren. Vielmehr zeichnen sie sich dadurch aus, dass sie wesentlich um der Produktion von Normabweichungen willen bestehen. Im Zuge leistungsorientierter Mittelbewirtschaftung wird aber auch die Qualität von hochschulischen Leistungsprozessen festgestellt werden müssen.
A | 7

Qualitative Bewertung
Bezieht sich auf die Güte eines Prozesses, einer Leistung, eines Gutes oder einer Institution, versucht also, deren jeweilige →Qualität abzubilden. Ein universell gültiges Modell gibt es dafür nicht, da Qualität die Eigenheit aufweist, sich vollständiger rationaler Erfass- und Beschreibbarkeit zu entziehen. Dennoch sind qualitative Bewertungen notwendig: zum einen zur Ergänzung von →quantitativen Bewertungen, zum anderen, weil qualitative Bewertungen ohnehin häufig nicht expliziert und damit intransparent

stattfinden, etwa in Berufungsverfahren, Prüfungen, Peer-Reviews für wissenschaftliche Zeitschriften oder als sog. soziale Qualitätskontrolle, die zu Gewinnen oder Verlusten von Reputation führen kann. Instrumente, die für die qualitative Bewertung von Hochschulen oder spezifischen Hochschulleistungen genutzt bzw. adaptiert werden können, sind insbesondere →Berichtssysteme, Monitoring, →Evaluation, →Akkreditierung, Benchmarking, Qualitätspreise, Mapping of Science, Wissensbilanz, Lehrberichte, das Verfahren der unterschiedlichen Perspektiven und das →Peer-Review. Keines dieser Instrumente weist nur Vorteile auf, weshalb es sich empfiehlt, die jeweiligen Nachteile durch Kombinationen verschiedener Instrumente so weit als möglich zu neutralisieren.

Qualitätsentwicklung →Qualität, →Qualitätsmanagement, →Qualitätssicherung

Qualitätsmanagement
Bezeichnet bestimmte betriebswirtschaftliche Führungskonzepte. Diese zielen darauf, auf präzis bestimmten Wegen die jeweilige Prozessqualität zu verbessern, um auf diese Weise eine standardisierte Produktqualität zu sichern, zu erreichen bzw. zu überbieten. Zu unterscheiden sind vor allem zwei Grundformen: →Zertifizierungen nach DIN-ISO-9000ff. und Total Quality Management (TQM). Die grundlegende Annahme des Qualitätsmanagements (QM) lautet: Geregelte, aufeinander konzeptionell abgestimmte und nachvollziehbare Abläufe führen dazu, Motivation und Leistung der Mitarbeiter/innen zu erhöhen, Fehler zu vermeiden und damit Kosten zu reduzieren. Dazu werden stufenförmig organisierte Prozesse initiiert: Am Anfang steht das Festlegen der Qualitätsziele, es folgen das Strukturieren des Erstellungssystems, eine Schwachstellenanalyse und daraus resultierend die Ableitung notwendiger Maßnah-

men; diese müssen dann praktisch umgesetzt werden, was sich mit kontinuierlicher Verbesserung verbinden soll, welche wiederum alle genannten Stufen betreffen kann.
A | 7

Qualitätssicherung*
Oberbegriff für verschiedene Maßnahmen der Qualitätsentwicklung. Wird seit geraumer Zeit gelegentlich mit →Qualitätsmanagement (QM) gleichgesetzt. Allerdings kann insbesondere an Hochschulen Qualitätsentwicklung durchaus vorkommen, ohne dass dies zwangsläufig als →Qualitätsmanagement – worunter betriebswirtschaftlich inspirierte Führungskonzepte zu verstehen sind – realisiert wird. Daher bezeichnet Qualitätssicherung an Hochschulen auch solche Maßnahmen, die der Erhaltung und Entwicklung von →Qualität dienen, ohne dass dem ein explizit formuliertes Qualitätskonzept zu Grunde liegt. Methodenbindung, Forschungskommunikation, fachkulturelle Standards, Kritik oder Prüfungsverfahren dienen traditionell der Qualitätssicherung an Hochschulen und werden auch künftig in ihrer Bedeutung nicht durch QM-Anwendungen gemindert.
A | 7

Qualitätssiegel →Gütesiegel

Quantitative Bewertung
Leistungsbewertung findet üblicherweise statt, indem Kombinationen von Zahlen und Maßeinheiten gebildet werden, welche die Ergebnisse oder Wirkungen eines Prozesses in Quantitäten beschreiben. Der Vorzug dieser Technik ist, dass damit verschiedene Prozesse unmittelbar, nämlich innerhalb numerischer Relative, vergleichbar werden. Ihr Nachteil ist, dass Qualitäten unzulänglich abgebildet werden: Absolventen- oder Dropout-Quoten, die Auslastungsquote von Hochschulräumlichkeiten oder kurzfristige Verwertungseffekte z. B. bilden den hoch-

schulischen Leistungscharakter nicht adäquat ab. Das Studienziel ‚kritisches Denken' entzieht sich ebenso einer quantifizierenden Erfolgs-/Misserfolgsbewertung, wie die Messung einer Innovationsrate von Grundlagenforschung beträchtliche Schwierigkeiten bereitet. Auch lässt sich die →Qualität von Hochschulleistungen nicht an Merkmalen festmachen, wie sie bei industriellen Produkten Anwendung finden, etwa Haltbarkeit (Käse), Hitzebeständigkeit (Stahl) oder Ausstattungsgrad (Auto). Daher gilt es mittlerweile als Standard, dass in Hochschulleistungsbewertungen quantitative →Kennzahlen durch →qualitative Bewertungen, die in der Regel durch →Peers zu leisten ist, ergänzt werden müssen.

Rahmenprüfungsordnung →GemKo

Reakkreditierung
Verfahren der neuerlichen →Akkreditierung eines bereits akkreditierten Studienganges (oder einer Agentur) nach Erreichen der zeitlichen Gültigkeitsgrenze der Ursprungsakkreditierung. Bei der Reakkreditierung ist i. d. R. von einer Reduzierung des Verfahrensaufwandes durch Rückgriff auf die Ergebnisse zwischenzeitlicher →Evaluationen auszugehen, wenn auch prinzipiell ein neues komplettes Akkreditierungsverfahren (inklusive →Vor-Ort-Begehung) durchlaufen werden soll. Deutlicher als bei der Akkreditierung steht hier jedoch der Einzelfall des Antragstellers im Mittelpunkt, so dass im Individualfall Abweichungen vom Regelfall möglich sind.

Regelabschluss
Politische Vorgabe, die einen bestimmten Studienabschluss zum von der Mehrheit der Hochschulabsolventen zu nehmenden Ausgang aus der Hochschule und zum üblicherweise zu beschreitenden Übergang in die Berufswelt bestimmt. So hat die →KMK festgelegt, dass der Bachelor als erster

berufsqualifizierender Abschluss in Deutschland den Regelabschluss darstellt und damit für die Mehrzahl der Studierenden zu einer ersten →Berufseinmündung führt.

Regelstudienzeit
Bezeichnung für die vom Gesetzgeber gewünschte übliche Studiendauer an einem bestimmten →Hochschultyp in einem bestimmten Studienfach inkl. der Dauer für Abschlussarbeiten und Prüfungen. Üblicherweise 9 Fachsemester für Geistes- und Sozialwissenschaften und 10 Fachsemester für Natur- und Ingenieurwissenschaften an →Universitäten bzw. 8 Semester für Studiengänge an →Fachhochschulen (Zeiten, „in denen ein berufsqualifizierender Abschluss erworben werden kann", § 10 Abs. 2 Satz 1 →HRG). Real ist die Regelstudienzeit nicht die Regel. Benötigt werden in Westdeutschland durchschnittlich drei bis fünf Semester mehr (an ostdeutschen Hochschulen wird durchschnittlich schneller studiert). Die Regelstudienzeit kann (und soll) die Hochschulen und Fachbereiche an ihre Verpflichtung erinnern, die Studiengänge so zu gestalten, dass sie von einem durchschnittlich begabten und durchschnittlich fleißigen Studierenden in dieser Zeit erfolgreich abgeschlossen werden können. Zunehmend wird die Regelstudienzeit (zzgl. meist zweier Kulanzsemester) auch als Maßstab benutzt für automatisierte Zwangsexmatrikulationen bzw. →Studiengebühren für Langzeitstudierende. – Als Ursachen der Regelstudienzeit-Überschreitungen gelten nach Ansicht der Studierendenvertretungen die problematische soziale Lage vieler Studierender mit der daraus folgenden Notwendigkeit studienbegleitenden Jobbens, nach Ansicht vieler Lehrender eine mangelnde Studierfähigkeit und eine veränderte Lebenseinstellung der Studierenden, nach Ansicht aller Beteiligten schlechte Betreuungsverhält-

nisse sowie die unzureichende räumliche und sächliche Ausstattung der Hochschulen.

Schlüsselqualifikation
Als Schlüsselqualifikationen werden außer- oder überfachliche Qualifikationen bezeichnet, die neben der fachlichen →Kompetenz maßgeblich für den beruflichen Erfolg sind. Beispiele sind Analysevermögen, Fremdsprachigkeit und interkulturelle Kompetenz, →Flexibilität, Kommunikations- und Problemlösungsfähigkeit, Innovations- und Kooperationsbereitschaft oder Sozialkompetenz. Die Vermittlung von Schlüsselqualifikationen steht nicht zwingend im Widerspruch zu einer inhaltlichen Entlastung der Curricula. Sprechen auch viele Gründe dafür, Schlüsselqualifikationen wegen der Lernbarkeit explizit zu thematisieren, so soll dies doch in einer Form geschehen, die ihre Vermittlung in die methodische und inhaltliche Gestaltung von Lehrveranstaltungen organisch integriert. Die Lehrmethoden und -inhalte müssen dergestalt verändert werden, dass sie zur Ausprägung von Schlüsselqualifikationen führen.

Scientific Community
Wissenschaftliche Gemeinschaft: (a) i. w. S. Bez. für die *Gesamtheit der Wissenschaftler und Wissenschaftlerinnen;* (b) i. e. S. Bez. für eine *spezifische Fachgemeinschaft,* also etwa die Gesamtheit der Kunsthistoriker oder der Primatenforscher. Fachgemeinschaften sind dadurch gekennzeichnet, dass sie die Räume fachlicher Reputationsbildung sind, damit individuellen und institutionellen Aufmerksamkeitskredit verteilen, dadurch wiederum steuernde Wirkungen bei der Verteilung von Ressourcen entfalten, dass sie die Räume für sowohl wissenschaftliche Konkurrenz wie wissenschaftliche Kooperation darstellen, und dass sie durch Ausbildung von Fachkulturen die kulturelle Integration ihrer Fächer

leisten; (c) schließlich in politischen Zusammenhängen mitunter Bez. für die *Gesamtheit der wissenschaftlich arbeitenden Hochschulangehörigen* (Lehrende und Lernende) – so versteht der →Akkreditierungsrat unter der Beteiligung der Hochschulen an der →Akkreditierung „die der scientific community, insbesondere die der Lehrenden und Studierenden".

Selbststudium

Bez. für die Zeit bzw. den Aufwand, die für die eigenständige Erarbeitung und Aneignung von Studieninhalten (Vor- und Nachbereitung, Lektüre, Hausarbeiten, Prüfungsvorbereitung, Abschlussarbeit) benötigt werden.

Soft Skills →Schlüsselqualifikationen

Sorbonne-Erklärung

Abschlusserklärung einer 1998 an der Pariser Sorbonne abgehaltenen Konferenz der Bildungsminister Frankreichs, Großbritanniens, Italiens und Deutschlands, die zur Grundlage des →Bologna-Prozesses werden sollte. Die Unterzeichner der Erklärung verpflichteten sich, die gegenseitige →Anerkennung der akademischen Abschlüsse sowie die studentische Mobilität (→Mobilität, internationale) zu fördern. Gleichzeitig fassten sie die Schaffung eines einheitlichen akademischen Abschlusssystems aus Bachelor-, Master- und Doktorgrad ins Auge.

Standard

Ein Standard ist eine breit akzeptierte und angewandte Regel oder Norm. Der →Akkreditierungsrat hat 1999 „Mindeststandards und →Kriterien" definiert, die der →Akkreditierung von →Akkreditierungsagenturen bzw. von Studiengängen zu Grunde gelegt werden sollen. Die Mindeststandards zur Akkreditierung von Akkreditierungsagenturen orientieren sich an den gemeinsamen Strukturvorgaben der Länder gemäß den Beschlüssen der →KMK. Als Mindeststandards für die Akkreditierung von Akkreditierungsagenturen wurden definiert: institutionelle Unabhängigkeit von Hochschulen sowie Wirtschafts- und Berufsverbänden; Gewährleistung einer angemessenen Beteiligung von Hochschulen und →Berufspraxis; ausreichende, mittelfristig verlässliche personelle, räumliche und finanzielle Infrastruktur; Arbeit nach den Grundsätzen von Wirtschaftlichkeit und Sparsamkeit und ohne Gewinnorientierung; hochschulartenübergreifende Akkreditierung; Zusammenführung einzelstaatlicher und internationaler Kompetenz; Nachweis eines nachvollziehbaren und durch →Transparenz gekennzeichneten Akkreditierungsverfahrens; Gewährleistung interner Qualitätssicherungsmaßnahmen sowie geeigneter Dokumentations- und Auskunftsverfahren; Sicherstellung jährlicher Berichterstattung an den Akkreditierungsrat über ihre Tätigkeit, Gewährleistung der Qualifikation des Personals. Für die Akkreditierung von Studiengängen wurden keine Mindeststandards definiert, sondern Kriterien, die „mindestens für die Akkreditierung von Studiengängen heranzuziehen" sind, benannt.

C | 4

http://www.akkreditierungsrat.de (Link „Mindeststandards/Kriterien")

Studentischer Akkreditierungspool

Der studentische Pool organisiert die Vertretungen der Studenten und Studentinnen in Akkreditierungsverfahren durch die Auswahl von Studierenden, die als Mitglieder von Entscheidungsgremien in →Akkreditierungsagenturen arbeiten bzw. als →Peers an Studiengangsakkreditierungen teilnehmen. Er dient als Ansprechpartner der Agenturen und anderer Organisationen des →Akkreditierungssystems und sorgt für eine fachliche Schulung der von ihm entsandten Studierenden.

D | 2

http://www.studentischer-pool.de

Studienabbruch

Die Studienabbruch- bzw. sog. Dropout-Quote gilt als eine wesentliche →Kennzahl zur Bewertung der →Effizienz von Hochschulen. Sie liegt Ende der 90er Jahre bei durchschnittlich 28 Prozent, wobei die →Universitäten von ca. einem Drittel, die →Fachhochschulen von ca. einem Fünftel ihrer Studierenden ohne Abschluss verlassen werden. Diese Quoten verweisen vielfach auf Unzulänglichkeiten der Studienplanstruktur, der →Studienberatung und der →Qualität der Lehre. Dennoch ist die verbreitete Auffassung problematisch, Studienabbrüche dokumentierten vornehmlich gescheiterte Bildungsbiografien: ein bedeutender Teil der Studienabbrecher verlässt erst dann die Hochschule, wenn sich der Ausstieg mit einem erfolgreichen Einstieg in ein Beschäftigungsverhältnis verbinden lässt, und oft werden Studienabbrüche erst durch Beschäftigungsangebote ausgelöst.

Studienabkommen →Learning Agreement

Studienbegleitendes Prüfen

Prüfungen sind dann studienbegleitend, wenn sie zeitnah zu den Lerneinheiten (z. B. Modulen) stattfinden, in denen die prüfungsrelevanten Inhalte vermittelt wurden. Die Inhalte eines Moduls werden also direkt im Anschluss an das →Modul geprüft.

Studienberatung

Studienberatung gibt es in vier Formen: (a) in Gestalt *Zentraler Studienberatungsstellen* an den Hochschulen mit hauptamtlichen Studienberatern, die Studierende, Studieninteressierte und Studienbewerber in allen Fragen des Studiums beraten (Klärung von Fragen zu Studienneigung, Studienmöglichkeiten, -inhalten, -aufbau und Studienanforderungen, Studientechniken und Wahl der Studienschwerpunkte); (b) *studienbegleitende Fachberatung* (Studienfachberatung), die vom Fachbereich der einzelnen Hochschule

organisiert und durch die dort tätigen Lehrkräfte wahrgenommen wird; (c) *psychologische Beratungsstelle* für studienbedingte persönliche Schwierigkeiten; (c) *Sozialberatung* zu studienbedingten sozialen Problemen, entsprechende Beratungsstellen werden von der Studierendenvertretungen und/oder dem Studentenwerk unterhalten.

Studiendauer →Studienzeiten

Studiengang →Bachelorst., →Diplomst., →Gestufter St., →Integrierter St., →konsekutive St., →Lehramtst., →Magisterst., →Masterst., →Teilzeitst.

Studiengebühren

Finanzielle Beteiligung der Studierenden an den Kosten ihrer →Hochschulausbildung. In den aktuellen Reformdebatten gelten wesentlichen Akteursgruppen Studiengebühren als ein praktikabler Weg, die Defizite der staatlichen Hochschulfinanzierung auszugleichen; daneben spielt die Auffassung eine Rolle, zahlende Studierende würden ihr Studium bewusster und zügiger betreiben und damit einen Beitrag zur Effizienzerhöhung der Hochschulen (→Effizienz von Hochschulen) leisten, da nur das als wertvoll gelte, was etwas koste. Auf der Seite der Studiengebühren-Gegner gibt es drei Positionen, die oft, aber nicht immer argumentativ miteinander verkoppelt werden: (a) Eine Position unterstreicht die *potenziellen sozialen Segregationswirkungen* von Gebühren; diese könnten auch durch soziale Abfederung bzw. Staffelung nicht ausgeglichen werden, da Abfederungsmodelle niemals die Vielfalt der individuellen sozialen Situationen und Bildungsbiografien komplett erfassen; überdies seien Studiengebühren zwar schnell eingeführt, entsprechende Abfederungen für Bedürftige aber je nach Haushaltslage ebenso schnell gekürzt oder abgeschafft, wie der Niedergang des →BAföG eindrücklich beweise; (b) die zweite Studiengebühren ablehnende Position verweist darauf, dass etwaigen Gebühren *keine adäquate Gegenleistung* gegenüberstünde: die Hochschulen könnten unter Überlastbedingungen keine solchen Studienbedingungen anbieten, die ein optimales Studieren ermöglichen; wenn überhaupt, stünden zunächst staatliche Geldgeber und Hochschulen in der Pflicht, akzeptable Studienbedingungen zu schaffen, bevor an Gebühren zu denken wäre; (c) die dritte Position hält es für realitätsfern, dass die Gebühreneinnahmen den Hochschulen zur Deckung ihrer Finanzierungsdefizite tatsächlich zur Verfügung stünden, sondern nimmt vielmehr an, dass die Finanzministerien entsprechende *Kürzungen in den Ansätzen der Hochschulhaushalte* vornehmen würden; da dies zu wahrscheinlich sei, stünden die politischen Kosten einer Einführung und die administrativen Kosten der Erhebung in keinem Verhältnis zu dem fortdauernd prekären Nutzen der Gebühren. – Sachlich sind zweierlei Studiengebühren zu unterscheiden: zum einen generelle Studiengebühren, die von allen Studierenden zu entrichten sind, und solche, die von sog. Langzeitstudierenden, z. B. nach Überschreitung der →Regelstudienzeit um mehr als zwei Semester, gezahlt werden müssen. Letztere sind mittlerweile in mehreren Bundesländern zu zahlen. Hieran wird insbesondere kritisiert, dass die Überschreitung der Regelstudienzeit keineswegs durchgehend von den betreffenden Studierenden zu verantworten sei, da diese ihr Studium unter unzulänglichen Studienbedingungen absolvieren müssten.

Studienordnung
Ordnung, die im Anschluss an die staatlich genehmigte →Prüfungsord-

nung eines Studienganges die konkrete Studienablaufsordnung regelt.

Studienprogramm
Bez. für ein genehmigtes Set bzw. eine Anzahl von Lehrveranstaltungen oder →Modulen, die für die Verleihung eines Abschlusses gefordert sind. Ein Studienprogramm kann ebenfalls durch ein Set von Lernergebnissen definiert werden, die für die Vergabe einer bestimmten Anzahl von →Credits erreicht werden müssen.

Studienreform*
Bez. für den Ansatz einer inhaltlich verantworteten und didaktisch orientierten →Qualitätsentwicklung von Lehre und Studium, die sich am Ziel einer nachhaltigen Verbesserung von Lehren und Lernen und konkreten Präsentations-, Gesprächs- und Handlungszusammenhängen ausrichtet und damit auf die →Qualität von Vermittlung und wissenschaftlichen Vermittlungsprozessen im Laufe des Studiums abzielt.
A | 3, A | 6

Studienzeiten
Die realen (Durchschnitts-)Studienzeiten gelten als eine wesentliche →Kennzahl zur Bewertung der →Effizienz von Hochschulen. Angestrebt wird eine Einhaltung der →Regelstudienzeit.

Studierbarkeit
Bez. für ein Studienvolumen (Lehrveranstaltungen und →Selbststudium; →Workload), das in Verbindung mit zu erbringenden Leistungsnachweisen und Prüfungen so gestaltet ist, dass der jeweilige Studiengang in der →Regelstudienzeit absolviert werden kann, sofern der/die Studierende das volle Zeitbudget für das Studium aufwendet (vgl. auch →Teilzeitstudium). Als studentisches Zeitbudget für das Studium gelten jährlich 46 Wochen mit je 45 Stunden. Es ist davon auszugehen, dass auf eine Präsenzstunde in universitären Studiengängen mindestens

zwei Stunden, in Fachhochschulstudiengängen mindestens eine Stunde auf die Vor- und Nachbereitung entfallen. Einschränkende Faktoren der Studierbarkeit sind mangelhafte Rahmenbedingungen des Studiums wie der zunehmende organisatorische Aufwand in der modernen Massenuniversität (längere Wartezeiten in Sprechstunden von Hochschullehrern infolge des wachsenden Andrangs von Studierenden, Schwierigkeiten bei der Literaturbeschaffung auf Grund unzureichender Bestände der Hochschulbibliotheken, →Bürokratisierung von Prüfungsverfahren und Ähnliches). Hinzu tritt der zeitliche Aufwand für die Erbringung von Leistungsnachweisen und die Vorbereitung auf Prüfungen. Vor diesen Hintergründen können geistes- und sozialwissenschaftliche Studiengänge an →Universitäten mit 15 Semesterwochenstunden, an →Fachhochschulen mit 20 Semesterwochenstunden; in natur- und ingenieurwissenschaftlichen Studiengängen an Universitäten mit 20 Semesterwochenstunden, an FHs mit 25 Semesterwochenstunden als studierbar gelten. Die neuen, für die →gestuften Studiengänge vorzunehmenden Workload-Berechnungen in →Credits (durchschnittlich 30 pro Semester, insgesamt für einen →Bachelorstudiengang 180, für einen →Masterstudiengang 120) müssen gleichfalls dieses studentische Zeitbudget in Rechnung stellen. Auch wenn es nicht darum gehen muss, um jeden Preis alle Studierenden in der Regelstudienzeit zum Abschluss zu führen, so haben die Studierenden doch ein Recht auf studierbare Studiengänge. Die Möglichkeit der Wahrnehmung dieses Rechts muss von den Hochschulen abgesichert werden.

Teilzeitstudiengang
Die Verbindung von Beruf und gleichzeitigem Studium gewinnt immer mehr an Bedeutung. Viele Bürger und Bürgerinnen möchten die Möglichkeit nutzen, sich weiterzuqualifizieren, können oder wollen aber zu diesem Zweck ihre berufliche Tätigkeit nicht einschränken und sind deshalb meist nicht in der Lage, ein ‚normales' Studium, d. h. mit Lehrveranstaltungen überwiegend morgens und nachmittags, aufzunehmen. Eine Möglichkeit bietet bisher schon das Fernstudium insbesondere an der Fernuniversität-Gesamthochschule in Hagen, künftig sollen die Hochschulen aber auch generell die Verbindung von Berufstätigkeit und Studium erleichtern. Daneben sind Teilzeitstudien auch in Vollzeitstudiengängen vielfach faktische Realität, weil Studierende genötigt sind, erhebliche Anteile ihres Zeitbudgets für die Sicherung der Finanzierung ihres Lebensunterhalts aufzuwenden.

Transcripts of Record
Engl. für „Datenabschrift", welche die erfolgreich erbrachten Studienleistungen der/des Studierenden in umfassender Form aufführt. Es enthält neben den üblichen Daten zur Person und der Heimat- und Gasthochschule die Kursnummer, den Titel, die Dauer, die Benotung sowie die vergebenen →Credits je →Modul. Die Form und der Inhalt müssen standardisiert vorliegen, um den Vergleich der Credits innerhalb eines Fachgebietes sowie zwischen verschiedenen Hochschulen und akademischen Abschlüssen sicherstellen zu können.

Transparenz
Bez. für die Situation einer für jede/n öffentlich einsehbaren Realität. Die →Akkreditierung hat u. a. zur Aufgabe, Studienangebote sowie die zur Leistungserbringung notwendigen Prozesse von Lehre und Forschung sowie die Ressourcenausstattung der Hochschulen durch eine vergleichbaren →Kriterien folgende Qualitätsfeststellung transparent zu machen. Transpa-

renz lässt sich dabei als demokratische Qualität des Verfahrens (z. B. als öffentliche Einsehbarkeit in alle Verfahrensschritte und -ergebnisse) beschreiben; im Sinne einer „Markttransparenz" kann sie aber auch nur eine anzustrebende, möglichst hohe Informationsdichte über die angebotenen Produkte bei potenziellen Konsumenten meinen (Verbraucherschutzfunktion durch Transparenz). Als Prinzip kann sie sich an anderen Prinzipien (z. B. →Datenschutz oder Vertrauensschutz) stoßen und daher eingeschränkt werden.

Tuning-Projekt
Pilotprojekt von Hochschulen zur Abstimmung der Bildungsstrukturen in Europa, unterstützt vom →EUA und der Europäischen Kommission. Der Name „Tuning" soll zum Ausdruck bringen, dass die Hochschulen keine Harmonisierung ihrer Studiengänge und keine vereinheitlichten, präskriptiven oder definitiven europäischen Curricula in irgendeiner Form anstreben, sondern nach Bezugspunkten, Konvergenz und Verständigung untereinander suchen. Das Projekt greift mehrere Aktionslinien des →Bologna-Prozesses auf, insbesondere jedoch die Einführung eines Systems leicht verständlicher und vergleichbarer Abschlüsse, die Einführung eines Systems, das auf zweistufigen Studiengängen aufbaut und die Einführung eines Leistungspunktsystems (→Credit-Point-System). Insbesondere soll das Projekt Bezugspunkte für allgemeines und fachspezifisches Wissen (→Kompetenzen) der Hochschulabsolventen im Grund- und Aufbaustudium in einer Reihe von Studienfächern ermitteln, nämlich in Betriebswirtschaft, Erziehungswissenschaften, Geologie, Geschichte, Mathematik, Physik und Chemie. Informationen sind über die Websites der beiden koordinierenden Hochschulen abrufbar :

http://relint.deusto.es/TuningProject/index.htm (Universität Deusto, Bilbao, Spanien)
http://www.let.rug.nl/TuningProject/index.htm (Universität Groningen, Niederlande)

Tutorenprogramm
Tutorien sind von fortgeschritteneren Studierenden geführte Kleingruppen mit dem Ziel, Studienanfänger/innen bei der Orientierung an der →Universität und in den gewählten Studienfächern zu unterstützen. Häufig ist das Tutorium der Kreis, in dem unbesorgt Fragen gestellt und Kontakte geknüpft werden. Oftmals entstehen Arbeits- und Lerngruppen, die den Studienverlauf überdauern.

UNESCO-CEPES
Abk. für *Centre Européen pour l'Enseignement Supérieur.* 1972 in Bukarest eingerichtete dezentrale Einheit des UNESCO-Sekretariats, um die Kooperation im Bereich der Hochschulbildung in den Mitgliedsstaaten aus Europa, Nordamerika und Israel zu befördern. http://www.cepes.ro

Universität*
Grundlagenwissenschaftlich orientierter →Hochschultyp, der – neben den außeruniversitären Forschungsorganisationen – zugleich eine zentrale Säule des Forschungssystems darstellt. Angeboten wird ein breites Fachspektrum an Studiengängen. Das Studium ist meist länger als an →Fachhochschulen. Es gilt das Prinzip der →Einheit von Forschung und Lehre, was sich insbesondere in dem Regellehrdeputat von 8 Semesterwochenstunden widerspiegelt – eine neuerdings diskutierte Aufweichung des Prinzips müsste Auswirkungen auf die Lehrdeputate haben. Universitäten leisten neben Forschung, Lehre und wissenschaftlichen Dienstleistungen den größten Anteil an der Ausbildung des wissenschaftlichen Nachwuchses (→Promotion).

Veranstaltungskritik

Bestandteil von Evaluationsverfahren zur Beurteilung der →Qualität von Lehrveranstaltungen; meist in der Form einer studentischen Veranstaltungskritik, durchgeführt mit einer schriftlichen Befragung durch Fragebogen und eventuell einer anschliessenden gemeinsamen Auswertung der Ergebnisse mit den Lehrenden. Solche Veranstaltungskritik ist oftmals Ausgang und Kern der →Evaluation von Kursen, Fächern oder Hochschulen. Sie bilden die Grundlage oder einen wichtigen Teil, neben anderen Datenquellen, für verschiedene Evaluationsverfahren (Rankings von Fächern und Hochschulen, Lehrberichte oder →Peer-Reviews) und für Verfahren der →Reakkreditierung.

Verschulung

Bez. für die Einführung schulischer Elemente in die Studienorganisation (z. B. straffe Zeitplanung ohne nennenswerte Freiräume) und die schulähnliche Gestaltung von Lehr-Lern-Situationen (z. B. Frontalunterricht oder Faktenlernen ohne Bezugnahmen auf übergreifende Zusammenhänge). Im Unterschied zur Schul- oder →Berufsausbildung ist ein Hochschulstudium dadurch charakterisiert, dass die Studierenden neben der notwendigen Teilnahme an Lehrveranstaltungen in erheblicher Weise eigenverantwortlich und selbstständig studieren. Voraussetzung dessen sind strukturierte Studiengänge, denn erst transparente Studienpläne und kalkulierbare Prüfungen schaffen die Freiräume für eigenverantwortliches, selbstbestimmtes Lernen. Gleichzeitig besteht grundsätzlich die Gefahr, dass Strukturierung in Verschulung umschlägt, wenn sie über ein sachlich gebotenes Maß hinausgetrieben wird. Dieser Gefahr muss insbesondere bei der →Modularisierung Aufmerksamkeit geschenkt werden.

Vor-Ort-Begehung

Zentrales Element der externen →Evaluation und Kernstück des →Peer-Review beim Akkreditierungsverfahren. Die Vor-Ort-Begehung braucht gründliche Vorbereitung auf Seiten der Gutachter/innen wie der Begutachteten und verläuft i. d. R. nach einem festen Schema: Vorbesprechung, eigentliche Begehung (mit mehreren Etappen, Gesprächen, Besichtigungen etc.), Nachbesprechung, Verfassen des Gutachterberichts. Die Vor-Ort-Begehung dient nicht allein der Inaugenscheinnahme der Hochschule/ des Fachbereichs und der realen Plausibilitätsprüfung der eingereichten Unterlagen, sondern auch der Klärung offener Fragen und (je nach Qualitätsbewertungsverfahren) der helfenden Bewertung des vorgelegten Angebots durch die Gutachter/innen.

B | 5, D | 1

Washington Accord

1989 gegründetes multinationales Abkommen zur gegenseitigen →Anerkennung der substanziellen Äquivalenz von Akkreditierungsverfahren der beigetretenen Organisationen und der von ihnen akkreditierten →Studienprogramme im Bereich der Ingenieurwissenschaften. Die Mitgliedschaft im „Washington Accord" hat exklusiven Charakter, weshalb die Gefahr einer →Monopolstellung der jeweils für ein Land beigetretenen Agentur besteht. Für Deutschland ist ASIIN Mitglied des „Washington Accord".
http://www.washingtonaccord.org

Wettbewerb

Bez. für ein konkurrierendes Bemühen um Leistungsniveausteigerungen; dazu muss feststellbar sein, ob verschiedene Anbieter gleiche Leistungen für unterschiedliches Geld erbringen. Bezogen auf Hochschulen soll diesen durch wettbewerbliche Mechanismen die Gelegenheit gegeben werden, bei der Erfüllung der Aufgaben in Forschung und Lehre miteinander zu konkurrieren, d. h. sich zu bemühen, ihre Aufgaben besser als andere Hochschulen zu erfüllen. Dabei soll jede Hochschule ihr eigenes Gesicht finden können. Die Stärkung der wettbewerblichen Elemente in der Hochschulreform steht heute in engem Zusammenhang mit der →Ökonomisierung. Bislang wurde in Deutschland hochschulpolitisch das Prinzip der →Gleichwertigkeit aller Hochschulen vertreten. Eine stärker wettbewerbliche Orientierung führt zwangsläufig zur Abkehr von diesem Grundsatz: es kommt dann zu einem Wechsel vom Modell der Homogenität zu dem der →Differenzierung. Politisch verbindet sich mit einem erhöhten Wettbewerb zwischen den Hochschulen vor allem zweierlei: in fiskalischer Hinsicht die Erwartung einer effizienteren Mittelverteilung und dadurch eine Entlastung der öffentlichen Haushalte; in inhaltlicher Hinsicht die Hoffnung, dass die Hochschulen flexibler in der Gestaltung ihres Leistungsangebotes werden und damit das Hochschulsystem insgesamt sich passgenauer an gesellschaftlich formulierten Anforderungen orientiert.

Wissenschaftsrat
Zur Beratung von Bundesregierung und Länderregierungen gegründetes Organ mit Sitz in Köln, dessen Mitglieder (Vertreter von Bundes- und Länderadministrationen sowie der Wissenschaft) vom Bundespräsidenten berufen werden). Der Wissenschaftsrat gibt Empfehlungen zur inhaltlichen und strukturellen Entwicklung der Hochschulen, der außeruniversitären Forschung sowie des Hochschulbaus ab. Der Wissenschaftsrat hat seit 2000 die Aufgabe übertragen bekommen, nichtstaatliche Hochschulen in Deutschland institutionell zu akkreditieren.
B | 8
http://www.wissenschaftsrat.de

Workload
Für das Erreichen eines bestimmten Lernergebnisses und Lernniveaus wird von den Studierenden ein bestimmter Arbeitsaufwand (Workload) pro Lehrveranstaltung bzw. →Modul angenommen. Dieser in Zeitstunden ausgedrückte, erwartete studentische Arbeitsaufwand setzt sich zusammen aus: Kontaktstunden, gelenkter oder nicht gelenkter Vor- und Nachbereitungszeit, Zeiten für die Prüfungsvorbereitung sowie für die Prüfung selbst und schriftliche Arbeiten. In Übereinstimmung mit →ECTS orientiert sich die Vergabe von →Credits (Leistungspunkten) an dem gesamten Arbeitsaufwand (Workload) der Studierenden. Laut Beschluss der →Kultusministerkonferenz vom 24. Oktober 1997 sollte für den Arbeitsaufwand eines Vollzeitstudiums eines Jahres eine Höchstgrenze von insgesamt 1.800 Stunden angesetzt werden. Der tatsächlich erbrachte Aufwand dürfte jedoch im Durchschnitt in einem Korridor zwischen 1.500 und 1.800 Stunden liegen.

Y-Modell →integrierte Studiengänge

Zertifizierung
Zum →Qualitätsmanagement gehörendes Verfahren, das ermittelt, inwieweit bestimmte Zertifizierungsforderungen erfüllt sind, und bei dessen erfolgreichem Abschluss ein unparteiischer Dritter für eine Einheit ein Zertifikat ausstellt, das diese Erfüllung bestätigt. Geeignet für standardisierbare Prozesse.

Zusatzqualifikation
In →Bachelor- und →Master-Studiengängen ist die Erhöhung der Berufsbefähigung (→Employability) von zentraler Bedeutung. Die Vermittlung von berufsfeldbezogenen Zusatzqualifikationen (z. B. EDV, betriebeswirtschaftliche Grundkenntnisse, Fremdsprachen) umfasst in diesen Studiengängen einen bestimmten Anteil des Gesamt-

curriculums und wird unter oft unterschiedlichen Bezeichnungen (Optio-
nalbereich, General Studies, Berufs-
orientierte Zusatzqualifikationen,
Frei Kombinierbares Nebenfach etc.)
zusammengefasst; s. a. →Schlüssel-
qualifikation.

Literatur

Außer den Beiträgen des vorliegenden Handbuches wurde folgende Literatur zur Erstellung des Glossars herangezogen:

Bandemer, Stephan von/Blanke, Bernhard et al. (Hg.) (1998): Handbuch zur Verwaltungs-Reform. Opladen.

CEPES (2003): Centre Européen pour l'Enseignement Supérieur: Glossary of Quality Assurance and Accreditation Terms. Bukarest.

Deutsche Gesellschaft für Qualität (Hg.) (1995): Begriffe zum Qualitätsmanagement. Berlin.

Europäische Kommission (1998): Europäisches System zur Anrechnung von Studienleistungen. ECTS-Handbuch. Brüssel.

Fricke, Hans J. (1999): KGSt-Handbuch Organisationsmanagement, o. O. [Köln].

Glossar, in: BLK-Verbundprojekt „Entwicklung eines Leistungspunktsystems an einer Hochschule in allen Fachbereichen (FH)", in: http://cps-verbund.fhtw-berlin.de/glossar/glossar.htm.

HRK: Service für Hochschulmitglieder, in: http://www.hrk.de/113.htm.

Hornbostel, Stefan (1997): Wissenschaftsindikatoren. Bewertungen in der Wissenschaft. Opladen.

Kamiske, Gerd F./Jörg-Peter Brauer (1995): Qualitätsmanagement von A-Z. Erläuterungen moderner Begriffe des Qualitätsmanagements. München.

Kehm, Barbara M. (2003): Vom Regionalen zum Globalen. Auswirkungen auf Institutionen, System und Politik, in: die hochschule 1, S. 6–18.

Krems, Burkhardt (Hg.): Online Verwaltungslexikon. Management und Reform der öffentlichen Verwaltung, in: http://www.olev.de.

Ministerium für Wissenschaft und Forschung des Landes Nordrhein-Westfalen (Hg.) (1993): Hochschulreform von A–Z. Düsseldorf.

Pasternack, Peer (Hg.) (2001): Flexibilisierung der Hochschulhaushalte. Handbuch für Personalräte und Gremienmitglieder. Marburg.

Seiffert, Helmut/Radnitzky, Gerard (Hg.) (1994): Handlexikon zur Wissenschaftstheorie. München.

Turner, George (1994): Das Fischer Hochschullexikon. Unter Mitarbeit von Joachim Weber. Frankfurt/M.

a   Ländergemeinsame Strukturvorgaben gemäß
     § 9 Abs. 2 HRG für die Akkreditierung von Bachelor-
     und Masterstudiengängen

(Beschluss der Kultusministerkonferenz vom 10. 10. 2003)

Vorbemerkung

Mit den nachfolgenden Strukturvorgaben für Bachelor- und Masterstudiengänge (§ 19 HRG) kommen die Länder dem gesetzlichen Auftrag
gem. § 9 Abs. 2 HRG nach, die Gleichwertigkeit einander entsprechender
Studien- und Prüfungsleistungen sowie Studienabschlüsse und die Möglichkeit des Hochschulwechsels zu gewährleisten. Diese Vorgaben sind zugleich ein wesentlicher Schritt auf dem Weg zur Errichtung des europäischen Hochschulraumes im Rahmen des Bologna-Prozesses.

Bachelor- und Masterstudiengänge sind zu akkreditieren. Die
Vorgaben sind gem. Ziffer 1 Abs. 3 des „Statuts für ein länder- und hochschulübergreifendes Akkreditierungsverfahren" (Beschluss der Kultusministerkonferenz vom 24.02.2002 i.d.F. v. 19.09.2002) bei der Akkreditierung zu Grunde zu legen. Sie richten sich daher unmittelbar an den
Akkreditierungsrat und die Akkreditierungsagenturen. Gleichzeitig dienen
sie den Hochschulen als Grundlage (Orientierungsrahmen) für Planung
und Konzeption von Studiengängen, die der Akkreditierung unterliegen.

Dagegen ist mit den Strukturvorgaben keine Reglementierung
des individuellen Studienverhaltens verbunden. So können beispielsweise
konsekutive Bachelor- und Masterstudiengänge einer Hochschule nur
akkreditiert werden, wenn eine Regelstudienzeit von insgesamt 5 Jahren
nicht überschritten wird; der einzelne Studierende ist jedoch nicht gehindert, nach einem vierjährigen Bachelorstudium an einer Hochschule einen
zweijährigen Masterstudiengang an einer anderen Hochschule zu studieren.

Für Bachelor- und Masterstudiengänge im Bereich der staatlich geregelten Studiengänge (insbesondere Lehramt, Medizin, Rechtswissenschaften), der Studiengänge mit kirchlichem Abschluss sowie der künstle-
rischen Studiengänge an Kunst- und Musikhochschulen bleiben besondere
Regelungen vorbehalten.

1 Studienstruktur und Studiendauer

Das HRG unterscheidet grundlegend zwischen Bachelor- und Masterstudiengängen gem. § 19 HRG und Diplom- und Magisterstudiengängen gem. § 18 HRG, was nicht ausschließt, dass in den Studiengängen der beiden unterschiedlichen Graduierungssysteme teilweise die gleichen Studienangebote genutzt werden. Eine strukturelle Vermischung der beiden Studiengangssysteme ist jedoch auszuschließen. In einem System mit gestuften Studienabschlüssen ist der Bachelor der Regelabschluss eines Hochschulstudiums. Er hat ein gegenüber dem Diplom- und Magisterabschluss eigenständiges berufsqualifizierendes Profil, das durch die innerhalb der vorgegebenen Regelstudienzeit zu vermittelnden Inhalte deutlich werden muss. Als Studiengänge, die zu berufsqualifizierenden Abschlüssen führen, müssen die Bachelorstudiengänge wissenschaftliche Grundlagen, Methodenkompetenz und berufsfeldbezogene Qualifikationen vermitteln. Im Übrigen gilt:

1.1 Bachelor- und Masterstudiengänge können sowohl an Universitäten und gleichgestellten Hochschulen als auch an Fachhochschulen eingerichtet werden, ohne die unterschiedlichen Bildungsziele dieser Hochschularten in Frage zu stellen.

1.2 Bachelorstudiengänge können auch dann eingerichtet werden, wenn an der Hochschule kein entsprechender Masterabschluss erworben werden kann. Für Inhaber eines ersten berufsqualifizierenden Hochschulabschlusses können Masterstudiengänge auch dann eingerichtet werden, wenn an der Hochschule keine entsprechenden Bachelorstudiengänge angeboten werden.

1.3 Die Regelstudienzeiten für Bachelor- und Masterstudiengänge ergeben sich aus § 19 Abs. 2–5 HRG und betragen mindestens drei höchstens vier Jahre für die Bachelorstudiengänge und mindestens ein und höchstens zwei Jahre für die Masterstudiengänge. Bei konsekutiven Studiengängen beträgt die Gesamtregelstudienzeit höchstens fünf Jahre. Kürzere Regelstudienzeiten sind aufgrund besonderer studienorganisatorischer Maßnahmen möglich.

Bei einer Regelstudienzeit von drei Jahren sind für den Bachelorabschluss in der Regel 180 ECTS-Punkte nachzuweisen. Entsprechend internationalen Anforderungen werden für den Masterabschluss unter Einbeziehung des vorangehenden Studiums bis zum ersten berufsqualifizierenden Abschluss 300 ECTS-Punkte benötigt. Im Übrigen richtet sich die in Bachelor- oder Masterstudiengängen zu erwerbende Anzahl von ECTS-Punkten nach den unterschiedlichen, im Rahmen der Vorgaben des Hochschulrahmengesetzes möglichen Regelstudienzeiten.

1.4 Zur Qualitätssicherung sehen Bachelor- ebenso wie Masterstudiengänge obligatorisch eine Abschlussarbeit (Bachelor-/Masterarbeit) vor, mit der die Fähigkeit nachgewiesen wird, innerhalb einer vorgegebenen Frist ein Problem aus dem jeweiligen Fach selbstständig nach wissenschaftlichen Methoden zu bearbeiten. Der Bearbeitungsumfang für die Bachelorarbeit beträgt mindestens 6 ECTS-Punkte und darf 12 ECTS-Punkte nicht überschreiten; für die Masterarbeit ist ein Bearbeitungsumfang von 15–30 ECTS-Punkten vorzusehen.

1.5 Die Studierbarkeit des Lehrangebots ist in der Akkreditierung zu überprüfen.

1.6 In vierjährigen Bachelorstudiengängen kennzeichnen die Prüfungsordnungen diejenigen Module, deren Bestehen einer Zwischenprüfung entsprechend § 15 Abs. 1 Satz 2 HRG gleichsteht.

2 Zugangsvoraussetzungen und Übergänge

In einem System gestufter Studiengänge stellt der Bachelorabschluss als erster berufsqualifizierender Abschluss den Regelabschluss dar und führt damit für die Mehrzahl der Studierenden zu einer ersten Berufseinmündung. Bei den Zugangsvoraussetzungen zum Master muss daher der Charakter des Masterabschlusses als weiterer berufsqualifizierender Abschluss betont werden. Im Übrigen gilt, dass auch nach Einführung des neuen Graduierungssystems die Durchlässigkeit im Hochschulsystem erhalten bleiben muss. Daraus folgt:

2.1 Zugangsvoraussetzung für einen Masterstudiengang ist immer ein berufsqualifizierender Hochschulabschluss. Im Interesse der internationalen Reputation und der Akzeptanz der Masterabschlüsse durch den Arbeitsmarkt ist ein hohes fachliches und wissenschaftliches Niveau, das mindestens dem der eingeführten Diplomabschlüsse entsprechen muss, zu gewährleisten. Deshalb soll das Studium im Masterstudiengang von weiteren besonderen Zugangsvoraussetzungen abhängig gemacht werden. Die Zugangsvoraussetzungen sind Gegenstand der Akkreditierung. Die Länder können sich die Genehmigung der Zugangskriterien vorbehalten.

2.2 Übergänge zwischen den Studiengängen gem. § 18 HRG und den

Bachelor- und Masterstudiengängen gem. § 19 HRG sind nach den allgemeinen Anrechnungsbestimmungen möglich. Einzelheiten sind in den Prüfungsordnungen oder in landesrechtlichen Bestimmungen zu regeln.

2.3 Masterabschlüsse, die an Universitäten und gleichgestellten Hochschulen oder an Fachhochschulen erworben wurden, berechtigen grundsätzlich zur Promotion. Die Universitäten und gleichgestellten Hochschulen regeln den Promotionszugang in ihren Promotionsordnungen.

Inhaber eines Bachelorgrades können auch ohne Erwerb eines weiteren Grades im Wege eines Eignungsfeststellungsverfahrens unmittelbar zur Promotion zugelassen werden. Die Universitäten regeln den Zugang sowie die Ausgestaltung des Eignungsfeststellungsverfahrens und ggf. das Zusammenwirken mit Fachhochschulen in ihren Promotionsordnungen.

2.4 Entsprechend dem Grundsatz, dass ein Absolvent eines berufsqualifizierenden Hochschulabschlusses an jeder anderen Hochschule studieren kann, vermittelt der Bachelorabschluss die der allgemeinen Hochschulreife entsprechende Hochschulzugangsberechtigung.[1]

3 Studiengangsprofile

International ist es weit verbreitet, bei den Bachelor- und Masterstudiengängen zwischen einem „stärker anwendungsorientierten" und einem „stärker forschungsorientierten" Profil zu unterscheiden. Allerdings ist es ausreichend, wenn die Differenzierung auf der Masterebene erfolgt. Eine Differenzierung nach der Dauer der Studiengänge erfolgt nicht. Im Einzelnen gilt:

3.1 In Bachelorstudiengängen werden wissenschaftliche Grundlagen, Methodenkompetenz und berufsfeldbezogene Qualifikationen vermittelt. Eine Zuordnung der Bachelorstudiengänge zu den Profiltypen „stärker anwendungsorientiert" und „stärker forschungsorientiert" erfolgt nicht.

3.2 Masterstudiengänge sind nach den Profiltypen „stärker anwendungsorientiert" und „stärker forschungsorientiert" zu differenzieren. Die Hochschulen legen für jeden Masterstudiengang das Profil fest.

---

[1] In Bayern ist ein Bachelorabschluss im Hinblick auf die Vermittlung der allgemeinen Hochschulreife qualifikationsrechtlich einem Diplomabschluss der gleichen Hochschule gleichgestellt.

Masterstudiengänge können nur akkreditiert werden, wenn sie einem der beiden Profiltypen zugeordnet sind und dies im „Diploma Supplement" dargestellt ist. Unter Einbeziehung der internationalen Entwicklung stellt der Akkreditierungsrat Kriterien für die Zuordnung zu den Profiltypen auf. Die Zuordnung wird in der Akkreditierung verifiziert. Die Urkunde, mit der der Mastergrad verliehen wird, weist die verleihende Hochschule aus. Sie kann ferner das Profil des Studiengangs bezeichnen.

4 Konsekutive, nicht-konsekutive und weiterbildende Masterstudiengänge

Bei der Einrichtung eines Masterstudiengangs ist festzulegen, ob es sich um einen konsekutiven, nicht-konsekutiven oder weiterbildenden Studiengang handelt. Die Zuordnung ist in der Akkreditierung zu überprüfen.

4.1 Konsekutive Bachelor- und Masterstudiengänge sind Studiengänge, die nach Maßgabe der Studien- bzw. Prüfungsordnung inhaltlich aufeinander aufbauen und sich i. d. R. in den zeitlichen Rahmen 3 + 2 oder 4 + 1 Jahre einfügen bzw. einen Gesamtrahmen von 5 Jahren Regelstudienzeit bis zum Masterabschluss nicht überschreiten (dies schließt 7-semestrige Bachelor- und 3-semestrige Masterstudiengänge ein). Der Masterstudiengang kann den Bachelorstudiengang fachlich fortführen und vertiefen oder – soweit der fachliche Zusammenhang gewährt bleibt – fachübergreifend erweitern. Bachelor- und Masterstudiengänge können an verschiedenen Hochschulen, auch an unterschiedlichen Hochschularten und auch mit Phasen der Berufstätigkeit zwischen dem ersten und zweiten Abschluss konsekutiv studiert werden.

4.2 Nicht-konsekutive Masterstudiengänge sind Masterstudiengänge, die inhaltlich nicht auf dem vorangegangenen Bachelorstudiengang aufbauen. Sie entsprechen in den Anforderungen (Ziff. 1.3 und 1.4) den konsekutiven Masterstudiengängen und führen zu dem gleichen Qualifikationsniveau und zu denselben Berechtigungen. Die Gleichwertigkeit der Anforderungen ist in der Akkreditierung festzustellen.

4.3 Weiterbildende Masterstudiengänge setzen nach einem qualifizierten Hochschulabschluss qualifizierte berufspraktische Erfahrung von i. d. R. nicht unter einem Jahr voraus. Die Inhalte des weiterbildenden Masterstudiengangs sollen die beruflichen Erfahrungen berücksichtigen und an diese anknüpfen. Bei der Konzeption eines

weiterbildenden Masterstudiengangs legt die Hochschule den Zusammenhang von beruflicher Qualifikation und Studienangebot
dar. Weiterbildende Masterstudiengänge entsprechen in den Anforderungen (Ziff. 1.3 und 1.4) den konsekutiven Masterstudiengängen und führen zu dem gleichen Qualifikationsniveau und zu denselben Berechtigungen[2] . Die Gleichwertigkeit der Anforderungen
ist in der Akkreditierung festzustellen.

5 Abschlüsse

Bachelor- und Masterstudiengänge sind eigenständige Studiengänge, die
zu eigenständigen Abschlüssen führen. Daraus folgt:

5.1 Für einen erfolgreich abgeschlossenen Bachelor- oder Masterstudiengang kann jeweils nur ein Grad verliehen werden. Bachelor-
und Mastergrade gem. § 19 HRG können somit nicht zugleich mit
Abschluss eines Diplom- oder Magisterstudiengangs gem. § 18 HRG
verliehen werden; desgleichen kann mit Abschluss eines Bachelor-
oder Masterstudiengangs gemäß § 19 HRG nicht zugleich ein
Diplom- oder Magistergrad gemäß § 18 HRG verliehen werden.

5.2 Nach dem Graduierungssystem gem. § 19 HRG wird der Mastergrad auf Grund eines weiteren berufsqualifizierenden Hochschulabschlusses verliehen (§ 19 Abs. 3 Satz 1 HRG). Deshalb kann
ein Masterabschluss nur erworben werden, wenn bereits ein erster
berufsqualifizierender Hochschulabschluss vorliegt. Ausgeschlossen
sind somit grundständige Studiengänge, die nach vier oder fünf
Jahren unmittelbar zu einem Masterabschluss führen.

5.3 Eine Differenzierung der Abschlussgrade nach der Dauer der
Regelstudienzeit wird bei den Bachelor- und Masterstudiengängen
nicht vorgesehen. Für drei- und vierjährige Bachelorstudiengänge
werden somit keine unterschiedlichen Grade vergeben. Dasselbe
gilt für Masterabschlüsse, die nach ein oder zwei Jahren erreicht
werden. Gleiches gilt sinngemäß für 7-semestrige Bachelor- und
3-semestrige Masterstudiengänge. Bachelorabschlüsse mit dem Zusatz „honours" („B.A. hon.") sind ausgeschlossen.

---

[2] Fragen der Erhebung von Studiengebühren und -entgelten für weiterbildende Studiengänge werden
dadurch nicht berührt.

6   Bezeichnung der Abschlüsse

Für die Akzeptanz auf dem Arbeitsmarkt und die internationale Zusammenarbeit ist es erforderlich, Transparenz und Übersichtlichkeit durch eine möglichst geringe Anzahl unterschiedlicher Abschlussbezeichnungen sicherzustellen. Bei der Gradbezeichnung wird nicht zwischen den Profiltypen „stärker anwendungsorientiert" und „stärker forschungsorientiert" unterschieden. Für Bachelor- und konsekutive Mastergrade sind folgende Bezeichnungen zu verwenden:

Fächergruppen	Abschlussbezeichnungen
Sprach- und Kulturwissenschaften	Bachelor of Arts (B.A.)
Sport, Sportwissenschaft	Master of Arts (M.A.)
Sozialwissenschaft	
Kunstwissenschaft	
Mathematik,	Bachelor of Science (B.Sc.)
Naturwissenschaften	Master of Science (M.Sc.)
Medizin[3]	
Agrar-, Forst- und	
Ernährungswissenschaften[3]	
Ingenieurwissenschaften	Bachelor of Science (B.Sc.)
	Master of Science (M.Sc.)
	oder
	Bachelor of Engineering (B.Eng.)
	Master of Engineering (M.Eng.)
Wirtschaftswissenschaften	nach der inhaltlichen Ausrichtung des Studiengangs: Bachelor of Arts (B.A.)
	Master of Arts (M.A.)
	oder
	Bachelor of Science (B.Sc.)
	Master of Science (M.Sc)
Rechtswissenschaften[3]	Bachelor of Laws (LL.B)
	Master of Laws (LL.M)

[3] Betrifft nicht die staatlich geregelten Studiengänge

Bei interdisziplinären Studiengängen richtet sich die Abschlussbezeichnung nach demjenigen Fachgebiet, dessen Bedeutung im Studiengang überwiegt; bei den Ingenieurwissenschaften und den Wirtschaftswissenschaften richtet sie sich nach der inhaltlichen Ausrichtung des Studiengangs. Fachliche Zusätze zu den Abschlussbezeichnungen sind ausgeschlossen.

Für Weiterbildungsstudiengänge und nicht-konsekutive Masterstudiengänge dürfen auch Mastergrade verwendet werden, die von den vorgenannten Bezeichnungen abweichen (z. B. MBA).

Für die Abschlussbezeichnungen können auch deutschsprachige Formen verwandt werden (z. B. Bakkalaureus der Wissenschaften). Gemischtsprachige Bezeichnungen sind ausgeschlossen (z. B. Bachelor der Wissenschaften).

Auskunft über das dem Abschluss zu Grunde liegende Studium im Einzelnen erteilt jeweils das „Diploma Supplement".

Die Umstellung der Gradbezeichnungen erfolgt im Zuge von Akkreditierung und Reakkreditierung.

7 Modularisierung und Leistungspunktsystem

Zur Akkreditierung eines Bachelor- oder Masterstudiengangs ist nachzuweisen, dass der Studiengang modularisiert und mit einem Leistungspunktsystem ausgestattet ist. Die Inhalte eines Moduls sind so zu bemessen, dass sie in der Regel innerhalb eines Semesters oder eines Jahres vermittelt werden können; in besonders begründeten Fällen kann sich ein Modul auch über mehrere Semester erstrecken. Im Einzelnen wird auf den Beschluss der Kultusministerkonferenz „Rahmenvorgaben für die Einführung von Leistungspunktsystemen und die Modularisierung von Studiengängen" vom 15.09.2000 verwiesen, der Bestandteil dieser ländergemeinsamen Vorgaben für Bachelor- und Masterstudiengänge gem. § 9 Abs. 2 HRG ist.

8 Gleichstellungen

Die Einführung des Graduierungssystems nach § 19 HRG darf nicht zu einer Abwertung der herkömmlichen Diplom- und Magisterabschlüsse führen. Hinsichtlich der Wertigkeit der Bachelor- und Masterabschlüsse (§ 19 HRG) und der Abschlüsse Diplom/Magister gem. (§ 18 HRG) gilt daher:

- Bachelorabschlüsse verleihen grundsätzlich dieselben Berechtigungen wie Diplomabschlüsse an Fachhochschulen
- Masterabschlüsse verleihen dieselben Berechtigungen wie Diplom- und Magisterabschlüsse an Universitäten und gleichgestellten Hochschulen.[4]

---

[4] Nach der geltenden Vereinbarung mit der Innenministerkonferenz eröffnen an Fachhochschulen erworbene Masterabschlüsse den Zugang zum höheren Dienst, wenn dieses in der Akkreditierung festgestellt wurde.

b Statut für ein länder- und hochschulübergreifendes Akkreditierungsverfahren

(Beschluss der Kultusministerkonferenz vom 24.05.2002 i. d. F. v. 05.02.2004)

I Allgemeines

1 Akkreditierung

(1) Zur länder- und hochschulübergreifenden Sicherung der Qualität der Hochschulausbildung wird ein Akkreditierungsverfahren eingerichtet. Mit der Akkreditierung wird in einem formalisierten und objektivierbaren Verfahren festgestellt, dass ein Studiengang in fachlich-inhaltlicher Hinsicht und hinsichtlich seiner Berufsrelevanz den Mindestanforderungen entspricht. Die Akkreditierung ersetzt nicht die primäre staatliche Verantwortung für die Einrichtung von Studiengängen.

(2) Die Akkreditierung wird durch mehrere untereinander im Wettbewerb stehende Agenturen durchgeführt. Der Zusammenhalt des Akkreditierungssystems erfolgt über eine zentrale Akkreditierungseinrichtung. Staat, Hochschulen und Berufspraxis wirken bei der Akkreditierung sowohl in der zentralen Akkreditierungseinrichtung als auch in den Agenturen zusammen.

(3) Die Vorgaben des Hochschulrahmengesetzes sowie die von der Kultusministerkonferenz beschlossenen Strukturvorgaben werden der Akkreditierung zugrunde gelegt. Über die Strukturvorgaben tragen die Länder im Akkreditierungsverfahren gemeinsam dafür Sorge, dass die Gleichwertigkeit einander entsprechender Studien- und Prüfungsleistungen sowie Studienabschlüsse und die Möglichkeit des Hochschulwechsels gewährleistet werden (§ 9 Abs. 2 HRG). Mit der Akkreditierung kann die Feststellung verbunden werden, dass ein Hochschulabschluss den Zugang zum höheren öffentlichen Dienst eröffnet.

2 Gegenstand der Akkreditierung

(1) Gegenstand der Akkreditierung sind Studiengänge staatlicher oder staatlich anerkannter, privater Hochschulen.

(2) Studiengänge, die zu den Abschlüssen Bachelor/Bakkalaureus und Master/Magister (§ 19 HRG) führen, sind zu akkreditieren. Dasselbe

gilt für neu einzurichtende und solche Diplom- und Magisterstudiengänge (§ 18 HRG), die grundlegend umgestaltet werden sollen, in Fachrichtungen, in denen keine Rahmenprüfungsordnung vorliegt oder die geltenden Rahmenprüfungsordnungen überholt sind. Über die Einbeziehung weiterer Studiengänge in und die Ablösung der Rahmenprüfungsordnungen durch das Akkreditierungsverfahren entscheidet die Kultusministerkonferenz.

II Akkreditierungsrat

3 Bezeichnung und Sitz

(1) Die zentrale Akkreditierungseinrichtung trägt die Bezeichnung „Akkreditierungsrat".

(2) Der Akkreditierungsrat hat seinen Sitz beim Sekretariat der Kultusministerkonferenz.

4 Aufgaben

(1) Der Akkreditierungsrat hat insbesondere folgende Aufgaben:

1. Akkreditierung von Agenturen mit der zeitlich befristeten Verleihung der Berechtigung, Studiengänge zu akkreditieren (Verleihung des Siegels des Akkreditierungsrats).

2. Überwachung der Aufgabenerfüllung durch die Agenturen und periodische Reakkreditierung der Agenturen.

3. Definition der Mindestanforderungen an die Akkreditierungsverfahren.

Außerdem wirkt der Akkreditierungsrat darauf hin, einen fairen Wettbewerb unter den Akkreditierungsagenturen zu gewährleisten.

(2) Akkreditierungen durch ausländische Einrichtungen sind möglich. Die Einzelheiten regelt der Akkreditierungsrat.

(3) Der Akkreditierungsrat trägt dazu bei, die deutschen Interessen in internationalen Netzwerken der Qualitätssicherung und Akkreditierungseinrichtungen zur Geltung zu bringen, indem er u. a. die Kommunikation und Kooperation unter den Agenturen fördert.

5 Zusammensetzung

(1) Dem Akkreditierungsrat gehören an:

1. Vier Hochschulvertreter

2. Vier Ländervertreter

3. Fünf Vertreter der Berufspraxis, davon ein Vertreter der für das Dienst- und Tarifrecht zuständigen Landesministerien

4. Zwei Studierende

5. Zwei internationale Vertreter.

(2) Die Hochschulvertreter und die Studierenden werden von der HRK, die Ländervertreter von der KMK benannt. Die Arbeitgeber- und Arbeitnehmerorganisationen sowie die Hochschulrektorenkonferenz und die Kultusministerkonferenz benennen je einen Vertreter der Berufspraxis. Den Vertreter der für das Dienst- und Tarifrecht zuständigen Landesministerien benennt die Kultusministerkonferenz im Einvernehmen mit der Innenministerkonferenz. Die internationalen Vertreter werden von HRK und KMK benannt.

(3) Die Mitglieder des Akkreditierungsrats werden von den Präsidenten der Hochschulrektorenkonferenz und der Kultusministerkonferenz für vier Jahre bestellt. Wiederbestellung ist zulässig.

6 Vorsitz

(1) Der Akkreditierungsrat wählt einen Vorsitzenden und einen stellvertretenden Vorsitzenden. Vorsitzender und Stellvertretender Vorsitzender müssen der Gruppe der Hochschul- oder der Ländervertreter angehören. Sie dürfen nicht derselben Gruppe angehören.

(2) Vorsitzender und Stellvertretender Vorsitzender werden für die Dauer von vier Jahren gewählt. Wiederwahl ist zulässig.

7 Beschlussfassung

(1) Der Akkreditierungsrat beschließt mit einfacher Mehrheit.

(2) Vorgaben, die der Akkreditierungsrat für die Begutachtung von Studiengängen durch die Agenturen festlegt und mit denen die von der Kultusministerkonferenz beschlossenen Strukturvorgaben in das Akkreditierungsverfahren eingebracht werden, können nicht gegen die Stimmen der Ländervertreter verabschiedet werden. Hierzu zählen insbesondere Beschlussfassungen über die fachgruppenspezifische Feststellung der Regelstudienzeit, die Gliederung der Studiengänge, das SWS-Volumen und das Prüfungsverfahren.

8 Geschäftsstelle

(1) Zur Erledigung der laufenden Geschäfte des Akkreditierungsrats wird im Sekretariat der Kultusministerkonferenz eine Geschäfts-

stelle für den Akkreditierungsrat eingerichtet. Die Geschäftsstelle wird von einer Geschäftsführerin/einem Geschäftsführer geleitet. Die Geschäftsstelle untersteht den fachlichen Weisungen des Vorsitzenden des Akkreditierungsrats. Die Dienstaufsicht über die Bediensteten der Geschäftsstelle übt der Generalsekretär der Kultusministerkonferenz aus.

(2) Das Personal wird auf Vorschlag der/des Vorsitzenden des Akkreditierungsrats entsprechend den für das Sekretariat der Kultusministerkonferenz geltenden Bestimmungen eingestellt und entlassen.

9 Finanzierung/Bewirtschaftung

(1) Die Mittel für den Akkreditierungsrat und seine Geschäftsstelle werden im Rahmen des Haushalts des Sekretariats der Kultusministerkonferenz bereitgestellt. Die dem Akkreditierungsrat zur Verfügung stehenden Stellen und Sachmittel sind in den Erläuterungen zum Haushalt des Sekretariats der Kultusministerkonferenz gesondert auszuweisen.

(2) Die im Haushalt des Sekretariats der Kultusministerkonferenz für die Akkreditierung ausgewiesenen Stellen und Sachmittel stehen dem Akkreditierungsrat uneingeschränkt zur Verfügung. In Einzelfällen können Mittel für einen darüber hinausgehenden Bedarf aus dem Haushalt des Sekretariats der Kultusministerkonferenz mit Zustimmung des Beauftragten für den Haushalt des Sekretariats der Kultusministerkonferenz in Anspruch genommen werden.

(3) Für die Bewirtschaftung der Mittel gelten die einschlägigen Bestimmungen des Landes Berlin.

10 Evaluierung

Die Arbeit des Akkreditierungsrats wird in regelmäßigen Abständen von etwa fünf Jahren durch Hochschulrektorenkonferenz und Kultusministerkonferenz evaluiert. An der Evaluierung sind ausländische Sachverständige zu beteiligen.

III Agenturen

11 Agenturen

(1) Die Agenturen führen die Akkreditierungsverfahren durch und entscheiden über die Akkreditierung. Die Akkreditierung setzt

grundsätzlich eine inhaltliche Begutachtung des jeweiligen Studienprogramms durch sachverständige, hochschulexterne Gutachter
(„Peers") voraus. Bei der Begutachtung können Evaluationsergebnisse berücksichtigt werden. Die Akkreditierung wird für einen
begrenzten Zeitraum ausgesprochen.

(2) Agenturen können sowohl regional als auch fachlich ausgerichtet
sein. Sie müssen nach institutioneller Unabhängigkeit, Ausstattung
und Kompetenz ein faires, nach objektiven Maßstäben ablaufendes
und transparentes Verfahren der Begutachtung der Studiengänge
und der Akkreditierungsentscheidung gewährleisten.

(3) Soweit im Akkreditierungsverfahren festgestellt werden soll, dass
ein Hochschulabschluss die Bildungsvoraussetzungen für den
höheren öffentlichen Dienst erfüllt, ist ein Vertreter der für die
Laufbahngestaltung zuständigen obersten Dienstbehörde des Landes, in dem die jeweilige Hochschule gelegen ist, als Vertreter der
Berufspraxis zu beteiligen. Die Feststellung der Zuordnung des
Abschlusses zum höheren öffentlichen Dienst bedarf eines einheitlichen Votums der Vertreter der Berufspraxis.

IV Wirksamkeit

12 In-Kraft-Treten

Das Statut tritt am 01.01.2003 in Kraft.

c   Akkreditierung von Akkreditierungsagenturen und Akkreditierung von Studiengängen mit den Abschlüssen Bachelor/Bakkalaureus und Master/Magister (Mindeststandards und Kriterien)

(Beschluss des Akkreditierungsrates vom 30. November 1999, zuletzt geändert am 17. Dezember 1999)

I   Vorbemerkung

Der Akkreditierungsrat wurde durch Beschluss der Kultusminister-konferenz (KMK) vom 3. Dezember 1998 zunächst für einen Zeitraum von drei Jahren eingerichtet. Er ist eine unabhängige Einrichtung zur Akkreditierung von Agenturen und – auf Antrag eines Landes – in besonderen Fällen von Studiengängen an Universitäten und Fachhochschulen.

Ziel der Akkreditierung ist es, zur Sicherung von Qualität in Lehre und Studium durch die Feststellung von Mindeststandards beizutragen. Qualitätssichernde Akkreditierungsverfahren sollen Studierenden wie Arbeitgebern und Hochschulen eine verlässliche Orientierung wie eine verbesserte Transparenz über die nach § 19 Hochschulrahmengesetz (HRG) zunächst probeweise eingeführten Bakkalaureus-/Bachelor- und Magister-/Master-Studiengänge ermöglichen. Die Akkreditierungsverfahren sollen zudem dazu beitragen, die Mobilität der Studierenden zu erhöhen sowie die internationale Anerkennung der Studienabschlüsse zu verbessern.

Der Akkreditierungsrat erfüllt seine Aufgaben durch Definition von Anforderungen an die Akkreditierung von Akkreditierungsagenturen und Studiengängen, durch Koordination der fachlich-inhaltlichen Begutachtung der Studiengänge durch Agenturen und auf Antrag einzelner Länder auch durch Akkreditierung von Studiengängen. Der Akkreditierungsrat akkreditiert zeitlich befristet die mit der fachlich-inhaltlichen Prüfung zu beauftragenden Agenturen. Akkreditierte Agenturen können das Zertifikat des Akkreditierungsrates vergeben.

Die Akkreditierung von Studiengängen mit den Abschlüssen Bakkalaureus/Bachelor (BA) und Magister/Master(MA) bezieht sich zunächst auf die Beurteilung der von den Hochschulen vorgelegten Konzepte für entsprechende Studiengänge. Deren wissenschaftliche und organisatorische Realisierung ist von den antragstellenden Hochschulen, ihre Finanzierbarkeit von den antragstellenden Hochschulen und den Ländern als Träger der Hochschulen bzw. bei nicht-staatlichen Hochschulen von deren Trägern nachzuweisen und zu bestätigen.

Die staatliche Genehmigung eines Studiengangs bleibt von seiner Akkreditierung unberührt.

II Grundsätze der Akkreditierungsverfahren

In einem Akkreditierungsverfahren soll die Erfüllung von Qualitätsmindeststandards überprüft und festgestellt werden. Die Mindeststandards zur Akkreditierung von Akkreditierungsagenturen orientieren sich an den gemeinsamen Strukturvorgaben der Länder gemäß den Beschlüssen der KMK vom 3. Dezember 1998 und vom 5. März 1999. Die Kriterien zur Akkreditierung von Bachelor-/Bakkalaureus- und Master-/Magisterstudiengängen sind auf diese Beschlüsse der KMK und die Vorgaben des HRG bezogen und berücksichtigen zugleich das besondere Profil und die Qualität der Studiengänge.

Nicht eine Vereinheitlichung der Leistungen und Angebote, sondern die Transparenz und Vergleichbarkeit der Qualität dieser Leistungen sowie der zur Leistungserbringung notwendigen Prozesse und der Ressourcenausstattung stehen im Vordergrund der Akkreditierungsverfahren. Die Gestaltungsmöglichkeiten der Agenturen sollen deshalb nicht durch zu starre Vor-Festlegungen und Definitionen beeinträchtigt werden. Der Herausbildung unterschiedlicher Studiengangprofile soll auf der Grundlage formulierter Qualitätskriterien Raum gegeben werden.

Die Prüfung der im Folgenden formulierten Grundsätze, Mindeststandards und Kriterien für eine Akkreditierung soll darauf abzielen, ob sie ein schlüssiges und kohärentes Bild im Hinblick auf gesetzte und zu erreichende Ziele ergibt. Bei der Akkreditierung bereits laufender Studiengänge kommt die Beurteilung einer Erfolgsbilanz hinzu.

A. Akkreditierung von Akkreditierungsagenturen

Ausgehend von dem Beschluss der KMK vom 3. Dezember 1998 haben Akkreditierungsagenturen folgende Aufgaben:

- Überprüfung und Feststellung von formulierten Mindeststandards sowie Sicherung der Qualität der Studienprogramme mit den Abschlüssen Bakkalaureus/Bachelor und Magister/Master durch Beurteilung der vorgelegten Konzepte sowie ggf. vorliegender interner und externer Evaluationsergebnisse bereits laufender Studiengänge;
- Berücksichtigung der Ausbildungsfunktion und Studierbarkeit der Studiengänge, insbesondere im Hinblick auf die Beschäfti-

gungsfähigkeit der Absolventen und auf absehbare Entwicklungen in möglichen Berufsfeldern;

■ Herstellung von Transparenz über das differenzierte Studienangebot der Hochschulen;

■ Einhaltung von Mindeststandards für die Durchführung von Akkreditierungsverfahren.

Dazu können Akkreditierungsagenturen Studiengänge mit den Abschlüssen Bakkalaureus/Bachelor und Magister/Master auf der Basis der Beschlüsse der Kultusministerkonferenz vom 3. Dezember 1998 und 5. März 1999 sowie der darin genannten Beschlüsse und Empfehlungen von KMK und Hochschulrektorenkonferenz (HRK) akkreditieren. Die vom Akkreditierungsrat vorgegebenen Grundsätze für die Akkreditierung von Studiengängen sind dabei anzuwenden.

I Mindeststandards zur Akkreditierung von Akkreditierungsagenturen

Akkreditierungsagenturen können vom Akkreditierungsrat akkreditiert werden, wenn sie den in den Beschlüssen von KMK und HRK genannten sowie folgenden Grundsätzen und Mindeststandards genügen:

■ Akkreditierungsagenturen müssen institutionell unabhängig von Hochschulen und Wirtschafts- und Berufsverbänden sein und in diesem Sinn Akkreditierungsverfahren durchführen. Sie müssen bei Entscheidungen zur Akkreditierung die Beteiligung von Hochschulen und Berufspraxis angemessen gewährleisten.[1]

■ Akkreditierungsagenturen benötigen eine ausreichende, mittelfristig verlässliche personelle, räumliche und finanzielle Infrastruktur. Sie arbeiten nach den Grundsätzen von Wirtschaftlichkeit und Sparsamkeit und nicht gewinnorientiert.

■ Akkreditierungsagenturen müssen hochschulartenübergreifend akkreditieren, da nach § 19 HRG und den Beschlüssen von KMK und HRK Universitäten und Fachhochschulen Studiengänge mit den Abschlüssen Bakkalaureus/Bachelor und Magister/Master einrichten können.

■ Akkreditierungsagenturen müssen nationale und internationale Kompetenz hochschulübergreifend zusammenführen und sollten studiengang- und fächerübergreifend akkreditieren. Dies

[1] Unter Beteiligung der Hochschulen versteht der Akkreditierungsrat die der scientific community, insbesondere die der Lehrenden und Studierenden; unter Berufspraxis die am Wirtschaftsleben Beteiligten, die von der Arbeitgeber- und der Arbeitnehmerseite vorgeschlagen werden.

sollte sich als wesentlicher Faktor für die Bewertung von Akkreditierungsagenturen u. a. in der Gewinnung von Gutachtern und in den Begutachtungsverfahren widerspiegeln. Die Kompetenz der Akkreditierungsagenturen ist auch nachzuweisen durch Kriterien und Standards der Begutachtung sowie die Qualifikation des Personals.

■ Akkreditierungsagenturen müssen ein nachvollziehbares und durch Transparenz gekennzeichnetes Verfahren zur Akkreditierung von Studiengängen nachweisen. Sie müssen interne Qualitätssicherungsmaßnahmen und geeignete Dokumentations- und Auskunftsverfahren vorsehen (vgl. dazu die vom Akkreditierungsrat beschlossenen Grundsätze und Kriterien für die Akkreditierung von Studiengängen in der jeweils geltenden Fassung).

■ Akkreditierungsagenturen sind auch nach ihrer Akkreditierung dem Akkreditierungsrat berichtspflichtig. Sie sind insbesondere verpflichtet, den Akkreditierungsrat unverzüglich über von ihnen vorgenommene Akkreditierungen von Studiengängen zu unterrichten und jährlich einen Bericht über ihre Tätigkeit vorzulegen.

II   Anträge auf Akkreditierung von Akkreditierungsagenturen

Anträge an den Akkreditierungsrat zur Akkreditierung von Agenturen müssen Angaben über folgende Bereiche enthalten:

■ Zielsetzung der Agentur: Aufgabenbeschreibung oder „mission statement"

■ Unabhängigkeit und Status der Agentur: Träger, Satzung, Zusammensetzung der Entscheidungsgremien, interner Ablauf eines Akkreditierungsverfahrens

■ Angaben zur Leitung, zum Personal und zum Verfahren der Gutachtergewinnung

■ Kostenkalkulation und -transparenz einschließlich der Kosten der Akkreditierungsverfahren; ggf. Kostenformel einschließlich eventueller Aufwandsentschädigung für Gutachter in Abhängigkeit von der jeweiligen fachlichen Gesamtsituation

■ Übergreifender Ansatz der Akkreditierungsverfahren über die Grenzen von Ländern und Hochschularten und möglichst Studiengängen und Fächergrenzen hinweg

■ Beteiligung der Hochschulen und der Berufspraxis

- Methodik (z. B. Peer-Review) und Durchführung der Akkreditierungsverfahren durch die Agentur und deren Transparenz nach
außen
- Qualitätssicherungsverfahren der Agentur
- Dokumentationswesen und Öffentlichkeitsarbeit der Agentur.

Die Akkreditierung kann jede Akkreditierungsagentur eigenständig und
schriftlich bei dem Akkreditierungsrat beantragen. Der Antragsteller trägt
die Kosten des Verfahrens.

III Verfahrensschritte

- Der Akkreditierungsrat entscheidet unverzüglich aufgrund der
vorgelegten und ggf. ergänzten Unterlagen und nach Anhörung
der Antragsteller und ggf. einer Begehung vor Ort. Er erstellt
auf dieser Grundlage einen Bescheid, in dem eine Akkreditierung, eine Akkreditierung mit bestimmten Auflagen, die in einer
definierten Zeitphase umgesetzt werden müssen oder Versagung der Akkreditierung ausgesprochen wird. Ablehnende
Bescheide werden begründet. Sollten grobe Verstöße die festgestellte Qualität in Frage stellen, ist ein Widerruf der Akkreditierung jederzeit möglich.
- Die Entscheidung des Akkreditierungsrates über den Antrag
wird dem Antragsteller schriftlich mitgeteilt und anschließend
veröffentlicht.
- Über Widersprüche gegen seine Entscheidungen entscheidet
der Akkreditierungsrat nach Beratung des Widerspruchs mit
der KMK/HRK-Arbeitsgruppe „Weiterentwicklung der Struktur
des Hochschulwesens" abschließend.

B. Akkreditierung von Studiengängen (Bakkalaureus/ Bachelor und Magister/Master)

Grundlage für die Beurteilung von Studiengängen mit dem Ziel der
Akkreditierung sind klare und verlässliche Angaben zu den Studiengängen. Die Akkreditierung für Bakkalaureus-/Bachelor- und Magister-
/Masterstudiengänge muss sowohl der stattfindenden Diversifizierung
des Studienangebots im Hochschulbereich als auch den Qualitätsanforderungen in einem sich intensivierenden internationalen Wettbewerb
der Hochschulen Rechnung tragen. Die Akkreditierung steht unter den
Prämissen

- Qualität zu sichern,
- Studierbarkeit nachzuweisen,
- Vielfalt zu ermöglichen,
- Transparenz zu schaffen.

Um nationale und internationale Vergleichbarkeit und damit studentische Mobilität sicherzustellen, werden der Akkreditierung allgemeine formale und fachliche Kriterien zugrunde gelegt.[2] Diese sind auch in den von den Akkreditierungsagenturen durchzuführenden Akkreditierungsverfahren anzuwenden. Die Verfahren schließen „Peer-Review" ein. Die Beteiligung der Berufspraxis an der Begutachtung ist unverzichtbar.

I Kriterien für gestufte Studiengänge mit den Abschlüssen Bakkalaureus/Bachelor und Magister/Master

Nach § 19 HRG können gestufte Studiengänge mit den Abschlüssen Bakkalaureus/Bachelor (BA) und Magister/Master (MA) an Universitäten und Fachhochschulen angeboten werden. BA-Studiengänge vermitteln einen ersten berufsqualifizierenden Abschluss und haben eine Regelstudienzeit von mindestens drei bis höchstens vier Jahren. MA-Studiengänge vermitteln einen weiteren berufsqualifizierenden Abschluss und haben eine Regelstudienzeit von mindestens einem bis höchstens zwei Jahren. Bei konsekutiven Studiengängen mit den Abschlüssen BA und MA beträgt die Regelstudienzeit höchstens fünf Jahre.

BA-Studiengänge müssen über ein spezifisches Profil verfügen und im Studienprogramm insbesondere das Ziel der Berufsqualifizierung ausgestalten; die Studieninhalte müssen die Vermittlung von Fähigkeiten vorsehen, die allgemeine Anforderungen an Akademiker auf dem Arbeitsmarkt berücksichtigen.

MA-Studiengänge führen gegenüber dem BA zu einer weiteren Qualifizierung, die eine wissenschaftlich-methodische Vertiefung, eine Berufsfelderweiterung oder Spezialisierung beinhalten kann. Der MA soll auf dem BA aufbauend auch neue Fächerkombinationen ermöglichen.

Folgende Kriterien sind mindestens für die Akkreditierung von Studiengängen heranzuziehen:

- Anforderungen an die Qualität und Internationalität des Curriculums unter Berücksichtigung von Studieninhalten, Studienverlauf und Studienorganisation sowie Leistungsnachweisen,

---

[2] Die Kriterien für BA- und MA-Studiengänge sind inhaltlich weiterzuentwickeln.

Prüfungsstruktur und Prüfungsfächern; Modularisierung, Leistungspunktsystem und ECTS

- Berufsbefähigung der Absolventinnen und Absolventen aufgrund eines in sich schlüssigen, im Hinblick auf das Ziel des Studiums und die Vorbereitung auf berufliche Tätigkeiten plausiblen Studiengangkonzepts
- Abschätzung der absehbaren Entwicklungen in möglichen Berufsfeldern
- personelles Potenzial der Hochschule bzw. der beteiligten Hochschulen und ggf. anderer kooperierender Einrichtungen
- räumliche, apparative und sächliche Ausstattung
- bei Master-Studiengängen: erster berufsqualifizierender Abschluss und ggf. weitere Zulassungsvoraussetzungen;
- Übergangsmöglichkeiten zwischen herkömmlichen Diplom- und Magister-Studiengängen und gestuften Studiengängen

Im Übrigen wird auf die einschlägigen Beschlüsse von HRK und KMK verwiesen (vgl.: KMK und HRK: Neue Studiengänge und Akkreditierung, Bonn, 1. Auflage 1999).

II Anträge auf Akkreditierung von Studiengängen

Anträge auf Akkreditierung von Studiengängen müssen Angaben zu folgenden Punkten umfassen:

1. Begründung des Studiengangs

- Grund für die Einführung des Studiengangs (z. B. Innovation, regionale Anforderungen, internationale Zusammenarbeit)
- Zielsetzung, Ausrichtung und angestrebtes Profil des Studiengangs
- Bezug des Konzepts zu absehbaren Entwicklungen in der Wissenschaft und im Beschäftigungssystem
- Berufsqualifizierung des Studiengangs und des angestrebten Abschlusses aufgrund eines in sich schlüssigen, im Hinblick auf das Ziel des Studiums – die Vorbereitung auf berufliche Tätigkeiten, die die Anwendung wissenschaftlicher Erkenntnisse und Methoden erfordern – plausiblen Studiengangkonzepts

- Struktur des Studiums und fachlich-inhaltliche Anforderungen
- zu vermittelnde Fach-, Methoden-, Lern- und soziale Kompetenzen (fachspezifische und fächerübergreifende Kenntnisse)
- Berufsvorbereitende Studieneinheiten

2. Struktur und Dauer des Studiums

- Zulassungsvoraussetzungen (insbesondere bei Master-Studiengängen) und
- Übergänge in andere Studienbereiche (Durchlässigkeit)
- Modularisierung des Studiums
- Verknüpfungsmöglichkeiten mit anderen Fächern und/oder Fachqualifikationen
- Prüfungsverfahren: Leistungskontrolle und Leistungspunkte; Arten der Leistungsnachweise; Abschlussarbeiten
- Didaktische Konzepte und vorgesehene Lehrmethoden
- Teilzeit-, Abend- und Wochenendstudium und andere, berufsbegleitende Studienformen
- Einbeziehung von Fernstudienelementen und neuen Medien
- Verbindung/Abgrenzung zu bestehenden/herkömmlichen Studiengängen
- Verbindung/Abgrenzung zu Studiengängen der benachbarten Fächer an der jeweiligen Hochschule, aber auch benachbarten Hochschulen, und ggf. kooperierenden Hochschulen im In- und Ausland
- Verbindung zu den wissenschaftlichen Schwerpunkten der antragstellenden und ggf. kooperierenden Hochschulen
- Integration der Forschung in den Studienverlauf
- Praxisbezug und Praktika und deren Integration in den Studienverlauf
- Internationalität des Studiengangs/Auslandsstudium

3. Personelle, sächliche und räumliche Ausstattung

a. Lehrkörper

- personelle Ausstattung für den Studiengang in der bzw. den Hochschulen: Anzahl und Zusammensetzung (Professoren, Lehrbeauftragte/Praktiker, Vollzeit-/Teilzeitbeschäftigte beim wissenschaftlichen und technisch-administrativen Personal)

- Aussagen zur Qualifikation des Lehrpersonals
- geplante Anfängerzahlen und Betreuungsrelationen (Lehrende – Studierende)
- Fortbildung des Lehrkörpers/Hochschuldidaktik

b. **Ausstattung für Lehre und Forschung**

- Räumlichkeiten (Hörsäle, Seminarräume, Labors)
- Bibliothek
- EDV
- Finanzierung (Mittel für Hilfskräfte, Sach- und Investitionsmittel, Drittmittel)

Mit dem Antrag ist eine förmliche Erklärung der Hochschulleitung über die Sicherung der räumlichen, apparativen und sächlichen Ausstattung vorzulegen.

4. **Qualitätssicherungsmaßnahmen**

- Betreuung: Information, Fachstudienberatung, Sprechstunden, Unterstützung durch Tutorien, Mentorenprogramme, Kommunikation, z. B. über Internet
- Interne/externe Evaluation während des Studiums
- Evaluation der Ergebnisse, einschließlich der Praxisrelevanz (z. B. durch Absolventenbefragung, Verbleibsstudien, Berufsweganalysen)

5. **Studienbezogene Kooperation**

- Umfang und Art der Kooperation mit anderen Hochschulen, Forschungs- und Lehreinrichtungen außerhalb der Hochschulen und der Wirtschaft im In- und Ausland, Alumni-Netzwerke
- Vertragliche Regelungen dieser Kooperationen
- ggf. vorgesehene Doppel-Abschlüsse der kooperierenden (in- und ausländischen) Hochschulen

III **Verfahrensschritte**

- Auf begründeten Antrag eines Landes kann der Akkreditierungsrat Studiengänge akkreditieren. Zur Vorbereitung seiner Entscheidung bestellt der Akkreditierungsrat zeitlich befristet fach-/fächer-/fächergruppenbezogene Gutachtergruppen aus Wissenschaft und Berufspraxis sowie deren Vorsitzende.

- Gutachter können von Hochschulen, Hochschulverbünden, Forschungseinrichtungen, Wissenschaftsorganisationen und Fachverbänden/-gesellschaften oder anderen einschlägig ausgewiesenen Organisationen vorgeschlagen werden.

- Die Gutachtergruppen empfehlen dem Akkreditierungsrat eine Akkreditierung, eine Akkreditierung mit Maßgaben oder Auflagen oder eine Ablehnung des Antrags aufgrund einer Prüfung der vorgelegten und ggf. ergänzten Unterlagen und – falls erforderlich – nach Begehung der antragstellenden Hochschule.

- Der Akkreditierungsrat entscheidet über eine Akkreditierung aufgrund des von der Gutachtergruppe erstellten Berichts und nach Maßgabe der vom Akkreditierungsrat beschlossenen und veröffentlichten Kriterien für die Akkreditierung von Studiengängen in der zum Zeitpunkt der Antragstellung geltenden Fassung.

- Er erstellt auf dieser Grundlage einen Bescheid, in dem eine Akkreditierung, eine Akkreditierung mit bestimmten Auflagen, die in einer definierten Zeitphase umgesetzt werden müssen oder Versagung der Akkreditierung ausgesprochen wird. Ablehnende Bescheide werden begründet. Sollten grobe Verstöße die festgestellte Qualität in Frage stellen, ist ein Widerruf der Akkreditierung jederzeit möglich. Die Entscheidung des Akkreditierungsrates über den Antrag wird dem Antragsteller schriftlich mitgeteilt und anschließend veröffentlicht.

- Die Kosten der Begutachtung trägt die antragstellende Hochschule.

d Referenzrahmen für Bachelor-/Bakkalaureus- und Master-/Magister-Studiengänge

(Beschluss des Akkreditierungsrates vom 20. Juni 2001)

Ausgangslage

Die Einführung von Bachelor-/Bakkalaureus- und Master-/Magister-Studiengängen war zunächst vor allem als Ergänzung der traditionellen Diplomstudiengänge zur Erhöhung der internationalen Attraktivität gedacht. Mittlerweile schlägt der Wissenschaftsrat vor, das gesamte deutsche Studiensystem auf die neuen Abschlüsse umzustellen. In der Realität wird sich mindestens für eine längere Übergangszeit ein Nebeneinander der traditionellen und der neuen Abschlüsse ergeben. Unbeschadet der jeweiligen Entwicklungsperspektive stellt sich allerdings die Frage, worin sich altes und neues System unterscheiden und welche Kriterien bei der Akkreditierung anzuwenden sind.

In der hochschulpolitischen Diskussion wird weitgehend davon ausgegangen, dass sich die Schnittstellen zwischen sekundärem und tertiärem Bereich nicht verschieben, also in der zeitlichen und inhaltlichen Dimension keine wesentlichen Veränderungen in der Hochschulzugangsberechtigung vorgenommen werden sollen. Auch wenn das Konzept des lebenslangen Lernens es nahe legt, die Schnittstelle zur beruflichen Praxis zugunsten kürzerer Studienzeiten und größerer Anteile späterer und/oder berufsbegleitender Qualifikationsabschnitte zu verändern, wird sich an den Mindestansprüchen bisheriger Abschlüsse, vor allem dem FH-Diplom als zurzeit kürzestem ersten Abschluss wenig ändern. Vor allem ist die Qualifikationsebene der Promotionsbefähigung und damit auch der Promotionsberechtigung festgeschrieben. Die Verkürzung der Studienzeit wird in erster Linie nicht durch Verkürzung der Studiengänge, sondern durch die quantitative Verstärkung der kürzeren Studiengänge angestrebt.

In der bisherigen Praxis wurde das FH-Diplom mindestens mit einem BA bzw. einem Abschluss zwischen BA und MA, das Universitätsdiplom mindestens mit einem MA gleichgesetzt. Dies ist angesichts der großen Unterschiede dieser Abschlüsse im Ausland zwar problematisch und zu pauschal, deutet aber an, dass sich die neuen Abschlüsse im deutschen System an dieser Einstufung orientieren können.

Die mit der Einführung der neuen Studiengänge verbundene Reform verändert also nicht so sehr die Schnittstellen und das damit definierte Niveau der Studienabschlüsse, sondern die internen Strukturen des

Hochschulsystems. An die Stelle des Universitätsdiploms oder des entsprechenden Magisters nach einem durchgängigen und homogenen etwa fünfjährigen Studium, treten zwei konsekutive, aber in sich abgeschlossene und mit einem eigenen Qualifikationsziel verbundene Studienabschnitte, eben dem BA und dem MA. Das FH-Diplom oder an seiner Stelle ein BA kann durch diese Umstrukturierung durch einen konsekutiven MA-Studiengang hochschulartenunabhängig ergänzt werden.

Das gegenwärtige System kombiniert binäre Strukturen (Anwendungsorientierung versus Theorieorientierung mit unterschiedlichem zeitlichem Umfang des Studiums) und differenzierte Zulassungsvoraussetzungen – im Hinblick auf die Promotion – mit einer Stufung. Diese Stufung ist aber wegen der binären Konzeption nicht konsekutiv angelegt. Die neue Struktur sieht hier eine größere Differenzierung und Flexibilität vor. Sie zielt auf die Verbindung der Vorteile binärer und gestufter Systeme. Damit ist einerseits eine inhaltlich-curriculare Herausforderung und andererseits das Gebot einer differenzierteren Ausgestaltung und flexibleren Nutzung der Ressourcen verbunden.

Für die Festlegung von Akkreditierungskriterien ergibt sich damit, dass die akademische Welt nicht neu erfunden werden muss, sondern das gegenwärtige System zum Ausgangspunkt genommen werden kann, um es den Reformzielen entsprechend strukturell zu modifizieren.

Mit dem Fachhochschuldiplom ist ein Qualifikationsstandard gesetzt, der sich auf dem Arbeitsmarkt erfolgreich etabliert hat und der als Richtschnur für den ersten berufsqualifizierenden Abschluss dienen kann. Da hier ein vierjähriges Studium mit längeren Praxiszeiten vorliegt, das sich einerseits durchaus mit der neuen Struktur vereinbaren ließe (3 + 2 oder 4 + 1), käme konsekutiv ein einjähriges Masterstudium in Frage. Die Fachhochschulen haben jüngst Konzepte dreijähriger BA-Studiengänge vorgelegt, die durch Straffung und strukturelle Umorientierung der Praxisanteile einen ersten berufsqualifizierenden Abschluss ermöglichen. Ein solches Studium verzichtet i.d.R. auf Spezialisierungen und Einübungsanteile in der Praxis und verlagert in begrenztem Maße diese Qualifikationsvermittlung in die Berufspraxis selbst. Diese Konzepte werden damit auch der Forderung gerecht, eine breite und methodisch angelegte Berufsbefähigung anzubieten, die dann in der Praxis oder durch anschließende und spätere Qualifikationsabschnitte im Sinne lebenslangen Lernens ergänzt und spezifiziert wird. Andererseits ermöglicht dies konsekutiv einen zweijährigen Masterstudiengang.

Die Universitäten stehen vor einer analogen Aufgabe. Zunächst ist zu erwarten, dass die auf eine rund fünfjährige Studienzeit hin konzipierten Studiengänge weiterhin angeboten werden. Dies ist im Hinblick auf die unterschiedlichen Erwartungen an ein Studium auch sinnvoll. Außerdem liegt in dem breit angelegten, theoretisch fundierten Universitätsstudium eine Stärke des deutschen Hochschulsystems, die sich in weltweiter Reputation solcher Abschlüsse wie Dipl.-Ing. zeigt. Gleichzeitig ist jedoch dringend geboten, den Wechsel von diesen Studiengängen in konsekutiv aufgebaute Studienangebote sicherzustellen. Damit wird gewährleistet, dass in den ersten Semestern ohne nennenswerten Zeitverlust Studienwahlentscheidungen revidiert werden können. Dieses Ziel kann durch Modularisierung von Bachelor- und Master-Studiengängen auf der einen und von grundständigen Diplom- und Magisterstudiengängen auf der anderen Seite erreicht werden. Es ist auch denkbar, dass grundständige Diplomstudiengänge in konsekutiv angelegte Studienangebote eingebunden werden.

Wenn die Universitäten die Mehrzahl ihrer bisherigen traditionellen Diplom- und Magister-Studiengänge in das Konsekutivmodell überführen, stehen sie vor der Aufgabe, die traditionellen Studiengänge in zwei sinnvoll trennbare, mit eigenen berufsqualifizierenden Zielen verbundene aber aufeinander bezogene Abschnitte aufzuteilen. Diese Aufgabe eröffnet Chancen der Bildung neuer attraktiver Studienangebote.

Kriterien für Bachelor-/Bakkalaureus- und Master-/Magister-Studiengänge

Es bestehen unterschiedliche Erwartungen hinsichtlich der Kriterienvorgabe für die neuen Studiengänge, die sich auf die Formel bringen lassen:

1. In der Erprobungsphase der neuen Studiengänge, die das Ziel hat, Innovationen im Studienangebot zu fördern, sind nur wenige Kriterien als Groborientierung zweckmäßig. Damit wird auf eine weitgehende Reglementierung verzichtet und gleichzeitig gesichert, dass den „Peers" als Gutachtern besondere Bedeutung bei der Akkreditierung beigemessen wird.

2. Es sollten eindeutige, nicht in unterschiedlicher Weise interpretierbare Kriterien formuliert werden, die wenig Interpretationsspielraum lassen und klare Einordnungen zulassen.

Wir folgen der zuerst genannten Linie, weil uns dies in der gegenwärtigen Erprobungsphase und angesichts der Entwicklung in Europa zweckmäßiger zu sein scheint, als „Rahmenprüfungsordnungen in neuer Form" zu etablieren. Das bedeutet aber auch, dass es nicht sinnvoll ist, die Unterschiede zwischen Bachelor- und Master-Abschluss „rahmenprüfungsordnungsmäßig" zu definieren. Zweckmäßig ist eine Orientierung an Niveaus, wie sie auch in dem einschlägigen Papier der Quality Assurance Agency for Higher Education[1] und dem Eckwertepapier des Ministeriums für Schule, Wissenschaft und Forschung des Landes Nordrhein-Westfalen[2] vorgeschlagen wird. Auch längerfristig kann sich auf diesem Wege die scientific community als lernendes System ohne bürokratische Gängelung entfalten.

1   Bachelor/Bakkalaureus[3]

Ein Bachelor-Studiengang ist gemäß § 19 Abs. 2 HRG ein grundständiges wissenschaftliches Studium, das zu einem ersten berufsqualifizierenden Abschluss führt. Er muss so angelegt sein, dass er zur Anwendung von wissenschaftlichen Methoden des Faches befähigt und mit der Vermittlung einer fachlichen Systematik eine fachorientierte Grundlegung für eine spätere berufliche Tätigkeit bereitstellt. Als erster berufsqualifizierender Abschluss stellt dieser Studienabschluss hochschulartenübergreifend den Regelfall dar.

Die Unterscheidung zwischen anwendungsorientierten und theorieorientierten Studiengängen wird zunehmend als problematisch erachtet, weil Anwendung theoretische Fundierung erfordert und theoretische Fundierung Anwendungschancen eröffnet. Im Folgenden wird jedoch an der Strukturvorgabe der Kultusministerkonferenz (Beschluss vom 5. März 1999) festgehalten. Die Formulierung „stärker anwendungs- bzw. theorieorientiert" bringt eine Tendenz zum Ausdruck.

1.1   Anwendungsorientiertes Bachelorstudium

Das generelle Profil dieses Studiums kann durch folgende Merkmale charakterisiert werden:

1. Vermittlung von transferfähigem Basiswissen in Verbindung mit berufsrelevanten Schlüsselqualifikationen,

---

[1] Quality Assurance Agency for Higher Education: The framework for higher education qualifications in England, Wales and Northern Ireland – November 2000 (http://www.qaa.ac.uk)

[2] Ministerium für Schule, Wissenschaft und Forschung des Landes Nordrhein-Westfalen: Eckwerte für die Genehmigung von Bachelor- (BA) und Masterstudiengängen (MA) an den Hochschulen Nordrhein-Westfalens vom 15. Februar 2001.

[3] Anm. der Hg. : Die aktuellen Strukturvorgaben (2003) sehen für den Bachelorstudiengang keine Profilierung in „anwendungs"- oder „forschungsorientiert" mehr vor.

2. Vermittlung von Strukturwissen, das theoretisch verankert ist, sowie von methodisch-analytischen Kenntnissen,
3. fachorientierte Grundlegung und berufsfeldbezogene Interdisziplinarität.

Ein so angelegtes Studium bietet eine Grundlage für Berufsfelder, in denen dieses theoretisch verankerte Strukturwissen und die methodisch-analytischen Kenntnisse gefordert sind. Insoweit ist ein solches Studium anwendungsorientiert. Diese Orientierung soll durch exemplarische Anwendungsbeispiele und Projekte sowie kürzere Praktika vertieft werden. Anwendungsorientierung bedeutet nicht die Aneignung von Berufsfertigkeiten, sondern bereitet durch seine Breite und Methodenorientierung auf wechselnde Anforderungen und weitere Qualifikationsschritte (lebenslanges Lernen) vor.

Diese anwendungsorientierten Studiengänge schließen entsprechend dem KMK-Beschluss vom 5. März 1999 mit Abschlüssen wie Bachelor of Engineering (oder: Bakkalaureus der Ingenieurwissenschaften), Bachelor of Business Administration (oder: Bakkalaureus der Wirtschaftswissenschaften), Bachelor of Information and Communication Science (oder: Bakkalaureus der Informations- und Kommunikationswissenschaften) usw. ab.

1.2 Stärker theorieorientiertes Bachelorstudium

Eine theoretische Orientierung kann dort vorgesehen werden, wo durch das Studium vor allem der traditionellen Geistes-, Kultur- und Naturwissenschaften auf eine große Bandbreite von beruflichen Tätigkeiten vorbereitet wird und es wenig sinnvoll erscheint, für alle möglichen beruflichen Einsatzgebiete spezialisierte Abschlüsse anzubieten. Andererseits muss die Theorieorientierung einen berufsfeldorientierten Sinn machen. Sie muss darüber hinaus durch praxisrelevante Schlüsselqualifikationen komplettiert werden. Sinnvoll sind auch exemplarische Transfererfahrungen oder auch Simulationen in einem der vielen beruflichen Einsatzfelder. Solche Studiengänge ermöglichen nicht nur konsekutiv den Einstieg in theorieorientierte MA-Studiengänge, sondern auch in anwendungsorientierte MA-Studiengänge oder in berufsfeldspezifische Weiterbildungsangebote.

Beispiele sollen dies erläutern. Ein Studium der Geschichte, der Politikwissenschaft, der Sozialwissenschaften oder der Sprach- und Literaturwissenschaften zielt auf kein abgegrenztes Berufsfeld, bietet aber eine Vorbereitung auf vielfältige berufliche Einsatzmöglichkeiten. Hier besteht die Vorbereitung auf berufliche Tätigkeiten in erster Linie in einer breiten, theoretischen Durchdringung eines Wissenschaftsbereiches, ergänzt durch exemplarische Anwendungsbeispiele und praxisrelevante Schlüsselqualifikationen.

Ähnliches gilt für die Naturwissenschaften (Physik, Chemie) und die Mathematik.

In Ausnahmefällen macht es Sinn, auch bei Existenz anwendungsorientierter beruflicher Tätigkeitsfelder ein breiteres theorieorientiertes Studium anzubieten, das dann allerdings auch nicht in ein bestimmtes und abgegrenztes Berufsfeld führt, sondern für eine größere Bandbreite von beruflichen Tätigkeiten vorbereitet. In diesem Sinne breit angelegte theorieorientierte Bachelor-Studiengänge sind in den Ingenieurwissenschaften, in der Informatik oder in den Sozial- und Wirtschaftswissenschaften möglich. Hier muss jedoch gefordert werden, dass eine besondere Begründung für diese theoretische Ausrichtung des Studiums geliefert wird und aufgezeigt wird, welche größere Bandbreite von beruflichen Tätigkeiten damit durch das Studium abgedeckt werden soll.

Entsprechend dem KMK-Beschluss vom 5. März 1999 schließen diese stärker theoriebezogenen Studiengänge mit dem B.A. (Bachelor of Arts bzw. Bakkalaureus Artium) oder mit dem B.Sc. (Bachelor of Science bzw. Bakkalaureus Scientiarum) ab.

2 Master/Magister

Alle Master- bzw. Magister-Abschlüsse bauen stets auf einem bereits erworbenen berufsqualifizierenden Abschluss auf. Der in einem konsekutiven Bachelor-Master-Studiengang erworbene Master-Abschluss berechtigt laut KMK-Beschluss zur Promotion. Der Akkreditierungsrat ordnet in diesem Sinne Studienangebote, die sich an Absolventinnen und Absolventen eines ersten berufsqualifizierenden Studiums wenden und ein neues fachliches Gebiet erschließen, nicht als konsekutiven Master-Abschluss ein, der zur Promotion berechtigt (Beispiel: Executive MBA für Absolventinnen und Absolventen eines ersten berufsqualifizierenden Abschlusses in den Ingenieurwissenschaften).

MA-Abschlüsse unterscheiden sich von BA-Abschlüssen im Grad der Tiefe und der Komplexität des Fachwissens, der Fähigkeit, dieses Wissen eigenständig zu erweitern und ohne Anleitung auf neue Situationen anzuwenden, sowie der Fähigkeit zu eigenverantwortlichem Handeln im Berufsfeld in gleichberechtigter Kooperation mit fachfremden Entscheidungsebenen.

Bei den Master-/Magister-Abschlüssen muss jedoch beachtet werden, dass bestimmte Master-Studiengänge auf wissenschaftliches Arbeiten gezielt vorbereiten und deshalb den Weg zur Promotion erleichtern, während anwendungsorientierte Studiengänge wie z. B. der Executive MBA, der ausdrücklich auf eine erfolgreiche Managementpraxis und nicht auf wissenschaftliches Arbeiten zielt, diesen Weg nicht unmittelbar ebnen. Das ändert aber nichts an dem Anspruch, dass auch diese Studiengänge auf einem ersten berufsqualifizierenden Abschluss aufbauen und sich im Niveau von diesem unterscheiden müssen.

Vor diesem Hintergrund werden verschiedene Typen von Master-Studiengängen unterschieden, die in der folgenden Übersicht dargestellt sind:

	Anwendungsbezug	Forschungsbezug
Genuiner Master* – Spezialisierung	1	2
Genuiner Master* – Vertiefung	3	4
Hybrid-Master**	5	6

Diese Unterscheidungen werden im Folgenden erläutert. Nach Art bzw. Richtung der Weiterführung können genuine (1 bis 4) und hybride Master-Studiengänge (5 und 6) unterschieden werden.

2.1 Genuiner Masterstudiengang

Mit genuinen Masterstudiengängen sind Studiengänge gemeint, die einen fachorientierten Studiengang vertiefend oder spezialisierend weiterführen. Der Studiengang bewegt sich im Rahmen eines konsekutiven Konzepts im gleichen disziplinären Bereich. Spezialisierung und Vertiefung bedeuten gleichermaßen die Weiterführung des Studiums auf einem höheren Niveau.

Beispiele: Die Erweiterung der theoretischen Basis würde in der Betriebswirtschaftslehre Vertiefung, die Weiterführung des wirtschaftswissenschaftlichen Studiums mit einer Konzentration auf internationale Wirtschaftsbeziehungen oder auf Fragen der Logistik Spezialisierung bedeuten (o. Ä.).

---

*) „Genuin" meint echt, authentisch, original, hier im Sinne einer Weiterführung des bereits eingeschlagenen Studienbereichs, der insgesamt vertieft oder mit einer Spezialisierung weitergeführt wird.

**) Hybrid weist auf die Mischung von mindestens zwei Komponenten, hier im Sinne des fachlichen Hintergrunds, hin.

2.2 Hybrid-Masterstudiengang

Mit Hybrid-Masterstudiengängen sind solche Studiengänge gemeint, die auf einer bestehenden fachlichen Grundlage eine weitere fachliche Perspektive hinzufügen. Dabei ist die bestehende fachliche Grundlage mindestens durch einen Bachelor- bzw. Bakkalaureus-Grad belegt. Der Master-Studiengang darf nicht nur eine Addition eines weiteren Faches bedeuten; vielmehr muss er zu einer neuen Qualität des Wissens führen.

Beispiele: Wenn in einem Master-Studiengang Informatik-Wissen für Naturwissenschaftler (z. B. Chemiker) oder für Sportwissenschaftler vermittelt wird, muss das Informatik-Wissen überwiegend mit Chemie und Chemie-Anwendungen bzw. mit Sport und Sport-Anwendungen verknüpft werden (Chemie-Informatik, Sport-Informatik). Wenn in einem Master-Studiengang für die Zielgruppe Ingenieure wirtschaftswissenschaftliches und Management-Wissen vermittelt wird, muss dies überwiegend mit ingenieurwissenschaftlichen Inhalten verknüpft sein, also die Anwendungen und Beziehungen dieser Wissensfelder umfassen.

2.3 Anwendungs- und Forschungsbezug

Wenn der Master-/Magister-Studiengang von seinem inhaltlichen Konzept her einen Bezug zu einem Berufsfeld erkennen lässt, gilt zunächst die Vermutung eines anwendungsorientierten Studiengangs.

Beispiel: Bei ingenieur- und wirtschaftswissenschaftlichen Studiengängen, die eine Ausrichtung auf Informatik haben, oder bei Hybrid-Studiengängen, die z. B. Informatik oder Wirtschaftswissenschaften mit Natur- oder Ingenieurwissenschaften verbinden, wird zunächst von einem anwendungsorientierten Studiengang mit entsprechendem Abschluss ausgegangen (Master of Engineering, Master of Business Administration, Master of Computer Science).

Gleichwohl können auch in all diesen Feldern forschungs- bzw. stärker theorieorientierte Master-Studiengänge angeboten werden. Das ist insbesondere dann sinnvoll, wenn der Master-Studiengang zu einer im engeren Sinne wissenschaftlichen bzw. forschungsorientierten Tätigkeit hinführen soll oder wenn das Studium generell darauf hin angelegt ist, in ein Forschungsfeld, insbesondere in sich neu herausbildende Forschungsfelder hinzuführen. An solche Studiengänge wird die Anforderung gestellt, dass sie an den jeweils aktuellen Stand der Forschung heranführen.

Bei einer inhaltlichen Ausrichtung des Master-/Magister-Studiums, das den Bezug zu einem konkreten Berufsfeld nicht erkennen lässt und in einer wissenschaftlichen Disziplin, ggf. in mehreren wissenschaftlichen Disziplinen fest verankert ist, wird zunächst von der Vermutung eines theorie- bzw. forschungsorientierten Master-Studiengangs mit einem entsprechenden Abschluss ausgegangen (Master of Science in Mathematics, in Physics bzw. entsprechende Master-Degrees in History, in Literature, in Social Sciences).

Auch in diesen Feldern sind jedoch stärker anwendungsorientierte Studiengänge denkbar und sinnvoll. Das ist z. B. dann der Fall, wenn sich innerhalb der breiten Anwendungsfelder der natur- und geisteswissenschaftlichen Disziplinen spezifische Anwendungsfelder öffnen.

Diese Studiengänge schließen mit Graden wie Master of Physics, Master of Chemistry oder Master of History. Diese Bezeichnungen werden in der KMK-Vereinbarung vom 5. März 1999 nicht ausdrücklich erwähnt, sind aber auch nicht ausgeschlossen.

Die oben erläuterten Grundregeln lassen sich in dem folgenden Schaubild zusammenfassen:

Berufsfelder erkennbar	Spezifisches Berufsfeld nicht gegeben
= Vermutung anwendungs-orientierter Studiengang	= Vermutung theorieorientierter Studiengang
Abschluss: Master of ...	Abschluss: M.A. bzw. M.Sc.
theorieorientierter Studiengang begründungspflichtig	anwendungsorientierter Studiengang begründungspflichtig
Abschluss: M.A. bzw. M.Sc.	Abschluss: Master of ...

3. Weiterbildende Studiengänge

Die obigen Überlegungen beziehen sich auf konsekutiv angelegte grundständige Bachelor-/Bakkalaureus- und Master-/Magister-Studiengänge. Im Hinblick auf die Notwendigkeit lebenslangen Lernens sind in steigendem Maße Angebote für ein weiterbildendes Studium mit akademischem Abschluss zu erwarten, die grundsätzlich den gleichen akademischen Standards wie die grundständigen Studiengänge zu entsprechen haben. Dennoch müssen hier im Zusammenwirken mit den Abnehmern, d.h. insbesondere mit der Berufspraxis, Maßstäbe und Kriterien diskutiert und modifiziert, gegebenenfalls auch neu entwickelt werden.

Adressliste Akkreditierungssystem

Akkreditierungsrat

Dr. Angelika Schade (Geschäftsführerin)
Lennéstr. 6, 53113 Bonn
Postanschrift: Postfach 2240,
53012 Bonn
Tel.:   +49 (0) 228-501 699
Fax: +49 (0) 228-501 777
e-mail: akr@kmk.org
http://www.akkreditierungsrat.de

Akkreditierungsagenturen

Akkreditierungs-, Certifizierungs- und Qualitätssicherungs-Institut (ACQUIN)
Thomas Reil (Geschäftsführung)
Prieserstr. 2, 95444 Bayreuth
Tel.:   +49 (0) 921-55 48 41
Fax: +49 (0) 921-55 48 42
e-mail: sekr@acquin.org
http://www.acquin.org
Akkreditierungsagentur für Studiengänge im Bereich Heilpädagogik, Pflege, Gesundheit und Soziale Arbeit (AHPGS)
Georg Reschauer
(Leiter der Geschäftsstelle)
Hebelstr. 29, 79104 Freiburg
Tel.:   +49 (0) 761-203 552 9
Fax: +49 (0) 761-203 551 6
e-mail: sekretariat@ahpgs.de
http://www.ahpgs.de
Agentur für Qualitätssicherung durch Akkreditierung von Studiengängen (AQAS)
Edna Habel (Leiterin der Geschäftsstelle)
Münsterstr. 6, 53111 Bonn
Tel.:   +49 (0) 228-909 601 0
Fax: +49 (0) 228-909 601 9
e-mail: habel@aqas.de
http://www.aqas.de

Akkreditierungsagentur für Studiengänge der Ingenieurwissenschaften, der Informatik, der Naturwissenschaften und der Mathematik (ASIIN)
Dr. Iring Wasser
(Leiter der Geschäftsstelle)
Robert-Stolz-Str. 5, 40470 Düsseldorf
Tel.:   +49 (0) 211-621 437 0
Fax: +49 (0) 211-621 412 5
e-mail: gf@asiin.de
http://www.asiin.de
Foundation for International Business Administration Accreditation (FIBAA)
Detlev Kran
(Leiter der Geschäftsstelle)
Adenauerallee 73, 53113 Bonn
Tel.:   +49 (0) 228-280 356 0
Fax: +49 (0) 228-280 356 9
e-mail: Kran@FIBAA.de
http://www.fibaa.de
Zentrale Evaluations- und Akkreditierungsagentur Hannover (ZEvA)
Hermann Reuke
(Leiter der Geschäftsstelle)
Wilhelm-Busch-Str. 22, 30167 Hannover
Tel.:   +49 (0) 511-762 828 7
Fax: +49 (0) 511-762 828 9
e-mail: junghans@zeva.
uni-hannover.de
http.//www.zeva.uni-hannover.de

Weitere Organisationen im Akkreditierungsumfeld

Hochschulrektorenkonferenz (HRK)
Ahrstraße 39
53175 Bonn
Tel.:   +49 (0) 228-887 0
Fax: +49 (0) 228-887 110
http://www.hrk.de

Sekretariat der Ständigen Konferenz der
Kultusminister der Länder in der Bundesre-
publik Deutschland (KMK)
Lennéstr. 6
53113 Bonn
Postanschrift:
Postfach 2240, 53012 Bonn
Tel.: +49 (0) 228-501 0
Fax: +49 (0) 228-501 777
e-mail: presse@kmk.org
http://www.kmk.org
Deutscher Gewerkschaftsbund (DGB)
Bundesvorstand
Henriette-Herz-Platz 2
10178 Berlin
Tel.: +49 (0) 30-240 600
Fax: +49 (0) 30-240 603 24
e-mail: info@bvv.dgb.de
http://www.dgb.de
Gewerkschaft Erziehung und
Wissenschaft (GEW)
Hauptvorstand
Reifenberger Straße 21
60489 Frankfurt/M.
Tel.: +49 (0) 69-789 730
Fax: +49 (0) 69-789 732 01
e-mail: info@gew.de
http://www.gew.de
Bundesvereinigung der Deutschen
Arbeitgeberverbände e.V. (BDA)
Breite Strasse 29
10178 Berlin
Tel.: +49 (0) 30-203 30
e-mail: info@bda-online.de
http://www.bda-online.de

Studentischer Akkreditierungspool
(Studentischer Pool)
c/o freier zusammenschluß von
studentInnenschaften
Reuterstraße 44
53113 Bonn
Tel.: +49 (0) 228-264 833
Fax.: +49 (0) 228-214 924
e-mail: info@studentischer-pool.de
http://www.studentischer-pool.de

Abbildungsverzeichnis

Autorinnen und Autoren

Anz, Christoph, Dr., stellv. Leiter Abteilung Bildungspolitik, Gesellschaftspolitik und Grundsatzfragen der Bundesvereinigung der Deutschen Arbeitgeberverbände e. V. (BDA), Berlin.
e-mail: c.anz@bda-online.de
Börsch, Franz, wissenschaftlicher Mitarbeiter der Geschäftstelle des Akkredierungsrates, Bonn.
e-mail: f.boersch@kmk.org
Brackmann, Hans-Jürgen, Geschäftsführer der FIBAA (Foundation for International Business Administration Accreditation), Bonn und Generalsekretär der Stiftung der Deutschen Wirtschaft, Berlin.
e-mail: h.brackmann@sdw.org
Bretschneider, Falk, M.A., Historiker, Lektor am Centre de recherches interdisciplinaires sur l'Allemagne (UMR 8131 EHESS/CNRS), Paris, seit 1999 Mitglied des Akkreditierungsrates, Bonn.
e-mail: bretschn@ehess.fr
Dietz, Peter, Prof. Dr., Ingenieurwissenschaftler, Direktor des Fritz-Süchting-Instituts für Maschinenwesen der TU Clausthal, seit 2001 Mitglied des Akkreditierungsrates, Bonn.
e-mail: dietz@imw.tu-clausthal.de
Erichsen, Hans-Uwe, Prof. Dr., Kommunalwissenschaftlichen Institut der Westfälischen Wilhelms-Universität Münster, ehem. Präsident der Hochschulrektorenkonferenz (HRK), seit 1999 Mitglied, seit 2002 Vorsitzender des Akkreditierungsrates.
e-mail: expertenrat@uni-muenster.de

Faulstich, Peter, Prof. Dr., Erziehungswissenschaftler, Institut für Sozialpädagogik, Erwachsenenbildung und Freizeitpädagogik der Universität Hamburg, Vorsitzender der Deutschen Gesellschaft für wissenschaftliche Weiterbildung, Mitglied der Arbeitsgruppe „Weiterbildung des Akkreditierungsrates". e-mail:
faulstich@erzwiss.uni-hamburg.de
Fischer-Bluhm, Karin, Dr., Geschäftsführerin des Verbundes Norddeutscher Universitäten, Hamburg. e-mail:
fischer-bluhm@uni-hamburg.de
Fleck, Annette, Studiengangsplanerin und verantwortlich für das Projektmanagement „EuropeAide Asia-Link" an der Fachhochschule für Wirtschaft Berlin. e-mail: afleck@fhw-berlin.de
Gützkow, Frauke, Referentin für Frauenpolitik beim Hauptvorstand der Gewerkschaft Erziehung und Wissenschaft (GEW), Frankfurt am Main.
e-mail: guetzkowf@gew.de
Hopbach, Achim, Dr., Leiter des Projektes Qualitätssicherung („Projekt Q") bei der Hochschulrektorenkonferenz, Bonn. e-mail: hopbach@hrk.de
Jahn, Heidrun, Dr., Hochschulforscherin und Beraterin für Studiengangsentwicklung und Akkreditierung, BMA Consultingagentur für Bachelor, Master und Akkreditierung, Berlin. Mitglied der Akkreditierungskommission der AHPGS.
e-mail: heidrun.jahn@berlin.de

Juppe, Horst, MR, Oberste Baubehörde im Bayerischen Staatsministerium des Innern, München. e-mail: horst.juppe@stmi.bayern.de

Kaßebaum, Bernd, Sachbearbeiter im Funktionsbereich Gewerkschaftliche Bildungsarbeit/-politik beim Vorstand der IG Metall, Frankfurt am Main (verantwortlich u. a. für Ingenieurausbildung, Promotionsförderung und Schulpolitik). e-mail: bernd.kassebaum@igmetall.de

Kehm, Barbara M., Prof. Dr., Hochschulforscherin, Geschäftsführende Direktorin des Wissenschaftlichen Zentrums für Berufs- und Hochschulforschung der Universität Kassel. e-mail:kehm@hochschulforschung. uni-kassel.de

Koch-Bantz, Joachim, Referatsleiter Hochschul- und Wissenschaftspolitik beim Bundesvorstand des Deutschen Gewerkschaftsbundes (DGB), Abt. Bildung und Qualifizierung, Berlin. e-mail: Joachim.Koch-Bantz@ Bundesvorstand.dgb.de

Köhler, Gerd, Leiter des Vorstandsbereichs Hochschule und Forschung beim Hauptvorstand der Gewerkschaft Erziehung und Wissenschaft (GEW), Frankfurt am Main. e-mail: koehlerg@gew.de

Kupfer, Antonia, Dr., Hochschulforscherin, wissenschaftliche Mitarbeiterin am HoF - Institut für Hochschulforschung Wittenberg. e-mail: kupfer@hof.uni-halle.de

Küster, Eva Charlotte, wissenschaftliche Mitarbeiterin der Abt. II (Hochschulforschung: Studium, Lehre, Forschung, Finanzierung) der HIS Hochschul-Informations-System GmbH, Hannover. e-mail: kuester@his.de

Lütkemeier, Elke, Dr., Referentin für institutionelle Akkreditierung beim Wissenschaftsrat, Köln. e-mail: luetkemeier@wissenschaftsrat.de

Mitchell, Terence N., Prof., Ph.D. D.sc., Chemiker, Fachbereich Chemie der Universität Dortmund, ECTS-Berater und seit 2003 Mitglied des Akkreditierungsrats. e-mail: terence.mitchell@uni-dortmund.de

Moes, Johannes, Politikwissenschaftler, Mitglied in der www.Promovierenden-Initiative.de und in der Projektgruppe DoktorandInnen der Gewerkschaft Erziehung und Wissenschaft (GEW) Frankfurt am Main. e-mail: jmoes@gmx.de

Neef, Wolfgang, Dr., Leiter der Zentraleinrichtung Kooperation der TU Berlin. e-mail: neef@zek.tu-berlin.de

Pasternack, Peer, Dr., Hochschulforscher, Forschungsdirektor am HoF – Institut für Hochschulforschung Wittenberg. e-mail: pasternack@hof.uni-halle.de

Reuke, Hermann, Geschäftsführer der Zentralen Evaluations- und Akkreditierungsagentur Hannover (ZEvA). e-mail: reuke@zeva.uni-hannover.de

Richter, Roland, Dr., Referent im Wissenschaftlichen Sekretariat für die Studienreform im Land Nordrhein-Westfalen. e-mail:roland.richter@wss.nrw.de

Schade, Angelika, Dr., Geschäftsführerin des Akkreditierungsrates, Bonn. e-mail: a.schade@kmk.org

Scherrer, Christoph, Prof. Dr., Politikwissenschaftler, Fachbereich 5: Gesellschaftswissenschaften, Abt. Globalisierung und Politik der Universität Kassel. e-mail: scherrer@uni-kassel.de

Schneider, Johann, Prof. Dr., Soziologe, Fachbereich 4: Soziale Arbeit und Gesundheit der Fachhochschule Frankfurt am Main, seit 1999 Mitglied des Akkreditierungsrates. e-mail: johann.schneider@fb4.fh-frankfurt.de

Schnitzer, Klaus, Dr., Hochschulforscher, Berater der HIS Hochschul-Informations-System GmbH, Hannover. e-mail: schnitzer@his.de

Schwarz-Hahn, Stefanie, Dr., Hochschulforscherin, Geschäftsführerin und wissenschaftliche Mitarbeiterin am Wissenschaftlichen Zentrum für Berufs- und Hochschulforschung der Universität Kassel. e-mail: schwarz@hochschulforschung. uni-kassel.de

Szczyrba, Birgit, Dr., Sozialwissenschaftlerin, wissenschaftliche Mitarbeiterin des Hochschuldidaktischen Zentrums der Universität Dortmund. e-mail: birgit.szczyrba@uni-dortmund.de

Teichler, Ulrich, Prof. Dr., Hochschulforscher, Wissenschaftliches Zentrum für Berufs- und Hochschulforschung der Universität Kassel. e-mail: teichler@hochschulforschung. uni-kassel.de

Welbers, Ulrich, Dr., Germanist, Leiter des Studienreformbüros Germanistik der Heinrich-Heine-Universität Düsseldorf. e-mail: welbers@phil-fak.uni-duesseldorf

Westerheijden, Don F., Dr., Hochschulforscher, Projektleiter Forschung zum Qualitätsmanagement am Center for Higher Education Policy Studies, Universität Twente, Enschede, Niederlande. e-mail: D.F.Westerheijden@utwente.nl

Wildt, Johannes, Prof. Dr. Dr. h.c., Hochschuldidaktiker, Leiter des Hochschuldidaktischen Zentrums (HDZ) der Universität Dortmund und Vorsitzender der Arbeitsgemeinschaft für Hochschuldidaktik (AHD e.V.). e-mail: johannes.wildt@uni-dortmund.de

Professionalisierung der Hochschuldidaktik

Professionalisierung der Hochschuldidaktik
Ein Beitrag zur Personalentwicklung an Hochschulen

Blickpunkt Hochschuldidaktik

JOHANNES WILDT,
BIRGIT ENCKE,
KAREN BLÜMCKE

Bielefeld 2003, 324 Seiten, 24,90 €
ISBN 3-7639-3117-1
Best.-Nr. 60.01.454

Auch die Hochschuldidaktik arbeitet kontinuierlich an der Professionalisierung ihrer eigenen Weiterbildungsstrategien. Der Band entwickelt Theorie, Kriterien und Handlungsformen eines modellhaften Professionalisierungsprozesses auf dem Erfahrungshintergrund des Projektes Berufsbegleitende Weiterbildung zur Hochschuldidaktischen Moderation (HDMod).

Neben der detaillierten Beschreibung der zentralen Weiterbildungsworkshops für die Multiplikatorenausbildung finden sich eine Fülle konkreter Anwendungsbeispiele in Lehre, Weiterbildung und Beratung, die die Angebotspalette der Hochschuldidaktik gezielt und auf breiter Basis weiterentwickeln.

Zudem stellt der Band Möglichkeiten der Institutionalisierung von Hochschuldidaktik vor und denkt über die hochschuldidaktische Professionalisierung in einem entsprechenden Netzwerk nach.

Ein Band, der weit in die Zukunft der Hochschuldidaktik in Deutschland hineinweist.

Ihre Bestellmöglichkeiten:
W. Bertelsmann Verlag, Postfach 10 06 33, 33506 Bielefeld, Tel.: (05 21) 9 11 01-11
Fax: (05 21) 9 11 01-19, E-Mail: service@wbv.de, Internet: http://shop.wbv.de

W. Bertelsmann Verlag Fachverlag für Bildung und Beruf